Kohlhammer
Deutscher Gemeindeverlag

Herausgegeben vom
Sächsischen Landkreistag
Sächsischen Städte- und Gemeindetag

Die Geschichte der Kommunalpolitik in Sachsen

Von der friedlichen Revolution
bis zur Gegenwart

Renate Koch und
Dr. Herbert Wagner
(Schriftleiter)

Mit Beiträgen von
Bürgermeistern und Landräten
der ersten Stunde

Horst-Dieter Brähmig, Michael Czupalla, Heinz Eggert,
Rainer Eichhorn, Dr. Josef Höß, Renate Koch,
Andreas Kretschmar, Dr. Tassilo Lenk, Dr. Hans-Christian Rickauer,
Dr. Andreas Schramm, Christian Schramm, Dr. Peter Seifert,
Karl-Heinz Teichert, Burgunde Tomczak, Volker Uhlig,
Günter Vallentin, Dr. Herbert Wagner, Mischa Woitscheck

Kohlhammer
Deutscher Gemeindeverlag

© 2006
Deutscher Gemeindeverlag GmbH
Verlagsort: Dresden
Gesamtherstellung: Deutscher Gemeindeverlag GmbH, Dresden
Umschlag: Gestaltungskonzept
Nachdruck, auch auszugsweise, verboten – Alle Rechte vorbehalten
Recht zur fotomechanischen Wiedergabe nur mit Genehmigung des Verlages
Buch Nr.

ISBN-10: 3-555-54038-6
ISBN-13: 978-3-555-54038-2

Geleitwort

Der Freistaat Sachsen hat sich in 15 Jahren deutscher Einheit zu einem erfolgreichen Bundesland entwickelt. Zum zweiten Mal ist Sachsen das dynamischste aller deutschen Länder. Die Erfolge, die wir heute sehen, verdanken wir der großen Flexibilität und Leistungsbereitschaft aller Sachsen. Dies gilt in ganz besonderem Maße für unsere Kommunen. In den sächsischen Kreisen, Städten und Dörfern erleben die Bürgerinnen und Bürger ganz konkret, wie der erfolgreiche Aufbau unseres Landes vorangeht. Ohne den überzeugten Einsatz der vielen Bürgermeister, Landräte sowie Stadt-, Gemeinde- und Kreisräte, die sich für den Weg in die Kommunalpolitik entschieden haben, um für die notwendigen Veränderungen einzutreten und für manche Einsicht zu werben, wäre diese Entwicklung kaum denkbar gewesen.
Die Herausforderungen, vor denen die Landespolitik im Frühjahr 1990 stand, waren denkbar schwer. Die Situation, die mich und viele Politikerkollegen in der Anfangszeit erwartete, war mit nichts zu vergleichen, was ich aus meiner langjährigen kommunalpolitischen Tätigkeit als Kämmerer in Münster kannte. Ein buchstäblich leeres Blatt Papier war unser erstes Dokument, auf dem wir die Strukturen zeichneten, die einmal entstehen sollten – und später auch entstanden. Die mir vertraute Organisation der Verwaltung war in vierzig Jahren DDR zentralistisch sozialistischen Einheitsstrukturen gewichen, grundlegende Mechanismen für den Aufbau einer funktionierenden Marktwirtschaft durch einen zentral gelenkten Wirtschaftsapparat weitestgehend ausgeschaltet. Es galt, einen Transformationsprozess zu bewältigen, an dessen Ende die Umwandlung in eine dezentralisierte demokratische Verwaltung und die Einführung der sozialen Marktwirtschaft stehen sollte.
Die rasche Wiedereinführung der kommunalen Selbstverwaltung in den sächsischen Kreisen, Städten und Gemeinden als Kernstück der umfassenden Verfassungsreform war nur durch ein beherztes Anpacken aller Verantwortlichen auf Landes- und Gemeindeebene möglich. Ich habe es in den vergangenen 15 Jahren, in denen ich zunächst als Finanzminister, später als Ministerpräsident politische Verantwortung trage, immer als einen besonders glücklichen Umstand empfunden, dass der Schulterschluss zwischen Staat und Kommunen in Sachsen gelungen ist: Trotz mancher streitiger Auseinandersetzung und Diskussion, die ich und meine Kollegen in der Staatsregierung mit dem einen oder anderen Kommunalpolitiker führten, konnten tragbare Lösungen gefunden werden, um die beiderseitigen Interessen zum Wohle der Gemeinschaft auszugleichen.

Geleitwort

Allen Beteiligten war von Anbeginn klar, dass ein erfolgreicher struktureller und sozialer Umbau ausschließlich mit und nicht gegen die Bürger funktionieren kann. Eine lebendige Demokratie erfordert immer, dass sich Eigeninitiative und Engagement frei entfalten können. Die Erfahrungen der Menschen mit der friedlichen Revolution und der neu gewonnenen Selbstbestimmung prägen daher die Struktur der Sächsischen Gemeinde- und Landkreisordnung, die sich seit den frühen 90er Jahren an dem rechtlich-institutionellen Rahmen der „Süddeutschen Ratsverfassung" orientiert. Das Modell mit seinen direkt gewählten Hauptverwaltungsbeamten begründet die rechtlich starke Stellung der sächsischen Bürgermeister und Landräte. Erst die Akzeptanz durch den Bürger ebnete der Politik den Weg, um den notwendigen, wenn auch in einigen Maßnahmen unpopulären Strukturwandel in den Kommunen zu bewältigen. An den Abschied von kommunalen Kleinststrukturen „um den eigenen Kirchturm" herum im Zuge der Gebietsstrukturreform 1991 will ich in diesem Zusammenhang ebenso erinnern wie an den Abbau der Beschäftigungszahlen in der kommunalen Verwaltung um mehr als die Hälfte allein bis zum Jahr 2002. Die Entscheidung, die kommunale Zusammenarbeit durch eine Gebietsstrukturreform zu befördern, ist auch in rückwärtiger Betrachtung vor dem Hintergrund der den Kommunen übertragenen vielfältigen Aufgaben der Daseinsvorsorge alternativlos.

Der Freistaat Sachsen steht auch künftig an der Seite der Kommunen und hält an der fairen Partnerschaft, in der die konsensuale Lösung von Problemen weiterhin Ziel aller Bemühungen ist, fest. Das gilt nicht nur für das verfassungsmäßig verankerte Prinzip der Konnexität, wonach kostenträchtige Aufgaben auf die Kommunen nur mit einem entsprechenden Ausgleich übertragen werden können. Seinen Ausdruck findet diese Partnerschaft vor allem in dem Gleichmäßigkeitsgrundsatz, der 1996 in das Gesetz über den kommunalen Finanzausgleich (FAG) eingeführt wurde und mit dem Sachsen bundesweit Neuland betreten hat. Dadurch gelingt es, dass sich die allgemein verfügbaren Einnahmen auf kommunaler Ebene gleichmäßig zu den Deckungsmitteln des Landes und für alle Seiten transparent, verständlich und fair entwickeln. Dieser Grundsatz soll auch weiterhin Geltung behalten – in guten wie in schlechten Tagen. Die Einsicht, dass Solidarität keine Einbahnstraße sein kann, steht einer weiteren positiven Entwicklung unseres Landes unbedingt voran.

Wie wichtig diese verlässliche Partnerschaft ist, eröffnet uns der Blick in die Zukunft: Die Phase, in der wir viele Probleme durch finanzielle Umschichtungen lösen konnten bzw. teilweise abdeckten, geht ihrem Ende zu. Der Freistaat Sachsen, und damit auch seine Kommunen, werden künftig mit weniger Geld auskommen müssen. Das liegt zum einen daran, dass mit dem Jahr 2009 die Finanzzuweisungen aus dem Solidarpakt II deutlich absinken, bis sie 2019 gänzlich auslaufen werden. Einen weiteren Solidarpakt für die Neuen Länder wird es nicht geben. Gleiches ist für die EU-Mittel für die Förderung der gewerblichen Wirtschaft und den Ausbau der Infrastruktur in Sachsen zu erwarten, die wir ab 2006 nicht nur mit mehr, sondern auch ärmeren Mitgliedsstaaten der Europäischen Union werden teilen müssen. Das heißt für Sachsen, dass wir bis 2020 auf eigenen Füßen stehen müssen. Eine Aufgabe, die nur Land und Kommunen gemeinsam schultern können.

Geleitwort

Zum anderen sehen wir uns einer demografischen Situation in unserem Land gegenüber, die ein tief greifendes politisches Umdenken erfordert. Die Verschiebung in der Bevölkerungsstruktur engt unsere finanziellen Spielräume weiter ein. Mit jedem Sachsen, der unserer Land verlässt oder gar nicht erst geboren wird, gehen nicht nur Steuern und Entgelte für öffentliche Leistungen verloren. Auch beim Länderfinanzausgleich müssen wir mit einem Einnahmeverlust von jährlich 2 100 Euro pro Einwohner rechnen. Vor allem für die ostdeutschen Gemeinden, deren Haupteinnahmequelle leider noch immer der staatliche Finanztransfer ist, bedeutet dies schwer zu bewältigende Einschnitte.

Eine Verwaltung ist aber nur so gut, wie sie die Wirklichkeit widerspiegelt. Deshalb werden wir in den kommenden Jahren die Verwaltungsstrukturen anpassen müssen für mehr Bürgernähe, für mehr Transparenz und für mehr Service am Bürger. Das gelingt uns nur durch eine weitere Verschlankung der Verwaltungsorganisation, die mehr Transparenz, durchsichtigere Verfahren und damit größere Bürgernähe als positive Effekte zur Folge haben wird. Wenn hier eine vernünftige Lösung gelingt, bei der Land und Kommunen am gleichen Strang ziehen, wird Sachsen auch in Zukunft – trotz sinkender öffentlicher Mittel – seinen erfolgreichen Weg in der Mitte Europas fortsetzen können.

Prof. Dr. Georg Milbradt
Ministerpräsident des Freistaates Sachsen

Vorwort

Naturgesetze machen es unmöglich, die Zeit festzuhalten. Wenn dies schon nicht gelingt, dann bleibt die Aufgabe, das Zeitgeschehen in Worten zu erhalten. Dies gilt in besonderem Maße für die Gründerjahre in unseren Gemeinden, Städten und Landkreisen: Eine Zeit voller Intensität und Dynamik. Diejenigen, die in dieser Zeit in unseren Kommunalverwaltungen Verantwortung getragen haben, werden das Gefühl bestätigen, dass die Geschehnisse dieser Zeit wie in einem Zeitraffer abgelaufen sind. Und viele kennen das Phänomen, dass man aufgrund der unzähligen zu bewältigenden Aufgaben oftmals meinte, der Zeit hinterherzulaufen. Es haben hier Veränderungszyklen stattgefunden, die in der Verwaltungsgeschichte sicherlich einmalig zu nennen sind. Von dem großen Aufbauwerk der Anfangsjahre bis zu einer konsolidierten Kommunalverwaltung brauchte es nicht einmal ein Jahrzehnt. Den Geist dieser Zeit in Worte zu fassen ist ein Ziel dieses Buches.
Eine erste Idee hierzu wurde auf einem der jährlichen Treffen der ehemaligen Landräte in Torgau am Rande der Landesausstellung geboren. Zu später Stunde wurden Anekdoten der ersten Jahre zum Besten gegeben. Die Erzählungen waren derart spannend, erstaunlich und erheiternd, dass von mehreren Seiten der Vorschlag kam, man müsse diese Lebenserinnerungen sammeln, bevor sie in Vergessenheit gerieten. Auch unter den Damen und Herren Oberbürgermeistern und Bürgermeistern erzählte man sich bei gemütlichem Beisammensein (anlässlich der Mitgliederversammlung oder anderer Veranstaltungen) so manche Geschichte über die Ereignisse nach der politischen Wende im Lande. Deshalb war es auch nicht verwunderlich, dass im Rahmen eines Gesprächs unter den Geschäftsführerkollegen angeregt wurde, diese Erlebnisse und Ereignisse – und die damit verbundenen kommunalpolitischen Entwicklungen in den Gemeinden, Städten und Landkreisen im Freistaat – festzuhalten.
Wie bei vielen guten Ideen fiel die Realisierung zunächst schwer, insbesondere da es in der Verbandsarbeit tagtäglich neue Themen zu bearbeiten gilt. Doch wie es der Zufall so will, gab es fast genau ein Jahr später ein Gespräch mit der Verlagsleitung des Kohlhammer Verlages/Deutscher Gemeindeverlag GmbH. Im Rahmen dieses regelmäßigen Meinungsaustausches wurden unter anderem aktuelle kommunalrelevante Themenstellungen erörtert, die in einem Buchprojekt realisiert werden könnten. Die neue Bauordnung, die Doppik und eine Kommentierung zum Finanzausgleich standen auf der Agenda. Und dabei fiel uns die damalige Idee eines Buchs über die Wendejahre wieder ein. Der Geschäftsführer des Kohlhammer Verlages, Herr von Weiler, war sofort

Vorwort

Feuer und Flamme. Erste Ideenskizzen zur Konzeption des Buches, zu Inhalten und Autoren wurden geboren. An dieser Stelle zeigte sich auch die jahrelange gute Zusammenarbeit der Kommunalen Landesverbände mit dem Kohlhammer Verlag, die beispielsweise in der regelmäßigen Unterstützung bei den Kommunalwahlen und bei den kommunalen Schriften des Sächsischen Städte- und Gemeindetages zu Tage tritt. Im weiteren Verfahren zur Realisierung dieses Buches wurde zudem deutlich, dass ohne einen professionellen Dienstleister wie den Kohlhammer Verlag ein derartiges Projekt nicht umzusetzen ist.

Noch in der ersten Phase der Ideensammlung wurden zwei Grundsatzentscheidungen getroffen, die den Charakter dieses Buches prägen. Erstens sollte das Buch keine faktenmäßige Geschichtsabbildung sein, sondern es sollten Kommunalpolitiker mit ihrer ganz persönlichen Sicht zu bestimmten Themenstellungen in dieser bewegten Zeit zu Wort kommen. Die zweite Grundsatzentscheidung betraf die Schriftleitung. Diese sollte nicht von den Geschäftsstellen übernommen werden, sondern von Persönlichkeiten, die unmittelbar Teil dieser Geschichte waren. Als Herr von Weiler darüber informierte, dass er nachfolgend noch ein Gespräch bei Herrn Dr. Wagner habe, ergab sich die Entscheidung, wer diese Aufgabe übernehmen könnte, wie von selbst. Mit Dr. Wagner als Mitglied des Runden Tisches in Dresden, langjährigem Oberbürgermeister der Landeshauptstadt und Präsidenten des Sächsischen Städte- und Gemeindetages war die Idealbesetzung gefunden. Ebenso selbstverständlich ergab sich einige Tage später das Bindeglied hin zu den Landkreisen. Mit Frau Koch, der im wohlverdienten „UnRuhestand" befindlichen ehemaligen Landrätin des Landkreis Meißen, konnte eine Persönlichkeit gefunden werden, deren Werdegang von der Einzigartigkeit dieser Zeit zeugt und die als Präsidiumsmitglied und Vorsitzende des Gesundheits- und Sozialausschusses des Sächsischen Landkreistages eng mit der Geschichte der sächsischen Landkreise verbunden war und ist. Die spontane Bereitschaft beider an diesem Buchprojekt in hervorgehobener Stellung mitzuarbeiten wie auch das drängende Engagement, mit dem sie dessen Umsetzung vorantrieben, bestätigt nicht nur, die richtige Wahl getroffen zu haben, sondern auch die innere Verbundenheit der Schriftleiter mit dem Thema.

Schon wenige Wochen später legten uns die Schriftleiter ein thematisches Grobkonzept für das Buch mit entsprechenden Autorenvorschlägen vor. Mit den Themenstellungen wird, so meinen wir, die ganze Breite kommunalen Wirkens für unsere Bürger deutlich. Die Autorenschaft ist ein „Who's who" der sächsischen Kommunalpolitik. Wie bei der Schriftleitung hat sich auch hier eine spontane Bereitschaft zum Mitwirken gezeigt; kaum einer der ursprünglich vorgesehenen Autoren hat uns abgesagt. Viele der Autoren haben zudem maßgeblich am Aufbau unserer Verbände mitgewirkt, so dass dieses Buch mittelbar auch ein Stück weit die Geschichte unserer Verbände abbildet.

Natürlich hätte jeder, der in dieser Zeit in seiner Gemeinde, seiner Stadt und seinem Landkreis Verantwortung getragen hat, einen einzigartigen wie auch wertvollen Beitrag zu diesem Buch leisten können. Vielleicht finden Sie sich aber in dem hier Erzählten an der einen oder anderen Stelle wieder und können sagen: „Genauso hat es sich auch hier bei uns abgespielt."

Vorwort

Dieses Buch ist damit zugleich eine Danksagung an die Frauen und Männer der ersten Stunde. Darüber hinaus aber kann aus der gelebten Geschichte die Gewissheit gezogen werden, dass auch die bevorstehenden großen Herausforderungen mit dem Mut zur Veränderung bewältigt werden können. In diesem Sinn dürfen wir uns bei allen denjenigen, die einen Beitrag zum Gelingen dieses Buchs geleistet haben, recht herzlich bedanken und hoffen, dass es eine breite Leserschaft findet.

André Jacob	Mischa Woitscheck
Geschäftsführendes Präsidialmitglied	Geschäftsführer Sächsischer
Sächsischer Landkreistag	Städte- und Gemeindetag

Inhaltsverzeichnis

Geleitwort V
Prof. Dr. Georg Milbradt

Vorwort IX
André Jacob und Mischa Woitscheck

I. Die friedliche Revolution fordert: Glaubwürdige Bürger in die Politik! 1

Dr. Herbert Wagner
Einleitung 2

Renate Koch
Eine Krankenschwester wird Landrätin in Meißen 5

Dr. Herbert Wagner
Vom Labortisch in die Dresdner Rathauspolitik 13

Günter Vallentin
Aus dem kirchlichen Familienkreis über die BIO
ins Ostritzer Rathaus 22

Karl-Heinz Teichert
Wer nichts wagt, bleibt nicht in Waldheim! 27

Mischa Woitscheck
Vom Runden Tisch Markranstädts in die kommunale
Selbstverwaltung 34

Heinz Eggert
Von der Kanzel ins Zittauer Landratsamt 39

II. Herausragende kommunalpolitische Entwicklungen seit 1990 49

Rainer Eichhorn
„Ruß-Zwicke" wird wieder eine gute Adresse – Der mühsame Weg
von der Planwirtschaft zur sozialen Marktwirtschaft 50

Volker Uhlig
Umwelt und Landwirtschaft 79

Inhaltsverzeichnis

Dr. Josef Höß
Neue kommunalwirtschaftliche Strukturen 114

Dr. Hans-Christian Rickauer
Kommunale Kooperationen 141

Renate Koch
Krach um die Kreisgebietsreform 173

Dr. Tassilo Lenk
Krieg und Frieden – die Kreisreform im Vogtland 186

Dr. Herbert Wagner
Zweite Wahlperiode beginnt mit neuer Sächsischer
Gemeindeordnung 200

Dr. Peter Seifert
Die Stadt Chemnitz und ihr Bestreben um Eingemeindungen 225

Andreas Kretschmar
Die Gemeinde Liebschützberg – ein Kind der Gemeindegebietsreform. 244

Dr. Andreas Schramm
Der sächsische Finanzausgleich – ein eigenständiger Weg 254

Christian Schramm
Die gerettete Kultur – Sachsens Kulturräume 265

Renate Koch
Gesundheitspolitik im Umbruch 301

Burgunde Tomczak
Die Neuorganisation der Sozialpolitik 312

Günter Vallentin
Öffentliche Sicherheit und Ordnung 326

Horst-Dieter Brähmig
Hoyerswerda – eine Stadt im Wandel 350

Michael Czupalla
Die Sparkassen als Teil der kommunalen Selbstverwaltung in Sachsen. 373

Autorenporträts 387

III. Statistische Angaben ab 1990 397

IV. Namensverzeichnis der Bürgermeister, Oberbürgermeister und Landräte seit 1990 423

Personenregister 509

Fotonachweis 513

Nachwort 515

I. Die friedliche Revolution fordert: Glaubwürdige Bürger in die Politik!

Einleitung

Dr. Herbert Wagner

Vierzig Jahre DDR unter der Herrschaft der SED. Die Menschen sehnen sich nach Freiheit. Doch die Diktatur der SED, der ostdeutschen Vasallenpartei einer immer mächtiger werdenden Sowjetunion, scheint unüberwindbar. Auf der 2. Parteikonferenz der SED im Juli 1952 wird der „Aufbau des Sozialismus" offiziell verkündet. Die Staatsorganisation wird nach den Maximen der Volksdemokratie und des demokratischen Zentralismus zu einem gefügigen Instrument der politischen Herrschaft und planwirtschaftlichen Lenkung der Einheitspartei umgeformt: „Demokratischer Zentralismus" ist der offizielle Tarnname für die neue kommunistische Diktatur nach sowjetischem Vorbild. Am 25. Juli 1952 werden die fünf Länder abgeschafft und durch 14 von Berlin zentral geleitete Bezirke ersetzt. Kommunale Selbstverwaltung gibt es nicht. Das spätere DDR-Gesetz über die örtlichen Volksvertretungen führt die dirigistische Planung und Leitung bis in die Gemeinden und Städte hinein. Die Menschen in der DDR begehren ein erstes Mal auf. Am 17. Juni 1953 wird der Volksaufstand brutal mit Hilfe sowjetischer Panzer niedergeschlagen. Ständig fliehen Menschen in den Westen. Am 13. August 1961 schließt die SED mit dem Bau der Berliner Mauer das letzte Schlupfloch in den Westen. Der allmächtige Staatssicherheitsdienst – Schild und Schwert der Partei – mit seinem Spitzelapparat und seinen Gefängnissen ist allgegenwärtig. Karriere ist nur mit der SED möglich, eine Wohnung oder gar eine Neubauwohnung mit Parteibuch leichter zuweisbar. Allzu viele beugen sich dem Druck, einige in naiver Blindheit. Am Ende hat die SED über zwei Millionen Mitglieder. Noch im Jahr 1968 wird der Einmarsch in die ČSSR als unabänderlich hingenommen, einschließlich der DDR-Beteiligung durch NVA-Truppen. Die militärische Besetzung Afghanistans 1979 bestätigt den eisernen Willen der Sowjets, jeden Widerstand im Keim zu ersticken. Doch die Solidarność-Bewegung in Polen seit 1980 ruft auch in der DDR Verwunderung und Nachdenken hervor über das militärisch tatenlose Zuschauen Moskaus und der Warschauer Vertragsstaaten. Sollte in Polen der sowjetkommunistische Herrschaftsanspruch einen Knacks bekommen haben und doch nicht allmächtig sein?
Die Reformpolitik Gorbatschows leitet im gesamten kommunistischen Ostblock eine Tauwetterperiode ein. Die Demokratiebewegungen in Polen und Ungarn zeigen erste Erfolge. In der wirtschaftlich ausgezehrten DDR jedoch widersetzt sich eine altersstarre SED den Zeichen der Zeit. Deren Chefideologe Kurt Hager vergleicht 1987 überheblich die Perestroika mit einem „Tapetenwechsel", den der „Nachbar" DDR nicht nachahmen muss. Und Erich Honecker, der Generalsekretär der Partei, sieht noch 1989 für die

Einleitung

Notwendigkeit der Mauer einen Zeitraum von 50 bis 100 Jahren. Zu den Kommunalwahlen am 7. Mai 1989 versucht die SED ein letztes Mal durch massive Wahlfälschungen ihren Führungsanspuch zu behaupten. Aber erste oppositionelle Gruppen decken die Fälschungen der Kommunalwahlen auf, die SED leugnet und reagierte darauf mit Restriktionen.

Im Herbst 1989 jedoch bricht sich der Freiheitswille der Menschen in der DDR und ihre Hoffnung auf ein besseres Leben in machtvollen Bewegungen Bahn: Die friedliche Revolution. Die Akteure der Revolution sind zahlreich: Neue Oppositionsgruppen, Kirchenleute, Menschenrechts-, Friedens- und Umweltgruppen, sich erneuernde Parteien, Intellektuelle ohne Parteibuch, Künstler, Demonstranten aus allen Bevölkerungsschichten – das Volk. Überall in der DDR stehen die Menschen auf und demokratisieren schrittweise das Land. Die Proteste, Demonstrationen, Kundgebungen und Runden Tische sind überall ähnlich und doch jedes Mal anders. An sechs exemplarischen Beispielen soll die Vielfalt der bahnbrechenden urdemokratischen Kräfte gezeigt werden. Die neuen Kommunalpolitiker sind politisch unbelastet durch das SED-Regime gegangen und kommen als glaubwürdige Bürger und politische Seiteneinsteiger aus der Mitte der Bevölkerung.

In Coswig lebt die Krankenschwester Renate Koch. Sie hatte diesen Beruf im Diakonieverband erlernt, weil ihr als Tochter eines Diakons Ende der 50er, Anfang der 60er Jahre andere Berufswege versperrt wurden. Es waren die Jahre der harten Auseinandersetzung zwischen Staat und Kirche. Als Renate Koch zu den Kommunalwahlen am 7. Mai 1989 vom damaligen Bürgermeister aufgefordert wird, das gefälschte Wahlprotokoll zu unterzeichnen, verweigert sie die Unterschrift. „Staatsfeinde" wird geraunt. Renate Koch ist innerlich aufgewühlt. Sie erstattet mit anderen Strafanzeige gegen den Bürgermeister. Es kann sehr gefährlich für sie werden. Doch in der Bevölkerung wächst ihr Vertrauen. Ein Jahr später – zu den ersten freien Kommunalwahlen – wird sie in den Kreistag nach Meißen gewählt und dort zur Landrätin, denn sie ist integer, mutig und gesellschaftlich engagiert.

In Dresden ist es die Gruppe der 20, die sich spontan auf der Straße bildet und mit Hilfe der kirchlichen Berater zum entscheidenden Organisationsinstrument im Dresdner Umbruchprozess wird mit weit reichender Signalwirkung in die gesamte DDR bis hin zu Folgewirkungen auf die Wiedererrichtung des Freistaates Sachsen. Sie holt sich ihre Legitimation von 100 000 Bürgern durch die spektakuläre 1-Mark-Aktion, ein in der deutschen Demokratiegeschichte einmaliger Vorgang.

In dem kleinen, an der polnischen Grenze liegenden Neiße-Städtchen Ostritz formiert sich anlässlich der gefälschten Kommunalwahl im Mai 1989 aus kirchlichen Familienkreisen heraus der Kern einer Opposition, die im Herbst zur Bürgerinitiative Ostritz (BIO) wird und die Menschen auf die Veränderungen in der lokalen Politik vorbereitet und sie mitnimmt. Sie wird nach der ersten freien Kommunalwahl im Mai 1990 die stärkste Fraktion in der Stadtverordnetenversammlung. Die Stadtverordnetenversammlung wählt aus den Reihen der BIO deren Vorstandsmitglied Günter Vallentin – einen jungen Erzieher – zum neuen Bürgermeister von Ostritz.

Im mittelsächsischen Waldheim wird der 50-jährige Karl Heinz Teichert – bis dahin wissenschaftlicher Mitarbeiter im VEB Spindelfabrik Hartha und

3

Dr. Herbert Wagner

Mitglied der Blockpartei LDPD – vom Runden Tisch aus gebeten, neuer Bürgermeister für die fast 10 000 Waldheimer zu werden. Die neue Zeit braucht neue, unbelastete und tüchtige Bürgermeister.

Doch nicht nur gestandene Menschen mit Lebenserfahrung werden in der Politik gesucht und ergreifen – nicht wissend, was sie erwartet – mutig die Chance zur Neugestaltung. Im westsächsischen Markranstädt wird der Maschinenbaustudent Mischa Woitscheck im Jahr 1990 mit 23 Jahren zum ehrenamtlichen Bürgermeister der Stadt gewählt. Sein Engagement bei der Neuausrichtung der Stadt nach der Wende und seine Lernbereitschaft qualifizierten ihn für dieses Amt, für das er ein Jahr später als hauptamtlicher Bürgermeister gewählt wurde.

In der ostsächsischen Oberlausitz wird der Oybiner Pfarrer Heinz Eggert in die Politik gedrängt. Nach Jahrzehnten der Diktatur besitzen ungebeugte Kirchenleute großes Vertrauen im Volk. Der 44-jährige Heinz Eggert wird zum Landrat des völlig umzukrempelnden Landkreises Zittau gewählt. Sein erstes Ziel ist die personelle Erneuerung des Landratsamtes.

Jeder Autor erzählt seine Erlebnisse aus seiner ganz persönlichen Sicht. Dabei wird deutlich: Kein genialer Anführer ruft zu dieser in der deutschen Geschichte einmaligen Revolution auf. Kein sichtbarer Feldherr gründet im ganzen Lande zugleich die vielfältigsten Bewegungen, beruft ihre Führer oder koordiniert die Aktionen. Und doch klappt alles viel besser, als es je ein Mensch hätte planen können. Seit der friedlichen Revolution versuchen Historiker Ursachen und Zusammenhänge zu verstehen. Sie werden Zeitabläufe minutiös genau aufstellen können, Wirkungsketten darstellen und manch Interessantes neu entdecken. Für Zeitzeugen jedoch wird die erste geglückte und friedliche Revolution in Deutschland das bleiben, was sie war: Ein Wunder, das weiterzuerzählen sich lohnt.

Eine Krankenschwester wird Landrätin in Meißen

Renate Koch

Die Entscheidung des CDU-Kreisverbandes Meißen, die Krankenschwester Renate Koch im Jahr 1990 für die Position der Landrätin vorzuschlagen, kam nicht von ungefähr. Das dafür wohl mit entscheidende Ereignis geschah im Frühjahr 1989. Politisch war ich schon lange aktiv. Ich arbeitete im Vorstand des Kreisverbandes Meißen und im Stadtvorstand der CDU in Coswig mit. Von 1974 bis 1978 war ich Vorsitzende des Stadtverbandes. Ein Stadtverband mit jungen Leuten im Vorstand, die Politik mit gestalten wollten und zum Ärger der eigenen Partei, aber insbesondere der SED, eigene Vorschläge zu zentralen Vorhaben einbrachten. Im Jahr 1989 fanden in der DDR wieder Wahlen für die Gemeindevertretungen, die Stadtverordnetenversammlungen, Stadtbezirksversammlungen und die Kreistage statt. Dass es die letzten Wahlen unter dieser Regierung in der DDR sein sollten, ahnte zu Beginn 1989 noch niemand. Vom CDU-Stadtverband war ich beauftragt worden, zu diesen Wahlen in der Wahlkommission der Stadt Coswig mitzuwirken. Bei den vorbereitenden Wahlversammlungen war eine Veränderung deutlich zu spüren. Die Einwohnerbeteiligung war ungewöhnlich hoch und kritische Stimmen, wie man sie seit Jahren nicht mehr gehört hatte, wurden laut.

Kommunalwahlen im Jahr 1989

Samstag, 6. Mai 1989. Ein sonniger Tag. Die Wahlvorbereitungen waren gelaufen. Die Stadt war geschmückt, an den meisten Häusern hingen Fahnen der DDR oder FDJ. In dem Neubaugebiet Dresdner Straße waren die Häuser ein Meer in Schwarz/Rot/Gold und Emblemen aus Hammer und Zirkel im Ährenkranz. Mittags sollten die Stimmen des Sonderwahllokals ausgezählt und am kommenden Abend im Gesamtwahlergebnis erfasst werden. Sonderwahllokale wurden vier Wochen vor der Wahl in den Rathäusern eingerichtet. In ihnen stand eine gut sichtbare Wahlkabine, in die man dort auch ging. In den offiziellen Wahllokalen war das anders. Die Kabine aufzusuchen machte den Wähler verdächtig, dem Staat der DDR nicht wohl gesinnt zu sein. Der Tag verlief ruhig. Gegen 11.30 Uhr ging ich zum Rathaus, um die Auszählung der Stimmen zu beobachten. Dort traf ich Herrn George von der LDPD (Liberal-Demokratische Partei Deutschlands). Er war so wie ich von seiner Partei in die Stadtwahlkommission entsandt worden. Auch Bürger hatten sich im Rathaus eingefunden. Der damalige Bürgermeister, Günther Sander, verwehrte ihnen den Zutritt. Als Mitglied der Wahlkommission hatte ich mich sehr intensiv mit den Rechten der Wahlkommissionsmitglieder und der Bürger vertraut gemacht. Ich sagte dem Bürgermeister, dass Stimmauszählungen öffentlich sind und die Bürger entsprechend dem Wahlgesetz § 37 Abs. 1 und der Wahldirektive Nr. 1 das Recht hätten, teilzunehmen. Bürgermeister Sander meinte, dass dieser Paragraph nicht für das Sonderwahllokal gelte und er hier das Hausrecht ausübe. Ob seine Aussage stimmte, konnte ich nicht feststellen. Vielleicht stand in der Wahldirektive Nr. 2 etwas zu den Sonderwahllokalen. Diese Direktive war uns mit dem Hinweis, sie enthalte nur Melde- und Berichtsregelungen, nicht ausgehändigt worden. Um einen Eklat zu vermeiden, versprach ich den Bürgern, sie nach der Auszählung über das Ergebnis zu informieren. Die Auszählung begann um 12 Uhr. Als die Wahlurne geöffnet wurde, waren alle Anwesenden im Raum über die Anzahl der abgegebenen Stimmen erstaunt. Das hatte es in den vielen Jahren zuvor nicht gegeben. Lag es an der gut sichtbar eingerichteten Wahlkabine im Sonderwahllokal? War es ein weiterer Ausdruck der wachsenden Unzufriedenheit der Bevölkerung? Das Gesicht des Sekretärs des Rates der Stadt, Fred Kotzcarek, zeigte deutliche Anspannung. Die Stimmzettel wurden sortiert. Die ersten Nein-Stimmen tauchten auf. Das heißt, der Wähler hatte jeden einzelnen Namen auf dem Einheitsstimmzettel der Nationalen Front durchgestrichen. Das Durchkreuzen oder quer Durchstreichen des Stimmzettels, das Durchstreichen nur einzelner Namen oder Bemerkungen auf dem Stimmzettel notieren machte ihn ungültig. Die Auszählung ging weiter. Der Stapel der Nein-Stimmen wuchs. Unruhe und Fassungslosigkeit waren im Raum deutlich zu spüren. Rund ein Drittel der Coswiger Einwohner hatten das Sonderwahllokal genutzt. Davon wiederum hatten ca. 10 % mit Nein gestimmt. Noch am Abend informierte ich die Bürger, die an der Auszählung nicht teilnehmen durften, über das Ergebnis. Sonntag, 7. Mai 1989. Der Wahlsonntag. Sollte es wirklich ein sonniger, ruhiger Tag werden? Die CDU hatte mit Mitgliedern des GUF (Gerechtigkeit – Umwelt – Frieden, ein ökumenischer Arbeitskreis innerhalb der Kirchen) abgestimmt, wer in welchen Wahllokalen der Stadt die Stimmenauszählung beobachtet. Ich war darüber informiert. Ab 18 Uhr hatte ich die Möglichkeit, in zwei Wahllokahlen die Auszählung zu beobachten und das Ergebnis zu hören, da sie in einem Schulgebäude nebeneinander eingerichtet waren. In beiden Lokalen lag der Anteil der Nein-Stimmen wieder bei etwa 10 %. Ich selbst hatte mich von 740 Nein-Stimmen überzeugen können. Am gleichen Abend um 20.30 Uhr im Rathaus. Die ersten Mitglieder der Stadtwahlkommission trafen ein. Auch sie hatten Auszählungen beobachtet. Wir unterhielten uns über die Ergebnisse in den einzelnen Wahllokalen. Nur in einem lagen die Nein-Stimmen bei 4 %. In allen anderen zwischen 8 und 10 %. Herr George und ich überschlugen grob die uns jetzt bekannten Zahlen und kamen für die Stadt Coswig auf ein Gesamtergebnis von knapp 10 % Nein-Stimmen. Um 21 Uhr begann die Sitzung. Bürgermeister Sander informierte, dass 96,4 % der abgegebenen Stimmen dem Wahlvorschlag der Nationalen Front zugestimmt haben. Ich horchte auf. Das Wahlprotokoll wurde zur Unterzeichnung weitergegeben. Als Herr George es in die Hand bekam, stutzte er und gab es mir mit den Worten über den Tisch: „Frau Koch, schauen Sie mal, hier kann etwas nicht stimmen." Auf dem Protokoll standen Nein-Stimmen absolut: 702. Das konnte nicht sein. Ich hatte doch schon über 700 registriert und das aus nur drei Wahllokalen. Wir fragten nach. Es entbrannte eine heiße Diskussion. Innerlich aufgewühlt, forderte ich in sehr ruhigem Ton die Einsicht in die Protokolle der einzelnen Wahllokale. Das wurde mit fadenscheinigen Gründen abgelehnt. Als auch Herr George nicht locker ließ, hieß es plötzlich, diese Protokolle seien mit Kurier nach Meißen zur Kreiswahlkommission unterwegs. Mit der Begründung, dass uns unser Recht auf Einsichtnahme in die einzelnen Protokolle verwehrt werde, verweigerten wir die Unterschrift auf dem Gesamtwahlprotokoll der Stadt Coswig. Die Diskussion spitzte sich zu. Es fielen Worte wie „kein Vertrauen in die Staatsregierung" und „Staatsfeinde". Nach Mitternacht beendete Bürgermeister Sander die Sitzung, da die Unterschriften auf dem Protokoll ausreichen würden. Ich ging nach Hause. An Schlaf war nicht zu denken. Noch vor Arbeitsbeginn informierte ich am Morgen des 8. Mai 1989 Günter Steglich als Vorsitzenden des CDU-Ortsverbandes über die Geschehnisse der Nacht. Für den kommenden Abend wurde eine außerordentliche Mitgliederversammlung einberufen, um meine Unterschriftsverweigerung öffentlich bekannt zu machen und mich dadurch womöglich zu schützen. Herr Steglich stimmte mit mir und Herrn Zocher, seinem ersten Stellvertreter, die weitere Strategie ab. Alle jetzt zu erwartenden Gespräche beim Rat des Kreises Meißen oder der Staatssicherheit werden nicht durch mich, sondern generell zu zweit, durch ihn und Lothar Zocher wahrgenommen. Des Weiteren haben wir mit der Zustimmung der Mitglieder im CDU-Ortsverband Strafanzeige gegen den Bürgermeister wegen Wahlfälschung erhoben. Diese gefälschten Wahlen bedeuteten das endgültige Aus für die Regierung der DDR. Die Wende war eingeläutet.

1990 – die ersten freien Wahlen

Die sich überschlagenden Ereignisse in den Wochen ab August 1989 ließen meine unterschwellige Angst vor Folgen der Unterschriftsverweigerung in den Hintergrund treten. Die Lage spitzte sich zu. Die Stunden des Tages reichten kaum. Nach der Arbeit saß ich mit Freunden und Gleichgesinnten zusammen, überlegte, was zu tun sei, wie es weitergehen sollte. Die ersten Demonstrationen begannen. Neue Parteien gründeten sich. Mit der Öffnung der Mauer am 9. November 1989 war der endgültige Zusammenbruch der DDR nicht mehr aufzuhalten. Die „Runden Tische" nahmen ihre Arbeit auf. Im November 1989 erklärte ich mich bereit, für ein halbes Jahr im Kreiskrankenhaus Radebeul zu helfen. Ich bin ausgebildete Krankenschwester. In den vorausgegangenen Wochen waren auch viele Krankenschwestern gen Westen gegangen. Die Krankenhäuser hatten plötzlich Personalmangel. Meine Tätigkeit als Krankenstandsbeauftragte bei der Arbeitshygieneinspektion des Rates des Bezirkes Dresden wurde zunehmend überflüssig.

Am 5. Februar 1990 beschloss die Volkskammer Neuwahlen festzusetzen. Am 8. Februar 1990 erfolgte der Beschluss des Staatsrates der DDR über die Durchführung der Wahlen zur Volkskammer der DDR. Als Wahltermin wurde der 18. März 1990 festgelegt. Die CDU beauftragte mich, in der Wahlkreiskommission Dresden, auch als Wahlkreis 3 bezeichnet, mitzuarbeiten. Jede Partei, die Kandidaten für die Volkskammer aufgestellt hatte, war in dieser Kommission vertreten. Den Vorsitz hatte die CDU inne. Zusammen mit dem Vertreter der PDS war ich verantwortlich für die Vorbereitung der Wahlen im Kreis Meißen und wurde von der Arbeit freigestellt. Eine schwierige Organisation begann. Ich selbst hatte mich intensiv mit den neuen Wahlvorschriften und Regeln vertraut zu machen. Wahllokale waren einzurichten und für ausreichend ordentliche Kabinen zu sorgen. Wahlhelfer mussten geschult werden. Sie zu finden war nicht schwierig. Viele Bürger waren bereit, mitzutun. Komplizierter war die Planung der Kurierfahrten, um die Wahlunterlagen und Protokolle am Abend des 18. März 1990 aus den einzelnen Gemeinden abzuholen. Die Ergebnisse fassten wir im Wahlprotokoll des Kreises zusammen und brachten es persönlich nach Dresden. Nicht immer ging in diesen Tagen alles glatt. Gerüchte wurden verbreitet, dass bekannt gegebene Wahllokale gar nicht vorhanden wären, dass Wahlkabinen fehlten und Bürger nicht in den Wählerlisten erfasst wären. Die Telefone standen zum Teil in abgeschlossenen Räumen weit entfernt von den Wahlräumen, die Wahlvorsteher waren dadurch nicht erreichbar.
Die ersten freien Wahlen zur Volkskammer wurden ein Sieg der neuen demokratischen Kräfte. Die Arbeit der Wahlkommission des Bezirkes war beendet. Ich nahm meine Tätigkeit im Krankenhaus wieder auf. In dieser Zeit teilte mir der Direktor der Arbeitshygieneinspektion mit, dass meine Tätigkeit als Krankenstandsbeauftragte nicht mehr erforderlich sei. Ich war sozusagen entlassen. Was sollte ich tun? Im Krankenhaus weiterarbeiten? Würde ich in dieser Umbruchphase überhaupt andere Möglichkeiten haben? Noch konnte ich im Krankenhaus arbeiten. Später würde ich weiter sehen. Jetzt galt es erst einmal am Wahlprogramm der CDU für die ersten freien Kommunalwahlen mitzuarbeiten und Wahlkampf zu machen. Ich hatte mich bereit erklärt, für den Kreistag in Meißen zu kandidieren. Die CDU hatte mich auf einen der vorderen Listenplätze aufgestellt.

Landrätin im Landkreis Meißen

Der 6. Mai 1990. Wieder ein Sonntag mit strahlendem Sonnenschein. Die Aufbruchstimmung seit der Wende zeigte sich erneut in der hohen Beteiligung an der ersten freien und geheimen Kommunalwahl. Für den Kreistag hatten 14 Parteien und Gruppierungen ihre Kandidaten aufgestellt. Das Wahlergebnis lautete: Christlich-Demokratische Union Deutschlands (CDU) 42,3 % Stimmen = 34 Mandate, Deutsche Soziale Union (DSU) 12,1 % = 10, Sozialdemokratische Partei Deutschlands (SPD) 11,9 % = 10, Partei des Demokratischen Sozialismus (PDS) 9,7 % = 8, Bund Freier

Demokraten (B.F.D. – Die Liberalen) 9,6 % = 8, Demokratische Bauernpartei Deutschlands (DBD) 3,1 % = 3, Bauernverband e. V. der DDR 2,92 % = 2, Demokratischer Frauenbund Deutschlands (DFD) 2,2 % = 2, Neues Forum 2,2 % = 2, GRÜNE PARTEI in der DDR 1,4 % = 1, Verband der Kleingärtner, Siedler und Kleintierzüchter (VKSK) 1,1 % = 1, Volkssolidarität (VS) 0,5 % = 0, Demokratischer Aufbruch – sozial + ökologisch (DA) 0,5 % = 0, Deutscher Turn- und Sportbund (DTSB) 0,3 % = 0.
Ich hatte mit 3 411 der in meinem Wahlkreis abgegebenen Stimmen eines der besten Ergebnisse aller Parteien im Landkreis erzielt. Etwa eine Woche nach der Wahl trafen sich die neuen Kreisräte der CDU zu ihrer ersten Fraktionssitzung. Sie fand im Bahnhofsrestaurant in Meißen statt. Als ich meinen Trabbi auf dem Parkplatz an der Elbe abstellte, stieg auch Dietrich Gregori, damals Vorsitzender des CDU Kreisverbandes, ab Oktober 1990 Mitglied des Landtages, aus seinem Auto. Ich kannte ihn schon viele Jahre. Er sprach mich mit den Worten an: „Gut, Renate, dass ich dich hier treffe. Ich wollte dir noch vor der Sitzung sagen, dass wir im Vorstand beschlossen haben, dich dem Kreistag als Landrat vorzuschlagen." Ich holte erst einmal tief Luft. Dann sagte ich spontan: „Ihr müsst doch verrückt sein, ich kann das doch gar nicht." Er meinte darauf: „Du hast mit die meisten Stimmen erhalten, du bist integer, dich wird man akzeptieren. Wenn du nein sagst müssen wir Herrn Jahn, Mitglied der CDU und Mitglied des Rates des Kreises für Bauwesen, bitten." Ich bat um Bedenkzeit. Mir wurden wenige Tage gewährt. Gedankenvoll fuhr ich nach der Sitzung nach Hause. Was sollte ich tun? Wie sollte ich mich entscheiden? Ich beriet mich mit meinem damaligen Partner und jetzigen Mann. Für ihn gab es keinen Zweifel, dass ich ja sagen müsste. Die letzten Zweifel für meine Entscheidung räumte aber der heutige Oberbürgermeister der Stadt Coswig, Michael Reichenbach, aus. Ich hatte ihn während der Wendewochen kennen gelernt und beriet mich auch mit ihm. Er gab mir folgende Worte mit auf den Weg: „Wem Gott eine Tür öffnet, dem gibt er auch Kraft."
Ich rief Dietrich Gregori an und sagte ja.
Jetzt fing die Arbeit an – eine unbekannte, mit bisher nicht gehörten Begriffen und ungewohnten Regelungen. Koalitionsverhandlungen begannen. Wir führten sie mit DSU, BFD (Bund Freier Demokraten – die Liberalen, später FDP) und SPD. Die PDS und die Splittergruppen bezogen wir nicht ein. Wie sieht eine Verwaltung in der Demokratie aus? Was muss wie organisiert werden? Wieviel Dezernate und Ämter sollen wir einrichten? Wer soll sie leiten? Viele Fragen, zu denen es noch mehr unterschiedliche Informationen gab. Das Gesetz über die Selbstverwaltung der Gemeinden und Landkreise in der DDR wurde zwar am 17. Mai 1990 von der Volkskammer verabschiedet, aber als es auf unserem Tisch lag, war es Anfang Juni. Ich war zwar noch nicht offiziell in der Verantwortung, musste aber schon die Führung und Verantwortung für alle diese Fragen übernehmen. Als CDU forderten wir die Dezernate Finanzen und Bauwesen und das Personalamt. Die Koalitionspartner erhielten je nach fachlicher Eignung ihrer vorgeschlagenen Personen ein Dezernat. So besetzte die DSU Wirtschaft und Umwelt, die FDP Ordnung und Sicherheit und die SPD Soziales und Jugend. In diesen Koalitionsgesprächen vereinbarten wir auch ein Gespräch mit dem noch amtierenden Vorsit-

zenden des Rates des Kreises, Günter Krieg, das etwa Mitte Mai stattfand. Wir wurden im kleinen Sitzungssaal mit kühlem Misstrauen empfangen. Auch wir machten keine großen Worte, sondern ordneten u. a. an, dass Neueinstellungen und Personalumsetzungen ab sofort zu unterlassen und alle Unterlagen für eine Amtsübergabe am 30. Mai 1990 vorzubereiten sind. Das war der Tag der konstituierenden Kreistagssitzung. Pfarrer Georg Krause von der CDU, ältestes Mitglied des Kreistages, leitete die Sitzung. Tagesordnungspunkte waren u. a. die Wahl des Vorstandes des Kreistages, die Bestätigung der vorläufigen Hauptsatzung und Geschäftsordnung, die Wahl des Landrates und der Beigeordneten. Die Beigeordneten sollten die Dezernate leiten. Die Bestätigung als Dezernatsleiter erfolgte in der Kreistagssitzung am 21. Juni 1990. Mit 59 Stimmen von 75 abgegebenen wurde ich zum Landrat gewählt. Sechs Abgeordnete hatten gegen mich gestimmt. Die Fraktion der SPD hat sich mit der Begründung, mich noch zu wenig zu kennen, der Stimme enthalten. Später haben auch sie mir das Vertrauen ausgesprochen. Pfarrer Krause beglückwünschte mich mit den Worten des 23. Psalms: „Der Herr ist mein Hirte, mir wird nichts mangeln...". Für mich hat der Psalm eine ganz besondere Bedeutung, hat er mich doch seit meiner Kindheit begleitet.

Nach der Sitzung des Kreistages gingen wir, die Beigeordneten und ich, zur Übergabe in das Büro des Vorsitzenden des Rates des Kreises. Er selbst war nicht mehr anwesend. Wie ich später erfuhr, war er krank und hat dann als Pfleger im Kreispflegeheim zu arbeiten begonnen. Uns empfing Wolfgang Lindner, Erster Stellvertreter des Vorsitzenden des Rates des Kreises und amtierender Vorsitzender. Auf dem Schreibtisch standen drei Telefone. Sonst war nichts zu sehen. Wir nahmen Platz. Herr Lindner ging zu einem Schrank und kam mit einem Aktenordner zurück, den er mir übergab. Der Ordner enthielt aus jedem Ratsbereich einen Tätigkeitsbericht. Ich habe sie später überflogen und festgestellt, dass sie uns nicht weiterhelfen. Herr Lindner informierte uns dann, dass als dringlichstes Problem die Fäkalentsorgung der Stadt Meißen zu klären sei. Das Abkippen der Fäkalien in die Senke Zadel, einem hin und wieder überfluteten alten Elbarm, sei jetzt nicht mehr gestattet. Die Übergabe war damit beendet. Dieses Problem musste wirklich schnellstens gelöst werden, das bekamen wir in den ersten Tagen sofort zu spüren. Denn die Wohnungen von 75 % der Meißner Einwohner waren an keine Kanalisation angeschlossen. Eine Kläranlage gab es nicht. Als neue Kraft war ich am Tage allein in der Verwaltung. Die gewählten Dezernenten arbeiteten noch in ihren Berufen und traten ihr Amt erst im Laufe des Juni/Juli entsprechend ihrer Kündigungsfristen an. So trafen wir uns am Spätnachmittag oder Abend, um nach Lösungen für dieses Entsorgungsproblem zu suchen und die nächsten Schritte zum Aufbau einer Verwaltung im demokratischen Rechtsstaat festzulegen. Die Lösung fanden wir schließlich in einer mobilen Kläranlage, die im Frühjahr 1992 in Betrieb ging.

Die ersten Monate waren eine interessante und arbeitsreiche Zeit. Das Land gab es erst ab Oktober 1990. Zuständigkeiten zwischen Gemeinden und Landkreisen waren noch nicht klar geregelt. Begriffe und Worte mit neuen Bedeutungen stürmten auf uns ein. Lernen, lernen, lernen wurde oberstes Gebot. Auch, dass es nicht alle ehrlich meinen. Gesetze lagen uns oft in schriftlicher Fassung vor, wenn sie schon fast nicht mehr gültig waren.

Eine Krankenschwester wird Landrätin in Meißen

Gelder der Apothekengewinne wurden den Landkreisen zugeführt, um die Verwaltungen zu finanzieren. Jahre später sollten diese Gelder mit Zinsen an den Bund zurückgezahlt werden.
Eine wichtige Hilfe bei vielen Fragen wurde mir der Partnerkreis Rems-Murr aus Baden-Württemberg und Landrat Horst Lässing. Es entstand ein reger Austausch an Mitarbeitern. Dezernenten des Landratsamtes Waiblingen führten Schulungen in Meißen durch. Die ersten Azubis des Landratsamtes Meißen begannen ihre Ausbildung im Jahr 1991 im Rems-Murr-Kreis. Dankbar denke ich auch an die Jahre 1991/92 zurück. Die zentrale Rechenkapazität für die Haushaltsrechnung stand plötzlich nicht mehr zur Verfügung. Eigene Kapazitäten konnten so schnell nicht aufgebaut werden. Der Rems-Murr-Kreis sprang ein. Ein Jahr lang fuhren Mitarbeiter des Rechnungswesens wöchentlich nach Waiblingen, um die Daten einzugeben und den Haushalt und die Jahresrechnung zu erstellen. Die Kosten der Rechenkapazität und des Aufenthaltes dort trug der Partnerkreis. Noch heute lebt diese Partnerschaft auf vielen Ebenen innerhalb und außerhalb der Verwaltung.
Dass ich als Landrätin auch eine Verantwortung für die Kreissparkasse Meißen hatte, wurde mir bei einer Informationsveranstaltung zum Sparkassenwesen schlagartig klar. Sie fand im August 1990 in Berlin statt. Plötzlich wusste ich, warum Gerhard Thomas, damals Leiter der Kreissparkasse Meißen, regelmäßig um einen Gesprächstermin gebeten hatte und mich über wichtige Angelegenheiten informierte. Ich hatte das noch als Gewohnheit aus DDR Zeit betrachtet. Jetzt galt es, auch dieses Gebiet zu erarbeiten, um der Verantwortung gerecht zu werden. Wieder half der Partnerkreis. Meine zahlreichen Fragen wurden geduldig von Gerhard Hammer, Vorstandsmitglied der Kreissparkasse Waiblingen, beantwortet.
Langsam ordneten sich die Strukturen und Aufgaben im Landratsamt sowie zwischen Verwaltung und Kreistag. Die Amtsleiterstellen waren mit neuen Leuten besetzt, die vor allem ihren Sachverstand aus den vorherigen Berufen in die Arbeit einbrachten. Mitarbeiter waren entlassen worden oder gingen von selbst, als der Kreistag beschloss, die Verwaltungsangestellten auf Mitarbeit im Staatssicherheitsdienst zu überprüfen. Es gäbe noch viel aus den Anfangsmonaten der neuen Zeit zu berichten. Zum Beispiel über die Erarbeitung der Kriterien zur Anerkennung der Dienstjahre im öffentlichen Dienst, die Einstufung der Arbeitsplätze in einzelne Gehaltsgruppen, die Klärung der offenen Vermögensfragen für den Landkreis, die Kommunen, Betriebe und Privatpersonen und mein Bemühen, die bewährte Vernetzung von ambulanter und stationärer Patientenversorgung zu erhalten. Dieses Bemühen schlug fehl. Heute wird die Vernetzung als die Orientierung der Zukunft im Gesundheitswesen betrachtet. Es gab viele gute und einige negative Erfahrungen in dieser Zeit.
Im Jahr 1992 wurde mein Arbeitszimmer neu gestaltet. Handwerker fanden hinter der Heizungsverkleidung ein Telefon und gaben es mir. Es sah sehr alt aus, hatte eine Handkurbel und neue Wahltasten. Es erinnerte mich an Telefone der Melder aus dem Weltkrieg, die ich in Filmen gesehen hatte. Als ein Mitarbeiter das Telefon sah, sagte er spontan, „Ach, das ist ja das Telefon, mit dem der Vorsitzende immer die Wahlergebnisse weiter gemeldet

hat." Dieses Telefon bekam in meinem Arbeitszimmer einen Ehrenplatz. Oft habe ich Gästen seine Bedeutung erzählt.

Literatur

Gesetz über die Wahlen zu den Volksvertretungen der DDR (Wahlgesetz) vom 24. Juni 1976 GBl. I Nr. 22, S. 301.
Gesetz zur Änderung des Wahlgesetzes vom 28. Juni 1979 GBl. I Nr. 17, S. 139.
Wahldirektive Nr. 1 der Wahlkommission der DDR zur Vorbereitung der Wahlen zu den Kreistagen, Stadtverordnetenversammlungen, Stadtbezirksversammlungen und Gemeindevertretungen am 7. Mai 1989.
Ökumenischer Arbeitskreis Coswig für die Ev.-Luth. und Röm.-Kath. Kirchgemeinden, Erlebnisse – Ergebnisse – Erkenntnisse – Eingaben Kommunalwahl 1989; Coswig, im August 1989
„Union" vom 14. November 1989, S. 3.
Beschluss des Staatsrates der DDR über die Durchführung der Wahlen zur Volkskammer der DDR vom 8. Februar 1990, GBl. I Nr. 8, S. 44.
Protokolle der Kreistagssitzungen vom 30. Mai 1990 und 21. Juni 1990.
Gesamtergebnis der Wahl zum Kreistag am 6. Mai 1990 (Meldebogen der Kreiswahlkommission Meißen vom 8. Mai 1990, Tabellen 5 Blatt 1 und 6 Blatt 1).

Vom Labortisch in die Dresdner Rathauspolitik

Dr. Herbert Wagner

Die Spirale der Gewalt wird durchbrochen

Montag, der 9. Oktober 1989, ein Arbeitstag im VEB Zentrum Wissenschaft und Technik, der zentralen Entwicklungsstelle innerhalb des Kombinats Rundfunk und Fernsehen. Fast 13 Jahre arbeite ich als Entwicklungsingenieur an der Weiterentwicklung des Farbfernsehempfängers. Der Abstand zur westlichen Technik und ihrer Wirtschaftlichkeit wird immer größer. Die Woche beginnt wieder mit der Sisyphusarbeit, den Rückstand zum westlichen Markt aufzuholen, um dann wegen fehlender Devisen und Importbeschränkungen wieder zurück zu fallen. Die DDR treibt schleichend einem wirtschaftlichen Ruin entgegen mit nur vage abschätzbaren Folgen für die Menschen. Aktuell arbeite ich am ZF-Demodulator für den Satellitenempfang – ein hochbrisantes Thema im Dresdner „Tal der Ahnungslosen", denn per Satellit können auch die Dresdner Westfernsehen empfangen. Im Labor können wir es bereits.
Die Bilder der letzen Tage gehen mir durch den Kopf: Am 19. August das paneuropäische Frühstück in Sopron, bei dem im Urlaub hunderte DDR-Bürger über die ungarisch-österreichische Grenze fliehen. Am 11. September zerschneidet der ungarische Außenminister Gyuala Horn eigenhändig den „Eisernen Vorhang", um die nicht nachlassende Flüchtlingswelle aus der DDR in den Westen zu kanalisieren. Am 3. Oktober schließt die DDR-Regierung die Grenze zur ČSSR, um das größte Schlupfloch in die Bundesrepublik zu stopfen. Am 4. Oktober bin ich mit meiner Frau und beiden Kindern mitten unter den Demonstranten am Dresdner Hauptbahnhof. Wir erwarten wie die anderen Tausenden die Zugdurchfahrt der Prager Botschaftsflüchtlinge. Nicht wenige wollen auf den vermeintlich letzten Zug in die Freiheit aufspringen. Wir jedoch erhoffen uns durch den Druck von der Straße ein Stück Reformen, ein Stück mehr Freiheit, ein Stück mehr Demokratie. In den Abendstunden kommt es am Dresdner Hauptbahnhof zu Krawallen und Ausschreitungen. Pflastersteine fliegen, Scheiben klirren, ein Polizeiauto brennt, Wasserwerfer werden eingesetzt. Doch die Demonstrationen reißen nicht mehr ab. Täglich kommt es bis zum 40-jährigen DDR-Jubiläum, dem 7. Oktober, zu spontanen Protestdemonstrationen. Die Polizei schlägt mit Gummiknüppeln auf die Demonstranten ein, verhaftet sie willkürlich. Über allem schwebt das Damoklesschwert der „chinesischen Lösung" auf dem „Platz des himmlischen Friedens".

Dr. Herbert Wagner

Das alles geht mir ständig durch den Kopf, als mich der Hofkirchenkaplan Frank Richter am Nachmittag des 9. Oktober anruft. Er berichtet von den Geschehnissen am Vorabend, dass erstmals auf der Prager Straße die Spirale der Gewalt durchbrochen wurde und der Oberbürgermeister Wolfgang Berghofer eine Gruppe von 20 Demonstrantenvertretern für ein Gespräch im Rathaus akzeptiert habe. Ein erstes Rathausgespräch – das später als Vorläufer der Runden Tische bezeichnet wird – habe am Montagvormittag stattgefunden. Es müsse jetzt weitergehen. Die Rathausgespräche wären eine Chance für uns, in der Gesellschaft Einfluss zu nehmen. Nach dem Verständnis der katholischen Kirche über die parteipolitische Zurückhaltung eines Seelsorgers kann er nicht weiter in der Gruppe bleiben. Er endet mit der Frage und Bitte: „Würden Sie für mich in die Gruppe gehen?" Ich zögere, wohl ahnend um die Unwägbarkeiten und Risiken dieses Schrittes. Von Bürgerkriegsübungen der Kampfgruppen wird berichtet. Gerüchte gehen um: In der Innenstadt würden heute Panzer aufgestellt werden. Kampf, Kriegsrecht und ein Jahr Lagerhaft wie in den Jahren 1981/82 bei der polnischen Solidarność gehen mir durch den Kopf. Nach einer kurzen Pause sage ich vorsichtig zögernd und mir doch noch etwas Bedenkzeit mit meiner Frau ausbittend: „Ja."
Noch am selben Abend bringt mich Kaplan Frank Richter in der Kathedrale mit den ersten Gruppenvertretern in Kontakt. Dort und in drei weiteren Kirchen finden um 20 Uhr Bürgerversammlungen statt, zu denen die Gruppe der 20 über die Ergebnisse des ersten Rathausgesprächs berichten soll. Alle Kirchen sind so überfüllt, dass für die draußen Stehenden die Bürgerversammlung gleich im Anschluss um 22 Uhr wiederholt wird. Die Bevölkerung ist äußerst gespannt. Ich bin in der bis zum Altarraum überfüllten Kathedrale. Die Gruppenvertreter zählen ihre Forderungen einzeln auf. Jedem Forderungspunkt lauschen die Menschen in der Kirche in atemloser Stille. Man kann eine Stecknadel fallen hören, wenn eine Forderung vorgetragen wird. Gefordert werden erstens die sachliche Darstellung der Ereignisse der letzten Tage und deren Wertung, zweitens die Freilassung der unschuldig Inhaftierten, drittens eine objektive Berichterstattung in den Medien, viertens Information und Diskussion über Anliegen und Ziele des „Neuen Forum", fünftens Reisefreiheit in sozialistische und kapitalistische Länder, sechstens freie Wahlen, siebentens die Einführung eines Zivilersatzdienstes, achtens Demonstrationsfreiheit sowie neuntens die Fortsetzung des gewaltfreien Dialogs. Nach jeder einzelnen vorgetragenen Forderung bricht tosender Beifall auf, insbesondere wenn ein kleines Verhandlungsergebnis erzielt wurde, wie z. B. die Zusicherung Berghofers, sich für die unschuldig Inhaftierten einzusetzen oder in dem gemeinsamen Bekenntnis zu „Wahlen müssen wieder Wahlen werden". Es ist eine ungemein befreiende Atmosphäre.
Am 10. Oktober nimmt mich die Gruppe der 20 als Mitglied auf. Bis zum 13. Oktober gelingt die Freilassung der meisten Inhaftierten.
Doch es ist in Dresden noch lange nicht geschafft. Jetzt gilt es in zähem Ringen Zentimeter für Zentimeter Demokratie zu erstreiten, immer haarscharf den gerade vorhandenen Spielraum bis zur Grenze voll ausnutzend, denn das SED-Regime verfügt ja noch über seine intakten Stützen: Staatssicherheit, Kampfgruppen, Volkspolizei und Nationale Volksarmee. Die Partei darf weder so gereizt noch in die Enge getrieben werden, dass sie wieder zur

brutalen Gewalt zurückgreift und doch muss der Reformprozess vorangetrieben werden. Zum zweiten Rathausgespräch am 16. Oktober – Berghofer lässt mich zu diesem Gespräch noch nicht zu – fordert die Gruppe der 20 eine Fortsetzung des Dialogs in neun Arbeitsgruppen, die Bildung einer unabhängigen Untersuchungskommission zu den gewaltsamen Übergriffen sowie die Anerkennung der Gruppe der 20 als Gruppe oder Vereinigung einschließlich der Zusicherung von Arbeitsmöglichkeiten wie Büro und Telefon. Die starre Haltung Berghofers bringt die Gespräche an den Rand des Abbruchs. Nach eigenem Verständnis spricht Berghofer lediglich mit 20 Einzelpersonen, denn aus der Anerkennung der Gruppe könne ungewollt eine Opposition entstehen.
Dem Vermittlungsgeschick des Superintendenten Christof Ziemer, der zu der Zeit der wichtigste Berater der Gruppe der 20 war und zugleich das Vertrauen Berghofers besaß, ist es zu verdanken, dass ein Kompromissvorschlag angenommen wurde und so die Gespräche an diesem Abend fortgeführt wurden. Über die Ergebnisse des Rathausgesprächs sollte nicht auf öffentlichen Plätzen berichtet werden – wie von der Gruppe gefordert –, sondern ein letztes Mal noch in kirchlichen Räumen.

Ein Postscheckkonto wird zur Wahlzentrale

Nun hat die Gruppe der 20 zur Erreichung ihrer demokratischen Legitimation eine in der deutschen Demokratiegeschichte einmalige Idee: Wer die Gruppe der 20 unterstützt, soll einen symbolischen Betrag von genau einer Mark auf ein Konto einzahlen, nicht mehr und nicht weniger. So kann genau gezählt werden, wie viele Bürger die Gruppe der 20 als ihre Interessenvertretung ansehen. Friedrich Boltz stellt sein mit knapp 100 Mark belegtes privates Postscheckkonto zur Verfügung. Als damaliger Pressesprecher der Gruppe ruft er mit einem im Betrieb erstellten Rechnerausdruck zu der 1-Mark-Aktion auf. Dieser Aufruf wird von den Dresdnern mit heller Begeisterung aufgenommen. Den Postämtern und ihren Zweigstellen gehen bei der Flut der Einzahlungen die Zahlungsbelege aus. Das Postgirokonto wird von der Deutschen Post zunächst sofort gesperrt, denn mit dem Aufruf sei gegen die Lotterie- und Sammelverordnung verstoßen worden. Doch die Dresdner zahlen zur Stimmzählung weiter ein. Nun kann sich auch Berghofer nicht länger der Macht des Faktischen widersetzen. Zum dritten Rathausgespräch erkennt er „de facto" die Gruppe als Bürgerinitiative an. Bis zum Jahresende erreicht der Kontostand eine Summe, die auf etwa 100 000 „Wählerstimmen" schließen lässt. Der Reformprozess geht weiter.

Die Basisdemokratische Fraktion

Überall in der DDR entstehen Runde Tische, der zentrale Runde Tisch in Berlin am 7.12.1989, in vielen Städten und Gemeinden und auch auf Be-

Dr. Herbert Wagner

zirksebene. Im Bezirk Dresden wird der Runde Tisch des Bezirkes von Erich Iltgen, dem späteren Landtagspräsidenten, und dem Superintendenten Martin Lerchner moderiert. In der Stadt Dresden nahm als erste die Gruppe der 20 die Funktion des Runden Tisches wahr. Aus einem zu den Rathausgesprächen gemachten Vorschlag entwickelt sich Anfang Januar 1990 die Basisdemokratische Fraktion (BDF) innerhalb der Dresdner Stadtverordnetenversammlung (SVV). Sie hat das Ziel, die nahezu zufällige Zusammensetzung der Gruppe der 20 durch eine repräsentative Bürgervertretung zu ersetzen und sie fest in der SVV zu institutionalisieren. Diesen Vorschlag der Gruppe der 20 übernimmt der Oberbürgermeister, und die Stadtverordneten stimmen ihm am 23. November 1989 zu. An die künftigen Mitglieder stellen wir bestimmte Anforderungen hinsichtlich ihrer politischen Überzeugung und persönlichen Qualifikation. So sollten sie politisch für Rechtsstaatlichkeit, soziale Marktwirtschaft und die Einheit Deutschlands eintreten und persönliche Sachkompetenz, Politikfähigkeit und die Bereitschaft zur Kandidatur zu den nächsten Wahlen besitzen. Angehörige der Basisdemokratischen Fraktion sind Mitglieder der Gruppe der 20, der Sozialdemokratischen Partei Deutschlands, des Neuen Forums, des Demokratischen Aufbruchs, der Grünen Liga, der Grünen Partei und der Arbeitsgemeinschaft Frieden der Dresdner Kirchenbezirke. Der Zusammenschluss zur BDF erfolgt offiziell am 18. Januar 1990. Er signalisiert die Bereitschaft, in der gegenwärtigen Übergangsphase gemeinsam politisch aktiv zu werden. Zur sechsten Tagung der SVV am 25. Januar 1990 gibt es gleich zu Beginn der Sitzung einen Eklat. Für die Basisdemokratische Fraktion ist im Plenarsaal kein Platz vorgesehen, sie soll auf der Gästetribüne Platz nehmen. Damit sind wir nicht einverstanden. Wie sollen wir von der Gästetribüne aus unser Rederecht ohne Diskriminierung wahrnehmen? Wir verlassen unter Protest den Saal. Daraufhin werden uns allen Plätze in der ersten Reihe eingeräumt. Mit so viel Ehre rechneten wir gar nicht. Wir nehmen die Plätze ein, die Sitzung kann beginnen. Von der SVV werden alle bis dahin vorgeschlagenen Mitglieder der Basisdemokratischen Fraktion einstimmig gewählt.
Berghofer stellt in derselben Sitzung die Vertrauensfrage. Damit hat niemand gerechnet. Keiner ist darauf vorbereitet, sofort einen Alternativkandidaten zu stellen. Die nächsten Wahlen im Mai hätten sowieso eine Klärung herbeigeführt. Berghofer muss bis dahin einfach weitermachen. Das Vertrauen wollen wir ihm jedoch nicht ausdrücklich aussprechen. Das möchten auch die anderen Fraktionen nicht, sie wollen aber zumindest eine Abstimmung. So wird die Vertrauensfrage umformuliert in eine Beauftragung, die Amtsgeschäfte weiterzuführen. Dieser Antrag erhält eine überwältigende Mehrheit. Westliche Pressevertreter verschwinden gleich nach dieser Abstimmung und verkünden am nächsten Tag in ihren Zeitungen das westliche Wunschergebnis: Berghofer sei das Vertrauen ausgesprochen worden. Den feinen Unterschied zwischen einem ausdrücklichen Vertrauensbeweis und einer weiteren Beauftragung – notfalls bis zum bitteren Ende – bei gleichzeitigem Verweigern der Vertrauensfrage realisierten die Medien nicht. Die Bildung eines Wirtschafts- und Finanzausschusses wird zur sechsten Tagung ebenfalls beschlossen. Jede Fraktion kann bis zu zwei Mitglieder stellen. Ein Mitglied der Gruppe der 20 wird zum Vorsitzenden

gewählt. Zwischen den Tagungen fungiert der Wirtschafts- und Finanzausschuss bis zu den Neuwahlen als eine Art Hauptausschuss oder geschäftsführende SVV.
In ihrem Abschlussbericht bewertet die BDF ihre Existenz als ein brauchbares Demokratisierungsinstrument in der Übergangsphase. Das Ziel, die Mitglieder der BDF politikfähig zu machen für die Zeit nach den ersten freien Kommunalwahlen, wurde erreicht. Viele Mitglieder der Kerngruppe der Gruppe der 20 und der Basisdemokratischen Fraktion waren später in der Politik im weitesten Sinne beruflich tätig oder Abgeordnete in Kommunalparlamenten.

Dienstleister der friedlichen Revolution

Die Gruppe der 20 führt in 17 Arbeitsgruppen einen breiten Dialog in der Bevölkerung. Sie organisiert gemeinsam mit den anderen basisdemokratischen Kräften, insbesondere mit dem Neuen Forum, insgesamt 13 Dresdner Montagsdemonstrationen. Am 5. Dezember rufen Arnold Vaatz für das Neue Forum und ich für die Gruppe der 20 zu einer Demonstration vor das Gebäude der Staatssicherheit auf, aus der sich dann die Besetzung entwickelt. Die Gruppe der 20 gründet die Basisdemokratische Fraktion in der Dresdner SVV. Sie wird von der zunächst reinen Dialoggruppe zu einem vielseitigen Dienstleister der friedlichen Revolution mit breiter Ausstrahlung in die DDR. Sie entwickelt die Grundlagen für die spätere Kommunalpolitik der Stadt Dresden und die Bildung des Freistaates Sachsen. So fordert Steffen Heitmann, der spätere Justizminister Sachsens, als einer der ersten die Abschaffung des Gesetzes über die örtlichen Volksvertretungen in der DDR und den Ersatz durch eine neue Gemeindeordnung. Arnold Vaatz, ebenfalls später Minister in der Regierung Kurt Biedenkopf, schrieb den ersten Entwurf einer sächsischen Landesverfassung und veröffentlichte ihn im März 1990. Er veröffentlichte ihn als Entwurf der Gruppe der 20, da der Verfassungsentwurf in enger Abstimmung mit den Migliedern innerhalb der von Steffen Heitmann geleiteten AG Recht entstand. Hans-Peter Mengele aus der badenwürttembergischen Staatskanzlei stand dabei beratend stets zur Verfügung. Mit dem Fall der Mauer in Berlin am 9. November und dem Besuch Helmut Kohls in Dresden am 19. und 20. Dezember 1989 kommt jedoch eine völlig neue Dynamik in den gesellschaftlichen Veränderungsprozess. Weitere Parteien entstehen, aber auch Reformer treten den etablierten Blockparteien bei. Im Februar 1990 trete ich mit fünf weiteren Bürgerrechtlern aus der Gruppe der 20 und dem Neuen Forum der CDU bei. Wir wollen ein Roll-back in den Sozialismus verhindern, die Einheit Deutschlands erreichen und sehen die wirksamste Vertretung dieser Ziele in der CDU Helmut Kohls. In Dresden wird Dieter Reinfried als neuer Kreisvorsitzender zu einem Treibsatz in der sich erneuernden CDU. Erstmals stehen wieder freie Wahlen in Aussicht. Die Prognosen für die CDU stehen schlecht, eine Siegerpartei scheint sie nicht zu werden.

Dr. Herbert Wagner

Freie Kommunalwahlen am 6. Mai

Auf die seit Jahrzehnten ersten freien Kommunalwahlen bereiten sich in Dresden eine Vielzahl neuer und alter Parteien und Wählervereinigungen vor, die sich für den Wahlvorschlag durch Listenverbindungen auf 20 Listen oder Parteien reduzieren. Die CDU bildet zusammen mit dem Demokratischen Aufbruch (DA) und der Deutschen Forumpartei (DFP) die Demokratische Union (DU). In einer gemeinsamen Sitzung der drei Parteivorstände am Freitag, den 30. März, werde ich zum gemeinsamen Spitzenkandidaten für das Oberbürgermeisteramt nominiert. Einen weiteren Vorschlag gibt es nicht. Mein Bekanntheitsgrad als Sprecher der Gruppe der 20, Moderator der Montags-Demos und Vorsitzender der Basisdemokratischen Fraktion mit ausdrücklich kommunalem Engagement sowie eine unbelastete Vergangenheit überzeugten. Zuvor hatten mich Arnold Vaatz, Steffen Heitmann und Dieter Reinfried nach meiner Bereitschaft gefragt, denn seit Berghofer in der Sitzung der Stadtverordnetenversammlung am 25. Januar die Vertrauensfrage stellte, war uns klar, dass nach einer Alternative gesucht werden muss. Die SPD nominiert Dr. Roland Nedeleff zu deren OB-Kandidaten. Der dritte und letzte OB-Kandidat wird Klaus-Dieter Scholz von der freien Wählervereinigung, die sich auf einige Mitglieder der Gruppe der 20 stützt. Gemeinsam mit den Kandidaten der DU wird in einzelnen Arbeitsgruppen ein aus neun Themen bestehendes Kommunalwahlprogramm aufgestellt. Es umfasst erstens Verwaltung und Verwaltungsreform, zweitens Finanzen, drittens Recht, Sicherheit und öffentliche Ordnung, viertens Stadtentwicklung, Verkehr und Bauwesen, fünftens Gesundheit, Soziales, Familie und Gleichstellung der Frau, sechstens Bildung, Jugend und Sport, siebentens Wissenschaft, Bildung, Kunst und Kultur, achtens Wirtschaft und Tourismus und neuntens Umwelt, Energie und Wasserwirtschaft. Erfahrungen sammelte ich bei meinen Besuchen in Baden-Württemberg (Stuttgart, Bietigheim-Bissingen, Rottenburg) und Bayern (München, Landshut, Regensburg). Weiterhin wird die Anwendung auf Dresdner Verhältnisse in einer gemischten Arbeitsgruppe bestehend aus Mitgliedern der alten Verwaltung und den neuen politischen Kräften vorbereitet. Wesentliche Ziele der Verwaltungsreform sind die Auflösung des alten staatszentralistischen Verwaltungsapparates, die Einführung der kommunalen Selbstverwaltung, vorzugsweise nach süddeutschem Modell, die Reduzierung der bisher 19 Ratsbereiche auf neun bis zehn, die Bildung von Ausschüssen, in denen sich die Dezernatsstruktur widerspiegelt und mehr Bürgernähe durch 20 bis 30 Ortsämter anstelle der fünf Stadtbezirke. Der Wahlkampf ist nur kurz. Wir sind alle von den Montags-Demos und den sich überschlagenden Ereignissen erschöpft. Zu den Wahlkampfveranstaltungen gebe ich nur drei Wahlversprechen: Der schlimmste Umweltverschmutzer, die „Dreckschleuder" Braunkohlekraftwerk Dresden-Mitte, soll schnellstmöglich geschlossen werden. Die Kläranlage Dresden-Kaditz soll wieder in Betrieb gehen. Im Alten- und Pflegeheim „Elsa Fenske" sollen wieder menschenwürdige Zustände einkehren.
Aus den Kommunalwahlen geht die Demokratische Union (DU) als klarer Wahlsieger hervor und bewegt sich auf alle Parteien zu, um mit ihnen eine

Vom Labortisch in die Dresdner Rathauspolitik

große Koalition zu bilden, außer mit der PDS. Man ist sich bald einig, dass zur Lösung der Probleme ein möglichst breiter politischer Konsens zweckmäßig ist. Dem CDU-Fraktionsvorsitzenden Dr. Ludwig-Dieter Wagner gelingt es auch, die große Koalition über zwei Jahre hinweg aufrecht zu erhalten, bis sie wegen Spannungen mit der SPD platzt. Doch zunächst wird das Kommunalwahlprogramm der DU zur Ausgangsbasis für die Koalitionsvereinbarung. Die Anzahl der Dezernate wird auf elf erhöht, damit alle in der Koalition vertretenen Parteien einigermaßen entsprechend dem Wahlergebnis vertreten sind. Alle Amtsleiterstellen sollen öffentlich ausgeschrieben werden. Für alle leitenden Positionen wird erwartet, dass die Bewerber eine Erklärung unterschreiben, niemals als offizieller oder inoffizieller Mitarbeiter für die Staatssicherheit gearbeitet zu haben. Die Stadtverordnetenversammlung konstituiert sich am 23. Mai um 8.30 Uhr. Vor Sitzungsbeginn versammeln wir uns um 7.15 Uhr in der Kreuzkirche zu einer Morgenandacht, die Pfarrer Dr. Michael Müller und Superintendent Christof Ziemer halten. Die erste Tagung der SVV wird durch den damaligen Stellvertreter des Oberbürgermeisters, den Stadtrat für Inneres, Hans Jörke, eröffnet. Berghofer ist im Urlaub. Ihm wird am Ende der konstituierenden Sitzung wegen seiner Nichtteilnahme bei zehn Stimmenthaltungen eine Missbilligung ausgesprochen. Hans Jörke übergibt die Leitung bis zur Wahl des Stadtverordnetenvorstehers an den ältesten Abgeordneten, Professor Horst Schneider (PDS). Die SVV wählt Evelyn Müller (DU) mit 97 Ja-Stimmen, bei 21 Gegenstimmen und fünf Stimmenthaltungen zur Vorsteherin der Stadtverordnetenversammlung. Zum Oberbürgermeister werde ich mit 88 Ja-Stimmen, 30 Gegenstimmen und fünf Enthaltungen gewählt. Als Vertreter werden Dr. Roland Nedeleff (SPD) und Reinhard Keller (DSU) gewählt. In meiner Antrittsrede spreche ich von der friedlichen Revolution als einer Revolution von hochgradig Unzufriedenen und dass wir es vermutlich noch lange mit denselben Unzufriedenen zu tun haben werden. Die vor uns liegende Mühsal können wir nur ahnen, aber nicht wissen. Die drei Ziele der friedlichen Revolution, freiheitliche Demokratie/Rechtsstaatlichkeit, soziale Marktwirtschaft und die staatliche Einheit des deutschen Volkes sind jetzt in praktische Kommunalpolitik umzusetzen. Zur Erreichung dieser Ziele müssen wir die Verhaltensweisen einer langen Gefangenschaft ablegen, uns unseren Aufbruchsinn bewahren und das vor den Toren der Stadt wartende Kapital zu unseren Konditionen hereinlassen. Die im Vorfeld des Wahlkampfes erarbeitete und in den Koalitionsgesprächen feiner abgestimmte Verwaltungsstruktur mit elf Dezernaten wird bei drei Gegenstimmen und zwei Enthaltungen bestätigt sowie die zugeordneten Beigeordneten gewählt.

Am 28. Mai ziehe ich mit vier Getreuen in das Rathaus zur offiziellen Amtsübernahme. Frank Neubert, mein erster persönlicher Referent, zieht den Leiterwagen mit Akten und Computer aus der Gruppe der 20. Irmtraut Riethmüller wird – nachdem sie dies schon erfolgreich für die Gruppe der 20 getan hat – das OB-Büro aufbauen. Renate Franz und Christiane Feist werden Sekretärinnen. Das war die erste Welle der personellen Erneuerung. Ich fühle mich in dem ehemaligen SED-Rathaus wie ein Korken auf dem Wasserfass. Um 8 Uhr beginne ich die erste OB-Dienstberatung mit den Beige-

Dr. Herbert Wagner

ordneten. Der Modus des Amtsantritts der einzelnen Beigeordneten innerhalb der nächsten 14 Tage wird ausgehandelt. Der vorgefundene Bestand muss erst einmal festgestellt und die personelle Erneuerung von der Beigeordnetenebene nach unten weitergeführt werden. Die Ausschreibung aller Amtsleiterstellen wird veranlasst. Die Besetzung der Amtsleiterstellen soll im Konsens von Oberbürgermeister, zuständigem Beigeordneten, noch zu bestimmendem Personalchef und einer aus allen Koalitionsparteien zusammengesetzten paritätischen Personalkommission erfolgen, solange eine Hauptsatzung noch nicht erarbeitet und beschlossen worden ist. Danach lassen wir uns das Rathaus vom Keller bis zum Boden zeigen und nehmen unseren neuen Arbeitsbereich in Besitz. Die Übergabe der Amtsgeschäfte erfolgt nicht durch Berghofer, sondern wiederum durch den Stadtrat für Inneres, Hans Jörke, am Nachmittag des 28. Mai. Übergeben werden zwei Ordner (einer mit dem Inventar des OB-Bereichs und einer mit Konzeptionellen Vorstellungen) und der Schlüssel für den Panzerschrank mit der Amtskette. Ich schaue mir die Amtskette an und mein Blick verfinstert sich. Von der altehrwürdigen Amtskette aus dem Jahr 1892 war das Mittelstück ausgewechselt und durch das DDR-Staatsemblem mit Hammer, Zirkel, Ährenkranz und einem darunter hängenden modernisierten Stadtwappen ersetzt. Verwaltungsdirektor Rudolf Hladitsch weiß zu berichten, dass seinerzeit der Goldschmiedemeister Dieter Forberger aus Laubegast diese Arbeit ausgeführt hat und es noch die Chance gibt, die Änderung rückgängig zu machen. Ich gebe dies sofort in Auftrag, denn ich will nicht an die DDR-Tradition, sondern an die Tradition des alten Dresden anknüpfen. Meine Freude ist groß, als das Original-Mittelstück mit den Gravuren der Oberbürgermeister Stübel, Beutler und Blüher wieder gefunden und in die Kette eingesetzt ist. Diese Tradition verpflichtet, und sie will ich fortsetzen. Zur Erinnerung an diesen Vorsatz beauftrage ich den Dresdner Maler Horst Weber, ein Bild zu malen unter dem Titel „Die Macht unter dem Gesetz". Nach 45 Jahren SED- und zwölf Jahren NSDAP-Diktatur sollte das Herrschaftsprinzip umgekehrt werden. Horst Weber malte in moderner Ausdrucksform Mose am brennenden Dornbusch und die zehn Gebote. Ich hängte das Bild im OB-Büro so in mein Blickfeld, dass es mir während der gesamten Amtszeit Mahnung, Erinnerung und Auftrag zugleich sein sollte.
Und ich konnte diese Orientierung sehr schnell gebrauchen – noch bevor das Bild fertig war. Kaum im Amt, musste ich erfahren, dass sich die bisherige Unterstützung der Menschen in Forderungen an den neuen Oberbürgermeister wandelte und ich zur Zielscheibe des Unmuts für alle Unzulänglichkeiten wurde. Der Auftrag der Demonstranten: „Schmeiß alle roten Socken aus dem Rathaus und bringe Dresden sofort auf West-Standard" war sowieso nicht erfüllbar, schon gar nicht über Nacht. Ich bereitete gerade die Privatisierung von Handelseinrichtungen vor, da forderten HO-Mitarbeiter, von baden-württembergischen Gewerkschaftlern aufgestachelt, in einer Demonstration vor dem Rathaus den Erhalt der staatlichen HO, bessere Arbeitsbedingungen und mehr Geld. Ich blieb offen, freundlich, aber hart in der Sache. Ein Rathausmitarbeiter, der mir mit seinen „guten Beziehungen" gerade ein günstiges Grundstück anbieten wollte, mischte sich grinsend und klatschend auf die andere Seite unter die Demonstranten. Er verließ

danach sehr schnell das Rathaus, für immer. Die nächsten Demonstranten waren etwa 1 000 Häusle-Bauer mit ihren Familien, die zu DDR-Zeiten auf volkseigenem Grund und Boden ein Einfamilienhaus mit einem unbefristeten Nutzungsrecht für den zugehörigen Grund und Boden gebaut hatten. Sie fürchteten mit der Einführung der D-Mark eine Preisexplosion und mit der Einführung des bundesdeutschen Rechts die sukzessive Enteignung. Sie wollten sofort und unbedingt noch vor dem 30. Juni 1990 den Grund und Boden nach Modrow-Preisen von der Stadt kaufen. Doch hatte ich weder eine Ermächtigung von der Stadtverordnetenversammlung für den Verkauf von kommunalen Grundstücken unterhalb des aktuellen Verkehrswertes noch konnte das Liegenschaftsamt bei sorgfältiger Prüfung die Vielzahl der Fälle bis zur Wirtschafts-, Währungs- und Sozialunion zum Verkauf vorbereiten. Die Häusle-Bauer drohten laut mit dem Anzünden ihrer Häuser und anonym mir mit Mord und sie begannen einen Hungerstreik vor dem Rathaus. Sie stürmten mein Büro, legten mir ein Schriftstück zur Unterschrift vor, erfassten meine Hand und wollten mich zur Unterschrift unter eine Verpflichtung zwingen. Ich unterschrieb nicht. Der Alltag eines ostdeutschen Bürgermeisters der Nachwendezeit hatte begonnen.

Literatur

Richter, Michael/Sobeslavsky, Erich: Die Gruppe der 20. Gesellschaftlicher Aufbruch und politische Opposition in Dresden 1989/90, Köln, Weimar, Wien: Böhlau Verlag, 1999.

Wagner, Herbert: Zwanzig gegen die SED – Der Dresdner Weg in die Freiheit, Stuttgart, Leipzig: Hohenheim Verlag, 2000.

Aus dem kirchlichen Familienkreis über die BIO ins Ostritzer Rathaus

Günter Vallentin

Montagsdemonstrationen und Gründung der Bürgerinitiative Ostritz

Die kleine Stadt Ostritz liegt direkt am Ufer der Neiße, genau zwischen den beiden Städten Zittau und Görlitz. Etwa 3 500 Einwohner bevölkerten die Stadt im Jahr 1989, deren Wahrzeichen zum einen der ungewöhnlich große Marktplatz von einhundert mal einhundert Metern und zum anderen das Zisterzienserinnenkloster Sankt Marienthal ist.
Nach den letzten Kommunalwahlen im Frühjahr 1989 fanden wir, Vertreter kirchlicher Familienkreise, uns im Haus des Steinmetzen Hans Herbig zusammen, um unsere Beobachtungen aus den Wahllokalen zusammenzutragen. Dabei kam zu Tage, dass die Wahlergebnisse im großen Stil gefälscht worden waren. Wichtiges an dieser Zusammenkunft sollte jedoch sein, dass sich in dieser Gruppe der Keim einer entstehenden Opposition in Ostritz befand. Wir hielten Kontakte untereinander und im Herbst 1989 organisierten wir in der kleinen Stadt Ostritz ebenso Montagsdemonstrationen und drei große Kundgebungen rund um den Ostritzer Marktplatz, wie in viel größeren Städten. Bei einer dieser Versammlungen, die bei schlechtem Novemberwetter stattfand, bot der katholische Pfarrer Wolfgang Stabla die katholische Kirche als Versammlungsort an. In der zum Bersten gefüllten Kirche hielt zuerst der allseits geachtete Bürger der Stadt Ostritz Gerhard Klaus eine bewegende Rede zum Leben in der DDR und zu seinen Erfahrungen mit der Staatsmacht. Eingeladen waren die damalige Vorsitzende des Rates des Kreises Görlitz-Land Gisela Hamann, und der damalige Verantwortliche für die Landkreisfinanzen Herbert Stoll. Beide stellten sich den erregten Fragen der Ostritzer Bürger und mussten ihre wütenden Proteste entgegennehmen. Der damalige Ostritzer Bürgermeister Werner Emmrich versuchte ebenfalls Fragen zu beantworten und um Verständnis zu werben, allerdings erfolglos. Die Leute hatten Erklärungen, warum etwas nicht geht, satt. Die Fragen und Forderungen drehten sich um Reisefreiheit und Versorgungssicherheit sowie um viele Dinge des täglichen DDR-Lebens, die zu verändern oder zu verbessern waren. Niemand ahnte zu diesem Zeitpunkt, dass sich schon am 9. November die Mauer öffnen und am 18. März 1990 eine neue Volkskammer gewählt werden würde, die auch sofort eine neue Kommunalgesetzgebung auf den Weg brachte.
Aus der anfänglichen losen Oppositionsbewegung formierte sich die Bürgerinitiative Ostritz (BIO), die sich mit kommunaler Politik beschäftigte und

Aus dem kirchlichen Familienkreis über die BIO ins Ostritzer Rathaus

sich auf die kommende Kommunalwahl am 6. Mai 1990 vorbereitete. Gleichzeitig „regenerierten" wir die CDU in Ostritz, damit sie als zweite politische Kraft ins Spiel kam. In lockerer Folge fanden einige Sitzungen des Runden Tisches in Ostritz statt, Hans Herbig und ich übernahmen dabei die Verhandlungsführung. Auch der Abschnittsbevollmächtigte der Volkspolizei öffnete sein Büro und warb um Vertrauen. Insgesamt stellte sich ein sehr sachliches Klima ein. Erwartungsgemäß ging die Bürgerinitiative Ostritz aus der Kommunalwahl als stärkste Fraktion hervor. In ihrer konstituierenden Sitzung wählte mich die Stadtverordnetenversammlung als Mitglied des Vorstandes der Bürgerinitiative zum Bürgermeister der Stadt Ostritz.

Ab 1. Juni 1990 übernahm ich als der neue Bürgermeister die Amtsgeschäfte in der Stadt. Ich hatte im Herbst 1989 gerade ein Fernstudium als Erzieher abgeschlossen und naturgemäß keinerlei Erfahrung als Leiter einer Kommunalverwaltung. In dieser Situation half die zukünftige Partnergemeinde der Stadt Ostritz, die Gemeinde Schloss Holte-Stukenbrock aus Nordrhein-Westfalen, außerordentlich. Die Angestellten der Stadtverwaltung Ostritz und der Bürgermeister wurden zu Informationsveranstaltungen und Schulungen im Kommunalrecht und in praktischer Verwaltungstätigkeit in die Partnergemeinde eingeladen. Der damalige Gemeindedirektor Dr. Burghard Lehmann, ein erfahrener Verwaltungsjurist, führte mich in die kommunale Selbstverwaltung ein und stand mir noch jahrelang als wohlmeinender Berater zur Verfügung. Wir sind noch heute befreundet. Ebenso machten sich Mitglieder der Stadtverordnetenversammlung mit dem Wesen der kommunalen Selbstverwaltung vertraut. Stück für Stück erarbeiteten wir uns das notwendige Wissen. Schon bald wurden kommunale Planungen auf den Weg gebracht, zunächst ein Flächennutzungsplan und sofort auch ein Generalentwässerungsplan, da eine geordnete Entwässerung in Ostritz nur rudimentär vorhanden war. Die ersten Monate im Amt des Bürgermeisters waren für mich natürlich die abenteuerlichste Zeit. Die DDR bestand ja noch bis zum 3. Oktober 1990. Die neuen Länder waren noch nicht gegründet. Es gab einen Beauftragten für die Gründung des Landes Sachsen. Deshalb kamen manche Gesetzesbeschlüsse der noch arbeitenden DDR-Volkskammer direkt über den Ticker aus Berlin. Auch die neue Landkreisverwaltung arbeitete zunächst noch nach DDR-Muster. Es gab so genannte Bürgermeisterdienstberatungen. Die Kreisbehörde führte sich noch auf wie in der zentralistisch organisierten DDR. Der Gedanke der kommunalen Selbstverwaltung griff nur langsam Raum. Ich machte die Beobachtung, dass Bürgermeister, die ihr Amt schon in der DDR ausübten, mehr Schwierigkeiten mit dem neuen System hatten als neu in das Amt Gewählte. Die Neuen erschlossen sich die kommunale Selbstverwaltung unvoreingenommener, weil sie das alte System nicht kannten. Ich wäre verloren auf weiter Flur gewesen ohne engagierte Mitstreiter. Als Hauptamtsleiter unterstützte mich der Krankenpfleger und „Organisationsgenie" Hubertus Ebermann und als Bauamtsleiter der Architekt Matthias Schwarzbach. Wir trieben uns gegenseitig vorwärts und wollten unsere kleine Heimatstadt erneuern. Wir kannten uns als gebürtige Ostritzer von klein auf und meinten es mit unseren Bemühungen um Verbesserung ernst.

Da in der Situation des Jahres 1990 nicht alles klar geregelt war, kam es zu einem Problem für Ostritz. Der katholische Feiertag Fronleichnam wurde in

Günter Vallentin

Ostritz traditionell mit einer Prozession begangen. Als der Tag näher rückte, wollten die Ostritzer wissen, ob Fronleichnam Feiertag sei. Wir versuchten überall herauszubekommen, was galt, ohne Ergebnis. Als der Tag immer mehr heranrückte, verfügte ich als Bürgermeister für Ostritz, einer Stadt mit überwiegend katholischer Bevölkerung, einen Feiertag. Als der Tag da war, sah ich erst, was das bedeutete. Ostritzer, die außerhalb arbeiteten, mussten natürlich gehen und umgekehrt mussten die, die von außen kamen, zu Hause bleiben. Der Verkehr floss an diesem Tag um Ostritz herum, die Ostritzer begingen den Feiertag. Ein Jahr später war in Sachsen klar geregelt, in welchen Gegenden Fronleichnam Feiertag ist. Ostritz war nicht dabei.

Neue Energie für Ostritz

Die Situation in Ostritz war nach vierzig Jahren DDR folgende: Die Stadt, geprägt von kleinen Textilbetrieben, lag zwischen zwei Großkraftwerken, Hagenwerder auf deutscher Seite und Turow auf polnischer Seite. Die Neiße, ein schmutzig grauer Fluss, in dem sich kaum noch Fische aufhielten, floss als überdimensionierter Abwasserkanal durch die Stadt. Der Baumbestand und der Wald waren sehr geschädigt durch Kraftwerksasche und schwefelsäurehaltige Luft und konnte auch Laien ihren erbärmlichen Zustand nicht verbergen. Erkrankungen der oberen Luftwege waren an der Tagesordnung und wurden fast für selbstverständlich gehalten, aber auch das verantwortete die schweflige Luft. Je nachdem, von welcher Seite der Wind kam, legte sich Asche aus dem Kraftwerk Turow oder Asche aus dem Kraftwerk Hagenwerder über die Straßen und Wiesen unserer kleinen Stadt. Im Winter blieb der Schnee nicht lange weiß, sondern wurde durch eine Ascheschicht ins Graue oder Schwarze gefärbt. Im Sommer bekamen die Kinder auf den Wiesen schwarze Füße.
Langsam aber stetig veränderte sich das Leben der ehemaligen DDR-Bürger. Die ersten Westwaren konnten gekauft werden. Am 1. Juli 1990 erfolgte der Umtausch der DDR-Mark zu D-Mark und am 3. Oktober 1990 vollzog sich die Wiedervereinigung. Aber auch andere Veränderungen machten sich bemerkbar. Die Textilbetriebe in Ostritz wurden geschlossen und das Energieunternehmen VEAG, das für das Kraftwerk Hagenwerder verantwortlich war, entschloss sich, dieses Kraftwerk stillzulegen. Damit begann sich auch die bis dahin unbekannte Arbeitslosigkeit in Ostritz auszubreiten. Wie überall wurden auch hier Arbeitsbeschaffungsmaßnahmen organisiert, um die größten Härten aufzufangen. Gleichzeitig machten sich aber die Stadtverordneten und wir uns in der Stadtverwaltung Gedanken darüber, wie es in Ostritz zukünftig weitergehen könnte.
Ein Energiekonzept gab den ersten Anstoß. Etwa 500 Kilowatt elektrische Energie sollten notwendig sein, um den Ort Ostritz grundlegend mit Elektrizität zu versorgen. Ich selbst war erstaunt, wie gering der Energiebedarf einer solchen Stadt war. Wir begannen, uns auf die eigenen Ressourcen zu besinnen. Der Fluss vor der Stadt war immer energetisch genutzt worden.

Aus dem kirchlichen Familienkreis über die BIO ins Ostritzer Rathaus

Innerhalb des Stadtgebietes gab es vier Staustufen, an denen früher kleine Turbinen gearbeitet hatten. Wenn nur jede Staustufe 100 Kilowatt hergab, war praktisch die Grundversorgung der Stadt Ostritz fast schon gewährleistet. Dazu kam das Kloster Sankt Marienthal. Es verfügte über einen Weinberg am Westufer der Neiße, übrigens den östlichsten Deutschlands. Das brachte uns dazu zu sagen, auch die Sonne scheint hier so, dass man sie energetisch nutzen könnte. Und als dritte Komponente rechneten wir den in der Oberlausitz beständig wehenden, so genannten böhmischen Wind hinzu. Diese drei Komponenten, Wasser, Sonne und Wind, sollten die energetische Versorgung der Stadt Ostritz zukünftig bestimmen.

Zu Hilfe kam uns dabei die 1990 durch den Verkauf der Salzgitteraktien durch den damaligen Bundesfinanzminister Theo Waigel errichtete Bundesstiftung Umwelt. Diese sehr finanzstarke Stiftung suchte Anfang der 90er Jahre geeignete Objekte, um zur Verbesserung der Umweltsituation in den neuen Bundesländern beizutragen. Solche vorausschauenden Männer wie Prof. Dr. Dr. Clemens Geisler vom Institut für Strukturforschung und Entwicklungsplanung an der Universität Hannover sahen sofort, welche Möglichkeiten das Kloster Sankt Marienthal bot. Im Kloster, das bis 1990 Landwirtschaft betrieben hatte, standen die Landwirtschaftsgebäude nun leer und suchten eine neue Nutzung. Sie wurden zur Last für das Kloster. Der Gedanke der Einrichtung eines internationalen Begegnungszentrums wurde geboren. Der Architekt Prof. Dr. Dietrich Klose aus Hildesheim entwarf ein Gesamtkonzept und sah für jedes leer stehende Wirtschaftsgebäude eine neue Nutzung für das internationale Begegnungszentrum Sankt Marienthal vor. Mit Einverständnis der Schwestern des Klosters und mit Unterstützung der Bundesstiftung Umwelt wurde dieses Konzept Stück für Stück in die Tat umgesetzt. Als Bürgermeister und katholischer Christ übte ich dabei eine Vermittlungsfunktion zwischen Stadt und Kloster aus und versuchte nach Kräften, diese positive Entwicklung voranzutreiben, weil sie beiden nur nutzen konnte. Schon bald stellte sich uns die Frage nach der Beheizung der jetzt leerstehenden Gebäude des Klosters. Erste Zeichnungen, die den Stahlschornstein einer Öl- oder Gasheizungsanlage inmitten des historischen Klosterensembles zeigten, ließen uns schaudern und alternative Ideen notwendig werden. Fast automatisch kam der Gedanke auf, wie es wäre, wenn wir für das Kloster eine Holzheizung einbauen würden. Der Klosterforst verfügte über genügend Holz, um das Kloster damit beheizen zu können. Weiterhin fragten wir uns, warum nur das Kloster und nicht gleich die ganze Stadt? Vom Kloster aus könnte die Stadt versorgt werden. Das Ende dieser Ideenfindung hieß, dass in der Stadt Ostritz ein Bioheizkraftwerk errichtet wird, das mit Holzhackschnitzeln und Pflanzenöl betrieben wird. Möglich wurde diese Entscheidung dadurch, dass die Stadt Ostritz den kommunalen Gebäudebestand nach der Wiedervereinigung übernommen hatte und mitsamt den städtischen Gebäuden über einen Grundstock an Abnehmern verfügte, der die wirtschaftliche Betreibung der Gesamtanlage sichern würde. Die deutsche Bundesstiftung Umwelt reichte für das 24-Millionen-Projekt mit 12 Millionen DM die größte Fördersumme ihrer bisherigen Geschichte aus. Als mich Generalsekretär Fritz Brickwedde davon informierte, war ich fast zu sprachlos, um angemessen Danke zu sagen, denn er hatte durch seine Vermittlung in das

Kuratorium hinein großen Anteil an dieser für Ostritz so positiven Entscheidung. Danach bekannte sich auch der Freistaat Sachsen zu einer angemessenen Mitförderung.
Dadurch wurde allerdings die Stadt Ostritz, man kann fast sagen, vollständig umgeackert. Nachdem bereits der Bau einer neuen Kanalisation, die Mitverlegung von neuen Wasser- und Energieleitungen begonnen worden war, galt es nun, auch Fernwärmeleitungen durch die gesamte Stadt bis in das Kloster Sankt Marienthal zu verlegen. Das Biomasse-Heizkraftwerk errichteten wir auf dem Gelände einer stillgelegten und abgerissenen Textilfabrik. Ministerpräsident Prof. Kurt Biedenkopf kam zur Inbetriebnahme. Und als die Bürger den Baufortschritt sahen und merkten, dass nicht nur gesponnen, sondern verwirklicht wurde, ließen sich sehr viele an die Fernwärmeversorgung anschließen. Inzwischen war es auch gelungen, in der Staustufe des Klosters Sankt Marienthal und in einer weiteren Staustufe Elektroenergieerzeugung neu zu ermöglichen. Zunächst auf städtischen Gebäuden und später auch auf privaten wurden Solaranlagen, die ihrerseits Strom in das Netz speisten, und ein Windpark aus vier Windmühlen durch einen privaten Investor gebaut. Das Projekt der energieökologischen Modellstadt begann sich in der Realität der Stadt abzuzeichnen, die Bürger begannen sich nach anfänglicher Skepsis damit zu identifizieren.

Weltweites Projekt: Ostritz auf der Expo 2000

Daneben liefen die Vorbereitungen zur Weltausstellung Expo 2000 in Hannover. Die Stadt Ostritz bewarb sich mit ihrem Projekt als so genanntes weltweites Projekt zur Teilnahme. Im Jahr 2000 war es dann soweit, Ostritz konnte als „Energieökologische Modellstadt", als Stadt, deren Energieerzeugung ausschließlich auf regenerativen Energiequellen beruhte, an der Expo 2000 in Hannover teilnehmen. Dieses Ereignis wurde in der Stadt recht groß gefeiert, zumal weitere Preise und Auszeichnungen den Weg der Stadt Ostritz säumten. Ostritz wurde im Jahr 1998 der alternative Solarpreis verliehen und 1999 gehörte die Stadt zu den Gesamtsiegern im Wettbewerb „Tatorte", der für kleinere Gemeinden und Städte durch das deutsche Institut für Urbanistik und die Deutsche Bundesstiftung Umwelt ausgeschrieben worden war.
Das Ostritzer Leben wurde immer aktiver, sodass im Jahr 2000 in einer großangelegten Aktion die Geschichte des Ostritzer Stadtwappens, die auf einem Ereignis des Jahres 1368 beruht, nachgespielt wurde. Zur Aufführung fanden sich auf dem neugestalteten Ostritzer Marktplatz ca. 3 000 Besucher ein und feierten einen überwältigenden Erfolg der Darsteller der Ostritzer Stadtgeschichte. Damit ging ein erfolgreiches erstes Jahrzehnt der deutschen Wiedervereinigung in der kleinen Stadt Ostritz zu Ende. Durch die erfolgreiche Politik in Ostritz empfahl ich mich für das neu zu besetzende Amt des Landrates, und auf der Welle des Erfolges der Stadt Ostritz wurde ich im Mai 2001 in das Amt als Landrat des Landkreises Löbau-Zittau gewählt.

Wer nichts wagt, bleibt nicht in Waldheim!
Karl-Heinz Teichert

Wer nichts riskiert, kommt nicht nach Waldheim!

Unter ähnlichem Spruch ist unsere Stadt berühmt, weil sie seit fast 300 Jahren ein „Zuchthaus" besitzt. Die besondere Situation mit der Haftanstalt besteht darin, dass deren Gebäude als Keimzelle der Stadt betrachtet werden. Ursächlich gebaut als Burg zum Schutz der Böhmischen Salzstraße, wurde sie später in ein Augustinerkloster umgewandelt. Nach der Reformation diente das Anwesen als Jagdschloss der sächsischen Könige, bis es ab dem Jahr 1716 erstes deutsches Zucht-, Armen- und Waisenhaus wurde. Ein Zucht-, Armen- und Waisenhaus war damals ein modernes, soziales Modell, denn „es rechnete sich". Waisenkinder bekamen neue Eltern (Arme), von denen sie erzogen wurden. Die Armen erhielten ein Dach über den Kopf und alle wurden von den getrennt mit einsitzenden und arbeitenden Zuchthäuslern ernährt. Daraus entwickelte sich die heutige Justizvollzugsanstalt, ein Stück Staat in der Stadt.
Es war die politische Brisanz der ehemaligen Justizvollzugseinrichtung, die das Volk im Jahr 1990 interessierte. Jeder Staat hatte sie auch mit dazu genutzt, um seine Gegner einzusperren. Und Staaten hatten wir ja im vorigen Jahrhundert viele. Der letzte Staat, der seinen Missbrauch mit der Einrichtung betrieb, war die DDR, die unter anderem die so genannten „Waldheimer Prozesse" inszenierte, in denen Tausende hohe Freiheitsstrafen erhielten und 23 Hinrichtungen erfolgten. Nicht alle „zu Recht" und schon gar nicht rechtmäßig. Was als rechtmäßig gilt, wer weswegen eingesessen hatte und vor allem, wer davon unschuldig war, beschäftigt zurzeit noch viele, auch Gerichte. Aber zum ersten Mal nach Jahrhunderten hatten wir also 1990 die Möglichkeit, die Justizvollzugseinrichtung der Öffentlichkeit zugänglich zu machen. Es war die Chance! Das Volk forderte, dass die Mauer ebenso wie die große in Berlin fallen sollte. Das hätte jedoch den Verlust von weiteren 400 Arbeitsplätzen bedeutet. Zu dieser Zeit waren aber bereits schon dreißig von ehemals zweiunddreißig Betrieben geschlossen worden. Wie sollte man die Einrichtung nutzen? Wie hätte eine Lösung als Kompromiss ausgesehen? Die Antworten fielen schwer. So siegte die Vernunft. Die Stadt verzichtete, der Freistaat sanierte, riss ab und die Justizvollzugseinrichtung besteht heute noch als Strafvollzugseinrichtung, allerdings mit ganz anderen Bedingungen und Möglichkeiten. Das Schlagwort galt also weiter. Sächsisch ausgedrückt: „Wer nicht risgiert, gommt nich nach Waldheim!" und in dessen Abwandlung: „Wer nichts wagt, bleibt nicht in Waldheim!"

Karl-Heinz Teichert

Allein im Rathaus

Riskieren musste man schon etwas, um nach der Wende das Amt des Bürgermeisters erfolgreich zu bekleiden. Denn die Justizvollzugseinrichtung war ja wirklich nicht das einzige Problem in unserer Stadt. Aber davon möchte ich jetzt berichten. Meinen 50. Geburtstag feierten wir im Jahr 1989 in Ungarn. Zum ersten Mal erfuhr ich dort, dass es DDR-Bürger über die österreichische Grenze geschafft hatten, in den Westen zu gelangen. Ich entsinne mich, dass uns als heimfahrende Familie an der ungarischen Grenze Autos begegneten, deren Insassen aus ihrer Absicht keinen Hehl machten: „Los, kehrt doch mit um. Wir hauen ab!", riefen sie uns zu. Danach erinnere ich mich an mehrere Foren in Waldheim, die ich auch besuchte. Eines davon war im Kulturhaus, ein anderes in der Nikolaikirche und ich höre noch die Ausreden und Ausflüchte der vorn Sitzenden. Der ehemalige Bürgermeister ließ einige Jugendliche festsetzen, weil sie zu den Montagsdemos nach Leipzig wollten. Alles war für mich ungewöhnlich, ja schon ein wenig befremdlich. Es war wohl die Angst um die Zukunft, die Arbeit und den Frieden, denn ich konnte mir schon denken, dass die Regierenden und die Russen zurückschlagen würden, wenn es so weitergehen sollte. Um so verblüffender für mich die Schwächen, die man zeigte, die Zugeständnisse, ja die ganze Ohnmacht und den Krampf, den das Ganze offenbarte. Aber die Macht des Volkes ist eben doch gewaltig.
Wie wurde ich Bürgermeister? Wir saßen im Februar 1990 mit einer betrieblichen Arbeitsgruppe im Waldheimer Ratskeller. Im Vereinszimmer hatte der „Runde Tisch" getagt. Es war dort Schluss. Gegen 22 Uhr kam einer der Teilnehmer zu mir und fragte mich, ob ich nicht Bürgermeister werden wollte, man hätte gerade über mich gesprochen. Unterstützung bekäme ich auch von der CDU. Man brauchte unbedingt einen Neuen, der das auch könnte und vom Runden Tisch wollte es keiner werden. Ich meinte, dass ich mir das überlegen müsste. Noch in derselben Woche sagte ich zu und gehörte von da an zum Runden Tisch. So kam ich dann auf die Liste der zu wählenden Stadträte, wurde gewählt und aus der Mitte des neuen Stadtrates zum Bürgermeister der Stadt auserkoren. Das war am 10. Mai 1990. Meinen Dienst wollte ich am 1. Juni 1990 antreten, bis dahin musste ich in meinem Betrieb einiges regeln und mich natürlich auch um eine Mannschaft kümmern. Mein Abgang im Betrieb war problemlos, jedenfalls ging ich ab dem 1. Juni ins Rathaus zur Arbeit. Was ich mir damit aufgehalst hatte, ahnte ich schon, nur dass es so dick kam, wusste ich natürlich nicht. Das konnte auch gar keiner wissen.
So war ich ganz plötzlich Chef von 500 direkt unterstellten Personen und von fast 10 000 Sorgenkindern in der Stadt Waldheim. Den alten Bürgermeister sah ich nur noch kurz an zwei Tagen. Er übergab mir alle Schlüssel, stellte eine Liste zusammen mit Unterlagen und Utensilien, die er mir überreichte, ging mit mir eine Runde durchs Rathaus und stellte mich vor. Anschließend habe ich ihn entlassen. Er sagte mir noch zum Abschied, dass ich scheitern würde. Das Gefühl, ganz allein am Schreibtisch zu sitzen und neu beginnen zu müssen, kann ich nicht beschreiben. Ich schaute auf die Akten-

schränke, deren Inhalt nicht mehr gebraucht wurde, und fragte mich, womit ich denn anfangen sollte. Die erste Zeit war ich als neuer, ungelernter Kommunalpolitiker relativ „allein" im Rathaus. Es galt vieles besser zu machen als vorher. Es gab doch so unheimlich viel zu tun. Was also zuerst, womit anfangen? Ich wusste es am Anfang auch nicht, zumal es ja dringende und aktuelle Sorgen in der Stadt gab. Auf der Hauptstraße lief kein Trinkwasser und das Brot reichte am Wochenende auch nicht. Die Leute hamsterten, als es an die Währungsumstellung ging, fast 500 Bürger suchten eine neue Wohnung. Hinzu kamen Eigentumsprobleme, die Treuhandgesellschaft, Altschulden... und eine Stadt, die heruntergekommen aussah. Aber ich wusste viele Menschen hinter mir, die alle erwartungsfroh mit mir in die neue Zukunft sahen. Diese saßen aber meistens nicht im Rathaus.

Zunächst hatte ich Mitte 1990 gar keinen Vorgesetzten. Es gab noch keinen Landrat, keine Landesregierung. DDR-Gesetze waren nicht widerrufen, neue Gesetze galten zwar, aber waren zumeist nicht bekannt. Die Einheit gab es noch nicht. Es fehlte an Richtlinien und Anweisungen – kurzum wir befanden uns in einem politischen Vakuum, überall bestanden noch die alten Strukturen und so genannten Seilschaften. Alle übergeordneten Stellen wurden erst im Laufe des Jahres 1990 oder später geschaffen. Aber wir durften nicht warten. Zu groß waren unsere Probleme. Und nur wer sich zuerst an den Fördertöpfen einstellen würde, bekäme etwas daraus ab. Das wusste ich inzwischen von meinem Amtsbruder aus Landsberg am Lech. Wir Waldheimer stellten uns darauf ein. Ich wusste, dass ich in der Regel einen Beschluss der Abgeordneten brauchte, wenn ich einen Auftrag auslösen wollte. Beschlüsse wurden von der Mehrheit in der Stadtverordnetenversammlung getroffen oder abgelehnt. Vieles war eine Frage der Vorbereitung der Beschlüsse. Das brauchte aber Zeit, die wir nicht hatten. Deshalb trafen wir uns vor fünfzehn Jahren auch viel öfter als heute. Von den über 1 500 Beschlüssen, die ich in meiner Amtszeit dem Stadtparlament (Stadtverordnetenversammlung, ab 1994 Stadtrat) vorlegte, wurden nur zehn abgelehnt, einer davon mit zwölf zu zwölf Stimmen – eben weil es keine Mehrheit dafür gab. Eigentlich eine Erfolgsquote.

Stadtentwicklung vorangetrieben

In den elf Jahren während meiner Amtszeit bis 2001 hatten wir insgesamt 127 Stadtratssitzungen. In den Ausschüssen arbeiteten jeweils gewählte Stadträte aller Fraktionen in ihrer Freizeit mit Verwaltungsangestellten zusammen. Im Jahr 2001 hatten wir noch vier Ausschüsse: den Ältestenrat, den Verwaltungsausschuss, den Technischen Ausschuss und den Kultur- und Sozialausschuss. Der Bürgermeister war kraft seines Amtes Vorsitzender in jedem Ausschuss, so schrieb es die Sächsische Gemeindeordnung vor. Ich habe jedoch die Leitung von zwei Ausschüssen meinen Vertretern übertragen, damit ich frei für andere Aufgaben wurde. Angefangen hatten wir 1990 mit neunzehn Ausschüssen. Diese waren zuständig für die Diskussion und Vorbereitung von

Karl-Heinz Teichert

in der Stadtverordnetenversammlung zu treffenden Entscheidungen oder Beschlüssen. Ich kenne keine Stadt, die mit so vielen Ausschüssen startete! Im Laufe der Jahre wurden es immer weniger, am Ende waren es eben noch die vier oben genannten. Manches erledigte sich von selbst, zum Beispiel die Wohnungsvergabe, manches musste auch gegen bestimmte Widerstände aufgehoben werden, wurde kraft Gesetz gelöst, heilte sich durch Privatisierung von kommunalen Aufgaben oder andere Festlegungen. Zu einem der Ausschüsse möchte ich noch etwas hinzufügen: Als neunzehnten Ausschuss gab es die Arbeitsgruppe „Stadtentwicklung". Diese arbeitete in acht Untergruppen, die sich befassten mit Entwicklungs- und Planungszielen, überörtlicher Verflechtung, demografischer Entwicklung, Produktionsstrukturen, sozialer Infrastruktur, Verkehrsplanung und -entwicklung und Ökologie. Es versteht sich von selbst, dass der Bürgermeister in all den Ausschüssen und ihren Untergruppen irgendwie mit „drin hing", denn was war so unwichtig, dass er sich nicht darum kümmern musste? In den acht Untergruppen des Stadtentwicklungsausschusses arbeiteten insgesamt 64 Waldheimerinnen und Waldheimer überwiegend sonnabends. Das war eigentlich der einzige Ausschuss mit direkter Bürgerbeteiligung. Die Leitung hatte mein heutiger Freund Prof. Dr. Klaus Kreuziger. Ergebnis war ein Dokument, das uns 1991 vorlag. Es bestand aus über 300 Seiten, davon viele mit umzusetzenden Maßnahmen, an deren Realisierung bereits gearbeitet wurde. Aber genau diese kollektive Arbeit war es, die uns den entscheidenden Vorsprung vor anderen Städten verschaffte. Wir wussten, was wir wollten und was es zu tun galt! Natürlich auch von den anderen achtzehn Ausschüssen, die alle nach den Perspektiven ihrer jeweiligen Thematik befragt und deren Ergebnisse koordiniert wurden. Das machte natürlich allerhand Arbeit, aber es verschaffte uns Zeitvorsprung. So hatten wir bereits im Oktober 1990, also knapp fünf Monate nach meinem Amtsantritt, das fertige Projekt für die Ortsumgehung Waldheim. Aber auch andere Erkenntnisse lieferte uns die Arbeit dieser Zeit: Wir wussten genau, wo wir standen und wo wir in etwa hinwollten. Nur wusste keiner, wo diese hunderte von Millionen D-Mark herkommen sollten, die wir für die Realisierung all unserer Träume brauchten.

In der Stadtverordnetenversammlung saßen wir mit elf Gewählten von der Liste der CDU, neunmal war die FDP vertreten, fünf Stadträte stellte die SPD und die PDS vier. Wir kürten damals einen neuen Bürgermeister und einen Präsidenten der Stadtverordnetenversammlung, weil das früher so war. Danach änderten wir die Straßennamen, waren uns dabei aber nicht immer einig, welchen alten Namen wir wieder vergeben sollten. Wir wählten die Schuldirektoren ab und ich entließ sie. Immer wieder hatten wir Probleme mit ehemaligen Stasimitarbeitern, sowohl im Stadtrat als auch in der Stadtverwaltung. Wir alle waren sehr erfreut über das neue Geld, welches wir ab 1. Juli 1990 erhielten. Aber auch damit hatten wir ein Problem: Es galten ab dem ersten Juli nur noch die DDR-Münzen bis 50 Pfennige. Ein –, Zwei- und Fünf-Mark-Münzen waren ungültig. Es fehlte also das Wechselgeld. Prompt rief mich am anderen Morgen der Konsum-Verkaufsstellenleiter vom Markt an: „Herr Teichert, sie müssen herkommen, ich kann die Leute nicht beruhigen, weil ich kein Wechselgeld habe". So bildeten wir „Einkaufskollektive". Den einen Tag bezahlte der, am anderen der Nächste oder wir rundeten

Wer nichts wagt, bleibt nicht in Waldheim!

den Preis durch Hinzugabe von Waren auf. Er hatte kaum noch etwas zu verkaufen, so hatten die Leute in der Vorwoche noch gehamstert, neue Ware fehlte. Sie fehlte die ganze Woche! Dann kamen die Lieferautos aus dem Westen. Unsere Waren galten nichts mehr – alle kauften Westartikel: Zucker, Butter, Käse... und Bananen. Wie die Kinder, denen man lange etwas vorenthalten hat. Ich will hier nicht weiter von der Marktsituation berichten, aber welches Potenzial an DDR-Mangelware brach in den Folgewochen über uns herein. Sofort konnte ich, nach dem ich bereits das Brotproblem am Wochenende durch Aufstellung einer Verkaufsbude auf dem Markt und Einrichtung einer vorübergehenden zweiten Schicht in der Brotfabrik Döbeln geregelt hatte, die Abteilung Handel und Versorgung im Rathaus auflösen. Bereits am 30. August 1990 starteten wir in der Presse die erste Aktion „Kaufen Sie sächsisch"! Fünfzehn Jahre später hat diese Schlagzeile genau noch die Bedeutung wie damals.

Nach wie vor waren unsere Ausgabenwünsche natürlich weit größer, als es die Einnahmen zuließen. Ganze 261 000 DM betrug die erste Investpauschale, die wir erhielten. 80 % davon steckten wir in neue Projekte, was sich später auszahlen sollte. Das Schlimmste war der absolute Geldmangel. Die Zuweisungen reichten nicht aus, um die nächste Lohnzahlung für die Arbeiter und Angestellten vornehmen zu können. Ich schrieb Briefe an alle möglichen Minister. Es wurde erst im nächsten Jahr besser. Unser Finanzbedarf war enorm. So blieb uns nur die Möglichkeit, Schulden zu machen. Die sechzehn Millionen Schulden der Stadt gliederten sich auf in 12 Millionen für das Gewerbegebiet und 4 Millionen für die Umgehungsstraße. Wir verwendeten die Schulden ausschließlich als Eigenanteile und hinzu kamen also in den Folgejahren viele Millionen von Fördermitteln, wobei wir Waldheimer ganz schön abschöpften, aber das waren wir der maroden Stadt auch schuldig. Wir erhielten in vier Jahren – ab 1991 – 87,8 Millionen DM investive Zuweisungen für die Stadt. Von den 37,9 Millionen für 1994 haben wir als Beispiel 33,2 Millionen in den Bau gesteckt, 12 %, das sind 4,5 Millionen, in den Grunderwerb und nur 0,5 % in bewegliche Anschaffungen. Das standen wir zwar nicht lange durch, aber wir haben eben auch nichts „vernascht". Es galt überall das berüchtigte „Windhundprinzip", das heißt, jede Mark Fördermittel musste man sich erkämpfen. Wer zuerst kam, mahlte zuerst. Bei uns hieß es immer: Geld, was man nicht hat, nicht ausgeben! Gewirtschaftet haben wir jedenfalls nicht schlecht, denn immerhin lagen unsere Schulden bei einem Viertel des Anlagevermögens, welches wir damit geschaffen hatten. Der Bürgermeister erfreute sich bei seinen Mitarbeitern nur einer gewissen, oft auch wechselnden Beliebtheit, denn keiner wusste, ob er im Rathaus bleiben konnte. Aber das wusste ich eben auch nicht genau und inzwischen war bezahlte Arbeit überall knapp geworden. Letztendlich waren von den 500 Mitarbeitern, die ich im Juni 1990 übernommen hatte, am 31. Juli 2001 noch 86 geblieben. Davon noch sechs mit Altersteilzeitverträgen, das heißt, es stand fest, dass diese in Kürze ausscheiden würden. Dass ich bei dieser Entwicklung nicht nur auf Verständnis und Nächstenliebe stieß, lässt sich leicht vorstellen. Viele der Mitarbeiter hatten sich qualifiziert. Junge Qualifizierte mussten wir entlassen, weil es die Sozialauswahl und die sächsischen Richtlinien so festlegten.

Karl-Heinz Teichert

Fazit

Heute haben wir eine liebevoll restaurierte Kleinstadt. Sie lässt nichts mehr davon erkennen, dass wir noch vor wenigen Jahren 80 % Ofenheizungen, nur ein Drittel der viel zu wenigen Wohnungen ein WC, unsanierte, überwiegend graue Häuser, schlechte Straßen und kaum ein Telefon hatten. Es ist bemerkenswert, was sich in den wenigen Jahren seit der deutschen Einheit bei uns getan hat: eine neue fünf Kilometer lange Ortsumgehungsstraße mit einer neuen Zschopaubrücke, ein neues Gewerbegebiet, ein neues Altenheim, Kulturzentrum und Turnhalle wurden geschaffen, zehn neue Straßen wurden gebaut, alte saniert mit neuen Ver- und Entsorgungsleitungen, es gibt eine neue Kläranlage, die Schulen sind saniert, dazu der größte Teil der Häuser und der gesamte Markt. Vor allem gibt es genügend Wohnraum in hoher Qualität. Die DDR hätte das nicht in 100 Jahren geschafft, was seit der deutschen Einheit bei uns geschehen ist! Aber noch etwas anderes ist passiert. 30 Betriebe von insgesamt 32 gingen inzwischen Pleite. Viele Arbeitskräfte zogen weg, darunter vor allem jüngere. Wohnungen stehen leer, obwohl wir vor der Wende 500 Wohnungssuchende hatten. Es herrscht eine relativ hohe Arbeitslosigkeit. Es gibt kaum noch Kinder, so wurden von elf Kindereinrichtungen acht geschlossen. Der Einschnitt in den Lebensbaum der ansässigen Bevölkerung ist viel härter als die Auswirkungen der zwei Weltkriege. Was sollen wir dagegen tun? Ich werde in unserer bayrischen Partnerstadt einen sächsischen Stammtisch organisieren. Aber das ist auch nur ein Tropfen auf den heißen Stein. Industrielle Ansiedlungen sind zu gering, das Lohngefälle und das allgemeine Gefälle an Lebensqualität sind zu groß. Von staatlicher Seite wird gegen die Abwanderungen nichts unternommen, im Gegenteil, es gab noch Prämien dafür. Außerdem haben wir viel zu viel betagte Bürger, weil die Jüngeren entweder gar nicht erst geboren werden oder mit der Lehrstelle in den Westen ziehen und die Senioren immer älter werden. Ein offenes Problem, was aber eine Kommune nicht lösen kann.
Gestatten Sie mir noch die Schilderung einer Begebenheit. Zum Kontakt mit unseren Senioren gehörten auch die Geburtstagsbesuche zu runden Jubiläen. Sie waren immer um die Mittagszeit angesetzt, in der Regel zwischen zehn und zwölf Uhr. Eines Tages kam ich zu einer Dame in Waldheim, die ihren 90. Geburtstag feierte. Mich überraschte, dass sie ganz allein zu Hause war, und ich fragte deshalb dezent nach möglichen weiteren Besuchern, Verwandten, Gratulanten, Nachbarn usw. „Nein – kommen Sie nur herein und setzen Sie sich – heute kommt niemand zu uns." Vor uns auf dem Küchentisch standen zwei leere Teller. „Ich habe uns einen Eintopf gekocht, da Sie doch sicher nicht jeden Tag ein Mittagessen haben." So aßen wir zwei zusammen einen wohlschmeckenden Bohneneintopf und unterhielten uns. Nebenbei sagte sie dann: „Ja, ich gehe dann in die Schlossklause, dort sitzt meine ganze Verwandtschaft und wartet auf mich. Aber ich habe denen gesagt, dass ich vorher esse – und zwar mit Ihnen ganz allein!" Ich habe das aufgeschrieben, weil es etwas abrundet.
Man grüßt mich auch heute noch, trotzdem ich einigen Leuten sehr weh tun musste. Wiedergewählt wurde ich 1994 mit einem Wahlergebnis von über

98 %. Dabei war entscheidend, erst einmal dazubleiben, Verantwortung zu übernehmen, schnell zu handeln oder zu veranlassen, zu arbeiten und an den Erfolg zu glauben. Man wird im Volke so lange geachtet, wie man bei der Wahrheit bleibt. Wenn man etwas verspricht, was nicht zu halten ist, wenn man Unwahrheiten weiterverbreitet, bestechlich ist oder Ähnliches, dann ist der Ruf ganz schnell ruiniert. Dass das nicht so sein muss, hoffe ich bewiesen zu haben.

Vom Runden Tisch Markranstädts in die kommunale Selbstverwaltung

Mischa Woitscheck

Montagsdemonstrationen in Leipzig wirkten als Beispiel

Am 9. Oktober 1989, also nur zwei Tage nach den Festveranstaltungen anlässlich des 40. Jahrestags der DDR in Berlin, fanden in Leipzig erstmals in den vier großen Kirchen der Innenstadt Friedensgebete mit einer anschließenden gemeinsamen Massendemonstration „um den Ring" (um die Leipziger Innenstadt) statt, die in den folgenden Wochen von Montag zu Montag zunahm und als Beispiel für viele andere Städte und Gemeinden im Lande wirkte. Defilierten in Berlin die Einheiten der Nationalen Volksarmee, der Betriebskampfgruppen und Marschblöcke der Freien Deutschen Jugend an der Tribüne mit den Genossen der Sozialistischen Einheitspartei Deutschlands und deren Gästen vorbei, kamen in Leipzig erstmals zigtausend Bürger aller Berufs- und Altersklassen aus der Stadt und dem Umland zusammen, um nach den Friedensgebeten auf den Straßen gemeinsam für freie Wahlen, Presse-, Reise- und Meinungsfreiheit lautstark zu demonstrieren. „Wir sind das Volk", „Deutschland einig Vaterland" klang es in der Stadt. Freilich gab es schon seit Monaten vorher in der Nikolaikirche montags Friedensgebete vor allem für die Menschen – in der Mehrzahl Jugendliche –, die ausreisen wollten und gegen Diktatur und Wahlbetrug opponierten. Im Anschluss fand man sich meist zu kleinen Protestmärschen zusammen. Durch die Polizei und die in Zivil mitgehenden Mitarbeiter der Staatssicherheit, wurden die Demonstrationen in den Anfängen unterdrückt, aufgelöst und einzelne Demonstranten abgeführt.
An einer solchen Veranstaltung nahm auch ich teil, die kurz vor dem Konsument-Warenhaus – vom Volksmund auch „Blechbüchse" genannt – aufgelöst wurde. Ich hatte insofern Glück, dass ich mich rechtzeitig mit anderen in die „Büsche" schlagen konnte und somit einer Verhaftung entging. Ich habe mir später erzählen lassen, dass Personen, die am 7. Oktober 1989 an einer Gegendemonstration zum 40. Jahrestag der DDR in Leipzig teilgenommen hatten, in Pferdeställe auf der Leipziger Rennbahn in großen Gruppen eingesperrt und einzeln verhört und manche auch abgeführt worden sind. Auch am Montag nach dem 7. Oktober 1989 waren die Protestaktionen in Leipzig anlässlich des 40. Jahrestages der DDR das Hauptthema unter den Kommilitonen meiner Seminargruppe. Gleich in der ersten Vorlesung wurde von der Fachschulleitung ein Papier verlesen, in dem die Regierung nochmals hinsichtlich der Protestaktionen darauf hinwies, dass gegen Kollaborateure mit aller Schärfe vorgegangen wird, sie mit aller Konsequenz

und ohne Rücksicht verfolgt und als Staatsfeinde bestraft werden würden. An diesem Tag fiel es mir schwer, dem Studienstoff zu folgen, denn es war Montag und es stellte sich mir die Frage: „Wird es zu einer Montagsdemonstration kommen?" und „Wie verhalte ich mich?" Einerseits war die Angst riesengroß, weil die Nachricht die Runde machte, dass heute auch geschossen wird. Ich war mit meiner jetzigen Frau bereits liiert und meine Tochter Christina zählte fast ein Jahr. Mein Verstand versuchte rational zu denken und zu entscheiden. Andererseits, wenn am heutigen Tag die Proteste verebbten, dann war alles umsonst. Mein Bauchgefühl sagte mir, du musst heute unbedingt demonstrieren gehen.

Der Tag verging sehr schnell, der Abend brach herein und ich befand mich in Taucha und redete mit dem Bruder meiner jetzigen Frau. Nach kurzem Gespräch wurde sehr schnell klar, wir gehen heute gemeinsam auf den Leipziger Ring, um für einen Wechsel friedlich zu demonstrieren. Nach einer umständlichen Fahrt kamen wir an unser Ziel, leider etwas verspätet, aber der Anblick ermutigte uns. Da waren die schon erwähnten zigtausend Menschen, später redete man von über 70 000, die in einem Chor mit enormer Lautstärke riefen „Wir sind das Volk" und „Keine Gewalt!". Ich bin noch heute davon überzeugt, dass dieser Tag und die damit verbundenen Proteste auf dem Leipziger Ring endgültig die Weichen für einen Wechsel stellten. Dass es zu einem so schnellen Zusammenbruch des DDR-Regimes gekommen ist, hat damals sicher keiner angenommen.

Bildung und Arbeit des „Runden Tisches"

Da nun nach dem 9. Oktober 1989 die Staatsmacht nicht mehr einschritt und im gesamten Land die „friedliche Revolution" konsequent ausgeübt wurde, kam es relativ schnell zur erstrebten Wende, ohne Blutvergießen und Zerstörung. Voraussetzung dazu war allerdings die beginnende Demokratisierung durch Solidarność in Polen und in der ehemaligen Union der Sozialistischen Sowjetrepubliken (UdSSR) mit Glasnost bzw. Perestroika durch den damaligen Präsidenten Michail Gorbatschow. Diese Vorgänge sorgten in der DDR und in den anderen „sozialistischen Ländern" für den notwendigen Mut, die Demokratisierung zügig durchzuführen. Viele, vor allem junge Bürger in unserem Land, wollten allerdings nicht auf eine evtl. eintretende Verbesserung der Verhältnisse hier warten und erzwangen die Flucht nach dem Westen über die bundesdeutschen Botschaften in Prag und Budapest mit Unterstützung der jeweiligen Regierungen. Umso stärker wuchs bei den Zurückbleibenden der Mut zur Veränderung der Zustände im Lande.

Einen Tag vor dem Mauerfall am 8. November 1989 fand auch in meiner Heimatstadt, im Markranstädter Kino, auf Einladung des damaligen SED-Bürgermeisters eine öffentliche Einwohnerversammlung statt. Die anwesenden Bürger sprachen, ohne ein Blatt vor den Mund zu nehmen, offen und kritisch über alle die Stadt betreffenden Probleme. Diese Aussprache war

Anlass, auch in Markranstädt einen so genannten „Runden Tisch" zu bilden, um demokratisch gemeinsam mit allen örtlichen Parteien, Institutionen und Vereinigungen über kommunale Angelegenheiten zu beraten und Entscheidungen zu treffen, die für die noch existierende Stadtverordnetenversammlung maßgeblich sein sollten.

In Markranstädt nahm der Runde Tisch erstmals am 7. Februar 1990 im Rahmen einer Gründungsversammlung seine Tätigkeit auf. Der hiesige Pfarrer der örtlichen evangelischen St. Laurentiuskirche, Andreas Voigt, und der Industriekaufmann und als ehrenamtlicher Stadtgeschichtler und Denkmalpfleger tätige Günther Kluge, beide parteilos, wurden zum Vorsitzenden bzw. Stellvertreter gewählt. Die Arbeitsweise und die Ziele wurden auch hier in einer so genannten Geschäftsordnung festgeschrieben und stellten sich wie folgt in ähnlicher Art und Weise landesweit dar:

1. Der Runde Tisch ist eine auf eigener Initiative gründende Versammlung von Vertretern aus politischen Parteien, Bürgerbewegung und ähnlichen Gruppierungen (im Folgenden: Parteien). Er hat keine legislative Befugnis. Er arbeitet als beratendes Organ eng mit dem Rat der Stadt zusammen und wird von diesem gehört.
2. Die Zusammensetzung des Runden Tisches wird in der konstituierenden Sitzung einvernehmlich festgelegt...
3. Änderungen der Zusammensetzung bezüglich beteiligter Personen bzw. deren Sitze bedürfen der Zustimmung mit der Mehrheit von zwei Dritteln aller Mitglieder.
4. Die Sitzungen des Runden Tisches sind im Rahmen der räumlichen Möglichkeiten öffentlich...
5. Der Runde Tisch wird bis zu den in Aussicht genommenen Kommunalwahlen am 6. Mai 1990 tätig...
6. Abstimmungen erfolgen, soweit nichts anderes festgelegt ist oder beschlossen wird, offen durch Handzeichen mit einfacher Mehrheit.
7. Jede Partei ist mit zwei Mitgliedern vertreten und hat eine Stimme. Stimmberechtigte Mitglieder dürfen keiner anderen Partei oder Organisation – als der am Runden Tisch durch sie vertreten – angehören...
8. Wortmeldungen zur Geschäftsordnung sind als solche kenntlich zu machen und bevorzugt zu berücksichtigen. Das Wort zur Sache wird in der Reihenfolge der Meldungen erteilt. Jedes Mitglied soll sich zu einer Sache nicht öfter als zweimal zu Wort melden, Vertreter des Rates der Stadt und geladenen Personen ... haben Rederecht und können insbesondere Empfehlungen zur Tagesordnung geben. Sie haben kein Stimmrecht.
9. Im Bedarfsfall kann der Runde Tisch zur Vertretung nach außen Sprecher mit umschriebenem Auftrag bestimmen...

Bemerkenswert war die sachliche Zusammenarbeit am Runden Tisch vor allen Dingen von den Leuten, die erstmals Verantwortung durch ihre Mitsprache in der Kommunalpolitik übernahmen. Das Recht, sich frei zu äußern, befreite viele von den bisherigen Hemmungen und stellte ein neues Selbstbewusstsein her. Da neben den einschlägig bekannten Parteien auch neue Gruppierungen vertreten waren, gab es in den Beratungen am Runden Tisch eine ungeheure Dynamik. Dabei musste beachtet werden, dass auch Vereinigungen, wie der Freie Deutsche Gewerkschaftsbund (FDGB), die

Freie Deutsche Jugend (FDJ) und der Demokratische Frauenbund Deutschlands (DFD) vertreten waren. Diese DDR-Verbände und -Vereinigungen wurden aber auch teilweise von Mitgliedern der Sozialistischen Einheitspartei Deutschlands (SED) geführt. Um nicht ein politisches Ungleichgewicht am Runden Tisch zu erhalten, gab es eine wichtige Regelung in der Geschäftsordnung, dass die Wortführer dieser Verbände und Vereinigungen nicht gleichzeitig Mitglieder der SED waren. Der Rat der Stadt Markranstädt war immer durch den SED-Bürgermeister vertreten. Von ihm wurden auch entsprechend der Tagesordnungspunkte und Aufgabengebiete weitere Mitglieder aus der Verwaltung herangezogen.

Die Sitzungen des Runden Tisches fanden nicht nur in den Rathäusern statt, sondern auch in Einrichtungen, Institutionen und Betrieben, um sich von den Zuständen und zum großen Teil vorhandenen Missständen direkt vor Ort zu überzeugen. Die Beratungen am Runden Tisch waren meist nicht auf Konfrontation ausgerichtet. Das Anliegen bestand darin, die Probleme zur Sprache zu bringen, darüber zu diskutieren und Lösungsvorschläge von den Verantwortlichen zu verlangen. Da es nur eine selbst ernannte Institution war, wurden weitestgehend nur Empfehlungen gegenüber der teilweise noch existierenden Stadtverordnetenversammlung oder gegenüber der Stadtverwaltung (dem Rat der Stadt) ausgesprochen.

Eine Vielzahl von Themen kamen in der kurzen Zeit der Existenz des Runden Tisches in Markranstädt zur Sprache. Von der Wohnungspolitik, hierbei insbesondere der Mangel an Wohnraum, der zur Verfügung stand und der schlechte Zustand dessen, über die Bildung, die Versorgung der Bürger mit Dienstleistungen, über Kultur, Jugend und Sport bis hin zu Fragen der Gewerbeansiedlung wurde beraten. Der Gesprächsaustausch zu den unterschiedlichen Thematiken erfolgte sehr offen und in freier Form. Später musste ich feststellen, dass auch am Runden Tisch in Markranstädt Personen vertreten waren, die sich gegenüber dem Ministerium für Staatssicherheit zur Mitarbeit verpflichtet hatten. Diese Geißel des DDR-Regimes verfolgte uns noch viele Jahre in der kommunalpolitischen Arbeit.

Kommunale Selbstverwaltung wird Realität

Eine wesentliche Arbeit des Runden Tisches in Markranstädt war es auch, die ersten freien Kommunalwahlen am 6. Mai 1990 mit vorzubereiten. So wurden in den Beratungen des Runden Tisches zum Beispiel die Einteilung der Wahlkreise und die Zahl der zu wählenden Abgeordneten abgesprochen, die sodann im Nachgang durch die Stadtverordnetenversammlung der Stadt Markranstädt beschlossen wurde. In der gleichen Beratung am 26. März 1990 folgte die Stadtverordnetenversammlung der Stadt Markranstädt der Empfehlung des Runden Tisches, dem Sächsischen Städte- und Gemeindetag beizutreten, um den Aufbau der kommunalen Selbstverwaltung als Bestandteil des demokratischen Erneuerungsprozesses in der „noch"-DDR einzulei-

ten und die Entwicklung der kommunalen Demokratie und des Kommunalrechtes zu unterstützen.
Mit den Kommunalwahlen am 6. Mai 1990 endete die Arbeit des Runden Tisches in Markranstädt. Im Ergebnis der ersten demokratischen Kommunalwahl nach der Wende wurde auch ich von den Bürgern unserer Stadt in die Stadtverordnetenversammlung gewählt. Nun galt es relativ zügig die Grundlagen für die Arbeit des Kommunalparlamentes zu legen. Eine erste Hauptsatzung und Geschäftsordnung für das neue Gremium wurde unter meinem maßgeblichen Mitwirken erarbeitet. Dies war sicherlich auch ein Grund dafür, dass unter der mit neuen politischen Kräften zusammengesetzten Stadtverordnetenversammlung die Wahl meiner Person zum Bürgermeister mit einer übergroßen Mehrheit erfolgte. Wie viele andere Frauen und Männer der ersten Stunde wechselte ich als „erster" Bürger der Stadt mit relativ wenig Verwaltungserfahrung aus der Wirtschaft in die Kommunalpolitik. Damals wäre es mir nicht einmal im Traum eingefallen, dass ich zehn Jahre später von den Damen und Herren Oberbürgermeistern und Bürgermeistern aus allen Teilen von Sachsen zum Geschäftsführer des Sächsischen Städte- und Gemeindetages gewählt werde und somit hauptamtlich die Aufgabe zur Interessenvertretung der sächsischen Städte und Gemeinden zur Wahrung des kommunalen Selbstverwaltungsgedankens im Freistaat Sachsen übernehmen würde.

Ich danke Günter Kluge, Stadtgeschichtler und Ehrenbürger der Stadt Markranstädt, für seine Unterstützung bei der Erarbeitung dieses Beitrages.

Von der Kanzel ins Zittauer Landratsamt
Heinz Eggert

Politische Verantwortung übernehmen?

Bei allen notwendigen und politischen Aktivitäten in der Wendezeit – ich war Pfarrer und wollte Pfarrer bleiben. Das war meine Hauptverantwortung und das war mein Beruf. Manchmal stehen Beruf und Berufung in einem engen Zusammenhang. So empfand ich es jedenfalls. Alles andere war zwar Zeit und Kraft raubend, aber unbedingt notwendig in dieser spannenden Übergangszeit.
Die Untersuchungsausschüsse, die sich mit der Aufklärung von Amtsmissbrauch und Bereicherung der Staatsfunktionäre beschäftigten, waren notwendig. Sie brachten mir übrigens statt der erfreulichen öffentlichen Sympathie auch unerfreuliche erste Morddrohungen ein. Es war notwendig, die Staatssicherheit aufzulösen und sehr genau zu beobachten, in welche Richtung sich dieser Apparat bewegte. Es war notwendig, die Diskussion der Runden Tische zu verfolgen und auszuwerten. Es war notwendig, abends in einem immer spannender werdenden DDR-Fernsehen die politischen Entwicklungen zu verfolgen. Es war notwendig, politische Gespräche mit politisch Interessierten oder vom Gang der Ereignisse Verwirrten zu führen.
Aber es mussten auch weiter Gottesdienste gehalten, Kinder getauft, Gestorbene beerdigt, Trauernde getröstet und Verliebte getraut werden. Und dann die Familie, die wie immer zu kurz kam. Und dann unsere vier Kinder. Unsere vier Kinder hätten eigentlich allen Grund gehabt, wegen permanenter Vernachlässigung ihren Protest auf die Straße zu tragen. Um es gleich vorweg zu nehmen, als Landrat oder Minister wurde oder war ich auch kein besserer Vater.
Im März 1990 waren nach 45 Jahren die ersten freien und geheimen Wahlen zur Volkskammer der DDR. Von allen Parteien, außer verständlicherweise von der SED-PDS, wurde ich gefragt, ob ich für Sie für die Volkskammer kandidieren würde. Das wollte ich nicht. Ich wollte kein Volkskammerkandidat sein. Ich wollte meine Eigenständigkeit des Denkens nicht parteipolitisch kanalisieren lassen und meine Unabhängigkeit behalten. Vereinnahmen lassen wollte ich mich schon gar nicht. Auf der anderen Seite waren diese ständigen Nachfragen schon schmeichelhaft. Es hatte einmal seinen eigenen Charme gefragt zu werden, statt sich selbst wild entschlossen und besessen zu bewerben. Ich musste mich auch gegen meine eigene Eitelkeit wappnen, die nun wirklich nicht gering ist. Mich selbst beschwörend, schrieb ich auf ein kleines Schild: *Kein politisches Amt!* Zur stets sichtbaren und unüber-

sehbaren Warnung stellte ich es auf meinen Schreibtisch. Immer wieder wollten meine Gesprächspartner mich davon überzeugen, wie wichtig und unverzichtbar ich in dieser Zeit als Abgeordneter und Politiker sei. Ich entgegnete ihnen darauf immer, dass ich gerade als Pfarrer ganz genau wüsste, dass die Friedhöfe voll von Wichtigen und Unverzichtbaren sind. Man kann ja Komplimente immer wieder gerne hören, man darf sie nur nicht glauben.
Dann kam der 6. Mai 1990 – mein Geburtstag. Mit 44 Jahren erlebte ich die ersten freien und geheimen Kommunalwahlen in der DDR. Das war schon ein tolles Geschenk! Der neue Kreistag wurde gewählt. Am 23. Mai 1990 sollte er zu einer konstituierenden Sitzung zusammenkommen, um den neuen Landrat zu wählen. Landrat – das war auch für mich ein neuer Begriff. Dass er den Vorsitzenden des Rates des Kreises ablösen sollte, das war mir klar. Ansonsten kannte ich das Wort Landrat nur aus Romanen. Als ich in meinem Lexikon nachgeschlagen habe, las ich unter anderem: „Der Landrat wird vom König eingesetzt". Es war zugegebenermaßen ein sehr altes Lexikon.
Und wieder bekam ich Besuch. Fünf Tage, bevor der neue Kreistag zusammentreten sollte. Ob ich als Landrat zur Verfügung stehen würde? Zuerst kam die Frage vom Kreisvorsitzenden der CDU, die die stärkste Fraktion im neuen Kreistag bildete. Dann von meinem Kollegen Lothar Ahlisch, der für mich in bewundernswerter Weise den schwierigen Weg vom Hauptmann der Nationalen Volksarmee zum Pfarrer gemeistert hatte. Er suchte ganz genauso wie ich zu DDR-Zeiten mit jedermann das Gespräch, ohne Berührungsängste mit Andersdenkenden oder SED-Genossen zu haben. Er war inzwischen wortführend für das Neue Forum. Wir hatten natürlich aufgrund unserer gemeinsamen Erfahrung als Theologen in der DDR und als Freunde eine ganz besondere Gesprächsgrundlage. Die Frage, die wir diskutierten, war: „Wie schuldig kann man werden, wenn man sich in schwierigen Zeiten der Verantwortung entzieht?" Müssten nicht gerade wir, die wir schon seit Jahren Veränderungen angemahnt hatten, die wir ein großes Vertrauen in der Bevölkerung besaßen, jetzt selbst – wenigstens übergangsweise – politische Verantwortung übernehmen? Schon zu DDR-Zeiten, wenn wir uns nach den üblichen Gesprächen mit den Genossen vom Rat des Kreises in einem Zittauer Café bei einem Kaffee erholten, waren wir uns einig, dass wir es eigentlich immer leichter hatten als die Genossen vom Rat des Kreises und von der SED-Kreisleitung, auch wenn sie die Macht hatten. Ihre Ohnmacht gegenüber den übergeordneten Parteiinstanzen oder dem Politbüro der Partei der SED war nicht zu übersehen. Wir litten zwar unter diesen politischen Entscheidungen, aber wir konnten auch alles sehr gut auf ethische Grundlagen und moralische Grundzüge hin durchdenken, ohne selbst eine einzige politische Entscheidung dazu zu fällen oder dafür gerade stehen zu müssen. Dazu kam noch, dass uns zu DDR-Zeiten selbst unsere schlimmsten Gegner nicht verdächtigten, Theologen geworden zu sein, um Geld zu verdienen. Mit diesen Verdächtigungsvorwürfen habe ich mich selber erst später als Landrat oder als Minister auseinander setzen müssen. Aber so weit war es ja noch nicht. Wir debattierten stundenlang. Aber eine Entscheidung fiel nicht. Seine Diskussion war dadurch natürlich noch weitaus engagierter, da er

selbst am Überlegen war, ob er für das Oberbürgermeisteramt in Zittau kandidieren sollte. Also suchten wir nach geeigneten Personen. Wir gingen gemeinsam einige Namen durch. Wobei es ja auch durchaus Kandidaten für das Amt des Landrates gab. Einige gehörten schon sehr lange den sozialistischen Kreistagen an. Engagierte Blockparteienfunktionäre, die glaubten, dass ihre Nichtmitgliedschaft in der SED sie besonders empfehlen würde. Sie schrammten in der eigenen Selbstdarstellung schon dicht am Nimbus des engagierten Widerstandskämpfers vorbei. Andere waren rechtzeitig aus dem Westen in den Osten geeilt, um, nach eigener Auskunft, zu helfen. Wobei es oftmals nicht so genau klar war, wem sie eigentlich helfen wollten. Den Menschen in unserer Region oder sich selbst? Wenn es offenbar gute Gründe gegeben hatte, dass jemand im Westen Deutschlands nicht zum Landrat gewählt wurde, worauf sollte man jetzt eine besondere Tauglichkeit für den Osten ableiten? Schließlich blieben noch zwei Tage bis zur Entscheidung. Ich beriet mich mit Freunden, mit meiner Frau, die damals erkrankt war und die die Folgen der Entscheidung in der ganzen Tragweite genauso wenig übersah wie ich. Auch mit unserem Superintendenten Dietrich Mendt sprach ich über diese schwierige Entscheidung. Er war der Meinung, dass solche Entscheidungen etwas mit der Wahrhaftigkeit zu tun hätten, was wir über Jahre hinweg gesagt und gepredigt hätten. Mit anderen Worten, seine Botschaft lautete: „du musst es tun." Um gleich anzufügen, dass er mich mit der gleichen Elle der Wahrhaftigkeit auch weiterhin messen würde und mir deutlich sagen würde, wenn ihm irgendetwas an meiner Amtsführung nicht gefallen würde. Das hat er dann später auch immer deutlich getan. Gleich ob ich Landrat oder Innenminister war. Gott sei Dank!

Ich sagte zu

Langsam war mir klar, dass alle weiteren Gespräche nur noch eine Flucht vor der eigenen Entscheidung waren. Also sagte ich zu. Wobei ich bei meiner Zusage fest davon ausging, dass es nur ein kurzer Ausflug in die Politik sein würde. Und dass ich nach ein oder zwei Jahren wieder auf die Kanzel zurückkehren könnte. Dass die Rückkehr auf die Kanzel schwieriger sein würde als ich zunächst angenommen hatte, zeigte ein Schreiben vom Landeskirchenamt Sachsen, das mir nach meiner erfolgten Wahl schrieb, ich solle umgehend meine Ordinationsurkunde an das Amt zurücksenden. Ich vermute einmal, dass jeder Pfarrer ein solches Schreiben bekommt, der über mehrere Frauen fällt und gleichzeitig noch in die Kirchenkasse greift. Dieses Schreiben hat mich schwer getroffen und sehr lange beschäftigt. In einer Zeit, in der ich bei allen schwierigen Entscheidungen selbst Hilfe brauchte, setzte mir die Kirche erst mal den Stuhl vor die Tür. Nur gut, dass Landeskirchenämter im Allgemeinen mit Gott nicht viel zu tun haben. Dass ich mit meinen Empfindungen nicht ganz daneben lag, bestätigte mir Dietrich Mendt, der im Amtsblatt gelesen hatte, dass der Pfarrer Heinz Eggert aus

dem Dienst scheide. Sein Kommentar: „Als hätte Eggert goldene Löffel geklaut."
Aber nicht die Zeit heilt Wunden, sondern diese Zeit um 1990 ließ gar nicht die Zeit, um sich in die eigenen Empfindlichkeiten zu versenken. Dazu war sie zu dynamisch und es gab zu viel zu tun. Also führte ich zunächst Gespräche mit den Führungsgremien der unterschiedlichen Parteien. Es zeichnete sich eine breite Zustimmung zu meiner Person ab, die einige glaubten, im Vorfeld mit späteren Personalentscheidungen im neuen Landratsamt verbinden zu können. Ich machte deutlich, dass ich parteilos in dieses Amt gehen werde, dass ich auch nicht vorhätte, irgendeiner Partei beizutreten, und dass ich meine ersten Personalentscheidungen selbständig treffen würde, ohne mich an Personalvorschläge der Parteien gebunden zu fühlen. Darauf gingen alle ein. Schließlich wollten sie mich als Landrat haben. Ich hatte mich ja nicht beworben. Das machte zunächst meine Stärke aus.
Mit dem Kirchgemeinderat, der nicht besonders glücklich über meine Entscheidung war, aber auf den ich mich immer verlassen konnte, besprach ich den Abschiedgottesdienst. Am 23. Mai 1990 sollte die Wahl zum Landrat im Kreistag sein. Ich war fest entschlossen, dann am 24. Mai morgens um 8 Uhr meinen Dienst als Landrat anzutreten. Am 27. Mai sollte der Abschiedgottesdienst in der Oybiner Bergkirche sein. Das erste Mal erlebte ich die Arbeit in einem Parlament. Aber nicht als einziger. Viele der neu gewählten Kreisräte erlebten jetzt, worauf sie sich eingelassen hatten. Die meisten hielten es dann auch bis zum Schluss durch. Über ihr persönliches Engagement in dieser sehr schwierigen Zeit darf man heute noch sehr froh sein, wenn es auch nie so richtig gewürdigt worden ist. Der Olbersdorfer Pfarrer Wolfgang Müller, der den Runden Tisch in Zittau moderiert hatte, eröffnete die Sitzung, der Pfarrer aus Großschönau, Alfred Hempel, ein sehr mutiger Mann nicht nur zu DDR-Zeiten, war der Vorsitzende der Wahlkommission und ich als Oybiner Pfarrer stand als Landrat zur Wahl. Symptomatisch für die Wendezeit und gleichzeitig auch ihr Abschluss. Ein Kandidat vom Bund der Freien Demokraten, der auch zu DDR-Zeiten dem Kreistag ständig angehörte, hatte schon vorher seine Kandidatur angemeldet. Überraschend meldete sich dann noch ein Kandidat aus den Reihen des Neuen Forums/Die Grünen, die mir ihre Unterstützung zugesagt hatten. Er war 23 Jahre alt. Auf die Frage einer Abgeordneten, ob er sich denn mit seinem Alter die Arbeit als Landrat überhaupt zutraue, antwortete er, man könne ihn ja schließlich wieder abwählen, wenn er die Erwartungen der Bürger nicht erfülle. Diese Antwort gefiel mir. Sie war meiner momentanen Grundhaltung sehr ähnlich. Dann wurde gewählt. Von 75 abgegebenen gültigen Stimmen hatte ich 52 Stimmen bekommen. Ich war gewählt. Der neue Landrat hieß Heinz Eggert. Ich hielt meine erste Rede vor einem Parlament. Sie war in der Nacht geschrieben worden. Noch nie war ich so unsicher wie bei ihrem Entwurf. Ich trat aus dem geschützten kirchlichen Raum hinaus in den offenen politischen Raum, in dem ein anderer Wind wehte. Manchmal kälter und härter. Ich hatte mich in den Raum politischer Verantwortung begeben. Aber für diese Rede bekam ich warmem Beifall. Das machte mir Mut!
„Meine Damen und Herren, liebe Freunde! Danken möchte ich allen, die mir mit ihrer Stimmabgabe das Vertrauen ausgesprochen haben. Danken möchte

ich aber auch – in Ihrer aller Einverständnis – den vielen Bürgern in unserem Kreis, die sich seit November 1989 mit ihrer Kraft, ihrer Zeit und ihrem Engagement an den vielen entstandenen Runden Tischen beteiligt haben. Sie haben das große Verdienst, in den Zeiten schwebender Gesetzlichkeit, oftmals gegen den Widerstand eines etablierten Macht- und Verwaltungsapparates, demokratische Strukturen vorgedacht und vorbereitet zu haben. Dafür heute unseren Dank. Wir sind demokratisch gewählt worden. Hinter jedem von uns stehen die Bürger dieses Kreises, die uns gewählt haben mit ihren Erwartungen, Aufträgen und Hoffnungen. Das ist unsere Verantwortung und das bestimmt unsere Arbeitsaufgaben. In diesem Sinn werden wir miteinander arbeiten. Ein Gegeneinander ist nicht denkbar und wäre in unserer Situation die Spitze der Verantwortungslosigkeit. Perspektiven für den Kreis Zittau im Land Sachsen aufzuzeigen, muss auch bedeuten, eine Perspektive für jeden Einzelnen in diesem Kreis aufzuzeigen. Wir müssen versuchen, den besten Kompromiss zu finden bei der Einführung der Marktwirtschaft und bei der sozialen Absicherung eines jeden Einzelnen. Daran müssen wir arbeiten. Mit meiner Wahl zum Landrat haben Sie mir den Auftrag zur Bildung eines Landratsamtes erteilt. Das heißt für mich den Aufbau einer leistungsstarken und arbeitsfähigen Verwaltungsstruktur für den Kreis Zittau. Das heißt für mich auch, alle leitenden Ämter werden zur Neubesetzung öffentlich ausgeschrieben. Es wäre unhaltbar, wenn die Leiter von gestern schon wieder die – vielleicht noch durch einen Beamtenstatus abgesicherten – Leiter von Morgen wären. Wobei Kompromisse genauso eine Rolle spielen werden wie vielleicht die berühmte Ausnahme von der Regel. Es geht um integre Personen mit Sachkompetenz. Eines allein kann nicht genügen. Für dieses Vorhaben, einer vor den Wählern verantwortbaren Personalpolitik, erbitte ich Ihre Zustimmung und Unterstützung. Ab heute werden wir unsere eigenen Fehler machen. Es wird später keine Entschuldigungen geben, wir hätten ja auf Befehl handeln müssen, wären nur Ausführende aber nicht Täter gewesen, hätten von nichts gewusst. Diese Zeiten sind ein für alle Mal vorbei. Wenn wir es wollen. Ich freue mich auf unsere Zusammenarbeit, die soviel Chancen in sich trägt, wie wir sie uns selbst eröffnen. Danke!"

Eine neue Personalpolitik auf den Weg gebracht

Am meisten überraschte mich der Beifall aller Fraktionen zu meinen Ausführungen über meine zukünftige Personalpolitik. Ich war fest entschlossen, die gesamte Führungsmannschaft des ehemaligen Rates des Kreises Zittaus auszuwechseln oder zu entlassen. Es gehörte für mich zur politischen Moral, an deren Abwesenheit die meisten Deutschen bis heute glauben. Ich bin bis heute fest davon überzeugt, dass Menschen, die früher mit Hilfe ihres Amtes andere Menschen bedrückt und in ihrer Würde verletzt haben, nicht erwarten können, durch die Steuergelder ihrer ehemaligen Opfer ihren Arbeitsplatz finanziert zu bekommen. Besonders dann nicht, wenn diese selbst schuldlos ihren eigenen Arbeitsplatz verloren hatten. Es konnte nicht sein, dass die Herren eines undemokratischen Systems völlig bruchlos ihre Herrschaft in einem demokratischen System weiter fortführten. Durch eine neue Personalpolitik mit integeren und kompetenten Mitarbeitern sollte das Vertrauen der Bevölkerung in ein neues Landratsamt wieder neu erworben werden. Das hatte ich vor, in der Annahme, dass es jetzt überall in der DDR geschehen würde. Das war allerdings ein Irrtum! Übrigens nicht mein einziger.

Aber zunächst einmal beschloss der erste Kreistag einstimmig eine Ausschreibung für fünf Dezernatsleiter zur neuen Besetzung des Landratsamtes. Es wurde ein Personalausschuss gebildet, in den jede Fraktion einen Vertreter entsandte. Dabei war aber klar, dass ich die Personalhoheit und die letzte Entscheidung hatte, aber gegen die Mehrheit des Personalausschusses niemanden einstellen würde. Zu einer solchen Situation sollte es auch nie kommen. Es war der Beginn einer sehr sachlichen, manchmal sehr aufgeregten, aber aufgrund der vielen zur Lösung anstehenden Probleme auch sehr konstruktiven Zusammenarbeit des neuen Kreisparlaments mit dem Landrat. Für große ideologische Auseinandersetzungen oder kleinkarierte Parteienpolitik hatten wir keine Zeit, war auch nicht der Platz und zum Glück auch nicht das dafür geschulte Personal vorhanden. Schon zwei Tage später wurden alle leitenden Stellen im Landratsamt neu ausgeschrieben. Aber dazwischen lagen zwei Tage. Meine ersten beiden Arbeitstage als Landrat.

Erste Dienstanweisung: Türen auf!

Am nächsten Morgen fuhr ich um 7.30 Uhr, wie gewohnt in Jeans, Pullover und Jackett in das Gebäude des Rates des Kreises, das ich früher nie gerne betreten hatte und aus dem ich ein Landratsamt machen sollte. Die Zugangstür war schon geöffnet. Dahinter befand sich wie in jeder DDR-Behörde eine verschlossene Tür und dazwischen saß machtbewusst der Pförtner, der entscheiden konnte, wer auserwählt war dieses Haus zu betreten oder nicht. Ich war es offensichtlich auf den ersten Blick nicht. Statt eines Lächelns oder eines Grußes kam die Aufforderung: „Bürger, Ihren Ausweis!" Das „bitte" sparte er sich. Warum freundlich sein, wenn man die Macht hat. Meine Erwiderung war ebenso unfreundlich. Ich stellte mich als neuer Landrat vor und gab als erste Dienstanweisung an ihn aus, dass ab sofort die zweite Tür zu öffnen sei und dass er die Bürger nicht nach ihrem Ausweis zu fragen habe sondern sie zu beraten habe, damit sie in dem großen Amt nicht nur die richtige Türe, sondern auch den richtigen Sachbearbeiter finden. Seine Reaktion war relativ trotzig. Er kündigte an, dann künftig gar nichts mehr zu machen. Woran er sich dann offensichtlich auch bis zu seiner Entlassung gehalten hat. Jedenfalls war er meist dabei, Kreuzworträtsel zu lösen, wenn ich an seiner Loge vorbeiging.

Im Amt hatte man mich noch nicht erwartet. Auf dem großen Korridor im ersten Stock, wo sich das Heiligtum des ehemaligen Kreisvorsitzenden, der mir als Person nie unsympathisch war, befand, überraschte ich fast die

gesamte Führungscrew, die sich im Gespräch austauschten. Meine ironische Bemerkung, dass in diesem Haus wohl nicht so viel zu tun sei, wenn sich alle auf dem Flur zum Gespräch treffen würden, entkrampfte die Situation auch nicht besonders. Die einen verschwanden grüßend, andere gratulierten matt oder ein paar Spuren zu überschwänglich. Ich fühlte mich zwar wohl in meiner Haut, aber nicht in dieser Situation. Ich bat darum, dass man mir mein Zimmer zeige. Im Vorzimmer saß ein älterer Kollege, der sich vorstellte und mir erklärte, dass die Sekretärin seit gestern krank sei. Ich vermutete, dass meine Wahl der Grund für ihre Krankheit sein könnte. Deshalb ließ ich ihr beste Genesungsgrüße ausrichten zusammen mit der Botschaft, wenn sie morgen ihren Dienst nicht antreten könne, würden wir schon eine weitere Verwendung für sie finden. Ohne es zu wissen, lag ich voll daneben. Sie war erst vor einigen Tagen ausgesucht worden, die neue Chefsekretärin zu sein. Offensichtlich hatte man lange nach einer parteilosen Sekretärin im Amt gesucht. Als Glück hatte sie diese Beförderung nicht verstanden. Allerdings war sie auch wirklich krank und nicht wesentlich beruhigter, als ihr meine „Genesungswünsche" überbracht wurden. Sie war später eine hervorragende Chefsekretärin, sehr loyal, mit einem guten Draht ins Haus und konnte auch gut mit meinen „Macken" umgehen. Aber jetzt musste ich erst einmal mit ihrem „Vertreter" vorlieb nehmen. Wenn ich einverstanden sei, würde er das Telefon und das Vorzimmer besetzt halten, ansonsten könne ich ihn auch wegschicken. Das alles erklärte er in einer sehr traurig ergebenen Art. Ich ahnte jetzt schon, welchen Ruf ich im Landratsamt genoss. Allerdings war ich auch in der Situation, keinen Vertrauten in diesem Amt zu haben. Deshalb, und weil mir der ältere Kollege nicht unsympathisch schien, bat ich ihn, das Vorzimmer zu besetzen und mir zunächst die Leute vom Hals zu halten. Was er dann auch tat. Nur einmal klopfte es an meiner Tür, erst erschien sein Kopf und dann ein Tablett mit einer Kaffeekanne. Kaffeemarke Rondo. Dann hatte ich Ruhe und sah mich in dem Dienstzimmer des Vorsitzenden um. Es war von geschmackloser Einfachheit. Immerhin kam er aus einer Partei, die die Höhen der Kultur stürmen wollte. Offensichtlich waren die Niederungen dabei vergessen worden. Man sah sofort, wo früher die Honecker- oder Krenz-Bilder gehangen hatten. Die Schrankwände waren leergeräumt. Einige unansehnare Freundschaftsgeschenke aus Polen und der UdSSR waren verblieben. Offensichtlich hatte auch der überzeugteste Genosse keinerlei privates Interesse daran gehabt. Nur in den untersten Schubladen des Schreibtisches lagen noch von Honecker unterschriebene Auszeichnungsurkunden zum 40. Jahrestag der DDR nebst den dazugehörigen Orden. Einen Orden mit Urkunde sandte ich als erstes meinem Freund Gustav Ginzel in das legendäre Misthaus im Isergebirge. Auf seiner Dankeskarte war vermerkt: „Suche Dachdecker mit Politerfahrung." Das Isergebirge als Alternative zu Chile. Margot hätte viel aufzuräumen gehabt. Aber das war später. So lustig war der Anfang nicht.
Auf dem Schreibtisch lagen die Bewerbungsunterlagen aller ehemaligen Führungskader des Rates des Kreises. Ansonsten hätte ich einen reinen Schreibtisch gehabt. Den musste ich jetzt machen. Denn die alten Genossen, die ja nun schon lange – also monatelang – keine waren, waren auch nicht untätig gewesen. Sie hatten westliche Landratsämter besucht, waren dort zwar

Heinz Eggert

neugierig, aber sehr freundlich als Kollegen beim ehemaligen Klassenfeind aufgenommen worden. Sie hatten sich die Strukturen angesehen, die Ämter umbenannt, auf die sie sich jetzt bewarben. Der Rat des Kreises Zittau schien nicht mehr zu existieren. Er war in neue Dezernate und Ämter aufgegliedert worden. Es schien ganz einfach. Wer früher der Stellvertreter des Vorsitzenden des Rates des Kreises und Vorsitzender der Abteilung Inneres war, meinte sich jetzt damit für die Ämter des Landratsamtes, die mit Ordnung und Sicherheit zu tun hatten, empfohlen und qualifiziert zu haben. Was mich erstaunte, es gab keinerlei Scham oder Überlegungsfristen. Gerade in dieser Zeit irritierte mich die Wendigkeit mancher Zeitgenossen. Die Windig-Wendigen bereiteten nicht die Machtübernahme, sondern die Machtweitergabe und Weiterführung vor. Sie wollten wieder an der Macht und den Entscheidungen für morgen beteiligt sein, ohne Verantwortung für das Geschehene, für die Vergangenheit zu übernehmen. Das war nicht bei allen so. Aber bei den meisten. Denn die Oberflächlichen und Unehrlichen schlängeln sich durch jede Situation. Opportunismus scheint staatstragend. Nicht nur damals. Die Bereitschaft, die persönlichen Konsequenzen aus einem zwar ehrlich gemeinten, aber trotzdem falschen Streben zu ziehen und zu tragen, hält sich damals wie heute in Grenzen.

Meine Devise: Die Behörde selbst leiten oder man wird von ihr geleitet!

Jetzt saß ich am ersten Tag meiner Tätigkeit im Landratsamt Zittau, an dessen Mauern noch „Rat des Kreises" stand und in dessen Innerem auch dieser Geist vorherrschte und überlegte mir die ersten Schritte. Immer wenn man eine neue Behörde übernimmt oder aufbaut oder umbaut, ganz gleich ob als Landrat oder später auch als Minister, es gibt nur zwei Möglichkeiten: Entweder leitet man innerhalb kürzester Zeit die Behörde selbst, oder man wird von ihr geleitet. Dazwischen gibt es nichts.
Ich hatte dann ein langes Gespräch mit dem letzten amtierenden Vorsitzenden des Rates des Kreises, der es übergangsweise und in enger Zusammenarbeit mit dem Runden Tisch geleitet hatte. Wir einigten uns darauf, dass er mir in den nächsten Wochen loyal beim Aufbau des Landratsamtes zur Seite stehen würde, um später dann das Amt für Wirtschaftsentwicklung zu leiten. Das hat er dann auch bis zur eigenen Kündigung, um sich wirtschaftlich selbständig zu machen, getan.
Dann bat ich die alten Chefs der Kreisverwaltung, deren Neu-Bewerbungen verhinderten, dass mein Schreibtisch total leer aussah, zu mir und kündigte Ihnen fristlos. Ich erklärte ihnen, dass sie aufgrund ihrer vorherigen Tätigkeit in einem neuen Landratsamt unter meiner Leitung keine Anstellung mehr finden würden. Dieses gebiete einfach die politische Moral und die Verantwortung vor der Bevölkerung. Sie waren überrascht. Einer von ihnen sagte mir mein Scheitern als Landrat voraus. Man könne eine Verwaltung nicht ohne Experten führen. Ich entgegnete ihnen, dass sie Experten der DDR

Von der Kanzel ins Zittauer Landratsamt

gewesen seien. Jeder müsse sich jetzt neu in seiner Verantwortung im neuen Landratsamt einarbeiten. Dann könnten die Chance auch jene bekommen, die sich dem DDR-Staat nicht zur Verfügung gestellt hatten. Die meisten von ihnen klagten beim Arbeitsgericht. Ich verlor alle Prozesse. Das war auch kein Wunder. Wir hatten noch die DDR-Gesetzlichkeit, der Richter und der Staatsanwalt waren früher in der SED, die Dame von der ÖTV war eine alte Tante vom FDGB. Ich erklärte dem Richter im Gerichtssaal, dass er nach meiner Auffassung in dieser Zeit kein Recht mehr hätte Recht zu sprechen. Er nahm es sehr gelassen. Klappte sein Gesetzbuch zu und sagte: „Das müssen Sie wissen." Ich wusste es! Als am nächsten Tag der Personenkreis, der vor dem Gericht gesiegt hatte, wieder ins Landratsamt kam, bat ich sie zu mir, kündigte Ihnen erneut und sprach ihnen Hausverbot aus. Sie gingen und kamen nie wieder.

Die alte Personalamtsleiterin bestätigte mir eine Stunde später, dass in den zurückliegenden Monaten noch Angestellte der Staatssicherheit, der SED-Kreisleitung und der Gewerkschaftsleitungen eingestellt worden waren, ohne dass ein Bedarf vorgelegen hätte. So war das Amt künstlich aufgebläht worden mit 366 Mitarbeitern, obwohl nach ersten Überlegungen knapp 250 gebraucht worden wären. Ich wies sie an, allen Personen, die seit November 1989 eingestellt worden waren, umgehend und fristlos zu kündigen. Ihren Einwendungen begegnete ich mit dem Argument, dass dieses die erste Weisung des Landrates sei, die sie umgehend umzusetzen habe. Nicht mein Argument, aber der Ton überzeugte sie offensichtlich.

Ihre nachfolgende Information machte mich auch nicht ruhiger. Denn wir sollten noch Personal von der Deutschen Volkspolizei übernehmen. Ausgerechnet die Abteilung, die für die Aus- und Einreisen, sowie die Genehmigung von Besuchsreisen in die Bundesrepublik Deutschland verantwortlich waren. Eine ausgesprochen „beliebte" Abteilung in der Bevölkerung wegen des überheblichen, arroganten und beleidigenden Tons im Umgang mit dem „Bittsteller" Bürger. Wie viele Geschichten über diese Abteilung waren mir oftmals unter Tränen von vielen Menschen erzählt worden. Mitte der Achtzigerjahre war ich mit einer Frau, deren Mutter zur gleichen Zeit auf einem Hamburger Friedhof beerdigt wurde, auf den Friedhof gegangen, um der Mutter zu gedenken und für sie zu beten. Vergeblich hatte die Tochter in den vorausgegangenen Monaten versucht, eine Reiseerlaubnis zu ihrer schwer erkrankten Mutter zu bekommen. Es war damals nicht nur die Ablehnung, die ihr so sehr zu schaffen machte. Es war auch die Art und Weise, wie sie auf diesem Amt behandelt wurde. Als ihr die Reise zur schwerkranken Mutter abgelehnt wurde und sie fragte, was sie machen solle, wenn ihre Mutter sterbe, war die schnippische und kränkende Antwort der Genossin: „Dann erübrigt sich endlich Ihr Reiseantrag."

Gesetz ist Gesetz. Gar keine Frage. Aber muss ein unmenschliches Gesetz auch noch durch ein unmenschliches Verhalten in seiner Wirkung verstärkt werden? Meine Antwort darauf ist relativ leicht zu erahnen. Also verließ ich mein Arbeitszimmer, ging über den inzwischen schon wieder gut gefüllten Korridor, der sich in Windeseile lehrte, am Pförtner vorbei, der von seinem Kreuzworträtsel auch nicht nur kurz einmal aufschaute in das gegenüberliegende Kreispolizeiamt der Deutschen Volkspolizei der Deutschen Demokratischen Republik. Aber dort kam ich nicht weit. An der Pförtnerschranke verlangte ein Volkspolizist meinen Ausweis. Das kannte ich ja schon. Den hatte ich allerdings nicht dabei. Ich stellte mich als neuer Landrat vor und bat ihn, seinen Vorgesetzten anzurufen, weil ich ihn sprechen wolle. Zum letzten Mal spielte er seine große Macht aus. Wenn ich mich nicht ausweisen könne, könne er auch nicht wissen, ob ich der neue Landrat sei und würde deshalb seinen Vorgesetzten nicht anrufen. Das alles sagte er mit einem falschen Lächeln. Das klang logisch. Aber es war die alte Logik. Ich versuchte lächelnd die Situation zu entkrampfen und sagte ihm, er möge dem Chef der Behörde bitte bestellen, dass er innerhalb von 15 Minuten in meinem Arbeitszimmer sei. Sollte das nicht der Fall sein, dann würde ich seine Ablösung betreiben. Dann ging ich wieder über die Straße, am Kreuzworträtselpförtner vorbei über den inzwischen leer gewordenen Korridor in mein Arbeitszimmer. Nach 10 Minuten meldete mein Vorzimmermann den Chef des Volkspolizeikreisamtes Zittaus. Ich lud ihn zum Gespräch und nach seiner Entschuldigung für die Handlungsweise seines Polizisten zu einem Kaffee ein. Auch er war vom Runden Tisch bestätigt worden, nachdem der alte Chef der Volkspolizeibehörde sein Amt aufgegeben hatte. Wir verabredeten eine enge Zusammenarbeit und ich erbat mir für jeden Morgen einen Bericht über die Sicherheitslage im Kreis Zittau.

Dann rief ich meine neuen Landratskollegen in Löbau und Bautzen an, gratulierte ihnen zur Wahl und lud sie nach Zittau zu einem Gespräch ein. Diese Gespräche setzten wir dann fast wöchentlich fort. Schließlich führten sie zur Bildung des Landrätekonvents Oberlausitz – Niederschlesien.

Dann ging ich auf Personalsuche. Mein persönlicher Referent wurde ein junger Ofenbaumeister, mein persönlicher Kraftfahrer ein Facharbeiter aus unserem Bekanntenkreis, Dezernenten wurden Diplomingenieure und ein Oberarzt, die nie in der SED gewesen waren. Auf Probe wurde ein Kämmerer eingestellt, der frisch von der Finanzschule gekommen war. Jeden Morgen waren Besprechungen, tauchten neue Probleme auf, musste neu über Lösungen nachgedacht werden. Wir brauchten viel Zeit und viel Kraft, aber es machte auch Spaß. Die Arbeit hatte angefangen. Der Alltag eines Landrats begann.

II. Herausragende kommunalpolitische Entwicklungen seit 1990

„Ruß-Zwicke" wird wieder eine gute Adresse – Der mühsame Weg von der Planwirtschaft zur sozialen Marktwirtschaft

Rainer Eichhorn

1. Die Ausgangsituation im Mai 1990

1.1 Allgemeine Rahmenbedingungen

Mit der konstituierenden Sitzung der Stadtverordnetenversammlung am 30. Mai 1990 begann auch in Zwickau der in seiner Dimension – zum Glück – vorher nicht einschätzbare Weg der Umgestaltung. Als wäre die Aufgabe, sich auf die neuen Anforderungen an die städtische Verwaltung, die neuen Gremien und die Vielfalt der Kommunalpolitik einzustellen, nicht schon groß genug, galt es zeitgleich, auch den Umbau der wirtschaftlichen Strukturen voranzubringen. Das bedeutete, neben den Aktivitäten für die eigenen kommunalen Betriebe auch und besonders die Rahmenbedingungen für die Wirtschaft in der Stadt schnell zu verstehen, um ihr und vor allem den Beschäftigten, unseren Bürgern und Einpendlern so gut es geht helfen zu können. Zum Glück waren die meisten neuen Verantwortungsträger als Seiteneinsteiger gerade erst aus den verschiedensten Bereichen der Wirtschaft in ihre Ämter gekommen und hatten so wenigstens teilweise eine Vorstellung von der Realität. Die DDR-Medien hatten jahrelang das Lied von der auch international anerkannten Wirtschaftskraft gesungen. Nun sollte sich aber erweisen, dass auch viele Fachleute in der Bundesrepublik aus Unkenntnis meinten, dass eine im Grunde gesunde, exporterfahrene DDR-Wirtschaft nur recht schnell auf Marktwirtschaft umgestellt werden müsste und es schon bald erfolgreich weiterginge.

Wie aber sah es wirklich in den Betrieben aus? Da die Produkte sich im Inland nicht auf einem echten Markt behaupten mussten, sondern durch zentrale Lenkung der so genannten „wirtschaftsleitenden Organe" in Art, Qualität und Menge den Betrieben per Plan vorgegeben waren und für den Export die Rentabilität nicht zwingend war, konnten die Absatzzahlen nicht die tatsächliche Marktwirkung der Produkte widerspiegeln. So wurden in etlichen Bereichen die Arbeitsergebnisse auf dem Weltmarkt zu Dumpingpreisen verramscht, die noch nicht einmal den Aufwand der Betriebe in DDR-Mark deckten. Damit waren sehr viele Erzeugnisse zwangsläufig nicht wettbewerbsfähig. Der Verwaltungsaufwand war generell viel zu hoch und die Fabriken, Anlagen und Fahrzeuge in der Regel veraltet. Die Arbeitsproduktivität erreichte fast nirgendwo westliches Niveau. Die Arbeitslosen befanden sich gelegentlich hinter den Betriebstoren, da auch der Zufluss der Zulieferer oft ins Stocken geriet. Die Beschäftigungsquote war dementsprechend, vor allem aber wegen der extrem vielen Frauenarbeitsplätze wesentlich höher als in der BRD. Dies ließ den aufmerksamen Analysten schon ahnen, dass diese hohe Zahl von Arbeitenden nach der Einführung der Marktwirtschaft eine höhere Zahl von Arbeitslosen als im Westen nach sich ziehen würde. Echte marktwirtschaftliche Vertriebsstrukturen waren wegen der zentralen Planung nicht nötig. Der großen Zahl exzellenter Arbeiter, Techniker und Ingenieure stand nur eine geringe Zahl von Managern mit genügend Erfahrungen in Betriebswirtschaft, Marketing, Vertrieb und Controlling gegenüber. Viele Betriebe waren in den Kombinaten oftmals ohne sinnvollen gemeinsamen wirtschaftlichen Bezug zusammengepfercht. Darüber hinaus waren aus Gründen der Produktionsvorsorge Instandhaltungs- und Materialzuliefererfunktionen Bestandteil der Betriebe. Die üblichen Kulturhäuser, Betriebspolikliniken, Kindertagesstätten, Betriebsberufsschulen oder Ferieneinrichtungen vervollständigten oft die typische Gemengelage, die insgesamt zusätzlich von den volkseigenen Betrieben und Kombinaten zu erwirtschaften war. Auch viele der dort Beschäftigten hätten sich ausrechnen können, dass ihre Arbeitsplätze die DDR nicht lange überdauern würden. Die Belegschaft, die oft nicht um diese Zusammenhänge wusste, schätzte den tatsächlichen Wert Ihrer Arbeitskraft und die aus den o. g. Gründen zu erwartende Lage ihrer Unternehmen natürlich nur anhand ihrer bisherigen Vollbeschäftigung ein und empfanden es als natürlichste Sache der Welt, dafür ihren Lohn schnellstmöglich eins zu eins in DM zu bekommen. Auch die rechtlichen Rahmenbedingungen waren absolut unübersichtlich. Fest stand nur, dass die Wirtschafts- und Währungsunion per 1. Juli 1990 kommt und alles auf die Einheit Deutschlands zuläuft. Für die Juristen und neu in den Verwaltungen Tätigen bedeutete dies, noch geltende alte und von der im März 1990 gewählten neuen Volkskammer beschlossene DDR-Gesetze zu beachten, vereinbarte Übergangsregelungen zu kennen, die Grundzüge des in Arbeit befindlichen Einigungsvertrages zu erahnen und zu versuchen, darüber zu spekulieren, wie die Gesetze der nach der Wiedervereinigung neu zu gründenden Länder aussehen könnten.

1.2   Situation der Betriebe 1990 in Zwickau

In der Stadt Zwickau, einer alten Industriestadt mit immerhin 115 695 Einwohnern zum 3. Okober 1990, waren im verarbeitenden Gewerbe u. a. die Branchen Automobil, Maschinenbau, Stahlbau, Baustoffe, Bauindustrie, Textil, Bekleidung, Schmuck, Chemie, Pharmazie und Lebensmittel vertreten. Es gab mehr als 20 Betriebe mit über 500 Beschäftigten, viele mit mehr als 100 Mitarbeitern und nur noch wenige, nicht in Kombinatsstrukturen eingebundene kleinere Unternehmen. Im Handwerk bestimmten große Produktionsgenossenschaften das Bild. Auch die Privatbetriebe, die die langen Jahre der auch auf sie zutreffenden planwirtschaftlichen Steuerung und den allgegenwärtigen Mangel mit den äußerst hemmenden Materialzuweisungen überlebt hatten, mussten sich erst neu orientieren. Der Handel wies eine für DDR-Städte nicht typische Dichte von privaten Familienbetrieben auf, die Zwickau zu einer beliebten Einkaufsstadt gemacht hatten. Die Innenstadt hatte drei Kaufhäuser. In den Plattenbaugebieten sicherten so genannte Versorgungszentren die Grundversorgung. Darüber hinaus waren etliche kleinere und mittlere Verkaufseinrichtungen der staatlichen Handelsorganisation (HO) und der Konsumgenossenschaft tätig. Sie alle hatten oft genug den Mangel an Waren verwalten müssen. Wenn über den „Buschfunk" das Eintreffen von bestimmten, selten zu erblickenden Dingen bekannt wurde, war in einzelnen Produktionsabteilungen oder Behörden die Arbeit zum Erliegen gekommen; alle, die sich frei machen konnten, rannten zum Einkaufen. Und aus diesem „Verteilen" sollte nun echter Markt werden? Das Dienstleistungssystem war eher unterentwickelt. So ergaben sich extreme Warteschlangen oder die Notwendigkeit, z. B. die Reparatur am eigenen PKW, auf den man schon bis zur Auslieferung jahrelang gewartet hatte, selbst zu erledigen. Auch die Gastronomie war allzu oft auf dem Niveau der Zuteilungswirtschaft stehen geblieben. All dies ist jedem, der in diesem Land lebte, bekannt. Es ist aber für die gelegentlich „auf hohem Niveau Jammernden" und deshalb oft unzufriedenen Deutschen in Ost und West hilfreich, sich ab und zu unserer Ausgangslage im Jahr 1990 wieder einmal zu erinnern...

1.3 Wichtige Probleme der Wirtschaft in 1990

Eigentumsfragen

In der DDR hatte das private Eigentum aus ideologischen Gründen eher eine „zurückgedrängt" zu nennende Rolle gespielt. Es überwog das so genannte Volkseigentum. In den Grundbüchern, die eher unvollständig waren, wurde zwar z. B. geschrieben: „Eigentum des Volkes, Rechtsträger Rat der Stadt Zwickau, aber damit handelte es sich nicht automatisch um kommunales Eigentum. Auch die Bautätigkeit hatte sich oftmals eher nicht um Liegenschaftsgrenzen gekümmert. So wurde im Kreis Zwickau ein größerer Industriebetrieb über die damalige Landkreisgrenze hinweg ohne Konsequenzen für die Gebietszuordnung gebaut. Viele Grundstücke waren wegen der Unmöglichkeit, sie in der DDR weiterhin wirtschaftlich selbst zu nutzen, z. B. per Schenkung zu Volkseigentum geworden oder u. a. wegen des Deliktes „Republikflucht" dem Staat zugefallen. Auch vor Gründung der DDR, d. h. von 1945 bis 1949 oder noch eher, in der NS-Zeit, wenn es sich um ehemals jüdisches Eigentum handelte, war es zu fragwürdigen Eigentumsübergängen gekommen, die der Klärung bedurften.

Situation der Infrastruktur

Wohin man auch schaute, sehr vieles – egal in wessen Hand – war verschlissen. Am augenfälligsten waren es die Gebäude. So meinten viele, dass das Motto der kommunalen Wohnungsverwaltungen hieße: „Ruinen schaffen – ohne Waffen". Das traf sinngemäß auch auf Straßen, Wege, Verkehrswege, Brücken, Fabrikgelände und oberirdisch verlegte Medien zu. Auch das, was man nicht sehen konnte, wie Wasser-, Abwasser-, Gas-, Fernwärme- und Fernmeldetrassen, war zumeist ebenso erneuerungsbedürftig. Wo sollte zuerst angefangen werden?

Umweltsituation

Was nur wenige wussten, etliche ahnten – aber in der Gesamtdimension niemand sich recht vorstellen konnte –, waren die meist mit der wirtschaftlichen Entwicklung der Jahrzehnte vor und während der DDR-Zeit verbundenen Belastungen der Umwelt. Die schmutzigen Gewässer wie die Mulde und alle Bäche sah und roch man, die Luft war von beißendem schwefligem Geruch erfüllt. Die in einigen industriellen Abgasanlagen zwar eingebauten Filter waren aus wirtschaftlichen Nöten heraus oft genug nicht in Betrieb, sodass die Wäsche auf der Leine oder die vom Ruß einheitlich schmutzigen Autodächer davon zeugten. Nicht umsonst wurde unsere Stadt im Volksmund „Ruß-Zwicke" genannt. Besuchern oder Einheimischen, die aus dem Urlaub kamen, fiel das allgegenwärtige Grau sofort auf. Nicht bekannt – und dafür auch durch die damalige Erziehung aus politischen Gründen nicht sensibilisiert – waren all die gesundheitsgefährdenden Umweltbelastungen im Boden, Wasser und der Luft.

2. Wichtige Einflussgrößen auf die Wirtschaft sind neu zu gestalten

2.1 Eigentumsfragen

Wem gehört was? Die Suche des Vermögensamtes nach der Wahrheit

Der bereits angerissenen Probleme mit dem Eigentum nahm sich der DDR-Ministerrat mit der Verordnung über die Anmeldung vermögensrechtlicher Ansprüche vom 11. Juli 1990 schnellstmöglich an. Sie fußte, wie alle folgenden Regelungen, auf der gemeinsamen Erklärung beider deutscher Staaten vom 15. Juni 1990, die als Teil des Einigungsvertrages geltendes Recht wurde. Sie sah vor, dass erstens Enteignungen auf besatzungsrechtlicher bzw. -hoheitlicher Grundlage zwischen 1945 und 1949 nicht rückgängig gemacht werden. Zweitens werden von den Enteignungen, die die DDR zu verantworten hatte, nur Fälle von politischer Verfolgung und politisch motivierter Bestrafung überprüft. Drittens wird enteignetes Grundvermögen, bis auf geregelte Ausnahmen, grundsätzlich restituiert. Viertens werden staatliche Zwangsverwaltungen aufgehoben. Fünftens werden bestehende, in redlicher Weise zustande gekommene Miet- und Nutzungsverhältnisse durch Rückübertragung oder Aufhebung der Zwangsverwaltung nicht berührt. Schließlich sind sechstens die Ansprüche der Opfer nationalsozialistischer Gewaltherrschaft in die Regelung offener Vermögensfragen einzubeziehen. Mit der Klärung dieser komplexen Probleme waren die Landkreise und Kreisfreien Städte betraut und mussten dementsprechend eigene „Ämter zur Regelung offener Vermögensfragen" bilden. Für eine derartige Aufgabe gab es in Deutschland keine Erfahrungen, sodass mit Hilfe von zugeordneten und staatlich bezahlten Rechtsanwälten und ansonsten eigenem Personal mutig ans Werk gegangen werden musste. Bis April 1991 waren in Zwickau von den bis dahin eingegangenen 4948 Anträgen endgültig durch Verwaltungsakt erst fünf Rückübertragungen und 198 Aufhebungen der staatlichen Verwaltung entschieden und wöchentlich gingen sieben bis neun Widersprüche ein. Ein schwieriges Feld... Und da die Antragsfristen für Grundstücke bis zum 31. Dezember 1992 und für bewegliches Vermögen bis 30. Juni 1993 verlängert wurden, wuchsen die Aktenstapel immer größer und wurde die Geduld der Rückforderer immer kleiner. Zum 31. Juli 1994 waren in Zwickau rund 51 %, im September 1996 rund 83 % und im August 1999 rund 94 % der Fälle abgearbeitet. Erst zum Ende des Jahres 2000 wurde das Zwickauer Amt aufgelöst. Von 10 054 Anträgen gingen trotz eifrigster Arbeit der Beteiligten noch 100 bis dahin nicht zu erledigende Vermögensansprüche und 246 Entschädigungsfälle zur Bearbeitung an das nun zuständige Chemnitzer Amt, dem dafür ein Kostenausgleich von ca. 2000 DM pro Fall aus Zwickau zustand. Das im Interesse der Betroffenen notwendige Aufarbeiten deutscher Vergangenheit zur Schaffung von Rechtsfrieden auf diesem schwierigen Gebiet hat damit mehr als ein Jahrzehnt gebraucht!

Was gehört uns als Stadt?

Durch die relative Anonymität des früheren Volkseigentums musste natürlich auch Klarheit geschaffen werden, was Bund, Land und Kommune gehört. Zu diesem Zwecke bedurfte es hinreichend plausibler Begründungen für jedes Gebäude, jedes bebaute oder unbebaute Grundstück, jedes Stück Verkehrsfläche – einfach alles, was unseren Vorvätern gehörte oder hätte eventuell gehören können. Da zu diesem Kommunalvermögen auch die Objekte in Rechtsträgerschaft kommunaler Organe oder ihrer volkseigenen Betriebe der Wohnungswirtschaft, d. h. jedes Wohnhaus einzeln gehörte, mussten allein in Zwickau ca. 12 900 Anträge nach dem Kommunalvermögensgesetz bis zum 31. Dezember 1995 gestellt werden. Und da der Einigungsvertrag die am Anfang mögliche Listenform der Anträge nicht mehr zuließ, erhöhte sich der Aufwand nochmals. Außerdem musste für die Zuweisung als Kommunalvermögen der Nachweis erbracht werden, dass für den beantragten Vermögensgegenstand keine Restitutionsansprüche angemeldet wurden. Aus heutiger Sicht scheint das kein Problem. Man muss jedoch dazu wissen, dass Ansprüche auf Vermögen in Zwickau auch in jedem anderen Kreis der neuen Bundesländer abgegeben werden konnten, überall riesige Berge oft wochenlang nach Eingang unbearbeitet liegen bleiben mussten und von Datentransfer noch keine Rede sein konnte. Schwierig war auch die Entscheidung für oder gegen die Beantragung z. B. bei nur vermuteten Problemen oder Altlasten. Eine Nichtbeantragung konnte Veruntreuungsvorwürfe für die städtischen Bediensteten nach sich ziehen; eine Beantragung, die sich im Nachhinein als nachteilig für die Stadt herausstellte, ebenso. Aber all dies – auch das wilde Feilschen um eventuelles Eigentum – war erforderlich, damit die Kommune nach der hoffentlich baldigen Zuweisung die Immobilien zur Sicherung von geplanten Investitionen verkaufen konnte.

Die Stadt als Immobilienhändler und Vermittler in Grundstücksfragen

Wenn es nun klar war, dass gehandelt werden durfte, musste natürlich ein Wertgutachten erstellt werden. Gerade in der Anfangszeit, ohne entsprechende Vergleichswerte im Osten, ohne Gutachterausschuss und Bodenrichtwertkarte war das Ergebnis natürlich mit heutigem Wissen sehr oft zu hoch angesetzt und damit der eigentlich gewünschten Investitionstätigkeit abträglich. Aber auch hier war die Vermutung schnell da, dass da noch viel mehr für die Stadt herauszuholen gewesen wäre. Auch der Zwickauer Oberbürgermeister sah sich sehr schnell dem Veruntreuungsvorwurf bei Immobilienverkäufen mit einem angeblichen Schaden von über 20 Millionen DM ausgesetzt. Erst nach vielen Monaten der Ermittlung löste sich dieser haltlose Vorwurf per Einstellungsverfügung in Luft auf.
Oft konnte auch nicht abgewartet werden, bis z. B. für ein großes Wohngebiet aus DDR-Zeiten alles vermessen war, die Vermögensanträge gestellt, die Vermögenszuordnung erfolgt und die Erarbeitung hunderter notarieller Verträge abgeschlossen war. Um Klarheit und Handlungsfähigkeit zu erreichen, musste es genügen, sich zwischen Stadt, Wohnungsgenossenschaft, Wohnungsgesellschaft und etlichen anderen Beteiligten zu einigen, dies gemeinsam auf 27 großen Flurstücks-Zuordnungskarten per Unterschrift zu besiegeln und damit Monate untätigen Wartens einzusparen. So war im Mai 1995 in Zwickau als einer der ersten großen Städte diese Vermögenszuordnung für die Wohnungsgenossenschaften von mehreren hunderttausend Quadratmetern abgeschlossen ebenso wie die Zuordnung von fast 330 Grundstücken mit über 1,7 Millionen Quadratmetern an die Stadt selbst. Erst damit war für alle Beteiligten der Weg frei für die dringend notwendigen Investitionen.
Ein Sonderfall rührte ebenfalls aus dem Rechtssystem der DDR her. Die Eigenheime, d. h. die eigentlichen Gebäude sind zwar meist Privateigentum gewesen. Der Grund und Boden war dagegen aus Prinzip in der Regel volkseigen. Schon die vorletzte DDR-Regierung unter Modrow wollte dies ändern, indem sie per Gesetz vom 7. März 1990 den Hausbesitzern dieses Land zu den Bodenpreisen der DDR verkaufen wollte. Da zwischen den Beantragungen und der juristischen Bearbeitung erst die alte DDR und dann auch die „März-bis-September-1990-DDR" Geschichte waren, aber das „Modrow-Gesetz" nicht Bestandteil des Einigungsvertrages geworden war, konnte die Anwendung der ursprünglichen Idee aufgrund der nun gültigen BRD-Rechtsvorschriften nur noch mit größtem, nachträglichen politischen

Rainer Eichhorn

Aufwand umgesetzt werden. Ebenso schwierig gestaltete sich die Aufarbeitung der Eigentums- und Pachtverhältnisse für die Kleingartenanlagen und Garagenhöfe, die dem in Schwaben gebürtigen Finanzbürgermeister als städtischem Verhandlungsführer, größtes Einfühlungsvermögen für die oftmals völlig ratlosen Betroffenen abverlangten.
Insgesamt gelang es, schnellstens Hunderte Immobilien zu verkaufen und damit viele private Investitionen zu ermöglichen. Gerade in den ersten Jahren konnte sich ja nur in den Orten etwas entwickeln, wo aufgrund motivierter Mitarbeiter und entscheidungsfreudiger ehrenamtlicher Kommunalpolitiker schnelle Klarheit und zügige Entscheidungen das Ziel waren.

Das Investitionsvorranggesetz

Die das bisherige Rechtssystem der BRD erschütternde Festlegung des Grundsatzes „Rückgabe vor Entschädigung" war in vielen Fällen investitionshemmend. Es ergab sich, dass z. B. Erben oder Erbengemeinschaften den berechtigten Anspruch auf altes Familieneigentum hatten, nicht über die nötigen Finanzen für eigene Bautätigkeit verfügten, sich aber auch nicht auf einen möglichen Verkauf einigen konnten. Manchmal hatten sie auch nur noch keine Pläne. Damit hätte ein investitionswilliger potentieller Käufer mit der Absicht, Arbeitsplätze oder Wohnraum zu schaffen, nie starten können. Aus diesem Grund wurde über den Deutschen Bundestag das Investitionsvorranggesetz verabschiedet, damit in solchen Fällen eine Abwägung der Ziele des potentiellen Investors und der der Rückübertragungsberechtigten erfolgen konnte. Bei der Erfüllung der Voraussetzungen für einen definierten „besonderen Investitionszweck" erfolgte dann per „Investitionsvorrangbescheid" die Besitzeinweisung des Investors gegen die Pflicht, die eigentlich Berechtigten zu entschädigen. Auch dieses absolut schwierige und emotionsgeladene Problemfeld mussten die Landkreise und Kreisfreien Städte bearbeiten. Welche Auswirkungen auch hier Verwaltungshandeln zeigen konnte (oder mancherorts auch nicht), ist zu erahnen, wenn die Zahl von fast 266 Bescheiden allein in Zwickau einen Investitionsaufwand von über 1,5 Milliarden DM absicherte. Damit konnten fast 7 400 Arbeitsplätze, über 2 300 Ausbildungsplätze, 2 800 Wohnungen, 670 Hotelbetten 1300 Tiefgaragen- und 1 255 sonstige PKW-Stellplätze geschaffen werden. Der oftmals leichthin gesagte Vorwurf, dass die Kommunalverwaltungen der 90er Jahre im Osten übersetzt waren, wird im Lichte solcher Zahlen schnell relativiert.

2.2 Technische Infrastruktur

Gebäude

In Fällen klarer Eigentumsverhältnisse waren Sanierungen der Bausubstanz möglich. Für die öffentliche Hand ist wegen der finanziellen Situation der Sanierungsberg bei weitem noch nicht abgearbeitet. Schlimm war es auch für

Privathäuser, wo eine wirtschaftliche Nutzung der Gebäude nicht möglich war oder auch, wenn nach der Privatisierung ehemaligen Volkseigentums Gebäude nicht mehr benötigt wurden bzw. die neuen Eigentümer in Konkurs gingen. Leider schaffte es selbst der Bund nicht, seine immer mehr verfallenden Objekte, wie z. B. ehemalige Bahngebäude, zu vermarkten oder abzureißen. So haben noch etliche Städte – auch wenn ihnen das Programm Stadtumbau Ost nach der Jahrtausendwende diesbezüglich kräftig half – viele Schandflecke zu ertragen, die uns als Zeugnisse früherer Arbeitstätigkeit noch einige Zeit begleiten werden. Insgesamt ist die atemberaubende Bautätigkeit der Neunziger jedoch – in vielen Fällen auch erst durch eigens dafür initiierte Steuerabschreibungsmodelle möglich geworden – nur mit dem Bauboom der Gründerzeit vor 1900 vergleichbar. Außerdem trug in der Zeit der Umorientierung der übrigen Wirtschaft die Bauindustrie dazu bei, Vorreiter der wirtschaftlichen Entwicklung für den „Aufschwung Ost" zu sein. Dass dabei die Wirtschaftlichkeit nicht überall gesichert war, ist dem übergroßen Tempo geschuldet, in dem sich auch die private Investitionstätigkeit dieser Jahre bewegte. Die Verwaltungen hatten jedoch mit der Absicherung der Bautätigkeit alle Hände voll zu tun.

Telekommunikation

Vor allem für die vielen fleißigen Helfer aus den alten Ländern und auch deren Lebensgefährten war in den ersten Monaten neben vielen – dem gelernten DDR-Bürger vertrauten – Unannehmlichkeiten eines besonders schwer zu ertragen, das Fehlen von Telefonverbindungen von Ost nach West. Da die SED-geführte DDR in ihrem übersteigerten Sicherheitsstreben über alles Bescheid wissen wollte, gab es einen umfangreichen Abhördienst für das Telefonnetz. Da dessen Kapazitäten begrenzt waren, blieb auch die Zahl der Telefonleitungen zwischen DDR und BRD gering.
Dies sollte sich selbst noch 1990/91 als schweres Hemmnis herausstellen. Während im Westen alles auf das telefonbasierende Telefax orientierte, waren die im Westen schon abgebauten Fernschreibgeräte im Osten noch das Rückgrat schneller Übermittlung schriftlicher Botschaften. Damit nützte ein im Osten eingesetztes Faxgerät „grenzüberschreitend" nur zur Übertragung in der Nacht. Auch wenn Betriebe oder die Stadtverwaltung Partner jenseits des an vielen Dingen noch spürbaren „Stahlbetonäquators" anrufen wollten, ging das tagsüber nur – wenn überhaupt – nach endlosen Stunden des Wartens auf die handvermittelte Verbindung. So war es oft einfacher, z. B. in der Stadtverwaltung Zwickau die wichtigsten Fragen zu sammeln und dann von einem „Sonderkurier", der sich per „Lada" und vier bis fünf Stunden Autofahrt in unsere Partnerstadt Dortmund begab, um für die einfachsten Probleme um Rat zu bitten. Weil die Lehrbücher für einen derartigen Umgestaltungsprozess aber noch nicht geschrieben waren, entstanden natürlich täglich neue Fragen. Der heute selbstverständliche Griff zum Telefonhörer brachte aber noch etliche Monate keine Lösung. Da schon ab Mitte 1990 in Mosel bei Zwickau Volkswagen des Typs Polo montiert wurden, deren Teile aus verschiedensten europäischen Werken zugeliefert wurden, blieb z. B.

Rainer Eichhorn

dem VW-Management nichts anderes übrig, als sich ins Auto zu setzen, ins bayerische Hof zu fahren und dort über das „Westtelefon" die Anlieferung der dringend nötigen Bauteile zu ordern. Später hatten findige Köpfe herausgefunden, dass schon ab einem bestimmten Hügel in der Region mit einem – zu dieser Zeit noch mehrere Kilo schweren Mobiltelefon – eine Verbindung zum Telekomnetz möglich war. Welch ein Fortschritt, zum Telefongespräch nicht mehr ins Nachbarland fahren zu müssen...
Es ist das unbestrittene Verdienst fleißiger ost- und westdeutscher „Telefoner" in extrem wenigen Monaten diese verordnete „Funkstille" zu beseitigen und auch der Bevölkerung schon bald überall hin eigene Anschlüsse zu ermöglichen. In dieser Aufbruchstimmung kam es auch zu der Entscheidung, ein flächendeckendes Breitbandnetz zu installieren. So ist es heute in Zwickau für die überwiegende Zahl der Haushalte möglich, aus der Dose für das Kabelfernsehprogramm auch Internet- und Telefonverbindungen zu beziehen.

Gas, Wasser, Abwasser, Strom und Fernwärme

Die unterirdischen Leitungen, entweder schon in der „Kaiserzeit" oder in der Zeit späterer Materialknappheit verlegt, genügten natürlich selten den neuen Bedingungen. So waren Netzverluste noch über Jahre zu verzeichnen. Auch das schier endlose Hickhack und Ertragen teilweise rüder Methoden, bis die Versorgungssicherheit für die Fernwärmeversorgung geschafft war, gehörte zu den Erfahrungen, die die Marktwirtschaftsneulinge im Rathaus machen mussten.
In Zwickau als alter Bergarbeiterstadt wurde über Jahrzehnte durch Verkokung von Steinkohle auch Stadtgas hergestellt. Dieses Gas war produktionsbedingt sehr feucht gewesen. Mit dessen Produktionseinstellung erfolgte die Umstellung auf das sehr trockene Erdgas. Dies hatte zur Folge, dass die nur durch die Feuchtigkeit dicht gebliebenen Rohrverbindungen systematisch austrockneten. Dadurch stellten die das Stadtgebiet durchstreifenden Kontrolleure in den ersten Jahren bis zu 1 000 Lecks pro Jahr fest. Da 1 000 Lecks auch 1 000 potentielle Gasexplosionen bedeuten konnten, war sofortiges Handeln nötig. Dies bedeutete, dass in Zwickau eine straßengenaue Planung der Rohrnetzauswechslungen generell nicht erfolgen konnte. So wurden aus Sicherheitsgründen von einem Tag auf den anderen Straßensperrungen und Baustellen erforderlich, was für die Wirtschaft, den ÖPNV und die Bevölkerung große Erschwernisse brachte. Es gibt aber allen Grund dankbar zu sein; nicht nur für das nun erneuerte Netz, sondern auch dafür, dass es zu keinem Gasunglück kam. Lediglich eine Episode führte uns vor Augen, was uns erspart geblieben war. Ein Passant hatte achtlos seine Zigarettenkippe in einen Tagewassereinlauf geworfen, als an seinem Kopf auch schon mit lautem Getöse der Gullydeckel haushoch vorbeiflog... Durch ein Leck hatte sich, nur wenige Meter von der Straßenbahn und der belebten Bundesstraße entfernt, Gas im Schacht gesammelt. Die Geschichte der ersten Jahre nach 1990 waren, wie dieses Beispiel zeigt, auch Jahre der Bewahrung.

2.3 Verkehrsinfrastruktur

Straße

Die Reparatur der verschlissenen bituminösen Fahrtbahndecken gehört zu den ersten Aufgaben der Städte nach dem Neuanfang 1990. Im Wissen um die Situation wurde es jedoch zum Grundsatz, dass grundhafte Erneuerungen nur erfolgten, wenn diese durch die verschiedenen Betreiber der Medien gleichzeitig mit der Straßenbaumaßnahme durchgeführt werden konnten, um nicht schon bald danach wieder aufgraben zu müssen. Obwohl auch schon dieser Ansatz wegen der erforderlichen Investitionskoordination schwer genug umzusetzen war, ließ es sich trotzdem nicht verhindern, dass wegen der dynamischen Bautätigkeit, z. B. dem nachträglich nötigen Bau von Hausanschlüssen erneute Bauarbeiten nötig waren.

Besondere Sorge bereitete es, dass mitten durch die Stadt die Bundesstraße 93 verlief, die eine sichere Versorgung des neuen VW-Werkes niemals ermöglicht hätte. So entstand der Planungsauftrag für die B 93 (neu) schon um den Jahreswechsel 1991. Die Trassenführung nahm eine alte Idee der DDR von 1977 auf. Bereits nach einem Jahr war die Planung fertig. Da die betroffenen Träger öffentlicher Belange und Anlieger über die Planung stets auf dem Laufenden waren, ergaben sich keine langen Informationswege. In einer beispiellosen Veranstaltung führte der Vize-Regierungspräsident in der Zwickauer „Neuen Welt" eine zweitägige Anhörung aller Betroffenen durch. Meter für Meter der neuen Trasse wurde aufgerufen, mit den Betroffenen öffentlich im Beisein der erforderlichen Verwaltungen mit den Bürgermeistern und dem Landrat erörtert und zu einer Interessensübereinstimmung gebracht. Nach der Einspruchsfrist konnte das Regierungspräsidium den Planfeststellungsbescheid schon am 28. Februar 1992 erteilen. Durch die mit der Projektsteuerung beauftragte LEG Baden-Württemberg wurde umgehend die Ausschreibung erstellt und schon im Juni desselben Jahres war erster Spatenstich durch unseren Ministerpräsidenten Prof. Kurt Biedenkopf. Nach nur 18 Monaten Bauzeit war das wichtige Stück zwischen der Autobahn A 4, Anschlussstelle Meerane und der Stadtgrenze mit einer Gesamtlänge von 13,4 km und einem Bauvolumen von rund 300 Millionen DM einschließlich zweier Abfahrten für das VW-Werk und die Kreuzung mit der B 175 übergeben. Auch die rund 3 km im Stadtgebiet waren mit einem Aufwand von rund 45,4 Millionen DM 1994 erledigt. Bis auf die schwierige, überdeckte Führung der Trasse zwischen Zwickauer Mulde und Innenstadt, die u. a. auch als Hochwasserschutzmaßnahme für die Stadt fungiert und erst 2006 Baubeginn hat, wurde diese Maßnahme mit Tunnel und etlichen Brücken in einer Rekordzeit errichtet. Sie bringt den Transitverkehr schnell durch die Stadt und sichert die notwendigen LKW-Transporte für die Wirtschaft einer ganzen Region.

Auch für ein weiteres Nadelöhr, die kilometerlange Durchfahrt durch die Orte des stadtnahen „Mülsengrundes" wurde gemeinsam mit den Anliegergemeinden unter Anwendung des für den gelernten DDR-Bürger überlebensnotwendigen Leitmotivs „Sich-etwas-einfallen-lassen" eine 4,3 km lange

Rainer Eichhorn

Ortsumgehung und Verbindung zwischen BAB 4 und der B 173 in nur wenigen Monaten errichtet. Der kurze Zeitablauf ergab sich, da sich alle Beteiligten einig waren, dass es sich „nur um die Neugestaltung der Trasse eines alten Landwirtschaftsweges" handele, die ein raumordnerisches Verfahren überflüssig mache. Übrigens verläuft diese alte Trasse heute parallel als Fuß- und Radweg. Da muss uns beim Bau zufällig ein Vermessungsfehler passiert sein, oder? Das zweite Stück dieser Straße von der B 173 bis zur BAB 72 nahmen wir uns ab 1994 vor. Aus den auch aus den alten Ländern bekannten Gründen ist der Bau auch 2005 noch nicht einmal begonnen worden!

ÖPNV

Eine schon zu DDR-Zeiten erstellte Planung sah vor, das Neubaugebiet Eckersbach, aus dem im Schichtverkehr im 5-Minuten-Takt die Busse fuhren, durch eine leistungsfähige Stadtbahnlinie mit der Stadt zu verbinden. Parallel zu den Bemühungen, der Treuhandanstalt die altlastenfreie Übergabe des Nahverkehrsbetriebes abzuringen, wurde die schon 1989 begonnene anspruchsvolle Trasse fortgeführt. 1992 war auch dies geschafft. Mit der darauf folgenden komplizierten Weiterführung durch das Stadtzentrum ist es seit Ende 2005 möglich, dass die gut besetzte Straßenbahn über die City bis ins Neubaugebiet Neuplanitz fährt und damit die Straßen spürbar entlastet.

Eisenbahn

Die Stadt Zwickau liegt an der topografisch schwierigen Bahntrasse Dresden, Chemnitz, Plauen. In der Zeit der deutschen Teilung war aus strategischen Gründen darauf geachtet worden, dass durchgehend elektrifizierter Zugverkehr zwischen Nürnberg und Dresden nicht möglich war. Durch intensive gemeinsame Bemühungen in Bayern und Sachsen gelang es zwar, die Strecke als „Projekt Deutsche Einheit" durch den Bund so zu ertüchtigen, dass bis zu 160 km/h möglich wären, aber nur mit dem Einsatz von Neigetechnik-Triebzügen. Die Störanfälligkeit der wegen der nach wie vor nicht geplanten durchgehenden Elektrifizierung eingesetzten Dieseltriebzüge und die Folgen des Jahrhunderthochwassers im Juli 2002 ließen diesen schnellen Verkehr bald wieder zum Erliegen kommen. Deshalb ist das Engagement der fünf Städte Chemnitz, Zwickau, Plauen, Hof und auch Bayreuth, auf der Sachsen-Franken-Magistrale noch immer nicht von dauerhaftem Erfolg gekrönt. Da der Zwickauer Hauptbahnhof nicht in Zentrumsnähe liegt, war dessen Anbindung bisher immer über den ÖPNV erfolgt. Im Zusammenhang mit der Planung der Straßenbahntrasse nach Neuplanitz entstand durch den Oberbürgermeister und seinen damaligen Baubürgermeister im Dresdner Wirtschaftsministerium eine kühne Idee. Und so fahren heute Züge der privaten Vogtlandbahn aus dem tschechischen Karlovy Vary über das Vogtland, den Zwickauer Hauptbahnhof und ein früheres Industrieanschlussgleis

"Ruß-Zwicke" wird wieder eine gute Adresse

direkt bis ins Stadtzentrum. Die letzten knapp 1 100 Meter verläuft diese Trasse gemeinsam mit der meterspurigen Straßenbahn auf einem eigens entwickelten Dreischienengleis. So kam es zu einer sinnfälligen Verbindung von ÖPNV und der regionalisierten Eisenbahn. Der Baubürgermeister hatte zum Glück nicht geahnt, dass die Verwirklichung dieser Maßnahme ihn über Monate zum „Straßenbahn-Bürgermeister" machen würde. Aber es galt eben, die vielen Probleme des Baus und der gemeinsamen Betriebsführung mit Elan und Entscheidungsfreude voranzubringen. Gemeinsam haben alle Beteiligten bewiesen, dass das so genannte „Zwickauer Modell" funktioniert. Die Zwickauer gelangen schnell aus dem Zentrum ins Vogtland und ins Tschechische und die Zwickauer Innenstadt gewann Einkaufskunden dazu.

Flugplatz

Der Zwickauer Flugplatz, ehemals vor den Toren der Stadt gelegen, hatte in DDR-Zeit in unmittelbare Nähe das Großwohngebiet Neuplanitz gebaut bekommen. Dieser Grasplatz, der in den 30er Jahren sogar Linienverkehr abzuwickeln hatte und bis 1990 durch die Gesellschaft für Sport und Technik vormilitärisch u. a. den Pilotennachwuchs für die NVA ausbildete, stand durch die Treuhand zur Disposition.
Auf der einen Seite stand der Wunsch der Zwickauer Wirtschaft nach Ausbau mit einer befestigten Landebahn. Andererseits konnten wir erkennen, dass ein ausgebauter Geschäftslandeplatz in solcher Nähe zur Wohnbebauung zu großen Bürgerprotesten führen würde. So wurde, nachdem alle Varianten ausgiebig geprüft waren, der Platz zum Sonderpreis von der Treuhand gekauft. Voraussetzung für den Rabatt war die langjährige Bindung, dass der Flugbetrieb des Aeroklubs von der Stadt abzusichern sei. So wurde mit dem Kauf ein Gelände erworben, das als Geschäftslandeplatz kleinen Maschinen das Landen in Zwickau erlaubt und die Fliegertradition in Zwickau nicht verschwinden ließ. Außerdem ist diese Fläche geeignet, solche großen Veranstaltungen wie das Flugplatzfest oder das seit der Wende zur Tradition gewordene internationale Trabantfahrertreffen mit Tausenden Gästen gut aufnehmen zu können. Und schließlich ist durch den Kauf eine Bebauung der für eine Industriestadt nötigen Kaltlufteinfallschneise in der Hauptwindrichtung leichter auszuschließen gewesen.
Für das Absichern von Flugverkehr stehen neben den Airports Dresden und Leipzig auch noch das thüringische Altenburg zur Verfügung. Die ersten zivilen Flüge von und nach Altenburg erfolgten auf Initiative des langjährigen, verdienstvollen Sprechers der Geschäftsführung von VW Sachsen, Gerd G. Heuß, schon zu einer Zeit, als dieser Flugplatz noch militärisches Sperrgebiet war und die MiG-Düsenjäger der Sowjetarmee für die Abfertigung eines VW-Fluges nach Braunschweig noch extra ihren Flugbetrieb unterbrachen. Nach dem Abzug der Militärs führten die umliegenden Kreise und Kreisfreien Städte – auch Zwickau – umgehend den Flugbetrieb fort, ohne schon förmlicher Eigentümer zu sein. Auch ostdeutsche Kommunalpolitiker

Rainer Eichhorn

hatten ja von der Hamburger Hausbesetzerszene gelernt. Sobald als möglich wurde die Stadt jedoch Mitgesellschafter der neuen Flugplatzgesellschaft.

Das leidige Parkproblem

Ein wesentlicher Faktor für das wirtschaftliche Überleben von Handel und Dienstleistungen und darüber hinaus die Attraktivität einer Innenstadt ist das Vorhandensein von ausreichend gut zu erreichenden, preiswerten Parkplätzen. Nun gibt das ohne großen Kostenaufwand nicht jeder Stadtgrundriss her. Da Zwickaus Zentrum im Zweiten Weltkrieg zum Glück nicht so zerstört war, dass sich dort – und sei es vorübergehend – genügend ebenerdige Parkplätze hätten errichten lassen, war die Stadt unter ständigem Rechtfertigungsdruck. Es war nicht leicht, sich damit durchzusetzen, dass das Errichten von Parkhäusern nicht zu den originären kommunalen Aufgaben gehört. Unter der Last des nicht auskömmlichen Betreibens solcher Einrichtungen leiden ja inzwischen einige ostdeutsche Städte. Hinterher ist aber niemand bereit, einzugestehen, dass man selbst am lautesten nach eben dieser riskanten städtischen Investition gerufen hatte. Zum Glück gelang es in Zwickau, dass drei Kreditinstitute und ein großes innerstädtisches Handelsobjekt ihre Parkflächen auch der breiten Öffentlichkeit zur Verfügung stellten. Den Durchbruch schufen aber die zwei mutigen Unternehmen, die bereit waren, je ein privat finanziertes Parkhaus direkt im Zentrum zu errichten. So war schon im vergangenen Jahrtausend dieses Ärgernis der Parkplatznot in der City beseitigt. Schwieriger stellte sich die Situation in den Großwohngebieten dar, da vor allem in den ersten Jahren plötzlich viele Familien gleich über mehrere Fahrzeuge verfügten. Zwickau hatte, was den Motorisierungsgrad anbelangte, inzwischen – vorübergehend – westdeutschen Durchschnitt erreicht. Dies war dadurch entstanden, dass der neue „Westwagen" schon und der alte „Ostwagen" noch, möglichst gleich neben dem Hauseingang seinen Platz finden sollte. Darauf waren die ohnehin sehr dicht bebauten Gebiete nicht vorbereitet. Mit Hilfe der Großvermieter wurden schnell zusätzliche Parkflächen und Parkhäuser auch hier errichtet.

2.4 Neuordnung der Standorte

Die Rolle der Stadtplanung

Für die mit dem Bauplanungsrecht der BRD anfangs noch unerfahrene Verwaltung stellten sich riesige Aufgaben. Anfragen zum Bau von Verkaufseinrichtungen, Autohäusern, Hotels, Banken, Tankstellen, innerstädtischen Geschäftsquartieren und großflächigem Einzelhandel waren zu bewältigen. Bewertungen bisheriger Standorte erforderten auch die Suche nach Alternativen. Die Flächennutzungsplanung war anzufangen. Auch etliche Vorhabens- und Erschließungspläne – für die neuen Länder mögliche, investorenbetriebene Form der Bebauungsplanung – waren zu begleiten. So wurden die Festlegungsprotokolle der Dienstberatung des Baudezernenten bzw. später des Baubürgermeisters wegen der Vielzahl der gleichzeitig zu lösenden Aufgaben oft über zehn Seiten lang. Dies zeigte jedoch, dass es voranging mit und in unserer Stadt.

Besonders Mut machend war, dass neben all den Planungen für die verschiedensten Zwecke im Sommer 1992 der Baubeginn für das erste SOS-Kinderdorf der neuen Länder erfolgte. Dies war Symbol dafür, dass sich Stadt, Regierungspräsidium und alle Versorgungsträger ganz im Sinne der sozialen Marktwirtschaft genauso mit Feuereifer daran machten, bessere Bedingungen für die Schwächsten der Gesellschaft – in diesem Falle bedürftige Kinder – zu schaffen.

Gewerbegebiete

Die städtebauliche Situation war in Zwickau an vielen Stellen von Durchmischung geprägt, d. h. die Abstände von Gebieten für das Arbeiten zu denen für das Wohnen waren unter den heutigen Bedingungen und entsprechend bundesdeutscher Gesetze zu gering. Es deutete sich deshalb an, dass für neue Industrie- und Gewebestandorte neue Flächen gefunden, beplant und infrastrukturell erschlossen werden müssen. Natürlich hatte dies alles im Expresstempo zu erfolgen, da die potentiellen Investoren, die in den ersten Jahren nach 1990 überall nach möglichen Standorten Ausschau hielten, schnelle Antworten erwarteten. So war auch Zwickau gehalten, schnellstens neue Gewerbegebiete zu schaffen. Und es war dem Ehrgeiz von Rat und Verwaltung, besonders dem neu gegründeten Amt für Wirtschaftsförderung zu verdanken, dass das erste neue Gewerbegebiet im Regierungsbezirk Chemnitz gerade bei uns in Zwickau entstand. Das Regierungspräsidium hatte dabei geradezu vorbildlich unterstützt. Dem vorausgegangen war der Beschluss der Stadtverordnetenversammlung, das Amt für Wirtschaftsförderung mit der umfassenden Planung und Realisierung der Erschließung, dem Flächenankauf und dem Verkauf der Flächen einschließlich der finanziellen Abwicklung und aller diesbezüglichen Fördermittelfragen zu betrauen. Damit lag alles in einer Hand. Der Bauverwaltung oblag die Abwicklung des Bebauungsplanverfahrens. So wurden in den ersten vier Jahren 63 Hektar Flächen erworben und allein 49 Hektar als baureife Grundstücke wieder verkauft.

Im ersten Gebiet „Maxhütte" mit einer Größe von ca. 12 Hektar war schon im Juli 1991 der erste Spatenstich. Da es um die Arbeitsplätze ging und damit Tempo angesagt war, hatte das Regierungspräsidium Chemnitz zwar den Förderbescheid noch nicht ausfertigen können, aber vorab den „förderunschädlichen Baubeginn" bestätigt. Da im Bebauungsplanverfahren keine Einwände gekommen waren, konnte die Stadtverordnetenversammlung zulässigerweise auch nach dem Baubeginn den erforderlichen Satzungsbeschluss fassen. Nach nur einem Jahr Bauzeit für die Erschließung konnte die Vermarktung an die schon sehnsüchtig wartenden Firmen erfolgen. Hierbei handelte es sich vorwiegend um klein- und mittelständische Unterneh-

men, die an ihren bisherigen Standorten nicht mehr existenz- oder wettbewerbsfähig waren. Gefördert mit dem damals zulässigen, die Stadtkasse entlastenden Höchstfördersatz für die Erschließung war schon bald eine hundertprozentige Flächenbelegung erreicht.
Zügig ging es an das zweite, ca. 35 Hektar große Gewerbegebiet Kopernikusstraße. Hier hatte die Kommune deutlich vor Augen, mit welchen Problemen allerorten im Osten Investoren zu kämpfen hatten. 17 Hektar ehemaligen Militärgeländes galt es vom Bundesfinanzminister zuzüglich eines riesigen Kasernengeländes zu erwerben. Es dauerte schon geraume Zeit, bis der Bundestagsfinanzausschuss dem Verkauf der Kaserne zu 25 % des ursprünglichen Preises zustimmte. Auch hier hatte die Stadt durch den OB vorab „sich selbst eine kommunale Inbesitznahme" verordnet. Durch die Einstellung von ehemaligen NVA-Beschäftigten zum Schutz und Betreiben der Anlagen und die umgehende städtische Nutzung des Objektes unmittelbar nach der „Entmilitarisierung" noch im Jahr 1990 war damit die ansonsten fällige Zerstörung verhindert worden. Heute befindet sich dort nach der Sanierung das städtische Verwaltungszentrum. Zur Ermöglichung des Gewerbegebietes Kopernikusstraße waren neben der ehemaligen „Soldatenspielwiese", ungenutzten Flächen, einem aufgelassenen Sportplatz auch die teilweise Inanspruchnahme einer Kleingartenanlage erforderlich. Die mit dieser Absicht verbundenen Emotionen kann sich jeder sicher lebhaft vorstellen. Zusätzlich waren die Flächen in unterschiedlichstem Eigentum, so auch Privateigentum im nahen und fernen Ausland. So wurde dem Wirtschaftsförderungsamt über eine Anspruchsberechtigte in New York bekannt, dass sie ins Krankenhaus mit unguter Prognose eingeliefert worden sei. Damit hätte sich die schon geäußerte Absicht, an die Stadt zu verkaufen schnell als wertlos erweisen können. Der Dienstreiseauftrag war schon erteilt, als endlich die Nachricht kam, dass die alte Dame im Krankenhaus notariell noch dem Verkauf zugestimmt hatte, um in Ostdeutschland der Neuentstehung von Arbeitsplätzen nicht im Wege zu stehen. Auch die Beseitigung der Hinterlassenschaft langjähriger militärischer Nutzung erforderte aufwändige Arbeiten. So mussten die Rückstände der Panzerwaschanlage über 80 km nach Leipzig und die der Kfz-Tankstelle nach Thüringen entsorgt werden. Selbst in DDR-Zeiten eingebauter radioaktiver Schotter war zu entsorgen. Wer heute durch dieses Gebiet fährt, kann sich kaum vorstellen, welche Bemühungen damals vonnöten waren, wenn man innerorts und nicht auf die „grüne Wiese" bauen wollte. Symbolträchtig begannen die Erschließungsarbeiten im März 1992 mit dem Abbruch der alten Panzergaragen. So wurden auch in Zwickau Schwerter zu Pflugscharen. Nach der mehrjährigen Erschließung war dieses Gewerbegebiet ebenfalls bald fast vollständig mit vorwiegend produktivem und dienstleistendem Gewerbe belegt.
Dass sich die Bemühungen gelohnt haben, war daran ersichtlich, dass neben der Erhaltung und Neuschaffung von Hunderten Arbeitsplätzen, nach Ermittlungen der Wirtschaftsförderung, in den 90er Jahren schon ca. 25 % des Gewerbesteueraufkommens der Stadt aus diesen ersten beiden städtisch erschlossenen Gewerbegebieten kamen.

Umgestaltung vorhandener Gewerbestandorte

Die Flächen und Gebäude der ehemals großen VEB waren durch die Treuhand oft an etliche kleinere Unternehmen veräußert worden. Dafür war aber ursprünglich die technische und Verkehrserschließung nicht gemacht worden. Deshalb hatte die Stadt in einigen Fällen hier Hilfestellung bei der Entflechtung und Separierung zu leisten. So waren über Monate strenge Chemikaliengerüche aus der Kanalisation Anlass zur Beunruhigung. Bis der entsprechende Messwagen aus Chemnitz herangeschafft war, verging einige Zeit. Wegen des verwobenen Systems der Grundleitungen gelang es danach nicht, den oder die Verursacher herauszufinden. So behielt das alte Rohrnetz sein Geheimnis für sich.

Kritisch wurde es auch, wenn ein Betrieb wie „Sachsenring-Automobilwerke" der über Jahrzehnte Industriebetrieb war, wegen der historisch gewachsenen Nähe zur nächsten Wohnbebauung nun nur noch eine Genehmigung für das Betreiben von „nichtstörendem Gewerbe" hätte bekommen können. Damit wäre jede den Bestandsschutz aufhebende Neuinvestition nach den Umweltgesetzen der BRD nicht möglich gewesen. Es bedurfte schon gewaltiger Überlegungen der Betriebsplaner, die Produktion so zu organisieren, dass die Schallquellen im „neuen Betrieb" die erforderlichen Abstände erreichten, um auch weiterhin Industriegüter produzieren zu können.

Wie so oft in dieser Übergangszeit hatte sich der Unwillen der Betroffenen natürlich nicht gegen den Gesetzgeber gerichtet, sondern gegen die „Bürokraten" in Zwickau, die nichts anderes machten, als die Funktionsfähigkeit des Gemeinwesens trotz des Regelungsdickichts der Bundesrepublik zu sichern. In der vergleichbaren Aufbauzeit im Westen hätte es mit dem rechtlichen Rahmen, wie wir ihn ab 1990 vorfanden, das „Wirtschaftswunder" sicherlich nie gegeben! Besonders heikel stellte es sich heraus, als Stadt eine Industriebrache zum Zwecke der Revitalisierung zu erwerben. Da war u. a. zu hören, dass Wirtschaftsförderung ja gar keine Pflichtaufgabe der Kommunen sei. Schließlich wurden sogar aus der guten Absicht nur derbe Vorwürfe, dass die Risiken solchen Tuns unkalkulierbar seien.

Diese damaligen Wertungen relativierten sich leider erst mit der Zeit. Heute ist es für die damals Gescholtenen eine Genugtuung, statt des jahrelangen Schandflecks einerseits das – auch mit Hilfe des zweiten Arbeitsmarktes – sauber beräumte Grundstück und andererseits die darauf entstandenen Betriebsstätten für die neu geschaffenen Arbeitsplätze zu sehen. Im Rückblick betrachtet, hätte das Nichtanpacken einer solchen Aufgabe sicher viel Ärger erspart... Insgesamt gibt es in Ostdeutschland noch viele unsanierte Industriebrachen. Die viele noch zu erledigende Arbeit und die vielen Arbeitslosen – es ist schwer, sehen zu müssen, dass beides nicht zusammenkommen soll.

Rainer Eichhorn

2.5 Umweltfragen

Die Aufarbeitung des Steinkohlenbergbaus

Die Steinkohlenförderung war in den 70er Jahren des vorigen Jahrhunderts schon zu Ende gegangen. Nur noch eine Kokerei, knapp einen Kilometer vom Zentrum entfernt, war bis Anfang der Neunziger als letzter produzierender Bereich einer langen Bergbautradition des Zwickau-Oelsnitzer Steinkohlenreviers übrig geblieben. Die Aufarbeitung der Nachwirkungen hat aber in Zwickau niemals vergessen lassen, dass der wirtschaftliche Aufschwung Zwickaus in der Gründerzeit hin zu einer bedeutenden Industriestadt ohne die Kohle unmöglich gewesen wäre. Diese Region lebte über etliche Generationen von und mit der Kohle. Außerdem wirkte auch bis in unsere Zeit der so weit gehenden Änderungen, die in unserer Region noch verwurzelte Mentalität der Kumpel, die in dem Spruch gipfelte: „Geht nicht – gibt's nicht!"

Die Hilfe des Steinkohlenbergbauvereins Zwickau war für etliche Probleme, die sich nur mit dem Wissen um den „Zwickauer Untergrund" lösen ließen, unentbehrlich. Dies erfuhr ein weitgereister Planer sehr deutlich. Er glaubte gut daran zu tun, die Fundamente für eine neu zu errichtende größere Stahlbauhalle sehr tief zu gründen. Was er nicht wusste, war, dass er direkt auf einer schon den Bergbau störenden tektonischen Verwerfung baute. D. h. das eine Fundament war diesseits und das andere jenseits davon errichtet worden. Als die Stahlbinder auf die inzwischen einbetonierten Stützen gehoben werden sollten, waren diese zu kurz. Die Erde unter der durch die Fundamente durchstoßenen, ausgleichenden Bodenschicht, auf der normalerweise gegründet wird, hatte sich wieder einmal bewegt... Bis Mitte der siebziger Jahre hatte sich der Zwickauer Boden infolge des jahrzehntelangen Bergbaus stetig gesenkt. So bewegte sich auch der Zwickauer Dom, durch Absenkung und Schiefstellung, bis zu einen Millimeter jährlich auf das Rathaus zu. Ab 1990 ging es wieder aufwärts – auch mit dem Dom. Durch das allmähliche Steigen des Grubenwasserspiegels war es zu einem Aufquellen des als Deckgebirge der Steinkohlenformation anstehenden „Rotliegenden" gekommen, die diese erneute „Bewegung" nach sich zog.

Die langjährige karbochemische Verwertung der Kohle hat natürlich etliche Altlasten im Zwickauer Boden hinterlassen. Auch hier mussten Ideen her. Schon zur Errichtung des ersten neuen Handelsstandortes im Stadtteil Pölbitz war eine „Einkapselung" der Hinterlassenschaften einer früheren Teerfabrik nötig gewesen. Ebenso wurde über dem großen ehemaligen ESTEG-Bergbaugebiet ein „wasserundurchlässiger Deckel" errichtet, der heutige Parkplatz des „Glück-auf-Centers" einem citynahen Einkaufsgebiet. Nur dem aufmerksamen Beobachter fällt dort das unscheinbare Gebäude auf, an dem „Abwasserreinigung Schedewitz" geschrieben steht. Hier wird durch die Gesellschaft zur Beseitigung der Bergbaufolgeschäden noch lange Zeit das Grundwasser zu reinigen sein. Nur einige Meter Mulde aufwärts strömt ständig aus einem großen Rohr Wasser in den Fluss. Auch hier wissen nur Eingeweihte, dass es sich um ansteigendes Gruben- und Tagewasser handelt.

"Ruß-Zwicke" wird wieder eine gute Adresse

Aus der so genannten „Bockwaer Senke", die sich infolge des dortigen sehr frühen Bergbaus um etliche Meter gesenkt hatte, muss ständig gepumpt werden, um dieses Gebiet vor der Überflutung zu retten. Auch die beiden Pumpwerke im Stadtgebiet müssen helfen, dass das Abwasser trotz des durch Senkungen verlorenen freien Gefälles der Kanalisation den Weg zur Kläranlage findet. Die mustergültige Sanierung dieser und auch der übrigen Standorte, wie am Brückenberg, zeigte deutlich, dass in der Folge früherer wirtschaftlicher Tätigkeit oft langjährige und teure Nacharbeit nötig ist.

Die Wismut-Nachsorge

Unmittelbar vor den Toren der Stadt im Norden hatte sich seit 1950 eine schwer wiegende „Ansiedlung" vollzogen. Die Amerikaner, mit der Herstellung der Atombombe im Rahmen des „Manhattan-Projektes" beschäftigt, hatten nicht erkannt, dass sich im Erzgebirge gewaltige Uranerzvorkommen befanden. So übergaben sie das strategisch wichtige Erzgebirge im Rahmen des Viermächteabkommens an die Sowjetunion, die sofort im Raum Aue mit dem Uranbergbau für ihre eigene Atomindustrie zu produzieren begann. So spielte sächsisches Uran eine wichtige Rolle beim Wettrüsten der Supermächte. Das in der Region gebrochene Erz musste in Aufbereitungsanlagen physikalisch und chemisch angereichert werden. Nach ersten derartigen Anlagen an verschiedenen Orten wurde in einer ehemaligen Papierfabrik in Crossen bei Zwickau auf Steinwurfweite zur nächsten Wohnbebauung eine „Erzwäsche" der sowjetischen Aktiengesellschaft der Buntmetallindustrie „Wismut" errichtet. Schon der Name der Firma verschleierte den militärischen Charakter des Unternehmens. Dadurch entstand in Crossen eine hochkontaminierte Anlage, über deren Gefährlichkeit die Bevölkerung natürlich nicht aufgeklärt wurde. Unmittelbar neben dem Werk wurden am Ortsrand die restlichen Gesteine, die immer noch radioaktiv waren, in einer gewaltigen Halde ohne entsprechende Schutzvorkehrungen aufgefahren. Aus der Anlage mussten schließlich die entstehenden gemahlenen und aufgeschlämmten Reststoffe uranhaltiger Erze, die so genannten Tailings, über Pumpen in eiligst errichtete Schlammteiche gebracht werden. Auch hier waren keinerlei Bodenabdichtungsmaßnahmen vorgenommen worden. Nach dem Absetzen der Feststoffe wurde das freie Wasser wieder der Produktion zugeführt. Drei dieser Schlammteiche entstanden im Verlaufe der Zeit. Der größte hatte sogar den ehemaligen Ortsteil Helmsdorf der Gemeinde Oberrothenbach unter sich begraben.
Erst zum 1. Januar 1990 endete die Uranaufbereitung in der Zwickauer Region. Danach galt es, zuerst einmal eine Bestandsaufnahme dieses Erbes durch den neuen „Eigentümer" Bundesrepublik zu erstellen. Diese wurde, erstellt durch die STEAG Essen, noch im November 1990 öffentlich vorgestellt. Nach den langen Jahren des Verschleierns durch die alte „SDAG Wismut" kam nun das ganze Ausmaß ans Licht. Es waren Hunderte Hektar Flächen und Millionen Kubikmeter Massen betroffen und sollte den Bund über 15 Jahre Arbeit und etliche Milliarden DM kosten. Es dauerte aber auch schon einige Zeit, bis zwischen den Betroffenen der Region und der mit

Rainer Eichhorn

der Stilllegung, Sanierung und Rekultivierung beauftragten Wismut-GmbH, einem Unternehmen des Bundes, ein partnerschaftliches Verhältnis aufgebaut war. Zu tief saß der Argwohn aus der Vergangenheit.
Nach der Gemeindegebietsreform 1999 wurden Crossen und Oberrothenbach Stadtteile von Zwickau. Seitdem werden alle Sanierungsmaßnahmen mit dem Zwickau-Oberrothenbacher Wismutbeauftragten abgestimmt. Das Konzept ist 2005 in großen Teilen umgesetzt. Durch das gemeinsame Wirken von Sanierungsbetrieb, Genehmigungsbehörden und Trägern öffentlicher Belange ist gewaltige Arbeit geleistet worden. Die anfänglichen Horrornachrichten über unsere Region verstummten und haben der Attraktivität des Wirtschaftsraumes keinen Abbruch getan. Bis es dahin kam, gab es auch manche Sorgenfalten bei den Verantwortungsträgern. Der übervolle Schlammteich in Sichtweite zum neuen VW-Werk ließ uns vor der Inbetriebnahme der Wasserreinigungsanlage manche „Was-wäre-wenn-Frage" stellen. Das Wasser der Schlammteiche wurde vor Ort gereinigt und größtenteils schon in den Vorfluter abgegeben. Das Werksgelände ist demontiert und zusammen mit den Erdmassen darunter, auf den fast trockengelegten Teichen abgelagert. Auch die Halde ist darin schon fast verschwunden. Viele Wismut-Kontaminierungen in der Region sind bereits saniert. Das vielfältige Erbe der Wismut in der Zwickauer Region ist an einer Stelle gesammelt und wird unter einer Wasser abweisenden Abdeckung sicher verwahrt bleiben. Schon bald kann zu Recht darüber Gras wachsen.

Ganz egal, was wir fanden...

1990, gleich in den ersten Tagen nach der konstituierenden Sitzung der Stadtverordnetenversammlung, kamen beängstigende Meldungen aus den Grubenlampen- und Akkumulatorenwerken ins Rathaus. Durch das gelegentliche Ausschalten der Filter in den Abluftanlagen waren im Verlauf der Zeit bis 1990 Bleikontaminationen ins Umfeld des Werkes gelangt. So war eine der ersten Amtshandlungen des neu gewählten OBs, den Kleingärtnern den Verzehr ihres im Garten angebauten Wurzelgemüses verbieten zu müssen. In der Folge gelang es aber, dass dieser Standort für die Produktion von Starterbatterien erhalten werden konnte, ohne jemals wieder Gefahren für die Umwelt zu erzeugen.
Auch beim Bau der Bundesstraße B 93 neu durch die Stadt kam es zu einer unliebsamen Überraschung. Obwohl am Standort einer früheren Großzylinderschleiferei niemand mit Besonderem rechnete, wurden plötzlich folgenreiche Bodenkontaminationen entdeckt. Neben Blei fand sich auch Arsen und zwar in der Größenordnung von 6 und 8 Gramm bis zum Spitzenwert von 164 Gramm (!) pro Kilogramm Erdreich. Dies bescherte fast ein Jahr Bauverzug und 1,5 Millionen DM zusätzliche Kosten. Hier war um 1930 eine Fabrik für „Schweinfurter Grün", einer hochgiftigen Farbe, mit allen Produktionsrückständen einfach eingeebnet worden.
Insgesamt ist dies alles nicht viel anders als etliche Jahre zuvor in den industriellen Ballungsgebieten Westdeutschlands. Gleich 1990 bereiteten uns die Kommunalpolitiker unserer Partnerstadt Dortmund, die uns auch

sonst vorbildlich zur Seite standen, vorsorglich darauf vor. Lediglich die Menge der in kürzester Zeit zu lösenden Probleme ließ uns in den ersten Monaten und Jahren schon manchmal die Haare raufen.

2.6 „Weiche" Standortfaktoren

Die schnelle Anpassung an die neuen gesetzlichen Anforderungen und natürlich um Zwickau fit für Investoren zu machen, erforderte auf allen Gebieten größte Anstrengungen. Ohne das Thema zu vertiefen, gehörte natürlich auch das Schaffen von guten Wohnbedingungen dazu, den Wirtschaftsstandort attraktiv zu machen. In Zwickau war die Situation davon bestimmt, dass in DDR-Zeit viele aus den umliegenden Orten in die städtischen Neubaugebiete gezogen waren, weil sie in ihren Heimatorten keine entsprechenden Wohnmöglichkeiten fanden. Nach der Wende zog es durch die neuen Möglichkeiten viele wieder ins Umland zurück. Durch die schnelle Festsetzung der zentrumsnahen Sanierungsgebiete Nordvorstadt und Bahnhofsvorstadt, die Ausweisung und planerische Begleitung von ca. 30 neuen Wohngebieten sowie die fördernde Begleitung der Vermieter und von Investoren neuer Wohn- und Geschäftshäuser wurde städtischerseits der Abwanderung gegengesteuert. Auch die Erhaltung und Schaffung eines guten Standards für Bildung, Weiterbildung, Kultur, Kinder- und Jugendarbeit, medizinischer und sozialer Versorgung, Umwelt sowie Freizeit sorgte im Verbund mit den vielen Aufgabenträgern dafür, dass Zwickau wieder eine gute Adresse wurde.

3. Die Umgestaltung der Zwickauer Wirtschaft

3.1 Produzierendes Gewerbe ohne Automobilindustrie

Durch die Treuhandanstalt war die Vielfalt der volkseigenen Betriebe in einem relativ kurzen Zeitraum privatisiert worden, doch um den Preis des Verlustes tausender Arbeitsplätze. Die Ursachen dafür lagen in den Betrieben selbst, in dem sich gerade wandelnden Markt oder in den tatsächlichen Absichten der neuen Besitzer. Einige Betriebe z. B. der Textilbranche waren übernommen worden, weil ihre bis dahin preiswerten Produkte auch im Westen anerkannt waren. Die Erwartungen, hier auch weiterhin wettbewerbsfähig produzieren zu können, bestätigten sich leider nicht, da Billiglohnländer als Folge der Globalisierung immer stärker am Markt wurden. Nur durch das Besetzen von Nischen, das Produzieren von Kleinserien, größte Flexibilität und Innovation waren zum Glück etliche Unternehmen überlebensfähig. Für einige Firmen, die sich auf nur wenige Produkte beschränkt hatten, war der Absatz völlig zusammengebrochen, da diese binnen kurzer Zeit nirgendwo mehr gebraucht wurden. Leider haben aber auch etliche deutsche und ausländische Unternehmen ihre ehemals volkseigenen

Konkurrenten aufgekauft, ihr Know-how mit Freude übernommen, die sächsische Entwicklungsabteilung geschlossen und nach Ablauf der Bindungsfrist für evtl. erhaltene Vergünstigungen zuerst die Produktion und die Arbeitsplätze abgebaut und danach die Firma geschlossen. Manchmal „durften" die Zwickauer sogar den Abtransport der Maschinen in die Länder Südosteuropas und den Aufbau in den dortigen Fabriken noch begleiten, ehe sie im Ergebnis der Globalisierung in die Arbeitslosigkeit geschickt wurden.

In einigen Fällen hatte sich ein gestandener deutscher Mittelständler auch aus moralischen Gründen im Osten engagiert. Da in den Neunzigern aber etliche Firmen den Generationswechsel durchlebten, war die bewährte Verantwortung der westdeutschen Gründergeneration für Firmenstandorte und die dortigen Beschäftigten vielfach kein Kriterium mehr. So wurde, wie auch in den vorgenannten Fällen, die Privatisierung mehrfach leider nur eine Übergangslösung ohne Perspektive. Dass es trotzdem auch um den Jahrtausendwechsel einen guten Branchenmix in Zwickau gab, ist insbesondere vielen Mittelständlern zu verdanken, ost- und westdeutschen sowie ausländischen Firmen, die gute Erfahrungen mit Qualifizierung, langjähriger Praxis, Motivation und Innovationsfähigkeit der hiesigen Beschäftigten schätzen gelernt hatten und deshalb in einigen Fällen bei ihren Standortentscheidungen bewusst Zwickau den Vorzug gaben. Dafür haben die Zwickauer allen Grund, dankbar zu sein.

3.2 Horch, Audi, Trabant, Polo, Golf, Passat, Phaeton – eine Erfolgsgeschichte

Das eigentlich Entscheidende für Zwickaus erfolgreiche Entwicklung im Verhältnis zu anderen Regionen der neuen Länder, lag aber an dem guten Ruf der sächsischen Automobilbauer und den sich daraus ergebenden glücklichen Fügungen schon vor dem Jahr 1989. Ausgehend von einer Kooperation zwischen Volkswagen und der volkseigenen DDR-Fahrzeugindustrie sollten im Rahmen der so genannten „Gestattungsproduktion" Viertaktmotoren in Karl-Marx-Stadt hergestellt werden. Durch einen Kraftakt ohnegleichen war sowohl die Vorbereitung dieser Produktion als auch die Anpassung der PKW „Trabant" und „Wartburg" an den neuen Motor vorangetrieben worden. Für die Karosse reichte aber die Kraft nicht mehr. Auch wenn dadurch die äußerlich beinahe unveränderten Fahrzeuge als „Mumien mit Herzschrittmacher" verspottet wurden, waren sie doch ein gewaltiger Entwicklungssprung, da sich quasi ein neues Fahrzeug unter dem ähnlichen Äußeren verbarg. Im Mai 1989 entstanden die ersten Fahrzeuge des Trabant 1.1 in Zwickau.

Schon im Dezember 1989 war auf persönliche Initiative des damaligen VW-Vorstandsvorsitzenden Dr. Carl H. Hahn, der aus eigener Anschauung von der Leistungskraft und Qualitätsarbeit sächsischer Automobilbauer überzeugt war, eine gemeinsame „Volkswagen IFA-PKW GmbH" gegründet worden, die nach dem erfolgreich verlaufenen Motorengeschäft die nächsten

„Ruß-Zwicke" wird wieder eine gute Adresse

Kooperationsschritte vorbereiten sollte. Doch nun überschlugen sich die Ereignisse. Schon im März 1990 legte die neue Gesellschaft ihr Konzept für eine neue PKW-Produktion vor, die zuerst die Montage angelieferter Bauteile für täglich 50 PKW Polo im neuen Werk Mosel vorsah.
In dieser völlig unübersichtlichen Zeit fand eine große Versammlung der Sachsenringwerker im Werk I an der Crimmitschauer Straße statt. Sie wollten wissen, wie es um ihre Zukunft bestellt sei. Sie richteten ihre Fragen auch an den noch nicht einmal gewählten Oberbürgermeister. Bis dahin hatte ja immer der Staat die nächsten Schritte festgelegt. Außer dem Versprechen, gemeinsam mit den neu gewählten Abgeordneten sich persönlich dafür einzusetzen, dass auch zukünftig in Zwickau Autos gebaut würden, konnte aber keine beruhigendere Botschaft an die damals immerhin ca. 12 000 Autobauer gegeben werden.
Ab 21. Mai 1990 hingen in Mosel zeitgleich und im bunten Wechsel Trabant 1.1 und VW Polo an den Montagebändern. Damit deutete sich an, dass die langjährige Zwickauer Automobiltradition eine Zukunft haben könnte. Doch nun stand ein gewaltiges Stück Arbeit an. Die Suche nach den besten Lösungen für die Zwickauer Sachsenringwerke begann. Der OB konnte durch die Berufung in den Aufsichtsrat, wie den Automobilwerkern versprochen, diesen Prozess begleiten und mitgestalten. Im Prinzip waren jetzt drei Hauptrichtungen zu verfolgen. Volkswagen musste erstens so schnell wie möglich in die Lage versetzt werden, auf gesicherter Basis investieren zu können. Zweitens sollten durch entsprechende Umorganisationen bisheriger Betriebe oder Neuansiedlungen die notwendigen Zulieferer für das neue VW-Werk Mosel bei Zwickau zur Verfügung stehen. Drittens galt es auch, so viele Arbeitsplätze wie möglich im „Sachsenring-Werk" zu erhalten bzw. zu schaffen.
Durch die Entschlossenheit des VW-Managements wurde noch 1990 die „Volkswagen Sachsen GmbH" mit dem Ziel, ein neues Autowerk neben dem Werk in Mosel zu bauen, gegründet. Der Grundstein für dieses neue Werk wurde von Bundeskanzler Dr. Helmut Kohl und dem Vorstandsvorsitzenden der Volkswagen-AG Dr. Carl H. Hahn schon am 26. September 1990, also noch vor dem Tag der Wiedervereinigung, gelegt. Und so fuhr der Zwickauer Oberbürgermeister mit seinem „geborgten Dienst-Polo" aus sächsischer Produktion sehr stolz und erleichtert zu den offiziellen Einheits-Feierlichkeiten nach Berlin. Es gab schon erstaunte Gesichter der Sicherheitskräfte, dass inmitten der großen Oberklasse-Limousinen die fröhliche „Polo-Besatzung" mit Wolfsburger Autokennzeichen wirklich dazugehören sollte. Die Gründung einer weiteren Gesellschaft – VW gemeinsam mit der Treuhandanstalt – zur Fortführung der bisherigen Aktivitäten entstand kurz darauf. Diese Gesellschaft stellte im September 1991, nach kurzer Parallelproduktion und der Herstellung von immerhin fast 18 000 Polo auf den Golf um.
Nicht weniger dynamisch vollzog sich der schrittweise Prozess der Privatisierung von „Sachsenring" unter Regie der Treuhand. Schon zu Ende 1990 stellte sich heraus, dass z. B. ein geplanter Export von 10 000 Trabant nach Polen wegen der Schwierigkeiten mit der Fortführung der bisherigen Rubel-Verrechnungsbasis nur noch mit ausdrücklicher Genehmigung der Bundes-

regierung möglich war. Durch persönliche Intervention von Bundeskanzler Kohl erhielt „Sachsenring" diese Genehmigung und hatte damit ein wenig Zeit zur Umgestaltung gewonnen. Zügig wurden viele Betriebsbereiche erfolgreich privatisiert. Trotzdem war wegen des Zusammenbrechens des Marktes die Produktionseinstellung am 30. April 1991 für den mehr als 3 000 000 mal gebauten „Trabant" nicht abzuwenden. Die Automobilbauer, die ihren Ministerpräsidenten Prof. Kurt Biedenkopf baten, doch alles für eine Weiterproduktion zu tun, hatten ihm auf Nachfrage bestätigt, dass ihr nächstes Auto auch kein Trabant sein würde. Und so haben die Erzeuger der Produkte im Osten – nicht nur die Automobilbauer – als Konsumenten vielerorts selbst über die Zukunft ihrer Werke entschieden! Gerade Prof. Biedenkopf hat dann in der Folge große Hilfe für die Milderung der Folgen des Beschäftigungsloches in Zwickau gegeben. U. a. durch die Unterstützung der am 3. Juli 1991 gegründeten „Sächsischen Ausbildungs- und Qualifizierungsgesellschaft" wurde für tausende Sachsenringwerker über Aus- und Weiterbildung, Umschulung und Beschäftigung an für die Region wichtigen Projekten eine Perspektive geschaffen. 1993 wurde schließlich, quasi als Abschluss, eine Privatisierung an die Gebrüder Rittinghaus vorgenommen, die schon nach relativ kurzer Zeit wieder eine stattliche Anzahl von Beschäftigten hatten. Trotz der inzwischen leider eingetretenen Insolvenz wird nun schon seit vielen Monaten auch an diesem traditionsreichen Standort weiter produziert.
Auch in Mosel bei VW ging die Entwicklung voran. Nachdem schon im August 1994 der 250 000. VW vom Band gelaufen war, konnte der VW-Vorstandsvorsitzende, Dr. Ferdinand Piëch, anlässlich des fünfjährigen Jubiläums von VW in Sachsen die parallele Produktion des „Passat" als zweitem Fahrzeug im Neuwerk verkünden. Diese Produktion lief 1996 an. Im benachbarten Chemnitz war inzwischen der 2 000 000. Volkswagenmotor produziert worden. Seitdem wurden in Mosel, seit 1999 Stadtteil von Zwickau, sowohl der „1 000 000. Golf aus Sachsen" als auch der „1 000 000. Passat aus Sachsen" gefertigt und im Werk Mosel 1 entstehen zusätzlich die Karosserien für bekannte PKW der automobilen Oberklasse, die in der Gläsernen Manufaktur in Dresden montiert werden. Der Automobilbau ist damit, gemeinsam mit BMW und Porsche in Leipzig, wieder zur wichtigsten Säule der wirtschaftlichen Entwicklung Sachsens geworden.

3.3 Das Handwerk und der zweite Arbeitsmarkt

Die Umgestaltung des Handwerks brachte schon bald etliche Arbeitslose, da nur wenige Genossenschaften die geeignete Organisationsform fanden. Natürlich hatten viele mit dem Bau beschäftigte Handwerker durch die Sonderkonjunktur der Neunziger kurzfristig eine gute Zeit vor sich. Sie erlagen aber oft der Versuchung und wuchsen teilweise zu schnell. Dass dieser Markt nicht von Dauer sein würde, sahen einige nicht. So kamen viele Betriebe bald in Probleme. Besonders das Handwerk litt zudem unter der schnell um sich

greifenden schlechten Zahlungsmoral und den von großen Kunden geforderten ruinösen Preisen.
Die Tätigkeit der Unternehmen des zweiten Arbeitsmarktes u. a. in Arbeitsbeschaffungs- oder Strukturanpassungsmaßnahmen war äußerst problematisch für das Handwerk. Die Auftraggeber der öffentlichen Hand hätten aber nie den reellen Preis an die mittelständischen Betriebe zahlen können und waren deshalb froh über die preiswerte Leistungserbringung z. B. über diese ABM oder SAM. Was für die Finanzen der Kommunen, die Beschäftigung ansonsten arbeitslos gewordener Mitarbeiter geschrumpfter oder abgewickelter Betriebe und die Arbeitslosenstatistik gut war, war deshalb steter Anlass zur Kritik durch das Handwerk. Weiterhin verschlechterten oftmals noch geförderte neue Betriebe mit Existenzgründern ohne ausreichende Marktkenntnis den ohnehin schon ruinösen Verdrängungswettbewerb. In der Lebensmittelbranche taten die großen Ketten das Ihrige, den alten Familienbetrieben das Wasser abzugraben. Insgesamt hat das Handwerk bisher nur vereinzelt den vielbeschworenen „goldenen Boden" im Osten gefunden.

3.4 Handel

Privatisierung der HO- und Konsumverkaufsstellen

Das Treuhandgesetz der DDR vom 17. Juni 1990 hatte in seiner Präambel eindeutig erklärt, dass der Staat seine unternehmerische Tätigkeit so weit und so rasch wie möglich zurückführen wolle. Als eine der ersten Maßnahmen dazu erließ die Volkskammer wegen der Gewissheit, dass die vorgefundene Handelsstruktur keinesfalls überlebensfähig sein würde, die Versorgung der Bevölkerung aber gesichert bleiben muss, schon am 6. Juli 1990 das Gesetz zur Entflechtung des Handels in den Kommunen. Hierin war der Auftrag formuliert, dass das Eigentum an Grund und Boden, Gebäuden, Anlagen und beweglichen Grundmitteln, welches durch die Volkseigene Handelsorganisation (HO) einschließlich deren Großhandels, aber auch der Konsumgenossenschaften (außer des genossenschaftlichen Eigentums) genutzt wurde, zu entflechten sei. Dies sollte unter „...mitbestimmender Hinzuziehung der Landräte bzw. Oberbürgermeister, in deren Verwaltungsbereich sich die Handelsobjekte befinden", geschehen. Als Ziel wurde dazu festgelegt, dass ein Marktanteil von 25 % nicht überschritten werden dürfe. Zu dieser Forderung war die Volkskammer gekommen, da die bisherige Versorgung in vielen Städten so wie in Zwickau aussah: 41 % HO, 20 % Konsumgenossenschaft, 15 % Privat und 24 % Sonstige. Bald kamen noch die Hotels und Gaststätten dazu. Na prima! Denn es wurde – ganz wie in Zeiten der Planwirtschaft – festgelegt, dass „...die Berechnung der Marktanteile in der Region ansässiger Unternehmen durch die Kommunen auf der Grundlage der per 30. Juni 1990 getätigten Warenumsätze ... unter Berücksichtigung der Entwicklung im 2. Halbjahr 1990 zu erfolgen..." habe. Nun wollten die frisch gewählten Kommunalpolitiker gerade eine „neue" Verwaltung organisieren und nun dies. Nach der Ausschreibung durch die Stadt

Rainer Eichhorn

gingen 760 Bewerbungen für weniger als 60 zu vergebende Objekte ein, für besonders interessante Einrichtungen bis zu 69 Bewerbungen. Dies führte automatisch zu Enttäuschung und Ärger der nicht berücksichtigten Antragsteller, zu wüsten Beschimpfungen und Verdächtigungen wegen vermuteter „alter Seilschaften", und das für eine Sache, die die städtischen Verantwortungsträger als Übergangslösung weisungsgemäß nur nach bestem Wissen und Gewissen erfüllt hatten.

Die Versorgung in der Zeit um die Wirtschafts-und Währungsunion

Unmittelbar nach der Kommunalwahl am 6. Mai 1990 führte der Zwickauer Oberbürgermeister Gespräche mit allen bisher zuständigen Leitern, darunter auch mit dem Stadtrat für Handel und Versorgung. Dabei war diesem klar, dass er keinen Platz in der neuen Verwaltung haben würde. Er bot aber an, noch kurze Zeit beratend zur Verfügung zu bleiben, da zu befürchten war, dass es im Vorfeld der Währungsunion zur Verknappung auch im Lebensmittelbereich kommen könnte, um, wie anlässlich der Währungsreform in Westdeutschland passiert, erst mit der neuen Währung wieder volle Regale anzubieten. Die Annahme dieses Vorschlages verhinderte die befürchtete Verschlechterung, da die Leiter von HO und Konsum zu Recht davon ausgehen konnten, dass leere Läden, aber volle Lager nicht folgenlos bleiben würden. Die gut gefüllten Zwickauer Läden erstaunten jedenfalls den extra durchs Land fahrenden DDR-Wirtschaftsminister und ließen ihn – ganz im Sinne eines gelernten DDR-Bürgers – fragen, ob ihm vielleicht ein besonderes „Vorzeigeangebot" serviert würde.

Neue Verkaufobjekte kontra Einkaufstourismus

Durch die Währungsunion hatten sich natürlich die ehemals im ganzen Land einheitlichen Preise schnell erledigt. Preisunterschiede von bis zu 100 % waren plötzlich an der Tagesordnung und benachteiligten vor allem die Bewohner von ländlichen Gebieten und Orten mit großer Entfernung zur immer noch existierenden „Westgrenze". Wenn auch die Menschen die Marktwirtschaft gewollt hatten, ihre Gesetze mussten sie erst lernen. Und die Händlerschaft war auch beim Lernen, z. B. was das Kalkulieren anging. Erschwerend kam noch hinzu, dass in den Städten große Kaufhallen meist noch nicht privatisiert waren und deshalb auch nicht attraktiv sein konnten. Mit großem Tempo gelang es in Zwickau zwar schon im Juli 1990, das erste in Kooperation mit BRD-Firmen umgebaute Konsum-Center und bis Oktober zwei weitere Kaufhallen auf „Westniveau" zu bringen, aber es entstand naturgemäß bei vielen Kunden der Wunsch, selbst im Westen einzukaufen. Außerdem waren die meisten Menschen der gewohnten DDR-Produkte überdrüssig. Sie wollten endlich die in den Medien beworbenen Westprodukte kaufen. An die Wirkung auf die eigenen Arbeitsplätze wollte in dieser Aufbruchzeit natürlich niemand denken. In den meisten Fällen sollte es mit dem eigenen PKW zum Shoppen gehen. Nun wirkte sich der schon ausführlich geschilderte Zustand der Verkehrsinfrastruktur wieder aus. Neben den notwendigen Transporten für Waren und Güter, den vielen kommerziellen Fahrten und den Erkundungsfahrten in beide Richtungen, um das zu sehen, was Jahrzehnte unmöglich oder erschwert war, belasteten plötzlich Heerscharen von Einkaufstouristen die hoffnungslos überlasteten Straßen. Die heutige Autobahn A 72 nach Hof sorgte wegen ihrer damals geringen Durchlassfähigkeit dafür, dass es nur im Schneckentempo voranging. Etliche Kraftfahrer verloren nach nervig langen Touren die Geduld und danach durch riskante Manöver ihr Leben. So geisterte diese Straße jahrelang als Todesautobahn durch die Medien.

Deshalb war es eine Frage der kommunalen Daseinsvorsorge geworden, den Bürgern diese unnötigen Wege zu ersparen und stattdessen westliche Billiganbieter anzusiedeln. Zuerst musste dafür schnellstmöglich die stadtplanerische Einordnung eines neu zu bauenden Handelsobjektes abgesichert werden, damit sich überhaupt ein Anbieter auf den Weg nach Zwickau machte. Während das erste Objekt noch kurz vor dem 3. Oktober 1990 „an den Prinzipien der kommenden Bundesdeutschen Raumordnung vorbei" genehmigt wurde, waren für die weiteren Handelseinrichtungen schon „richtige Bebauungspläne" als erste Schritte in das neue Rechtssystem erforderlich. Zweitens sollte sofort ein Handelsprovisorium per Zelt möglich gemacht werden. So wurde es durch den Einsatz von Partnern, Mitarbeitern und selbst des OB als Akquisiteur möglich, innerhalb weniger Monate vier provisorische Verkaufsobjekte mit teilweise mehreren tausend Quadratmetern zu errichten.

Kontra den Wildwuchs auf der „grünen Wiese"

Die für den Handel eigentlich nötigen und wichtigen Innenstadtlagen waren auch in Zwickau aus Eigentumsgründen, wegen anfangs überhitzter Grundstückspreise und wegen des großen Aufwandes nicht interessant. Großflächiger Einzelhandel sollte verkehrsgünstig möglichst an der Autobahn liegen, um auf billigen Baugrundstücken kostenlose Parkplätze und billige Gebäude ohne architektonischen Anspruch schnell zu errichten. Diese städtebauliche Amerikanisierung war gerade erst über Westdeutschland gerollt. Nun kam sie über die mit der Anwendung geeigneter rechtlicher Mittel überforderten Kommunalverwaltungen der neuen Bundesländer. Mit eigenwilligen Methoden sollte die Zeit genutzt werden, Tatsachen zu schaffen, ehe z. B. die Landesplanung greifen konnte. Selbst die Tolerierung eines nicht integrierten großflächigen Einzelhandels auf dem Dorf bei freiwilliger Eingemeindung in die Stadt wurde erörtert. Im Gegensatz zu nicht so erfolgreich kämpfenden Städten wurde aber weitgehend der Handelswildwuchs verhindert und eigene große Standorte des Handels generell im Interesse der „Taschenkunden", d. h. der Kunden die nicht aufs Auto angewiesen sein möchten, immer auch mit dem öffentlichen Personennahverkehr verknüpft. Durch Weitsicht der Verwaltung und der sie dabei unterstützenden Kommunalpolitiker wurden Handelsobjekte schon ab 1992 auf der Grundlage von städtisch beauftragten Handelsnetzgutachten bewertet und nur dann befördert, wenn die Wirkungen auf die Stadt hinreichend geprüft worden waren.

3.5 Dienstleistungen

Durch die Währungsunion zum 1. Juli 1990 war eine gewaltige Dienstleistungsaufgabe zu erfüllen. Allein die Sparkasse, aus der Vergangenheit mit den meisten Kunden, stellte 185 000 Konten um. Wegen der Umtauschmodalitäten hatte sie darüber hinaus 42 000 neue Konten u. a. vor Ort in Altenheimen, Ausländerwohnheimen und Haftanstalten zu eröffnen. Je nach Lebensalter galten zudem unterschiedliche Umtauschmodalitäten für die Kunden. Die Sparkasse bearbeitete Bargeld in Höhe von 21,5 Millionen DDR-Mark und gab in den ersten Wochen nach der Währungsumstellung rund 70 Millionen DM aus. Bei diesem Andrang war der Service bei den ersten Privat- und Großbanken ohne lange Schlangen natürlich eine Verlockung zum Wechseln. In der Folge kam es in Zwickau vorübergehend zu einer bunten Bankenlandschaft auch für Privatkunden. Heute hat sich ein breites Dienstleistungsangebot für jede Art von Service herausgebildet. Der industrienahe Service ist durch die Automobilindustrie dabei besonders gut ausgebildet.

4. Gründe für den Erfolg

4.1 Regionales Denken

Die Ansiedlung von VW tat der Region auch zusätzlich gut, weil sie die Einsicht förderte, dass Kirchturmpolitik schädlich ist. So unterstützten der derzeitige Sprecher der Geschäftsleitung von VW Sachsen, Gerd G. Heuß, und der damalige Abteilungsleiter im Regierungspräsidium Chemnitz, Dr. Paul-Willi Heilmann, schon sehr früh die Zusammenarbeit der Kreisfreien Stadt Zwickau und der umliegenden Landkreise mit ihren Gemeinden unter dem Motto: „Eine Region formiert sich". Nur dadurch konnte die Ansiedlungspolitik um dieses große Werk einschließlich aller Infrastrukturanforderungen so zügig gelingen. Dies gelang auch durch die „Westsachsenschau", die ab 1991 für etliche Jahre zum Schaufenster und Marktplatz einer ganzen Region wurde. Dort zeigte sich deutlich, warum die Kommunalvertreter das Kfz-Kennzeichen „Z" als „Zwickau – Zentrum mit Zukunft" interpretierten. Deshalb war es nicht verwunderlich, dass der erste Verkehrsverbund in Sachsen hier entstand, Sparkassen schnell fusionierten, Zweckverbände für Wasser und Abwasser, Müll, Tourismus sowie Rettungswesen gut funktionierten und auch der Kulturraum die Identität der Region stärkten. Gemeinsame Aktivitäten mit den umliegenden Mittelzentren Glauchau, Meerane, Crimmitschau und Werdau, aber auch die Zusammenarbeit der Städte an der „Sachsen-Franken-Magistrale" förderte das Denken und Handeln in Strukturen, die auch von der Politik wahrgenommen werden. Seit einigen Jahren übernimmt in zunehmendem Maße die „Wirtschaftsregion Chemnitz-Zwickau" die Fortführung der regionalen Aktivitäten. Die Region hat sich formiert!

4.2 Politik des Stadtrates

Es scheint in der Politik, auch in der kommunalen, für viele erstrebenswert, vom Wähler mit einer stabilen Mehrheit ausgestattet zu sein. In Zwickau war das in den so wichtigen Jahren 1994 bis 1999 nicht der Fall. Trotzdem gehörten gerade diese Jahre zu einer sehr erfolgreichen Phase städtischer Entwicklung. Obwohl in mancher Stadtratssitzung die Mehrheiten bis zu dreimal wechselten, wurden alle wichtigen Beschlüsse mit ausreichenden Mehrheiten gefasst. Da alle an dieser Entwicklung partizipierten und sich niemand in der permanenten Oppositionsrolle wiederfand, ging es mehr um die Sache als um Macht. Leider ist dieses Vorgehen, wegen des höheren Moderationsaufwandes und der Notwendigkeit zu überzeugen, statt zu überstimmen, nicht über längere Zeit attraktiv. Besonders hilfreich war auch das Mittragen der OB-Entscheidung, 1990 ein „Buntes Rathaus" zu installieren. Dadurch waren in Zwickau Amtsleiter und leitende Mitarbeiter aus den verschiedensten Parteien tätig, um gemeinsam der Stadt Bestes zu suchen.

5. Der Tag der Sachsen 2000 – Inventurtermin für die ersten zehn Jahre

Jeder, der sich auf einen beschwerlichen Weg begibt, braucht auch Erfolg. Er möchte sich vor Augen führen, dass sich Fleiß, Geduld, Entbehrungen, Gegenwind, Rückschläge, Mühe und Vertrauen gelohnt haben. In Zwickau war dies zum 10. Tag der Sachsen 2000 möglich. Eine ganze Stadt und die Region hatten allen Grund, darauf stolz zu sein, was in nur zehn Jahren nach der politischen Wende in Ostdeutschland möglich war. Besonders erfreulich war, dass das Stadtzentrum wieder Magnet für Handel und Dienstleistung geworden war, auch wenn dies erst zum Ende der neunziger Jahre gelang. Keiner, der z. B. durch die Zwickau-Arcaden schlendert, muss dabei erkennen, welchen gewaltigen Aufwand alle Beteiligten damit hatten, eben keinen Neubau in eine Lücke zu setzen, sondern mit Dutzenden Anliegern zu dieser beispielgebenden Attraktivitätsverbesserung der City zu kommen.

Auch in Zwickau hatte es – und daran muss bei einem solchen Rückblick erinnert werden – in den ersten zehn Jahren genügend Enttäuschungen gegeben. Verlorene Arbeitsplätze, abgewanderte Bürger, zerplatzte Träume und noch nicht Geschafftes gab es zuhauf. Auch Fehler wurden gemacht oder zu spät entdeckt. Aber ein solcher Moment des Stolzseins auf das schon Erreichte war angemessen. Und so wurde ausgiebig gefeiert, dass aus dem einstigen „Ruß-Zwicke" wieder ein Schmuckstück geworden war; auch in dem Wissen, dass keine Zeit bleiben würde, sich vor lauter Freude lange ausruhen zu können. Zurückblickend kann man nur konstatieren, dass es ein großes Geschenk war, diese ersten elf Jahre mitzuerleben und mitzugestalten, mit allen ihren Überraschungen, Anstrengungen und Herausforderungen aber auch den ersten Ergebnissen und glücklichen Momenten auf einem langen Weg.

Umwelt und Landwirtschaft

Volker Uhlig

Aus seinem beruflichen und kommunalpolitischen Engagement heraus kennt der Autor die Lebensumstände der mit der Landwirtschaft verbundenen Menschen aus dem Erzgebirge natürlich genau. Der Landkreis Freiberg hat heute eine Intensivlandwirtschaft mit hohem Innovationspotenzial. Mit 78 Rindern und 75 Schweinen je 100 Hektar landwirtschaftlicher Nutzfläche besitzt er den höchsten Besatz im Freistaat (Sachsen: 51 Rinder bzw. 62 Schweine) und die höchste Zahl an Biogasanlagen. Der Landwirtschaft wird daher breiter Raum eingeräumt. Ihrer Umstrukturierung widmen sich die beiden ersten Abschnitte. Im dritten Abschnitt soll die Ausbildung für die Landwirtschaft und die Wechselwirkung mit der Umwelt im Mittelpunkt stehen. Abschnitt vier stellt sich einem typischen Problem des Freiberger Raumes, den Bergbaufolgen. Über Abschnitte zu Talsperren und Trinkwasser sowie zu Problemen mit den Abfällen kommt die Sprache auf die Forstwirtschaft und den Wald, die grüne Lunge unseres Landes. Der Wald nimmt immerhin 27 % der Gesamtfläche des Freistaates ein. Auf jeden Bürger entfallen 0,1 Hektar.

1. Von kommunalen Verwaltungsstrukturen zu den staatlichen Ämtern für Landwirtschaft

Im politisch angeheizten Sommer 1990 wurde bald deutlich, dass auch im Landwirtschaftssektor schnell neue Strukturen erforderlich wurden. Dies resultierte u. a. aus dem engen zeitlichen Rahmen zur Auflösung der landwirtschaftlichen Produktionsgenossenschaften (LPG), der Anpassung an die landwirtschaftliche Förderpraxis der Europäischen Union sowie der Umstellung von einer intensiven zu einer stärker extensiv orientierten Bewirtschaftung der Landwirtschaftsflächen. Hier war ein schnelles Handeln geboten, denn es bedeutete gegenüber der Landwirtschaftsökonomie der DDR einen totalen Paradigmawechsel. Er fiel gravierender aus als im Industriebereich aus. Ab Mitte der 70er Jahre des 20. Jahrhunderts musste sich vor allem die verarbeitende Industrie stärker für den so genannten Markt des nichtsozialistischen Wirtschaftssystems (NSW) öffnen und sich daran orientieren. Dringend benötigte Devisen waren zu beschaffen. Der durch Michail Gorbatschow mit „Perestroika und Glasnost" in der Sowjetunion Anfang der 1980er Jahre eingeleitete Reformprozess markierte den Beginn der Globali-

Volker Uhlig

sierung des Weltwirtschaftssystems. Diese Entwicklung ging daher nicht ohne Auswirkungen an der DDR-Industriewirtschaft vorbei, auch wenn dies die Staats- und Parteiführung vehement dementierte. Anders in der Landwirtschaft! Hier fehlten diese unmittelbaren Wechselwirkungen mit dem Weltmarkt. Die Landwirtschaft wurde zwar zu immer höheren Produktionen für den Export verpflichtet, Importe jedoch waren gering. Schnellstmöglich musste nun ab 1990 die Wettbewerbsfähigkeit gegenüber den Landwirten in den alten Bundesländern hergestellt werden. Auch deuteten sich durch die revolutionären Umwälzungsprozesse in den Staaten Mittel- und Südosteuropas weitere Mitbewerber um den europäischen Agrarmarkt bereits an.

Bis 1990 lag die unmittelbare behördliche Zuständigkeit beim Rat des Kreises, Abteilung Land- und Nahrungsgüterwirtschaft. Die Herausforderung bestand nun darin, mit der gestandenen und erfahrenen Mannschaft die Umgestaltung unter dem Aspekt zu bewältigen, dass das Ende kommunaler Verantwortung bereits abzusehen war. Der gewählte Landrat, im Amt von 1990 bis 2001, umreißt die Umstände in der Verwaltung: Es herrschte 1990 in den Verwaltungen eine komplizierte Situation. Niemand wusste zunächst so recht, wo es langgehen sollte. Wichtig war, dass man der Loyalität von 75 % bis 80 % aller Mitarbeiter vertrauen konnte, die hoch motiviert und aufgeschlossen für Neues waren. Es stand ein Mann an der Seite des Landrates, der, mit ausreichend internem Wissen ausgestattet, neben seinem Engagement auch den Mut aufbrachte, die Verwaltung neu zu strukturieren und das Personal richtig zuzuordnen. Man konnte sich eben auf seine Verwaltung verlassen.

Das Landwirtschaftsanpassungsgesetz als eines der letzten DDR-Gesetze bedeutete eine Umsetzung, die Geschick, Sachkunde und Fingerspitzengefühl verlangte. Die Kreisverwaltung hatte hier einen erfahrenen Fachmann, der auch mit überwältigender Mehrheit durch den Kreistag als Dezernent für Landwirtschaft bestätigt wurde. Eine wichtige Unterstützung war auch der Erfahrungsaustausch mit Landwirten aus Süddeutschland. Nicht nur ihre hilfreichen Kenntnisse zählten, sondern auch ihre moralische Anerkennung für unsere couragierte Aufbauleistung. Im Zeitraum bis 1992 waren noch weit reichende Gestaltungsräume vorhanden, die das Amt eines Kommunalpolitikers der ersten Stunde in wohlklingende Erinnerungen hüllen.

Eine weitere Sichtweise gehört natürlich denen, welche damals den Übergang von der Kommandowirtschaft zum selbständigen Unternehmertum in der Landwirtschaft als Behörde zu gestalten hatten. Verantwortliche aus den kommunalen Ämtern berichten: Die Umbruchzeit sei durch vier Phasen gekennzeichnet gewesen. In der ersten Phase fand die Zusammenführung der LPG (T) Tier- und der LPG (P) Pflanzenproduktion zu einer LPG statt, da vorher die LPG Typ III in diese Spartenbereiche aufgeteilt worden waren. So war es üblich, dass eine LPG (T) über Grün- oder Ackerland nicht mehr verfügte. Sodann wurden die LPG entsprechend Anpassungsgesetz und Vermögensauseinandersetzung umgewandelt. In Phase drei und vier erfolgten Altschuldenregelung bzw. Investitionstätigkeit.

In der Übergangszeit fehlte Unterstützung „von oben". Die Kommunalbehörden hatten eine Rechtsgrundlage durch die Kommunalverfassung der

DDR. Die Landesverwaltungen haben sich erst nach der Landtagswahl im Oktober 1990 so richtig konstituiert. So half man sich gegenseitig auf Basis regional übergreifender Kooperationen.
Mit der Bildung der staatlichen Ämter für Landwirtschaft wurde durch das Sächsische Staatsministerium für Landwirtschaft, Ernährung und Forsten (SML) eine Struktur erarbeitet und diese den betreffenden Landkreisen zur Diskussion vorgelegt. Sie konnten Vorschläge bringen, wo in ihrem Territorium das Amt errichtet werden sollte. Das Vorgehen war bemerkenswert. Zum einen umfassten die zu versorgenden Gebiete schon mehrere Landkreise. Im Falle des Landkreises Freiberg deckte es die alten Landkreise Brand-Erbisdorf, Flöha und Freiberg ab, welche sich zum 1. August 1994 später vereinigen sollten. Zum anderen hat man eine günstige Lösung staatlicher Aufgaben gemeinsam mit den Kommunen gesucht. Hier verständigte man sich auf die ehemalige Landwirtschaftsschule Zug, welche seitdem das Staatliche Amt für Landwirtschaft mit Lehranstalt bildet.
Zum 1. November 1991 nahmen die staatlichen Ämter ihre Tätigkeit auf. Die größte Herausforderung, aber auch die wesentliche Grundlage für ein langfristig erfolgreiches Agieren war eine überlegte Personalauswahl. Nach über einem Jahr freier Marktwirtschaft in der ehemaligen DDR waren Jobs im öffentlichen Dienst nunmehr begehrter denn je. Es hatten sich nun auch in dieser Branche andere Qualitätsmaßstäbe und Personalanforderungen auf der Basis demokratischen Verwaltungshandelns entwickelt. Im Landwirtschaftssektor stand vielleicht weniger Erfahrung und Personal aus den Altbundesländern zur Verfügung als in anderen staatlichen Ressorts. Zudem galt es, eben erst gebildete und mit übernommenen Fachleuten besetzte kommunale Verwaltungsstrukturen in staatliche Aufgabenwahrnehmung zu überführen. Diese Ausgangslage machte den Start der neuen Strukturen der staatlichen Ämter für Landwirtschaft nicht gerade einfach. Dennoch oder gerade deshalb entwickelten sich diese Behörden erfolgreich.
Der Leiter des neuen Amtes für Landwirtschaft in Zug (Zug ist seit 1993 Stadtteil der Kreisstadt Freiberg) erinnert sich: Nach dem Beitritt der ehemaligen DDR zur Bundesrepublik Deutschland am 3. Oktober 1990 existierten die alten Verwaltungsstrukturen im Bereich der Landwirtschaft noch weiter. Mit Beginn der Einrichtungen neuer Landwirtschaftsämter wurden auch neue Maßstäbe hinsichtlich der Organisation und der Leitung geschaffen. Die Leitungsstrukturen veränderten sich nunmehr grundlegend und passten sich den Realitäten an. Die Leitung und Arbeit im neu geschaffenen Landwirtschaftsamt wurden nun durch neue Standards geprägt. Die drei Landkreise Brand-Erbisdorf, Flöha und Freiberg wurden jetzt auf dem landwirtschaftlichen Sektor zusammengeführt und personell neu strukturiert. Das einzustellende Personal gewann man aus der landwirtschaftlichen Praxis, aus dem wissenschaftlichen Bereich sowie aus den Kommunalverwaltungen. Die Arbeit im Landwirtschaftsamt Freiberg-Zug gestaltete sich zunächst schwierig aufgrund der dezentralen Arbeitsweise der übernommenen Mitarbeiter. In der Gegenwart kann man von einer Aufbruchstimmung in Verwaltung und Landwirtschaft sprechen: Mehr als 400 Familienbetriebe beginnen sich als natürliche Personen in Form von Haupt- bzw. Nebenerwerbsbetrieben zu etablieren. Als Nachfolgebetriebe bisheriger landwirt-

schaftlicher Produktionsgenossenschaften entstehen juristische Personen in Form von eingetragenen Genossenschaften, Gesellschaften mit beschränkter Haftung (GmbH) und Kommanditgesellschaften (KG). Zahlreiche Investitionen beginnen zu greifen (z. B. Stallneubauten, Kauf neuer Melktechnik sowie umweltschonender Landtechnik). Fragen der Vermögensauseinandersetzung werden über die Vermittlung des Amtes für Landwirtschaft am „Runden Tisch" geklärt.

Tab. 1: Übersicht über die Ämterstruktur im Jahr 2005 in Sachsen.

Amt	zuständig für Landkreise/ für kreisfreie Stadt	Ausbildungsstandort
Döbeln-Mittweida	Döbeln, Mittweida, Altkreis Oschatz/Stadt Chemnitz	Fachschule für Landwirtschaft
Freiberg-Zug	Freiberg	Lehranstalt
Großenhain	Meißen, Riesa-Großenhain/Stadt Dresden	Fachschule für Landwirtschaft
Löbau	Bautzen, Löbau-Zittau	Fachschule für Landwirtschaft
Mockrehna	Delitzsch, Altkreis Torgau	
Niesky-Kamenz	Kamenz, Niederschlesischer Oberlausitzkreis/Stadt Görlitz, Stadt Hoyerswerda	
Pirna	Sächsische Schweiz, Weißeritzkreis	
Plauen	Vogtlandkreis/ Stadt Plauen	Fachschule für Landwirtschaft
Rötha-Wurzen	Leipziger Land, Muldentalkreis/ Stadt Leipzig	
Zwickau	Chemnitzer Land, Zwickauer Land/ Stadt Zwickau	Fachschule für Landwirtschaft
Zwönitz	Annaberg, Aue-Schwarzenberg, Mittlerer Erzgebirgskreis, Stollberg	

Der Aufbau und die Funktion des Amtes für Landwirtschaft (AfL) als umfassende Fachbehörde beginnen zu wirken. Von den Vorteilen der fachkompetenten und neutralen Offizialberatung profitieren sämtliche beim AfL angemeldeten Betriebsformen. Mit Beginn der Agrarförderung Anfang der 1990er Jahre erhalten alle Landwirtschaftsbetriebe flächen- und tierartenbezogene Prämien in Form von Ausgleichszahlungen für entgangene Einkommensverluste. Hervorzuheben ist auch die regelmäßige Fortbildung der

landwirtschaftlichen Klientel durch Mitarbeiter des Landwirtschaftsamtes in Form von Schulungen und Arbeitskreisen. An der Fachschule für Landwirtschaft wurden seit 1991 zahlreiche Hofnachfolger und Führungskräfte qualifiziert.
Heute stehen die staatlichen Landwirtschaftsämter vor ähnlichen Herausforderungen. Die Reform der Gemeinsamen Agrarpolitik der Europäischen Union (GAP-Reform) wurde durch die Bundesregierung mit einem deutschen Sonderweg versehen, welchen die Ämter nun begehbar machen müssen. „Gleitflug", „obligatorische Modulation", „Nationale Reserve" oder „cross compliance" sind Fachbegriffe zu dieser Thematik, zu denen die interessierten Leserinnen und Leser viele Veröffentlichungen finden. Nach der Lektüre weiß man mehr über die wahre Bedeutung des Begriffes Bürokratie. Besser ist es, gleich in die Broschüren der Ämter zu schauen oder die Fachleute dort zu fragen. Sie erklären das gern. Mit den bisher vollbrachten Leistungen der Bediensteten in den staatlichen Ämtern sollte man an einer bestmöglichen Umsetzung im Sinne unserer Landwirtschaft nicht zweifeln, wenn da nicht in der GAP-Reform bestimmt worden wäre, dass ab 2007 die Direktzahlungen weiter gekürzt werden könnten. Das geschieht dann, wenn sich die Gesamtansätze des Haushaltes der Europäischen Union nicht wie geplant entwickeln. Mit dieser Kopplung könnte der ausgeklügelte deutsche Sonderweg vor eine arge Zerreißprobe gestellt werden.

2. Ökonomische Umwälzungsprozesse in der Landwirtschaft

2.1 Ausgangssituation

Durch die Bodenreform nach Beendigung des Zweiten Weltkrieges wurde vielen Beschäftigten auf dem Land Grund und Boden zur Bewirtschaftung zugeteilt. Es entstanden die „Neubauern". Politische Partei der Bauern wurde die Vereinigung der gegenseitigen Bauernhilfe (VdgB). Die VdgB ist eine im Herbst 1945 aus Kommissionen für die Bodenreform und Bauernausschüssen entstandene Partei, die im März 1990 in den Bauernverband der DDR e. V. (BV) aufging.
Nach der II. Parteikonferenz der Sozialistischen Einheitspartei (SED) im Jahr 1952 entwickelte sich in der DDR die genossenschaftliche Großproduktion. Die landwirtschaftlichen Produktionsgenossenschaften (LPG) entstanden nach dem Vorbild der sowjetischen Kolchosen. Große Bedeutung bei der Umgestaltung der Landwirtschaft hatten die Maschinen-Traktoren-Stationen (MTS), „die als Stützpunkte der Arbeiterklasse den Werktätigen in der Landwirtschaft bei der Festigung der LPG allseitige politische und wirtschaftliche Hilfe" erwiesen (aus einem DDR Lexikon). Die MTS stellten den LPG moderne Maschinen für die Feldwirtschaft gegen ein geringes Entgelt zur Verfügung. Später wurden diese Maschinen den LPG übergeben. Damit praktizierte man eine gemeinsame Nutzung von knappen und teuren

Produktionsmitteln. Als das Jahr mit der größten Zwangskollektivierung gilt 1960.
Das LPG-Recht kannte mehrere Formen des genossenschaftlichen Zusammenschlusses. Sie unterschieden sich nach dem Umfang, den jedes Mitglied einbringen musste. Für LPG Typ I waren nur Ackerflächen einzubringen. Das Betriebsinventar (Vieh und Maschinen) sowie das Grünland wurden nicht in die LPG eingebracht. Es bildete die Grundlage für die individuell betriebene Viehwirtschaft. In der LPG Typ II wurden außer dem Ackerland auch die Zugtiere und die für die genossenschaftliche Produktion in der Feldwirtschaft notwendigen Maschinen und Geräte eingebracht. Die Zugtiere, Maschinen und Geräte wurden dem einbringenden Mitglied entweder im Laufe einiger Jahre von der LPG bezahlt oder im Inventarbuch der LPG für eine Verrechnung als Inventarbeitrag bei einem späteren Übergang zum Typ III gutgeschrieben. In den LPG Typ III waren die gesamten landwirtschaftlichen Nutzflächen und das Betriebsinventar einzubringen. Von den Partei- und Staatsorganen gefördert und gefordert, schlossen sich ab Mitte der 1960er Jahre zunehmend LPG der Typen I, II und III zum Typ III zusammen. Aufgrund des in der Regel geringeren Vermögens der LPG Typ I mussten deren Mitglieder zusätzlich zu dem zu erbringenden Pflichtinventar einen Ausgleich in Höhe der verbleibenden Differenz zum LPG-Vermögen (= Fondsbesatz) leisten. Diese individuellen Leistungen der LPG-Typ-I-Mitglieder bezeichnete man als Fondsausgleichsbetrag.
Um den Zeitraum 1989 bis 1994 in Erinnerung zu rufen, wurden mehrere Personen befragt: Amtsleiter für Landwirtschaft, Geschäftsführer einer GmbH, einer landwirtschaftlichen und einer Dienstleistungsgenossenschaft eG sowie ein Familienunternehmer. Alle Beteiligten beschrieben den ökonomischen Umbau in der Landwirtschaft in den drei zeitlich aufeinanderfolgenden Schritten Vermögensauseinandersetzung 1990 bis 1991, Altschuldenregelungen ab 1990/91 und Investitionen ab 1991. Im Folgenden kommen nun die Befragten kurz zu Wort. Wenn nicht anders erwähnt, handelt es sich um übereinstimmende Aussagen. Andere Geschehnisse werden dem entsprechenden Zeitraum zugeordnet.

2.2 Vermögensauseinandersetzung

„Wir werden nicht gebraucht!" Diese oder ähnliche Existenzängste liefen 1989 in den LPG um. Man passte als kollektiver Betrieb nicht so recht in die Vorstellungen bundesdeutscher Landwirtschaftspolitik. Das Landwirtschaftsanpassungsgesetz (LAnpG, Langtitel: Gesetz über die strukturelle Anpassung der Landwirtschaft an die soziale und ökologische Marktwirtschaft in der DDR vom 29. Juni 1990, neu gefasst am 3. Juli 1991 als LwAnpG) führte in den Landwirtschaftsbetrieben die Buchführung nach dem Handelsgesetzbuch (HGB) ein und schaffte Regelungen zur Vermögensauseinandersetzung. Denn es galt, bis Ende 1991 das Vermögen der LPG auf einzelne, ausscheidende Mitglieder aufzuteilen oder in andere juristische Betriebsformen zu überführen.

Umwelt und Landwirtschaft

Der Sächsische Staatsminister für Landwirtschaft, Ernährung und Forsten, Dr. Rolf Jähnichen, soll gesagt haben: „Jetzt werden die LPG zu Grabe getragen!" Eine Beleidigung für jeden Landwirt, der in der LPG gearbeitet hatte!? Im Nachgang betrachtet hatte er Recht, denn die Abwicklung der LPG glich einem Erbschaftsprozess. Später wurde der Staatsminister bei den Landwirten sehr geschätzt.

Im Gebiet eines Fachorgans Landwirtschaft beim Rat des Kreises bzw. Landratsamt wurden drei Arbeitsgruppen gebildet, welche sich mit den verschiedenen Betriebsmodellen am praktischen Beispiel auseinander setzten und so den Betrieben eine echte Hilfe geben konnten. Anleitungen „von oben" gab es in dieser Frage zu dieser Zeit nicht. Die einzelnen Landkreise halfen sich dann eher untereinander. Neben den LPG existierten eine Reihe von anderen Betrieben sowie Kreispachtbetrieben. Diese waren durch die kommunalen Behörden aufzulösen und an die Alteigentümer zurückzuübertragen.

Ein großes Plus für den Start der Landwirtschaft in die freie Marktwirtschaft waren im Gegensatz zur Industrie noch gut geregelte Eigentumsverhältnisse. Durch eine saubere Führung in den Genossenschaftsregistern auch während der Zusammenführung der LPG (P) Pflanzenproduktion und LPG (T) Tierproduktion war eine Zuordnung möglich. Rückwirkend musste anteilig das eingebrachte Vermögen ermittelt werden. Anteile wurden nachträglich verzinst, das eingebrachte Inventar errechnet, Tiere erfasst, Arbeitsleistungen gewertet. Hinzu kam noch der Ausgleich zwischen LPG Typ I und III. Unter dem Strich konnte man dann eine DM-Eröffnungsbilanz erstellen und ausscheidende Mitglieder auszahlen. Die Rückgabe Boden, Vieh und Technik erfolgte oft im Tausch gegen das eingebrachte Vermögen. Das erste Anpassungsgesetz war aber mit heißer Nadel gestrickt. Das Werk war alles in allem gut, zeigt aber heute noch Rechtsunsicherheiten in anhängigen Prozessen. Für weitere Details steht ausreichend Literatur zur Verfügung.

Sachsen war wahrscheinlich das einzige Bundesland, wo die Vermögensauseinandersetzung im Nachgang geprüft wurde. Die Revision fand 1992 statt. In dieser Phase agierte auch das Sächsische Staatsministerium für Landwirtschaft, Ernährung und Forsten (SML). Ein verantwortlicher Mitarbeiter von damals erinnert sich, dass auf einer derartigen Veranstaltung Anfang 1991 vor den Wiedereinrichtern eines Landkreises plötzlich Landwirte aus einem anderen Gebiet auftauchten. Denn die Veranstaltung wurde von Staatsminister Jähnichen persönlich geleitet und war für die nicht eingeladenen Gäste eine willkommene Gelegenheit, um sich ihrem Ärger mit wütenden Rufen, Geschrei und Störungen Luft zu verschaffen. Staatsminister Jähnichen beruhigte die Veranstalter und schaffte es auf friedliche Art, die Störenfriede zu besänftigen. Diese unkontrollierte Provokation und die Reaktion darauf war für viele Ostdeutsche eine völlig neue Erfahrung.

Ein Amtsleiter der ersten Stunde berichtet, dass über 90 % der Betriebe erhalten blieben und hier alle ehemaligen Betriebsleiter die Geschäfte fortgeführt haben. Der geneigte Leser mag vielleicht eine gespaltene Auffassung zur Kaderpolitik der Partei- und Staatsführung der DDR haben, aber Landwirtschaftsbetriebe, die von ausgesuchten Kadern geleitet wurden, hatten auch nach 1990 eine gute Erfolgsbilanz aufzuweisen. Sicherlich ein Ergebnis erprobter Strukturen, einem Wissensvorsprung durch besser informierte

Volker Uhlig

Kreise und vorhandener Autorität. Staatsminister Jähnichen hatte zu Ende der Vermögensauseinandersetzung vor Landwirten und Betriebsleitern im Kulturhaus in Oelsnitz ausgeführt, dass ohne die Kontinuität und das Engagement der Betriebsleiter die LPG nicht hätten überführt werden können. Er war ihnen gegenüber immer loyal und hat sich ausdrücklich bedankt, obwohl die Ablösung der LPG in juristische Rechtsformen nicht in das Verständnis der deutschen Landwirtschaftspolitik gepasst hatte. Welche Rechtsform der juristischen Personen gewählt wurde, war eigentlich darauf zurückzuführen, welchen Berater und Wirtschaftsprüfer man bei der Erstellung der DM-Eröffnungsbilanz antraf. Die Rechtsformen rangieren heute gleichberechtigt nebeneinander. Sicher hat die GmbH bei wenigen Anteilseignern Vorteile, da die Zahl der Gesellschafter überschaubar und das Stammkapital konstanter sind. Bei vielen Anteilseignern mag die eG einfacher zu handhaben sein. Ein Vorteil der eG liegt in der einfacheren Umwandlung in eine Aktiengesellschaft (AG). Einzig die GmbH & Co. KG hat sich wohl als nachteilig erwiesen.
Das wirtschaftliche Leben auf dem Land spielte sich nicht nur in Ställen und auf dem Acker ab. Seit über 100 Jahren existieren die Raiffeisengenossenschaften, aus denen später auch die bäuerlichen Handelsgenossenschaften hervorgingen. Die Entwicklung dieser landwirtschaftsnahen Einrichtungen ist aus mehreren Richtungen interessant, so dass aus dem Gedächtnis eines bis heute erfolgreichen Geschäftsführers einer solchen Handelsgenossenschaft einiges niedergeschrieben wird. In der hier beschriebenen bäuerlichen Handelsgenossenschaft wurden schon in den 1960er Jahren erste Gedanken zur Gründung einer zwischenbetrieblichen Einrichtung (ZBE) diskutiert, die schließlich 1975 umgesetzt wurden. Im Gegensatz zu den zwischengenossenschaftlichen Einrichtungen (ZGE) wurden in die ZBE auch Vermögenswerte aus Volkseigentum eingebracht. Dies lag meist in Form von volkseigenen Gütern (VEG) vor. ZBE waren der Rechtsform nach selbständige juristische Betriebe, d. h. nicht im Sinne von volkseigenen Betrieben (VEB). Aus einer Satzung notiert: „Die von den beteiligten LPG und VEG bereitgestellten materiellen und finanziellen Mittel sind durch die ZBE exakt zu erfassen und nachzuweisen. Sie werden sozialistisches Eigentum der ZBE ...". ZBE und ZGE sind als kooperative Einrichtungen durch § 34 vom Landwirtschaftsanpassungsgesetz in gleichem Umfang erfasst und waren demzufolge aufzulösen und gegebenenfalls in eine privatrechtliche Rechtsform umzuwandeln. Sie existierten u. a. für Melioration, Agrochemie oder Tierproduktion. Die Bevollmächtigtenversammlung aus den Anteilseignern der LPG, VEG und Bäuerlichen Handelsgenossenschaft BHG sowie wenigen natürlichen Personen beschlossen 1990 die Umwandlung der ZBE in eine eingetragene Genossenschaft (eG). Bilanziell vollzog sich die Umwandlung nach dem DM-Bilanzbildungsgesetz. Das Vermögen wurde in Mark der DDR bewertet und anschließend auf DM umgestellt. Hier betrug der Umstellungssatz 12,3 %, also weniger als 1 DM zu 8 DDR-Mark. Entscheidend für die Bestimmung des Umtauschsatzes war u. a. der Grad der Vermögensbindung. Durch das LPG-Gesetz der DDR begründet, gab es Besonderheiten. Durch das Einbringen des Landes in die landwirtschaftliche Produktionsgenossenschaft erwarb die LPG nicht das Eigentum, sehr wohl aber das Nut-

zungsrecht an dem Boden. Der Boden wurde nicht nur bestellt, sondern wie hier üblich mit Bauten versehen. Die Nachfolge eG der ZBE hatte nun einige bauliche Hüllen ohne Boden, was selbstverständlich zu einer Vermögensminderung und somit einem niedrigeren Bilanzumtauschfaktor führte. In unserem Beispiel verfügte die Nachfolge eG u. a. über eine Flugzeughalle für ein Agrarflugzeug, die zu großen Teilen auf Kirchenbesitz stand. Der Landrückkauf oder die Eigentumsbereinigung dauert teilweise noch an. Das Genossenschaftsrecht regelt u. a., dass im Falle des Ausscheidens eines Mitgliedes durch Gesamtvollstreckung, Insolvenz oder Tod die Anteile im nächsten Jahr nach Beschluss der Anteilseignerversammlung zur Auszahlung gelangen, wenn sich keiner findet, der diese übernimmt. Bei einer freiwilligen Kündigung hat der Ausscheidungswillige eine dreijährige Frist einzuhalten. Die übermächtige Treuhand ließ sich die Anteile der abgewickelten volkseigenen Güter (VEG) auszahlen.

Im Übergangsjahr 1990 war die Koordinierungsgruppe Ernte noch aktiv. Hier musste flächenübergreifend von der tschechischen Grenze bis nach Torgau der Ernteeinsatz koordiniert werden. Die noch kooperierenden Kreisbetriebe für Landtechnik (KfL) setzten die Erntefahrzeuge so ein, dass sie dort waren, wo die Ernte gerade reifte. Denn die Saat scherte sich nicht darum, in welcher Wirtschaftsordnung sie keimte und in welcher sie ihre Frucht hervorbrachte. Ein anderes Beispiel: 1990 wurde die Milchquote eingeführt. Quoten sind Lieferrechte der Molkereien, die diese an die Lieferanten weitergeben. Die Referenzmenge wurde für den Freistaat als Ganzes vorgegeben. Zur Ermittlung des ersten Wertes für den Lieferanten nahm man die 1989 an die Molkereien angelieferte Menge als Grundlage. Davon zog man für alle 25,5 % generell ab. Dieser Quotient wurde um weitere Stilllegungs- und Aussetzungsmengen gekürzt, in die der Fettgehalt rechnerisch mit einging und die teilweise entschädigt wurden. Mit der Stilllegungsmenge wurde auch die nationale Reserve gespeist, woraus Neueinrichter und Härtefälle bedient werden konnten. Alles in allem wurden die Liefermengen im Durchschnitt um 30 % gekürzt. Das Prinzip war bereits 1982 in den alten Ländern so vollzogen worden. Die Lieferrechte können an entsprechenden Börsen gehandelt werden.

Aber auch die Verwaltungsstrukturen der Landratsämter waren unmittelbar betroffen. Auch wenn sie für die Flurneuordnung nicht zuständig waren, ergaben sich aus der Zeit der Bodenreform und wieder auflebender Restitutionsansprüche teilweise Probleme, die durch die Ämter zur Regelung offener Vermögensfragen (AROV) zu klären waren. Die Fallzahlen aus dem Bereich der Landwirtschaft hielten sich aber in überschaubaren, kleinen Grenzen.

2.3 Altschuldenregelung

Voraussetzung für eine Altschuldenregelung war, dass der Betrieb weitergeführt werden konnte. Das Sanierungskonzept wurde durch die Treuhandanstalt geprüft. Nicht betriebsnotwendiges Vermögen musste veräußert werden. Mancherorts hatten die LPG Wohnungen, Ferienheime o. ä., die darunter fielen. Eine Teilentschuldung gab es für Anlagen, die zu DDR-Zeiten unter Zwang errichtet worden waren. Das waren beispielsweise Einrichtungen für die Bevölkerung oder die zusätzliche Konsumgüterproduktion. Das verbleibende Vermögen ging in die Rangrücktrittsvereinbarung. Im Jahr 1993 brachte die Rangrücktrittsvereinbarung eine Erleichterung. Dies bedeutet, die Verbindlichkeit besteht weiter fort, aber die Erfüllung wird zurückgestellt. Die Altschulden belasten die Bilanz nicht mehr, existieren aber weiter. Das Eigenkapital erhöhte sich entsprechend.

Die Notwendigkeit zur Bemessung der betriebswirtschaftlichen Auswirkungen von Altschulden ergab sich aus einem Urteil des Bundesverfassungsgerichtes (BVerfG) aus dem Jahr 1999. Das Maß aller Dinge war, dass kein Betrieb ausschließlich durch eine Ablösung der Altkredite in den Ruin getrieben werden durfte. Am 19. November 2004 erschien die Durchführungsverordnung zum Landwirtschaftsaltschuldengesetz vom 25. Juli 2004. Bis zum 31. August 2005 hatten betroffene Unternehmen der Landwirtschaft die Chance, einen Antrag auf Ablösung der Altschulden zu stellen. Die Kredite waren seit der DM-Eröffnungsbilanz nicht mehr bedient worden, nur eine Verwaltungsgebühr wurde gezahlt. Somit hatten die Schulden durch den aufgelaufenen Zins eine stattliche Höhe erreicht. Um nun dem Grundsatz der Nichtgefährdung der Betriebe gerecht zu werden, ermittelt man vereinfacht ausgedrückt die Leistungsfähigkeit des Unternehmens zur Kreditbedienung. Referenzzeitraum sind die vier vergangenen und vier zukünftige Jahre. Aus der theoretischen Tilgungsdauer ergibt sich nach Abzinsung ein Barwert, der weit unter dem Rückzahlwert liegen kann, aber sofort fällig wird.[1]

Abschließend stellt sich die Frage, ob die aus den LPG oder ZGE/ZBE hervorgegangenen juristischen Personen durch die Altschuldenhilfe einen wirtschaftlichen Vorteil hatten. Am Beispiel lässt sich das weder bejahen noch verneinen. Denn durch das Aussetzen des Kapitaldienstes in den 1990er Jahren konnte die Abschreibung auf die mit den Altkrediten errichteten Anlagen als Innenfinanzierung für Investitionen verwendet werden. Ohne diese Investitionen hätte der umweltgerechte Qualitätsstandard nicht hergestellt werden können und die kurz zuvor errichteten Betriebsstätten hätten auf Kosten der Allgemeinheit abgerissen werden müssen.

2.4 Die Zeit der Investitionen

Die Fertigstellung angefangener Investitionen und die Modernisierung vorhandener Anlagen mindestens auf den Qualitätsstandard wurden erforderlich, um den Betrieb wettbewerbsfähig zu machen. Für die Investitionen war Fremdkapital nötig. Kapitalgeber gab es ausreichend, aber man wollte Sicherheiten und das besonders bei den Nachfolgebetrieben der LPG. Wie

---

1 Siehe für eine ausführliche Darstellung dieser betriebswirtschaftlichen Wirkungsweisen und Zusammenhänge Bernhard Forstner (FAL Braunschweig), Norbert Hirschauer (HU Berlin): Wirkungsanalyse der Altschuldenregelungen in der Agrarwirtschaft, Braunschweig und Berlin, Februar 2001.

bereits ausgeführt, hatten die Anteilseigner den Boden zur kostenlosen Benutzung in die LPG eingebracht. Verträge waren dazu nicht erforderlich. Das sollte sich rächen, denn die neuen Betriebe verfügten nur über geringfügiges eigenes beleihbares Land. Pachtland kann dies teilweise kompensieren, aber nur wenn es zur langfristigen Benutzung zur Verfügung gestellt wurde, das hieß mehr als 12 Jahre. So weit wiederum wollten die Eigentümer nicht gehen. Der stundenlange Kampf um die Pachtverträge hat den Vorsitzenden einer eG „mehrere Jahre seines Lebens" gekostet, war aber der Grundstock für die weitere Existenz des Unternehmens. Als Kapitalgeber hätten sich vor Ort besonders die Kreissparkassen sowie die Landwirtschaftsbank/Raiffeisenbank bewährt und Verständnis für die Belange der landwirtschaftlichen Betriebe entwickelt. Lobende Erwähnung fand auch das Engagement der Sächsischen Aufbaubank SAB ab 1993 für die Gewährung zinsverbilligter Darlehen. Ein Landwirt berichtet von der umfangreichen öffentlichen Förderung. Ca. 23 500 DM erhielt jeder Betrieb als Startkapital. Landwirte mit überwiegend Futteranbau und Viehwirtschaft konnten einen Grünlandzuschuss für bauliche Investitionen in Höhe von 50 000 DM erhalten. Zweckgebundene öffentliche Darlehen z. B. mit 250 000 DM, 50 Jahren Laufzeit und 1,3 % sowie weitere zinsverbilligte Darlehen mit 5 % Zinsstützung runden das Bild der umfangreichen öffentlichen Hilfe ab. Die Unterstützung der drei Ämter für ländliche Neuordnung in Sachsen – Kamenz, Oberlungwitz und Wurzen – müssen an dieser Stelle ebenso würdigend einbezogen werden wie die Europäische Union mit dem ESF-Programm (Europäischer Sozialfond). Aus diesen Zuschüssen, zinsverbilligten Darlehen, Anpassungshilfen und Erlösen aus der Vermögensauseinandersetzung gingen Investitionsmittel über die Konten, wovon mancher Banker heute noch feuchte Augen bekommt.
Die Investitionskonzepte führten aber auch dazu, dass sich in der Folgezeit die Arbeitsplätze in der Landwirtschaft um vier Fünftel reduzierten. Das Leid mussten dabei die vielen angestellten Mitarbeiterinnen und Mitarbeiter tragen. Ein wichtiger Investitionsaspekt sind sicher die Niedriglöhne. Nur durch ausreichende Liquidität des Unternehmens war es möglich, den Kapitaldienst zu leisten und neue Investitionen zu aktivieren. Tarifverträge oder eine Mindestlohnfestschreibung wären das Aus für einen solchen Betrieb. Auf der Aktivseite der Jahresabschlussbilanz eines solchen Unternehmens müsste unter A I, immaterielle Vermögensgegenstände, eigentlich ergänzt werden: Bodenständigkeit, Heimatliebe und ein gesunder Patriotismus der Mitarbeiter. Eine wirtschaftlich gut aufgestellte Genossenschaft aus dem Beschreibungsgebiet wird erst im kommenden Jahr mit dem Umbau des dritten Schweinestalles aus DDR-Zeiten beginnen können. Denn es konnte immer nur so viel investiert werden, wie Mittel eingespielt werden können. Landwirtschaftliche Betriebe müssen mit ständig steigenden Sachkosten wie dem Treibstoffpreis leben, wobei die Erzeugerpreise vorgegeben sind.
In das Jahr 1992 fällt auch die erste große EU-Agrarreform, welche die sächsischen Landwirte vollkommen mit umfasste. Die Erzeugerpreise wurden nun weniger direkt gestützt und fielen auf etwa 50 %. Über Prämien für stillgelegte Flächen wurde ein Ausgleich geschaffen. Das integrierte Verwaltungs- und Kontrollsystem (InVeKoS) wurde in Kraft gesetzt und seitdem

Volker Uhlig

durch mehrere Verordnungen ergänzt. InVeKoS regelt u. a. die Durchführung von Stützungsregelungen und Direktzahlungen. Auf den stillgelegten Böden durften aber nachwachsende Rohstoffe angebaut werden. Das sind insbesondere Öllein, Faserlein und Raps. Lein war ein traditionelles Anbaugut im Erzgebirge für die zahlreichen Ölmühlen und Flachsspinnereien und so griff man vor allem die Faserleinproduktion wieder auf, die früher im RGW (Rat für Gegenseitige Wirtschaftshilfe) an die Volksrepublik Polen abzugeben war. Weitaus stärker setzte sich der Anbau von Raps fort, der Abnehmer im Rapsmethylester (RME) (Biodiesel) und Pflanzenöl als Treibstoff findet.

2.5 Ausblick

Der Übergang zur Großproduktion in der Landwirtschaft ist bei der rasanten Entwicklung der Produktivkräfte eine Gesetzmäßigkeit. Während in den alten Ländern dieser Übergang durch Ruinierung hunderter Klein- und Mittelbauern vor sich ging, vollzog sich dieser Schritt in der ehemaligen DDR durch oft verordneten genossenschaftlichen Zusammenschluss. Dadurch, dass das Eigentum an Grund und Boden für den Einzelnen de facto erhalten blieb, auch wenn es in genossenschaftlichem Besitz lag, verfügten die Landwirte unmittelbar über die wesentlichen Produktionsfaktoren Arbeit und Boden. Sowohl die Wiedereinrichter als auch die aus den LPG, ZBE oder ZGE entstandenen juristischen Personen konnten nach abgeschlossener Vermögensauseinandersetzung sofort starten.

Die Befragten haben bestätigt, dass diese harte Zäsur durch das Landwirtschaftsanpassungsgesetz nun zu einer effektiven Landwirtschaft in Sachsen geführt hat. Auch andere Betriebe sind aus den Bereichen Landtechnik, Bau und Handwerk der LPG unmittelbar hervorgegangen und mussten sich 1990 eine Existenz suchen, als der Markt in Sachsen noch ein Käufermarkt war. Mittlerweile sind Beispiele bekannt, dass Familienunternehmen auch wieder in die juristischen Einrichtungen streben, die ehemals aus den LPG hervorgegangen waren. Dies ist sicherlich die Ausnahme und oft aus persönlichen Gründen motiviert, aber ein Zeichen für das gleichberechtigte Nebeneinander verschiedener Rechtsformen.

3. Ausbildung und umweltgerechte Landwirtschaft

Die Ereignisse im Jahr 1990 hatten auch unmittelbare und mittelbare Auswirkungen auf die Menschen im landwirtschaftlichen Produktionsbereich. Viele verloren ihren Arbeitsplatz. Hinzu kamen auch die Familienangehörigen und die handwerksnahen Berufe, die sich in Form von Baubrigaden, Elektrikern oder Maschinenstationen in oder bei den Landwirtschaftlichen Produktionsgenossenschaften (LPG) etabliert hatten. Die Beschäftigtenzahl in den landwirtschaftlichen Betrieben reduzierte sich, gemessen am Jahr

Umwelt und Landwirtschaft

1989, auf heute etwa 20 % fest angestellte Mitarbeiter. Der Abbau erfolgte weitestgehend sozialverträglich. In der Phase der Vermögensauseinandersetzung wurden mit Erfolg ganze Bereiche ausgegründet. Durch das Vorruhestandsprogramm konnte man mit 57 Jahren in die Altersrente gehen. Ab 1992 kam eine Altersübergangsgeldregelung hinzu, die den Wechsel in den Ruhestand bereits mit 55 Jahren ermöglichte. Diese Regelungen waren aber speziell für die Landwirtschaft geschaffen worden und an weitere Zugeständnisse wie Flächenstilllegungen geknüpft. Gleichzeitig durfte aber der Berufsnachwuchs nicht vernachlässigt werden. Die Landkreise waren hier als Träger der öffentlichen Berufsausbildung unmittelbar von diesen Entwicklungen betroffen. Die früheren Betriebsberufsschulen konnte es nicht mehr geben. Sie wurden auf Antrag den Landkreisen zugewiesen. Die existierenden kommunalen Berufsschulen kamen per Gesetz zu den Kreisen. Zu Schuljahresbeginn 1992/93 starteten die Berufsschulen mit neuen Lehrplänen in den angebotenen Berufen. Auch die Berufsbezeichnungen waren neu. Der „Facharbeiter" wurde nun zur „Fachfrau" bzw. zum „Fachmann", der „Lehrling" durch „Azubi" (Auszubildende/r) abgelöst. Und die Lehrausbildung war nun dual. Die Azubis erhielten einen Ausbildungsvertrag vom Arbeitgeber und besuchten zu bestimmten Zeiten in den Blockwochen oder -tagen die Berufsschule. Daher auch der Begriff Teilzeitausbildung aus Sicht der Schule. Da nicht für alle jungen Menschen ausreichend Ausbildungsplätze in Betrieben zur Verfügung standen, etablierten sich Formen wie die über- und außerbetriebliche Ausbildung. Mit weiteren Schularten unter einem Dach firmierten die Berufsschulen als Berufsschulzentrum (BSZ). Als letzte Schulart kam die Fachschule hinzu. Hier bildet man z. B. „Techniker/-innen" und „Wirtschafter/-innen" nach abgeschlossener Berufsausbildung und Berufspraxis aus. Die Fachschule wurde auch an den staatlichen Ämtern für Landwirtschaft eingerichtet.

Wegen der Perspektivlosigkeit durch den erwähnten Beschäftigtenrückgang sank Anfang der 1990er Jahre zunächst die Nachfrage zu diesen Berufen. Die entstehenden Betriebsformen in der Landwirtschaft hatten weder ausreichend Eigenkapital noch die Zukunftssicherheit, um Ausbildungsplätze schaffen zu können. Dennoch, so berichtet ein Vorsitzender eines größeren Betriebes, wurden jedes Jahr Azubis eingestellt und meist auch übernommen. Man ist immer besser beraten, sich seinen eigenen Nachwuchs für das Unternehmen selbst heranzuziehen. Als ständig ausbildender Betrieb hatte man einen Namen und man konnte eine Auswahl unter den Bewerbern treffen. Mit dem Eintritt der geburtenschwachen Jahrgänge in den Ausbildungsmarkt ab 2007 werden viele Unternehmen um geeignete Azubis ringen. Der weniger gut dotierte Platz in der Landwirtschaft kann dann eher einmal unbesetzt bleiben. Vor diesem Hintergrund kann die kontinuierliche Ausbildung in den letzten Jahren und die Herausbildung eines festen Mitarbeiterstammes überlebenswichtig für das landwirtschaftliche Unternehmen sein.

Mittlerweile gibt es 14 grüne Berufe. Sie reichen von geläufigen Bezeichnungen wie Forstwirt/-in, Landwirt/-in und Tierwirt/-in hin zu selteneren wie Revierjäger/-in, Fischwirt/-in oder Winzer/-in. Auch drei Berufe für Abgänger der Förderschulen werden angeboten. Die Absolventenzahlen der Tier- und Landwirte als signifikante Beispiele haben sich wie folgt entwickelt:

Volker Uhlig

Tab. 2: Neu abgeschlossene Ausbildungsverträge Tierwirt-/in und Landwirt-/in im Freistaat Sachsen in den Jahren 1993 bis 2004

Jahr	1993	1994	1999	2004
Landwirt/in	141	132	311	293
Tierwirt/in	26	38	138	128

Quelle: Statistisches Landesamt des Freistaates Sachsen.

Im Folgenden sollen aus Sicht des Landkreises die extremen Veränderungen des Viehbestandes am Beispiel der Rinder und insbesondere der Milchkühe verdeutlicht werden, denn Freiberg hat seit Jahren den höchsten Milchviehbestand in Sachsen. Mit der Zuteilung der Milchreferenzmenge im Jahr 1990 wurden im Schnitt 30 % der Kühe wertlos. Die Bestände wurden unter herben Verlusten reduziert. Nun war aber die Reduzierung so einschneidend, dass einige Betriebe die Liefermengen nicht erreichten und somit die Quoten anderen Unternehmen übertrugen. Zwischenzeitlich erfüllten nun alle Betriebe die Quoten. Die Milchleistung stieg kräftig an, zum einen durch besseres Futter, zum anderen wirkten sich die Einkreuzungen anderer Zuchtlinien aus. Die Milchleistung je Kuh hat sich seit 1989 fast verdoppelt. Ein zweiter Bestandsabbau setzte ein, der bis in das Jahr 1997 reichte.

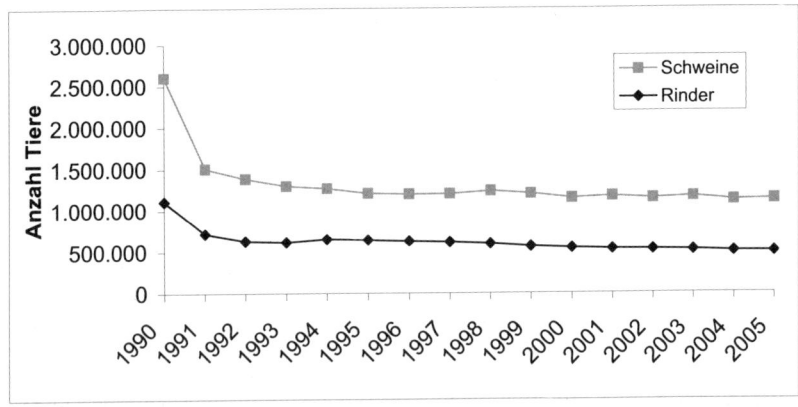

Abb. 1: Viehbestand in Sachsen am 3. Dezember (ab 1998 am 3. November)

Zum Ende des Berichtszeitraumes 1994 hatten sich die Umfeldbedingungen für die Landwirte stabilisiert, man plante wieder mittelfristig und erschloss weitere Betätigungsfelder. Die im vorherigen Abschnitt genannten Anfänge der nachwachsenden Rohstoffe gehören in diese Zeit. Ebenso findet man die

ersten intensiven Bemühungen um ökologischen Landbau und Viehhaltung in Sachsen in dieser Epoche.
Nachrichten über Schweinepest, überdosierte Arzneimittel im Fleisch, Dioxine im Futter, BSE usw. schärften das Bewusstsein der Menschen für eine ökologisch orientierte Erzeugung. Problematisch erwiesen sich nun aber die Vertriebswege. Der Tante-Emma-Laden war komplett verdrängt worden. Handelsunternehmen mit dem Mut, auch im ländlichen Raum die Kaufkraft abzuschöpfen, hatten ihre vertraglich gebundenen Lieferanten für Lebensmittel. Auch das Nahrungsgüterhandwerk wie Bäcker oder Fleischer musste mitunter kleinere Produktionsstätten aufgeben. In dieser Zeit wuchs die Nachfrage nach ökologisch und regional erzeugten Produkten. Viele Landwirte, vornehmlich kleinere Produzenten tierischer Erzeugnisse, wählten den Weg der Direktvermarktung. Zum einen ließen sich damit bessere Erzeugerpreise realisieren. Anderseits wurden sie damit dem Anspruch der Verbraucher gerecht, die wissen wollten, aus welchem Umfeld das Produkt kommt. Die Nachfrage nach rein ökologisch erzeugten Produkten spielte dabei eher eine untergeordnete Rolle. Die Landwirte haben auf diese Nachfrage mit den „Hofläden" reagiert. Mittlerweile haben sich auch viele Landwirte in Verbänden und Vereinen zusammengeschlossen, um ihre Produkte besser vermarkten zu können.
In den Speckgürteln der Städte entstanden Eigenheimsiedlungen, begünstigt durch geringere Bodenpreise, ruhige Umgebung und gesunde Landluft. Doch hier störten die neuen Bewohner die Fliegen, welche die weidenden Kühe umschwirrten, erinnert sich ein Landwirt. Er holte sein Vieh von den Weiden in unmittelbarer Umgebung der neu errichteten Häuser wieder ab. Als aber später Gräser und der Löwenzahn sowie unkontrolliert wachsende Populationen von Schnecken die Gärten um die schmucken Anwesen bevölkerten, wurde der Ruf nach den Kühen wieder laut und sie durften das Abweiden wieder aufnehmen. So wachsen friedliche Nachbarschaften.
Für die Errichtung großer Einkaufsstätten, neuer Gewerbegebiete und Wohnstandorte wird der Volkswirtschaft ein anderer Schaden zugefügt. Den Preis für die Bodenversiegelung zahlen kommende Generationen. Dazu führt das Sächsische Staatsministerium für Umwelt und Landwirtschaft (SMUL) Folgendes aus: „Der Indikator zum täglichen Flächenverbrauch für Siedlungs- und Verkehrsflächen in Hektar je Tag weist auf den zum Teil unwiederbringlichen Verlust an Böden und Freiflächen hin. Der tägliche Flächenzuwachs an verbauter Siedlungs- und Verkehrsfläche blieb im Zeitraum 1993 bis 2001 mit über acht Hektar pro Tag unverändert hoch. Mit dem Flächenverbrauch ist meist das Versiegeln der Oberfläche verbunden. Dazu kommt die Abnahme der Siedlungsdichte sowie steigender Verkehr. Eine weitere Folge ist der kostspielige Ausbau von Infrastruktur. Der Indikator zeigt daher die Belastungspotenziale, die über den reinen Flächenverbrauch hinausgehen. Zwischen 1993 und 1996 wurde in Sachsen durchschnittlich 8,77 Hektar Fläche pro Tag verbraucht. Dieser Wert ist bis 2003 auf durchschnittlich 3,96 Hektar pro Tag gesunken. Vom Umweltqualitätsziel des Nachhaltigkeitsrates der Bundesregierung (2020: 30 Hektar/Tag in der gesamten Bundesrepublik) ist Sachsen jedoch

Volker Uhlig

noch weit entfernt. In der Relation zu den Flächengrößen der Bundesländer entspräche dies einem Verbrauch von ca. 1,56 Hektar pro Tag im Freistaat."[2]
Das Landwirtschaftsanpassungsgesetz brachte auch andere unangenehme Raumgestaltungen mit sich: Verfallende Höfe ohne Land. Der Ablauf war fast immer gleich. Eigentümer entnahmen ihre Genossenschaftsanteile an Land aus der LPG und verpachteten diese oft an Landwirte aus den alten Bundesländern oder die neuen juristischen Personen. Der Drei- oder Vierseitenbauernhof als zentrale Betriebsstätte für die Pächter war nicht effektiv genug und so verwaisten die Höfe mit Ausnahme des Altenteils.
Die Landesregierung legte 1993 ein erstes Förderprogramm für umweltgerechte Landwirtschaft auf. Landwirte erzielten durch den Verzicht auf den chemischen Einsatz von Düngemitteln und Herbiziden Verluste, die teilweise aber durch Förderung wieder ausgeglichen wurden. Wohin mit der Gülle? Diese bange Frage hörte man bereits in der DDR. Andere Viehhaltungsformen wie in Kuhställen oder Geflügelfarmen banden die Exkremente der Tiere nicht mehr in Stroh zu Mist, sondern diese flossen in Güllegruben ab. Auf Grund der Kapazitätsbegrenzung musste die Gülle auf die Felder gefahren werden, auch wenn die Witterung es nicht zuließ. Starke Sonne und Trockenheit sowie gefrorene Böden sind nicht nur ein Problem der „frischen Landluft", sondern der abfließenden Schadstoffe in die Kanalisation und das Trinkwasser. Man darf nicht vergessen, dass die Haupttrinkwasserquelle im ländlichen Raum über die Wendezeit die hauseigenen Brunnen waren. Zum Ende der ersten Wahlperiode 1994 waren die ersten Gemeinden an eigene Trinkwasserversorgungssysteme anzuschließen. Das Problem der Gülle hatte sich nun weitestgehend aufgelöst. Durch den zurückgehenden Viehbestand reduzierte sich das Gesamtaufkommen um die Hälfte. Die maroden Güllebehälter ersetzte man durch modernere, chemisch resistente Gefäße. Auch die Technik verbesserte sich. Konnte man früher neben einem Gülleausbringungswagen auf dem Feld eine kostenlose Sommersprossentätowierung bekommen, bringt die heutige Technik diese Bodennährstoffe aus dem fahrenden Wagen direkt über Schläuche in den Boden ein.
Ernteeinsätze von Schulklassen, Studentengruppen oder durch Werktätige im Zuge der sozialistischen Hilfe haben vor 1990 für einen direkten, erzwungenen Kontakt der Stadtbevölkerung mit der Landwirtschaft gesorgt. Kinder und Jugendliche verbrachten einen Teil ihrer Ferien in Lagern für Arbeit und Erholung überwiegend im ländlichen Raum. Diese Kontakte rissen 1990 schlagartig ab. Zum Glück entstanden ergänzende Maßnahmen für Aufenthalte von Schulklassen und Jugendgruppen im ländlichen Raum. Schullandheime, Landschulheime und ähnliche Einrichtungen wurden errichtet und unterhalten, das Jugendherbergsnetz stabilisierte sich wieder, viele Pädagogen suchen nach wie vor für Projekte und Aktivitäten den Kontakt in der Region. Auch die Initiativen des Staatsministeriums für Jugend und Soziales für eine Förderung der Freizeitaktivitäten auf dem Land

---

2 http:/www.smul.sachsen.de/de/wu/umwelt/umweltstatus/flaechenverbrauch.html vom 24.06.2005.

und „Urlaub auf dem Bauernhof" waren wichtige Bausteine. Diese Maßnahmen werden dazu beitragen, dass sich in den ländlichen sächsischen Gegenden ein naturnaher, sanfter Tourismus über Generationen hinweg entwickelt, der nachhaltig die Schonung der natürlichen Ressourcen berücksichtigt.

NAWARO steht nicht etwa für einen spanischen Freiheitskämpfer, sondern für nachwachsende Rohstoffe. Der Landwirt wird nun auch Energiewirt. Zu Zeiten der immer knapper werdenden Rohstoffe ist die Gewinnung von Alternativkraftstoffen aus regional angebauten Ölsaaten eine Form im breiten Energiemix. Nachwachsende Energie ist auch regionale Energie. In Freiberg werden durch die großtechnische Versuchsanlagen bei der Choren GmbH aus nachwachsenden Rohstoffen Kraftstoffe für Diesel-Motoren serienmäßig „verflüssigt". Andere Landwirte erzeugen Biogas für Gasmotoren, Heizung oder Generatoren. Biogas ist übrigens im Gegensatz zu Windenergie und mit Abstrichen zu Solarstrom erfreulicherweise eine kontinuierlich anliegende Energiequelle. Oder wer hätte schon 1990 daran gedacht, Getreide zu verbrennen? Unter kontrollierten Prozessen lässt sich so chemisch gebundene Sonnenenergie wieder als Wärme, chemische oder elektrische Energie in den Kreislauf zurückführen. Das innovative, moderne Betätigungsfeld wird noch breiter, wenn man neue Baustoffe aus NAWARO mit einbezieht. Jede Betätigung setzt Kreativität und etwas Risikobereitschaft bei Landwirten und Industrie voraus, die mit einer regionalen Forschung und innovationsfreudigen Abnehmern kooperieren müssen. Die Kommunen können wichtige Randbedingungen für solche Netzwerke schaffen.

4. Der Freiberger Bergbau – eine Herausforderung für die Umweltpolitik

Mit dem wirtschaftlichen und politischen Umbruch nahm auch das Umweltdenken der Bürger eine völlig neue Dimension an. Es rückte deutlich mehr in den Mittelpunkt, bestehende Industrien wurden kritischer bewertet. Das machte sich besonders in unserer Bergstadt Freiberg, die durch eine jahrhundertealte Bergbau- und Hüttenindustrie gekennzeichnet ist, bemerkbar. So ist der Raum um Freiberg seit Jahrhunderten durch Bergbau- und Schlackehalden sowie durch rauchende Schornsteine wie die Halsbrücker Hohe Esse, die Schornsteine in Muldenhütten und in der Hütte Freiberg charakterisiert. Sie alle waren aus dem historischen wie täglichen Bild der Landschaft nicht wegzudenken. Außerdem gab es viele diffuse Abgas- und Staubquellen in den unmittelbaren Produktionsstätten, die die Umweltbedingungen beeinträchtigten. Schon Eduard Heuchler beschreibt in seinem Werk „Die Bergknappen in ihrem Berufs- und Familienleben" um 1857 die Muldener Hütte als „...Werkstätten des Vulkans (, die) in dichte Rauchwolken gehüllt (ist). Ein trauriger...Anblick. Traurig, weil in der unmittelbaren Nähe durch den Niederschlag von Blei- und Schwefeldämpfen alle Vegetation, namentlich die der Bäume und Wiesen, aufhört..." Er beschreibt aber die Hüttenindustrie

Volker Uhlig

auch als lebendige Werkstatt schöpferischer Arbeit, die zusammen mit dem Bergbau stets auch Quelle des Reichtums der Bergstadt und des sächsischen Staates war. So sind im Bewusstsein der Menschen einerseits rauchende Schornsteine Sinnbild der eigenen Kraft, der großen Industrie, die Arbeit gibt und Produkte schafft, andererseits aber auch Schadstoffemittenten, die Umwelt und Gesundheit wesentlich beeinträchtigen können. Je nach den gesamten Umständen tendiert die Befindlichkeit in die eine oder die andere Richtung, wobei in dieser Zeit des Umbruchs sich eine besondere Umweltbefindlichkeit entwickelt hatte. Ursache dafür war einmal die Tatsache, dass in den Jahren der DDR das Produktionsinteresse vor dem des Umweltschutzes platziert war und dass deshalb und auf Grund fehlender technischer und finanzieller Voraussetzungen manche technische Lösung und manche in der Industrie führender Länder längst zur Norm gewordene Vorschriften nicht angewendet worden sind. Ein weiterer Umstand, der diese Denkart bestärkte, war die unseriöse und tendenziöse Berichterstattung westdeutscher Presseorgane im Jahre 1990 aus der noch-DDR oder den schon neuen Bundesländern, wie es zum Beispiel im Bonner Energie Report (7/1990) heißt: „In Freiberg in Sachsen kann man keine Haustiere halten. Hühner, Enten und Hasen fallen nach wenigen Tagen auf der Wiese tot um...". Die in demselben Artikel kolportierten Begriffe „Schwarze Witwe" (Schornstein der neuen Zinnhütte Freiberg) und „Tal des Todes" (Muldenhütten) waren keineswegs dem damaligen Sprachgebrauch der Bevölkerung entnommen, sondern sind eher als journalistische Auswüchse zu definieren.

Eine Auswertung des Krebsregisters der DDR, das stets mit großer Sorgfalt geführt worden war und das im Jahr 1991 der SAXONIA AG vom Bezirkshygieneinstitut Chemnitz zur Verfügung gestellt wurde, ergab für die Jahre 1980 bis 1987 für Freiberg und die umliegenden von der Hüttenindustrie beeinflussten Ortschaften das Ergebnis, dass die Krebshäufigkeit knapp unterhalb der Erwartungsziffer lag, also ein Zusammenhang zwischen der Hüttenindustrie und der Krebshäufigkeit nicht nachgewiesen werden konnte. Trotzdem bleibt als Fazit festzuhalten: Die Umwelt war hier in Freiberg durch den Bergbau und die damit verbundene Hüttenindustrie ungewöhnlich hoch belastet, vor allem mit Schwefeldämpfen und mit Arsen und Schwermetallen. Große Mengen von schadstoffhaltigen Restprodukten der Hüttenindustrie waren nicht oder nur unzureichend geschützt abgelagert und emittierten über den Luft- und Wasserpfad.

Die brachfallenden Industriebetriebe machten die Altablagerungen und Altstandorte als Quellen der Umweltschädigung besonders deutlich. Durch großflächige Entsiegelungen im Zuge von Abrissmaßnahmen kam es zu einem Anstieg der Emission. Die gleichzeitige Vernichtung der Arbeitsplätze trug indirekt zur Verschärfung des Widerspruchs zwischen Industrie und Umwelt bei. In der Vergangenheit, besonders in den letzten Jahren der DDR, ist bezüglich des Umweltschutzes vieles versäumt worden, so dass der im Jahr 1990 vorhandene Standard gut zehn Jahre hinter den der Bundesrepublik zurückgefallen war. Die politischen Bemühungen der Bundesrepublik und des Freistaates Sachsen mussten nach der Einheit Deutschlands dem Abbau dieser Differenzen genauso gelten, wie einer raschen Ansiedlung von Investoren, vorzugsweise auf Altstandorten. Es mussten schnell greifende gesetz-

Umwelt und Landwirtschaft

liche Grundlagen geschaffen und Maßnahmen durchgeführt werden, um einerseits das Erbe der Vergangenheit zu mildern, andererseits aber für den Aufbau neuer Industrien und Gewerbebetriebe auf eine Maxime für den künftig schonenderen Umgang mit der Umwelt zu orientieren.
Die Darstellung der Entwicklung des Altlastenprojektes SAXONIA soll beispielgebend für das Handeln des Freistaates Sachsen und der kommunalen Organe auf dem Umweltsektor sein, wohl wissend, dass damit nur ein schmales Band des Spektrums der umweltbezogenen Aktivitäten beleuchtet wird. Die allgemeine Bedingung für den Freistaat Sachsen war das Umweltrahmengesetz der DDR vom 29. Juni 1990, nach dem „...Erwerber von Anlagen für die durch den Betrieb der Anlage vor dem 1. Juli 1990 verursachten Schäden nicht verantwortlich (sind), soweit die zuständige Behörde im Einvernehmen mit dem Ministerium für Umwelt, Naturschutz, Energie- und Reaktorsicherheit sie von der Verantwortlichkeit freistellt. Eine Freistellung kann erfolgen, wenn dies unter Abwägung der Interessen des Erwerbers, der Allgemeinheit und des Umweltschutzes geboten ist." Diese Regelung wird in dem Gesetz zur Beseitigung von Hemmnissen bei der Privatisierung und zur Förderung von Investitionen vom 22. März 1991 auf „Eigentümer, Besitzer oder Erwerber von Anlagen und Grundstücken, die gewerblichen Zwecken dienen oder im Rahmen wirtschaftlicher Unternehmungen Verwendung finden..." erweitert. Die Freistellung musste von den betroffenen Unternehmen bei der zuständigen Behörde, damals dem Staatsministerium für Umwelt und Landesentwicklung, beantragt werden. Der entsprechende Antrag wurde von der SAXONIA AG am 23. März 1992 eingereicht. Am 16. November 1993 wurde der SAXONIA die Freistellung durch das inzwischen zuständige Regierungspräsidium Chemnitz erteilt.
Parallel dazu liefen die vom Land Sachsen und den kommunalen Behörden nachhaltig unterstützten Bemühungen, in Freiberg ein „ökologisches Großprojekt" zu installieren, zumal es bereits im Frühjahr 1992 die Vision gab, hier einen Modellstandort der Altlastensanierung verbunden mit einem Flächenrecycling und der Sicherung von Arbeitsplätzen über ABM einzurichten, die so doch nicht verwirklicht wurde. Mit der Bestätigung eines Großprojektes wäre für den Freistellungsfall eine Kostenteilung zwischen Bund und Land nach Abzug des jeweiligen Eigenanteils des Freigestellten von 75 : 25 verbindlich, so wie in dem Verwaltungsabkommen zwischen der BRD und den neuen Bundesländern am 1. Dezember 1992 festgelegt. Ökologische Großprojekte sollten für Unternehmensbereiche mit gravierenden Altlastenproblemen (z. B. Unternehmen der Großchemie, Hüttenbetriebe, Stahlindustrie usw.) oder mit großflächigen regionalen Belastungen gelten. Am 11. Mai 1993 wird das SAXONIA-Projekt als ökologisches Großprojekt bestätigt. Zweifelsohne waren die Vorstellungen über die Kosten einer solchen Altlastensicherung, wie sie hier und in den meisten anderen Großprojekten bevorstand, zunächst sehr vage, sowohl von der Zahl und der Intensität der Schadensfälle her, als auch von den für die Beseitigung vorhandener oder unmittelbar bevorstehender Gefahren für Schutzgüter anzuwendenden Methoden. Erste Arbeiten galten also der Kostenschätzung, der Objekterfassung, der Klassifizierung von Objekten nach Dringlichkeiten. Dabei wurde deutlich, dass mit der Tiefe der Bearbeitung der Problematik sich der

Volker Uhlig

Umfang der erforderlichen Altlastenarbeit eher reduzierte als ausweitete, wobei natürlich von Anfang an, an eine gewisse Verhältnismäßigkeit zu denken und der jeweilige Schadensfall in das vorhandene Umfeld des Freiberger Raums mit seiner berg- und hüttenmännischen Tradition einzuordnen war. Erste, zweifellos unseriöse Kostenschätzungen beliefen sich auf mehr als 700 Millionen DM, zum Zeitpunkt der Beantragung des Status als Großprojekt belief sich die Kostenschätzung nur noch auf 140 Millionen DM. Die Erarbeitung des ersten vollständigen Rahmensanierungskonzeptes ergab noch einen Betrag von 60 Millionen DM ± 30 % des Betrages als Unsicherheitsgröße, und die Überarbeitung als Sanierungsrahmenkonzept im Jahre 1996/97 führte zu einem Ergebnis von 43 Millionen DM. In der Pauschalierung des Projektes wurden endgültig 37 Millionen DM als Kostenrahmen festgeschrieben. Alle an diesem Projekt Beteiligten mussten sich in die Begriffe und Inhalte der Altlasten einarbeiten. Die Verantwortung für die Umweltpolitik, die Regelung von Grundsätzen, Verfahren, Verhaltensweisen und Grenzwerten lag entsprechend dem Grundgesetz der Bundesrepublik Deutschland bei den Ländern. Die Institutionen und Dienststellen des Freistaates Sachsen, die mit der Umwelt befasst waren, hatten grundsätzliche Fragen zu klären und in Zusammenarbeit mit verschiedenen Ingenieurbüros das nötige Handwerkszeug zu erarbeiten, so z. B. die Sächsische Altlastenmethodik und später das Altlastenkataster (SALKA) und weitere für die Altlastenarbeit verbindliche Dokumente und Materialien. Die kommunalen Organe waren vor allem gehalten, die neuen Gesetze im praktischen Wirken umzusetzen und Verfügungen im Umgang mit den akuten Altlastenfällen zu treffen.
Ein prägnantes Beispiel dafür und gleichzeitig richtungweisend für eine komplexe Standortentwicklung ist der Bescheid des Landratsamtes Freiberg zur Sanierung des Absetzbeckens in der Hütte Freiberg vom 12. Januar 1994. Das Absetzbecken war eine typische industrielle Absetzanlage, die zum Zeitpunkt ihrer Stilllegung im Jahr 1990 mit ca. 140 000 m² Neutralisationsschlämmen gefüllt war. Schon vor der Installation des Altlastenprojektes war durch das Regierungspräsidium Chemnitz erkannt worden, dass es sich um eine der schadstoffreichsten und gefährlichsten Altlasten im Regierungsbezirk handelt. Eine erste Erkundung und die Planung zur Sicherung des Absetzbeckens waren über ein Programm der Arbeitsbeschaffungsmaßnahmen und durch Eigenmittel der SAXONIA bereits in den Jahren 1991/92 veranlasst worden. Das Ergebnis war, dass das Absetzbecken durch Teilentwässerung des Schlammes mittels einer Auflastschicht und durch Aufbringen einer Kunststoffdichtungsbahn, einer Dränageschicht und einer Kultur- und Speicherschicht mit dem Ziel der dauerhaften Vermeidung schädlicher Umwelteinflüsse zu verwahren ist. Für diese Auflastschicht waren durch den oben genannten Bescheid des Landratsamtes Freiberg belastete mineralische Materialien erlaubt, die in den typischen Schadstoffkomponenten des Freiberger Raumes, also Arsen und die Schwermetalle Blei, Cadmium und Zink, einer Belastung den Grenzwerten für die Deponieklasse II nach TA Siedlungsabfall entsprachen und zum Teil noch darüber lagen. Damit war gesichert, dass das beim Abriss großer Teile der ehemaligen Hüttenbetriebe im Raum Freiberg anfallende belastete Material am Ort ordnungsgemäß und

Umwelt und Landwirtschaft

gesichert verwertet werden konnte und eine oft extrem teure Beseitigung dieser Abfälle mit zum Teil Sondermüllcharakter z. B. in einer Untertagedeponie vermieden werden konnte.
Diese Kombination von Sicherung einer Altlast mit der Verwertung von belasteten Stoffen hat oftmals die Durchführung einer Maßnahme, hier zuerst die Baufeldfreimachung in den ehemaligen Hüttenbetrieben, ermöglicht, weil damit den Kosten ein Limit gesetzt werden konnte. Dieselbe Aussage galt auch für die Neuerschließung des Hüttengeländes in den Jahren 1998 bis 2000, bei der erneut 36 000 m² belasteten Bauaushubes verwertet werden mussten. Durch die sukzessive Verfüllung des Absetzbeckens und die Verwertung von typisch belasteten Böden bei der Sicherung weiterer Altlasten sind in den Jahren 1993 bis 2004 ca. 1,2 Millionen Tonnen Böden mit geogenen und anthropogenen Belastungen des typischen Freiberger Spektrums verwertet worden, deren Herkunft sich aus zahlreichen Bauvorhaben, hauptsächlich solchen der öffentlichen Hand, zusammensetzt.
Das ökologische Großprojekt SAXONIA wurde schließlich mit einer Klausurtagung am 1. und 2. September 1993 aus der Taufe gehoben. Für die Jahre 1993 und 1994 kann ein rascher Fortschritt bei der Erkundung und Bewertung der nominierten Altlasten des Projektes konstatiert werden. So wurden unter Befürwortung eines vorgezogenen Beginns des Projektes, es gab ja schließlich noch keinen bestätigten Finanzrahmen, bis Mai 1994 alleine 27 Maßnahmen zur Erkundung von Altlasten beantragt und bestätigt, die aber vordergründig der sachlichen Untersetzung des zu erarbeitenden Sanierungsrahmenprogramms dienten. Im Juli 1994 wurde für das Projekt ein vorläufiger Finanzrahmen von 60 Millionen DM bestätigt. Gleichzeitig übernahm der Freistaat Sachsen die Leitung der Projektgruppe und bestellte über ein Ausschreibungsverfahren einen Projektbegleiter. In den folgenden vier Jahren verringerte sich das Tempo der Projektbearbeitung wesentlich. Hier machte sich die Teilung der sachlich inhaltlichen Verantwortung, die zuständigkeitshalber beim Land Sachsen lag, von der finanziellen Verantwortlichkeit, die entsprechend dem Verwaltungsabkommen über die Finanzierung der Altlastensanierung in Großprojekten zu 75 % beim Bund, vertreten durch die Treuhandanstalt (ab 1995 Bundesanstalt für vereinigungsbedingte Sonderaufgaben BvS) lag. Während das Land auf einen möglichst hohen Standard bei der Gefahrenabwehr und der Sicherung der Altlasten orientierte, versuchte die BvS möglichst Geld zu sparen. So wurden von Mai 1994 bis März 1995 keine neuen Maßnahmen bestätigt und der Umfang der Maßnahmen von 1995 bis 1997 war auch nur auf ca. 30 Maßnahmen beschränkt. Unklarheiten in der Refinanzierung der Maßnahmen führten dazu, dass SAXONIA zeitweise mehr als 3 Millionen DM Forderungen gegenüber dem Land hatte, weil die Mittel von der BvS nicht geflossen sind. Es vergingen oft Monate, bis die Unterschrift der BvS für einen Maßnahmeantrag endlich eingeholt war. Dieser unbefriedigende Zustand und der mangelnde Fortschritt bei der Sicherung der Altlasten veranlassten den Freistaat, beim Bund verstärkt auf eine Pauschalierung des Projektes zu drängen. Zu diesem Zweck wurde in den Jahren 1996/97 eine erneute Überarbeitung des Altlastenprojektes angestrebt, in dessen Ergebnis die Summe der Projektkosten auf ca. 43 Millionen DM reduziert wurde.

Diese Summe, abzüglich der bisher verbrauchten Mittel von ca. 6,5 Millionen DM, war dann Gegenstand der konkreten und objektbezogenen Pauschalierungsverhandlungen zwischen dem Freistaat und der BvS, die mit einem Ergebnis von 37 Millionen DM abgeschlossen worden sind, einschließlich der Kosten für bisher bereits durchgeführten Maßnahmen. Um seinerseits das finanzielle Risiko der objektbezogenen Altlastensanierung nicht alleine zu tragen, schloss der Freistaat mit SAXONIA am 30. Oktober 1998 einen Sanierungsvertrag ab, nachdem sich SAXONIA verpflichtet, mit den pauschalierten Mitteln bezüglich der eigenen Flächen und Altlasten auszukommen. Am 11. November 1998 konnte das Pauschalierungsabkommen endlich unterzeichnet werden. Nach der erfolgreichen Pauschalierung lagen die fachliche und finanzielle Verantwortung für die Realisierung des Altlastenprojektes jetzt in einer Hand, nämlich in der des Freistaates. Parallel dazu war die Bundesanstalt für vereinigungsbedingte Sonderaufgaben (BvS) gehalten, die von ihr verwalteten und in Liquidation befindlichen Unternehmen endgültig abzuwickeln. Hier erkannten die verantwortlichen kommunalen Politiker, dass das für die wirtschaftliche Entwicklung des Landkreises ein sehr großes Hindernis werden würde, sollte die SAXONIA GmbH i. L. endgültig liquidiert werden. Wesentliche Aufgaben des Umweltschutzes und der Entwicklung der ehemaligen Standorte des Bergbau- und Hüttenkombinates blieben unbearbeitet. Die Entwicklung würde sich diesbezüglich deutlich verlangsamen. Zwischen BvS einerseits und dem Landkreis und der Stadt andererseits kam es zu Verhandlungen über die Übernahme der SAXONIA. Ein Kaufvertrag wurde im April 1997 abgeschlossen. Die Neuformierung der SAXONIA GmbH i. L. als SAXONIA Standortentwicklungs- und Verwaltungsgesellschaft mbH war neben der erfolgreichen Pauschalierung die zweite wichtige politische Voraussetzung, um die Altstandorte des ehemaligen Bergbau- und Hüttenkombinates einerseits sanieren und andererseits über ein gezieltes Flächenrecycling einer erneuten wirtschaftlichen Nutzung zuführen zu können.
Die Verantwortung für die Durchführung des Altlastenprojektes wurde vom Freistaat an das Regierungspräsidium übertragen. SAXONIA wurde von der schon 1994 bestätigten Rolle als „federführende Freigestellte" in die Rolle eines Projektsteuerers eingesetzt. Über ein Ausschreibungsverfahren bestellte das Regierungspräsidium sich einen Projektcontroller. Ab 1999 gab es eine spezielle Projektgruppe, die in quartalsmäßigen Zusammenkünften die wesentlichen Entscheidungen über den Fortgang des Projektes trifft und in der alle am Projekt Beteiligten vertreten sind. Nach Aufholung der Rückstände bezüglich Erkundung und Planung bis zum Jahre 2000 gibt es einen regelmäßigen Projektfortschritt, der sich vor allem in der jährlichen Bautätigkeit an den zu sichernden Altlasten dokumentiert. Während in der Zeit bis 1998 nur die „Alte Arsenhütte" sowie ein kleinerer Ölschaden und das Betriebsgelände der ENVICHEM GmbH gesichert worden sind, wurden von 2001 bis 2005 zehn weitere große Sanierungsvorhaben realisiert.

Umwelt und Landwirtschaft

5. Die Trinkwasserversorgung – eine elementare Grundaufgabe im Wandel der Zeit

Das Prinzip aller Dinge ist das Wasser, denn Wasser ist alles und ins Wasser kehrt alles zurück.
Thales von Milet (um 625 – um 547 v. Chr)

5.1 Wichtigste Grundlage für die öffentliche Wasserversorgung – der Talsperrenverbund

Für die meisten Bürger unserer Gesellschaft stellt die Verfügbarkeit von Wasser eine Selbstverständlichkeit dar. Das ist Indiz dafür, dass es die öffentlichen Aufgabenträger im Freistaat Sachsen bislang verstanden haben, diese wichtige Aufgabe der kommunalen Daseinsfürsorge in hoher Qualität zu erfüllen. Wasser war, ist und bleibt für die Menschen lebensnotwendig. Nicht zuletzt hatte der Europarat in seiner Europäischen Wasser-Charta vom 6. Mai 1968 die Bedeutung des Wassers als unersetzliches Lebensmittel besonders unterstrichen.

Die technischen Grundlagen für die heutige öffentliche Trinkwasserversorgung in der Erzgebirgsregion wurden mit der beginnenden Industrialisierung Ende des 18. und Anfang des 19. Jahrhunderts gelegt. Aufgrund der rasanten Bevölkerungs- und Industrieentwicklung reichten die örtlichen Quell- und Grundwasservorkommen für die Gewinnung von Trinkwasser nicht aus. Als Alternative stand in den niederschlagsreichen Gebieten des Erzgebirges die Nutzung des Oberflächenwassers durch Aufstauung der Gebirgsbäche. 1890 erfolgte der Bau der Talsperre Einsiedel durch die Stadt Chemnitz. Damit war der Grundstein für den heutigen Talsperrenverbund gelegt. Zu ihm gehören heute die Talsperren Saidenbach, Neunzehnhain I und II und Einsiedel sowie die Teiche Dittmannsdorf, Dörnthal und Obersaida. In den 60er und 70er Jahren dieses Jahrhunderts wurden auf dem Gebiet des Landkreises Freiberg die Talsperren Rauschenbach und Lichtenberg erbaut, die zum erweiterten Talsperrenverbund „Mittleres Erzgebirge – Osterzgebirge" gehören. Eine wichtige Funktion im Talsperrenverbund besitzen die Rohwasserüberleitungen und Ableitungen, die die Stauanlagen miteinander verbinden und die auch unter schwierigen hydrologischen Bedingungen eine optimale Bewirtschaftung gewährleisten und gleichzeitig zum Hochwasserschutz beitragen. Erst 2001 wurde eine 12 Kilometer lange Überleitung für Rohwasser fertiggestellt, die nunmehr den Oberen Großhartmannsdorfer Teich und die Talsperre Lichtenberg miteinander verbindet. Daneben wurde 2003 eine weitere Investition abgeschlossen: die 13 Kilometer lange Druckrohrleitung zwischen den Talsperren Lichtenberg und Klingenberg. Über ein Pumpwerk wird das aus der Talsperre Rauschenbach stammende Rohwasser von Lichtenberg über die Talsperre Klingenberg in das Versorgungsgebiet Dresden/Freital gepumpt.

Volker Uhlig

Eine Besonderheit im Erzgebirge stellt dabei das Kunstgrabensystem der Revierwasserlaufanstalt (RWA) dar. Erwähnenswert ist es deshalb, weil es sich dabei um eine technische Meisterleistung unserer Vorfahren handelt, die es bereits zuzeiten des Erzbergbaus im Mittelalter verstanden hatten, über ein Netz aus Kunstteichen, -gräben und wasserführenden Stollen das Brauchwasser nach Freiberg heranzuführen. Es erstreckt sich größtenteils über das Gebiet des Landkreises Freiberg und stellt heute noch ein wichtiges Bindeglied im Talsperrenverbundsystem Mittleres Erzgebirge sowie im Rohwasserüberleitungssystem zur Talsperre Klingenberg dar. Wie wichtig die Trinkwassertalsperren für die öffentliche Wasserversorgung sind, beweist die Tatsache, dass laut dem Grundsatzplan der öffentlichen Wasserversorgung des Freistaates Sachsen 70 % aller Trinkwasserabnehmer im Regierungsbezirk Chemnitz mit Rohwasser aus den Talsperren versorgt werden.[3]

5.2 Neue Strukturen in der Wasserwirtschaft geschaffen

Anfang der 90er Jahre standen die Sächsische Staatsregierung und die Kommunen vor der Aufgabe, neue Strukturen im Bereich der Wasserwirtschaft zu schaffen, die zum einen eine optimale Bewirtschaftung der Stauanlagen und die notwendigen Investitionen für eine Anpassung der Wasserbauten an den Stand der Technik ermöglichen und zum anderen die Interessen der Kommunen bei der Trinkwasserversorgung ihrer Einwohner berücksichtigen. Dazu gehört auch eine sozialverträgliche Entwicklung des Wasserpreises.
Im Jahre 1992 übernahm die Landestalsperrenverwaltung als Staatsbetrieb die Bewirtschaftung der Trinkwassertalsperren. Seitdem zeichnet sie für die Planung, für den Bau, Betrieb und Unterhaltung von Talsperren, Wasserspeichern und Rückhaltebecken auf der Grundlage des Sächsischen Wassergesetzes (§ 85 und § 86) verantwortlich. Bereits in der Kommunalverfassung der DDR von 1990 wurde die öffentliche Trinkwasserversorgung als kommunale Pflichtaufgabe festgeschrieben. Das war zum einen die Basis für die Entflechtung der ehemaligen Kapitalgesellschaften Wasserversorgung und Abwasserbehandlung (WAB) und zum anderen für die Schaffung von leistungsstarken Verbänden. Auch die Regelungen des Sächsischen Wassergesetzes gehen in diese Richtung und eröffneten den Kommunen die Option, die lokale Wasserversorgung in kommunalen Verbänden zu realisieren.
Der größte kommunale Versorger auf dem Gebiet der Trinkwasserversorgung im Landkreis Freiberg ist der Wasserzweckverband Freiberg, der 1993 gegründet wurde. Ihm gehören mittlerweile 18 Gemeinden des Landkreises, die Stadt Nossen (Landkreis Meißen) und das Gemeindegebiet Hartmannsdorf-Reichenau (Weißeritzkreis) an. Acht Kommunen (Niederwiesa, Flöha, Frankenstein, Eppendorf, Leubsdorf, Augustusburg, Oederan und Falkenau) werden vom Zweckverband Kommunale Wasserversorgung/Abwasserentsorgung „Mittleres Erzgebirgsvorland" Hainichen versorgt. Dienstleister für die Gemeinde Neuhausen (ohne Ortsteil Cämmerswalde/Neuwernsdorf)

---

3 Vgl. Grundsatzplan öffentliche Wasserversorgung Freistaat Sachsen 2002.

und für Ober-, Mittel- und Niedersaida (Gemeinde Großhartmannsdorf) ist die Erzgebirge Trinkwasser GmbH, deren Gesellschafter der Trink- und Abwasserzweckverband „Mittleres Erzgebirge" ist. Die Zugehörigkeit zu den unterschiedlichen Zweckverbänden ist historisch gewachsen und resultiert aus Zusammenschlüssen noch vor der Kreisgebietsreform. Aufgabe dieser Zweckverbände ist die Planung, Errichtung und Instandhaltung eines lokalen Wasserversorgungsnetzes, inklusive der Leitungssysteme, Hausanschlüsse und wasserwirtschaftlicher Anlagen. Der Anschlussgrad der öffentlichen Haushalte an das öffentliche Netz betrug im Jahre 2000 in den Wasserzweckverbänden Freiberg und Mittleres Erzgebirge rund 95 % und im Zweckverband Wasserversorgung/Abwasserentsorgung „Mittleres Erzgebirgsvorland" Hainichen 92,4 %.[4] Größtenteils werden dabei die Einwohner des Landkreises Freiberg mit Fernwasser vom Zweckverband Fernwasser Südsachsen versorgt, der das Rohwasser von den Trinkwassertalsperren erhält. Teilweise wird es mit örtlichen Dargeboten vermischt (Stadt Oederan).
Punktuell werden im Landkreis auch noch örtliche Dargebote für die Versorgung mit Trinkwasser genutzt (z. B. Frauenstein, Sayda, Zethau, Neuhausen). Äußerst problematisch bleibt die Versorgung mit Trinkwasser in den so genannten Brunnendörfern des Landkreises Freiberg. Die Eigenwasserversorgungsanlagen und Hausbrunnen zum Beispiel in Teilbereichen von Nassau, Cämmerswalde und Dorfchemnitz können die Einwohner bei hydrologisch ungünstigen Witterungserscheinungen nicht in ausreichender Menge noch in ausreichender Qualität mit Trinkwasser versorgen. Hier ist für die kommenden Jahre weiterer Handlungsbedarf geboten.
Ein anderes Problem wird künftig der Rückgang der Bevölkerung in den ländlichen Gebieten darstellen. Dieser wird vor allem einhergehen mit sinkenden Wasserentnahmen, und es muss die Frage erlaubt sein, wer die heutigen Investitionen morgen bezahlen wird. Hier werden sicherlich Kommunalpolitiker Antworten auf Fragen parat haben müssen, die sich heute in Deutlichkeit noch nicht stellen.

5.3   Trinkwasserschutzgebiete und Gewässerschutz

Die Stilllegung von Wasserversorgungsanlagen aus qualitätstechnischen und wirtschaftlichen Gründen und die Einbindung von Haushalten in das Fernwasserversorgungsnetz hat in den zurückliegenden Jahren auch im Landkreis Freiberg zu einer Aufhebung von Trinkwasserschutzgebieten geführt. So wurden seit 1994 im Kreisgebiet 98 Schutzgebiete für örtliche Trinkwasserdargebote aufgehoben, 14 weitere sollen mittelfristig folgen. Damit entspricht man im Landkreis Freiberg der sächsischen Entwicklung. Die Anzahl der Schutzgebiete verringerte sich im Freistaat von 2 350 im Jahre 1992 auf ca. 662 zum 1. Januar 2004. Die Fläche der Wasserschutzgebiete hat sich im gleichen Zeitraum um ca. 45 % reduziert (LfUG). Nunmehr sind nur noch

---

4 Vgl. Grundsatzplan öffentliche Wasserversorgung Freistaat Sachsen 2002.

8,2 % der Gesamtfläche Sachsens betroffen (ursprünglich 14,4 %). Um die Talsperren Lichtenberg, Rauschenbach und Saidenbach liegen Schutzgebiete mit einer Gesamtfläche von über 100 Quadratkilometern.
Die Nutzungsbeschränkungen in den Trinkwasserschutzgebieten kollidieren mitunter mit Privatinteressen und den Bestrebungen der Kommunen, das Erzgebirge touristisch mehr zu erschließen. Eine positive Entwicklung nahm in den zurückliegenden Jahren die Zusammenarbeit der Landestalsperrenverwaltung mit den Kommunen. Das schrittweise Öffnen der Mauerkronen für Wanderer und Fahrradtouristen ermöglicht eine „sanfte touristische Nutzung". Wichtig ist in diesem Zusammenhang eine gute Öffentlichkeitsarbeit, um die Bürger für den Gewässer- und Trinkwasserschutz zu sensibilisieren. Dennoch muss deutlich formuliert werden, dass es nur wenig Handlungsspielraum gibt, wenn es um den Schutz der Trinkwassereinzugsgebiete geht. Hier muss sich die Waage eindeutig in Richtung Wasserschutz neigen, denn vor allem die für die Trinkwasserversorgung grundlegenden Oberflächendargebote verlangen nach einem sensiblen Umgang und Schutz.

5.4 August-Hochwasser von 2002 setzt Prämissen für Gewässerschutz und Wasserwirtschaft

Das Augusthochwasser 2002 verursachte hohe Schäden in den Talauen und setzte neue Prämissen für den Gewässerschutz. Die Talsperren hielten der Belastung stand, konnten aber die enormen Wassermengen nur zum Teil zurückhalten. Glücklich für die Region war dabei der Umstand, dass die aufgrund eines Straßenbrückenbaus entleerte Talsperre Rauschenbach große Wassermengen zurückhalten konnte. Man wage nicht zu spekulieren, was geschehen wäre, wenn...
Sofort nach dem Zurückgehen der Pegel begannen Arbeiten der Hochwasserschadensbeseitigung durch die Landestalsperrenverwaltung an Gewässern erster Ordnung, später auch als Dienstleister für die Kommunen an Gewässern zweiter Ordnung. In der ersten Phase wurden Fließhindernisse beseitigt und die Schäden aufgenommen. Es folgten Schadensbeseitigungsmaßnahmen an gefährdeten Objekten. Die Arbeiten an Gewässern zweiter Ordnung werden 2005, an Gewässern erster Ordnung 2006 abgeschlossen sein. Auf Grund der häufiger auftretenden extremen Niederschläge hat die Landestalsperrenverwaltung in Zusammenarbeit mit den Wasserbehörden und den unmittelbar betroffenen Kommunen eine Vergrößerung der Hochwasserschutzräume vorgenommen. Die Reduzierung der Staumengen erfolgte unter Berücksichtigung aktuellster wassergütewirtschaftlicher und wassermengenwirtschaftlicher Bemessungen, insbesondere auch im Zusammenhang mit der zukünftigen Rohwasserbereitstellung für die Trinkwasserversorgung. So erfolgt eine schrittweise Vergrößerung der Hochwasserrückhalteräume an der Stauanlage Saidenbach von ursprünglich 0 auf jetzt 1 Million Kubikmeter. Künftig sind 3 Millionen Kubikmeter vorgesehen. Bei der Talsperre Lichtenberg erhöht sich die Rückhaltemenge von 0,5 Mil-

lionen Kubikmeter auf 3 Millionen Kubikmeter und bei der Talsperre Rauschenbach von 0,9 Millionen Kubikmeter auf 4 Millionen Kubikmeter. Ebenfalls in der Diskussion steht gegenwärtig ein größerer Hochwasserschutzraum am Dittmannsdorfer Teich für die Biela. Weitere Projekte des präventiven Hochwasserschutzes befinden sich derzeit in der Planungsphase. So sind unter anderem örtliche Maßnahmen in Flöha, Niederwiesa und Mulda vorgesehen. Neue Hochwasserrückhaltebecken sollen dort vor Hochwasser schützen, wo örtliche Maßnahmen keinen ausreichenden Schutz gewähren können. Die Machbarkeit dieser Rückhaltebecken wird derzeit überprüft.

Doch alle diese Maßnahmen können langfristig nur ein Teil im Gesamtkonzept Hochwasserschutz darstellen. Sie dürfen nicht darüber hinwegtäuschen, dass es einen absoluten staatlichen Schutz vor extremen Naturerscheinungen auch künftig nicht geben kann. Die Eigenfürsorge der Gewässeranlieger und städtebauliche Maßnahmen zur Entsieglung von Flächen dürfen dabei nicht unbeachtet gelassen werden.

6. Wachsende Abfallberge

Bis in die 1970er Jahre gab es in keinem der deutschen Staaten eine einheitliche und verbindliche Regelung für eine geordnete Abfallbeseitigung. 1972 trat in der Bundesrepublik das erste Abfallgesetz in Kraft. In der DDR schuf man mit einer Durchführungsverordnung zum Landeskulturgesetz eine erste Grundlage. Eine ordnungsgemäße Überwachung und Bewirtschaftung der Abfallbeseitigung lag in den Händen der damaligen Kreise und Bezirke. Kontrollen durch die zuständigen Organe erfolgten meist nicht. So hatte der Bürger die Möglichkeit, unkontrolliert Abfälle auf einer der vielen Deponien zu verbringen. Gab es doch einmal Widerstand beherzter Deponiemitarbeiter wie hier geschehen, so verfügte der Rat des Kreises gewisse Einlagerung per Order. Die Deponien unterstanden der Aufsicht der Gemeinden. Diese waren aber nicht in der Lage, aus eigener Kraft und mit eigenem Fachpersonal eine geordnete Entsorgung zu gewährleisten. So wie man scheinbar bedenkenlos die natürlichen Ressourcen, wie Wald durch die Kahlschlagbewirtschaftung verschwendete, entsorgte man alles Überflüssige in die Umwelt. Deshalb ist es nicht verwunderlich, dass die Gemeinden kurz nach Errichtung der neuen Verwaltungsstrukturen im Juni 1990 ihre Deponien an die Landkreise abtraten. Denn nach allem was man so hörte, sollten sich die Umweltgesetze verschärfen. Die Landkreise hatten noch keine Order, denn das Erste Gesetz zur Abfallwirtschaft und zum Bodenschutz im Freistaat Sachsen EGAB wurde erst im Sommer 1991 erlassen. (Das Gesetz wurde später durch das Sächsische Abfallwirtschafts- und Bodenschutzgesetz SächsABG vom 31. Mai 1999 ersetzt.)

Dazu schreibt der damalige Leiter des Referates Abfallvermeidung und abfallwirtschaftliche Planung im SMUL, Rolf Baiker: „Auf Grund des Einigungsvertrages (Art. 9 Abs. 1) bleiben abfallrechtliche Bestimmungen der

Volker Uhlig

DDR nach den Maßgaben des Artikels 8 als Landesrecht in Kraft"[5]. Gewisse Angelegenheiten waren aber ungeregelt und so orientierten sich die Landkreise unterschiedlich. Hier wurde bereits 1990 ein großer Teil der Gemeindedeponien an den damaligen Landkreis abgegeben. Der hatte nun nach dem zwischenzeitlich in Kraft getretenen EGAB keine andere Wahl und schloss einen Großteil der Deponien. Denn es war unabdingbar, die Kraft auf eine Großdeponie zu richten und diese entsprechend auszubauen. Geldrücklagen aus Gebühren waren sowieso nicht vorhanden, die Fachleute fehlten auch und es wurde mit einer Förderung des Rückbaus der Altdeponien gerechnet. Auch die Entsorgungsbetriebe stellten ihre Buchführung nach dem DM-Bilanzbildungsgesetz um. Als Problem erwies sich aber zunehmend, dass die volkseigenen Betriebe keine Rückstellungen gebildet hatten bzw. bilden durften. So fehlten vor allem im Umweltbereich zurückgestellte Mittel für die Beseitigung der Anlagen nach ihrer Außerbetriebnahme. Dieser Umstand traf auch auf die Deponien zu. Für einen geordneten Deponieumbau der noch vorhandenen Einrichtungen blieb aber wenig Spielraum, denn die Müllberge wuchsen von Tag zu Tag. Ein Betriebsleiter berichtet im Folgenden aus dieser Zeit, dass die meisten Bürger auf den Umbruch in der Abfallentsorgung nicht vorbereitet waren. Die Medien hatten es möglicherweise versäumt, ob der großen Konsumerwartungen auf neue Regelungen ausreichend hinzuweisen. Auf alle Fälle waren über Nacht die SERO-Annahmestellen (Aufkaufstellen für Sekundärrohstoffe wie Flaschen, Gläser, Papier, Alttextilien) geschlossen. Die Bürgerinnen und Bürger legten Flaschen, Gläser und Lumpen aber wie gewohnt dort ab. Auch die Plastiknetze vor den Kaufhallen waren betroffen. Diese waren Teil eines Rückgewinnungssystem aus der DDR, welches bis 1985 auch im entlegendsten Dorf im Erzgebirge seinen Einzug gehalten hatte. In diesen Netzen wurden alle Thermoplastikabfälle gesammelt. Die Annahme war kostenlos, während andere Sekundärrohstoffe ja gegen Entgelt angenommen wurden. Dennoch wurden diese Plastiknetze von den Bürgern aus Umweltbewusstsein heraus gut gefüllt. Allerdings auch dann noch, als die Netze schon lange nicht mehr abgeholt wurden.
Ein weiterer Baustein für die wachsenden Müllberge auf den Deponien war natürlich das geänderte Konsumverhalten. Bis 1989 kaufte man z. B. den Joghurt in Pfandflaschen und brachte diese ausgewaschen in die Verkaufsstelle zurück. Nun gab es aber viele neue Joghurtsorten in verschiedenen Verpackungen, die entsorgt werden mussten. Ein Übriges zum Müllwachstum auf den Deponien taten die Bioabfälle. Die Sammeltonnen wurden in den Städten in gewissen Zeitabständen abgeholt. Der Tonneninhalt wurde sicherlich zu Silage als Viehfutter weiterverarbeitet, denn der Gärungsprozess war meist schon weit fortgeschritten. Mit dem Wegfall dieser Abfallentsorgung war zwar ein immissionsschutzrechtliches Problem gelöst, aber

---

[5] Baiker, Rolf: Abfallwirtschafts- und Bodenschutzrecht im Freistaat Sachsen: Textausgabe mit Erläuterungen, Dresden: Kohlhammer Deutscher Gemeindeverlag, 1994, S. 5.

Umwelt und Landwirtschaft

die Kartoffelschalen landeten nun in trauter Eintracht mit Bananenschalen in der Restmülltonne und vergrößerten die Müllberge.
Interessant ist auch das plötzlich gestiegene Schrottaufkommen. Schrott stellte in der DDR einen gewissen Wert dar. Einerseits wurde alles aufgehoben, weil man ja ein Ersatzteil irgendwann einmal gebrauchen konnte. Autoteile aus Metall fanden sich in jeder Garage. Dieser Schrott hatte vor allem einen hohen Tauschwert. Andererseits wurde Buntmetallschrott von den Annahmestellen zu hohen Preisen aufgekauft. Und diese Preise schwankten, zumindest in einem mittelfristigen Zeitraum. Plötzlich war über Nacht der Schrott wertlos geworden. Wer brauchte schon noch Ersatzteile für einen alten Wartburg oder patinierte Kupferdrähte? Also weg damit und rauf auf die Deponien. Auch die Entsorgung des Hausmülls ruft lebendige Erinnerungen wach. Viele haben schon vergessen, dass die aufgestellten Tonnen vor allem für die Asche da waren. Deswegen wurden sie im Volkssprachgebrauch auch „Aschekübel" genannt und nicht „Restmülltonne". Wegen der heißen Asche waren sie aus verzinktem Blech. Und sie waren rund, damit sie der „Aschefahrer" zum „Ascheauto" über den Boden des „Aschekübels" rollen konnte. Die Könner und Profis unter ihnen rollten je eine Tonne links und rechts gleichzeitig. Das Entgelt dieser 110 Liter-Standardgefäße regelte die „Aschemarke". Sie war eine Müllmarke, zumeist aus Blech und kostete 80 Pfennig (0,80 Mark der DDR). Dieses Entgelt beinhaltete eine Leerung. Dennoch gab es Heimwerker, die diese Marken nachahmten und in den Verkehr brachten. Neben den 110 Liter-Standardgefäßen gab es die BOBR-Behälter mit 1,1 m^3 Inhalt und die 7 m^3 Abfallcontainer. Letztgenannte befanden sich vor allem in den Neubaugebieten.
Nach dem 1. Juli 1990 schlossen die Gemeinden teilweise Verträge mit Entsorgern zur Hausmüllentsorgung ab. Sie waren dazu wahrscheinlich nicht berechtigt, aber niemand konnte das genau sagen. Es entstand ein Entsorgerflickenteppich auf der Landkarte. Der anschließende Gebietsaustausch zwischen den Entsorgern untereinander war etwa bis 1994 abgeschlossen. Abgerechnet wurde zunächst oft mit einer Kopfpauschale. In einem Beispiellandkreis lag diese bei 1,45 DM je Person und Monat. Die Einführung des EGAB untersagte diese einfache Form, weil eine verursachergerechte Komponente mit dem Anreiz zur Müllvermeidung eingeführt werden musste. Die unterschiedlichsten Systeme entstanden: Hier waren es eine Wiedergeburt der Müllmarke, woanders Banderolen aus Papier, die im Vorverkauf erworben werden mussten. In einem Mischsystem gab es je Grundstück und dort lebenden Bewohnern Pflichtmarken. Der Pflichtmarkenanteil reduzierte sich, wenn man Eigenkompostierung nachweisen konnte. Außerdem hatte man bei den Pflichtmarken versucht, noch eine Familienkomponente zu berücksichtigen. Die Papierbanderolen sorgten in einer Erzgebirgsstadt alle 14 Tage für helle „Begeisterung". Die Kinder zeigten früh stolz in der Klasse, wie viele Banderolen sie auf dieser vermeintlichen Schnitzeljagd gefunden hatten. Die Anwohner fanden das nicht so lustig, weil sie abends ihre vollen Restmüllgefäße wieder einstellen mussten. Im Jahr 1992/93 bezahlte ein Bürger im Durchschnitt hier 60 DM pro Jahr für alle Abfälle.
Das Duale System Deutschland (DSD) hielt 1992 in Sachsen Einzug. Dessen Gründung und die Tätigkeit basieren auf Rechtsvorschriften wie der Verpa-

Volker Uhlig

ckungsmittelverordnung. Der Aufbau einer separaten Sammlung war nach dem damaligen Stand der Technik zwingend erforderlich, um die Wertstoffe vor der Behandlung in einer Anlage von den Restabfällen (Hausmüll) zu trennen. Papiercontainer waren übrigens sehr zeitig vorhanden, die ersten stellte man schon 1991 auf. Zwei andere Abfallarten waren für unsere Bürger völlig neu: Sperrmüllsammlungen und Autowracks. Sperrmüll wurde nun in Straßensammlungen organisiert. Interessant war der Güterumschlag vor der Haustür über Nacht. Dort, wo gestern noch ein Sofa und ein Schrank standen, waren es nun ein Kühlschrank und ein Sessel. Der Kühlschrank blieb bei der Abholung stehen. Pech für den, auf dessen Grundstück er stand. Später „klärten" in den Erzgebirgskreisen ausländische Sammler das Problem. Aus einer kleinen Gemeinde wird berichtet, dass die Bürger den Sperrmüll vorsichtig um eine Sitzbank herum lagerten. Ebenso dienstbeflissen zerlegten die Mitarbeiter der Entsorgungsfirma die Bank und nahmen sie mit. Autowracks waren ein landesweites Problem. Gebrauchte Fahrzeuge stellte man wegen fehlender Entsorgungsmöglichkeit irgendwo ab. Ab 1994 gab es ausreichend Entsorgungskapazität und das Problem löste sich.
Wie sich zeigte, die Umweltgesetzgebung wurde nun immer ausgeklügelter, die Entsorgung immer teurer, was zu einem immensen Restmüllanteil im „gelben Sack" führte. Mittlerweile scheint sich das System aber stabilisiert zu haben. Die Entsorgungssysteme haben ein hohes technologisches und technisches Niveau erreicht, was die Umwelt nachhaltig schonen kann. Ein Problem liegt aber in der Kostenstruktur. Der hohe Fixkostenanteil muss auf demografisch schrumpfende Kostenverursacher umgelegt werden. Die Entgelte werden sich daher gesetzmäßig erhöhen. Es bleibt zu hoffen, dass diese Technologien und Standards auch bald dort eingeführt werden, wo die Wirtschaft weltweit rapide wächst. Denn Globalisierung darf nicht Flucht in neue Abfalloasen bedeuten.

7. Die grüne Lunge unseres Landes – Erhalt der Wälder

Wald ist nach § 2 des Sächsischen Waldgesetzes „jede mit Forstpflanzen (Waldbäumen oder Waldsträuchern) bestockte Grundfläche, die durch ihre Größe geeignet ist, eine Natur-, Schutz- oder Erholungsfunktion auszuüben". Die Waldflächen reichen von 0,2 Hektar bis fast 6000 Hektar im größten zusammenhängenden Waldkomplex in Sachsen, dem Landschaftsschutzgebiet Tharandter Wald. Der Landkreis Freiberg grenzt im Nordosten hier an. Der Südwesten und Süden ist durch ansteigende Bergwälder bis zum Erzgebirgskamm geprägt, während im Südosten die weiten kahlen Flächen links und rechts der S 184 bis zur böhmischen Grenze jeden Winter den Straßendienst vor große Herausforderungen stellen. Die Kammwälder standen oft durch die in der chemischen Industrie der nordböhmischen Wirtschaftszentren verursachten Rauchschäden im Blickpunkt des öffentlichen Interesses.

Zu den Forstbetrieben bzw. der Forstverwaltung bestanden weder in der DDR-Vergangenheit noch später gesetzlich begründete kommunale Beziehungen – ausgenommen in der Funktion kommunalen Waldbesitzes. Dennoch gab es vielfältige Verbindungen, wie sich ein Forstbediensteter erinnert: Im Winter 1980 kam es zu massiven flächendeckenden Schneebruchschäden. Ständige Niederschläge um den Gefrierpunkt ließen den auf den Bäumen haftenden Schnee so schwer werden, dass sehr viel Holz aus stehendem Wald abbrach und zu Bruch ging. Um das Bruchholz zu beseitigen, reichten die Kraft und der Maschinenpark des Forstes selbst nicht aus. Durch unzählige freiwillige Stunden aller Bevölkerungsgruppen wurde der Wald gesäubert. Ziel der Aktionen war damals das Vermeiden der Ausbreitung des Borkenkäfers.

Auch in der Forstwirtschaft gab es Anfang der 1990er Jahre zwei Zäsuren. In der Übergangszeit 1990/91 wurden zunächst die staatlichen Forstwirtschaftsbetriebe in einem ähnlichen Verfahren wie die volkseigenen Betriebe aufgelöst. Ein größerer Teil der Belegschaft bildete danach den Kern der staatlichen Forstbehörden für den Vollzug der hoheitlichen und betrieblichen Aufgaben. Die Geschäftsfelder Holztransport und -abfuhr, Holzrücken, Wegebau und industrielle Warenproduktion, genannt die Konsumgüterproduktion, wurden privatisiert. Die dreistufige Forstverwaltung bestand zunächst aus dem Sächsischen Staatsministerium für Landwirtschaft, Ernährung und Forsten, den zwei Forstdirektionen in Bautzen und Chemnitz und den 52 Forstämtern. Ein gewisses strukturelles Manko aus kommunaler Sicht sind damals und auch in Zukunft die Forstamtsbezirksgrenzen, die völlig von den Verwaltungsgrenzen abweichen. Zum anderen gab es einen inhaltlichen Paradigmawechsel. Das strategische Ziel der Forstwirtschaft in der DDR war eine stabile und ausreichende Versorgung der Volkswirtschaft mit dem Rohstoff Holz, dem sich die Ökologie unterordnen musste. Eine der Broschüre des Landesforstpräsidiums zur Forstwirtschaft in Sachsen entnommene Zeitreihe veranschaulicht die Entwicklung im Gebiet des Freistaates Sachsen.

Tab. 3: Historische Entwicklung der Forstwirtschaft in Sachsen.[6]

ab etwa 1820	Beginn geregelter Forstwirtschaft in Sachsen, Wiederaufbau der ausgeplünderten Wälder, in Sachsen unter Leitung von Heinrich Cotta
bis 1960	Naturgemäße und standortgemäße Waldwirtschaft
nach 1960	Dominanz des Kahlschlagsystems, vorwiegend Nadelholzwirtschaft
ab Mitte der 1980er Jahre	Beginn des Umdenkens zu einer stärker ökologisch orientierten Waldwirtschaft
ab 1990	Periode der naturnahen Waldbewirtschaftung und des Waldumbaus

---

6 Forstwirtschaft in Sachsen, hrsg. vom Landesforstpräsidium, 2004, S. 4.

Volker Uhlig

Die gleiche Quelle nennt auf Seite 2 die Kennzeichen der neuen Vorgehensweise: Nachhaltige Bereitstellung, gleichrangige Beachtung und gleichrangige Erfüllung aller Waldfunktionen. Waldfunktionen sind „die Einheit seines [des Waldes] wirtschaftlichen Nutzens (Nutzfunktion) und seiner Bedeutung für die Umwelt, insbesondere für die dauernden Funktionsfähigkeit des Naturhaushaltes und die Erholung der Bevölkerung (Schutz und Erholungsfunktion)" (aus § 1 Sächsisches Waldgesetz).
Dem Waldzustandsbericht 2002 des SMUL wurde folgender geschichtlicher Abriss der Rauchschäden in den Wäldern des Erzgebirges entnommen: „Bis ins 12. Jahrhundert bedeckte das Erzgebirge der kaum besiedelte Miriquidi Urwald, in dem höhenstufenabhängig Fichte, Tanne, Buche begleitet von Eiche, Berg-Ahorn, Esche und Berg-Ulme vorkamen. ... Großflächige Übernutzungen setzten in der Renaissancezeit ein, als der technische Fortschritt (Wasserkünste) den Tiefenabbau ermöglichte, damit neue Lagerstätten erschloss und eine zweite Blüte des Bergbaus im Erzgebirge einleitete. ... Beim wissenschaftlich begleiteten Wiederaufbau der Wälder – nach Gründung der Forsthochschule Tharandt 1811 – wurde die Fichte bevorzugt und bedeckte bald 90 % der Waldfläche. Die Fichte erwies sich später als extrem immissionsgefährdet, auch deshalb nahmen die Waldschäden im Erzgebirge katastrophale Ausmaße an."[7] In der Kombination von Witterungsextremsituationen und hohem Schwefeleintrag eskalieren diese wie im Winter 1995/96: „Rot ist auf 20 000 Hektar die derzeit vorherrschende Farbe des Fichtenwaldes im Erzgebirge."[8]
Diese Aussagen werden im Folgenden aus den vielseitigen Erinnerungen von Forstbediensteten untersetzt, die diese Umbruchzeit an der sächsisch/böhmischen Grenze aktiv miterlebt haben. Historisch ist zu bemerken, dass im bereits erwähnten Tiefenbergbau drei Nadelhölzer zum Einsatz kamen: die Fichte, die Kiefer und die Lärche. Lärche zeichnet sich durch eine hohe Widerstandsfähigkeit gegen Wasser aus. Aus dem langfaserigen Holz wurden z. B. die Spurlatten gefertigt, auf denen die Förderkörbe liefen. Denn wenn doch mal ein Seil riss, konnte sich der abstürzende Korb in den Latten verhaken. Fichte und Kiefer bestechen durch ihre Warnfähigkeit. Es knarrt im Gebälk, wenn sich der Berg darüber nur leicht bewegt. Zudem sind sie hervorragend zum Feuersetzen geeignet. Die Laubhölzer Buche und Esche sind als Harthölzer unentbehrlich u. a. für die Konstruktion Wasserkünste. Die Eiche liefert Stützbalken, die ständig im Wasser stehen konnten. Die Buchenbestände des typischen Erzgebirgsmischwaldes waren aber bald geplündert. Auf Kahlschlagflächen wuchsen sie nicht nach. Als junge Waldbäume sind die Buchen Schattenpflanzen und bedürfen zudem wegen ihrer begrenzten Stehfähigkeit des Windschutzes anderer Bäume. Große Waldflächen blieben nun kahl.
Erst zu Beginn des 19. Jahrhunderts erfolgte die konzentrierte Wiederaufforstung bevorzugt mit der widerstandsfähigen, schneller wachsenden Fich-

---

7 Waldzustandsbericht 2002, hrsg. vom Sächsischen Staatsministerium für Umwelt und Landwirtschaft, S. 3.
8 Ebd., S. 4.

Umwelt und Landwirtschaft

te, was in letzter Zeit zu zwei markanten Auswirkungen auf den Bestand geführt hat: Rauchschäden durch Verbrennungsprozesse in Industrie, Verkehr und Haushalten sowie Käferbefall. Schwefeloxide in der Luft behindern unmittelbar den Spaltöffnungsmechanismus der Nadeln. Im Erzgebirgswinter ist der Stamm des Baumes durchfroren und somit auch das Kambium, die Wasser und Nährstoffe transportierende Wachstumsschicht zwischen der Rinde und dem Kernholz. Die Nadeln können die zur Assimilation notwendigen Stoffe Wasser und Kohlendioxid durch die gestörten Spaltöffnungen nicht aufnehmen und sterben langsam ab. Betroffen sind vor allem ältere Nadeln. Eine Fichte hat sieben bis acht Nadeljahrgänge an den Ästen. In den Jahren um 1990 waren es in Extremlagen nur ein bis zwei. Man teilte die Rauchschadensgebiete in Klassen ein: I extrem stark, I stark, II mittel und III leicht geschädigt. Extrem belastete Gebiete waren u. a. bei Deutscheinsiedel und Rauschenbach, es gab hier eigentlich keinen gesunden Baum mehr. Die weiteren Kammlagen gehörten zur Kategorie I stark oder II mittel geschädigt. Jeder kennt darüber hinaus die gute Löslichkeit von Schwefeldioxid in Wasser zu schwefliger Säure als den „sauren Regen". Zum einen wirkt er auf die Nadeln ätzend, zum anderen übersäuert der Boden und stört wichtige Osmosevorgänge an den Wurzeln. Gut erkennbar sind auch diese Veränderungen an aufgebrochenen Bäumen. Bei der Fichte als Flachwurzler sind eigentlich viele Haarwurzeln zu erkennen, die nun oft fehlten. Hier wurde durch den sauren Boden vor allem eine Symbiose zwischen Bakterien und Baum verhindert. Buche verträgt saure Böden überhaupt nicht. Ein so gestörter Baum – die heimische Weißtanne wurde so fast ausgerottet – war natürlich anfällig für Krankheiten und besonders für den Borkenkäfer. Er präsentiert sich uns vor allem in den Arten Buchdrucker und Kupferstecher. Der Buchdrucker hat das größere Fraßbild und ist der gefährlichere, weil er einen Fichtenbestand komplett auslöschen kann. Ein Weibchen sucht zur Eiablage einen möglichst gesunden Baum und legt die Eier in einen Muttergang im Kambium. Links und rechts des Ganges entwickeln sich aus den Eiern Larven, die sich seitlich in die nahrhafte Schicht fressen. Nach der Verpuppung kriechen die Käfer durch die Borke und fliegen zum nächsten Baum. Je nach Witterung werden drei Generationen der Buchdrucker im Jahr aktiv. Erschwert wird die Suche nach dem Befall dadurch, dass ein befallener Baum zunächst nicht erkannt werden kann und die Auswahl der gesunden Bäume durch den Käfer scheinbar wahllos erfolgt. Heute fängt man die Käfer in speziellen Fallen, die mittels Pheromonen (synthetische Sexuallockstoffe) die Männchen verführen.
Dem Sterben der Wälder wurde in den 1990er Jahren durch konzertierte Aktionen Einhalt geboten. Erstens: Etwa zwei Drittel des Schwefels in der Luft kamen aus Kraftwerken und chemischen Fabriken Nordböhmens, das übrige Drittel aus heimischer Industrie und Haushalten. Dies brach aber weg, die Haushalte rüsteten auf Öl und Erdgas um. Die tschechischen Anlagen wurden mit großer Unterstützung der Europäischen Union modernisiert. Zweitens wurde der Wald gekalkt. Es fehlte auch in der DDR nicht an Versuchen der Walddüngung. Heute weiß man, dass die damals eingesetzten Nitrate wegen ausreichend in der Luft vorhandener Stickstoffsalze ihre Wirkung verfehlten. Über das ebenfalls eingebrachte Kali sind keine bemer-

kenswerten Wirkungen bekannt. Außerdem stand geeignete Technik z. B. in Form von Hubschraubern für Überwachung und Ausbringung von Dünger nur in geringem Maß zur Verfügung. Ausgebracht wird heute Kalkmergel aus der Luft, ein Gemisch aus Kalk und Sand. Kalk pur wäre ätzend für die Nadeln und das Laub. Drittens wird durch eine Aufforstung von Mischwäldern und der gezielten Entnahme des Holzes aus Beständen ein naturnaher Wald herangebildet, in dem die natürlichen Unterstützungsfunktionen der Baumarten wieder stärker genutzt werden. Heute zeigen die Fichten bereits wieder fünf bis sechs Nadeljahrgänge.

Nun kommt aber ein anderes Gift für die Bäume immer mehr ins Gespräch. Stickoxide (NO_x) wirken schädigend auf die Laubbäume und auf die jungen Triebe der Nadelbäume. Bekannterweise gehen die beiden häufigsten Gase der Atmosphäre schwer miteinander Verbindungen ein. Diese entstehen vor allem in Hochtemperaturverbrennungsanlagen und modernen Dieselmotoren.

Wer denkt bei Forstverwaltung und Waldwirtschaft nicht sofort an die Jagd? Auch ein Jäger soll hier zu Wort kommen: War bis 1990 die Jagd staatlich stark reglementiert und ausschließlich denen vorbehalten, die sich als besonders „zuverlässig" im Sinne des Partei-Regimes erwiesen hatten, galt es nun nach der deutschen Wiedervereinigung das Bundesjagdgesetz in Landesrecht umzusetzen. Die Grundstückseigentümer, die sich neben wenigen Eigenjagden überwiegend in Jagdgenossenschaften zusammenfanden, entschieden plötzlich maßgebend, wer wo jagen kann. Was fehlte, waren vor allem junge Jäger. Im Landkreis Freiberg entschied man, jährlich Jägerlehrgänge durchzuführen. Seit 1994 wurden 231 Jungjäger erfolgreich ausgebildet. Damit war gewährleistet, dass neben den gestandenen Jägern auch ausreichend Nachwuchs aus der Region kam. Seither tragen sie mit dafür Sorge, parallel zur Entwicklung einer umweltgerechten Land- und Forstwirtschaft ausgewogene Wildbestände zu erhalten, Wildschäden zu verringern und Lebensräume für bedrohte Wildarten zu erhalten und zu verbessern. Die Jäger sind damit ein wichtiger „Ausgleichsfaktor" zwischen Natur- und Kulturlandschaft.

Am Beispiel der breiten Verantwortung der Jäger für die Pflege und den Artenschutz sollen an dieser Stelle alle ehrenamtlich engagierten Bürgerinnen und Bürger erwähnt werden. Als Imker, Angler, Kaninchenzüchter oder Naturschutzhelfer, Hobbyornithologe, Pferdeliebhaber oder Kleingärtner, um stellvertretend einige zu nennen, setzen sie sich ständig für die Bewahrung einer naturnahen Lebensqualität und den Fortbestand allen Lebens ein. Diesen Mitmenschen muss stärker das Interesse der Medien und des öffentlichen Bewusstseins gehören.

Der Landesentwicklungsplan sieht mittelfristig eine Waldzunahme um 3 % vor. Das sind ca. 45 000 Hektar und entspricht in etwa nur der Fläche, die Sachsen allein von 1993 bis heute durch Bodenverbrauch und Versiegelung verloren hat. Leider wurde von der angestrebten Aufforstung bisher zu wenig realisiert. Umso wichtiger sind die Erfolge des ökologischen Waldumbaus zu werten.

„Unsere ganze Aufmerksamkeit muss darauf gerichtet sein, der Natur ihr Verfahren abzulauschen, damit wir sie durch zwängende Vorschriften nicht widerspenstig machen, aber uns dagegen auch durch ihre Willkür nicht vom Zweck entfernen lassen." Diese Worte Goethes hat das Ökosystem Wald durch seine hautnah zu beobachtende Entwicklung bewiesen. Sie sind durch die Witterungsunbilden als Begleiterscheinung eines schleichenden Klimawandels lebendiger denn je und sollten für alle Bereiche und jedermann ein Leitbild des schöpferischen Handelns sein.

Mein Dank gilt den Mitautoren des Beitrags Jörg Höllmüller, Mitarbeiter des Landrates des Landkreises Freiberg; Dr. Rainer Molleè, Mitarbeiter SAXONIA Standortentwicklungs- und -verwaltungs GmbH Freiberg; Mario Schmidt, Leiter des Staatlichen Amtes für Landwirtschaft mit Lehranstalt Freiberg-Zug; Annett Schrenk, Pressestelle des Landratsamtes Freiberg sowie zahlreichen Bürgerinnen und Bürgern für ihre persönlichen Erfahrungsberichte.

Literatur und Quellen

Baiker, Rolf: Abfallwirtschafts- und Bodenschutzrecht im Freistaat Sachsen: Textausgabe mit Erläuterungen, Dresden: Kohlhammer Deutscher Gemeindeverlag, 1994.
Forstner, Bernhard/Hirschauer, Norbert: Wirkungsanalyse der Altschuldenregelungen in der Agrarwirtschaft, Braunschweig und Berlin, 2001.
Forstwirtschaft in Sachsen, hrsg. vom Landesforstpräsidium, 2004.
Grundsatzplan öffentliche Wasserversorgung Freistaat Sachsen 2002.
http:/www.smul.sachsen.de/de/wu/umwelt/umweltstatus/flaechenverbrauch.html vom 24.06.2005.
Waldzustandsbericht 2002, hrsg. vom Sächsischen Staatsministerium für Umwelt und Landwirtschaft.

Neue kommunalwirtschaftliche Strukturen

Dr. Josef Höß

Die Wiedervereinigung brachte die in Jahrzehnten gewachsene kommunale Selbstverwaltung auch in den Kommunen der nach vier Jahrzehnten Teilung neu eingegliederten Bundesländer wieder zur Wirksamkeit. Was sich vorher als „zentral gelenkte Einrichtungen" dargestellt hatte, gliederte sich – von einem Tag auf den anderen – wieder auf in private und staatliche, genossenschaftliche und eben kommunale Belange und Zuständigkeiten. Die Daseinsvorsorge für den Bürger war wieder kommunale Aufgabenfülle. Um dem riesigen Umfang dieser Aufgaben gerecht zu werden, übernahmen meist in kommunalen Belangen nicht erfahrene Persönlichkeiten die Zuständigkeit. Sie wurden, allermeist aus ganz anderen Berufen kommend, in Verantwortungen hinein gewählt, für die sie oft nur wenig einschlägige Kenntnisse mitbrachten. Was von diesen Persönlichkeiten geleistet wurde, verdient uneingeschränkten Respekt und höchste Anerkennung. Ich selbst schätze mich glücklich und bin dankbar dafür, dass ich im letzten Abschnitt meines beruflichen Lebens an einer entscheidenden kommunalen Nahtstelle am Wiederaufbau gerade der Landeshauptstadt Dresden mitwirken durfte.
Kommunale Daseinsvorsorge hatte sich gleich um alles zu kümmern – um die Aufstellung eines Haushaltplanes, die Sorge um zumutbaren und bezahlbaren Wohnraum, um die umweltfreundliche Versorgung der Bürger mit Strom und Fernwärme, Gas und Wasser und um die Gewährleistung eines befriedigenden öffentlichen Personennahverkehrs. All dies musste möglichst sofort und innerhalb kürzester Frist angegangen und verwirklicht werden. Grundlage dafür war neben der jeweiligen Kommunalverfassung der Einigungsvertrag vom 31. August 1990. Dieser Vertrag ist in der Fülle der dort geregelten Materie und in der Präzision seiner detaillierten Aussagen angesichts der Kürze der Zeit, innerhalb der er behandelt und von Volkskammer und Bundestag verabschiedet worden ist, ein Meisterwerk besonderer Klasse.
Kommunalwirtschaftliche Strukturen mussten überall in Sachsen neu aufgebaut werden. Nicht alles, von der Wohnungswirtschaft, über Zweckverbände, Stadtwerke, Verkehrsverbünde bis hin zum Kommunalabgabengesetz (KAG), das notwendig war, aber auch für viel Unruhe in der Bevölkerung sorgte, kann in einem Kapitel dargestellt werden. Deshalb beschränkt sich der folgende Beitrag auf die Wohnungswirtschaft, die Technischen Werke und die Verkehrsbetriebe der Landeshauptstadt Dresden, Materien, bei deren Gestaltung der Autor als Bürgermeister und Beigeordneter für Finanzen und Liegenschaften in der Zuständigkeit und aufgrund langjähriger kommunalpolitischer Erfahrung besonders einbezogen war.

1. Vom Wohnungsnotstand zum Mieterparadies – Städtische Wohnungswirtschaft in Dresden von 1990 bis 2005

Rechtliche Grundlagen der Wohnungswirtschaft und Gründung der Wohnungsbaugesellschaften

Nach Art. 22 Abs. 4 des Einigungsvertrags vom 31. August 1990 (BGBl. II S. 889) ging am 3. Oktober 1990 (Wirksamwerden des Beitritts) „das zur Wohnungsversorgung genutzte volkseigene Vermögen, das sich in Rechtsträgerschaft der volkseigenen Betriebe der Wohnungswirtschaft befindet", mit gleichzeitiger Übernahme der Schulden auf die Kommunen über. Mit dieser Regelung war das Gesetz der DDR über die Umwandlung volkseigener Wohnungswirtschaftsbetriebe in gemeinnützige Wohnungsbaugesellschaften und zur Übertragung des Grundeigentums an die Wohnungsgenossenschaften vom 22. Juli 1990 samt der Durchführungsbestimmung vom 1. August 1990 außer Kraft getreten. Im Frühjahr 1991 wurde die Zuständigkeit für die Wohnungswirtschaft dem Dezernat Bauverwaltung mit dem Beigeordneten und 2. Bürgermeister Reinhard Keller an der Spitze übertragen. Unter Mitarbeit des vom Bayerischen Städtetag zur Aufbauhilfe abgeordneten Altoberbürgermeisters Hans-Achaz Frhr. v. Lindenfels, Marktredwitz, setzte Reinhard Keller die im Einigungsvertrag festgelegte Auflage um, den städtischen Wohnungsbestand schrittweise unter Beachtung sozialer Belange in eine marktwirtschaftliche Wohnungswirtschaft zu überführen. Hierzu wurde in Abstimmung mit dem Autor und unter Beratung der Deutschen Baurevision das Dresdner Wohnkonzept erarbeitet, das am 13. Juni 1991 von der Stadtverordnetenversammlung mit großer Mehrheit beschlossen wurde.
In diesem Konzept war die Aufteilung des früher volkseigenen und nun städtischen Wohnungsbestands in der Größe von rund 120 000 Wohneinheiten (WE) in drei Vermögensmassen festgelegt. Nach dieser Aufteilung wurden die beiden städtischen Wohnungsbaugesellschaften, die SÜDOST WOBA DRESDEN GMBH mit einem Bestand von 52 000 WE und die NORDWEST WOBA DRESDEN GMBH mit einem Bestand von 38 000 WE gegründet. Der dritte Teil mit rund 20 000 WE (vorrangig in der Altstadt) blieb städtisches wohnungswirtschaftliches Vermögen, das der NORDWEST WOBA DRESDEN GMBH lediglich zur Verwaltung zugeordnet wurde. Außerdem befanden sich in dem Gesamtbestand noch rund 12 000 WE, die während der Zeit der DDR unter staatliche Zwangsverwaltung gestellt waren. Sie wurden ebenfalls der NORDWEST WOBA DRESDEN GMBH zur vorläufigen Verwaltung übergeben. Diese Art der Aufteilung wurde nur in Dresden praktiziert. Die anderen Großstädte in den neuen Bundesländern beließen es in der Regel bei einer städtischen Wohnungsbaugesellschaft. In Leipzig entstand mit der LWB (175 TWE) das größte kommunale Wohnungsunternehmen in Europa. Mit der Aufteilung in Dresden wurde erreicht, dass das bei der Bevölkerung verhasste Monster Gebäudewirtschaft zerschlagen wurde und die neuen Unternehmen überschaubar blieben. Diskutiert worden

Dr. Josef Höß

war im Entscheidungsprozess die Gründung von drei oder mehr städtischen Wohnungsbaugesellschaften. Schließlich verständigte man sich auf die zwei Gesellschaften, weil damit das „Monopol" einer Gesellschaft vermieden, das Stadtgebiet angemessen aufgeteilt und ein konstruktiver Wettbewerb zwischen zwei fachlich im Ziel gleichgerichteten städtischen Wohnungsbaugesellschaften ermöglicht worden war. Bereits die vorgenommene Aufteilung bereitete hinsichtlich der Zuordnung der betriebswirtschaftlichen Daten nicht unerhebliche Schwierigkeiten, die aber im Zusammenhang mit der Erstellung der Eröffnungs-Bilanzen gemeistert werden konnten.

Für das rechtliche Verfahren der Gründung der städtischen Wohnungsbaugesellschaften wurde die Umwandlung der seit Oktober 1990 bestehenden und aufgeteilten städtischen Regiebetriebe (als Gebäudewirtschaft I, II, III bezeichnet) in Gesellschaften mit beschränkter Haftung nach dem Umwandlungsgesetz von 1952 gewählt. Dieses Verfahren hatte den für die weitere Entwicklung außerordentlich bedeutsamen Vorteil, dass bereits mit der Gründung der Gesellschaften das Eigentum an den Grundstücken einschließlich der Gebäude außerhalb des Grundbuchs kraft Gesetzes auf diese überging. Für den Eigentumsübergang war also die Grundbucheintragung nicht notwendig. Die nachfolgenden Grundbucheintragungen dienten nur der Berichtigung des Grundbuchs, hatten also nur deklaratorischen Charakter. Darüber hinaus hatte dieses Verfahren den „Charme", dass noch bis zum Ende des Geschäftsjahres 1994 Bewertungen von Grundstücken und anderen Vermögensteilen bilanzunschädlich geändert werden konnten. Die Zulässigkeit dieses Gründungsverfahrens wurde zunächst von einigen „Bedenkenträgern" bezweifelt, letztlich nach eingehender Prüfung durch alle zuständigen Bundesministerien (BMBau, BMI, BMF, BMJ) aber allgemein anerkannt und als das geeignete Gründungsverfahren den Kommunen empfohlen.

Städtische Anschubfinanzierung

Die Landeshauptstadt Dresden stellte den neuen Unternehmen neben den Bundeszuschüssen für den Ausgleich der in den ersten Jahren unvermeidlichen Defizite, zusätzliche Finanzmittel für die Durchführung dringend erforderlicher Unterhaltungsmaßnahmen und Notreparaturen zur Verfügung. Diese Finanzmittel haben in den ersten Jahren etwa 60 Millionen DM betragen. Ohne diese Anschubfinanzierung wäre der Start der neuen Unternehmen sehr viel schwieriger gewesen. Im Vergleich mit anderen Großstädten waren die von der Landeshauptstadt Dresden bereitgestellten Mittel sehr beachtlich. Damit wurde den sozialen Belangen in der Wohnungswirtschaft in angemessener Weise Rechnung getragen.

Privatisierung

Dem Auftrag des Einigungsvertrags zur Privatisierung des Wohnungsbestands entsprechend und zur Herstellung einer marktwirtschaftlichen Wohnungswirtschaft enthielt das Dresdner Wohnkonzept den konkreten Auftrag an die neuen Wohnungsbaugesellschaften, zur beschleunigten Privatisierung geeignete Wohnungsbestände auszuwählen und die Privatisierung – vorrangig an die Mieter – vorzubereiten. Dabei wurden die in Plattenbauten massierten Bestände als eher weniger geeignet für eine Privatisierung erachtet. Mit dieser vor allem von der SÜDOST WOBA übernommenen Grundhaltung geriet das Unternehmen in Konflikt mit der damals vom Sächsischen Innenministerium vertretenen Ansicht, wonach vor allem die Plattenbauten in die Privatisierung einbezogen werden sollten. Die späteren Erfahrungen mit der Privatisierung von Wohnungsbeständen in Plattenbauten bestätigten allerdings eher die kritische Einschätzung der Landeshauptstadt und ihrer Wohnungsbaugesellschaften. Außer der im Einigungsvertrag als Leitsatz für die neuen kommunalen Wohnungsunternehmen vorgegebenen Privatisierung von Wohnungsbeständen brachte dann das Altschuldenhilfegesetz vom 23. Juni 1993 im Zusammenhang mit der Entlastung der Wohnungsunternehmen von den Altschulden die Verpflichtung zur Privatisierung von 15 % des Wohnungsbestands.

Die SÜDOST WOBA hat nach den Feststellungen der Kreditanstalt für Wiederaufbau ihre Verpflichtung vorbildlich erfüllt. Die Bestätigung über die Erfüllung der Verpflichtung ist mit Bescheid vom Mai 2001 erfolgt. Die Urkunde, mit welcher der endgültige Erlass der Altschulden bestätigt wird, wurde im Sommer 2001 ausgehändigt. Damit ist die Abwicklung der Privatisierung und die günstige Regelung der Altschulden zweieinhalb Jahre vor dem gesetzlichen Endtermin erreicht worden. Die SÜDOST WOBA war das erste Großstadt-Unternehmen, das diesen Komplex endgültig abgeschlossen hatte. Dieser Erfolg ist hauptsächlich auf die frühzeitige Anwendung eines Zwischenerwerber-Modells, an dessen Entwicklung das Unternehmen maßgeblich mitgewirkt hatte, zurückzuführen. Die Initiative zur Entwicklung dieses Modells war bei einem Gespräch mit Bundesbauminister Klaus Töpfer in Magdeburg am 6. März 1995 ergriffen worden. Am 14. Juli 1995 fand dann das erste Gespräch hierzu im Bundesbauministerium (BMBau) in Bonn statt. Ein weiteres folgte am 22. August 1995 in Dresden. Die Zulassung des Zwischenerwerber-Modells als ein Instrument der gesetzlich vorgeschriebenen Privatisierungspflicht erfolgte dann in der ersten Hälfte des Monats Dezember 1995. Bereits wenige Tage nach der Zulassung fand am 18. Dezember 1995 die Beurkundung der Verträge mit den ersten Zwischenerwerbern statt. Im Jahr 1996 folgte ein weiterer Zwischenerwerber-Vertrag. Der Erlös aus diesen Verträgen betrug 125 Millionen DM, der die Liquidität der Wohnungsbaugesellschaft in außergewöhnlicher Weise stabilisierte. Mit dem frühzeitigen Abschluss der Verträge konnte auch der gesetzlich vorgeschriebene Anteil der Erlös-Abführung an den Erblasten-Tilgungs-Fonds gering (30 %) gehalten werden. Die Zwischenerwerber übernahmen die Verpflichtung zur Sanierung des erworbenen Wohnungsbestands und zugleich die Verpflichtung zur Privatisierung durch Verkauf der Wohnungen als Eigentumswohnungen vorrangig an die Mieter. Die Zwischenerwerber erfüllten ihre Verpflichtungen ordnungsgemäß, wenn auch unter Nutzung von zulässigen Erleichterungsklauseln (Übernahme von Teilbeständen durch private Anleger). Der dazu von der

Dr. Josef Höß

SÜDOST WOBA erarbeitete Vertrag wurde als Mustervertrag veröffentlicht.[1] Die NORDWEST WOBA, später als Nordwest Wohnbau Dresden GmbH umfirmiert, erfüllte in ähnlich vorbildlicher Weise ihre Privatisierungsverpflichtung.
Die SÜDOST WOBA wirkte bereits im Jahr 1991 bei der Entwicklung von Verträgen zur Umwandlung von Mietwohnungen in Eigentumswohnungen und zum Verkauf von Eigentumswohnungen in den neuen Bundesländern in einer bei der Bundesnotarkammer in Köln gebildeten Arbeitsgruppe mit. Sie konnte praktikable Wege aufzeigen, auf welche Weise den zunächst sehr grundsätzlichen Bedenken der Hypothekenbanken begegnet werden kann, die wegen der Gewährung von Krediten zum Ankauf von Eigentumswohnungen aus dem kommunalen Bestand in den neuen Bundesländern entstanden waren. Zur Privatisierung wurden bei der SÜDOST WOBA mehrere Vorgehensweisen modellartig entwickelt und angewandt.
So wurden innerhalb eines bestimmten Zeitraumes unsanierte Wohnungen mit Übernahme einer Sanierungsverpflichtung an die Mieter verkauft. Diese Vorgehensweise wurde in einem kleineren Wohnungsbestand mit ca. 40 WE erprobt und war ein voller Erfolg, weil die Mieter bzw. Käufer die Wohnungsbaugesellschaft mit der Sanierung beauftragten und bei der Planung, Vergabe und Ausführung der Bauarbeiten aktiv mitwirkten. Einigen wenigen Mietern, die ihre Wohnung nicht kauften, konnten andere Wohnungen angeboten werden. Die leeren Wohnungen wurden dann von anderen Mietern der Wohnungsbaugesellschaft gekauft. Bei einigen Wohnungen konnten auch Käufer gefunden werden, die die vermieteten Wohnungen in der Absicht erwarben, diese später selbst zu nutzen. Das Modell wurde einer Expertenkommission unter Leitung von Professor Hans-Werner Sinn, Köln, vorgestellt, die es positiv beurteilte. Daneben wurde eine Siedlung in bewohntem Zustand saniert. Anschließend wurden die Wohnungen als Eigentumswohnungen vorrangig an die Mieter verkauft.
Bei der Siedlung (ca. 150 WE) handelte es sich um einen städtebaulich beachtlichen und unter Denkmalschutz (Ensembleschutz) stehenden Wohnungsbestand in Laubegast. Die Abwicklung der Sanierung und die Kaufpreisbildung unter Beachtung des Kostenaufwands bereiteten auch wegen nicht optimaler Zusammenarbeit mit einem für die Finanzabwicklung beauftragten Partner erhebliche Schwierigkeiten. Dennoch haben die Wohnungen einen hohen Wohnwert und die Erhaltung des besonderen Charakters der Siedlung ist gelungen.
Weiterhin führte man Planung und Vergabe der Bauarbeiten für die Sanierung gemäß vertraglicher Regelung mit den Mietern bzw. Käufern und den Verkauf vor der Sanierung durch. Diese Vorgehensweise wurde nur bei einem Wohnobjekt mit 8 WE praktiziert. Der sehr hohe Kostenaufwand für die Sanierung konnte für die sechs Mieter bzw. Käufer dadurch reduziert werden, dass das Dachgeschoss kostengünstig zusätzlich für zwei weitere Wohnungen ausgebaut wurde. Wegen Auftretens von versteckten Mängeln

---

[1] Siehe Bärmann/Seuß: Praxis des Wohnungseigentums, 4. Aufl., München: C. H. Beck, 1997.

während der Baumaßnahmen gestaltete sich dieses Objekt in der Abwicklung sehr schwierig, konnte aber dennoch erfolgreich abgeschlossen werden. Eine bedeutende Anzahl von Einzelobjekten der SÜDOST WOBA, die sich verstreut in kleinteiligen Wohngebieten und Stadtrandlagen befand, wurde vorab verkauft. Diese Objekte waren für eine dauerhafte Bewirtschaftung durch ein kommunales Wohnungsunternehmen wenig oder gar nicht geeignet. Unter betriebswirtschaftlichen Gesichtspunkten und unter dem Aspekt der Privatisierung des Wohnungsbestands wurden diese Einzelobjekte, sobald die Eigentumsverhältnisse geklärt waren, im Wege der Ausschreibung und durch Partner beschleunigt verkauft. Bei diesen Objekten wurden auch teilweise die Möglichkeiten des Investitionsvorrangs genutzt.

Die Landeshauptstadt Dresden hat sich dem in den Jahren 1990/91 propagierten Freitaler Modell nach einer Prüfung der Grundlagen des Modells nicht angeschlossen. Nachdem sich die Initiatoren noch im Anfangsstadium der Umsetzung des Modells abgesetzt hatten, sind die entstandenen Teilstrukturen zusammengebrochen. Das Freitaler Modell war von Anfang an kein für die Privatisierung geeignetes Verfahren.

Erledigung von Restitutionsansprüchen

Die Vielzahl der Restitutionsansprüche und deren Bearbeitung stellte in den Großstädten, auch in Dresden, ein außergewöhnliches Problem dar, das sich negativ auf die Wohnungswirtschaft auswirkte. In Dresden lagen 1991/92 rund 50 000 Anträge vor. Damit die Eigentumsverhältnisse möglichst kurzfristig geklärt und die Wohnungsbaugesellschaften von der Verwaltung fremden Eigentums entlastet werden konnten, wurde ein Verfahren zur beschleunigten Herbeiführung einer gütlichen Einigung zwischen den Anspruchstellern und dem Amt zur Regelung offener Vermögensfragen (ARoV) entwickelt. Dieses Verfahren wurde von der SÜDOST WOBA in größerem Umfang praktiziert. Soweit bekannt, waren die städtischen Wohnungsbaugesellschaften in Dresden die einzigen Wohnungsunternehmen in den neuen Bundesländern, die dieses Verfahren in Zusammenarbeit mit dem ARoV systematisch anwendeten. Die Grundlage für dieses Verfahren stellt § 31 Vermögensgesetz dar, wonach die Behörde in jedem Stadium des Verfahrens auf eine gütliche Einigung hinzuwirken hat. Angewandt wurde das Verfahren grundsätzlich nur in den Fällen, in denen nach den vorliegenden Unterlagen die Berechtigung des Restitutionsanspruchs eindeutig nachgewiesen war. Das ARoV erließ auf Grund der geleisteten Vorarbeit und der Einigung jeweils einen abschließenden Bescheid. Für die Tätigkeit des Unternehmens wurde von den Anspruchstellern ein Unkostenbeitrag erstattet.

Die Verwaltung von Wohnungsbeständen in Zwangsverwaltung

Bei der VEB KWV Dresden wurden rund 12 000 Wohnungen verwaltet, die während der DDR unter Zwangsverwaltung gestellt waren, vorwiegend wegen der Tatsache, dass sich die Eigentümer in der Bundesrepublik

Dr. Josef Höß

Deutschland oder im Ausland befanden. Die Weiterführung der Verwaltung wurde der NORDWEST WOBA DRESDEN GMBH mit der Auflage übertragen, die Bestände so schnell als möglich den Eigentümern zurückzugeben. Die Rechtsgrundlage für die Rückgabe der zwangsverwalteten Wohnbestände war § 11 VermG. Nach dieser Regelung war zunächst die staatliche Verwaltung dann aufzuheben, wenn die Eigentümer entsprechende Anträge beim ARoV gestellt hatten. Weil sich die Bearbeitung der Anträge schwieriger als ursprünglich angenommen darstellte, fügte der Gesetzgeber im Jahr 1992 den § 11 a VermG ein, mit dem die staatliche Verwaltung mit dem 31. Dezember 1992 allgemein beendet wurde. Die kreisfreien Städte hatten jedoch mit gewissen Einschränkungen die Verwaltung bis zur Klärung der Eigentumsverhältnisse fortzuführen. Die vollständige Beendigung dieser Verwaltungstätigkeit erfolgte erst 1998. Die Landeshauptstadt Dresden prüfte, ob für die durch die Mieteinnahmen nicht gedeckten Kosten Ersatz von der Bundesrepublik Deutschland verlangt werden kann. Eine Geltendmachung unterblieb jedoch, weil hierfür eine Rechtsgrundlage fehlte.

Zuordnung von Grundstücken für die Wohnbauten der Wohnungsgenossenschaften

Durch die Regelung in Art. 22 Abs. 4 des Einigungsvertrags wurden die Kommunen auch Eigentümer der Grundstücke, auf denen die Arbeiter-Wohnungsbaugenossenschaften, die gemeinnützigen Wohnungsbaugenossenschaften und sonstige Wohnungsbaugenossenschaften Wohnbauten mit Verleihung des Nutzungsrechts errichtet hatten. Das Dresdner Wohnkonzept von 1991 sah vor, dass die für die Wohnbauten notwendigen Grundstücke den Wohnungsbaugenossenschaften gegen einen Preis von 25 DM/m^2 übereignet werden. Zur Durchführung dieses Beschlusses wurde die rechtsaufsichtliche Genehmigung des Regierungspräsidiums Dresden beantragt, weil die Abweichung vom Verkehrswert eine Ausnahme von dem Grundsatz darstellte, dass Gemeindeeigentum nicht verschenkt werden darf. Das Regierungspräsidium Dresden traf hierzu keine Entscheidung und legte den Antrag dem Staatsministerium des Innern vor, das ebenfalls keine Entscheidung traf und die Angelegenheit der Innenminister-Konferenz der neuen Bundesländer vorlegte. Weil auch dort keine Entscheidung gefunden wurde, ergriff der Bundesbauminister eine Gesetzesinitiative, durch die das Wohnungsgenossenschaftsgesetz vom 23. Juni 1993 zustande kam. In diesem Gesetz wurde dann geregelt, dass die Wohnungsbaugenossenschaften kraft Gesetzes Eigentümer des von ihnen für Wohnzwecke genutzten, ehemals volkseigenen Grund und Boden sind. Als Ausgleich hatten die Wohnungsbaugenossenschaften Geldbeträge an die Gemeinden abzuführen. Dieser Ausgleich in Geld wurde unabhängig vom Verkehrswert im Gesetz selbst beziffert und betrug in Gemeinden mit mehr als 100 000 Einwohnern 3 DM/m^2.

Besonderheiten bei der Sanierung des Mietwohnungsbestands

Bei der Sanierung des Mietwohnungsbestands ergaben sich bei den städtischen Wohnungsbaugesellschaften in Dresden folgende Besonderheiten: Die Regel- und Messtechnik nicht nur bei den Zentralheizungen wurde verbessert, sondern auch deren Einbau bei den Wasserleitungen in den Wohnungen vorrangig vorgenommen. Die Stadtverordnetenversammlung hatte diese Verpflichtung bereits im Dresdner Wohnkonzept verankert, um eine gerechte Abrechnung des Wasserverbrauchs so kurzfristig wie möglich zu erreichen und damit Streitigkeiten über die Kosten der Wasserversorgung und der Abwasserbeseitigung innerhalb der Mieterschaft vorzubeugen.

Die Aufzugsanlagen in den Punkthochhäusern und in den zehngeschossigen Plattenbauten bedurften aus Gründen der Sicherheit einer systematischen Erneuerung und zur Erhöhung der Bequemlichkeit einer Modernisierung. Hierzu wurde unabhängig von sonstigen Sanierungsmaßnahmen ein mehrjähriges Programm erstellt, das sich an der Leistungsfähigkeit der Herstellerfirmen und an der Bereitstellung von gesonderten Finanzmitteln orientierte. Bei der großen Zahl von Punkthochhäusern im Bestand der SÜDOST WOBA (25) erforderte diese Aktion einen erheblichen zusätzlichen Kostenaufwand. Ähnliche Programme wurden für die kurzfristige Verbesserung der Eingangsbereiche und der Klingel- und Sprechanlagen zur Erhöhung der Sicherheit in den Wohngebäuden aufgelegt.

Ein besonderes Problem stellte die nicht ausreichende Ausstattung der Punkthochhäuser mit Rettungseinrichtungen dar. Erforderlich waren der Einbau von kleinen Rettungszentralen in den Gebäuden zur stockwerksweisen Durchsage von Warnungen und Anweisungen an die Mieter mit entsprechenden Leitungen und Lautsprechern, die Verbesserung der Steigleitungen in die Geschosse und die Sicherung der Rettungswege. In Zusammenarbeit mit der Feuerwehr erstellte das Unternehmen konkrete Planungen für diese Maßnahmen, die vom Sächsischen Innenministerium als Musterpläne Anerkennung fanden. Die Forderung nach zusätzlichen Fördermitteln für die SÜDOST WOBA wegen der hohen Zahl von Punkthochhäusern blieb allerdings unerfüllt.

Von der im Jahr 1992 beginnenden Umstellung der Gasversorgung in Dresden auf Erdgas war die SÜDOST WOBA in besonderer Weise betroffen, weil in den Stadtgebieten, in denen sich Wohnungsbestände des Unternehmens befanden, mit dieser Umstellung begonnen wurde. Dies bedeutete die beschleunigte Aufnahme und Prüfung des konkreten Bestands an Gasleitungen und Gasgeräten und die Planung des Umstellungsbedarfs und der Umstellungs- und Erneuerungsmaßnahmen, noch dazu unter erheblichem Zeitdruck. Bestandspläne waren in ausreichender Qualität nicht oder nur vereinzelt vorhanden. In einigen Großwohnanlagen musste in diesem Zusammenhang aus betriebswirtschaftlichen oder technischen Gründen gleichzeitig eine Umstellung von einer dreischienigen (Elektro für Licht, Fernwärme für Raumheizung und Warmwasser, Gas für Kochen) auf eine zweischienige Versorgung (Elektro für Licht und Kochen, Fernwärme für Raumheizung und Warmwasser) als vorgezogene Sanierungsmaßnahme erfolgen. Von einer derartigen Maßnahme war vor allem ein sehr großer Wohnbestand in der Südvorstadt betroffen.

Dr. Josef Höß

Bei einigen Wohnungsbeständen (Plattenbauten) gab es schwerwiegende statische Probleme bei den Balkonbrüstungen, die nur durch Auswechslung dieser Bauteile zu beheben waren. Bei einigen Loggiaverkleidungen bestanden nicht ausreichende Vorkehrungen für die Brandverhütung, weil kein feuerhemmendes Material verwendet worden war. Zur Herstellung der notwendigen Sicherheit mussten in diesen Beständen vorgezogene Teilsanierungen kurzfristig durchgeführt werden. Bei der Überprüfung dieser Anlagen ergaben sich erst im Lauf der Zeit abschließende Erkenntnisse über die Beschaffenheit des verwendeten Materials. So führte die Explosion eines kleinen Feuerwerkskörpers 1996 in einer großen Wohnanlage in der Südvorstadt zum Abfackeln der Loggienverkleidungen in einem ganzen Gebäudeabschnitt. Dort entsprach das Material der Verkleidungen nicht dem vorgegebenen Sicherheitsgrad. Auf Grund des Vorfalls und der neu gewonnenen Erkenntnisse musste die Verkleidung an dem gesamten Bestand sehr kurzfristig erneuert werden.
Wegen der dargestellten Besonderheiten in dem Wohnungsbestand und der geschilderten Dringlichkeit bzw. Unaufschiebbarkeit von Teilmaßnahmen ließ es sich nicht vermeiden, dass in bestimmten Beständen die Sanierungsmaßnahmen nicht in einem Zug, sondern verteilt auf mehrere Teilmaßnahmen durchgeführt werden mussten. Den Mietern wurde dadurch einiges an Unbequemlichkeit und Belästigung zugemutet. Dies führte dazu, dass für die Zeit der Baumaßnahmen Mietminderungen zugestanden werden mussten. Es ist hervorzuheben, dass die Mieter in den Anfangsjahren großes Verständnis für diese Maßnahmen hatten und sehr kooperativ waren.

Sonderprogramme bei der Sanierung von Mietwohnungsbeständen

Im Hinblick auf die prognostizierte Bevölkerungsentwicklung setzte sich die SÜDOST WOBA auch mit dem Bedarf an alten- bzw. behindertengerechten Wohnungen auseinander und versuchte bei der Sanierung und Modernisierung des Wohnungsbestands diesen Bedarf zu berücksichtigen. Ein herausragendes Beispiel ist dabei ein Punkthochhaus in Gruna (Postelwitzer Straße), bei dem die Grundrisse der Einzimmer-Apartments so verändert wurden, dass alten- bzw. behindertengerechte Zweizimmer-Apartments mit hohem Wohnwert entstanden. Für die Betreuung der Bewohner konnte außerdem ein Wohlfahrtsverband gewonnen werden, der eine Etage als Betreuungszentrum nutzt. Die Nutzungsänderung ist vorbildlich gelungen. In Zusammenarbeit mit dem Sächsischen Landesverband für Behinderte wurde die Beachtung der Vorschriften für behindertengerechtes Bauen im Unternehmen verbessert. In einem Punkthochhaus in Zschertnitz konnte beispielgebend behindertengerechtes Bauen im Zusammenhang mit der Einrichtung eines Treffs für behinderte Menschen praktiziert werden.
Die SÜDOST WOBA stand von Anfang an neuen Wegen der staatlichen Förderung im Bereich der Mietwohnungen aufgeschlossen gegenüber und wirkte mit ihren Möglichkeiten an der Entwicklung und Erprobung neuer Modelle mit. So beteiligte sich das Unternehmen auch an einem Modell der einkommensbezogenen Förderung der Sanierung und Modernisierung eines

Wohnungsbestands mit einem Gebäude in der Südvorstadt West (Rugestraße). Die Erprobung zeigte jedoch, dass bei einer derartigen Förderung der Verwaltungsaufwand für den Bauträger und für die Mieter verhältnismäßig hoch ist, wenngleich die Fördermittel zielgenau eingesetzt und Fehlbelegungen mit entsprechenden Sanktionen vermieden werden.

Die Vermietbarkeit der obersten Geschosse bei den sechsgeschossigen Wohnungsbeständen ohne Aufzugsanlagen und die nachträgliche Ausstattung mit Aufzügen stellte sich als Sonderproblem im Bestand der Plattenbauten dar. Deshalb wurde in einem Wohnungsbestand in Strehlen der nachträgliche Einbau von Aufzugsanlagen mit gleichzeitigem Aufbau eines weiteren Geschosses und Gestaltung der beiden Obergeschosse als Maisonette-Wohnungen modellartig praktiziert. Die Vorgehensweise zeigte auf, dass der Einbau von Aufzugsschächten in den Gebäudebestand ohne schwerwiegende Nachteile für die Wohnungen machbar ist und sich die Kosten wegen des zusätzlichen Gewinns an Wohnfläche noch günstig gestalten. Mit den Maisonetten in den beiden obersten Geschossen entstanden große Familienwohnungen, die für Familien mit mehreren Kindern durchaus attraktiv sein können.

Vorhaben zur Verbesserung des Wohnumfelds in Großwohnanlagen

Vor allem in Prohlis und in Reick wurden von Anfang an Überlegungen zur Verbesserung des Wohnumfelds angestellt, Voruntersuchungen und Planungen durchgeführt. Herausragend sind zwei Wettbewerbe, in denen die bauliche Nutzung des Jakob-Winter-Platzes und die städtebauliche Aufwertung der Prohliser Allee in der Großwohnanlage Prohlis Gegenstand der Planungen waren. In einem städtebaulichen Gutachten für ein Teilgebiet in Prohlis wurde untersucht, inwieweit die Situation für Fußgänger und Radfahrer in den großen Gebäudekomplexen verbessert werden kann, um die Kommunikation und die Versorgung mit dem alltäglichen Bedarf zu erleichtern. Dabei wurden Vorschläge gemacht, die eine gewisse Reduzierung des Wohnungsbestandes im Erdgeschoss zur Folge hatten. Für eine Umsetzung dieser Ideen gab es jedoch in den Jahren 1994/95 keine Chance, weil auch bei den staatlichen Stellen erhebliche Bedenken gegen derartige Eingriffe in den vorhandenen Bestand und eine öffentliche Förderung der hierzu erforderlichen Maßnahmen bestanden. Erst in den späteren Jahren förderte der Bund und das Land den Rückbau von Wohnungen, die wegen des mit erheblichen Mängeln behafteten Wohnumfelds oder wegen der nicht ausreichenden technischen Ausstattung (z. B. sechsgeschossige Wohngebäude ohne Aufzüge) nicht mehr vermietbar waren.

In Prohlis wurde versucht, die wegen der raschen Zunahme des Fahrzeugbestands völlig unzureichenden Angebote für den ruhenden Verkehr zu verbessern. Von 1994 an wurden auf mehrere Standorte verteilt Parkplätze mit vermieteten Stellflächen angelegt. Ferner wurde mit hoher staatlicher Förderung zusammen mit der Wohnungsgenossenschaft „Glück auf" Süd 1996 ein Parkhaus mit 607 Stellplätzen errichtet. Außerdem machte das Unternehmen Vorschläge für die Neuordnung der Verkehrsregelung in Prohlis und für die Verteilung und Bewirtschaftung der in unmittelbarer Nähe der Woh-

Dr. Josef Höß

nungen an den Fahrstraßen gelegenen Parkplätze. Mit diesen Vorschlägen konnte sich das Unternehmen aber bei den zuständigen städtischen Stellen nicht durchsetzen.

Besondere Ereignisse bei der SÜDOST WOBA DRESDEN GMBH

Bei der Bildung der Aufsichtsräte für die neuen Wohnungsbaugesellschaften berief die Stadtverordnetenversammlung auf Vorschlag des Oberbürgermeisters Dr. Herbert Wagner nicht nur Stadtverordnete nach dem Kräfteverhältnis der Parteien und Gruppierungen in der Stadtverordnetenversammlung, sondern auch Vertreter des Mietervereins Dresden, der IHK Dresden, einer Privatbank (Dresdner Bank) und der Stadtsparkasse Dresden. Diese Zusammensetzung der Aufsichtsräte hat sich in der schwierigen Anfangsphase einer neuen Wohnungswirtschaft in den neuen Bundesländern bewährt, weil damit in die Aufsichtsgremien zusätzliche Sachkompetenz eingebracht wurde. Die Aufsichtsräte bildeten Ausschüsse für einzelne Aufgabengebiete und begleiteten auf diese Weise intensiv die Arbeit der Geschäftsführung. Besondere Bedeutung kam den Rechnungsprüfungsausschüssen zu. In den Gesellschaften wurde auch die Innenrevision eingeführt, die unabhängig von den Geschäftsführern war und Aufträge vom Aufsichtsratsvorsitzenden erhielt. Damit hatte der Aufsichtsrat ein zusätzliches Kontrollinstrument auch zur Kontrolle der Geschäftsführer. Mit dieser Ausstattung waren die Aufsichtsräte in der Lage, die Arbeit der Wohnungsbaugesellschaft bestmöglich zu kontrollieren und ihrer Aufsichtpflicht Rechnung zu tragen. Leider wurde nach 1996 die Innenrevision in der SÜDOST WOBA abgeschafft.
Bei der Umwandlung des bei der Stadt Dresden nach der Regelung in Art. 22 Abs. 4 Einigungsvertrag entstandenen Regiebetriebs Wohnungswirtschaft in die neuen Wohnungsbaugesellschaften war das Problem der Auswahl und Übernahme von Personal in die neuen Gesellschaften zu lösen. Der politische Wille der Aufsichtsräte war, dass in den neuen Wohnungsbaugesellschaften kein politisch belastetes Personal beschäftigt werden sollte, um das sehr beschädigte Image der kommunalen Wohnungswirtschaft neu zu prägen und die Beziehungen zu den Mietern und zu der Bürgerschaft neu zu gestalten. Die Personalausschüsse der Aufsichtsräte bildeten zur Verwirklichung dieses politischen Willens besondere Gremien, die das Personal im Einzelnen überprüften. Die als ungeeignet bewerteten Mitarbeiter wurden von der Stadt Dresden nicht übernommen und, soweit sie nicht in anderen Bereichen der Stadtverwaltung tätig werden konnten, gekündigt. Diese Kündigungen lösten eine große Zahl von arbeitsgerichtlichen Klageverfahren (ca. 160) aus, die mit gütlichen Einigungen bei Zahlung von Abfindungen erledigt wurden. Lediglich in einem Fall bei der SÜDOST WOBA gelang eine gütliche Einigung nicht, mit der Folge, dass eine Entscheidung des Bundesarbeitsgerichts erging, mit der die Kündigung aufgehoben wurde. Das BAG entschied, dass nach § 613 a Abs. 4 BGB die Kündigung unwirksam war. Damit stellte sich das Gericht auch auf den Standpunkt, dass auch die außergewöhnliche Situation des Übergangs des Wohnungsbestands auf Grund des Einigungsvertrags auf die Kommunen keine Ausnahme von dem Grundsatz des Per-

sonalübergangs bei Betriebsübergang rechtfertigt, obwohl durchaus strittig war, ob die EG-Richtlinie von 1972, auf der die Regelung des § 613 a BGB beruht, diese Fallgestaltung mit erfassen wollte. Insofern kam dieser Entscheidung grundsätzliche Bedeutung über den Einzelfall hinaus zu.
Die Dresdner Wohnungsbaugesellschaften waren auch von dem Rechtsstreit betroffen, der zwischen 57 sächsischen Kommunen und kommunalen Wohnungsunternehmen einerseits und dem Freistaat Sachsen und der Sächsischen Landessiedlungsgesellschaft (LSG) andererseits ausgetragen wurde. Gegenstand war das Eigentum des Wohnungsbestandes, der vor dem Zweiten Weltkrieg bis zur Gründung der DDR der LSG gehörte. Das Sächsische Landesamt zur Regelung offener Vermögensfragen hatte im Jahr 1995 festgestellt, dass der LSG an dem Wohnungsbestand mit 1666 Hausgrundstücken und 7887 Wohnungen in verschiedenen Standorten in Sachsen die Berechtigung nach dem Vermögensgesetz wegen der Schädigung ihres Unternehmens zustehe. Die betroffenen Kommunen und kommunalen Wohnungsunternehmen hatten gegen diesen Bescheid Klage zum Verwaltungsgericht Dresden erhoben. Die SÜDOST WOBA, die ebenfalls betroffen war, engagierte sich in diesem Rechtsstreit und sorgte für ein abgestimmtes Vorgehen der Kläger und lehnte einen von der LSG angestrebten ungünstigen Vergleich ab. Das Verwaltungsgericht Dresden hob 1996 den Bescheid des Landesamts auf und gab damit der kommunalen Seite Recht. Die LSG und der Freistaat Sachsen erhoben dagegen Revision, die jedoch mit Urteil des Bundesverwaltungsgerichts Berlin im Jahr 1997 abgewiesen wurde. Gegen dieses Urteil erhoben die LSG und der Freistaat Sachsen Verfassungsbeschwerde zum Bundesverfassungsgericht, das jedoch 1999 diese Beschwerde nicht zur Entscheidung angenommen hat. Damit konnten 1999 endlich die betroffenen Wohnungsbestände saniert werden. Bei der SÜDOST WOBA konnten dann die Sanierungen, die in dem bei ihr betroffenen Wohnungsbestand (Siedlung an der Villacher Straße) begonnen worden waren, endlich abgeschlossen werden. Das Vorgehen in dieser Sache sowohl des Freistaates Sachsen als auch der LSG wurde als kommunalunfreundlich empfunden und konnte den Mietern, für die sich die Sanierung ihrer Wohnungen jahrelang verzögerte, nur schwer vermittelt werden.

Zusammenführung der beiden Dresdner Wohnungsbaugesellschaften im Konzern WOBA Dresden GMBH

Mitte 2003 wurden die beiden Wohnungsbaugesellschaften SÜDOST WOBA DRESDEN GMBH und Nordwest Wohnbau GmbH zusammen mit der STESAD und der STESAD Immobilien in dem Konzern WOBA DRESDEN zusammengeführt. 2005 stellt sich die erfolgreiche Entwicklung des WOBA-Konzerns wie folgt dar:
47000 eigene Wohnungen
1277 eigene Gewerbeeinheiten
7880 Garagen/Stellplätze
2098 Wohnungen in Fremdverwaltung
196 Gewerbeeinheiten in Fremdverwaltung

Dr. Josef Höß

185,5 Millionen Euro Konzernumsatz
1,8 Milliarden Euro Bilanzsumme
50,5 Millionen Euro Investitionen
20,5 Millionen Euro Instandhaltung
8,2 Millionen Euro Umsatz Immobilienhandel
521 Mitarbeiter (Konzern)

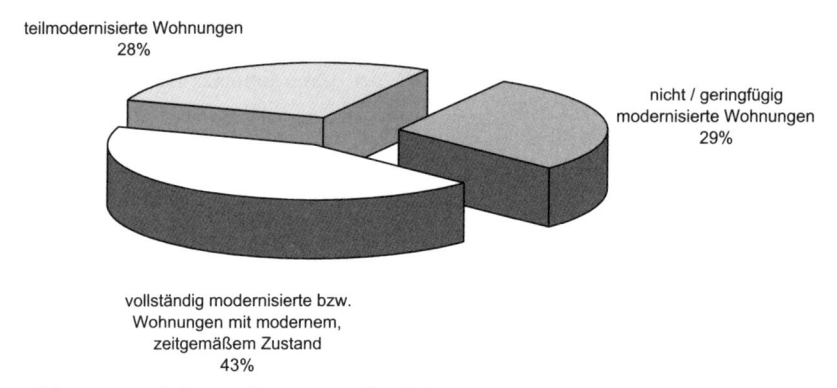

teilmodernisierte Wohnungen
28%

nicht / geringfügig
modernisierte Wohnungen
29%

vollständig modernisierte bzw.
Wohnungen mit modernem,
zeitgemäßem Zustand
43%

Abb. 1: Stand der Wohnungsmodernisierung.

2. Kampf um die Stadtwerke

Restitution, Wiedererrichtung und Suche nach der besten Lösung

Mit dem Gründungsprozess eines kommunalen Querverbundes für die Strom-, Fernwärme-, Gas- und Wasserversorgung unter dem Dach der Technische Werke Dresden GmbH (TWD) hat die Landeshauptstadt seit dem Jahr 1990 an eine mehr als sechzigjährige Tradition ihrer Versorgungswirtschaft angeknüpft. Aus den bis zum Ende der zwanziger Jahre bestehenden Eigenbetrieben der Stadt war 1929 die „Dresdner Gas-, Wasser- und Elektrizitätswerke Aktiengesellschaft" (DREWAG) gegründet worden, die 1937 zu den neun größten Energieversorgungsunternehmen des damaligen Deutschen Reiches zählte. Im Jahr 1949 wurde die DREWAG enteignet und liquidiert; das Vermögen fiel entschädigungslos an den volkseigenen Energiebezirk Ost.

Unmittelbar nach der Wiedervereinigung, d. h. bereits im Dezember 1990 wurde nach entsprechenden Beschlüssen der Stadtverordnetenversammlung die Technische Werke Dresden GmbH (TWD) gegründet mit dem Ziel, die früheren kommunalen Betriebe aus dem Bereich der ehemaligen DREWAG zu restituieren und diese in Tochtergesellschaften bzw. Spartengesellschaften der TWD einzubringen. Organisatorisch und fachlich vorbereitet wurde die Wiedererrichtung der Dresdner Kommunalwirtschaft durch den 1. Bürger-

Neue kommunalwirtschaftliche Strukturen

meister und Beigeordneten für Kommunale Dienste Dr. Peter Czerney. Als politischer Seiteneinsteiger wurde der parteilose Czerney von den Grünen für das Dezernat Kommunale Dienste nominiert und von der Stadtverordnetenversammlung gewählt. Seine fachlichen Erfahrungen erwarb er sich zu DDR-Zeiten im „Institut für Kommunalwirtschaft Dresden", das dem „Ministerium für Bezirksgeleitete- und Lebensmittelindustrie" unterstellt war. Mit einem ungebremsten Wendeoptimismus ging der Nichtjurist diese gesellschaftsrechtliche Herausforderung an, wobei ihm der aus Frankfurt am Main stammende Wirtschaftsprüfer und Rechtsanwalt Dr. Hans-Jürgen Martens auch in den kniffligsten gesellschaftsrechtlichen Fragen mit Rat und Tat versiert zur Seite stand.

Von der Stadt wurde die Organisationsform einer Holdinggesellschaft mit rechtlich selbständigen Tochterunternehmen gewählt. Durch diese strukturelle Vorbereitung eines neuen Querverbundes wurde eine Basis für die Gründung von stadteigenen wie auch gemischtwirtschaftlichen Unternehmen auf der Stufe der Tochter- bzw. Spartengesellschaften geschaffen. Dabei waren die äußeren Rahmenbedingungen für die Landeshauptstadt zur Gründung von Stadtwerken nach der Wiedervereinigung aus rechtlicher Sicht wie allenthalben in den Kommunen Ostdeutschlands schwierig und unübersichtlich. Treuhandanstalt, Kommunen und die großen Energieversorgungsunternehmen suchten nach Auswegen im Streit um die Bedingungen der Rückübertragung der Energieversorgungs- und Verteilungsanlagen auf die Kommunen. Dessen ungeachtet musste die Stadt wegen der dringlichen Sanierung der überalteten Heizkraftwerke und reparaturbedürftigen Netze eine kurzfristig umsetzbare und doch langfristig wirkungsvolle Lösung vorbereiten. Die Lösung sollte einen Ausgleich zwischen den Privatisierungsvorstellungen der Treuhandanstalt, den Interessen des Regionalversorgers – hier der Energieversorgung Sachsen Ost AG – und den Ansprüchen der EVUs aus den im August 1990 bekannt gewordenen Stromverträgen beinhalten. Vordringliche Zielsetzungen waren der Ausbau ausreichender Kapazitäten für die Energieversorgung und insbesondere die technische Modernisierung bzw. Sanierung der Heizkraftwerke und Netze. Dies zwang zur Beschleunigung der Gründungs-, Einbringungs- und Entflechtungsmaßnahmen zum Aufbau neuer Stadtwerke in einem kommunalen Querverbundunternehmen der Energie- und Wasserwirtschaft mit der Option einer späteren Einbindung auch der Verkehrsbetriebe.

Regional fiel ins Gewicht, dass die Stadt Dresden eines der bedeutendsten Fernwärmenetze der Bundesrepublik unterhält. Eine für die Bürger der Stadt schwer erträgliche Umweltbelastung durch die alten, im Stadtgebiet liegenden, unwirtschaftlichen Heizkraftwerke Nossener Brücke und Kraftwerk Mitte sollte durch den Bau eines neuen Heizkraftwerkes beseitigt werden. Die Gründung einer gemeinsamen Gesellschaft der Landeshauptstadt mit der GESO – einer Beteiligungsgesellschaft im Besitz der Energieversorgung Schwaben AG und der Hamburgische Elektrizitätswerke AG – als neue Trägergesellschaft zum Bau eines modernen Kraftwerkes und zur Übernahme der Stromverteilungsanlagen im Stadtgebiet bildete von Beginn an die Voraussetzung zu einer mittelfristig realisierbaren Sanierung der Fernwärmeversorgung aus technischer, wirtschaftlicher und finanzieller Sicht.

Dr. Josef Höß

Als kurzfristig zu lösendes Problem kam für die Stadt hinzu, dass im Zuge des Übergangs des Vermögens der ehemaligen VEB Gebäudewirtschaft auf die Stadt auch das Sekundärnetz Fernwärme in kommunalen Besitz übergegangen war. Die Landeshauptstadt hatte nach dem Stichtag vom 31. Dezember 1990 dieses Versorgungsnetz in die neu gegründete Dresdner Wärmeversorungs GmbH eingebracht. Es zeichnete sich ab, dass die Dresdner Wärmeversorgungs GmbH, die die Fernwärme aus den herkömmlichen, mittelfristig stillzulegenden Kraftwerkskapazitäten der ESAG bezog, in der bestehenden Struktur wettbewerbsfähig nicht weiterbetrieben werden konnte. Beim zwangsläufigen Übergang zu konkurrenzfähigen Fernwärmepreisen waren auch im Hinblick auf die anstehende Netzsanierung Betriebsverluste zu erwarten. Entsprechende Belastungen des Stadthaushaltes erschienen unvermeidbar. Vorrangig musste die Landeshauptstadt die alten Stromverteilungsanlagen aus der Verteilungsmasse der Treuhandanstalt restituieren, was sich als schwierige Aufgabe erwies. Der Einigungsvertrag vom 31. August 1990 war durch § 4 Abs. 2 KVG ergänzt worden. Danach war der Anspruch der Kommunen auf 49 % des Kapitals einer Kapitalgesellschaft für die Versorgung mit leitungsgebundenen Energien begrenzt. Zwar konnten in der Folgezeit die Kommunen den sich aus § 4 Abs. 2 KVG ergebenden Anspruch nicht nur zur Restitution, sondern auch zum Erwerb örtlicher Versorgungseinrichtungen von den Regionalversorgern verwenden. Im Jahr 1991 waren aber der Umfang dieser Ansprüche und die Verfahren zu ihrer praktischen Durchsetzung noch weitgehend ungeklärt. Im Rahmen der Regelung des § 11 Abs. 2 Treuhandgesetz waren die volkseigenen Kombinate mit Wirkung vom 1. Juli 1990 in Aktiengesellschaften oder GmbHs überführt worden, mit der Treuhandanstalt als Anteilseigner. So waren auch die auf dem Stadtgebiet von Dresden gelegenen Kraftwerke und Verteilungsanlagen für Strom und Fernwärme in den Besitz der Energieversorgung Sachsen Ost AG (ESAG) übergegangen. Bei der Konzeption des Dresdner Modells zur Gründung von Stadtwerken musste die Stadt von diesem Sachverhalt ausgehen. Dabei stand der Stadt ursprünglich aus rechtlicher Sicht zunächst nur der Anspruch auf eine Minderheitsbeteiligung an dem Regionalversorger ESAG zu. Dieser Anspruch sollte aber in der Folge die Grundlage für die Gründung einer Strom- und Fernwärmegesellschaft mit einer Mehrheitsbeteiligung der kommunalen Holding TWD bilden.
Eine spezielle Benachteiligung und erste Schwierigkeit in Dresden ergab sich aus einer Gesetzeslücke, weil im Art. 21 Abs. 3 Einigungsvertrag die Ausnahmefälle nicht angesprochen waren, in denen Kommunen vormals ihre Stadtwerke in Form juristischer Personen des Privatrechtes betrieben hatten. Das traf auf Dresden zu. Rechtsprechung und Treuhandanstalt lehnten in Anbetracht dieser Gesetzeslücke mit umfangreichen Begründungen Restitutionsansprüche von Kommunen mit derartigen früheren Stadtwerksstrukturen ab, u. a. weil die Kommunen nicht selbst Eigentümer der Grundstücke und Energieanlagen, sondern nur Gesellschafter waren; ferner mit dem Argument, dass Singularrestitution der Gebietskörperschaften durch das Vermögensgesetz ausgeschlossen wurde, sodass auch auf Umwegen keine Rückgabe dieses Vermögens denkbar war. Obgleich aber die Treuhandanstalt bereits 1992, vermutlich auch im Hinblick auf den vor dem Bundesverfas-

Neue kommunalwirtschaftliche Strukturen

sungsgericht anhängigen Stromstreit – die Stadt Dresden war an dem Verfahren nicht beteiligt – die Abspaltung von örtlichen Stromverteilungsanlagen vom Regionalversorger nach dem so genannten Spaltgesetz tendenziell ablehnte, waren ausnahmsweise schon 1992 auf Veranlassung der Stadt und im Einvernehmen mit der GESO die in den Stadtgrenzen von Dresden gelegenen Strom- und Fernwärmeverteilungsanlagen aus der ESAG auf diese Spaltgesellschaft übertragen worden. Durch Universalsukzession hatte die Spaltgesellschaft die örtlichen Versorgungsbetriebe mit Aktiva und Passiva sowie die Belegschaft übernommen; als Besonderheit in Dresden waren daher seit 1992 die örtlichen Anlagen und die Betriebe für die Versorgung mit Strom und Fernwärme durch Abspaltung in einer neuen GmbH verselbständigt. Dies begünstigte die angedachte Übertragung des Vermögens und der Schulden der Spaltgesellschaft auf eine Auffanggesellschaft der TWD nach dem Kaufmodell des Stromvergleiches, weil der „Kaufgegenstand", wie er sich aus dem Stromvergleich ergab, vorab abgegrenzt war.

Der Stromkompromiss

Der Stromkompromiss, dessen Inhalt und dessen Zustandekommen sich ab Mai 1993 abzeichneten, hat das Schema und die Konzeption des 1992 entwickelten Dresdner Stadtwerkemodells wegen dieser Vorarbeiten nur wenig beeinträchtigt. Allerdings musste die Landeshauptstadt nach schwierigen Verhandlungen von der Treuhandanstalt die Gleichbehandlung mit den am Stromvergleich beteiligten kommunalen Beschwerdeführern erreichen, obgleich sie an dem Beschwerdeverfahren nicht beteiligt war. Das Verhandlungsergebnis hatte zur Folge, dass der Gegenwert der Energieanlagen für die örtliche Stromversorgung, die in die Spaltgesellschaft von der ESAG 1992 eingebracht worden waren, im Zuge der Gründungstransaktionen zu 100 % an die Landeshauptstadt bzw. an die TWD floss. Ohne Ausnutzung des Stromkompromisses wären nur 49 % der Spaltanteile unter analoger Anwendung der Regelung des § 4 Abs. 2 KVG der Stadt unentgeltlich übertragen und 51 % der Spaltanteile zu Gunsten der Treuhandanstalt an die EVUs veräußert worden. Um allerdings die Vermögensübertragung der örtlichen Stromversorgungsanlagen nach dem Kaufmodell des Stromvergleiches abzurechnen, musste erst das Unternehmen der Spaltgesellschaft im Wege der Singularzession in eine neu errichtete Auffanggesellschaft eingebracht werden; auf diesem Umwege erfolgte die Vermögensübertragung auf eine von der Stadt zu erwerbende Gesellschaft nach dem Muster des Stromvergleichs gegen Verzicht auf die Kapitalbeteiligung der Stadt am Regionalversorger. Damit war endgültig die Ausgangsposition für eine Neustrukturierung der Strom- und Fernwärmeversorgung der Landeshauptstadt gesichert; gleichzeitig waren die Voraussetzungen für den dringlichen Bau eines modernen Kraftwerks gemeinsam mit neuen erfahrenen Partnern geschaffen.
Eine weitere kommunalpolitische Aufgabe ergab sich neben der Übernahme der Stromversorgung aus der Neuordnung der Gasversorgung der Landeshauptstadt Dresden. Bereits im Jahre 1991 hatte die Treuhandanstalt die Gasversorgung Sachsen Ost AG und die Gasversorgung Stadt Dresden

Dr. Josef Höß

GmbH aus der Energieversorgung Sachsen Ost AG – letztere Rechtsnachfolgerin des früheren Energiekombinats – abgespalten. Zwecks Restrukturierung der Gasversorgung der Landeshauptstadt erwarb im Dezember 1990 die im Dezember 1990 gegründete Holdinggesellschaft für städtische Beteiligungen, die Technische Werke Dresden GmbH (TWD), im Juli 1991 100 % der Anteile an der Gasversorgung Stadt Dresden GmbH, die das Gasnetz auf dem Gebiet der Landeshauptstadt betrieb. An dieser zur Dresden Gas GmbH umfirmierten Gesellschaft beteiligten sich über Kapitaleinlagen zu je 19,5 % als Konsorten die Ruhrgas AG Hessen und die Gas Elektrizitäts- und Wasserwerke Köln, ferner mit 10 % die GESO, eine Gesellschaft, die damals Geschäftsbesorger der ESAG war. Damit waren im ersten Schritt zunächst die Beteiligungsverhältnisse an der Gasversorgung der Landeshauptstadt Dresden mit branchenerfahrenen Partnern neu geordnet und im Übrigen wesentliche technische und wirtschaftliche Grundlagen zur wirtschaftlich gebotenen späteren Umstellung von Stadtgas auf Erdgas geschaffen.

Die nächste umfangreichere und schwierigere Aufgabe bildete nach der Restituierung der Versorgungsanlagen die Strukturierung der Strom- und Fernwärmewirtschaft im Besitz der Landeshauptstadt mit den neuen Partnern aus dem Kreis der Versorgungsunternehmen in den alten Bundesländern. Bereits unmittelbar nach der Wiedervereinigung hatte die Stadt Überlegungen angestellt, in welchen gesellschaftsrechtlichen und finanziellen Strukturen die Strom- und Fernwärmewirtschaft der Stadt saniert werden sollte und konnte, ferner in welchem Verbund das alte Heizkraftwerk durch umweltfreundliche Neuanlagen ersetzt werden könnte. Die technische und finanzielle Unterstützung und das spezielle Know-How der Energieversorger in den alten Bundesländern wurden als unentbehrliche wesentliche Voraussetzung zur Umsetzung dieses Vorhabens erkannt. Die Stadt Dresden hatte daher bereits Ende des Jahres 1990 mit dem Regionalversorger ESAG, der EVS und der HEW Verhandlungen zur Gründung einer gemeinsamen Gesellschaft zur Versorgung des Stadtgebietes von Dresden mit Elektrizität und Fernwärme aufgenommen; die EVUs, und zwar die Hamburger Elektrizitätswerke AG (HEW) und die Energieversorgung Schwaben AG (EVS) beabsichtigten, sich mehrheitlich an der ESAG zu beteiligen und waren aus dieser Sicht die präsumtiven Konsorten der Stadt bzw. der TWD. Beide EVUs hatten eine gemeinsame Gesellschaft, die „Geschäftsbesorgung Sachsen Ost AG" (GESO) errichtet, die die Geschäftsbesorgung der ESAG übernommen hatte. Im Dezember 1990 einigten sich daher die Beteiligten, d. h. Stadt und die EVUs, in einer Absichtserklärung zur Errichtung einer gemeinsamen Gesellschaft für die Versorgung des Stadtgebietes mit Strom- und Fernwärme. Zur vorläufigen Sicherung des Energieversorgung wurde im Vorgriff auf künftige Lösungen zwischen der Landeshauptstadt und der ESAG bereits am 19. Dezember 1991 ein Konzessionsvertrag abgeschlossen, der der Landeshauptstadt beträchtliche Einnahmen zukommen ließ. Nach langwierigen Verhandlungen mit den EVUs fasste aber erst am 18. Juni 1992 die Stadtverordnetenversammlung von Dresden einen Grundsatzbeschluss zur Gründung einer gemeinsamen Gesellschaft mit der GESO, in der im Stadtgebiet die Betriebe der Dresdner Wärmeversorgungs GmbH mit dem Sekundärnetz Fernwärme nebst den Stromverteilungsanlagen mit den neuen Gas- und Dampfturbinen Heizkraftwerk zusammengeführt werden sollten. Am 26. November 1992 verabschiedete die Stadtverordnetenversammlung den entsprechenden Konsortialvertrag zwischen der Landeshauptstadt, der GESO, der EVS, der HEW und der TWD und billigte die Gemeinschaftsgründung der DEF-Dresden Elektrizitäts- und Fernwärme GmbH (DEF). Zur Vorbereitung dieser Gründung wurde die Dresdner Wärmeversorgungs GmbH mit dem Sekundärnetz Fernwärme noch 1992 in die TWD eingebracht.

Zur Vorbereitung der Dresdner Gründungsprozesse hatte die Treuhandanstalt bereits im Jahre 1993 die gesamten Aktiva und Passiva der Spaltgesellschaft für die Strom- und Fernwärmeversorgung durch Singularsukzession nach dem Kaufmodell des Stromvergleiches auf eine Auffanggesellschaft übertragen. Die Stadt hatte ihrerseits von der Treuhandanstalt die Anteile dieser Auffanggesellschaft zu 100 % und zwar gegen Verrechnung des Anspruches nach § 4 Abs. 2 KVG bei gleichzeitiger Inanspruchnahme der Konditionen des inzwischen zustande gekommenen Stromvergleichs erworben. Anschließend hatte die Stadt die so von der Treuhandanstalt erworbenen Anteile in die kommunale Holdinggesellschaft TWD eingebracht. Im Übrigen verzichteten die neuen Partner und Konsorten der Stadt auf Ausgleichszahlungen für die Investitionen des Regionalversorgers aus der Zeit nach dem 1. Januar 1991; diese Ausgleichszahlungen waren im Stromvergleich praktisch freien Vereinbarungen der Kommunen und Regionalversorger überlassen worden. Im Konsortialvertrag wurde darüber hinaus für das 110 kV Netz unter Berücksichtigung der örtlichen Verhältnisse in Dresden ein längerer Entflechtungszeitraum vereinbart. Obgleich die Abwicklung der Restitution für die Verteilungsanlagen des Strom- und Fernwärmesektors sich an den Modalitäten des Stromvergleichs orientierte, setzte die Landeshauptstadt eine Eigenerzeugungsquote für Strom von 50 % gegenüber der Vorgabe des Stromkompromisses von nur 30 % durch.

In einem Verschmelzungsvertrag vom 30. November 1993 zwischen der Dresdner Versorgungsgesellschaft für Strom und Fernwärme GmbH (Spaltgesellschaft) und der Dresdner Wärmeversorgungs GmbH wurden abschließend die Beteiligungsverhältnisse entsprechend dem Konsortialvertrag neu festgeschrieben mit 51 % für die TWD und mit 49 % für die GESO, nachdem die GESO und damit indirekt die EVU's von der TWD eine Minderheitsbeteiligung von 49 % an der DEF erworben hatten. Die Gesellschaften firmierten zusammengeführt zukünftig als DEF Dresden Elektrizität und Fernwärme GmbH. Die Ergebnisse der 1993 zur DEF zusammengeführten Versorgungsunternehmen wurden rückwirkend bereits zum 1. Januar 1993 vertraglich gepoolt. Damit war der Aufbau des größten Spartenunternehmens der Dresdner Versorgungswirtschaft Ende 1993 im Zusammenwirken eines leistungsstarken Konsortiums abgeschlossen. Im Anschluss daran konnte am 19. Dezember 1995 das neue Gas- und Dampfturbinen Heizkraftwerk (G. u. D.) Dresden Nossener Brücke eingeweiht werden. Das neue GuD-Heizkraftwerk reduzierte den Schadstoffausstoß erheblich. Gegenüber 1990 konnten die Emissionen bei Staub auf 0,5 %, bei SO_2 auf 1,2 %, bei NO_x auf 28 % und bei CO_2 auf 56 % gesenkt werden. Allgemein lässt sich sagen, dass die Staub- und SO2-Emissionen auf unter 2 % gesenkt, der CO_2-Wert halbiert und der NO_x-Wert um Dreiviertel gesenkt werden konnten.

Dr. Josef Höß

Emissionssenkung aus DREWAG-Anlagen

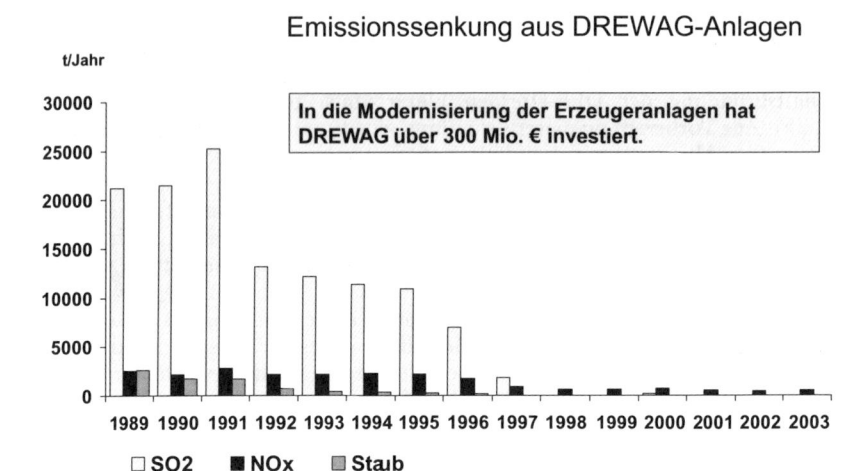

t/Jahr

In die Modernisierung der Erzeugeranlagen hat DREWAG über 300 Mio. € investiert.

1989 1990 1991 1992 1993 1994 1995 1996 1997 1998 1999 2000 2001 2002 2003

☐ SO2 ■ NOx ■ Staub

Abb. 2: Emissionssenkung aus DREWAG-Anlagen

Gleichzeitig wurde die gesamte Stadt von Stadtgas auf Erdgas umgestellt. Am 3. April 1992 erreichte die „Erdgasflamme" die Stadtgrenze von Dresden und wurde in der Brauerei Coschütz feierlich entzündet.
Schlag auf Schlag wurde die in 126 Umstellbezirke eingeteilte Stadt auf Erdgas umgestellt. Das Stadtgas wurde abgefackelt und Erdgas eingespeist, netztechnisch bedingt in einer bestimmten Reihenfolge. Woche für Woche wurden bei rund 1 500 Gaskunden mehr als 3 000 Gasgeräte umgestellt. Am 8. Dezember 1994 war es geschafft. Allerdings stellte sich heraus, dass das im Vergleich zum Stadtgas trockenere Erdgas vielerorts zu undichten Stellen führte. Bäume starben am Straßenrand wegen der vielen undichten Gasrohre. Ganz von der Hand zu weisen war diese Behauptung nicht. Aus sicherheitstechnischen, wirtschaftlichen und Umweltgründen musste nun das gesamte Gasnetz an den kritischen Stellen durch ein so genanntes Inline-Verfahren neu abgedichtet werden.

Dresdner Querverbund – ein kommunales Erfolgsmodell

Zur Erweiterung des Querverbundes der Dresdner Stadtwerke verblieben als letzte Transaktionsstufen die Restitution der Anlagen zur Trinkwasserversorgung der Landeshauptstadt und ihre Eingliederung in den TWD Verbund. Mit dem Gesetz zur Entflechtung der VEB WAB Nachfolgegesellschaften vom 16. Dezember 1993 kündigte sich eine endgültige Regelung zur Abgrenzung der regionalen Wasserversorgungsgebiete an, wobei für das Stadtgebiet die Verpflichtung zur Wasserversorgung und zur Betriebsführung der Landeshauptstadt zugewiesen wurde. Als Auffanggesellschaft für die zum 1. Januar 1994 von der VEB Wasserversorgung und Abwasserbehandlung

Neue kommunalwirtschaftliche Strukturen

(WAB) zu übernehmenden technischen und kaufmännischen Regionaldirektionen wurde als Sparten- und 100%ige Tochtergesellschaft der TWD am 25. Juni 1993 die Dresden Wasser- und Abwasser GmbH (DWA) gegründet. Zur Übernahme der Abwasserbeseitigung wurde parallel ein Eigenbetrieb „Stadtentwässerung" errichtet.

Zum 1. Januar 1994 hatte die DWA die Wasserwerke, das Verteilungsnetz und die örtlichen Anlagen im Stadtgebiet auf der Grundlage einer von der Treuhandanstalt getragenen WAB-Entflechtungsrichtlinie bereits gepachtet. Der Verein kommunaler Anteilseigner, dem das WAB Vermögen zur Abwicklung von der Treuhandanstalt übertragen wurde, übertrug dann das Eigentum an den ausgepachteten Anlagen auf die DWA zum 30. Juni 1995 im Rahmen des Abschlusses der WAB-Liquidation. Im Zuge der Auspachtung wurden die früheren kaufmännischen und technischen Betriebsabteilungen der WAB in Dresden von der DWA als städtische Beteiligung weitergeführt. Mit der Eigentumsübertragung an den Dresdner Wasserwerken und Netzen wurde 1995 die Neustrukturierung der bereits gepachteten Betriebe zur Trinkwasserversorgung durch eine 100%ige Tochtergesellschaft der TWD abgeschlossen.

Entsprechend der pragmatischen Handhabung der Übertragung der Trinkwasserversorgung auf die DWA erfolgte zeitgleich die Übernahme der Stadtentwässerung Dresden durch einen neu errichteten Eigenbetrieb. Als Besonderheit blieb zu vermerken, dass die Betriebsführung des Eigenbetriebes Stadtwässerung von der Stadt der DWA übertragen wurde.

Nach Gründung der DEF waren die Dresden Gas GmbH für die Gasversorgung und die Dresden Wasser und Abwasser GmbH (DWA) für die Wasserwirtschaft als noch selbständige Unternehmen neben der Tochtergesellschaft DEF erhalten.

Nachdem 1994 die Umstellung der Gasversorgung von Stadtgas auf das umweltfreundliche Erdgas abgeschlossen und das neue Gas- und Dampfturbinen Heizkraftwerk Nossener Brücke in Betrieb genommen war, wurde ab 1995 der Ausbau und die Weiterentwicklung des Querverbundes der TWD weiter verfolgt. In diesem Zusammenhang genehmigte der Stadtrat vorrangig im Dezember 1996 die Einbringung der Dresdner Verkehrsbetriebe AG (DVB) zum 1. Januar 1997 in die städtische Holding Gesellschaft TWD. Diese wurde damit Obergesellschaft für sämtliche städtische Beteiligungen in der Strom- und Fernwärmewirtschaft sowie in der Gas- und Wasserversorgung und darüber hinaus im Öffentlichen Personennahverkehr. Damit war das Ziel der Stadt, ein Querverbundunternehmen der Energie- und Wasserwirtschaft nach dem damals so genannten „Dresdner Modell" zu errichten, endgültig vorbereitet. Der Ergebnisausgleich innerhalb der Verbundunternehmen konnte in der Folge die Landeshauptstadt von erheblichen Beiträgen zum Betriebskostendefizit der Verkehrsbetriebe entlasten.

Eine weitere wesentliche Ausbaustufe zur Strukturierung der Dresdner Kommunalwirtschaft bildete aber zunächst die Fusion der Versorgungsunternehmen für Strom, Fernwärme, Gas und Wasser aus den Gesellschaften DEF, Dresden Gas, DWA und zwar unter dem traditionellen und bekannten Firmennamen DREWAG. Diese Gründung genehmigte der Stadtrat nach langwierigen Verhandlungen mit den Konsorten aus den alten Bundesländern am

15. Mai 1997. Am 25. September 1997 wurde die DREWAG errichtet. Bei Vereinbarung der neuen Beteiligungsverhältnisse wurde der Anteil der Stadt (TWD) nach der Eingliederung der Wasser- und Gaswirtschaft auf 55 % erhöht; der Anteil der GESO Beteiligungs- und Beratungs-Aktiengesellschaft betrug danach 35 %, der Anteil der Ruhrgas Energie Beteiligungs-Aktiengesellschaft (RGE) 10 %. Durch die Transaktion flossen der Landeshauptstadt erhebliche Ausgleichszahlungen zu. Die Organisation und Betriebsführung der Abwasserbeseitigung wurde ab 1. Juli 1997 in einen Eigenbetrieb „Stadtentwässerung" überführt.

Im Verbund der TWD entwickelte sich die DREWAG zum ertragsstärksten kommunalen Unternehmen in Dresden; die Gesellschaft wurde nach ihrer Gründung in Kürze als ein leistungsfähiges und bürgernahes Dresdner Dienstleistungsunternehmen für Energie und Umwelt anerkannt. Bereits im ersten vollen Geschäftsjahr nach der Gründung im Jahre 1998 wies die DREWAG einen Umsatz von 789 Millionen DM und einen Jahresüberschuss von 45 Millionen DM aus; gleichzeitig wurden in dem Unternehmen Ende 1998 1 936 Mitarbeiter beschäftigt. Bis zum Jahre 2001 wurde die Belegschaft im Zuge von Rationalisierungsmaßnahmen auf 1 481 Mitarbeiter zurückgeführt. Mit Wirkung vom 1. Januar 2001 wurde ein Ergebnisabführungsvertrag zwischen der TWD und der DREWAG abgeschlossen. Im Jahresabschluss für 2001 wurde ein Umsatz von 475 Millionen Euro und ein Jahresergebnis von 37 Millionen Euro ausgewiesen.

Bis heute gilt der Dresdner Querverbund mit seinen Unternehmen als kommunales Erfolgsmodell. Durch den Querverbund zwischen den Beteiligungsunternehmen der TWD und dem daraus sich ergebenden Ergebnisausgleich zur Deckung des Betriebskostendefizits der Verkehrsbetriebe wird der Stadthaushalt seit Jahren wesentlich entlastet.

3. Von Linientreue und Marktdynamik – Die Dresdner Verkehrsbetriebe AG

Die Entwicklung der Dresdner Verkehrsbetriebe AG (DVB AG) nach der Wiedervereinigung lässt sich in drei Phasen aufteilen.

Die Phase eins umfasst den Zeitraum von 1990 bis 1995 und beschreibt im Wesentlichen den Versuch, die deutsche Einheit im Innern des Unternehmens herzustellen. In dieser Zeit wurden die Grundlagen der künftigen Entwicklung gelegt. Im Mittelpunkt standen der Abbau von Arbeitskräften, die Kosteneinsparung durch Modernisierung des Fahrzeugbestandes und der technologischen Abläufe. In diese Zeit fallen auch die Gründung einer Aktiengesellschaft und die Entdeckung des Fahrgastes, der vom „Beförderungsfall" zum umworbenen Kunden avancierte.

Die Phase zwei (1996 bis 1999) umfasst die notwendigen Veränderungen aufgrund der ersten europäischen Regelungen zum Wettbewerb. Ziel war es, das politisch gewünschte, umfassende Verkehrsangebot so wirtschaftlich wie möglich zu erstellen und notwendige Zuschüsse zu reduzieren. In diese Zeit

fällt die Gründung der städtischen Holding Technische Werke Dresden GmbH (TWD), mit der ein steuerlicher Querverbund zwischen dem Versorgungs- und dem Verkehrssektor geschaffen wurde.
Phase drei begann im Jahr 2000 und wird etwa zehn Jahre umfassen. Sie umfasst die zwingend notwendige strategische Ausrichtung der DVB AG zu einem wettbewerbsfähigen Unternehmen auf dem sich öffnenden europäischen Markt. Hierein fallen der im Jahr 2000 abgeschlossene Restrukturierungstarifvertrag und die Einführung einer Centerstruktur im Jahr 2001. Prozessbeschleuniger in allen drei Phasen waren die immer knapper werdenden finanziellen Mittel der Landeshauptstadt Dresden.

Die Gründung der AG

Mit dem In-Kraft-Treten des Treuhandgesetzes wurde aus dem VEB Verkehrsbetrieb zunächst mit Wirkung vom 20. Juli 1990 ein Eigenbetrieb der Stadt. Die baldige Konstituierung eines Aufsichtsrates und die damit verbundene Firmierung in „Dresdner Verkehrsbetriebe AG i. G." beruhte auf einer Entscheidung des Oberbürgermeisters Dr. Herbert Wagner. Die Neugründung erwies sich im ersten Anlauf durch mangelhafte Rechtsberatung als gesellschaftsrechtlicher Flop: juristisch existierten die Dresdner Verkehrsbetriebe gar nicht – aber die Straßenbahnen fuhren. Doch die Stadtverwaltung gab nicht auf. Bis zum 16. August 1993 sollte es noch dauern, bis die „Dresdner Verkehrsbetriebe AG" in das Handelsregister eingetragen werden konnte.
Die Landeshauptstadt Dresden hielt von Anfang an 100 % der Anteile. Damit war die DVB AG zwar als ein eigenständig agierendes Unternehmen aufgestellt, die Stadtverordneten hatten dennoch die Möglichkeit, politischen Einfluss auf wichtige Unternehmensentscheidungen zu nehmen. Dabei ging es insbesondere um die Verkehrstarife und die Ausgestaltung des Liniennetzes. Anfang 1992 war die Struktur der DVB AG geschaffen: mit drei Vorständen anstelle der bisherigen zentralisierten Einzelleitung durch einen Betriebsdirektor. Nach der deutschlandweiten Ausschreibung der Stellen war Anfang 2004 die neue Führungsmannschaft komplett.

Wirtschaftliche Entwicklung

Mit der Einheit Deutschlands stand die DVB vor großen Herausforderungen. Auf der einen Seite mussten umfangreiche Investitionen in die Infrastruktur, Fahrzeuge und Betriebshöfe durchgeführt werden. Auf der anderen Seite galt es, den Betrieb mit seinen mehr als 4 000 Mitarbeitern wirtschaftlicher zu gestalten. Der Kostendeckungsgrad von 16,7 % lag weit hinter dem damaligen bundesdeutschen Durchschnitt von 50 bis 60 % zurück und es bestand die Gefahr, durch notwendige Fahrpreiserhöhungen Fahrgäste in großem Umfang an das Auto zu verlieren. Hinsichtlich der Unternehmensstrategie standen zwei Wege zur Diskussion: Entweder „Gesundschrumpfen" oder eine offensive Angebotsstrategie, die zu einer Vergrößerung des Marktanteils des ÖPNV führen sollte. Man entschied sich für eine Doppelstrategie.

Dr. Josef Höß

Die Struktur des „volkseigenen Betriebes" war in hohem Maße von der Mangelwirtschaft geprägt, vor allem auf dem Gebiet der Ersatzteilversorgung. Die Werkstattkapazitäten dienten stark zur eigenen Ersatzteilproduktion, allein 750 der über 4 000 Mitarbeiter waren in den auf die ganze Stadt verteilten Betriebshöfen und Werkstätten nur für die Straßenbahnen beschäftigt. Viele Leistungen sowohl im Werkstattbereich, aber auch der Baumaßnahmen, der Planung und anderem mehr wurden selbst erbracht, die unter marktwirtschaftlichen Bedingungen üblicherweise fremd vergeben werden. Es bestand die Aufgabe, aus einem rundum autarken Betrieb ein Unternehmen zu formen, das vorrangig seinem Kerngeschäft – der komplexen Mobilitätsdienstleistung – nachkommt. Zugleich sollten Arbeitsplätze gesichert, notwendige Entlassungen möglichst sozialverträglich umgesetzt werden. Wie die Zahlen beweisen, hat sich die DVB AG seit der Wende zu einem wirtschaftlich gut geführten Unternehmen gemausert. Durch konsequente Rationalisierung gelang es, den Personalbestand auf weniger als die Hälfte zu reduzieren – und das, ohne das Leistungsangebot einzuschränken! Bis 2009 soll der Personalbestand auf 1 650 Mitarbeiter sinken. Der Kostendeckungsgrad hat sich mit 67 % im Jahr 2004 fast vervierfacht, das betriebliche Defizit von 96 Millionen Euro im Jahr 1991 auf weniger als 55 Millionen Euro im Jahr 2004 reduziert. Bis 2008 will die DVB AG ihren Zuschussbedarf auf 45 Millionen Euro senken.

Marketing und Service

Nach der Wende stand zunächst die Aufgabe im Vordergrund, dem dramatischen Anstieg des Individualverkehrs offensiv zu begegnen. 1991 wurde die Grundtaktzeit auf fast allen Linien von 15 auf zwölf, 1992 gar auf zehn Minuten verkürzt. Die zweite Tariferhöhung wurde mit der Einführung einer übertragbaren, am Wochenende als Familienkarte nutzbaren Umweltmonatskarte als Angebot kombiniert, wofür die DVB AG 1992 den „Blauen Engel" des Bundesumweltministeriums erhielt. Im Ergebnis dieser Maßnahmen stiegen die Fahrgastzahlen zwischen 1991 und 1993 von 120 auf 136 Millionen. Entgegen dem ostdeutschen Trend steigen die Fahrgastzahlen auch in den Folgejahren ständig. Mit 248 ÖPNV-Fahrten pro Einwohner und Jahr nimmt Dresden einen bundesdeutschen Spitzenplatz ein.
Marketing und Vertrieb standen plötzlich im Mittelpunkt der unternehmerischen Aktivitäten. Es galt, das Fahren mit Bus und Bahn so einfach wie den Umgang mit dem Autoschlüssel zu machen. Dazu mussten die Kundenbedürfnisse erforscht, in Marketingstrategien umgewandelt und mit den geeigneten Instrumenten umgesetzt werden. Ihr Hauptaugenmerk richteten die Marketingstrategen der DVB AG darauf, möglichst viele Dresdner als Stammkunden zu gewinnen und an das Unternehmen zu binden. Und das mit Erfolg: 2004 besaßen 84 300 Dresdner eine Zeitkarte und 36 100 Studenten ein Semesterticket. Weitere Meilensteine der Marketing- und Vertriebsarbeit waren die Einrichtung moderner Serviceeinrichtungen an allen wichtigen Umsteigepunkten in der Innenstadt, das Aufstellen von bedien-

freundlichen Fahrausweisautomaten an Haltestellen und in Fahrzeugen, die Einführung des Car-Sharing-Angebotes und des Mobilen Service, der Aufbau eines umfassenden und aktuellen Informationssystems via Internet und SMS und vieles andere mehr. Unter dem Motto „Ein Fahrschein, ein Fahrpreis, ein Fahrplan" ging 1998 der Verkehrsverbund Oberelbe mit der DVB AG als größtem Kooperationspartner an den Start.

Liniennetzoptimierung

Das den Dresdnern vertraute Liniennetz wurde 1992, 1995 und zuletzt 2000 in größerem Umfang umgestellt. Bei der Liniennetzoptimierung geht es einerseits darum, den Betriebsablauf kostengünstiger und andererseits das Angebot attraktiver zu gestalten und damit die Einnahmen zu erhöhen. Mit den Änderungen waren immer heiße Diskussionen mit Bürgern, Politikern, Verbänden und Vereinen verbunden. Mit der Liniennetzreform 1992 wurde der Zehn-Minuten-Takt eingeführt. Dafür verkehrten auf weniger Strecken mehrere Linien parallel. 1995 gab es erstmals auch Änderungen bei den Buslinien. Im Jahr 2000 hatten sich die Wohn-, Arbeits- und Schulverhältnisse in der Landeshauptstadt Dresden erneut so gewandelt, dass eine umfangreiche Liniennetzreform nötig war.

Die Erneuerung des Fahrzeugparks

Die Ende 1989 noch vorhandenen 551 Tatra-Straßenbahnen waren im Durchschnitt 17 Jahre alt. Der Hersteller in Prag hatte 20 Jahre als normative Laufzeit angegeben, der Austausch war also dringlich. Da zu diesem Zeitpunkt nicht an eine Neubeschaffung zu denken war, entwickelte die DVB AG im Mai 1991 den Prototyp eines von Grund auf modernisierten T4D. Mit vergleichsweise geringem Aufwand und Unterstützung der Bundesregierung, des Freistaates und der Landeshauptstadt wurden in den folgenden Jahren rund 165 Triebwagen und 65 Beiwagen nach diesem Muster modernisiert. 1995 kam der erste neue Niederflurstadtbahnwagen aus Bautzner Produktion nach Dresden und läutete ein neues Kapitel in der Geschichte der Dresdner Straßenbahnflotte ein. 1998 rollten bereits 60 der 30 Meter langen Stadtbahnwagen vom Typ NGT 6 DD durch Dresden. 2001 wurde das erste 42 Meter lange Fahrzeug vom Typ NGT 8 DD geliefert. Mit der ersten 45 Meter langen Stadtbahn vom Typ NGT D12 DD nach Dresden kam, besitzt die DVB AG die längste Straßenbahn der Welt. Auch die Güterstraßenbahn CarGoTram, die seit 2000 die Gläserne Manufaktur der Volkswagen AG mit Autoteilen beliefert, sorgte für internationale Aufmerksamkeit.
Anders als bei den Straßenbahnen musste bei den Bussen, die zur Wende zu 86 % verschlissen waren, entschieden werden. Hier gab es keine Alternative zu Neufahrzeugen. Ende 1992 verfügte die DVB AG bereits über 53 moderne Busse, die nicht nur für den Fahrgast wesentlich mehr Komfort boten, sondern auch in der Instandhaltung deutlich günstiger waren. Es sollte aber

noch bis 2001 dauern, bis der letzte Ikarus-Bus aus Dresden verschwunden und die gesamte Busflotte der DVB AG auf moderne Niederflurtechnik umgerüstet war.

Das Betriebshofkonzept

Die über das gesamte Stadtgebiet verteilten 13 Betriebshöfe waren ein gewaltiger Klotz am Bein der DVB AG. Nur vier Standorte sollten eine Zukunft haben: Trachenberge, Gorbitz und Leuben/Reick für die Straßenbahn und Gruna für den Bus. Bereits 1991 wurde die vorbereitende Planung der neuen Betriebshöfe Gorbitz und Leuben gefordert. Nach einer Bauzeit von drei Jahren konnte 1996 der neue Straßenbahnbetriebshof Gorbitz eröffnet werden, der gleich mehrere alte und unwirtschaftliche Betriebshöfe ersetzte. Von 2002 bis 2004 errichtete die DVB AG auf diesem Gelände eine neue Schwerpunktwerkstatt. Im August 1992 verschwanden die Abstellprovisorien für die Busse, unter anderem auch am Johannstädter Elbufer. Fortan war die gesamte Businstandhaltung und -abstellung in dem von der damaligen Kraftverkehr Dresden GmbH übernommenen Betriebshof Gruna konzentriert. Zwischen 1995 und 1998 investierte die DVB AG drei Millionen Euro in das Objekt. Die zweite Ausbaustufe im Jahr 2001 kostete 9,5 Millionen Euro und machte das Gelände in Gruna zu einem der modernsten Omnibusbetriebshöfe in Europa.
Nicht nur die Anzahl der Betriebshöfe, sondern auch die Vielzahl aller übrigen DVB-Standorte wurde im Zuge der Rationalisierung von Jahr zu Jahr reduziert. 1996 verließ die Verwaltung ihren Stammsitz am Albertplatz, weil das denkmalgeschützte Hochhaus zu wenig Platz für alle Verwaltungseinheiten bot. Stattdessen entstand ein neues Bürogebäude auf dem Betriebshof Trachenberge. 2002 waren von ehemals 66 DVB-Objekten noch 16 übrig.

Investitionen in die Infrastruktur

Seit 1991 gelang es der DVB AG dank der großzügigen Förderpraxis nach dem Gemeindeverkehrsfinanzierungsgesetz (GVFG), das marode Dresdner Streckennetz umfassend zu sanieren und zu modernisieren. Im Ergebnis verringerte sich die Länge der Langsamfahrstrecken von 58,9 Kilometer auf unter zehn Kilometer. Um die Straßenbahn zu beschleunigen und die Verkehrssicherheit zu erhöhen, versuchte die DVB AG bei neuen Gleisen einen eigenen Bahnkörper anzulegen, was unter bestimmten örtlichen Verhältnissen aber nicht immer möglich war. Das erste Stück schalldämmenden Rasengleises wurde 1994 auf der Fröbelstraße angelegt. Heute sind bereits rund 19 Kilometer Gleis begrünt. Neu ausgebaute Haltestellen rüstete die DVB AG grundsätzlich mit dem patentierten Dresdner Combibord aus, der das niveaugleiche Ein- und Aussteigen ermöglicht. Nachdem die Straßenbahnstrecken nach Cossebaude 1990 und nach Coschütz 1998 stillgelegt werden mussten, feierte die DVB AG 1999 die erste Streckenerweiterung

nach der Wende. In nur neunmonatiger Rekordzeit war es gelungen, Coschütz über eine neue Trasse wieder an das Straßenbahnnetz anzuschließen. Weitere bedeutende Investitionen in die Straßenbahninfrastruktur waren der Ausbau der St. Petersburger Straße im Jahr 1991, Wilsdruffer Straße 1997/98, Stübelallee 1998, Bodenbacher Straße 1999 und Fritz-Löffler-Straße 2001. Die erste kombinierte Trasse für Straßenbahn und Bus entstand 2001 auf der Nord-Süd-Achse des Pirnaischen Platzes.
Als Folge des Jahrhunderthochwassers 2002 musste die Strecke zwischen Mickten und Übigau aufgegeben werden. Dafür erweiterte die DVB AG 2003 ihr Streckennetz zunächst von Mickten bis zum Elbepark, ein Jahr später ging der neue Endpunkt Kaditz auf dem Riegelplatz in Betrieb.

Töchter und Beteiligungen

Als erste externe Unternehmensbeteiligung der Verkehrsbetriebe entstand 1990 die spätere Taeter Tours GmbH, eine gemeinsame Gründung der DVB AG und von Taeter in Aachen. Das Busunternehmen übernahm fortan Reisedienste und Beförderungsleistungen. Um im Bussektor wettbewerbsfähig zu sein, gründete die DVB AG mit der Dresdner Verkehrsservice-Gesellschaft mbH (DVS) 1995 ein weiteres Tochterunternehmen. Aus der Partnerschaft mit der Hamburger Hochbahn ging die 1994 gegründete 50%ige Tochter VerkehrsConsult Dresden-Hamburg GmbH hervor, die sich mit der nationalen und internationalen Vermarktung von Verkehrs-know-how beschäftigt. Seit 2005 beteiligt sich anstelle der Hamburg Consult die Berliner Verkehrsbetriebe AöR (BVG) an dem Beratungsunternehmen, das fortan unter VerkehrsConsult Dresden-Berlin GmbH (VCDB) firmiert. Mit tatkräftiger Unterstützung der DVB AG entwickelte sich 1998 in Dresden ein Car-Sharing-Projekt, aus dem im Jahr 2000 die stadtmobil Sachsen CarSharing GmbH hervorging.
2005 veräußerte die DVB AG ihre Anteile an Shell drive. In das im Jahr 2001 gegründete Dienstleistungsunternehmen Dresden-IT GmbH ging das Rechenzentrum der DVB AG ein. Zum Jahreswechsel 2003/2004 konnte die DVB AG in einem öffentlichen Ausschreibungsverfahren mit starker überregionaler Beteiligung einen Geschäftsanteil von 74,9 % an der Verkehrsgesellschaft Meißen mbH (VGM) erwerben. Damit gelang es dem Unternehmen, in einem ersten Schritt seine Regionalstrategie umzusetzen und den Kunden in der Region Oberes Elbtal ein verbessertes ÖPNV-Angebot zu unterbreiten.

Das rechnergestützte Betriebsleitsystem

Zu DDR-Zeiten versuchten sich die Fahrer noch mit Hilfe einer Taschenuhr an den Fahrplan zu halten. Sie waren weitgehend auf sich allein gestellt. Die Funkverbindung zur Leitstelle war, soweit überhaupt vorhanden, noch recht störanfällig. Das sollte sich bald gewaltig ändern. Zwischen 1992 und 1996 wurden alle Straßenbahnen und Busse mit Bordrechnern ausgerüstet, die die

Dr. Josef Höß

Fahrgastinformation steuerten und die Ampeln auf Grün schalteten. 1996/97 konnten die Rechner dem Fahrer dann auch Informationen zu seiner Fahrplanlage sowie Anschlussbeziehungen übermitteln. Mit der Inbetriebnahme der rechnergestützten Betriebsleitstelle 1997 konnte die operative Steuerung des Straßenbahn- und Busbetriebes immer weiter optimiert werden. Außerdem installierte die DVB AG Anzeigetafeln der dynamischen Fahrgastinformation an ausgewählten Haltestellen, die über die tatsächliche Ankunft der Bahn informieren.

Internationale Anerkennung für die Dresdner Straßenbahn

Als sich im April 2004 rund 300 Nahverkehrsexperten aus aller Welt zur 7. Stadtbahnkonferenz des Internationalen Verbandes für Öffentliches Verkehrswesen (UITP) in Dresden trafen, zeigten sie sich von der Leistungsfähigkeit der DVB AG sichtlich beeindruckt. Dresden gilt national und international als hervorragendes Beispiel für eine Stadt, die ihr Straßenbahnnetz erfolgreich und frühzeitig modernisiert hat.

Ich möchte zum Schluss danken den Mitautoren Hans-Achaz Frhr. v. Lindenfels, Alt-Oberbürgermeister Marktredwitz (Gliederungspunkt 1), Dr. Hans-Jürgen Martens, Rechtsanwalt und Wirtschaftsprüfer, Frankfurt (Gliederungspunkt 2) und Rainer Zieschank, Vorstand Dresdner Verkehrsbetriebe AG (Gliederungspunkt 3). Mein Dank gilt auch Dr. Ralf Peter Czerney, 1. Bürgermeister a. D. Landeshauptstadt Dresden, Reinhard Keller, 2. Bürgermeister a. D. Landeshauptstadt Dresden und Dr. Werner Ebert, Abteilungsleiter Landeshauptstadt Dresden, für Informationen und guten Rat bei der Bearbeitung dieses Beitrages.

Literatur und Quellen

Bernhard Schawohl (Ltg.): Von Linientreue und Marktdynamik. Die Geschichte der Dresdner Verkehrsbetriebe nach der Wende, Dresden: WDS Pertermann-Verlag.
Beteiligungsberichte der Landeshauptstadt Dresden.
Haushaltspläne der Landeshauptstadt Dresden und deren Vorberichte.
Jahresberichte der städtischen Unternehmen.

Kommunale Kooperationen

Dr. Hans-Christian Rickauer

Mit der Wiedereinführung der kommunalen Selbstverwaltung in der ehemaligen DDR im Frühjahr 1990 war auch die Notwendigkeit einer formalen und informellen Zusammenarbeit der Kommunen gegeben. Am Beispiel des Sächsischen Städte- und Gemeindetages (SSG), des Sächsischen Landkreistages (SLT), des Vereins sächsischer Bürgermeister, des Kommunalen Versorgungsverbandes, der Datenverarbeitungsverbände und Patenschaften zwischen Städten der neuen und alten Bundesländer soll im Folgenden auf die Vielfalt der kommunalen Zusammenarbeit hingewiesen werden. Dabei sollen sowohl die Probleme bei der Einführung der kommunalen Selbstverwaltung als auch ihre Entwicklung im letzten Jahrzehnt des vergangenen Jahrhunderts Berücksichtigung finden.

1. Der Sächsische Städte- und Gemeindetag

1.1 Die Gründung des Sächsischen Städte- und Gemeindetages

Schon bevor am 6. Mai 1990 in der DDR erstmals freie Kommunalwahlen stattfanden und die Volkskammer am 17. Mai 1990 das „Gesetz über die Selbstverwaltung der Gemeinden und Landkreise" (Kommunalverfassung) beschloss, hatte der Gedanke der kommunalen Selbstverwaltung das Interesse der bei der Wende engagierten Kräfte geweckt. So wurde bereits Mitte Januar 1990 von der baden-württembergischen Landesregierung die Arbeitsgruppe „Recht in der DDR" der Dresdner „Gruppe der 20" eingeladen, der u. a. die späteren sächsischen Staatsminister der Justiz bzw. für Umwelt Steffen Heitmann und Arnold Vaatz sowie Dr. Herbert Wagner, der im Mai 1990 zum Oberbürgermeister der Landeshauptstadt Dresden gewählt wurde, und die spätere sächsische Verfassungsrichterin Hannelore Leuthold sowie der Mitgründer des Sächsischen Städte- und Gemeindetages, Dr. Walter Siegemund, angehörten. Bei dieser Gelegenheit lernte die Gruppe auch den Gemeindetag Baden-Württemberg kennen. Als Vertreter des „Neuen Forums" trafen am 2. Februar 1990 der spätere Geschäftsführer des Sächsischen Städte- und Gemeindetages, Detlef Dix, und sein Mitstreiter Richard Franz den Stuttgarter Oberbürgermeister Manfred Rommel und sprachen ebenfalls mit Vertretern des Gemeindetages. Gegenbesuche wurden verein-

bart. Die Anliegen der aus der DDR Angereisten waren vielfältig. Es ging um Unterstützung und Hinweise zur Vorbereitung der Volkskammerwahl am 18. März 1990, die Bitte um Vervielfältigungstechnik u. a. mehr. In diesen von vielen Seiten aufgenommenen Kontakten wurde das Interesse an der Idee der kommunalen Selbstverwaltung geweckt und entstand das Bewusstsein, dass es sich dabei nicht um eine „westdeutsche Erfindung", sondern um eine gewachsene deutsche Tradition handelte. Nach den ersten Kontakten keimte bald der Wunsch: Eine solche Selbstverwaltung wollen wir auch aufbauen. Bei einem von den Herren Dix, Franz und Dr. Siegemund organisierten Treffen von etwa 60 Vertretern des „Neuen Forums", sich bildenden neuen Parteien und interessierten Kommunalpolitikern am 17. Februar 1990 im Dresdner Ratssaal mit dem Hauptgeschäftsführer des Gemeindetages Baden-Württemberg, Dr. Christian Steger, wurde zur Gründung eines Sächsischen Städte- und Gemeindetages aufgerufen, und das zu einem Zeitpunkt, zu dem der Freistaat Sachsen noch gar nicht existierte. Zur Gründungsversammlung nach Dresden wurden alle Bürgermeister der Städte und Gemeinden der Bezirke Leipzig, Dresden und Karl-Marx-Stadt (Chemnitz) für den 1. April 1990 in den Kulturpalast nach Dresden eingeladen. Von 1 652 Städten und Gemeinden hatten 284 bereits im Vorfeld erklärt, die Gründung eines Sächsischen Städte- und Gemeindetages vorzunehmen. Dies war Ausdruck des in kurzer Zeit gewachsenen kommunalen Selbstbewusstseins. In der DDR war die Erinnerung an die kommunale Selbstverwaltung seit Jahrzehnten verschüttet und die Kommunen waren als örtliche Organe der Staatsgewalt in einen strikten Zentralismus eingebunden. Sie fungierten hauptsächlich als Exekutivorgane der staatlichen Zentralgewalt, die unter Führung der SED die weitere Gestaltung der sozialistischen Gesellschaft durchzusetzen hatten. Dem gegenüber wurden jetzt als Forderungen des zu gründenden kommunalen Spitzenverbandes Gebiets- und Verwaltungshoheit, Personalhoheit, Finanzhoheit in der Einheit von Haushalts- und Abgabenhoheit, Planungshoheit sowie Organisationshoheit der Kommunen in den Mittelpunkt gestellt.
Zum Gründungskongress nach Dresden waren fast 1 500 Vertreter von Kommunen gekommen, daneben als Gäste Abgeordnete der eben am 18. März 1990 gewählten Volkskammer, Vertreter der Landesregierung Baden-Württemberg, der kommunalen Spitzenverbände und Kommunalpolitiker der alten Bundesländer. Redner aus Sachsen bekräftigten den Willen im Zuge der Demokratisierung in der DDR-Gesellschaft die kommunale Selbstverwaltung zu stärken und die Überbringer von Grußadressen sicherten umfassende Unterstützung zu. Alle waren sich einig, dass die kommunale Selbstverwaltung auch in der DDR ihre Stärke beweisen wird. Der einzige Beschluss wurde einstimmig gefasst: „Die Teilnehmer der Gründungsversammlung gründen den Sächsischen Städte- und Gemeindetag mit Wirkung vom 1. April 1990." Gewählt wurde auch der elf Mitglieder zählende Gründungsausschuss, der bis zur Konstituierung eines Landesvorstandes als oberstes Organ des SSG amtierte. Am 20. April 1990 wurde unter der laufenden Nummer I/61 des Vereinsregisters des Kreisgerichtes Dresden-Stadtbezirk Mitte der SSG registriert und damit rechtsfähig.
Allgemein wurde die Gründung des SSG mit großer Zustimmung aufgenommen. Es gab aber auch kritische Stimmen, die den Zeitpunkt nicht unprob-

lematisch fanden. Zum einen geschah die Gründung sechs Wochen vor der Kommunalwahl. Die bisherigen Kommunalpolitiker konnten keinerlei demokratische Legitimation nachweisen. Die bisherigen Beitritte müssten von den nach den Kommunalwahlen am 6. Mai 1990 gewählten Gemeinderäten bestätigt werden. Zum anderen mangelte es für das Handeln der Städte und Gemeinden an einer Kommunalverfassung. Insofern war diese Gründung typisch für die Umbruchzeit. Es war einfach pragmatisch notwendig zu handeln und die Probleme anzupacken. Dabei war den meisten klar, dass die bisherigen Kommunalpolitiker nur selten mit den nach dem 6. Mai 1990 gewählten identisch sein würden, auch wenn der damalige Dresdner Oberbürgermeister Berghofer am Rande der Gründungsversammlung seine Bereitschaft zu erkennen gab, für das Amt des Ministerpräsidenten des künftigen Landes Sachsen zu kandidieren.

Der Gründungsausschuss baute bis September 1990 in allen 48 damaligen sächsischen Kreisen Kreisverbände des Sächsischen Städte- und Gemeindetages auf, die Delegierte zur Konstituierung der Verbandsgremien am 26. September 1990 nach Dresden entsandten. Nach den Kommunalwahlen kam es am 26. September 1990 zur Konstituierung des Landesvorstandes des SSG und zur Wahl des Präsidiums. Zum Präsidenten gewählt wurde der Dresdner Oberbürgermeister Dr. Herbert Wagner, der dieses Amt bis zum Sommer 2001 behielt, Vizepräsident wurden die Bürgermeister Heinz Herzog (Geithain), Reinhardt Jung (Hirschfelde), Emanuel Klan (Aue) und Jürgen Fischer (Claußnitz). Weitere Mitglieder des Präsidiums waren die Stadtoberhäupter Hans-Dietrich Eckardt (Augustusbug), Dr. Claus Förster (Oschatz), Sieglinde Klaus (Putzkau), Gerda Köhler (Großweitzschen), Ulrich Riedel (Theuma) und Hannelore Tschirch (Lauta). Als Geschäftsführer wurde Detlef Dix bestätigt, der dieses Amt bis 1993 ausübte.

1.2 Ein Verband macht sich stark

Der Verband stand nach seiner Gründung vor drei großen Herausforderungen: In der Gründungsversammlung hatten sich die Städte und Gemeinden dem Leitspruch von Freiherr von Stein angeschlossen „Kommunale Selbstverwaltung ist die Basis der Demokratie". Doch was ist kommunale Selbstverwaltung? In der ehemaligen DDR waren die Städte und Gemeinden nur Erfüllungsgehilfen des Rat des Kreises und hatten keine eigenen Kompetenzen und keinen eigenen Wirkungskreis. Es war deshalb ein besonderes Anliegen der damaligen Ersten Beigeordneten des Verbandes, Maritha Dittmer, und des Geschäftsführers des Gemeindetages Baden-Württemberg, Prof. Christian Steger, dessen Stellvertreters, Werner Sixt, sowie des damaligen Geschäftsführenden Vorstandsmitgliedes des Städtetages Baden-Württemberg, Werner Hauser, dass der neue sächsische Kommunalverband den Gedanken der kommunalen Selbstverwaltung in die Realität umsetzt. Den Bürgermeistern und Mitgliedern der Räte, aber auch den Bediensteten in den Städten und Gemeinden musste vermittelt werden, dass Kommunen selbständig sind, einen eigenen Wirkungskreis haben und eine Bevormundung durch die Landkreise und den Staat abwehren müssen. Heute ist dies

Dr. Hans-Christian Rickauer

selbstverständlich und prägt die starke Ebene der Städte und Gemeinden. Darauf kann man mit Recht stolz sein.
Der Verband hatte jedoch nicht nur seinen Mitgliedern kommunales Selbstbewusstsein zu vermitteln, sondern er musste auch sich selbst Gehör verschaffen und die Stimme der Kommunen als der „dritten Kraft" im föderalen Gefüge der Bundesrepublik beim Aufbau in Sachsen laut genug gegenüber Regierung und Landtag erheben. Nur so konnte eine starke kommunale Selbstverwaltung entstehen.
Die zweite Herausforderung bestand in der Unterstützung der Städte und Gemeinden beim Aufbau einer rechtsstaatlichen öffentlichen Verwaltung und beim Einüben der Arbeit selbständiger kommunaler Gremien. Hier tat sich ein riesiges Aufgabenfeld auf, bei dem sich die Einrichtung eines „Expertenservices" als wirksame Hilfe erwies. Organisiert und finanziert wurde der „Expertenservice" vom Land Baden-Württemberg in Zusammenarbeit mit den dortigen kommunalen Spitzenverbänden. Auf diese Weise kamen aktive Beamte (Expertenservice I) und pensionierte Kommunalbeamte (Expertenservice II) auf Anforderung direkt vor Ort in sächsische Städte und Gemeinden, um im wahrsten Sinne des Wortes die Angestellten in den sächsischen Kommunen „einzuarbeiten". Da wurde erklärt, was ein Haushaltsplan ist und zugleich einer aufgestellt. Es wurde gezeigt, wie Planungen für kommunale Bauvorhaben auf den Weg gebracht und Fördermittel beantragt werden, und es wurde eingeübt, wie Gremiensitzungen vorbereitet und Beschlüsse umgesetzt werden. In vielfältigen Formen ging es dabei um kommunale Basisarbeit beim Aufbau einer funktionierenden kommunalen Selbstverwaltung. Im Rahmen des Expertenservice I arbeiteten seit November 1990 etwa 50 Mitarbeiter aus baden-württembergischen Rathäusern in Sachsen.
Eine noch stärkere, weit dauerhaftere Unterstützung brachte der Expertenservice II. Es waren die kommunalen Ruhestandsbeamten, oftmals Bürgermeister, aber auch Kämmerer, Hauptamtsleiter und Stadtbaumeister sowie Personal für die Sozialverwaltungen. So wurden etwa 130 Ruhestandsbeamte nach Sachsen entsandt. Die Beratungseinsätze dauerten in der Regel zwei Wochen oder einen Monat und wurden wiederholt. Manche waren aber auch gleich ein halbes Jahr in Sachsen. So waren pro Monat durchschnittlich 100 Mitarbeiter von kommunaler Seite aus Baden-Württemberg in Sachsen. Sie wurden aus dem baden-württembergischen Landeshaushalt finanziert. Die Kosten wurden der Finanzausgleichsmasse vorweggenommen und insoweit von den Städten und Gemeinden Baden-Württembergs ohne Murren bezahlt. Die sächsischen Städte und Gemeinden hatten in diesem Modell für Kost und Unterkunft der Beamten des Expertenservice aufzukommen.
Auch der Sächsische Städte- und Gemeindetag erhielt durch den Expertenservice I und II aktive Unterstützung. Juristische Hilfe gab Rechtsanwalt Professor Dr. Hans-Jörg Birk, Vater unzähliger sächsischer kommunaler Satzungen und Verordnungen, der später Hausjustiziar des SSG wurde. Aus dem Expertenservice II unterstützte Herr Siegbert Heckmann, Bürgermeister a. D. aus Walzbachtal in Baden-Württemberg, die Aufbauarbeit insbesondere in den Bereichen Bau und Umwelt, Wasser und Abwasser. Im

Februar 1991 nahm im Rahmen des Expertenservice I Frau Maritha Dittmer als Erste Beigeordnete ihre Tätigkeit bei SSG auf. Sie sorgte dafür, dass der Verband bald eine schlagkräftige Organisation wurde.
Im dritten großen Aufgabenfeld des SSG ging es um die Mitwirkung bei der Landesgesetzgebung, die Sicherung des Kommunalvermögens, die Finanzausstattung der Kommunen, die Absicherung der kommunalen Bediensteten, die Schaffung neuer Organisationsformen für kommunalen Wohnungsbestand, Energieversorgung, Wasserver- und Abwasserentsorgung, Datenverarbeitung, Kindertagesstätten, Schulen u. a. Die Fülle der zu lösenden Aufgaben war groß und eine besondere Herausforderung für den noch jungen Verband. Sie erforderte Fachkompetenz und personelle Ressourcen, die der SSG nicht immer im eigenen Haus zur Verfügung hatte. In Zusammenarbeit und mit der Unterstützung der Partnerverbände vor allem aus Baden-Württemberg, dem Deutschen Städte- und Gemeindebund sowie dem Deutschen Städtetag entwickelte sich der SSG zum Sprachrohr der Städte und Gemeinden. Er wurde bald bei der Sächsischen Staatsregierung, dem hiesigen Landtag, bei anderen Verbänden und auch auf Bundesebene zum anerkannten Partner, dessen Meinung gefragt und respektiert wurde. So hatte sich der SSG im Interesse einer starken kommunalen Selbstverwaltung bereits im zweiten Halbjahr 1990 aktiv an der Ausarbeitung des Entwurfs einer Gemeindeordnung beteiligt. Dabei orientierte sich der Verband verständlicherweise am Modell der Süddeutschen Ratsverfassung. Der enge Kontakt mit baden-württembergischen Kommunalpolitikern und die bei der Zusammenarbeit gemachten Erfahrungen hatten für ein effizientes kommunalpolitisches Handeln die Überzeugung reifen lassen, der Bürgermeister soll, wie in den südlichen Bundesländern, eine starke zentrale Rolle spielen. Das würde auch den Gemeinderat nicht schwächen, sondern im Miteinander zu zügigen und effizienten Entscheidungsprozessen führen. Allein in Sachsen sollte es noch eine langandauernde Diskussion geben, bis der Landtag tatsächlich 1993 eine Sächsische Gemeindeordnung beschloss, die die Kommunalverfassung der DDR von 1990, die schon bald allzu deutlich ihre Schwächen offenbart hatte, ablöste.
Nicht nur auf die Sächsische Gemeindeordnung, sondern auch auf alle anderen Gesetze und Verordnungen mit Auswirkungen auf die Kommunen nahm der SSG von Anfang an im Sinne seiner Mitglieder Einfluss. Eine große Herausforderung für den Verband bestand damit in der fachkompetenten Beteiligung an allen Anhörungsverfahren. Eine wahre Flut von neuen Rechtsvorschriften berührte immer wieder die Städte und Gemeinden. Die Anhörungsfristen waren oft sehr knapp und eine Befassung in den Gremien Präsidium und Landesvorstand war aufgrund des zeitlich engen Rahmens nicht immer möglich. Hinzu kam, dass den Städten und Gemeinden oft die Erfahrungen fehlten und damit die Geschäftsstelle meist nicht auf die praktischen Erkenntnisse vor Ort zurückgreifen konnte. Trotz dieser Hemmnisse wurden aber mit Hilfe von außen alle Anhörungsverfahren fachkompetent besetzt und die Belange der Städte und Gemeinden in die Arbeit der Ministerien und des Landtages eingebracht. Die Hürden der Bürokratie waren zudem oftmals noch nicht sehr hoch. Mit Hilfe zuverlässiger Partner besonders im Innen- und Finanzministerium und im Landtag konnte manche

Dr. Hans-Christian Rickauer

Verordnung und mancher Erlass binnen einer Frist von zwei Wochen in pragmatischer Art und Weise auf den Weg gebracht werden. Heute, da alle Verfahrensabläufe formell fest eingespielt sind, so nicht mehr denkbar. Leider.
Zum fünften Jahrestag der Gründung des SSG bezeichnete ihn der damalige Präsident, Dresdens Oberbürgermeister Dr. Herbert Wagner, „als ein kommunales Selbsthilfeinstrument in schwieriger Umbruchzeit". Der Verband erwarb sich in den ersten fünf Jahren seines Bestehens im Freistaat Sachsen und über die Landesgrenzen hinaus allseitig Ansehen und Anerkennung. Maßgeblichen Anteil an dieser Entwicklung hatten vor allem die bisherige Beigeordnete Frau Dittmer, welche im September 1993 vom Landesvorstand zur Geschäftsführerin gewählt worden war, und Reiner Israel, der zunächst neben seiner Funktion als Bürgermeister der Gemeinde Taubenheim als Vorsitzender des Finanz- und Organisationsausschusses die Verbandsarbeit unterstützte, und dann als Finanzbeigeordneter und stellvertretender Geschäftsführer die Geschicke des Verbandes mit lenkte. Der SSG war und ist bei seinen Mitgliedern hochgeschätzt, konnten sich doch gerade auch kleinere Gemeinden mit der Bitte um Hilfe und Unterstützung bei der Lösung örtlicher Fragen an ihn wenden. Niemand war in der Vergangenheit abgewiesen worden. So gab es inzwischen einen hohen Identifikationsgrad mit dem Verband. Dem Freistaat gegenüber hatte er sich als verlässlicher und kompetenter Partner dargestellt, wenn es darum ging, die kommunale Auffassung zu bestimmten Bewertungen oder Vorhaben in Erfahrung zu bringen. So konnte der Sächsische Staatsminister des Innern, Heinz Eggert, in seinem Grußwort erklären, als Interessenvertretung der Städte und Gemeinden habe der SSG zu unzähligen Gesetzes- und Verordnungsentwürfen Stellung genommen oder sogar im Vorfeld daran mitgearbeitet. Dabei sei es ihm gelungen, in nicht unerheblichem Maß die Vorstellungen und Wünsche der „kommunalen Familie" einzubringen. Auch habe er sich dadurch große Verdienste erworben, dass er den Gemeinden wertvolle Hilfestellung in der tägliche Praxis gegeben hat. Häufig konnten durch ihn Rechtsfragen stellvertretend für viele Gemeinden geklärt werden. Bei allem habe er als Innenminister die Zusammenarbeit mit dem Sächsischen Städte- und Gemeindetag stets als äußerst angenehm und konstruktiv empfunden. Er dürfe feststellen, dass es dem SSG gelungen sei, sich in den vergangenen fünf Jahren Anerkennung und Respekt zu erwerben.
Anerkennung erfuhr der SSG auch durch die beiden baden-württembergischen Partnerverbände. Deren Geschäftsführer Werner Hauser und Dr. Christian Steger erklärten in einer Grußadresse, dass die seinerzeit als Hilfe zur Selbsthilfe angebotene Leistung auf fruchtbaren Boden gefallen sei. Die nun fünfjährige erfolgreiche Verbandsarbeit sei dafür ein beredtes Zeichen.
Nicht unerwähnt darf bleiben, dass der Sächsische Städte- und Gemeindetag „Geburtshelfer" weiterer kommunaler Verbände und Institutionen war. Der Aufbau des Kommunalen Versorgungsverbandes Sachsen sowie des Kommunalen Arbeitgeberverbandes Sachsen geschah auf Initiative des SSG und unter dessen wesentlicher Einflussnahme. Zudem unterstützte er die Bildung der damaligen drei Datenverarbeitungszweckverbände, der kommunalen

Studieninstitute und der sächsischen Verwaltungs- und Wirtschaftsakademie. Eine Zäsur bildete die Kommunalwahl im Jahre 1994, die auf der Grundlage der neuen Gemeindeordnung für den Freistaat Sachsen vom April 1993 stattfand. Auch das Präsidium war in deren Folge teilweise neu zu besetzen. Als Präsident trug weiterhin Herr Dr. Wagner Verantwortung. Ihn unterstützten als Vizepräsidenten Emanuel Klan (Aue), Christian Schramm (Bautzen), Mischa Woitscheck (Markranstädt) sowie als weitere Mitglieder Rainer Eichhorn (Zwickau), Dieter Grützner (Neustadt), Dr. Hinrich Lehmann-Grube (Leipzig), Eva-Maria Möbius (Oelsnitz/Vogtl.), Heidrun Mende (Kreba-Neudorf), Wolfgang Pieschke (Rosswein) sowie Frau Dittmer als Geschäftsführerin. Wenngleich zu diesem Zeitpunkt die grundlegendsten kommunalrelevanten Gesetze bereits vom Landtag verabschiedet waren, hatten sich Präsidium und Landesvorstand gleichwohl mit Dauerbrennern wie dem FAG, dem Schul- und Kindertagesstättengesetz sowie dem Sächsischen KAG erneut zu befassen und für die kommunalen Interessen stark zu machen.

1.3 Ein neues Verbandsgebäude entsteht

Ein Verband wie der Sächsische Städte- und Gemeindetag braucht ein Haus. Er muss in räumlicher Nähe zur Staatsregierung und zum Landtag präsent sein und Gesicht zeigen.
Wer heute an die erste Zeit unmittelbar nach der Wende zurück denkt, weiß, wie schwierig es überall und erst recht in der Landeshauptstadt war, ein entsprechendes Domizil zu finden. Deshalb war der SSG froh, zunächst in einem Gebäude in der Königsbrücker Straße 9 untergekommen zu sein. Von dort ließ sich die Verbandsarbeit aufbauen, konnte, wenn auch unter komplizierten Bedingungen, die Geschäftsstelle arbeiten, Besprechungen und kleinere Sitzungen waren bei entsprechender Einschränkung möglich. Für größere Sitzungen, wie z. B. des Landesvorstandes, verließ man in der Regel Dresden und nahm die Gastfreundschaft einer Mitgliedskommune in deren Räumlichkeiten in Anspruch. Schon bald war aber klar, dass das nur eine Interimslösung sein konnte.
Eine Erweiterung des bislang in der Königsbrücker Straße genutzten Verbandsgebäudes war nicht möglich. Die Räume waren bis unters Dach belegt und trotzdem konnten nicht alle Funktionen, die ein Verbandsgebäude bieten soll, wahrgenommen werden. Sollte es doch weit mehr sein als ein Gebäude zur Unterbringung der Geschäftsstelle. Die Städte und Gemeinden wollten ein Haus, das als Mittelpunkt des kommunalpolitischen Wirkens in Sachsen dienen konnte. Es sollten Begegnungen möglich sein, Gremien sollten tagen und wichtige Grundsatzentscheidungen vorbereiten und treffen können. Die Suche nach einem geeigneten Standort war nicht einfach. Letztendlich fiel in den Gremien im August 1996 die Entscheidung, das neue Verbandsgebäude auf dem Grundstück Glacisstraße 1 zu errichten. Der Standort lag zentral in Dresden unmittelbar am Regierungsviertel. Das erleichterte schon räumlich der Geschäftsstelle aber auch den kommunalen Vertretern, die aus dem Freistaat nach Dresden kamen, Terminkoordinatio-

nen. Zum anderen brachte die Lage symbolisch zum Ausdruck, dass die Basis der Demokratie in den Städten und Gemeinden liegt. Für die Begleitung der Errichtung des Verbandsgebäudes wurde ein eigener Bauausschuss gegründet, dessen Vorsitz der Zwickauer Oberbürgermeister Rainer Eichhorn inne hatte.

Dank der guten Zusammenarbeit zwischen SSG, Planer, Generalunternehmer und den Ämtern der Stadt Dresden konnte die Grundsteinlegung bereits am 25. November 1996 erfolgen. Auf Grund eines zügigen Bauablaufes war es möglich, schon am 13. Mai 1997 das Richtfest zu begehen. Am 14. November 1997 erfolgte dann die feierliche Einweihung. Dabei betonte der Präsident des SSG, Oberbürgermeister Dr. Wagner, dass dieses Haus nicht bloße Geschäftsstelle sei, sondern vom Geist der Solidarität der Städte und Gemeinden zeuge und auf sie als Basis der Demokratie hinweise. Die Nähe zum Regierungsviertel erinnere das Land daran, dass die Städte und Gemeinden, in denen die Bürger leben, der Ort sei, an dem sich politische Entscheidungen auswirken. Zum anderen sei es Ausdruck der Beteiligung der Städte und Gemeinden an politischen Diskussionen und Entscheidungen von Regierung und Parlament. So wie im früheren Sachsen Kunst und Kultur das Leben der Menschen bereicherten, werde das neue Verbandsgebäude durch regelmäßige Ausstellungen Künstlern aus ganz Sachsen die Möglichkeit bieten, ihre Werke zu zeigen. Den Beginn in diesem Reigen machte am Tag der Einweihung eine Ausstellung von Künstlern aus der Stadt Limbach-Oberfrohna.

Den Festvortrag, den der Staatsminister des Innern, Klaus Hardraht, hielt, hatte er unter das Thema „Die Bedeutung des kommunalen Selbstverwaltungsrechts im modernen Staat und seine gesetzliche Ausgestaltung" gestellt. Dabei hob er hervor, dass die Zustimmung des Bürgers zum Staat dort beginnt, wo er lebt, dass er nicht von anonymen Kräften beherrscht werde, sondern sich und seine Angelegenheiten selbst verwalte. Gerade in dieser entscheidenden Integrationskraft liege die Bedeutung der gemeindlichen Selbstverwaltung für das Wohl der Gesellschaft. Besonders angesichts der wachsenden Komplexität der Lebensbereiche sei die kommunale Selbstverwaltung daher eine unverzichtbare Stufe unseres demokratischen Staatsaufbaues. Insbesondere würdigte er die Leistung der Städte und Gemeinden, die entsprechend unserem Staatsaufbau einen Großteil der Last der Planung und Gestaltung des Lebensumfeldes der Menschen, der Errichtung, Ausstattung und Unterhaltung der kulturellen, sozialen, technischen und wirtschaftlichen Infrastruktureinrichtungen sowie der öffentlichen Verwaltungs- und Dienstleistungen trage.

1.4 Der SSG – kompetenter Repräsentant der sächsischen Städte und Gemeinden

Das letzte Jahrzehnt des zwanzigsten Jahrhunderts war im Freistaat Sachsen von umfassenden Gebietsveränderungen im kommunalen Bereich gekennzeichnet. Zunächst trat zum 1. August 1994 die Landkreisreform in Kraft,

Kommunale Kooperationen

der intensive Diskussionen auch in der Öffentlichkeit vorausgegangen waren und deren parlamentarische Entscheidung sich dadurch hingezogen hatte. Aus den Erfahrungen dieses Prozesses wollte man für die bevorstehende Gemeindegebietsreform Schlussfolgerungen ziehen, zumal in diesem Zusammenhang ein noch breiteres und intensiveres Interesse und Engagement der Öffentlichkeit zu erwarten waren.

Dem eigentlichen Gemeindegebietsreformgesetz, das vom Landtag in drei Teilen beschlossen wurde und zum 1. Januar 1999 in Kraft trat, ging eine längere „Freiwilligkeitsphase" voraus, in der es auf der Grundlage eigener Entscheidung und mit dem Anreiz finanzieller Förderung von Gemeinden zur Bildung zahlreicher Verwaltungsgemeinschaften, aber auch zu Gemeindezusammenschlüssen und zu Eingemeindungen kam. Für den SSG bedeutete diese Situation eine große Herausforderung, da er doch Interessenvertreter aller sächsischen Städte und Gemeinden, vom kleinsten Dorf bis zur größten kreisfreien Stadt war. So trafen innerhalb des kommunalen Spitzenverbandes sowohl die Interessen an der Erhaltung der Selbstständigkeit von Orten als auch der Wunsch an Eingemeindungen aus dem Umland aufeinander. Es ist der umsichtigen und vorausschauenden Arbeitsweise der Geschäftsstelle und der Gremien zu verdanken, dass der SSG diese Phase nicht nur durchgestanden, sondern sich in ihr bewährt hat und letztlich gestärkt wurde. Auf der Grundlage der gemeinsamen Zusammenarbeit in einem Spitzenverband, der sowohl Städte als auch Gemeinden umfasste, konnte der verständlicherweise kontrovers geführten Diskussion viel an Schärfe genommen und Kompromisslösungen gefunden werden und Konfrontation um den Preis für manch radikaleren Einschnitt vermieden werden. Auch nach dem Gesetz zur Gemeindegebietsreform gab es weitere Änderungen im Gebietsbestand der Gemeinden. In anderthalb Jahrzehnten von 1990 bis 2005 hat sich so die Zahl der selbständigen Städte und Gemeinden im Freistaat von über 1 600 auf 515 reduziert.

Ein weiterer wichtiger Schwerpunkt der Arbeit des SSG war das Thema Verwaltungsmodernisierung, an der er federführend mitarbeitete. In den ersten Jahren nach der politischen Wende ging es vor allem um die Schulung von Personal und den Aufbau einer effizienten kommunalen Selbstverwaltung. Spätestens ab der Mitte des Jahrzehnts arbeiteten die Gemeinden intensiv an einer Personalreduzierung, die mit Maßnahmen der Verwaltungsmodernisierung einherging. Das bedeutete nicht nur, dass selbstverständlich technische Lösungen wie die Datenverarbeitung in den sächsischen Rathäusern Einzug hielten und der Rationalisierung dienten. Der SSG ergriff vielmehr auch hier die Initiative und rief 1996 das Projekt „Kommunale Verwaltungsmodernisierung Sachsen" ins Leben. Den Arbeitsgemeinschaften des Projektes, welche die theoretischen Grundlagen für Elemente eines Neuen Steuerungsmodells im Rahmen der Verwaltungsmodernisierung erarbeiteten, gehörten sowohl Mitglieder der beiden kommunalen Spitzenverbände als auch Vertreter der Sächsischen Staatsregierung und des Sächsischen Rechnungshofes, der Fachhochschule der Sächsischen Verwaltung Meißen, der SAKD und der Kommunalen Gemeinschaftsstelle für Verwaltungsvereinfachung an. Ergebnis der Arbeit waren allgemeingültige und praktische Arbeitshilfen und Schlussfolgerungen aus der praktischen Erprobung der

theoretischen Grundlagen in 19 Pilotkommunen. Es ist zu hoffen, dass der Gesetzgeber zügig und entschlossen diese Arbeitsergebnisse aufgreift und in seine Überlegungen für eine Verwaltungsreform im Freistaat Sachsen einbezieht.
Sein 10-jähriges Bestehen beging der Sächsische Städte- und Gemeindetag am 19. und 20. Juni 2000 im Kulturpalast in Dresden am Ort seiner Gründung mit einem Gemeindekongress unter dem Thema „Zukunft für die Städte und Gemeinden im 21. Jahrhundert" unter der Schirmherrschaft des Ministerpräsidenten des Freistaates Sachsen, Prof. Dr. Kurt Biedenkopf. Eine derartige kommunale Großveranstaltung wurde zum ersten Mal in den neuen Bundesländern durchgeführt. In vier Arbeitskreisen diskutierten fast 600 Vertreter sächsischer Städte und Gemeinden zu den Themen „Ausreichende Finanzausstattung als Basis für kommunale Selbstverwaltung", „Innere Sicherheit – mehr als Polizeipräsenz?", „Soziale Allianz von Bund-Länder-Kommunen – große Gewährleistungsfunktion der öffentlichen Hand" und „Bauen-Regionalplanung". Die Ergebnisse der Arbeitskreise wurden der Öffentlichkeit vorgestellt als Positionierung der sächsischen Kommunen auf dem Weg ins 21. Jahrhundert. Den Festvortrag aus Anlass dieses Jubiläums hielt der Staatsminister des Innern, Klaus Hardraht. Darin räumte er dem Vorhaben einer sächsischen Verwaltungsreform großen Raum ein und lobte ausdrücklich die kooperative Arbeit des Verbandes. Dieser hatte sich in Arbeitskreisen von Anfang an an den Vorbereitungen für eine Verwaltungsreform beteiligt und eigene Überlegungen und Vorschläge hinsichtlich der Übertragung von staatlichen Aufgaben auf die kommunale Ebene und damit auch für mehr Bürgernähe und Deregulierung eingebracht. Bedauerlicherweise ist eine derartige Verwaltungsreform im Freistaat bis heute noch nicht umgesetzt.

Schlussbemerkung

Als am Beginn des Jahres 1990 erste Kontakte in die alten Bundesländer zur Begegnung mit der Tradition der kommunalen Selbstverwaltung führten, entstand der Gedanke, einen Verband der sächsischen Städte und Gemeinden zu gründen. Nach anderthalb Jahrzehnten ist der SSG als kommunaler Spitzenverband aus dem politischen Leben Sachsens nicht mehr wegzudenken. Er ist Diskussionsplattform für die Interessen und Aufgaben der Kommunen untereinander und vertritt wirkungsvoll nach außen gegenüber Staat und gesellschaftlichen Institutionen die kommunalen Positionen.
Im Oktober 2000 schied auf eigenem Wunsch aus ihrer Funktion als Geschäftsführerin des SSG aus. Zu ihrem Nachfolger wurde der damalige Zweite Vizepräsident des Verbandes und Bürgermeister vom Markranstädt, Mischa Woitscheck, gewählt. Da Herr Dr. Wagner im Ergebnis der Kommunalwahl 2001 sein Amt als Oberbürgermeister der Landeshauptstadt Dresden beendete, bedurfte es auch der Neuwahl eines Präsidenten. Oberbürgermeister Christian Schramm aus Bautzen, bis dahin Erster Vizepräsident des SSG, lenkt seit Oktober 2001 die Geschicke des Verbandes als Präsident. Ihm zur Seite standen als Vizepräsidenten Wolfgang Tiefensee,

Kommunale Kooperationen

ehemaliger Oberbürgermeister der Stadt Leipzig, und Eva-Maria Möbius, Oberbürgermeisterin der Stadt Oelsnitz/Vogtland.
Ein solcher Wechsel bedeutet nicht Bruch, sondern Kontinuität. Der SSG hat in den letzten Jahren in für die Gemeinden und ihrer Bürger wichtigen Fragen, wie der kommunalen Finanzausstattung, der Landesentwicklungsplanung, der Finanzierung der Kindertagesstätten, der Schulentwicklung, der inneren Sicherheit und vielen anderen im Dialog mit dem Land die kommunalen Positionen wirkungsvoll eingebracht und wird es mit Sicherheit auch in Zukunft tun.

2. Der Sächsische Landkreistag

Nachdem bereits am 1. April 1990 der Sächsische Städte- und Gemeindetag gegründet worden war, kam es bald nach den Kommunalwahlen vom 6. Mai 1990 auch zu Überlegungen, einen Sächsischen Landkreistag zu gründen. Schon seit einiger Zeit standen der Bayerische Landkreistag und der Landkreistag Baden-Württemberg in Verbindung mit einem „Initiativkomitee zur Gründung von Landkreistagen in der DDR". Die beiden Landkreistage unterstützten nun durch Berater insbesondere die Vorbereitung und Gründung des Sächsischen Landkreistages. Der Bayerische Landkreistag benannte als „DDR-Beauftragte" die beiden Landräte i. R. Christoph Schiller (Wunsiedel) und Dr. Dietrich Sommerschuh (Fürth).
Auf einer zentralen Konferenz der Ost-CDU für ihre neu gewählten Landrätinnen und Landräte am 12. und 13. Juni 1990 in Burgscheidungen (Sachsen-Anhalt) kamen die Vertreter aus den damaligen Bezirken Chemnitz, Dresden und Leipzig überein, ihren kommunalen Spitzenverband zu bilden und eine Gründungsversammlung vorzubereiten. Am 27. Juni 1990 trafen sich die sächsischen Landrätinnen und Landräte im damaligen Institut für Kommunalwirtschaft in Dresden, um einen Sächsischen Landkreistag zu bilden, ein „Gründungspräsidium" zu wählen, eine Geschäftsstelle einzurichten und die offizielle Gründungsversammlung für den 2. August 1990 vorzubereiten. An dieser Beratung nahmen der Hauptgeschäftsführer des Deutschen Landkreistages, Hans Henning Becker-Birk, das Geschäftsführende Präsidialmitglied des Bayerischen Landkreistages, Wolfgang Magg, und sein Stellvertreter, Hans-Joachim v. Klitzing, der stellvertretende Hauptgeschäftsführer des Landkreistages Baden-Württemberg, Eberhard Trumpp, der Berater des Bayerischen Landkreistages für Sachsen, Dr. Dietrich Sommerschuh und der Fachdirektor des Instituts für Kommunalwirtschaft, teil. Die anwesenden Landrätinnen und Landräte, Beigeordnete sowie weitere Vertreter der 48 sächsischen Landkreise einigten sich, den Sächsischen Landkreistag am 2. August 1990 zu gründen. Darüber hinaus wurde ein Entwurf einer Verbandssatzung auf der Grundlage des Bayerischen Landkreistages umfassend diskutiert und mit Veränderungen bestätigt. Für die Bildung des Geschäftsführenden Präsidiums wurde vorgeschlagen, aus jedem Bezirk je zwei Vertreter der Landkreise zu wählen. Einstimmig wurden für den

Dr. Hans-Christian Rickauer

Bezirk Chemnitz: Heinz-Günter Kraus – Landkreis Aue
Fredo Georgi – Landkreis Reichenbach
Bezirk Dresden: Hans-Jürgen Evers – Landkreis Pirna
Reinhard Geistlinger – Landkreis Dresden-Land
Bezirk Leipzig: Siegfried Horn – Landkreis Leipzig-Land
Wieland Schreinicke – Landkreis Eilenburg
und zum Geschäftsführenden Präsidenten Reinhard Geistlinger (Landkreis Dresden-Land) gewählt. Außerdem wurde festgelegt, die Geschäftsstelle des Verbandes im Institut für Kommunalwirtschaft in der Winterbergstraße 26 in Dresden einzurichten. Zum Aufbau der Geschäftsstelle und zur Vorbereitung der Gründungsversammlung wurde Dr. Dietrich Sommerschuh um Unterstützung gebeten und Jürgen Neumann vom Landratsamt Dresden-Land als amtierender Geschäftsstellenleiter bis zum 2. August 1990 eingesetzt. Die Beschlussfassung über die Finanzierung des Sächsischen Landkreistages wurde ausgesetzt. Angeregt wurde, dass jeder Landkreis für das Jahr 1990 einen Solidarbeitrag entrichtet und die beiden Partnerlandkreistage sicherten eine Anschubfinanzierung zu. Die Vorbereitung der Gründungsversammlung gestaltete sich neben den notwendig zu organisierenden Angelegenheiten schwierig, da Telefonverbindungen schwer zu Stande kamen oder zusammenbrachen, es musste oftmals auf das Fax ausgewichen werden und Vervielfältigungsmöglichkeiten standen kaum oder nur auf niedrigem technischem Niveau zur Verfügung.

Da der zu errichtenden Geschäftsstelle keine finanziellen Mittel zur Verfügung standen, konnte die Arbeit nur durch großzügige Unterstützung des Instituts für Kommunalwirtschaft organisiert werden. Die ersten Geschäftsräume wurden zunächst mietfrei zur Verfügung gestellt. Die Gehaltskosten für eine Mitarbeiterin wurden durch das Institut weiterhin mit der Maßgabe übernommen, dass diese nach der Gründungsversammlung erstattet würden. Die notwendigen Unterlagen für die Gründungsversammlung und Informationen an die Landkreise wurden in der Druckerei des Instituts ebenfalls mit der Maßgabe erledigt, dass die Bezahlung später erfolge. Ebenso stammten die ersten Möbel aus dem Institut.

In der Zwischenzeit wurden in den Kreistagen umgehend Beitrittsbeschlüsse gefasst. Das Gründungspräsidium trat zu seiner Erstberatung am Rande einer Veranstaltung des Bayerischen Landkreistages am 12. Juli 1990 in Freising/Oberbayern zusammen. Dort wurden die organisatorischen und personellen Vorbereitungen der ersten Landkreisversammlung getroffen. So wurde u. a. die Personalausstattung der künftigen Geschäftsstelle (Geschäftsführer, Referent, Sekretärin, Fahrer) festgelegt. Hochmotiviert nahmen Mitarbeiter und Berater der Geschäftsstelle ihre Tagesarbeit auf. Auf 26. Juli 1990 wurde der SLT-Rundschreibendienst eröffnet. Damit sollten einige Informationen an die Landrätinnen und Landräte weitergegeben und die Willensbildung des Verbandes erleichtert sowie Hilfe und Unterstützung für die Arbeit vor Ort geleistet werden.

In der weiteren Folge wurde auch die Bildung von Fachausschüssen vorgenommen. Es wurde vorgeschlagen, folgende Ausschüsse zu bilden: Ausschuss für kommunale Angelegenheiten und Finanzverfassung, Finanzausschuss, Umweltausschuss, Gesundheitsausschuss, Ausschuss für Wirtschaftsförderung, Verkehr und Bauwesen.

Die Gründungsversammlung des Sächsischen Landkreistages fand beschlussgemäß am 2. August 1990 im Gasthof „Serkowitz" in Radebeul (Landkreis Dresden) statt. An ihr nahmen 82 der 96 stimmberechtigten Delegierten der Landkreise – Landrätinnen und Landräte, Beigeordnete und Kreistagsabgeordnete – teil. Darüber hinaus waren zahlreiche Ehrengäste erschienen u. a. der Leiter des Koordinierungsausschusses für das Land Sachsen, Arnold Vaatz, der Regierungsbevollmächtigte der Bezirksverwaltungsbehörde Dresden, Siegfried Ballschuh, der Beigeordnete des Deutschen Landkreistages, Dr. Günter Seele, die Geschäftsführung der beiden Partnerlandkreistage sowie das Gründungsausschussmitglied des Sächsischen Städte- und Gemeindetages, Richard Franz. In der Sitzung wurde zur Anschubfinanzierung des Sächsischen Landkreistages vom Bayerischen Landkreistag und vom Landkreistag Baden-Württemberg ein Scheck in Höhe von je 10 000 DM übergeben. Der erste Beschluss der Landkreisversammlung war der über die Satzung, die in der Sitzung noch geringfügig modifiziert wurde. Im Weiteren wurde das Präsidium gewählt, dem folgende Mitglieder angehörten:

Präsident: Landrat Geistlinger (Dresden-Land)
1. Vizepräsident: Landrat Kraus (Aue)
2. Vizepräsident: Landrat Horn (Leipzig-Land).

Als weitere Mitglieder gehörten dem Präsidium je vier Landräte aus den Bezirken Chemnitz, Dresden und Leipzig und darüber hinaus das „Geschäftsführende Präsidialmitglied", Eduard Bahsler, an.

Bezirk Chemnitz: Landrat Abele (Oelsnitz/Vogtland)
                  Landrat Bienert (Reichenbach)
                  Landrat Hertwich (Stollberg)
                  Landrat Oettel (Annaberg)
Bezirk Dresden: Landrat Eggert (Zittau)
                  Landrat Evers (Pirna)
                  Landrat Gries (Bischofswerda)
                  Landrätin Koch (Meißen)
Bezirk Leipzig: Landrat Czupalla (Delitzsch)
                  Landrat Dr. Jähnichen (Borna)
                  Landrat Schreinicke (Eilenburg)
                  Landrätin Tomczak (Torgau)

Bezüglich der Finanzierung des Verbandes wurde ein Pauschalbetrag in Höhe von 4 000 DM vom Landkreis abgelehnt und eine differenzierte Beteiligung der Landkreise in Höhe von 0,04 DM pro Landkreiseinwohner auf Vorschlag des Präsidenten zur Kenntnis genommen und das Präsidium beauftragt, in der nächsten Sitzung nochmals abschließend darüber zu beraten. Dieser Vorschlag wurde dann in der folgenden Sitzung des Präsidiums beschlossen. Des Weiteren wurde der Sitz der Geschäftsstelle einstimmig bestätigt. In dem Institut für Kommunalwirtschaft wurden drei Räume angemietet. Die Landkreisversammlung beschloss ferner mehrheitlich die Bildung eines weiteren Fachausschusses für Landwirtschaft. In der Sitzung stellte der Landkreis Bischofswerda einen Initiativantrag zur Bildung einer Verwaltungs- und Wirtschaftsakademie in Sachsen. Es wurde vereinbart, diesen Vorschlag mit dem Sächsischen Städte- und Gemeindetag weiter zu beraten. Im Anschluss an die erste ordentliche Landkreisversammlung kon-

Dr. Hans-Christian Rickauer

stituierte sich das neugewählte Präsidium und berief die erste Sitzung für den 11. August 1990 in den Landkreis Leipzig ein. Im Anschluss übergab der Bayerische Landkreistag im Beisein des Vertreters von BMW den ersten Dienstwagen für den Verband. Der Landkreistag Baden-Württemberg schenkte etwas später dem Sächsischen Landkreistag einen ersten Großkopierer. Mit der nunmehr beschlossenen Verbandsfinanzierung und der Anschubfinanzierung konnten die eingegangenen Verbindlichkeiten beglichen werden. In der nächsten Zeit nahmen die Fachausschüsse ihre Arbeit auf. Zur Landespolitik gab es erste Berührungspunkte; so wurden u. a. die Arbeitsergebnisse der gemischten Kommission Sachsen/Baden-Württemberg „Kommunale Selbstverwaltung" entgegen genommen. Am 15. Dezember 1990 wurde der Sächsische Innenminister, Dr. Rudolf Krause, zu Fragen des Aufbauprozesses der Staatsministerien im Präsidium begrüßt. Höhepunkt im Gründungsjahr des Sächsischen Landkreistages war die Teilnahme von Ministerpräsident Prof. Dr. Biedenkopf an der zweiten Landkreisversammlung am 10. Dezember 1990 in Radebeul. In dieser Beratung informierte er zum sächsischen Staatsaufbau, insbesondere zur Notwendigkeit der Errichtung der drei Regierungspräsidien.

3. Der Verein sächsischer Bürgermeister als berufsständische Interessenvertretung

3.1 Bürgermeister zwischen Aufbruchstimmung und Realität

Am 6. Mai 1990 fanden in der damaligen DDR die ersten freien Kommunalwahlen statt. Mit der Kommunalverfassung der DDR vom 17. Mai 1990 wurde die kommunale Selbstverwaltung wieder eingeführt. In den nächsten Wochen wählten die Stadt- und Gemeindeparlamente ihre Bürgermeisterinnen und Bürgermeister für eine Amtszeit von vier Jahren. Diejenigen, die sich zur Wahl stellten, sahen sich einer Vielzahl unterschiedlichster Erwartungshaltungen gegenüber. Das reichte vom Handwerksmeister, der sich selbstständig machte und schnellstens Gewerberäume verlangte, über den Eigenheimbesitzer, der sofort und noch zu „DDR-Preisen" sein Grundstück kaufen wollte, Bürger, die auf die Einlösung von Versprechungen der runden Tische drängten bis hin zu Gesprächen mit Investoren, bei denen zwischen Seriosität und Glücksrittertum schwer zu unterscheiden war.
Den Frauen und Männern, die sich der Wahl zum Bürgermeister stellten, war allen gemeinsam, dass sie bereit waren, sich selbstlos bei der Veränderung der gesellschaftlichen Verhältnisse zu engagieren. In vielen Fällen hatten sie im Herbst 1989 aktiv bei der Organisation von Demonstrationen gegen das SED-Regime mitgewirkt, sich später bei der Arbeit der runden Tische engagiert, bei der Gründung politischer Parteien mitgearbeitet und vieles mehr. Sie stellten sich dieser neuen Aufgabe, obwohl in der Regel ihre berufliche

Kommunale Kooperationen

Lebensplanung vor kurzer Zeit diese Veränderung überhaupt noch nicht erahnen lassen konnte. Sie kamen aus Berufen, die mit Kommunalpolitik und öffentlicher Verwaltung nicht in Verbindung standen, oder waren Bürgermeister, die sich auch unter der SED-Herrschaft unkonventionell für die Interessen der Einwohner ihrer Gemeinden eingesetzt hatten. Allen gemeinsam war, dass keiner Erfahrung besaß, nach welchen Regeln Kommunalpolitik und Kommunalverwaltung in einem freiheitlich-demokratischen Rechtsstaat und unter den Bedingungen einer sozialen Marktwirtschaft ablaufen.
Auf diese Weise nahmen im Mai und Juni 1990 in Sachsen rund 1600 Frauen und Männer hochmotiviert die Schicksale ihrer Gemeinden und Städte von der kleinsten Gemeinde bis zur Großstadt in die Hand. Sie mussten versuchen, in einem zum Teil faktisch rechtsunsicheren Raum administrative und politische Arbeit zu leisten, Verwaltungen zu ordnen und in freier Diskussion mit Stadt- und Gemeinderäten Entscheidungen zu treffen. Es muss erinnert werden, dass die Währungs- und Wirtschaftsunion erst am 1. Juli 1990 in Kraft trat, die staatliche Einheit Deutschlands am 3. Oktober 1990 hergestellt wurde und die Landtagswahlen in Sachsen erst am 14. Oktober 1990 mit nachfolgender Regierungsbildung erfolgten. Somit ist in den Städten und Gemeinden ein Fundament gelegt worden – Monate bevor die Regierung im Freistaat Sachsen ihre Tätigkeit aufnehmen konnte.
Mit dieser Aufbruchstimmung war auch verbunden, dass kaum einer der im späten Frühjahr 1990 gewählten Bürgermeister eine klare Vorstellung darüber hatte, welche persönlichen, beruflichen und sozialen Konsequenzen die Annahme der Wahl für sie bedeutete. Die mitunter auch von Euphorie geprägte Aufbruchstimmung, wie sie sich in den ersten Monaten nach der Kommunalwahl 1990 abzeichnete, war bald verflogen. Zu den objektiv enormen Schwierigkeiten beim Aufbau einer effizienten kommunalen Selbstverwaltung kam die Erfahrung, dass enttäuschte Erwartungshaltungen in der Bürgerschaft Sympathien schnell schwinden ließen. Folge war bald auch eine starke existentielle Verunsicherung bei Bürgermeistern. Schon im Frühjahr 1991 wurden erste Abwahlen von Bürgermeistern bekannt, eine Entwicklung, deren Ausmaß sich im Laufe des Jahres zahlenmäßig ausweitete. Da nach der Kommunalverfassung von 1990 ein einfacher Beschluss des Gemeinderates zur Abwahl genügte und keine weiteren Gründe für eine solche Entscheidung notwendig waren, als dass eben eine Mehrheit der Gemeinderäte mit dem Amtsinhaber unzufrieden war, erinnerten solche Abwahlen mitunter eher an die Willkür revolutionärer Wirren als an ein rechtsstaatliches Verfahren. Für manchen Bürgermeister, der vielleicht ein Jahr zuvor seinen ursprünglichen Beruf aufgegeben hatte, in den er nicht mehr zurückkehren konnte, bedeutete das nicht nur eine herbe Enttäuschung, sondern geradezu eine persönliche Katastrophe.
In dieser Zeit wuchs bei vielen die Erkenntnis, dass neben dem Sächsischen Städte- und Gemeindetag als kommunalem Spitzenverband, der sich bereits intensiv für die Probleme der kommunalen Amtsträger engagierte, eine eigene berufsständische Vertretung sich spezifisch für die beruflichen Interessen der Bürgermeister einsetzen solle, um vergleichbare rechtliche Regelungen wie in den alten Bundesländern zu erlangen. Diese und andere Er-

Dr. Hans-Christian Rickauer

fahrungen führten dazu, dass mit Unterstützung des SSG und des Verbandes baden-württembergischer Bürgermeister am 13. Dezember 1991 in Aue der Verein sächsischer Bürgermeister gegründet wurde. Zu seinem Vorsitzenden wurde Bürgermeister Dr. Hans-Christian Rickauer, Stadt Limbach-Oberfrohna gewählt, der dieses Amt bis jetzt innehat. Als stellvertretender Vorsitzender unterstützte ihn Bürgermeister Dietmar Neumann, Gemeinde Borthen und seit Dezember 1999 Bürgermeister Lothar Heinicke, Stadt Ebersbach.

3.2 Ziele der Vereinsarbeit

Für den Verein sächsischer Bürgermeister stellten sich im Grunde genommen drei Aufgaben: Er musste der rechtlich unsicheren Situation der Bürgermeister entgegenwirken, indem er sich in einer neuen Sächsischen Gemeindeordnung für eine starke rechtliche Stellung des Bürgermeisters einsetzte, er musste eine adäquate Versorgungssituation vor allem für die so genannten Frauen und Männer der ersten Stunde erreichen, und er musste seine Mitglieder umfassend über die sie selbst betreffenden und für sie in der Regel unbekannten beamten- und statusrechtlichen Fragen informieren.

3.3 Der sächsische Bürgermeister als Vorsitzender des Rates, Leiter der Verwaltung und Repräsentant der Gemeinde

Für den Sächsischen Städte- und Gemeindetag und den Landesgesetzgeber stand schon 1991 fest, dass die Kommunalverfassung vom 17. Mai 1990 bald durch eine eigene Sächsische Gemeindeordnung zu ersetzen sei. Allerdings waren dafür mehrere stark von einander abweichende Entwürfe in der Diskussion, die sich an unterschiedlichen Kommunalverfassungsmodellen orientierten. Bürgermeisterverein und Sächsischer Städte- und Gemeindetag favorisierten eine an der Süddeutschen Ratsverfassung angelehnte Gemeindeordnung. Für das Amt des Bürgermeisters bedeutete das, dass er unmittelbar vom Volk gewählt wird, eigenständiges, vom Rat unabhängiges Gemeindeorgan ist, den Vorsitz im Rat und den beschließenden Ausschüssen führt, in eigener Zuständigkeit die Gemeindeverwaltung leitet, die Geschäfte der laufenden Verwaltung erledigt sowie die Gemeinde repräsentiert. Dem Bürgermeister wächst so eine starke politische und administrative Stellung zu.
In der 1993 vom Landtag beschlossenen Sächsischen Gemeindeordnung ist dieses Modell im wesentlichen umgesetzt. Allerdings wollte der Gesetzgeber nicht ganz auf eine Abwahlmöglichkeit während der Amtszeit verzichten, hat die Messlatte für dieses Verfahren aber zu Recht hoch angelegt. Zur Abwahl ist notwendig, dass mehr als die Hälfte der Wahlberechtigten für den Abwahlvorschlag stimmt. Das Initiativrecht zur Einleitung dieses Verfahrens kommt sowohl dem Gemeinderat als auch den Wahlberechtigten selbst zu. Anfangs geäußerte Kritik, dass es sich bei der Abwahlmöglichkeit nur um ein

Scheinrecht handele, war bald widerlegt. Ein erfolgreiches Abwahlverfahren in Görlitz zeigte, dass selbst in kreisfreien Städten solche Mehrheiten mobilisiert werden können. Gegenüber der Situation unter der Kommunalverfassung vom 17. Mai 1990 war nun aber eine entscheidende Verbesserung gelungen. Es war erreicht, dass die Amtsinhaber in einer siebenjährigen Amtszeit gemeinsam mit dem Rat in einer rechtlich klar gesicherten Position kommunalpolitische Zielvorstellungen nicht nur formulieren, sondern tatsächlich umsetzen konnten. Eine weitere Forderung des Bürgermeistervereins war, dass das Kommunalwahlgesetz dahingehend geändert wird, dass Amtsinhaber bei der Bewerbung um ihre Wiederwahl weder der Aufnahme in den Wahlvorschlag einer Partei noch einer Anzahl von Unterstützungsunterschriften bedürfen. Ziel dieser Forderung war eine größere Unabhängigkeit des volksgewählten Bürgermeisters von Mehrheitsverhältnissen im Rat zu erreichen. Diese Forderung blieb beim Landesgesetzgeber lange ungehört und wurde erst nach mehr als zehn Jahren nach Einführung der Sächsischen Gemeindeordnung in das Kommunalwahlgesetz aufgenommen.

3.4 Versorgungssituation

Mangels eines vorhandenen Landesbeamtengesetzes waren die sächsischen Bürgermeister Angestellte, die zwar entsprechend vergütet wurden, aber wie jeder Angestellte normal sozial versichert waren. Schied ein Bürgermeister vor Erreichen der Altersgrenze, gleich aus welchem Grund aus dem Dienst aus, dann blieb, sofern er nicht eine andere berufliche Tätigkeit fand, nur der Weg zum Arbeitsamt. Folglich musste der Verein sächsischer Bürgermeister sich zunächst für ein Landesbeamtengesetz einsetzen, damit die Bürgermeister statusrechtlich kommunale Wahlbeamte werden und Versorgungsansprüche erlangen konnten. Hier ging es um kein Privileg, was manche vorwarfen, sondern um die Gleichbehandlung kommunaler Wahlbeamter in Deutschland.

Einen ersten Schritt ging der Landesgesetzgeber erst im September 1992 mit In-Kraft-Treten eines kommunalbeamtenrechtlichen Vorschaltgesetzes. Danach konnten Bürgermeister auf ihren Antrag hin aus dem Angestelltenverhältnis in ein öffentlich-rechtliches Dienstverhältnis als kommunale Wahlbeamte überführt werden. Für die Gewährung der Beihilfen und der Versorgung war der Kommunale Versorgungsverband Sachsen zuständig, der durch Gesetz mit Wirkung zum 1. Januar 1993 errichtet wurde und bei dem alle sächsischen Kommunen Pflichtmitglieder waren. Überraschenderweise machten von der Möglichkeit einer „freiwilligen Verbeamtung" die Bürgermeister nur recht zögerlich und zu einem geringen Teil Gebrauch. Zum einen spielten dabei das in den neuen Ländern verbreitete negative Image der Verbeamtung eine Rolle, zum anderen zeigte sich erst später, dass vielen die negativen Konsequenzen für die Erlangung von Versorgungsansprüchen durch den Verzicht auf die Verbeamtung nicht klar war. Erst mit der Neuwahl im Sommer 1994 wurden alle Bürgermeister kraft Gesetz kommunale Wahlbeamte.

Dr. Hans-Christian Rickauer

Es fällt nicht schwer, zahlreiche Äußerungen von Mitgliedern der Sächsischen Staatsregierung aus den frühen 90er Jahren zu finden, die den Mut und die Einsatzbereitschaft der „Frauen und Männer der ersten Stunde" lobten, ihnen versicherten, dass man sie nie fallen lassen werde, ihnen keine Nachteile durch den Weggang aus ihren zuvor ausgeübten Berufen entstehen würden usw. Vielfach wurden derartige Bekundungen von den Betroffenen als Garantie für eine Übernahme in den Staatsdienst missverstanden. Die tatsächliche Situation stellte sich anders dar. Erstens ließen die allgemein im Juni 1994 anstehenden Kommunalwahlen erwarten, dass nur ein Teil der Amtsinhaber erneut gewählt würde und zweitens reduzierte sich durch die Kreisgebietsreform und die Freiwilligkeitsphase der Gemeindegebietsreform sowie die Einschränkung der Sächsischen Gemeindeordnung für die Hauptamtlichkeit des Bürgermeisters in der Regel für Gemeinden ab 3 000 Einwohner deutlich die Zahl der zu besetzenden Stellen. Von einer Übernahme in den Staatsdienst war keine Rede mehr. Bald zeigte sich dem Vorstand des Vereins sächsischer Bürgermeister, dass in der Mitgliederschaft eine erhebliche Beunruhigung über die eigene berufliche Zukunft bestand. Tatsächlich war die Angst vorhanden, nach vier Jahren Engagement für die Stadt oder Gemeinde plötzlich selbst arbeitslos zu sein. Trotz des intensiven Einsatzes von berufsständischer Vertretung und Spitzenverbänden brachte die Beamtenversorgungs-Übergangs-Änderungsverordnung nur eine Teillösung und zwar dergestalt, dass für jene, die beim Ausscheiden aus dem Amt die volle vierjährige Amtszeit nach der Kommunalverfassung zurückgelegt und das 50. Lebensjahr vollendet haben, die Wartezeit des Beamtenversorgungsgesetzes als erfüllt gilt, d. h. sie Anspruch auf eine Grundversorgung haben. Alle anderen erhielten ein Übergangsgeld in Höhe des Sechsfachen ihrer monatlichen Dienstbezüge. Nach Bekundungen gegenüber dem Vereinsvorstand fühlten sich zahlreiche Bürgermeister, die 1990 ohne viele Fragen sich der Kommunalpolitik zur Verfügung gestellt hatten und in aufmunternden Reden verbindliche Zusagen gesehen hatten, bitter enttäuscht.
Im Vorstand des Vereins sächsischer Bürgermeister war man sich sehr schnell darüber klar, dass die Amtsinhaber zum Zweck der eigenen Lebensplanung umfassend über die eigene beamten- und versorgungsrechtliche Situation unterrichtet sein mussten. Nur so ließ sich vermeiden, dass man sich gutgläubig, die eigene Zukunft abgesichert glaubend, ausschließlich kommunalen Aufgaben widmete. Gemeinsam mit dem Kommunalen Versorgungsverband Sachsen organisierte daher der Verein sächsischer Bürgermeister sowohl in den Regionen als auch auf Landesebene zahlreiche Informationsveranstaltungen, die durchgängig gut besucht waren und ein positives Echo fanden. Durch die Erfahrungen der ersten Jahre war klar geworden, dass man sich auch als Bürgermeister nicht ausschließlich auf die Probleme seiner Gemeinde konzentrieren und im Übrigen darauf vertrauen konnte, dass der Staat einem die Sorge um die persönliche und berufliche Zukunft abnimmt. In der ersten Amtszeit nach der Sächsischen Gemeindeordnung von 1994 bis 2001 gelang es dem Verein sächsischer Bürgermeister dann zu erreichen, dass das Sächsische Beamtengesetz den unter der Kommunalverfassung der DDR Gewählten nach einer weiteren Amtszeit den Eintritt in den Ruhestand ermöglichte und eine Unterbrechung der Amtszeit in der Freiwilligkeitsphase

Kommunale Kooperationen

der Gemeindegebietsreform nicht zur Nichtigkeit von Ruhegehaltsansprüchen führte. Offen blieb aber weiterhin die Frage der vollen rechtlichen Gleichstellung der kommunalen Wahlbeamten in den alten und neuen Ländern, für die sich der Verein seit der Gründung der Bundesvereinigung der kommunalen Wahlbeamtenverbände im Jahre 1998 einsetzt.

4. Der Kommunale Versorgungsverband Sachsen und seine Zusatzversorgungskasse

4.1 Entstehung des KVS

Am 13. Oktober 1992 verabschiedete der Sächsische Landtag das Gesetz über den Kommunalen Versorgungsverband Sachsen, das am 1. Januar 1993 in Kraft trat. Die Wurzeln des KVS reichen jedoch weiter zurück. Bereits am 11. März 1991 hatte das Präsidium des Sächsischen Städte- und Gemeindetages (SSG) die Gründung eines „KVS" als Verein beschlossen. Hintergrund dieser Vereinsgründung war zum einen die durch den Einigungsvertrag grundsätzlich geschaffene Möglichkeit, in den neuen Bundesländern Beamte zu ernennen. Allerdings waren tatsächliche Verbeamtungen in den Kommunen noch nicht möglich, da das als Übergangsrecht geltende Beamtenrecht des Bundes für den kommunalen Bereich keine Regelungen vorsieht. Aus dem Einigungsvertrag ergab sich die Pflicht des Landesgesetzgebers, bis zum 31. Dezember 1992 ein Landesbeamtengesetz zu erlassen. Besonders im Hinblick auf die kommunalen Wahlbeamten, die noch immer im Angestelltenverhältnis ihr Amt ausübten, forderte der Spitzenverband ein rasches Handeln. Zum andern lag ein Grund für den Präsidiumsbeschluss in der politisch richtigen Überlegung, dass mit der Verbeamtung kommunaler Bediensteter von den kommunalen Dienstherren die entsprechenden versorgungs- und beihilferechtlichen Ansprüche erfüllt werden mussten, deren Finanzierung im Unterschied zu Bund und Ländern nicht aus dem laufenden Haushalt der Gemeinden und Landkreise erfolgt.
Die rechtlichen Voraussetzungen für Verbeamtungen schuf das Land schließlich mit dem am 15. September 1992 in Kraft getretenen Kommunalbeamtenrechtlichen Vorschaltgesetz. Bis dahin war die Zeit zur Vorbereitung der Gründung des Kommunalen Versorgungsverbandes Sachsen im Sinne einer leistungsfähigen Solidargemeinschaft der „kommunalen Familie" als Körperschaft des öffentlichen Rechts genutzt worden. Dabei hat der Kommunale Versorgungsverband Baden-Württemberg (KVBW) umfassende Unterstützung bei der Gründung und beim Aufbau des KVS geleistet.
Bereits kurz nach der Gründung des Vereins „KVS" bat der SSG mit Landesvorstandsbeschluss vom 5. April 1991 den KVBW um Unterstützung beim Aufbau eines sächsischen Versorgungsverbandes. Diese erste Hilfe reichte von der Unterstützung beim Entwurf eines Sächsischen Versorgungskassengesetzes bis zur Qualifikation von Mitarbeitern. Bereits am 1. No-

vember 1991 konnten die ersten 15 sächsischen Mitarbeiter beim KVBW in Karlsruhe ihre Ausbildung und Einarbeitung beginnen.
Allein bei dieser ersten „Anschubhilfe" sollte es nicht bleiben. Besonders in den ersten Jahren nach dem In-Kraft-Treten des Gesetzes über den KVS hat sich der KVBW als Partner erwiesen, der einerseits den Aufbau des KVS in die Hand genommen und andererseits auf eine möglichst schnelle organisatorische Selbstständigkeit des sächsischen Versorgungsverbandes hingearbeitet hat. Die Maxime der Aufbauarbeit war, den KVS „so gut und so schnell als möglich" in seine Selbstständigkeit zu entlassen. Grundlage dieser engen und effizienten Aufbauhilfe war eine Verwaltungsvereinbarung zwischen dem KVS und dem KVBW, welcher der Verwaltungsrat des KVS in seiner konstituierenden Sitzung am 1. Dezember 1992 zugestimmt hatte. Damit wurde die rechtliche Grundlage für die Aufbauarbeit geschaffen. Auf dieser Basis nahm zunächst der KVBW die Geschäfte für den KVS wahr und die Direktoren des KVBW waren in Personalunion Direktoren des KVS (d. h. bis zum 30. September 1993 Direktor Erwin Nagel und bis zum 31. Dezember 1996 Direktor Armin Schmitt).

4.2 Aufbau des KVS

Nach dem Gesetz über den Kommunalen Versorgungsverband Sachsen, das grundsätzlich eine Pflichtmitgliedschaft vorsieht, ist es Aufgabe des KVS die Versorgung der Beschäftigten und ihrer Hinterbliebenen sowie die Gewährung der Beihilfen für die Angehörigen seiner Mitglieder zu gewährleisten. Die Finanzierung dieser Leistungen erfolgt ausschließlich durch Umlagen, die seine Mitglieder erbringen. Die Zahl der Angehörigen des KVS – zu denen insbesondere die kommunalen Beamten gehören – stieg in den ersten vier Jahren rasch auf über 3 000, zumal ab dem 1. August 1994 alle sächsischen Landräte und Bürgermeister kraft Gesetz kommunale Wahlbeamte waren.
Den ersten Versorgungsfall hatte das Sachgebiet Beamtenversorgung bereits Anfang 1994 zu verzeichnen. Mit den Wahlen der Bürgermeister und Landräte im Jahre 1994 stieg diese Zahl sprunghaft auf rund 150, da eine Vielzahl von Landräten, Bürgermeistern und Beigeordneten, die nicht wiedergewählt wurden, mit einem Anspruch auf Unterhaltsbeitrag nach den Vorschriften der Beamtenversorgungs-Übergangsverordnung ausschied. Jedoch auch das Sachgebiet Beihilfe wurde von Anfang an für die Mitglieder und Angehörigen des KVS tätig. 1993, im ersten Jahr des Bestehens des Versorgungsverbandes, waren bereits 228 Anträge zu verbescheiden, 1994 hatte sich diese Zahl nahezu versiebenfacht. Seit dem 1. Juli 1993 übernahm der KVS auch die Gewährung von Heilfürsorge an die Feuerwehrbeamten seiner Mitglieder.
Seither entwickelte sich der KVS kontinuierlich weiter. Ende 2004 betrug die Zahl seiner Angehörigen 3 986, davon 658 Versorgungsempfänger, für die 14 752 910 Euro Versorgungsleistungen im Jahr gezahlt wurden. Die in manchen Augen geringe Zahl der Angehörigen ist auf eine restriktive Verbeamtung durch die sächsischen Kommunen zurückzuführen. In vielen Ge-

Kommunale Kooperationen

meinden, Städten und Landkreisen gibt es neben den kommunalen Wahlbeamten keine oder nur wenige Laufbahnbeamte. In der ersten Zeit wurden alle diese Aufgaben im Rahmen der Geschäftsbesorgung vom KVBW von Karlsruhe aus übernommen, allerdings zum großen Teil von den zur Einarbeitung nach dort entsandten sächsischen Mitarbeitern. In Sachsen selbst gab es zunächst in Dresden nur eine „Ein-Raum-Anlaufstelle" für gelegentliche Beratungen in dem Bürogebäude an der Winterbergstraße. Ein erster wichtiger Schritt in Richtung organisatorischer Selbständigkeit wurde im Mai 1995 mit der Anmietung von Büroräumen im Gebäude des Sächsischen Landkreistages am Käthe-Kollwitz-Ufer in Dresden getan. Damit konnten laufende Geschäfte erstmals direkt vor Ort abgewickelt werden.

4.3 Der Weg in die organisatorische Selbständigkeit als moderner Dienstleister der „kommunalen Familie"

Als Körperschaft des öffentlichen Rechts braucht der KVS, um handlungsfähig zu sein, Organe, d. h. Verwaltungsrat und Direktor. Hauptorgan ist der aus dem Vorsitzenden und zwölf weiteren Mitgliedern bestehende Verwaltungsrat, dessen konstituierende Sitzung, wie bereits erwähnt, am 1. Dezember 1992 im damaligen Verwaltungsgebäude des SSG stattfand. Seitdem übt der Oberbürgermeister der Großen Kreisstadt Limbach-Oberfrohna, Dr. Hans-Christian Rickauer, das Amt des Verwaltungsratsvorsitzenden aus. Entsprechend der getroffenen Verwaltungsvereinbarung, die am 31. Dezember 1996 endete, waren bis dahin Erwin Nagel und Armin Schmitt als Direktoren des KVBW in Personalunion zugleich Direktoren des KVS. Fiel in die Amtszeit von Direktor Nagel vor allem die Vorbereitung, Gründung und Aufnahme der ersten Tätigkeit des KVS, oblag Armin Schmitt als Direktor, den KVS auf seine organisatorische Selbstständigkeit vorzubereiten und zu ihr hinzuführen. Hierzu gehörten hauptsächlich die Eröffnung einer festen Geschäftsstelle in Dresden, die Einführung der Zusatzversorgung und Vorüberlegungen für den Bau eines Verbandsgebäudes als Voraussetzung für die Verlagerung der gesamten Geschäftstätigkeit in die sächsische Landeshauptstadt sowie die Vorbereitung für die Wahl eines eigenen Direktors des KVS. In seiner Sitzung am 24. April 1996 hat der Verwaltungsrat einstimmig den damaligen Ministerialrat im Sächsischen Staatsministerium des Innern und Leiter des Referates kommunales Verfassungs- und Dienstrecht, Roland Krieger, zu seinem ersten eigenen Direktor gewählt. Mit seinem Dienstantritt am 1. Januar 1997 war dann auch die organisatorische Selbständigkeit des KVS grundsätzlich erreicht.

Mit dem Ziel, den Mitgliedern, Angehörigen und Versicherten den KVS als modernen kommunalen Dienstleister und Partner schnell und umfassend vor Ort zur Seite zu stellen, nahm Direktor Krieger den weiteren Aufbau der Verwaltung in Dresden gewissermaßen als „Chefsache" energisch in die Hand. Bereits Ende 1997 hatte der KVS mit seiner ZVK 43 Mitarbeiter und stellte erstmals zwei Ausbildungsplätze zur Verfügung. Die Jahre 1997 und 1998 wurden auch zur Einführung eines modernen Vermögensanlagemanagements und einer zeitgemäßen Finanzwirtschaft genutzt. Noch 1997 konnten vom Verwaltungsrat und Verwaltungsausschuss Anlagerichtlinien für das Vermögen beschlossen werden, die zuvor in Abstimmung mit der Rechtsaufsichtsbehörde und dem Rechnungshof erarbeitet worden waren. Durch eine „Rahmenvereinbarung über eine EDV-Kooperation" mit dem KVBW und der Mitgliedschaft des KVS im Arbeitskreis Hessen-Südwest, einem bundesweiten EDV-Verband verschiedener kommunaler Versorgungskassen, wurde die Entwicklung des EDV-Bereichs auf eine solide Grundlage gestellt. Die gewachsene Stellung des KVS wird auch in seiner Gründungsmitgliedschaft des Vereins „Arbeitsgemeinschaft kommunale und kirchliche Altersversorgung" (AKA) e. V. deutlich, in dessen Lenkungsausschuss, dem ständigen Beschlussorgan, Direktor Krieger seit 1997 Mitglied ist, sowie in dessen Bestellung zum stellvertretenden Leiter der Fachvereinigung Beamtenversorgung ab 1. Januar 2002.

4.4 Die Zusatzversorgungskasse des KVS

Nach langen Verhandlungen wurde zwischen den Tarifparteien des öffentlichen Dienstes am 3. Mai 1995 grundsätzliches Einvernehmen darüber erzielt, die Zusatzversorgung mit Wirkung zum 1. Januar 1997 auch in den neuen Bundesländern einzuführen. Entsprechend seiner gesetzlichen Verpflichtung hat der KVS mit der Errichtungssatzung vom 18. Oktober 1995, die mit Wirkung zum 1. Januar 1996 in Kraft trat, eine Zusatzversorgungskasse (ZVK) für die Arbeitnehmer des öffentlichen Dienstes geschaffen. Rechtlich gesehen ist sie eine nicht selbständige Sonderkasse des KVS, für deren Angelegenheiten der Verwaltungsrat in seiner Sitzung am 26. November 1996 einen Verwaltungsausschuss bildete, in dem der Verwaltungsratsvorsitzende ebenfalls den Vorsitz führt. Zur Beratung in Angelegenheiten der Umlagegemeinschaft der Sparkassen, des OSGV sowie deren Einrichtungen wurde bald ein Sparkassenbeirat gebildet. Ihre Tätigkeit nahm die ZVK des KVS im März 1996 zunächst von Karlsruhe aus auf, da man beschlossen hatte, auch hier auf die bereits bewährte Hilfe des KVBW zurückzugreifen. Allerdings sind dort bereits im Frühjahr 1996 sieben sächsische Mitarbeiter eingestellt worden, die nach entsprechender Einarbeitung die Geschäfte der ZVK des KVS in Karlsruhe wahrgenommen haben.
Im Gegensatz zum KVS kennt die ZVK keine Pflichtmitgliedschaft, allerdings sind Arbeitgeber mit Tarifbindung zu entsprechender Gestaltung der arbeitsrechtlichen Regelungen verpflichtet, der sie grundsätzlich nur durch Erwerb der Mitgliedschaft bei der ZVK Rechnung tragen können. So sind Mitglieder der ZVK die sächsischen Kommunen, Verwaltungs- und Zweckverbände, die Sparkassen sowie die AOK. Unter bestimmten Voraussetzungen können aber auch juristische Personen des privaten Rechts die Mitgliedschaft bei der ZVK erwerben. Bereits Ende 1996 lagen rund 900 Anträge auf Erwerb der Mitgliedschaft in der ZVK vor, d. h. etwa 90 % der Arbeitgeber des kommunalen Kernbereichs. Bis Ende 1997 stieg der Mitgliederbestand auf 1 160. Durch die Auswirkungen der Gemeindegebietsreform sank naturgemäß die Zahl der Mitglieder bis zum Ende des Folgejahres auf 904 und

betrug nach Neuaufnahmen im Jahre 2005 ca. 1000. Die Zahl der Pflichtversicherten reduzierte sich seit 1997 von rund 140 000 bis Dezember 2004 auf 110 471. Ursächlich für den Rückgang der Pflichtversicherten ist aber nicht die Gemeindegebietsreform, sondern der allgemeine Stellenabbau sowie umfangreiche Privatisierungen im öffentlichen Dienst. Die Zahl der beitragsfreien Versicherten betrug 52 777. Zum gleichen Zeitpunkt gab es bei der ZVK bereits 14 483 Rentenempfänger und die Summe der Auszahlungsbeträge betrug 9 903 000 EURO. Neben der Gewährung von Renten ist ein wesentlicher Bestandteil der Tätigkeit der ZVK die Erteilung von Auskünften über die Höhe bestehender Anwartschaften auf Rente.

Für alle bestehenden Versorgungssysteme zeichnet sich seit Jahren ein starker Anstieg künftiger Versorgungslasten ab. Vor diesem Hintergrund hatten sich sowohl der KVS als auch seine ZVK die Aufgabe gestellt, die künftigen Belastungen versicherungsmathematisch bewerten zu lassen, um frühzeitig ausreichend Vorsorge treffen zu können. Auf dieser Grundlage wurde die Einsicht bestätigt und die Entscheidung getroffen, dass eine frühzeitig praktisch zunehmende Ansammlung von Kapital der richtige Weg ist, um Vorsorge für künftige Versorgungslasten zu treffen. Ziel war für den KVS und seine ZVK dabei letztendlich eine Verstetigung des Umlagesatzes.

Mit der durch die Tarifparteien 2001 getroffenen Entscheidung, das bestehende Zusatzversorgungssystem durch ein neues, so genanntes „Punktemodell" zu ersetzen, wurde es erforderlich, die Finanzkonzeption der ZVK nochmals auf den Prüfstand zu stellen. Die Ergebnisse einer erneut durchgeführten versicherungsmathematischen Untersuchung ermöglichten einen exakten Überblick über die finanzielle Situation der ZVK. Im Ergebnis stellte sich als optimale Lösung die Ausfinanzierung der Verpflichtungen aus dem bisherigen System und der Einstieg in ein kapitalgedecktes Finanzierungssystem für die Anwartschaften und Ansprüche aus dem Punktemodell heraus. Zwar bedeutete das für die Mitglieder der ZVK einen nur schwer zu ertragenden sprunghaften Anstieg finanzieller Leistungen, ein geringerer Beitragssatz hätte aber zu zeitlich längeren Umlagen geführt, für die zusätzlich Pauschalsteuern und Sozialversicherungsbeiträge anfielen. Letztlich im langfristigen Interesse der Mitglieder wurde vom Verwaltungsausschuss dem Gutachten und Vorschlag der Verwaltung gefolgt. Mit diesem zukunftsfähigen neuen Finanzierungskonzept ist im Interesse der Mitglieder der ZVK bestmöglich Sorge getragen worden, dass die Finanzierung der Leistungsverpflichtungen dauerhaft planbar und berechenbar ist und zu sicherer Kalkulation für die haushalterischen Überlegungen der Mitglieder führt.

4.5 Die Errichtung eines eigenen Verbandsgebäudes

Von Anfang an war klar, dass die im Mai 1995 angemieteten Räume im Gebäude des Sächsischen Landkreistages nur eine Zwischenlösung für den KVS darstellen konnten. Mit dem weiteren Aufbau der Verwaltung wurden für eine Außenstelle am Schillerplatz in Dresden zusätzliche Räume angemietet. Dieses neue Provisorium machte die Lösung des Raumbedarfs durch die Schaffung eines eigenen Verbandsgebäudes nur noch dringlicher, zumal

Dr. Hans-Christian Rickauer

die ZVK des KVS noch von Karlsruhe aus agierte. In einer gemeinsamen Sitzung trafen am 14. Mai 1997 Verwaltungsrat und Verwaltungsausschuss die einstimmige Entscheidung für ein eigenes Verbandsgebäude. Verwaltungsrat, Verwaltungsausschuss und Direktor waren sich einig, dass der KVS und seine ZVK ihre Aufgaben als kommunaler Dienstleister am besten und angemessensten in einem eigenen Verbandsgebäude erbringen könnten. Die Umsetzung dieses Beschlusses wurde mit großer Umsicht und Sorgfalt vollzogen. Das nahm durchaus auch Zeit in Anspruch, die mit der Suche nach einem geeigneten Grundstück, entsprechenden Planungen und Verhandlungen ausgefüllt war. Am 19. Januar 1999 konnte der Verwaltungsausschuss auf Empfehlung des Bauausschusses, der eigens für dieses Vorhaben gebildet wurde, beschließen, das Grundstück Marschnerstraße/Ecke Holbeinstraße mit einem darauf zu errichtenden Verbandsgebäude zu erwerben. Jetzt war der Weg für ein eigenes Dienstgebäude in Dresden endlich frei. Die Bauziele waren ehrgeizig gesteckt. Fertigstellungstermin war vertragsgemäß der 30. Oktober 2000. Damit verblieb mit Vertragsabschluss im Mai 1999 eine Bauzeit von 17 Monaten. Das als unmöglich Geglaubte wurde erreicht. Am 23. November 1999 war die Grundsteinlegung und im Rahmen einer Bauausschusssitzung konnte am 30. Oktober 2000 termingerecht die feierliche Schlüsselübergabe vollzogen werden. Im November bezogen die Mitarbeiter des KVS stolz ihr neues Dienstgebäude und Anfang Dezember 2000 konnten endlich die Mitarbeiter der ZVK, die bis dahin ihren Dienst in Karlsruhe versehen hatten, einziehen. Der KVS und seine ZVK waren endlich unter einem gemeinsamen Dach zu Hause und konnten für Mitglieder, Angehörige, Versicherte, Versorgungsempfänger und Rentner alle Dienstleistungen „aus einer Hand" erbringen.
Die feierliche Einweihung des Verbandsgebäudes fand dann nach „Inbetriebnahme" am 29. Mai 2001 in einem würdigen und festlichen Rahmen statt. Den Festvortrag hielt als Ehrengast der Ministerpräsident des Freistaates Sachsen Prof. Dr. Kurt Biedenkopf zum Thema „Zukunftssicherung im Alter – die Sozialversicherungssysteme im Umbruch". Dabei verdeutlichte er einmal mehr die ungünstige demografische Entwicklung in Deutschland und die damit einhergehenden Probleme der Finanzierung der künftigen Alterssicherung. Sogleich wies er hinsichtlich der Alterssicherung im Bereich des öffentlichen Dienstes auf die Bedeutung des KVS im Freistaat Sachsen und seine Stellung im Bundesgebiet als größte Versorgungskasse in den neuen Bundesländern hin.
Als weiteres „Mitglied der kommunalen Familie" zog noch im Jahre 2001 der Kommunale Arbeitgeberverband e. V. (KAV) als Mieter in das neue Verbandsgebäude ein. So konnte sich die vertrauensvolle Zusammenarbeit beider kommunalen Verbände weiter intensivieren.

Schlussbemerkung

Seit der Gründung des KVS sind nunmehr über zwölf Jahre vergangen. Er hat sich seitdem nicht nur zu einer organisatorisch selbständigen Behörde, sondern zu einem im Freistaat Sachsen geschätzten Dienstleister für seine Mitglieder, Angehörigen, Versicherten und Rentner entwickelt. Er wird über die Grenzen des Freistaates hinaus auch geschätzt für seine kompetente Mitarbeit in bundesweiten Vereinigungen und Verbänden. Dabei gibt es für den KVS und seine ZVK keinen Stillstand. Aktiv bringt er sich auch weiter als Dienstleister im Interesse seiner Mitglieder ein. So nimmt er nach einer entsprechenden Änderung des Sächsischen Versorgungskassengesetzes über sein bisheriges Leistungsspektrum hinaus seit dem 1. Januar 2005 auch die Bezügegewährung und die Aufgaben der Familienkasse im Auftrag seiner Mitglieder wahr, sofern diese es wünschen. Von ihm wird auch in Zukunft großes Engagement für die sächsischen Kommunen zu erwarten sein.

5. Zweckverband Datenverarbeitung in Südsachsen (DVS) als Beispiel kommunaler Zusammenarbeit im IT-Bereich

5.1 Auf dem Weg zur Verbandsgründung

Städte und Gemeinden standen 1990 allesamt vor der Herausforderung, Verwaltungen zu installieren, die rechtskonforme, zweckmäßige und effiziente Aufgabenerledigung sicherstellen. Dafür mussten auch zahlreiche technische Voraussetzungen geschaffen werden. Ein wichtiges Hilfsmittel war die EDV. Zurückgegriffen werden konnte dabei auf die Datenverarbeitungszentren der Bezirke der früheren DDR, die sich hierfür anboten. Daneben gab es uneigennützige oder eigennützige Angebote aus den alten Bundesländern. Diese reichten von Anbietern zentraler Verfahren, wie die der AKDB und der DZBW, bis hin zu privaten Anbietern von autonomen Lösungen. Für eine Reihe von Anbietern waren die neuen Bundesländer verständlicherweise auch ein interessanter Markt.
Seitens des Sächsischen Städte- und Gemeindetages wurde aus unterschiedlichen Gründen von Anfang an eine Lösung favorisiert, die unter Einbeziehung der Datenverarbeitungszentren der früheren DDR und mit Unterstützung der DZBW zur Gründung von Datenverarbeitungszweckverbänden in den drei Regierungsbezirken nach baden-württembergischem Vorbild unter Anwendung erprobter überwiegend zentraler IT-Verfahren führen sollte. So wurde im Regierungsbezirk Chemnitz nach Abstimmung mit der Geschäftsstelle des SSG von der Bürgermeisterin der Gemeinde Auerswalde Ines Kunze, für den 8. Juli 1991 zu einer „ersten Beratung des Arbeitsstabes zur Vorbereitung der Gründung eines kommunalen Datenverarbeitungszentrums in Chemnitz" eingeladen. Teilnehmer dieser Beratung waren Vertreter von Städten und Gemeinden aus dem Regierungsbezirk, des Sächsischen Städte- und Gemeindetages und der Complex GmbH aus Chemnitz, die aus dem früheren Datenverarbeitungszentrum des Bezirkes Karl-Marx-Stadt hervorgegangen war und die EDV-Leistungen für eine Reihe von Kommunen erbrachte. Bei dieser Zusammenkunft wurde die weitere Vorgehensweise

Dr. Hans-Christian Rickauer

besprochen. Ziel war die Anwendung des sogenannten „Dresdner Modells" auf die Regierungsbezirke Leipzig und Chemnitz. Dieses Modell bestand darin, dass die Kommunen einen Zweckverband bildeten, der zur Erledigung der Rechnerleistung sich der früheren Datenverarbeitungszentren als Rechenzentrum bediente. Softwareseitig sollten die Zentralen von der DZBW entwickelten Verfahren übernommen werden. Um diesen Prozess in Gang zu bringen, sollte ein kommunaler Beirat gebildet werden, dessen Legitimation über den SSG durch die Kreisverbände erfolgte.

Bereits zu diesem Zeitpunkt zeichnete sich aber auch ab, dass die Absicht des SSG, alle Städte und Gemeinden durch Beitritt zu den drei Datenverarbeitungszweckverbänden in den Regierungsbezirken Chemnitz, Leipzig und Dresden flächendeckend zur Anwendung der DZBW-Verfahren zu bewegen und so eine einheitliche Datenverarbeitungslandschaft aufzubauen, kaum umsetzbar wäre. Zum einen hatte sich ein Großteil der Landkreise bereits für Verfahren der AKDB entschieden und warb seinerseits um Mitwirkung der kreisangehörigen Kommunen, zum anderen war es den Anbietern autonomer Verfahren aus unterschiedlichen Gründen gelungen, einen nicht geringen Teil des Marktes für sich zu gewinnen. So war bereits zu diesem Zeitpunkt vorprogrammiert, dass es zu einer sehr inhomogenen Datenverarbeitungslandschaft auf kommunaler Ebene in Sachsen kommen würde.

Nichtsdestoweniger traf sich ein acht Mitglieder zählender kommunaler Beirat am 9. August 1991 in der Gemeinde Reinsdorf zu seiner konstituierenden Sitzung, zu dessen Vorsitzendem der Bürgermeister von Limbach-Oberfrohna, Dr. Hans-Christian Rickauer, gewählt wurde. Erstes Bemühen des Beirates war es, die Basis für die Gründung eines Zweckverbandes zu erweitern. Zu diesem Zweck wurden durch den Beirat und das Rechenzentrum Complex GmbH zahlreiche Gespräche vor allem mit Bürgermeistern und Hauptamtsleitern der Städte und Gemeinden geführt. Im Verlauf dieser Gespräche bis weit in den Herbst 1991 musste festgestellt werden, dass bei den Landkreisen wie erwartet kein Interesse an der Beteiligung am so genannten „Dresdner Modell" bestand und die Resonanz bei den Städten und Gemeinden, die bislang andere Rechnerleistungen als die der Complex GmbH nutzten, eher verhalten war. Dennoch entschloss man sich noch 1991 mit der Vorbereitung zur Gründung eines Zweckverbandes zu beginnen. Diese Aktivitäten wurden allerdings 1992 unterbrochen, da sich unerwartet die Frage nach der Zukunft der Rechenzentren in den Vordergrund drängte. Ursache dafür war, dass das Sächsische Meldegesetz bestimmte, dass Meldedaten nur von privaten Unternehmen bearbeitet werden dürfen, in denen der Mehrheitsgesellschafter der Rechtsaufsicht des Freistaates Sachsen untersteht. Folge war, dass nun unterschiedliche Modelle für die Überführung der Rechenzentren in mehrheitlich öffentlich-rechtliche Hand diskutiert wurden. Verständlicherweise war diese Entwicklung für eine Vereinheitlichung der kommunalen Datenverarbeitung eher hinderlich, da sich die Anwender autonomer Verfahren nun auf der „rechtlich sicheren Seite" sahen. Obwohl die Frage der Übernahme von Gesellschaftsanteilen durch die öffentlich-rechtliche Hand bis 1993 noch nicht geklärt werden konnte, wurden am Anfang des Jahres die Aktivitäten zur Vorbereitung der Verbandsgründung verstärkt.

Kommunale Kooperationen

Am 2. Juni 1993 fand in Limbach-Oberfrohna die Gründungsversammlung des Zweckverbandes „Datenverarbeitung in Südsachsen (DVS)" statt, auf der 36 Gemeinden die Verbandssatzung beschlossen. Dr. Brandel, der Vorsitzende der Datenzentrale Baden-Württemberg, die die Vorbereitungen begleitet und unterstützt hatte, bezeichnete in einem Grußwort den Gründungsakt als politisches Signal über den Regierungsbezirk Chemnitz hinaus, da in den Regierungsbezirken Leipzig und Dresden die ebenfalls angestrebte Gründung der Zweckverbände noch nicht erfolgt war.

5.2 Zum kommunalen Datennetz und Virtuellen Rathaus

Zunächst änderte sich mit der Gründung des DVS nach außen wenig. Um tatsächlich tätig zu werden, musste eine Geschäftsstelle aufgebaut werden und zwar sowohl räumlich als auch personell. Geschäftsräume wurden schließlich 1994 in Limbach-Oberfrohna gefunden. Es handelte sich um ein ehemaliges Fabrikgebäude, das in ein Bürohaus umgenutzt wurde. In ihm waren auch andere Dienstleistungsunternehmen eingemietet. Vorteilhaft war die räumliche Nähe zwischen Geschäftsstelle und Verbandsvorsitzendem, der seit Gründung des DVS der Bürgermeister bzw. Oberbürgermeister von Limbach-Oberfrohna war. Nach einer Interimslösung in der Aufbauphase wurde zum 1. April 1995 Brigitta Steinborn als Geschäftsführerin bestellt. Diese Berufung war eine für den Verband positive Personalentscheidung, da sie, aus dem Unternehmen GEK Complex kommend, bestens sowohl mit den Verfahren als auch mit den kommunalen Anwendern vertraut war. Sie prägte das Image des DVS als kompetenten IT-Dienstleister und gewann schnell ein Team gut befähigter und hochmotivierter Mitarbeiter, das in der zweiten Jahreshälfte 1995 seine Tätigkeit aufnahm. So entstand weiteres Vertrauen in den DVS und Ende 1995 war die Zahl der Mitglieder auf über 70 gestiegen. Daneben gab es auch Verfahrensanwender, die nicht Zweckverbandsmitglieder waren.
Inzwischen war eine gute Kooperation mit den Datenverarbeitungszweckverbänden in Leipzig (ZKDW) und Dresden (KDO) entstanden. Daher entschloss man sich bei der Suche nach einem öffentlich-rechtlichen Rechenzentrum für die Verfahrensabarbeitung eine gemeinsame Problemlösung zu finden. Ausgewählt wurde das Rechenzentrum der Stadt Leipzig und am 1. Januar 1996 konnte die Migration von der GEK Complex zum Rechenzentrum Lecos der Stadt Leipzig vollzogen werden, ein Meisterstück der Zweckverbände, das ohne Komplikationen verlief. Die Verfahrensnutzer bemerkten diesen Wechsel weder durch Unterbrechungen noch durch Fehler. Mit dieser gemeinsamen Migration hatten die Beteiligten sächsischer Kommunen gleichzeitig erstmals ein landesweites kommunales Datennetz, das unter dem Namen KIN-S bekannt wurde. Da neben den in Sachsen eingeführten zentralen Verfahren (hauptsächlich zum Personalwesen, Finanzwesen und Einwohnermeldewesen) die Wohngeldstellen, die in den Landkreisen und Städten über 20 000 Einwohner bestanden, betroffen waren, verband das Netz ca. 250 Lokationen mit dem Rechner in Leipzig. Darüber hinaus

Dr. Hans-Christian Rickauer

garantierten die flexiblen Ausbau- und Erweiterungsmöglichkeiten, dass die Bandbreiten der zur Verfügung gestellten Anschlüsse bei gesteigertem Kommunikationsvolumen jederzeit erhöht werden konnten. Auch die Nutzung ergänzender Dienste wie E-Mail Verkehr waren über dieses Netz möglich. Gleichzeitig konnten mit diesem Netz für die angeschlossenen Kommunen Einsparungen von bis zu 20 % realisiert werden, was den kommunalen Haushalten zu Gute kam.
Ihre Aufgabe sahen die Datenverarbeitungszweckverbände aber nicht nur in einer qualitativ hochwertigen Betreuung der Anwender bei den genutzten Verfahren, sondern auch in der Fortentwicklung und im Angebot neuer Dienste wie des elektronischen Formularservice oder der Errichtung des „Virtuellen Rathauses". Bereits im Jahre 2000 arbeitete der DVS bei dem Projekt „Virtuelles Rathaus-Intranet und Bürgernetz Mildenau" ein Teilprojekt von „SALZ – Sachsen lebendige Zukunft" aktiv mit. Das Bürgernetz sollte neue Möglichkeiten der Kommunikation nicht nur zwischen Verwaltungen untereinander, sondern zwischen Gemeindeverwaltungen und Bürgern erschließen. Ziele des Vorhabens waren Bürgerservice („24 Stunden"-Öffnungszeit des Rathauses), Effektivierung intensiver Verwaltungsabläufe, Nutzung des Internets als Marketinginstrument für Gemeinde und Region, Förderung neuer Technologien durch Nutzung von Internet und Intranet sowie Unterstützung regionaler Unternehmen. Dem DVS oblag dabei im Rahmen der E-Bürgerdienste, beispielhaft einen Verwaltungsvorgang medienbruchfrei umzusetzen. Die Lösung besteht hier in der Integration des Web-Auftritts der Gemeinde im offenen weltweiten Netz und der Fachanwendung im geschlossenen Netz der Gemeinde unter Beachtung der Anforderungen an Datenschutz und Datensicherheit. Die Wahl fiel bei diesem Pilotprojekt auf die Meldung des Zählerstandes von Wasser/Abwasser. Die Resonanz der Bürger war überaus positiv. Pro Monat wurden über 1 000 Zugriffe registriert. Noch während an diesem ersten Pilotvorhaben durch den DVS gearbeitet wurde, nahm der Zweckverband das Vorhaben „Virtuelles Rathaus Limbach-Oberfrohna" in Angriff. Ziel dieses Projektes war, alle wichtigen internetfähigen Dienstleistungen online zur Verfügung zu stellen. Nach zahlreichen Vorbereitungen erhielt der DVS 2001 den Auftrag, das Vorhaben in mehreren Stufen zu realisieren. Erster Schritt war eine Verwaltungsdatenbank, die es jedem Besucher des Virtuellen Rathauses ermöglichte, sich über die einzelnen Ämter zu informieren, sich seinen Ansprechpartner herauszusuchen und mit ihm per E-Mail zu kommunizieren. Des Weiteren wurde ein „Lebenslagenführer" erstellt, der sich auf bestimmte Lebenssituationen wie Umzug, Hochzeit u. a. bezieht, und dem Nutzer zeigt, was in dieser Situation berücksichtigt werden muss und ihn gleichzeitig durch Querverweise und Links zu anderen Verwaltungen, Institutionen usw. führt. Für diesen „Lebenslagenführer" war eine intensive Vorbereitung in allen Bereichen der Verwaltung nötig, da jeder Vorgang in seiner Gesamtheit aufgeschlüsselt und nachvollzogen werden musste. Von besonderem Interesse für die Gewerbetreibenden der Stadt ist, dass das Virtuelle Rathaus auch über eine umfassende Branchendatenbank verfügt.
Ziel ist und bleibt eine umfassende medienbruchfreie Kommunikation zwischen Verwaltung und Bürger, für die es derzeit in der öffentlichen Verwaltung noch an rechtlichen Voraussetzungen wie der elektronischen Unter-

schrift mangelt. Daher muss in vielen Fällen z. B. der ausgefüllte Antrag ausgedruckt, unterschrieben und zur Post gegeben werden. Erst wenn der Bürger den Antrag elektronisch stellen und gegebenenfalls mehrere Verwaltungen unterschiedlicher Zuständigkeit daran arbeiten können und anschließend der Bürger elektronisch den Bescheid erhält, werden tatsächlich die Möglichkeiten, die die integrierte Anwendung von Internet und Intranet bietet, vollständig genutzt.
Einen Zwischenschritt auf diesem Weg stellt sicher der Formularservice dar, an dem der Zweckverband DVS seit 2000 gearbeitet hat und den die drei Datenverarbeitungszweckverbände seit dem 1. Januar 2002 anbieten. Er dient sowohl verwaltungsinternen Abläufen als auch der Kommunikation mit dem Bürger. In dieser ersten Phase handelt es sich um „klassische" online-Formulare. Der Nutzer ruft das Formular am Bildschirm auf, füllt es aus und druckt es aus. Technisch steht aber der Weiterentwicklung des Verfahrens über elektronische Signatur, Verschlüsselung und Paymentverfahren nichts mehr im Wege. Gestartet ist der Formularservice der Zweckverbände mit 165 Formularen. Er wurde ständig erweitert. Durch die Integration von kommunalen und staatlichem Formularservice wurde das Spektrum für die Bürger deutlich ergänzt. Neben der Bürgerfreundlichkeit bringt der Formularservice erhebliche Erleichterungen und Einsparungen für die Verwaltungen. So braucht es keine Bevorratung mehr mit Formularen und durch Rechtsänderungen überholte Exemplare müssen nicht mehr vernichtet zu werden.

Schlussbemerkung

Die 1993 mit Unterstützung des SSG und der DZBW gebildeten Datenverarbeitungszweckverbände haben sich nach ersten Schwierigkeiten mehr als bewährt. Sie sind für die kommunale Familie kompetente und zuverlässige Dienstleister geworden. Darüber hinaus haben sie mit der Entwicklung im IT-Bereich nicht nur Schritt gehalten, sondern ihn aktiv vorangebracht und in zahlreichen Informationsveranstaltungen und auf Messen haben sie sich präsentiert. Kaum zu zählen sind die Fachschulungen für die Mitarbeiter der Verwaltungen.
2004 wurde der DVS, dann schon KISA, mit den Städten Aue, Glauchau und Limbach-Oberfrohna als Media@Komm-Transfer-Kommune ausgezeichnet. Im Jahre 2005 erhielt diese Kooperation mit den Städten Aue, Glauchau und Limbach-Oberfrohna auf der CeBIT durch das Bundesministerium für Wirtschaft und Arbeit die Auszeichnung „1. Best practise award" im Rahmen des Projektes Media@Komm-Transfer für das Teilprojekt elektronisches Gewerberegister.
Der Entwicklung am Beginn der neunziger Jahre geschuldet, blieb die kommunale IT-Landschaft in Sachsen heterogen. Synergien wären durch eine einheitliche Entwicklung möglich. Als ersten Schritt haben die Zweckverbände DVS, ZKDW und KDO, die von Anfang an sehr eng kooperiert haben, sich 2004 zum Zweckverband Kommunale Informationsverarbeitung Sachsen (KISA) zusammengeschlossen.

Dr. Hans-Christian Rickauer

6. Städtepartnerschaften am Beispiel der Stadt Limbach-Oberfrohna

Mit der Öffnung der Grenze der DDR am 9. November 1989 brach eine Besucherwelle in die Bundesrepublik auf, die ihrerseits im Westen ein bisher unbekanntes Interesse an der DDR weckte. Gerade bei vielen Bürgermeistern, Stadträten und Mitarbeitern von Kommunalverwaltungen gab es eine große Bereitschaft, bei der Umgestaltung der gesellschaftlichen Verhältnisse in der DDR mitzuarbeiten. Neben vielen informellen Treffen und Gesprächen kam es so zu Begegnungen, die in eine praktische und dauerhafte Hilfe beim Aufbau der kommunalen Selbstverwaltung einmündeten. Am Beispiel der Stadt Limbach-Oberfrohna soll gezeigt werden, wie die Städte Ingelheim am Rhein und Hechingen mit der sächsischen Kommune eine Partnerschaft schufen und sie beim Verwaltungsaufbau unterstützten.

Schon vor der politischen Wende hatte es in Ingelheim am Rhein Interesse an einer Städtepartnerschaft mit einer Stadt in der DDR gegeben. Eine vertiefte Kontaktaufnahme mit einer im damaligen Bezirk Erfurt gelegenen Stadt scheiterte aber, da derartige offene Kontakte mit westdeutschen Städten in der DDR unerwünscht waren.

Ein Bauunternehmer aus einer Nachbarstadt Ingelheims hatte seit längerem persönliche Kontakte zu einer Familie in Limbach-Oberfrohna. Da er von dem Bemühen der Ingelheimer Stadtväter um eine Städtepartnerschaft mit einer DDR-Stadt wusste, erbot er sich nach der Öffnung der Grenze, den Kontakt herzustellen. Bald kam es zu einer Begegnung zwischen Vertretern aus Ingelheim am Rhein, deren Delegation zumeist der Beigeordnete Arnold Pietzcker leitete, und der Bürgermeisterin von Limbach-Oberfrohna, Brigitte Müller, sowie Vertretern des Runden Tisches und anderer in der Wende engagierter Bürger. Allerdings erklärten die Vertreter der Stadt Ingelheim, dass es erst mit den aus demokratischen Wahlen hervorgegangenen Repräsentanten der Stadt zu offiziellen Gesprächen, einer formalen Städtepartnerschaft und einer Unterstützung beim Aufbau der kommunalen Selbstverwaltung kommen werde.

Als schließlich am 29. Mai 1990 die konstituierende Sitzung der am 6. Mai 1990 gewählten Stadtverordnetenversammlung stattfand, war auch eine Ingelheimer Delegation unter der Leitung des Beigeordneten Arnold Pietzcker anwesend, die den Stadtverordneten und dem neugewählten Bürgermeister Dr. Hans-Christian Rickauer offiziell Gespräche zur Aufnahme einer Städtepartnerschaft und notwendige Unterstützung beim Aufbau anbot. Schon einen Monat später reiste der Bürgermeister von Limbach-Oberfrohna nach Ingelheim und bald beschlossen beide Vertretungskörperschaften den Abschluss einer Städtepartnerschaft. Die feierliche Unterzeichnung der Urkunden fand am 21. September 1990 in Limbach-Oberfrohna und am 29. Oktober 1990 in Ingelheim am Rhein statt.

Parallel zu den formalen Akten wurde auch umfassend die tätige Hilfe spürbar. So schenkte die Stadt Ingelheim Limbach-Oberfrohna einen PKW, gewährte großzügig eine Hilfe von 100 000 DM für die Beschaffung eines Bauhoffahrzeuges und vermittelte gebrauchte Bürotechnik. Darüber hinaus

wurde Beigeordneter Arnold Pietzcker, ein ehemaliger Geschäftsführer eines Pharmaunternehmens, bei der Übernahme des kommunalen Wohneigentums und der Gründung einer städtischen Gebäudegesellschaft aktiv. Hier bewährte sich, dass nicht nur beraten, sondern selbst Hand angelegt wurde.
Ähnlich war die Unterstützung durch die Stadt Hechingen. Schon im April 1990 hatte der Bürgermeister von Hechingen, Norbert Roth, die Stadt Limbach-Oberfrohna, zu der über den Gemeindetag Kontakt hergestellt worden war, besucht. Sein Besuch galt neben der Bürgermeisterin vielen, die in den Prozess der Wende integriert waren; den Organisatoren der Montagsdemonstrationen, Vertretern des Runden Tisches, Pfarrern usw. In diesen zahlreichen Gesprächen gelang es sehr schnell, ein Bild von den Problemen und Möglichkeiten der sächsischen Partnerstadt zu gewinnen. Bei einem Besuch kurz nach der Wahl des neuen Bürgermeisters von Limbach-Oberfrohna bot er diesem umfassende Hilfe bei der Unterstützung der Verwaltung an. Dafür sei sein eben in den Ruhestand getretener Beigeordneter, Karl Neth, bestens geeignet und hochmotiviert. Natürlich wurde dieses Angebot sofort dankbar angenommen. Der erste Besuch des Beigeordneten endete jedoch wider Erwarten in einer großen beiderseitigen Enttäuschung, da der Beigeordnete dem Bürgermeister von Limbach-Oberfrohna erklärte, er könne gar kein Personal schulen und einarbeiten, da es bei diesem an den elementarsten Kenntnissen von Verwaltungsrecht, Gemeinde-Haushaltsrecht usw. mangele. Was einfach fehlte, war ein Beamtenapparat, dem man nur andere Inhalte hätte erklären müssen. Bei dem dann folgenden Besuch in Hechingen wurde daher gründlich eine andere Vorgehensweise besprochen. Diese bestand darin, bei den sächsischen Mitarbeitern den Prozess eines learning by doing in Gang zu setzen. So setzte sich bei seinem nächsten Besuch Beigeordneter Karl Neth selbst hinter den Schreibtisch und bearbeitete einen Vorgang, wobei ihm die sächsischen Mitarbeiter über die Schultern schauten, um es dann beim nächsten Mal allein zu versuchen. So wurde in einem gelernt und dabei Verwaltung aufgebaut. Im Rahmen des aus Baden-Württemberg organisierten Expertenservice II wurden solche Einsätze, die sich jeweils über zwei bis drei Wochen erstreckten, bis 1992 mehrfach wiederholt. Es war eine einfache, aber wirkungsvolle Hilfe beim Aufbau einer neuen Kommunalverwaltung, wie sie sich in Sachsen in ähnlicher Weise in vielen Kommunen abspielte. Es wurden Stadtratssitzungen vorbereitet, der Haushaltsplan aufgestellt, Bauvorhaben ausgeschrieben und realisiert usw. Am 1. Januar 1992 nahmen zwei Absolventen der Fachhochschule für öffentliche Verwaltung in Ludwigsburg ihren Dienst bei der Stadtverwaltung Limbach-Oberfrohna auf. Bürgermeister Norbert Roth, der in einer Nebentätigkeit an der Fachhochschule dozierte, hatte sie für die Anstellung in Sachsen begeistert.
So waren die ersten Jahre nach der Wende Gründerzeit im wahrsten Sinne des Wortes. Ohne wohlabgewogene Konzepte und rechtlich abgesicherte Verfahren wurde sehr praktisch im tätigen Miteinander zwischen Beratern und sächsischen Mitarbeitern in kürzester Zeit eine enorme Aufbauarbeit geleistet, die eine solide Voraussetzung für spätere Schritte war.

Dr. Hans-Christian Rickauer

Literatur und Quellen

Archiv des Kommunalen Versorgungsverbandes Sachsen.
Archiv des Vereins sächsischer Bürgermeister.
Archiv des Zweckverbandes Datenverarbeitung in Südsachsen.
Bericht an die sechste Landkreisversammlung Sachsen am 17.03.1994 in Siebenlehn (LK Freiberg).
Die Sächsischen Landkreise und ihr Verband 1990 – 1994.
KVS. Das neue Verbandsgebäude des Kommunalen Versorgungsverbandes Sachsen. Festschrift Dresden 2001.
KVS. 10 Jahre Kommunaler Versorgungsverband Sachsen. Festschrift Dresden 2002.
Sachsenlandkurier. Organ des Sächsischen Städte- und Gemeindetages.
10 Jahre Statistisches Landesamt Sachsen 1992 – 2001. Hrsg. Statistisches Landesamt des Freistaates Sachsen, Kamenz 2002.

Krach um die Kreisgebietsreform

Renate Koch

1. Zur Geschichte der Mark Meißen und des Landkreises Dresden-Land

1.1 Die Mark Meißen

Meißen war ursprünglich ein Bollwerk für die deutsche Kolonisation unter den Slaven. Es wurde von König Heinrich I. im Jahr 928 zur Sicherung des Elbüberganges gegründet und nach dem nördlich in die Elbe mündenden Bach Meisa und dem dort befindlichen Dörfchen gleichen Namens als Misni bezeichnet. Ein Burggraf wird erstmals 984 erwähnt. Heinrichs Sohn, Otto I., erweitert die ursprüngliche Militärkolonie zu einem Ort, der bereits 968 als civitas, das heißt als Stadtgemeinde bezeichnet wird und wahrscheinlich schon im Jahr 1000 das Marktrecht besaß. Unter dem Hause Wettin, das 1089 auf einem Hoftag in Regensburg mit der Mark Meißen belehnt wurde, entwickelten sich Stadt und Region sehr gut. Silberfunde machten die Markgrafen von Meißen zu den wohlhabendsten Fürsten des Reiches. Sie förderten über Jahrhunderte die wirtschaftliche, politische und kulturelle Entwicklung der wettinischen Lande. Im Jahr 1198 begann Markgraf Dietrich eine straffe Landesverwaltung aufzubauen. Es entstanden Verwaltungsbezirke, die Vogteien. Schon damals blieben Verwaltungsreformen nicht aus. Sie zielten aber mehr darauf, die Macht anderer, z. B. der Burgvögte, auszuschalten. Die Kurfürsten Moritz und Albert entwickelten auf der Grundlage von Ämtern zwischen 1547 und 1574 im albertinischen Kurfürstentum Sachsen eine leistungsfähige dreigeteilte Verwaltungsorganisation mit zentraler, regionaler und lokaler Verwaltungsebene, die für den deutschen Raum damals einmalig und beispielgebend war. Die Schriftlichkeit in der Verwaltung setzte sich durch. Im Jahr 1817 folgt eine weitere Verwaltungsreform. Den Amtshauptleuten wird wieder ein fest umrissener Verwaltungsbezirk zugewiesen. Ihre Zuständigkeit erstreckt sich auf Justiz, Polizei, Finanzwesen, Handels- und Gewerbeaufsicht, Militärwesen, Kirche, Schulen und Kommunalangelegenheiten. Die Einrichtung der Amtshauptmannschaften wird damit eingeleitet. Schon ab 1835 gibt es einen amtshauptmannschaftlichen Verwaltungsdistrikt Meißen. Eine grundlegende Reorganisation der Verwaltung im Jahr 1874 führte im Königreich Sachsen dann zur Bildung von 25 unteren Verwaltungsbehörden, den Amtshauptmannschaften, darunter die Amtshauptmannschaft Meißen. Bemerkenswert an dieser Verwaltungsorganisation war, dass die praktische Verwaltungsarbeit in den Amtshauptmannschaften – also an der Basis – geleistet wurde. Die Mittelbehörden hatten im Wesentlichen nur Aufsichtspflichten. An diesem Prinzip der bürgernahen Verwaltung in relativ kleinen, überschaubaren Einheiten hat sich trotz der Umbenennung der Amtshauptmannschaften in Landkreise im Jahr 1939 bis zur Auflösung des Landes Sachsen 1952 nichts geändert. Am 3. Oktober 1990 wurde der Freistaat Sachsen in Meißen auf der Albrechtsburg neu gegründet. Im Jahr 1991 hatte der Landkreis Meißen 108 035 Einwohner, die in vier Städten und 37 Gemeinden wohnten. Der linkselbische Raum ist vor allem landwirtschaftlich geprägt, rechtselbisch ist in den Städten Meißen und Coswig die Industrie zu Hause.

1.2 Der Landkreis Dresden-Land

Auch der Landkreis Dresden-Land hat eine lange Tradition. Seine nachweisbare Geschichte beginnt mit der Unterwerfung des slawischen Elbtalgaus Nisan durch Heinrich I. im Jahr 929. Er ließ das Gebiet, das in etwa die Kreise Dresden, Freital und Pirna umfasste, durch Burggrafen in Burgwardsbezirken verwalten. Ab 1089 wurden die Wettiner auch mit diesem Gebiet belehnt. Sie gliederten ihr Gebiet in Amtsbezirke, die von „officiati" oder „advocati" – im Volksmund Vögte genannt – verwaltet wurden. In der ersten Urkunde, die Dresden nennt, sind im Jahr 1206 die Ritter Knapatz und Mecelin als Vögte erwähnt. Aus dem Jahr 1602 stammt der erste Nachweis des Sitzes der Amtsverwaltung. Es war die kleine Brüdergasse in Dresden. Ein späterer Sitz war das Frauenmutterhaus in der Dresdner Kreuzgasse. Das Haus wurde 1760 durch preußische Artillerie zerstört. An dieser Stelle entstand das Neue Rathaus, in dem sich das Landratsamt bis 1994 befand. Danach wurde es auf die Riesaer Straße verlegt, wo es bis 1996 blieb. Mit der Reorganisation der Verwaltung im Jahr 1874 wurde die Stadt Dresden aus der Amtshauptmannschaft ausgegliedert. Zwischen 1892 und 1920 wurden 43 Orte des Landkreises nach Dresden eingemeindet. Acht weitere folgten zwischen 1949 und 1952. Im Jahr 1991 lebten im Landkreis Dresden-Land 100 114 Einwohner in drei Städten und 43 Gemeinden. Wirtschaftlich war er stark, sein Vorteil war der gute Branchenmix.

2. Erstes Kreisgebietsreformgesetz

Bereits im Jahr 1990 war den erst kurz im Amt befindlichen Landräten bewusst, dass es zu größeren Kreisen kommen muss. Ihnen war klar, das so kleine Verwaltungseinheiten, wie sie 1952 in der DDR bei der Auflösung der Länder geschaffen worden waren, keine Kraft für die Zukunft haben würden. Natürlich wäre es vernünftig gewesen, eine Kreisgebietsreform mit der neuen Wahlperiode der Landräte und des Kreistages zu vollziehen. Noch hatten sich die neuen Strukturen nicht so verfestigt. Aber welche Größe und welchen Zuschnitt sollten die Kreise bekommen?

Krach um die Kreisgebietsreform

Auch das Land befasste sich ab April 1991 intensiv mit den Überlegungen zu einem Kreisgebietsreformgesetz. Im Januar hatte das Kabinett beschlossen, Mittelbehörden in Karl-Marx-Stadt (später Chemnitz), Leipzig und Dresden aufzubauen. Die Landräte waren dagegen. Sie hatten die Mittelbehörden und späteren Regierungspräsidien immer abgelehnt. Ihre Meinung war, dass solche Behörden, wenn überhaupt erforderlich, erst nach einer Kreisgebietsreform entstehen dürften. Wie sich später zeigte, dämpften die Mittelbehörden die Möglichkeit kreislicher Zuschnitte. Ein Projektteam „Kreisreform" mit vier Experten aus Baden-Württemberg und einem aus Sachsen wurde gebildet. Ihm zur Seite stand ein „Lenkungsausschuss" aus Vertretern der Ministerien und der kommunalen Spitzenverbände.

Eine „Landrätekonferenz" tagte als weitere Beratungsebene alle zwei Monate mit Vertretern der Regierung zu diesem Themenkreis, um Konflikten möglichst im Ansatz zu begegnen. In den Konferenzen des Sächsischen Landkreistages wurde sich nicht zu den zukünftigen Grenzen der Kreise geäußert. Der Sächsische Landkreistag hatte entsprechend seiner Stellung als Interessenvertreter aller Landkreise den Auftrag, die allgemeinen Bestimmungen auf ihre Belastung für die Landkreise zu prüfen und notwendige Änderungsvorschläge einzubringen. Darüber hinaus waren Regelungen in diesem oder anderen Gesetzen erforderlich, die den Landräten der ersten Stunde eine Zukunft ermöglichten. Zur damaligen Zeit arbeiteten die Landräte sozusagen ohne Netz. Ihre Legitimation bestand aus einem Kreistagsbeschluss und einem vom eigenen Haus ausgestellten Dienstausweis. Einen Arbeitsvertrag gab es für sie nicht, da sie ja in einer Wahlfunktion tätig waren. Das sächsische Beamtengesetz trat erst 1993 in Kraft. Was sollte aus denen werden, die aufgrund der Kreisgebietsreform keine Chance hatten, wieder gewählt zu werden? Sie waren ja Seiteneinsteiger. Ihre ehemaligen Betriebe gab es zum großen Teil nicht mehr und wenn, war der Betrieb vom neuen Chef anders organisiert und personalseitig stark reduziert worden.

Aber zurück zur Kreisgebietsreform. Bis zur Verabschiedung des sächsischen Gesetzes zur Kreisgebietsreform durch den sächsischen Landtag am 24. Juni 1993 gab es eine Vielzahl von Vorschlägen zu den Kreiszuschnitten. Der erste öffentlich diskutierte Entwurf der Staatsregierung besagte das Zusammengehen der Landkreise Riesa und Großenhain. Dem Landkreis Meißen sollten der nordwestliche Teil vom Landkreis Dresden-Land, eine Gemeinde aus dem Landkreis Riesa, zwei Gemeinden aus dem Landkreis Freiberg und eine Stadt und eine Gemeinde aus dem Landkreis Freital zugeordnet werden. Ein weiteres Denkmodell des Sächsischen Staatsministeriums des Inneren vom 3. März 1992 schlug vor, die Landkreise Riesa und Döbeln zu vereinen und Riesa dem Regierungsbezirk Leipzig zuzuordnen. Die Landkreise Kamenz und Bischofswerda sowie Meißen und Großenhain sollten je eine Verwaltungseinheit werden. Vorgesehen war, große Teile des Landkreises Dresden-Land der Landeshauptstadt und die restlichen Gemeinden den jeweils angrenzenden Landkreisen zuzuordnen. Dieser Vorschlag entsprach weitestgehend den Reformüberlegungen der Landeshauptstadt Dresden, die selbst eine Ausdehnung der Stadt bis nach Moritzburg, Radebeul und Cossebaude im Norden vorsah.

Auch die Landkreise machten sich eigene Gedanken zu ihren zukünftigen Grenzen. So beschloss der Kreistag zu Meißen am 13. Juni 1991 unter der Nr. 128-12/91, die Orte, die bis 1952 zum Landkreis gehörten, wieder einzugliedern. Zusätzlich sollten die Wasserfassung Rödern (Landkreis Großenhain), die Gemeinden Seußlitz, Neuseuslitz, Diesbar, Merschwitz und Döschütz aus dem Landkreis Riesa sowie der nordwestliche Teil des Landkreises Dresden-Land mit zwei Städten und zehn Gemeinden eingegliedert werden. Die Landrätin wurde mit diesem Beschluss beauftragt, mit der Landesregierung, dem Regierungspräsidium und den betreffenden Kommunen zu verhandeln, um eine auf Freiwilligkeit beruhende Veränderung der Kreisgrenzen zu erreichen. Bereits im August 1991 begannen Gespräche zwischen den Landkreisen Meißen und Dresden-Land, um die Möglichkeit einer Verwaltungsgemeinschaft auszuloten und spätere Kreisgrenzen vorweg zu nehmen. Beide Kreisausschüsse tagten gemeinsam und riefen eine Projektgruppe ins Leben. Am 17. April 1992 gab es ein Gespräch zwischen der Landrätin vom Landkreis Meißen und den Landtagsabgeordneten Dr. Matthias Rößler vom Landkreis Dresden-Land sowie Horst Rasch vom Landkreis Großenhain. Dabei kam es zu dem Vorschlag, die drei genannten Kreise zu vereinen. Festgehalten wurde, dass der Hauptsitz der Verwaltung in Meißen bleibt. Dazu wurden konkrete Vorschläge für Außenstellen des Landratsamtes, für Ausgleichsmaßnahmen aufgrund des Zentralitätsverlustes, für Etablierung staatlicher Ämter und zu Infrastrukturmaßnahmen gemacht. Doch diese Idee der Großkreisbildung wurde schnell fallen gelassen. Viele weitere Gespräche folgten. Vor allem mit dem von der Landesregierung eingesetzten Projektteam unter Leitung von Ministerialrat Dr. Fritz Schnabel aus dem Innenministerium. Jeder Landkreis versuchte natürlich, seine eigenen Interessen in das Gesetz einzubringen und nutzte dazu selbstverständlich auch die Verbindungen zu den Landtagsabgeordneten. Unter den Landräten wurden Absprachen getroffen und wieder verworfen. Zu den Kreisgrenzen gab es viele Ideen. Alle hatten im Grunde nur ein Ziel: den eigenen Landkreis und seinen Verwaltungsstandort zu erhalten. Es blieb nicht aus, dass durch gezielte Investitionen oder Vertragsabschlüsse Fakten geschaffen wurden, die eine Veränderung des Verwaltungssitzes erschwerten.
Aus all diesen Gesprächen und Vorschlägen hat das Projektteam unter Dr. Schabel sechs Grundzüge zur Kreisgebietsreform erarbeitet, deren wesentliche folgenden Inhalt haben. Die Kreise sollen geschlossene eigenständige Lebens- und Wirtschaftsräume auf der Grundlage zentralörtlicher Verflechtungen, der Pendlerbewegungen und Verkehrsbeziehungen wie auch der naturräumlichen Gemeinsamkeiten, historischer und landsmannschaftlicher bzw. vom Regionalbewusstsein geprägter Bindungen haben. Aus organisatorischer, funktionaler und kommunalpolitischer Sicht sind so genannte „Kragenkreise", um die kreisfreien Städte zu vermeiden. Dieser Grundsatz ist bei den Städten Leipzig, Dresden und Chemnitz konsequent anzuwenden, um die übermächtige, von der Einwohnerzahl und den oberzentralen Funktionen herrührende Stellung der kreisfreien Stadt gegenüber dem schwächeren Nachbarkreis zu relativieren und die Entwicklung dortiger Zentren nicht zu beeinträchtigen. Die Richtgröße der neuen Kreise sollte eine Mindesteinwohnerzahl von 125 000 als Orientierung haben, von der je nach Bevölke-

rungsverteilung und Bevölkerungsdichte nach oben oder auch nach unten abgewichen werden kann. Kreisnamen und -sitze waren zunächst Arbeitstitel. Sie sollten durch regionale Meinungsbildungen in den Anhörungen zum Gesetzgebungsverfahren bestimmt werden.

Der nach diesen Grundsätzen erarbeite Neugliederungsvorschlag der Projektgruppe wies sechs kreisfreie Städte und 23 Landkreise mit durchschnittlich 143 000 Einwohnern auf einer Fläche von rund 769 km² aus. Im Vorschlag war vorgesehen, die Landkreise Riesa und Großenhain zu vereinen und die Stadt Radeburg einzugliedern, den Landkreis Dresden-Land aufzulösen und den Landkreis Meißen um die Orte Siebenlehn, Bieberstein, Helbigsdorf und Wilsdruff und den nordwestlichen Teil des Landkreises Dresden-Land zu erweitern. Damit hätte der Landkreis Meißen eine Fläche von 779 km² und 176 000 Einwohner in 70 Orten erreicht.

Das Hin und Her in dieser Zeit ließ natürlich auch die Emotionen in den Verwaltungen und bei den Bürgern wachsen, zwar unterschiedlich stark, aber gegenseitige Angriffe und Unterstellungen blieben nicht aus. Das war auch Anlass für die Landrätin vom Landkreis Meißen, am 12. November 1992 eine Erklärung vor dem Kreistag abzugeben, aus der im Folgenden auszugsweise zitiert wird. „Das Angebot des Landkreises Meißen, vorbereitende Gespräche über mögliche Varianten eines Zusammenschlusses zu beraten, wurde weder vom Landkreis Dresden-Land noch vom Landkreis Großenhain angenommen. Im Gegenteil, es kam teilweise zu diffamierenden Äußerungen, hauptsächlich über die Presse. Nach eingehenden Beratungen innerhalb der Verwaltungsspitze sind wir zu dem Schluss gekommen, uns an diesen Auseinandersetzungen nicht zu beteiligen. Wer die Berichterstattung der letzten Wochen und Monate verfolgt hat, muss zu dem Schluss kommen, dass dieser „Pressekrieg" den beteiligten Landkreisen eher geschadet als genutzt hat. Die Einwohner dieser Landkreise sind sehr verunsichert, weil sie nach Zeitungsmeldungen mal zu dem einen und mal zu dem anderen Landkreis gehören sollen. Im Interesse aller Bürgerinnen und Bürger unseres Landkreises, der Angestellten in der Verwaltung und vor allem wegen der dringend notwendigen Sicherung aller weiteren politischen und wirtschaftlichen Entwicklungen schlagen wir dem Kreistag vor: Der Kreistagsbeschluss vom 13. Juni 1991 bleibt weiterhin bestehen. Die Verhandlungen der Verwaltung mit benachbarten Kreisen um eine eventuelle Kreisvergrößerung werden beendet." Dieser Erklärung und den darin gemachten Vorschlägen hat der Kreistag zugestimmt.

Auch der Kreistag Dresden-Land fasste unter der Nr. 55-10/91 am 24. Mai 1991 einen Beschluss zur Bildung eines zeitweiligen Ausschusses „Gebietsreform". Diesem Ausschuss gehörten der Landrat, Vertreter aller Fraktionen und Bürgermeister des Kreises an. Er hatte den Auftrag, grundsätzlich das Bestehen des bisherigen Landkreises Dresden-Land zu sichern. Der Landrat erhielt den Auftrag, eine Studie über die Entwicklung des Landkreises zu erarbeiten, die dann dem Ausschuss als Arbeitsmaterial zur Verfügung steht. Das Ergebnis dieser Ausschussarbeit mündete in den Kreistagsbeschluss Nr. 150-20/92, der in einer 11-Punkte-Erklärung darstellt, dass der Kabinettsbeschluss vom 23. Juni 1992 zum Entwurf des Kreisgebietsreformgesetzes in entscheidenden Punkten selbst der Zielstellung des Innenministeri-

ums zur Kreisreform zuwiderläuft. Die Teilung des Landkreises Dresden-Land wurde entschieden abgelehnt, sein Erhalt war oberstes Ziel der Arbeit des Kreistages und der Landkreisverwaltung. In diesem Bestreben wusste der Kreistag die Gemeinde- und Stadträte und die Bürgermeister hinter sich. Als zweitbeste Lösung akzeptierte der Kreistag Dresden-Land die Vereinigung der Landkreise Dresden-Land und Meißen.
In diesen Wochen wurde immer deutlicher, dass für den Landkreis Dresden-Land nur noch zwei Gesetzesvarianten im Landtag und den Ministerien diskutiert wurden. Teilung des Landkreises und Eingliederung in die vier angrenzenden Landkreise oder komplettes Zusammengehen mit dem Landkreis Meißen. Wobei die Teilung des Landkreises favorisiert wurde. Obwohl es in den Monaten zuvor keinerlei Abstimmungen zur Vorbereitung der Kreisgebietsreform zwischen den beiden Verwaltungen gab, bat jetzt Landrat Heiner Janik die Landrätin Renate Koch von Meißen darum, ein gemeinsames Gespräch mit dem Vorsitzenden des Innenausschusses des Landtages, Hartmut Ulbricht (CDU), zu führen. Ziel seinerseits war es, den Landkreis Dresden-Land zu erhalten und wenn nicht selbständig, dann wenigstens in der Vereinigung mit dem Landkreis Meißen.
Im November 1992 stellte die CDU-Landtagsfraktion ihren Vorschlag zu den Kreisgrenzen vor und bat um Stellungnahmen. In ihm war die Zusammenlegung der Landkreise Meißen und Dresden-Land, ausgenommen das Schönfelder Hochland, verankert. Das Schönfelder Hochland sollte dem zukünftigen Landkreis Sächsische Schweiz zugeordnet werden. Die Stadt Wilsdruff und die Gemeinde Helbigsdorf aus dem Landkreis Freital sollte dem zukünftigen Landkreis Meißen-Dresden zugehören. Der Stadtrat von Wilsdruff hatte im Zuge der Anhörung einen entsprechenden Beschluss gefasst und den Bürgermeister beauftragt, mit dem Innenministerium und dem Projektteam diesbezügliche Gespräche zu führen.
Der Kreistag Meißen beschloss am 17. Dezember 1992 unter der Nr. 304-28/92 seine Stellungnahme. Darin heißt es: „Das Modell der CDU-Landtagsfraktion zur geplanten Kreisreform mit dem Zusammengehen der Landkreise Meißen und Dresden-Land wird entschieden abgelehnt. Es entspricht nicht den ursprünglichen Intentionen einer sinnvollen Verwaltungsstruktur und berücksichtigt nicht die Interessen der Bewohner des Landkreises Meißen." Kritisiert wurde auch die Festschreibung einer Außenstelle des Landratsamtes in der Stadt Dresden. Gefordert wurde, die Entscheidung über Außenstellen und deren Standorte nicht im Gesetz festzulegen, sondern durch den Kreistag treffen zu lassen. Hingewiesen wurde auf den Kreistagsbeschluss Nr. 128-12/91 vom 13. Juni 1991, der weiterhin Gültigkeit besaß. Anfang Januar 1993 beschloss der Innenausschuss des Landtages, den Entwurf zum Sächsischen Gesetz zur Kreisgebietsreform zur Anhörung freizugeben. Er entsprach dem Vorschlag der CDU-Landtagsfraktion. Wieder wurde in den Kreistagen, den Gemeinde- und Stadträten und mit den Bürgermeistern diskutiert, das Für und Wider zum konkreten Gesetzesvorschlag abgewogen. Der Kreistag Meißen blieb bei seinem im Dezember 1992 getroffenen Beschluss. Die Stellungnahmen der einzelnen Gemeinden und Städte im Landkreis Meißen griffen den Beschluss des Kreistages auf. Auch der Landkreis Dresden lehnte den Gesetzentwurf ab und begründete

ausführlich, warum der Erhalt des Kreises geboten wäre. Die Gemeinden und Städte des Landkreises äußerten sich ähnlich.
Am 24. Juni 1993 verabschiedete der Landtag das Sächsische Gesetz zur Kreisgebietsreform. Trotz vieler Anträge in der Debatte wurde der Gesetzentwurf nur unwesentlich verändert. Für die Gebiete der Landkreise Meißen und Dresden-Land gab es keine Veränderungen zum Entwurf. Das Gesetz sollte zum 1. August 1994 in Kraft treten. Jetzt galt es für die Landkreise, das Gesetz umzusetzen und alle Vorbereitungen für einen möglichst reibungslosen Vollzug zu treffen. Da war über die Struktur des neuen Landratsamtes und seine Außenstellen zu entscheiden. Wer von den Mitarbeitern sollte wieder Leitungspositionen einnehmen und wie ging man mit denen um, die bisher Dezernats-, Amts- oder Sachgebietsleiter waren und es jetzt nicht mehr sein konnten? Was musste arbeitsrechtlich beachtet werden? Welche Partnerschaften hatte der Landkreis, welchen Verbänden und Vereinen gehörte er an? Was musste aufgegeben oder angepasst und fortgeführt werden? Wie sah es mit dem Vermögen aus, welche langfristigen Verträge gab es? Wie war die Erledigung bestimmter Aufgaben organisiert, in Regie- oder Eigenbetrieben, in Gesellschaften des Landkreises oder durch Vergabe an Dritte? Satzungen mussten angepasst oder gänzlich neu gestaltet werden. Je weiter man in diese Aufgabe eindrang, desto mehr neue Fragen und Details tauchten auf, die zu klären waren. Dabei war die Findung des Namens für den neuen großen Landkreis das kleinste Problem. Neben dieser kaum zu bewältigenden Aufgabe lief das Alltagsgeschäft weiter, waren die Wahlen für den Kreistag und den Landrat vorzubereiten. Aber es war ja ein ganzes Jahr dazu Zeit.

3. Die Klage

Zwischen den Landkreisen Meißen und Dresden-Land begannen die Gespräche. Erste Unterlagen wurden ausgetauscht. Die Urlaubszeit verzögerte gemeinsame Beratungen. Im Landkreis Dresden-Land gab es Überlegungen, gegen das Kreisgebietsreformgesetz zu klagen. Am 27. September 1993 beschloss der Kreistag Dresden-Land unter der Nr. 262-32/93 einen Normenkontrollantrag einzureichen. Die Vorbereitung beider Kreise zur Umsetzung des Kreisgebietsreformgesetzes war damit beendet. Die Bürgermeister, Stadt- und Gemeinderäte und breite Schichten der Bevölkerung unterstützten diesen Antrag. Die Stimmung im Landkreis Dresden-Land war aufgeheizt.
Unabhängig von der zu erwartenden Klage wurden durch die Parteien die Wahlen vorbereitet. Der Nominierungsparteitag der CDU für die Kreisräte und den Landrat fand am 30. Oktober 1993 im großen Saal des Landratsamtes Meißen statt. Als Landratskandidaten waren vorgeschlagen Renate Koch, Landrätin im Landkreis Meißen und Heiner Janik, Landrat im Landkreis Dresden-Land. Jeder Kandidat hatte natürlich seine Anhänger von der Bedeutung der Teilnahme an diesem Parteitag überzeugt. Im Landkreis Dresden-Land hatte man Busse organisiert, die die CDU-Mitglieder zum Parteitag brachten. Deutlich war die besondere Stimmung und beginnende

Feindschaft der Vertreter des Landkreises Dresden-Land gegen den Landkreis Meißen zu spüren. Mit großer Mehrheit wurde Renate Koch zur CDU-Kandidatin für die Wahl des Landrates nominiert. Die Stimmenzahl zeigte, dass einige Vertreter aus dem Landkreis Dresden-Land für Frau Koch gestimmt hatten. Die SPD, PDS, DSU und FDP nominierten in den darauf folgenden Wochen ihre Kandidaten. Der Wahlkampf begann.
Am 17. Januar 1994 reichte der Landkreis Dresden-Land beim Verfassungsgerichtshof des Freistaates Sachsen in Leipzig einen Normenkontrollantrag zum Sächsischen Gesetz zur Kreisgebietsreform vom 23. Juni 1993 (Sächsisches Gesetz- und Verordnungsblatt Nr. 28/1993, S. 5499) durch die Rechtsanwälte Dr. Helmut Roithmaier und Dr. Rainer Döring aus München ein. Beantragt wurde, § 1; § 2; § 3 Nr. 9 und 16 sowie § 5 für nichtig zu erklären, soweit damit der bisherige Landkreis Dresden-Land aufgelöst, ein neuer Landkreis Meißen-Dresden als Rechtsnachfolger des bisherigen Landkreises Dresden-Land gebildet und die Gemeinde Schönfeld-Weißig dem neu zu bildenden Landkreis Sächsische Schweiz zugeordnet werden sollen. Der Freistaat Sachsen hat dem Antragsteller die notwendigen Auslagen zu erstatten. Gerügt wird die Verletzung der Artikel 88 Abs. 1 und 82 Abs. 2 sowie des Artikels 18 Abs. 1 der Verfassung des Freistaates Sachsen vom 27. Mai 1992. Im Landkreis Dresden-Land war man überzeugt, diese Klage zu gewinnen.
Mit dieser Klage begann für beide Landkreise eine unsichere Phase, die in gewisser Weise auch Stillstand bedeutete. Wie würde das Gericht entscheiden und wann? Was konnte in der Entwicklungsplanung der Landkreise fortgeführt, was musste angehalten werden? Wie sollte es mit geplanten Investitionen weitergehen? Klar war nur, den Wahlkampf bis zur Entscheidung des Gerichtes fortzuführen. Ein Wahlprogramm wurde erarbeitet, das neben der wirtschaftlichen, bildungsseitigen und kulturellen Entwicklung die Integration beider Landkreise in den neuen großen Landkreis zum Inhalt hatten. Sponsoren mussten gefunden und Plakate vorbereitet werden. Die Kandidatin der CDU, Frau Koch, begann mit Unterstützung des damaligen Bürgermeisters von Radeburg, Dr. Frank Petzold und seiner Frau Ingrid (beide CDU, Frau Petzold von 1994 bis 2004 MdL), Wahlveranstaltungen in Orten des Landkreises Dresden-Land zu organisieren und durchzuführen. Die Kreistags- und Landratswahlen waren für den 12. Juni 1994 terminiert.
In einem Schreiben der Rechtsanwälte Dr. Roithmaier und Dr. Döring vom 13. Mai 1994 an den Verfassungsgerichtshof wurde dargestellt, welche rechtlichen Probleme entstehen, wenn über den Normenkontrollantrag erst nach der Wahl entschieden würde. Sollte der Landkreis Dresden-Land obsiegen, wären die durchgeführten Wahlen für den nicht entstandenen Landkreis gegenstandslos. Die zuständige Behörde hätte das festzustellen. Die Wahl des Landkreises Sächsische Schweiz wäre anzuzweifeln, da nicht wahlberechtigte Bürger an der Wahl teilgenommen hätten. Die Gemeinden Wilsdruff und Helbigsdorf würden keinem Landkreis angehören, da der Landkreis Meißen-Dresden nicht existiere. Der Gesetzgeber hätte neben diesen noch eine Reihe anderer Dinge, zum Beispiel das Kulturraumgesetz, zu beachten. Am 19. Mai 1994 kam es zur mündlichen Verhandlung vor dem Verfassungsgerichtshof des Freistaates Sachsen in Leipzig. In der Verhand-

lung zeigte sich, dass dem Normenkontrollantrag mit hoher Wahrscheinlichkeit stattgegeben wird. In einer Anordnung des Sächsischen Ministeriums des Inneren vom 26. Mai 1994 hieß es: „Es finden am 24. Juni 1994 keine Wahlen in den Landkreisen Meißen-Dresden und Westlausitz und der Gemeinde Schönfeld-Weißig für den Landkreis Sächsische Schweiz statt. Die Kandidaten aus Schönfeld-Weißig für den Landkreis Sächsische Schweiz können gewählt werden. Zugelassene Wahlvorschläge werden nicht geändert, da diese vom Urteil nicht berührt sind." Alle weiteren Wahlvorbereitungen wurden eingestellt.
Am 23. Juni 1994 erging das Urteil. Der Landkreis Dresden-Land hatte in allen Punkten gesiegt und jubelte. Entschieden hatte der Verfassungsgerichtshof auch die Verlängerung der Amtszeit der Kreisräte, Landräte und Beigeordneten. Die Zuordnung der Gemeinden Helbigsdorf und Wilsdruff zum Landkreis Meißen und die Kooptierung von Kreisräten des Kreises Freital in den Kreistag Meißen.

4. Erstes Änderungsgesetz zum Kreisgebietsreformgesetz

Jetzt war wieder der Gesetzgeber gefordert. Da unter anderem auch der Landkreis Hoyerswerda mit ähnlicher Begründung wie der Landkreis Dresden-Land geklagt und gewonnen hatte, konnte man jetzt auf eine Neugliederung in den Landkreisen Hoyerswerda, Kamenz – er war durch die Klage von Hoyerswerda betroffen – Dresden-Land und Meißen gespannt sein.
Nach dem 1. August 1994 begannen zwischen den Landkreisen Meißen und Weißeritzkreis die Verhandlungen zur Übernahme von Personal, Vermögen und der Überleitung von Verträgen z. B. im Abfallbereich, um nur einiges zu nennen. Die Verhandlungen verliefen ohne große Probleme und ab dem 1. August 1994 gehörten die Stadt Wilsdruff und die Gemeinde Helbigsdorf zum Landkreis Meißen.
Am 8. November 1994 gab die Sächsische Staatsregierung den Entwurf zur Änderung des Kreisgebietsreformgesetzes und anderer kommunalrechtlicher Vorschriften zur Anhörung frei. Dieser Entwurf sah die Teilung des Landkreises Dresden-Land vor. Die Gemeinde Schönfeld-Weißig sollte, wie schon im Kreisgebietsreformgesetz von 1993 vorgesehen, in den Landkreis Sächsische Schweiz eingegliedert werden. Dem Landkreis Kamenz, im Gesetz als zukünftiger Landkreis Westlausitz-Dresdner Land bezeichnet, wurden 14 Gemeinden und die Stadt Radeberg zugeordnet. Dem Landkreis Meißen, nach In-Kraft-Treten des Gesetzes zunächst Meißen-Radebeul genannt, sollten neun Gemeinden und die Städte Radeburg und Radebeul angehören. Die Zugehörigkeit der Stadt Wilsdruff und der Gemeinde Helbigsdorf zum Landkreis Meißen wurde in diesem Gesetzentwurf verankert.
Die Stellungnahmen der Landeshauptstadt Dresden, des Landkreises Meißen und der Städte und Gemeinden des Landkreises Meißen zu diesem Gesetzentwurf waren grundsätzlich positiv. Ganz anders sah es im Landkreis Dres-

Renate Koch

den-Land aus. Der Gesetzentwurf wurde von allen Gemeinden, den Städten und dem Landkreis abgelehnt. Dieser Ablehnung schlossen sich auch Betriebe, Institutionen und die Bürger an. Es formierte sich ein flächendeckender Widerstand gegen die Teilung des Landkreises Dresden, der in der Berichterstattung der Medien seinen Niederschlag fand. Vereinzelt tauchten neben den Ortseingangsschildern Schilder auf, die den gesamten Landkreis Dresden-Land in grüner Farbe darstellten und gut sichtbar die Aufschrift trugen: „Erhaltet unseren Landkreis Dresden". Später waren an allen Ortseingangsstraßen solche Schilder zu finden.

Die Anhörung ergab keine Änderung des Gesetzentwurfes. Am 21. Februar 1995 beschloss das Kabinett, den Entwurf „Erstes Gesetz zur Änderung des Kreisgebietsreformgesetzes und anderer kommunalrechtlicher Vorschriften" in den Sächsischen Landtag einzubringen. Da der Innenausschuss nach Beratung die Begründung des Gesetzes teilweise änderte, kam es zu einer erneuten Anhörung. Sie brachte keine neuen Erkenntnisse. Nach eingehender Beratung im Innenausschuss wurde der Abschlussbericht samt einer Beschlussempfehlung dem Landtag am 31. August 1995 zugeleitet. Am 6. September 1995 verabschiedete der Landtag das Gesetz in unveränderter Form. Es sollte zum 1. Januar 1996 in Kraft treten. Die Einteilung der Wahlkreise erfolgte im Gesetz. Die Kreistags- und Landratswahlen wurden für den 3. Dezember 1995 festgelegt. Da in diesem Gesetz die Teilung des Landkreises Dresden-Land festgeschrieben war, wurden u. a. das Landesplanungsgesetz und das Kulturraumgesetz angepasst. Rechtsnachfolger für die aufgelösten Landkreise Dresden-Land und Meißen wurde der Landkreis Meißen-Radebeul. Das bedeutete, federführend für fast alle Bereiche mit den Landkreisen Westlausitz-Dresdner Land und Sächsische Schweiz zu verhandeln und Vereinbarungen abzuschließen. Kein einfaches Unterfangen, was sich besonders bei der Klärung von Detailfragen z. B. im Baubereich zeigte. Als besonderes Problem stellte sich der Abfallbereich dar. Im Kreisgebietsreformgesetz gab es keine Regelung für die mit enormen Kosten verbundene Sanierung der vielen kleinen zwischenzeitlich stillgelegten Deponien. So blieb der Rechtsnachfolger verantwortlich für Deponien, die nicht in seinem Hoheitsgebiet lagen. Versuche, den Gesetzgeber oder das zuständige Ministerium von einer nachträglichen Regelung zu überzeugen, scheiterten. Jahre später fand man die für alle Beteiligten akzeptable Lösung mit der Übertragung der Deponien an den Zweckverband Abfallwirtschaft Oberes Elbtal-Osterzgebirge (ZAOE).

Im ersten Kreisgebietsreformänderungsgesetz (1. KGRÄndG) wurde der Landkreis Meißen-Radebeul als Gewährträger für die Kreissparkasse Dresden mit dem Auftrag festgelegt, sie spätestens zum 1. Januar 1997 mit der Kreissparkasse Meißen zu vereinen. Die Abgabe von Zweigstellen an den Kreis Westlausitz-Dresdner Land und Sächsische Schweiz sollte danach erfolgen. Bis zur Anpassung der Struktur der Polizei und der Finanzämter an die neuen Kreiszuschnitte dauerte es einige Jahre. Das Arbeitsamt als Bundesbehörde wurde nicht angepasst. So sind für den Landkreis Meißen-Radebeul (durch Kreistagsbeschluss ab 1997 wieder Landkreis Meißen) bis heute zwei Arbeitsämter zuständig. Für diesen Bereich gibt es im Landkreis Meißen daher keine Gesamtstatistik.

5. Die Entscheidung

Zu Gesprächen zur Vorbereitung der Umsetzung der Kreisgebietsreform kam es mit dem Landkreis Dresden-Land nicht. Vielmehr wurde erneut der Klageweg erwogen und noch im September 1995 beschlossen. Am 6. Oktober reicht das vom Landkreis Dresden-Land beauftragte Rechtsanwaltsbüro Roithmaier, Döring & Partner aus München Klage beim Verfassungsgerichtshof des Freistaates Sachsen in Leipzig ein. Beantragt wurde erneut eine Normenkontrolle, da der Artikel 82 Abs. 2 Satz 2 der Verfassung des Freistaates Sachsen vom 27. Mai 1992 als verletzt angesehen wurde. Beantragt wurde weiterhin, das erste Gesetz zur Änderung des Kreisgebietsreformgesetzes und anderer kommunalrechtlicher Vorschriften für nichtig zu erklären. Am 5. Oktober 1995 war ein Antrag auf Erlass einer einstweiligen Verfügung eingereicht worden, die Kreistag- und Landratswahlen am 3. Dezember 1995 auszusetzen und die Amtsperiode der Kreistage und der Landräte bis zur Entscheidung in der Hauptsache zu verlängern.

Wieder gab es Unsicherheit für die betroffenen Landkreise. Doch die Zeit, um abwarten zu können, war zu kurz, der 1. Januar 1996 nicht weit. So wurden die wichtigsten Schritte nach zeitlicher Rang- und Reihenfolge zu Papier gebracht und die Verantwortlichen dafür festgelegt, um sofort nach der Entscheidung des Gerichtes mit der Umsetzung des Gesetzes beginnen zu können. Auch die Parteien begannen mit den Wahlvorbereitungen. Der Nominierungsparteitag der CDU fand am 7. Oktober 1995 im Spannbetonwerk Pfleiderer in Coswig statt. Als Landratskandidaten waren wie schon 1993 Heiner Janik und Renate Koch vorgeschlagen. Von den anwesenden stimmberechtigten CDU-Mitgliedern erhielt Frau Koch 165, Landrat Janik 67 Stimmen. Damit trat Frau Koch erneut für die CDU in den Wahlkampf. Die SPD hatte den Fraktionsvorsitzenden des Kreistages Meißen, Manfred Müntjes, nominiert. Durch ein Wahlbündnis unterstützte ihn auch die PDS. Das bewirkte viel Medienaufmerksamkeit. Die Wahlkampfveranstaltungen von Frau Koch konzentrierten sich hauptsächlich auf den Teil des Landkreises Dresden-Land, der ab 1. Januar 1996 zum Landkreis Meißen-Radebeul gehören sollte. Die Ablehnung der Zugehörigkeit zum zukünftigen Landkreis und insbesondere der CDU Kandidatin war deutlich zu spüren. In Veranstaltungen wurde Frau Koch von Bürgermeistern mit den Worten begrüßt: „Wir wollen Sie hier nicht haben. Unser Landrat ist Herr Janik." Man war überzeugt, auch ein zweites Mal mit der Klage erfolgreich zu sein. Gerüchte wurden laut, dass für Landrat Janik Unterschriften gesammelt würden, um als Kandidat einer Bürgerliste anzutreten. Doch es kam anders. Heiner Janik wurde im Herbst 1995 zum Landrat im Landkreis München gewählt. Er kehrte bereits im Sommer dorthin zurück, woher er gekommen war. Sein Stellvertreter Michael Koch war ab 1. September 1995 neuer Landrat im Landkreis Dresden-Land.

Die Landkreise Meißen und Kamenz erhielten von dem Verfassungsgericht zur Klage des Landkreises Dresden-Land Äußerungsrecht. Der Landkreis Meißen beauftragte den Rechtsanwalt Robert Matthes aus dem Büro Nörr, Stiefenhofer & Lutz mit seiner Vertretung. Am 9. November kam es zur mündlichen Verhandlung über den Eilantrag zur Aussetzung der Wahlen und Verlängerung der Amtsperiode der Kreis- und Landräte. Ein sehr wichtiger Termin für die betroffenen Landkreise. An der Verhandlung nahmen für den Landkreis Meißen Rechtsanwalt Matthes, der Stellvertreter der Landrätin, Franz Ripberger, und Landrätin Koch teil. Die Urteilsverkündung wurde auf den gleichen Tag für 15.30 Uhr anberaumt. Landrätin Koch fuhr zurück nach Meißen, da um 14.00 Uhr das Richtfest für den Neubau des Kreiskrankenhauses begann. Es war die größte Investition des Landkreises und lag der Landrätin besonders am Herzen. Ihr Stellvertreter war in Leipzig geblieben, um sie sofort nach der Urteilsverkündung zu informieren.

Baustelle Krankenhaus. Die Landrätin hatte gerade ihre Rede beendet, als ihr Handy klingelte. Auch die Gäste des Richtfestes wussten um diesen bedeutenden Augenblick. Der Entspannung des Gesichtes war abzulesen, dass es nur eine gute Nachricht sein konnte. So war es auch. Der Verfassungsgerichtshof hatte den Antrag abgelehnt. Der Begründung zum Urteil konnte man entnehmen, dass wohl auch in der Hauptsache, dem Normenkontrollantrag, nicht gefolgt werden würde. Die Wahlen am 3. Dezember 1995 konnten stattfinden und die Kreisreform vollzogen werden. Im Eiltempo galt es jetzt, die wichtigsten Schritte zur Kreisreform einzuleiten und zum 1. Januar 2006 zu vollziehen. Vorrangiger Schritt dabei waren die Gespräche mit dem Personal und deren Aufteilung auf die neuen Landkreise. Soziale Belange, Wohnorte und die bisher ausgeübte Funktion waren dabei zu beachten. Genau so wichtig war neben der Aufteilung des Inventars und der Zuordnung der Akten die finanzielle Auseinandersetzung, um die Haushalte der neuen Landkreise erarbeiten zu können.

Am 3. Dezember 1995 wurde Renate Koch mit 57,6 % der abgegebenen Stimmen zur Landrätin des Landkreises Meißen-Radebeul gewählt. Neun Jahre später erzählte ihr Werner Schnuppe vom Verlag Kohlhammer/Deutscher Gemeindeverlag am Rande einer Landkreisversammlung, dass ihre Wahl fast rechtsungültig gewesen wäre. Einige Bürgermeister im Landkreis Dresden-Land hatten die Wahlbekanntmachungen nicht öffentlich gemacht. Mitarbeiter des Verlages Kohlhammer retten die Situation und hängten die Bekanntmachungen in einer Nacht- und Nebelaktion in den betroffenen Orten noch rechtzeitig aus. Die Wahlbeteiligung im Landkreis Dresden-Land war gering. Erneut ein Ausdruck der Ablehnung der Kreisgebietsreform. Diese Ablehnung war noch einige Jahre sehr stark zu spüren. Landrätin Koch sah die Kreisreform auch als Chance für die Verwaltung und sagte es den Mitarbeitern. Man konnte noch einmal Bilanz ziehen und alle wichtigen Positionen mit den besten Mitarbeitern besetzen. Hinzu kam die Möglichkeit, voneinander zu lernen und die guten Erfahrungen beider Verwaltungen in den neuen Landkreis fortzusetzen.

Doch die geschürten Vorbehalte gegen den Landkreis Meißen-Radebeul führten in den ersten Monaten zu erheblichen Spannungen. Sicher hofften die Mitarbeiter des ehemaligen Landkreises Dresden-Land, in der Hauptsache des Klageverfahrens noch gewinnen zu können. Am 28. November 1996 fand die mündliche Verhandlung in der Hauptsache vor dem Verfassungsgerichtshof in Leipzig statt. Rechtsanwalt Matthes hatte im Auftrag des Landkreises Meißen-Radebeul eine Stellungnahme zur Klage erarbeitet, der sich der Landkreis Westlausitz-Dresdner Land mit Schreiben der Landrätin Andrea Fischer vom 7. Februar 1996 inhaltlich voll anschloss. Am 13. Dezember 1996 verkündete der Verfassungsgerichtshof sein Urteil. Die Klage des Landkreises Dresden-Land blieb erfolglos. Das Gericht stellte fest: „Das 1. Änderungsgesetz zum Kreisgebietsreformgesetz und anderer kommunalrechtlicher Vorschriften ist mit der Verfassung des Freistaates Sachsen vereinbar". Endlich konnten langfristige Entwicklungsplanungen forciert werden – zumindest bis zum Jahr 2005. Heute wird erneut von einer notwendigen Kreisreform gesprochen. Diskutiert wird die Zahl fünf aber auch elf für die zukünftigen Landkreise. Eine Expertenkommission wurde gebildet. Für die erfolgreiche Arbeit einer zukünftigen Kreisverwaltung sind klar definierte Ziele Voraussetzung. Wesentlich ist aber, dass eine zukunftsfähige Verwaltungsreform mit Bürokratie- und Standardabbau sowie der breiten Anwendung datentechnischer Möglichkeiten voran gestellt wird. Ob dann noch eine Kreisreform notwendig ist, wird sich zeigen.

Ich danke allen, die mir bei der Erarbeitung dieses Beitrages durch Bereitstellung von Dokumenten geholfen haben, insbesondere Hiltrud Miethe, Geschäftsstelle des Kreistages Meißen, Martina Papert, Leiterin Archiv im Landratsamt Meißen, Dr. Thomas Pfeiffer, Leiter des Personalamts im Landratsamt Meißen und Barbara Schmidt, Sekretärin des Landrates des Landkreises Meißen.

Literatur

Archiv Landratsamt Meißen: Unterlagen der Jahre 1991 bis 1995 zur Kreisgebietsreform (Archivsignatur 652; 653; 7159; 14258; 19327; 19328; 19329; 19330; 19332; 19333 und 19335).

Forkert, Helmut: Aus der Geschichte des Landkreises Dresden, in: Amtsblätter des Landkreises Dresden 1994.

Führer durch Meißen und seine Umgebung, Leipziger Verlagsgesellschaft 1991.

Naumann, Günter: Sächsische Geschichte in Daten, Koehler & Amelang 1991.

Krieg und Frieden – die Kreisreform im Vogtland

Dr. Tassilo Lenk

Anfang der 90er Jahre gab es im Freistaat 48 viel zu kleine Kreise. Eine Kreisreform war deshalb sinnvoll und notwendig. Mit viel Spannung liefen dazu die Monate – im Vogtland Jahre – ab. Am 1. August 1994 gab es in Sachsen noch 28 Landkreise und sieben kreisfreie Städte. In einem zweiten Schritt mit den noch ausstehenden Klärungen im Vogtland und in den Landkreisen Dresden/Meißen und Hoyerswerda/Kamenz wurde die sächsische Kreisreform letztlich zum 1. Januar 1996 mit 22 Landkreisen abgeschlossen. Die Vogtländer sind sicher ein eigenes Völkchen mit starkem Selbstbewusstsein. Diese Region lief im Rahmen der Kreisreform zu einer öffentlich weithin registrierten „Hochform" mit streitvollen Auseinandersetzungen auf.

Vogtland vor der Kreisreform

Geschichtlich geht der Name des Vogtlandes auf die Vögte von Gera, Weida und Plauen zurück, die im späten Mittelalter als staufische Reichsministeriale das Gebiet verwalteten. Das heutige sächsische Vogtland war Kerngebiet einer größeren Region, die Teile Thüringens (Gera), Bayerns (Hof) und der heutigen Tschechischen Republik (Asch) mit einschloss und als „Terra Advocatorum" bezeichnet wurde[1]. Die Innenabgrenzung des Vogtlandes erfolgte im Jahr 1577, als in Kursachsen sieben „Kreise" gebildet wurden, unter ihnen der „Voigtländische Creis". Er existierte bis 1873, hieß aber ab dem Jahre 1835 „Amtshauptmannschaft Plauen". Infolge der Proklamation des Deutschen Reiches 1871 und der damit verbundenen Verwaltungsreform, so der Trennung von Verwaltung und Justiz, wurden im Vogtland drei Amtshauptmannschaften gebildet, nämlich Auerbach, Plauen und Oelsnitz. Im Plauener Amtsbereich wurden die Städte Plauen (1923) und Reichenbach (1924) kreisfreie Städte. Ab 1939 hießen die Amtshauptsmannschaften dann Landkreise.
1952 baute die DDR die Verwaltungsstrukturen völlig um. Die vogtländischen Städte Mühltroff, Pausa und Elsterberg wurden dem thüringischen Bezirk Gera zudiktiert. Im sächsischen Vogtland wurden die neuen Landkreise Reichenbach (die Kreisfreiheit von Reichenbach fiel damit weg) und Klingenthal gebildet.

---

1 Vgl. Pöllmann, Werner: Das sächsische Vogtland, unv. Manuskript, 1991.

Krieg und Frieden – die Kreisreform im Vogtland

Zur Wendezeit 1989/1990 lebten in fünf Landkreisen des Vogtlandes und der kreisfreien Stadt Plauen etwa 285 000 Einwohner, in der Stadt Plauen 71 000 Einwohner, im Landkreis Plauen 22 000 Einwohner. Der Landkreis Plauen war damals der kleinste Landkreis in Sachsen ohne Stadt. Man kämpft von Anbeginn um Rückkehr der vogtländischen Städte aus Thüringen nach Sachsen. Im Landkreis Reichenbach lebten 55 000 Einwohner mit einer zusammenbrechenden Textilindustrie. Dem Landkreis Reichenbach ist zu danken, dass es in Deutschland einmalig über zwei Ländergrenzen hinweg, zu einer Orchesterfusion kam, die bis heute Bestand hat. Es bildete sich die Vogtlandphilharmonie Greiz/Reichenbach. Der Landkreis Auerbach hatte 67 000 Einwohner. Landrat Dr. Winfried Eichler war bis 1995 der Präsident des Sächsischen Landkreistages. Der Landkreis Klingenthal umfasste 33 000 Einwohner mit einer in eine schwere Krise stürzenden industriellen Musikinstrumentenfertigung. Vier Landräte gab es von Juni 1990 bis zum Mai 1991 dort. Für fünf Monate „regierte" in dieser Zeit der mit 21 Jahren jüngste Landrat Deutschlands, Jens Leistner vom Bund Freier Demokraten, ein politischer Seiteneinsteiger – wie so oft in Ostdeutschland. Im Landkreis Oelsnitz lebten 36 000 Einwohner. Er hatte die niedrigste Arbeitslosigkeit in Sachsen. Der bis 1992 „regierende", aus Bayern stammende Landrat Bernd Abele gehört als Vogtland-Vertreter dem Lenkungsausschuss des Projektteams an, das die Kreisreform in Sachsen vorbereitete und begleitete.

Zusammenschlüsse vogtländischer Veterinärämter vor der sächsischen Kreisreform

Überregional wirkende Gesetze Deutschlands und der Europäischen Union, so im Tierseuchenrecht und im Verbraucherschutz, richteten die Blicke der vogtländischen Tierärzte bereits 1990 und damit frühzeitig auf neue sinnvolle kreisliche Strukturen. So sicherte man gemeinsam über alle Landkreise hinweg den hochverantwortlichen 24-stündigen Veterinärdienst am Grenzübergang Schönberg zwischen der Bundesrepublik Deutschland und der Tschechischen Republik ab, ein wichtiger Ein- und Ausreisepunkt im Transitverkehr zwischen Süd- und Nordeuropa. Folgerichtig wurden Anfang 1991 die veterinärbehördlichen Aufgaben des Landkreises Klingenthal vom Oelsnitzer Amt mit übernommen und Anfang 1992 auch das Amt des Landkreises Plauen integriert und damit vor der Kreisreform im Vogtland ein zuständiges Amt für 110 000 Einwohner gebildet.

Die Kreisreform im Vogtland

Im Mai 1991 kam das Projektteam „Kreisreform" ins Vogtland, um sich mit den Landräten der fünf vogtländischen Landkreise und dem Oberbürgermeister der kreisfreien Stadt Plauen zu verständigen. Die Meinungsbildung dieser Vogtlandpolitiker erfolgte allerdings bereits im September 1990, als man sich einigte, dass Plauen mit Kreisfreiheit zu einem Oberzentrum ent-

Dr. Tassilo Lenk

wickelt werden soll und aus raumordnerischen Gründen zwei Landkreise im Vogtland entstehen müssten. Eine Diskussion im öffentlichen Rahmen war zunächst nicht vorgesehen, so der Projektteamleiter, Ministerialrat Dr. Fritz Schnabel, da man unter Zeitdruck stand, obwohl die Kreisreform schon Thema der regionalen Medien war. Am 3. Juli 1991 wurde der Erstentwurf für eine Kreisreform durch das Sächsische Innenministerium auf Grundlage des ersten Denkmodells des Projektteams zur Kreisreform bekannt gemacht[2]. Für das Vogtland sah das Denkmodell die Bildung von Göltzschtal- und Elstertalkreis vor mit der kreisfreien Stadt Plauen im Zentrum. Der Landkreis Göltzschtal setzte sich mit 144 000 Einwohnern aus den Landkreisen Auerbach, Reichenbach und dem östlichen Teil des erst 1952 gebildeten Landkreises Klingenthal zusammen, als Sitz war Auerbach bestimmt. Man sah den Kreis in historischen Bindungen zum industriell geprägten Verdichtungsraum Chemnitz und Zwickau und sich deshalb vom übrigen Vogtland um Plauen abheben[3]. Für das Westvogtland wurde die Bildung des Elstertalkreises vorgeschlagen mit den Landkreisen Oelsnitz, Plauen-Land und dem Westteil Klingenthals und zunächst 75 000 Einwohnern, aber in der Hoffnung, dass die ehemaligen sächsischen Städte Elsterberg, Mühltroff und Pausa aus ihrer sozialistischen Zwangsdeportation von Thüringen nach Sachsen zurückkehren würden. Mögliche Eingemeindungen aus dem Umland nach Plauen blieben dabei völlig außer Betracht. Kreissitz sollte das Mittelzentrum Oelsnitz sein. Dieser Landkreis war stark von historischen landsmannschaftlichen Bindungen geprägt und relativ strukturschwach. Man versprach sich dennoch eine gute wirtschaftliche Entwicklung durch Anbindung an das benachbarte Bayern. Der große Projektteamentwurf schien dieser Landkreis nicht zu sein. Im Vogtland entbrannte kurz nach Bekanntgabe des Denkmodells ein knallharter Konflikt quer durch alle Regionen, Parteien, Verbände, Vereine, Stadt- und Gemeinderatsversammlungen und Kreistage, eine jahrelang andauernde Auseinandersetzung begann. Der Klingenthaler Kreistag forderte den Vogtlandkreis, um einer alten Teilung des Landkreises entlang der ehemaligen Grenzen zwischen den ehemaligen Amtshauptmannschaften Oelsnitz und Auerbach zu entgehen. Im Plauen-Land wehrt man sich, weil der Kreissitz nun künftig in Oelsnitz sein soll. Dies wäre den aus Thüringen zurückkehrenden Städten und deren Einwohner nicht zuzumuten. Man will einen Vogtlandkreis mit Sitz in der kreisfreien Stadt Plauen[4]. In Auerbach bleibt die Richtung klar für die Zweikreisteilung. Der dortige Kreistag stimmt im Oktober 1991 hochmehrheitlich dafür. Der Sitz des Landkreises bleibt in Auerbach. Reichbach soll zum Ausgleich große Kreisstadt werden. Im Landkreis Oelsnitz ist die Lage durchwachsen. Ist der aus Bayern stammende Landrat Abele stürmischer Verfechter der Zweikreisteilung im Vogtland, gibt es im Oelsnitzer Kreistag eine bemerkenswerte

---

2 Vgl. Sächsisches Staatsministerium des Innern: Erstentwurf für eine Kreisreform vom 3. Juli 1991.
3 Amtliche Nachrichten des Landkreises Auerbach, Vogtlandblick, 3. August 1994.
4 Amtliche Nachrichten des Landkreises Plauen, Vogtland-Anzeiger, 30. Oktober 1991.

Krieg und Frieden – die Kreisreform im Vogtland

Gegnerschaft, die sich für den einheitlichen Vogtlandkreis einsetzt. So brachte der FDP-Abgeordnete Johannes Lenk eine umfangreiche Stellungnahme für die Ein-Kreis-Lösung auf einer Sondersitzung am 17. Juli 1991 zum Vortrag[5]. In einer anschließenden geheimen Wahl entschieden sich 60 % der Kreistagsabgeordneten für einen Vogtlandkreis. Dennoch stellte die CDU-Fraktion Anfang November 1991 wieder einen Antrag für zwei Vogtlandkreise, was von den anderen Parteien im Kreistag strikt abgelehnt wurde. Die Sitzung endete im Eklat und wurde abgebrochen. In Reichenbach beschäftigte man sich mehr mit dem Kreissitz als mit dem kreislichen Zuschnitt. Die Reichenbacher konnten sich der kleineren Stadt Auerbach nicht unterordnen und so beschloss dann auch der dortige Kreistag am 24. Oktober 1991, dass man nur dann für zwei Kreise sei, wenn der Göltzschtalkreis seinen Sitz in Reichenbach nimmt. Würde die Kreisstadt Auerbach bleiben, sehe man trotz Vorbehalte bessere Entwicklungschancen bei einem Großkreis.

Das zweite Denkmodell zur Kreisreform

Projektteam und Sachsens Regionen durchlebten stürmische Wochen, bevor am 14. November 1991 das zweite Denkmodell des Projektteams präsentiert wurde. Da nur Auerbach im Vogtland deutlich für zwei Kreise einstand und man in den anderen vogtländischen Regionen Mehrheiten für einen Vogtlandkreis verspürte, schlug das Team dann folgerichtig einen Landkreis im Vogtland vor mit 238 000 Einwohnern in 144 Städten und Gemeinden und fast 1400 km^2 Fläche. Dieser Kreis sprengte allerdings die der Reform zu Grunde liegenden Maßstäbe und wäre Sachsens größter Landkreis gewesen. Der Kreissitz wird in die kreisfreie Stadt Plauen gelegt. Man verwies darauf, keine monozentrische, auf Plauen konzentrierte Entwicklung zu verfolgen, sondern über kreisweite Funktionsteilungen an den Verwaltungssitzen der ehemaligen fünf Landkreise, die Entwicklung der Regionen fördern zu wollen. Die Großkreisbildung wurde mit manifestiertem vogtländischem Regionalbewusstsein begründet. Bis Anfang 1992 waren die Regionen aufgefordert, das Denkmodell zu bewerten.
Im Vogtland ging es dabei natürlich wieder richtig zur Sache. In Auerbach mobilisierte man alle Kräfte, erstellte eine 22-seitige „Göltzschtalresolution", getragen von der Kreishandwerkerschaft, der Handels- und Gewerbekammer, Vertretern der Verbände und Kirchen bis hin zu Einzelpersonen, die sich gegen den neuen Zentralismus wandten[6]. In Oelsnitz schimpfte Landrat Abele und Plauens Oberbürgermeister Magerkord sprach hierbei von Stimmungsmache gegen Plauen, um zwei Vogtlandkreise zu erreichen. Die Zeitungen frohlockten ob dieser „schönen" Schlagzeilen täglich. Dies ließ sich

---

5 Siehe Lenk, Johannes: Die Überlegung des Abgeordneten Johannes Lenk, die dieser anlässlich der zum Thema Landkreisreform einberufenen außerordentlichen Sitzung des Kreistages Oelsnitz am 17. Juli 1991 vor demselben zu Gehör brachte.
6 Landkreis Auerbach: Göltzschtalresolution, Dezember 1992.

vortrefflich verkaufen. Der Oelsnitzer CDU-Kreisverband, Kleinunternehmer, Gewerbetreibende, aber auch die dortige SPD schlossen sich den Auerbachern an. Ihnen ging es vorrangig um den Erhalt des Kreissitzes in Oelsnitz und so änderte der Oelsnitzer Kreistag auf Antrag der CDU-Fraktion jetzt zusammen mit der SPD und der PDS den Altbeschluss und stimmten auf einem Sonderkreistag mit 60 % für die Bildung von zwei Vogtlandkreisen. In Reichenbach befürwortete man die Bildung von zwei Landkreisen, mit Sitz Reichenbach. Plauen-Stadt und Land blieben bei der Forderung nach einem Großkreis mit Sitz in Plauen. Ebenso Klingenthal, wobei man hier wohl eher die Aufteilung des Kreises verhindern wollte.

Am 3. März 1992 behandelte das sächsische Kabinett unter Ministerpräsident Prof. Dr. Biedenkopf das Kreisgebietsreformgesetz mit dem Ziel, das Gesetzgebungsverfahren noch vor der Sommerpause im Sächsischen Landtag einzubringen. Man sprach damals von einem Tendenzentscheid, da das Thema noch keine hohe Aussageverbindlichkeit besaß. Die CDU-Fraktion des Sächsischen Landtages schaltete sich fortan in die Diskussion ein. Fraktionsvorsitzender Herbert Goliasch führt in allen Regionen so genannte „Konsensgespräche" mit dortigen Wahlkreislandtagsabgeordneten, Landräten und CDU-Vertretern der jeweiligen Kreistage. Am 3. April 1992 traf man sich in Oelsnitz zur „Vogtlandkonsensrunde". Man verständigte sich schnell unter Vorbehalten aus Auerbach auf einen Großkreis mit einem eventuellen Sitz in Auerbach. Ein akzeptabler Kompromiss schien gefunden, da Oelsnitz und Reichenbach als Ausgleich Große Kreisstädte werden sollten.

Gesetzentwurf zur Kreisreform vom 23. Juni 1992

Der Gesetzentwurf[7] übernimmt die Vorschläge des zweiten Denkmodells des Projektteams vom November 1991 mit einem Vogtlandkreis, nun aber mit Kreissitz Auerbach. Man wolle eine monozentrale Entwicklung des Vogtlandes, ausgerichtet auf die Metropole Plauen, verhindern, hieß es, in dem man die Göltzschtalregion über die Verwaltungskonzentration stärkt. Reichenbach solle Große Kreisstadt werden. Der Auerbacher Kreistag als stärkster Zweikreisverfechter beschloss noch vor der Sommerpause 1992 diesen Kompromiss, um das vogtländische Gesamtreformwerk nicht zu gefährden.

Anfang Juli 1992 gibt es im Sächsischen Landtag die erste Lesung zum Kreisgebietsreformgesetz. Hinter verschlossenen Türen im Land als auch im Vogtland wird indes weiter gepokert. Und so berichten auch die vogtländischen Medien Anfang September 1992, dass es im Vogtland nun doch wieder den Elstertalkreis mit Sitz Plauen und den Göltzschtalkreis mit Sitz in Auerbach oder Reichenbach geben soll.

Am 27. November 1992 tritt der Sächsische Landtag zu einer Sondersitzung zusammen, um auch zu den neuen kreislichen Strukturen im Vogtland nun wieder mit zwei Kreisen und den Sitzen in Auerbach und der kreisfreien Stadt

---

7 Sächsischer Landtag: Drucksache 1/2056.

Krieg und Frieden – die Kreisreform im Vogtland

Plauen zu befinden. Der Innenausschuss des Landtages übernimmt die Überlegungen trotz aller noch bestehenden Querelen mit der deutlichen Mehrheit der CDU-Ausschussmitglieder und beschließt Anfang Januar 1993 die Anhörungsfreigabe zum ersten Kreisgebietsgesetzentwurf.
Konsequent schließt sich der Auerbacher Kreistag am 1. März 1993 mit namentlicher Abstimmung und in Abänderung des Beschlusses vom 17. Juni 1992 mit 29 Ja- und mit drei Nein-Stimmen bei einer Enthaltung diesem Gesetzentwurf an. Die Kreistage in Klingenthal und Plauen wollen weiterhin einen Vogtlandkreis. Die Reichenbacher bleiben bei zwei Landkreisen, wenn Reichenbach Kreissitz des Göltzschtalkreises wird. Die Befassung im Oelsnitzer Kreistag schien den Dresdnern nicht auswertbar. Die Wortmeldungen aus den Gemeinden waren insofern interessant, als im Elstertalkreis 45 und im Göltzschtalkreis 30 Kommunen keine Stellungnahme abgaben und jeweils nur drei bzw. zwölf dem Kreisreformvorschlag zustimmten. Diesen Ergebnissen wurden insgesamt 44 Elstertal- und 13 Göltzschtalgemeinden gegenübergestellt, die Vorbehalte gegen den Anhörungsentwurf für die Zweikreisteilung bekundeten. Man wertete also in der Zusammenfassung der Anhörung die Nichtmeldungen als eine Art Zustimmung zum Entwurf, weil er von diesen Gemeinden nicht kritisiert wurde[8]. Frenzel[9] vollzieht dazu eine Einwohnerzahlbetrachtung und errechnet folgendes Anhörungsergebnis. Bei 291 400 Vogtländerinnen und Vogtländern, vertreten durch die entsprechenden kommunalen Beschlussgremien, hatten bei 100 300 Enthaltungen 41 500 für den Gesetzentwurf gestimmt und 149 600 dagegen. Diese Rechnungen sind sicherlich kühn. Sie bildeten aber wohl realistischer das tatsächlich im Vogtland vorherrschende Meinungsbild in der Bevölkerung ab als die fragwürdige Interpretation der Anhörungsergebnisse in Dresden, was nicht ohne Folgen bleiben sollte.
Der Innenausschuss des Sächsischen Landtages änderte an der Gebietsstruktur im Vogtland nach der Anhörung mit acht zu sechs Stimmen und einer Enthaltung nichts mehr[10], es blieb bei zwei Landkreisen. Alle Oppositionsparteien im Ausschuss waren dagegen und für einen Vogtlandkreis mit Sitz in Plauen – ohne Erfolg! Auch in der zunächst abschließenden Landtagsdebatte setzte sich die CDU-Fraktion bei namentlicher Abstimmung durch. Das hieß gegen die Bildung eines großen Kreises im Vogtland, was von den anderen Parteien im Landtag beantragt war. Die vogtländischen CDU-Abgeordneten Kurt Stempell und Andreas Heinz aus Plauen stimmten mit der Opposition, Ursula Kulscher aus Klingenthal enthielt sich der Stimme.
So beschloss der Sächsische Landtag am 25. Mai 1993 das Kreisgebietsreformgesetz mit Göltzschtalkreis als Rechtsnachfolger der Landkreise Auerbach, Klingenthal und Reichenbach mit Kreissitz in Auerbach und dem Elstertalkreis als Rechtsnachfolger der Landkreise Oelsnitz, Klingenthal, Plauen-Land mit Sitz in einem anderen Kreis, der kreisfreien Stadt Plauen.

---

8 Bericht des Sächsischen Staatsministerium des Innern über die Ergebnisse der Anhörung zum Entwurf des Innenausschusses vom 15./16. Januar 1993 zu einem sächsischen Gesetz zur Kreisgebietsreform.
9 Siehe Anmerkung 2.
10 Sächsischer Landtag: Drucksache 1/3202.

Dr. Tassilo Lenk

Interessant für das Vogtland, wie sich später herausstellen sollte, war die im Gesetz verankerte Möglichkeit einer Normenkontrolle auf kommunalen Antrag hin (entspricht einer Rechtsauseinandersetzung, Klage) innerhalb eines Jahres nach In-Kraft-Treten des Gesetzes. Das hieße also: Letzte Klagemöglichkeit gegen das Gesetz war der 23. Juli 1994 – und sie wurde genutzt!
Die Großkreisverfechter im Vogtland entdeckten damit eine letzte noch greifbare Möglichkeit, die Zweikreisteilung zu kippen. Aus anfänglicher Resignation sollte sich eine große emotionale Bewegung entwickeln, die sich mit der dann doch für alle Vogtländer eigenen Heimatverbundenheit erklären ließ. Diese ist nicht teilbar und bis heute die Basis, dass die Region bei allen Unterschieden doch immer wieder zueinander findet, gesamtvogtländisch denkt und fühlt. Das Vogtland konnte man im Herzen der Bürger eigentlich nicht teilen. Auch deshalb konnte es im Vogtland nach der Landtagsentscheidung natürlich noch keinen Frieden geben.

Konflikt schwelte dennoch weiter

Zunächst ging man aber an den Vollzug des beschlossenen Kreisgebietsreformgesetzes. Basierend auf einer Verwaltungsvorschrift des Sächsischen Staatsministeriums des Innern vom 10. September 1993[11] wurden Facharbeitsgruppen für die künftigen Göltzschtal- und Elstertalkreise unter Vorsitz der jeweiligen Landräte gebildet. Man ging sofort an die Arbeit. Im Göltzschtal wurde tüchtig Tempo gemacht, fachlich lief es gut an, die politischen Wunden waren aber noch nicht geheilt, was sich bald danach herausstellte. Frenzel[12] berichtete über ein Interview mit Landrat Dr. Eichler, dass er sich mit dem Reichenbacher Landrat einig sei. Bienert tritt als Bürgermeister in Reichenbach an, Eichler als Landrat für den neuen Göltzschtalkreis und Kraus, der Landratsimport aus Bayern, wisse nicht so recht, was er will. Insofern werde in der Vorbereitungsarbeit auch akzeptiert, dass er, Eichler, das letzte Wort habe.
In der Elstertalregion stirbt Anfang Januar 1994 völlig überraschend der Plauener Landrat Röhn. Damit war der Oelsnitzer Landrat Dr. Lenk voll am Zuge, was auch von der Plauener CDU mitgetragen wurde. Man wollte für sieben Monate nicht noch einen neuen Landrat wählen. Lenk sollte in Personalunion den Landkreis Plauen-Land mit übernehmen. Am 3. Februar 1994 stellt sich plötzlich der CDU-Fraktionsvorsitzende im Plauener Kreistag Strobel als Landratskandidat zur Wahl mit der Begründung, es gebe Absprachen zwischen Eichler in Auerbach und Lenk in Oelsnitz, in der nächsten Legislaturperiode doch einen Großkreis zu bilden, dann mit Sitz in Auerbach. Nur zwei Tage später allerdings wird Lenk mit großer Mehrheit auf dem Parteitag des CDU-Kreisverbandes Elstertal/Plauen für die Landratswahl nominiert. Strobel tritt gar nicht erst an. Er hatte wohl schnell

---

11 Sächsischer Landtag: Pl. Pr. 1/70.
12 Siehe Anmerkung 2.

Krieg und Frieden – die Kreisreform im Vogtland

gemerkt, dass die Begründung für seine Landratswahl in Plauen-Land auf tönernen Füßen stand. Im April entschließt sich Strobel dann als Einzelkandidat in die bevorstehende Landratswahl im Elstertal zu gehen, geht aber mit knapp 8 % dabei unter.
Glaubte man zunächst, dass das intensivste Kreisreformkonfliktfeld Sachsens das Vogtland sei, so staunten viele nicht schlecht, als im Mai 1994 das Sächsische Verfassungsgericht die Kommunalwahl in den künftigen Landkreisen Westlausitz und Dresden/Meißen aussetzte, was mit nicht realisierten Anhörungsrechten der jeweiligen Landkreise im Gesetzgebungsverfahren zur Kreisreform begründet wurde. Dieser Umstand brachte das Vogtland wieder in Angriffsstellung. Die Reichenbacher litten stark am Verlust des Kreissitzes an die einwohnerschwächere Stadt Auerbach. Zudem hat die Dominanz der Auerbacher in Vorbereitung des Vollzuges der Kreisreform weitere emotionale Schranken aufgebaut. Zu schnell wurde mit dem Abzug von Ämtern aus Reichenbach und Klingenthal nach Auerbach begonnen, alles noch vor der Kommunalwahl.
So kam, was kommen musste. Die Großkreisbefürworter im Reichenbacher Kreistag, an der Spitze der fraktionslose Volker Liskowsky, forderten in einer Kreistagsbefassung nun mit vergleichbaren Argumenten wie in Dresden und Hoyerswerda, vor das Sächsische Verfassungsgericht zu ziehen. Dann überstürzen sich die Ereignisse. Die Reichenbacher mit Traudel Albert an der Spitze, Gewerbetreibende, Vereine und eine große Bürgerschaft stellten sich hinter das Ansinnen. Die Wahlplakate und die jeweiligen Spitzenkandidaten waren für die Kommunalwahl längst ausgehängt und doch beschließt der Reichenbacher Kreistag wenige Tage vor der Wahl hochmehrheitlich, die Verfassungsklage in Leipzig einzureichen. Man wollte sich dort zwar gegen Anhörungsverletzungen im Gesetzgebungsverfahren wehren, erkennbares Ziel der Nordvogtländer war jedoch: Entweder Reichenbach bekommt den Kreissitz im Göltzschtal oder man stellt sich hinter einen Vogtlandkreis mit Sitz in Plauen. Landrat Bienert reist nach dem Kreistagsvotum sofort zum Verfassungsgerichtshof nach Leipzig, um den Antrag auf einstweilige Anordnung zur Aussetzung der kreislichen Wahlen im Vogtland zu erreichen, zieht die ganze Sache dann aber wieder spontan zurück, weil man in Leipzig verdeutlichte, dass die Wahl im Elstertalkreis auf alle Fälle stattfinden werde. Auf dem Reichenbacher Marktplatz werden am selben Abend Bienert als Bürgermeisterkandidat für die Stadt Reichenbach und Dr. Eichler als Landratskandidat für den Göltzschtalkreis in Anwesenheit von Ministerpräsident Prof. Dr. Biedenkopf so laut ausgepfiffen, dass sie nicht zu Wort kommen.
Bienert erlebt bei der Reichenbacher Bürgermeisterwahl mit nur 9 % ein Fiasko. Eichler gewinnt zwar die Wahl im Göltzschtalkreis, aber bei genauer Betrachtung nur durch die Stimme aus dem Landkreis Auerbach. In der Stadt Reichenbach erhält er 28 %, in Klingenthal gar nur 19 %[13]. Im Elstertalkreis liegt Lenk mit 48,3 % nach dem ersten Wahlgang zwar an der Spitze und

---

13 Verwaltungsvorschrift des Sächsischen Staatsministeriums des Innern zum Sächsischen Kreisgebietsreformgesetz vom 10. September 1993.

Dr. Tassilo Lenk

deutlich vor dem SPD-Kandidaten (18,7 %), schafft aber im ersten Wahlgang die absolute Mehrheit nicht. 14 Tage später ist er durch und gewinnt das Direktwahlmandat als Landrat im Elstertalkreis mit 67,2 %. Auf einer Sondersitzung des Kreistages in Plauen schließt man sich der Normenkontrollklage Reichenbachs an, im Klingenthaler Kreistag hingegen wird ein solcher Antrag in geheimer Abstimmung abgelehnt. Die Bürgerinitiative „Gegen die Kreisreform" sammelt derweil Unterschriften, um über einen rechtlich möglichen Volksantrag im Landtag einen Großvogtlandkreis zu erreichen. Ähnlich wie in den Wendezeiten demonstriert man montags wieder, jetzt für die Einheit des Vogtlandes. 40 000 Unterschriften werden dafür benötigt.

Vogtländische Kreisreform wird ausgesetzt

Am 21. Juli 1994 trifft das Verfassungsgericht in Leipzig eine brisante Entscheidung: Der Vollzug der vogtländischen Kreisreform wird ausgesetzt. Die Selbstverwaltung würde erheblich beeinträchtigt, so die Richter, wenn es zu einer vorübergehenden Auflösung der fünf Altlandkreise käme. Diese bestanden nun erst einmal bis zur Hauptverhandlung des Sächsischen Verfassungsgerichtes weiter fort. Die vom Volk gewählten Landräte Dr. Eichler und Dr. Lenk waren über Nacht ohne Göltzschtal- bzw. Elstertalkreis. Dies war in der Geschichte Deutschlands wohl in dieser Form zum ersten Mal der Fall. Jubilierte auf der einen Seite die Reichenbacher Initiative mit nunmehr schon beträchtlichen 32 000 Unterschriften für den Großvolksantrag, bildete sich andererseits Ende Juli 1994 im Göltzschtal eine „Interessensgemeinschaft für die Kreisreform" (IG). Unternehmer, Verbände und Vereine, natürlich auch Parteien im Landkreis Auerbach, aber auch im Landkreis Oelsnitz setzten sich für das Gesetz ein, auch der CDU-Landtagsabgeordnete Dr. Grüning aus Reichenbach. Man sammelte Unterschriften für zwei Landkreise im Vogtland und wollte zur Urteilsverkündung des Sächsischen Verfassungsgerichtes am 15. September 1994 dem Gericht dazu eine Petition überreichen. Laut IG sollte die politische Einheit des Vogtlandes in den nächsten Jahrzehnten angestrebt werden, vorbereitet durch einen „Vogtlandkonvent" mit bedeutenden Persönlichkeiten der Region. Man wollte ein Dokument „Vogtland 2000" erarbeiten, dort Etappen aufzeigen, wie in den nächsten 20 bis 30 Jahren einheitliche Verwaltungsstrukturen im Vogtland aufgebaut werden könnten. Im Juli 1994 offerierte Landrat Dr. Lenk aus Oelsnitz den Vorschlag, die Entscheidung der Kreisreform über einen Volksentscheid im Vogtland zu beantworten. Man hätte dies mit den im Herbst stattfindenden Bundes- und Landtagswahlen verbinden können, ohne großen Mehraufwand. Strobel aus Plauen schließt sich dem an, die rechtlichen Hürden mit notwendiger Zeitinanspruchnahme waren allerdings hierfür zu hoch.
Beide Bürgerinitiativen trafen sich zur Auerbacher Wirtschaftsausstellung Ende August 1994 zu einer streitvollen Podiumsdiskussion. Zeitgleich bereiteten sich die streitenden Seiten auf die gerichtliche Auseinandersetzung vor dem Sächsischen Verfassungsgericht vor. Der Kreistag in Auerbach ge-

Krieg und Frieden – die Kreisreform im Vogtland

nehmigte dafür die Bereitstellung von 50 000 DM, um einen Spezialanwalt zu gewinnen.
Alle schauten gespannt am 15. September 1994 nach Leipzig, dem Tag der Urteilsverkündung des Verfassungsgerichtshofes. Nach dreistündiger Verhandlung wurde mitgeteilt, dass das Urteil erst am 11. November 1994 ausgesprochen werden kann. In der Verhandlung selbst hatten sich beide Seiten hart duelliert. Intensiv brachte sich der vom Landkreis Auerbach aufgebotene Verfassungsrechtsexperte Prof. Redecker in die Diskussion ein, so dass sich die Kreise Plauen und Reichenbach über den Verlauf der Verhandlung beschwerten und strikt auf ihren Klagezielen beharrten. Die Vertreter der eigentlich angeklagten Staatsregierung wiesen die Vorträge Plauens und Reichenbachs zurück. Man habe in Sachen Vogtland richtig gehandelt. Am 11. November 1994 gab das Leipziger Gericht der vogtländischen Normenkontrollklage letztlich doch statt. Es erkannte Verstöße in verfassungsrechtlich zu sichernden Anhörungsrechten während des Gesetzgebungsverfahrens an. Die Kreisreform war damit für das Vogtland nichtig, die Wahlen der Kreistage und Landräte vom Juli 1994 ungültig. Die Altlandkreise bestanden zunächst bis zum 31. Juli 1995 fort. Das Tauziehen im Vogtland ging natürlich insofern sofort weiter, als das Gericht zu den Inhalten der Kreisreform selbst nichts beschloss.
Das Meinungsbild der Landräte nach dem Urteil war kunterbunt. In Klingenthal sah Landrat Kraus nun gute Chancen für einen Großvogtlandkreis, Bienert aus Reichenbach natürlich jetzt auch, aber mit Sitz in Reichenbach. Eichler verwirrte mit einer neuen Kreissitzvariante an der Autobahn in der Nähe von Treuen. Strobel in Plauen bewegte sich, was den Kreissitz betraf, ebenfalls. Er sollte nun im Vogtlandkreis nahe Plauen liegen. Lenk in Oelsnitz zog das Band völlig auf, indem er einen Regionalkreis ins Gespräch brachte mit Gebieten in Thüringen und Bayern, so wie das Vogtland historisch schon einmal existierte und vielleicht im künftigen Europa der Regionen und einer möglichen Länderreform in Deutschland Bestand haben könnte.
Da das Urteil nicht anfechtbar war, musste der Sächsische Landtag wieder ein Gesetz vorlegen. Im Dezember 1994 befasste sich das sächsische Kabinett nochmals mit der zerstrittenen Vogtlandregion. Es blieb bei der Zweikreislösung im Vogtland, allerdings mit geändertem gebietlichen Zuschnitt. So sollte ein Landkreis Obervogtland mit den bisherigen Landkreisen Plauen, Oelsnitz und – das war überraschend – dem kompletten Landkreis Klingenthal mit insgesamt 101 000 Einwohnern entstehen, die Landkreise Reichenbach und Auerbach mit 117 000 Einwohnern den neuen Niedervogtlandkreis bilden. So erreichte man besser vergleichbare Einwohnerzahlen, bessere naturräumliche Gegebenheiten, gute Entfernungen zu den Kreissitzen in Plauen und Auerbach und eine regionale Stärkung, insbesondere mit Auerbach als Zentrum des östlichen Vogtlandes. Eine zweipolige Entwicklung des Vogtlandes sicherte zudem die Beachtung der kleinräumigen Probleme. Die relativ einseitige Orientierung des Vogtlandes auf Plauen wurde damit verhindert.
Bis zum 17. Februar 1995 nahmen die betroffenen Landkreise und Gemeinden Stellung. Der Auerbacher CDU-Landtagsabgeordnete Möckel kritisierte

Dr. Tassilo Lenk

in diesem Zusammenhang Plauen. Er meinte, wenn es Schwierigkeiten im Vogtland gab, war Plauen stets beteiligt. So wollte Plauens Oberbürgermeister Dr. Magerkord gar die Kreisstadt Oelsnitz nach Plauen eingemeinden. Das war wohl eher als Scherz gemeint, führte aber zu einem nie wieder gestillten Vertrauensverlust. Auch die Bildung der vogtlandeinheitlichen Zweckverbände, etwa für den öffentlichen Personennahverkehr und für den Rettungsdienst blockierte Plauen. Beim Einführen eines einheitlichen Kfz-Kennzeichens „V" für Vogtland habe sich Plauen quer gelegt. Man spreche dort anders, als man handle, wenn es um das geeinte Vogtland geht, so Möckel.

40 000 Unterschriften für Einheitskreis

Nach dem Kabinettsentscheid traten die Einkreisverfechter wieder in den Ring, um in der Anhörungszeit den Kabinettsvorschlag doch noch zu kippen. Die Bürgerinitiative für einen Vogtlandkreis legte 40 000 Unterschriften dafür vor. Auf der anderen Seite wurde Landrat Dr. Lenk in Oelsnitz vom dortigen Gewerbeverband und der Kreishandwerkerschaft aufgefordert, vehement alles in seiner Macht Stehende zu tun, um das Zweikreismodell durchzusetzen. Der Kreistag des Großvogtlandkreises würde weit mehr als die Hälfte der Abgeordneten aus dem Göltzschtal haben. Nichts könnte mehr ohne deren Zustimmung für die ober- und westvogtländischen Regionen durchgesetzt werden. Alle Blicke richteten sich nach Klingenthal. Würde man akzeptieren, als Kreis insgesamt zwar nicht in den Großkreis, sondern in den Obervogtlandkreis zu gehen. Man wusste sich dort als Zünglein an der Waage.
Zusammengefasst ergab sich nach der Anhörung wieder kein einheitliches Bild. Die Kreistage Klingenthal, Plauen, Reichenbach und die kreisfreie Stadt Plauen stimmten mit anderen 44 Gemeinden des Vogtlandes für den Großkreis. Die Landkreise Auerbach und Oelsnitz mit 31 Gemeinden im Umfeld waren für die vom Kabinett vorgelegte Zweikreisteilung. Dennoch schien der Bann für die einen großen Vogtlandkreis gebrochen. Noch dazu, als der stärkste Zweikreisverfechter, der damalige Präsident des Sächsischen Landkreistages, ausgestattet mit vielen wichtigen Kontakten zu Mitgliedern der Staatsregierung und des Landtages, Landrat Dr. Eichler, wegen Stasivorwürfen alle seine Ämter niederlegte und als Landrat des Landkreises Auerbach zurücktrat. Unmittelbar nach Eichlers Rücktritt und im Kalkül einer kurzfristigen Lähmung der Zweikreisverfechter im Vogtland und den damit verbundenen Auswirkungen in Dresden wandten sich am 28. Februar 1995 die Landräte Strobel, Bienert und Kraus aus Plauen, Reichenbach und Klingenthal und der Oberbürgermeister der Stadt Plauen, Dr. Magerkord, an Ministerpräsident Prof. Dr. Biedenkopf mit der Bitte, sowohl als Ministerpräsident als auch als Landesvorsitzender der CDU auf die Entscheidung zur Kreisreform Einfluss zu nehmen. Man verwies nochmals auf die mehrheitlich im Vogtland vorherrschende Meinung zur Bildung eines Großkreises.
Im März 1995 votierte dann auch die sächsische Regierung für einen Vogtlandkreis. Man war am Kabinettstisch nun der Meinung, dass ein starkes

Oberzentrum Plauen inmitten eines Vogtlandkreises gegenüber Bayern und der Tschechischen Republik im Wettbewerb stärker aufgestellt ist und wirtschaftliche Interessen besser bündeln kann. Dies hat sich allerdings in Jahren danach nicht in dem Maße eingestellt, wie erwartet. Plauen konnte nicht die entscheidenden oberzentralen Funktionen für das Vogtland entwickeln wie etwa eine angemessene hochschuluniversitäre Ausbildung und die Ansiedlung von Forschungs- und Entwicklungsrichtungen. Auch als Wirtschafts-, Innovations- und Technologiezentrum blieb Plauen dem Vogtland vieles schuldig. Als richtig hat sich die Überlegung in Dresden herausgestellt, dass sich der einheitliche Kreis besser entwickeln werde. Er gehörte bereits nach zwei Jahren zum Spitzenfeld vergleichbarer Regionen Ostdeutschlands. Laut Kabinettsbeschluss standen die Kommunalwahlen im Oktober/November 1995 an und ab 1. Januar 1996 sollte der Vogtlandkreis die Arbeit beginnen. Enttäuschung bei den Zweikreisverfechtern, Jubel bei den Großkreiskämpfern! Strobel in Plauen sprach von einem späten Sieg der Vernunft, Plauens Oberbürgermeister Dr. Magerkord hatte „Freudentränen in den Augen".

Am 23. März 1995 beschließt der Sächsische Landtag das Gesetz zur Verlängerung der Wahlperiode von Kreistagen, der Amtszeiten von Landräten und Beigeordneten, dies nun bis zum 31. Dezember 1995. Am 6. April behandelte der Innenausschuss des Landtages den Entwurf des 2. Änderungsgesetzes zur Kreisgebietsreform, schließt sich dem sächsischen Kabinett an und damit für einen einheitlichen Kreis mit Sitz in der kreisfreien Stadt Plauen. Die Anhörung sollte bis 16. Juni 1995 abgeschlossen sein.

Die Kreistage des Vogtlandes ändern ihre Meinungen nicht mehr. Auerbach und Oelsnitz sind weiter für zwei Kreise. Die Varianten Ober- und Niedervogtlandkreis als auch Elster- und Göltzschtalkreis werden akzeptiert. Die Landkreise Klingenthal, Plauen-Land und Reichenbach und die kreisfreie Stadt Plauen stimmen dem Gesetzentwurf für einen einheitlichen Kreis zu. Die Gemeinden in den jeweiligen Landkreisen stimmen ähnlich ab, so über 90 % in Auerbach und Oelsnitz für zwei Kreise, 82 % der Reichenbacher, 67 % der Klingenthaler und 100 % der Plauener wollen hingegen den großen Vogtlandkreis.

Gespannt schaute das Vogtland ins bayerische Kloster Banns, wo die CDU-Landtagsfraktion Sachsens Mitte August 1995 zu ihrer turnusmäßigen Jahresklausur zusammentrifft und sich in Vorbereitung des Septemberplenums in einer Vorabstimmung für einen Vogtlandkreis ausspricht, wobei Enthaltungen und Gegenstimmen zusammen so viele Stimmen bilden wie die Großkreisbefürworter auf der anderen Seite. Von den Vogtländern stimmen zwei für den Großkreis (Kurt Stempell und Andreas Heinz aus Plauen) und drei dagegen (Dr. Uwe Grüning, Ursula Kulscher, Gerd Möckel). Geteiltes Echo im Vogtland. Die Auerbacher waren enttäuscht. Der neue Landrat Frieder Hendel sprach erneut von den Möglichkeiten einer Verfassungsklage vor Gericht, was der Oelsnitzer Landrat Dr. Lenk dann nicht mehr mittrug und die Meinung vertrat, dass es nun an der Zeit ist, die Beschlüsse zu akzeptieren. Weitere Verzögerungen würden dem Vogtland schaden. Das wollen sicherlich auch die Auerbacher nicht, so Lenk.

Dr. Tassilo Lenk

Einheitlicher Vogtlandkreis entsteht

Am 6. September 1995 beschloss der Sächsische Landtag den einheitlichen Vogtlandkreis mit Sitz in der kreisfreien Stadt Plauen. Der mit Abstand größte Landkreis, der die Richtlinien und Maßstäbe zur Kreisgebietsreform in Sachsen sprengte, musste seine Verwaltung in einem anderen Kreis aufbauen, nämlich in der kreisfreien Stadt Plauen. Der Wahltermin für den neuen Kreistag und die Landratswahl wurden für den 3. Dezember 1995 festgesetzt.
Beim CDU-Nominierungsparteitag mit Delegierten aus dem gesamten Vogtland setzte sich Landrat Dr. Lenk klar gegen die Großkreisverfechter Landräte Strobel und Bienert durch. Man hatte ihm wohl glaubhaft abgenommen, die Stärkung des Großkreises durch Entwicklung und Förderung dezentraler Strukturen in der Region erreichen zu wollen. Die 70 Kreistagssitze belegten zu 40 % die CDU, zu 18 % die SPD, zu 15 % der PDS, zu 7,9 % die FDP und zu 7,3 % die DSU.
Die Landratswahl war spannend. Neben Lenk als CDU-Landrat fuhren die anderen vogtländischen Parteien ihre besten politischen Geschütze auf, so die SPD den Bundestagsabgeordneten Rolf Schwanitz, die FDP ihren parlamentarischen Staatssekretär im Bundesbauministerium Joachim Günther, die PDS die Landtagsabgeordnete Andrea Roth und die DSU ihren Bundesvorsitzenden Roberto Rink aus dem Vogtland. Der Wahlkampf war sachorientiert, außer jener Rinks, der politisch attackierte. Lenk setzte sich dann bereits im ersten Urnengang mit knapp 52 % durch, gefolgt von Schwanitz (SPD) 19,3 % und Roth (PDS) 15,6 %. Ein zweiter Wahlgang wurde so dem Vogtland erspart. Parteimehrheiten gab es im neuen Kreistag nicht. Die von Lenk gewünschte „Koalition der Vernunft" war angesagt. Es ging um die besten Ideen unabhängig davon, welche Fraktion sie vorschlug. In gemeinsamer vogtländischer Kraftanstrengung begann man, die Zeit wieder aufzuholen, die durch die Kreisreformdebatte im Vogtland verloren gegangen war. Nach Jahren des Streits feierte das Vogtland im Jahr 1995 „Verwaltungsweihnachtsfrieden" – und das tut gut.

V – Richtig entschieden!

Schnell hatte sich die Region nach dem Kreisreformstreit beruhigt. Entscheidend dafür war, dass sich die Menschen als Vogtländer fühlten sowie die Erkenntnis, dass es den Oelsnitzern, Klingenthalern, Auerbachern, Plauenern und Reichenbachern dann besser geht, wenn das Vogtland insgesamt gut vorankommt. Am 28. Juli 1996, also gerade einmal sieben Monate nach Bildung des Großvogtlandkreises feierten die „Streithähne" gemeinsam den ersten „Tag der Vogtländer". 2006 jährt er sich zum zehnten Mal, dann in der kreislichen Vogtlandarena, der einzigen neu gebauten Großschanze in Ostdeutschland nach der Deutschen Einheit. Eine alte „Kreisreformkonfliktstelle" wurde am 1. Juni 1996 mit der Sparkassenfusion der ehemaligen fünf kreislichen Sparkassen beseitigt. Heute gehört die Sparkasse Vogtland, sie setzt sich in der Beteiligung zu 80 % aus dem Vogtlandkreis und zu 20 % aus

Krieg und Frieden – die Kreisreform im Vogtland

der kreisfreien Stadt Plauen zusammen, zu den führenden Häusern Ostdeutschlands und der Sachsenfinanzgruppe. Im April 1996 bekamen die Vogtländer ein neues Kfz-Kennzeichen. Als einziger Landkreis in Deutschland nur einen Buchstaben – „V" – was denn sonst! Also von der Bedeutung so etwas wie „B"-Berlin oder „M"-München oder „S"-Stuttgart und nicht nur „DD" – wie die Landeshauptstadt Dresden. Nach diesem Kreisreformstreit Seelenmassage für die Vogtländer. „V" – wie Vogtland! „V" – wie Victory. Victory unserem Vogtland als Eingangstor zum Freistaat Sachsen im Viererländereck Bayern, Böhmen, Sachsen und Thüringen, einem dynamischen Verflechtungsraum im Europa der Regionen der Zukunft mit nahezu 2,5 Millionen Menschen. Die Menschen werden diese Region gestalten. Bei der sächsischen Kreisreform haben sie am Ende richtig entschieden – für einen großen Landkreis und damit für eine liebens- und lebenswerte Zukunft ihrer vogtländischen Heimat.

Literatur

Amtliche Nachrichten des Landkreises Plauen, Vogtland-Anzeiger, 30. Oktober 1991.
Amtliche Nachrichten des Landkreises Auerbach, Vogtlandblick, 3. August 1994.
Bericht des Sächsischen Staatsministeriums des Innern über die Ergebnisse der Anhörung zum Entwurf des Innenausschusses vom 15./16. Januar 1993 zu einem sächsischen Gesetz zur Kreisgebietsreform.
Frenzel, Albrecht: Institutioneller Wandel und institutionelle Differenzierung ostdeutscher Landkreise. Ein Vergleich der Eigendynamik politischer Reformprozesse in Brandenburg und Sachsen.
Landkreis Auerbach: Göltzschtalresolution, Dezember 1992.
Lenk, Johannes: Die Überlegung des Abgeordneten Johannes Lenk, die dieser anlässlich der zum Thema Landkreisreform einberufenen außerordentlichen Sitzung des Kreistages Oelsnitz am 17. Juli 1991 vor demselben zu Gehör brachte.
Pöllmann, Werner: Das sächsische Vogtland, unv. Manuskript, 1991.
Sächsischer Landtag: Drucksache 1/2056.
Sächsischer Landtag: Drucksache 1/3202.
Sächsischer Landtag: Pl. Pr. 1/70.
Sächsisches Staatsministerium des Innern: Erstentwurf für eine Kreisreform vom 3. Juli 1991.
Statistisches Landesamt des Freistaates Sachsen, Sonderheft, Wahlen im Freistaat Sachsen, Kamenz 1994.
Verwaltungsvorschrift des Sächsischen Staatsministeriums des Innern zum Sächsischen Kreisgebietsreformgesetz vom 10. September 1993.

Zweite Wahlperiode beginnt mit neuer Sächsischer Gemeindeordnung

Dr. Herbert Wagner

1. Die Sächsische Gemeindeordnung (SächsGemO)

Am 18. März 1993 verabschiedet der Sächsische Landtag eine neue Gemeindeordnung. Das neue „Grundgesetz für die Städte und Dörfer" Sachsens trägt in Anlehnung an das alte Gesetz aus dem Jahre 1923 die Bezeichnung „Gemeindeordnung für den Freistaat Sachsen" und löst das Gesetz über die Selbstverwaltung der Gemeinden und Landkreise in der DDR (Kommunalverfassung) vom 17. Mai 1990 ab.[1] Die von der Volkskammer verabschiedete Kommunalverfassung von 1990 war eine für die seinerzeit noch nicht wieder gebildeten fünf neuen Bundesländer gleichermaßen geltende Übergangsverfassung. Sie enthielt Elemente der verschiedenen Kommunalverfassungen der alten Bundesländer, so der norddeutschen Ratsverfassung und der süddeutschen Bürgermeisterverfassung. Aber auch einige vor allem sprachlich gewohnte Relikte aus der zu DDR-Zeiten verordneten Praxis des so genannten demokratischen Zentralismus, der im Gesetz für die örtlichen Volksvertretungen seinen perfiden kommunalen Niederschlag fand, wurden übernommen.

Die Kommunalverfassung war wie der Einigungsvertrag mit heißer Nadel gestrickt und ein Kompromiss mit Ecken und Kanten. Aber sie ermöglichte trotzdem einen radikalen demokratischen Neuanfang für die kommunale Selbstverwaltung in den Gemeinden, Städten und Kreisen. Doch im praktischen Gebrauch stellten sich bald die Mängel und Lücken heraus. Sie riefen nach einer Regelung und führten die sehr frühe Diskussion um die Sächsische Gemeindeordnung beständig weiter. Die Bürgerschaft suchte die kommunale Selbstverwaltung bewusst als Gegenstück zum zentralistischen DDR-Staat. Dabei war die starke Stellung des Bürgermeisters eine an vielen Stellen weit verbreitete Wunsch- und Zielvorstellung zugleich. Sie entsprach dem hervorbrechenden Lebensgefühl der friedlichen Revolution von 1989/90. Bereits am 8. Oktober 1989 forderte die Dresdner „Gruppe der 20" für die tausenden Demonstranten auf der Prager Straße keinen anderen Gesprächspartner als den Oberbürgermeister, obwohl dieser in der zentralistischen DDR für die Forderungen nach Reisefreiheit, Pressefreiheit, freie Wahlen usw. gar nicht zuständig sein konnte. Auch in den kleineren Gemeinden stützten

---
1 Siehe Krieger, Roland/Bromberger, Karl-Heinz/Dittmer, Maritha/Eichert, Christof/Wagner, Erwin: Gemeindeordnung für den Freistaat Sachsen, Dresden: Deutscher Gemeindeverlag Verlag W. Kohlhammer 1993.

Zweite Wahlperiode beginnt mit neuer Sächsischer Gemeindeordnung

sich die Hoffnungen der Menschen auf einen Bürgermeister ihrer Wahl. An vielen Orten entstand spontan bürgerschaftliches Engagement. So sammelten z. B. die Bürger in Taubenheim/Spree im Frühjahr 1990 Unterschriften, um ihren Bürgermeister Reiner Israel zu einer Kandidatur für die ersten freien Wahlen in die Gemeindevertretung zu bewegen, nachdem er ihre Interessen auch am Runden Tisch deutlich vertreten hatte.

Bei einem Vergleich aller deutschen Gemeindeverfassungen wurde die angestrebte kommunale Selbstverwaltung mit einem starken Bürgermeister am deutlichsten in den süddeutschen Ratsverfassungen wiedergefunden, auf deren Grundlage und mit den Erfahrungen der 1990er Kommunalverfassung eigene sächsische Überlegungen angestellt wurden. Die Frage war nicht: „Süddeutsch oder norddeutsch?", sondern es ging um die Rolle des Bürgermeisters in der selbstverwalteten Gemeinde. Auch die zufälligen Kontakte zu Baden-Württemberg und der Name „süddeutsch" spielten eine Nebenrolle. Obwohl besonders enge und partnerschaftliche Beziehungen zwischen Baden-Württemberg und Sachsen bestanden, wurde in der Landkreisverfassung die Rolle des Landrats nach bayerischem Muster übernommen, der ebenfalls direkt gewählt wurde, während die Direktwahl der Landräte in Baden-Württemberg nicht erfolgte. In Sachsen war auch die starke Stellung des Landrats gewünscht.

Noch während die Volkskammer um die geeignete Kommunalverfassung rang, bildete sich bereits im April 1990 im Rahmen der Zusammenarbeit zwischen dem Land Baden-Württemberg und dem sich entwickelnden Land Sachsen die sächsische Arbeitsgruppe „Kommunale Selbstverwaltung". In der Arbeitsgruppe unter Leitung von Dr. Lutz Boden (Juristische Fakultät der Karl-Marx-Universität Leipzig) wirkten u. a. mit Vertreter von Parteien, Roland Becker und Lothar Mende (CDU), Andreas Graff (PDS), Ernst Benedict (SPD), Jürgen Bönninger (DA) und Dr. Ralf Donner (Bündnis 90), gemeinsam mit Detlef Dix (Hauptgeschäftsführer des Sächsischen Städte- und Gemeindetages), Dr. Toralf Aehlig, Werner Schnuppe und Brigitte Stein (Bezirksverwaltungsbehörde Dresden) sowie Lothar Homeier (Bezirksverwaltungsbehörde Leipzig). Die Arbeitsgruppe konnte sich bereits auf im März 1990 vorliegende Entwürfe der Gemeindeordnung und der Landkreisordnung stützen. Diese waren durch Bürgermeister, Vertreter basisdemokratischer Gruppen aus Dresden, Oschatz und Zittau, Mitgliedern des Gründungsausschusses des Sächsischen Städte- und Gemeindetages unter Leitung von Werner Schnuppe (Rat des Bezirkes Dresden) entstanden und der Öffentlichkeit übergeben worden. Unterstützung erhielt die Arbeitsgruppe durch Berater aus Baden-Württemberg, welche sich engagiert an den Diskussionen zu den Entwürfen von sieben kommunalen Gesetzesvorhaben beteiligten und ihre reichen kommunalpolitischen Erfahrungen vermittelten. Sie ermöglichten Besuche der Arbeitsgruppenmitglieder in Baden-Württemberg, die einen unmittelbaren Einblick der sächsischen Vertreter in die kommunale Praxis von Gemeinden, Städten und Landkreisen erlaubten. Der Beratergruppe aus Baden-Württemberg unter Vorsitz von Dr. Ernst Füsslin (Abteilungsleiter im Innenministerium) gehörten u. a. Dr. Rainer Belz und Albrecht Quecke (Referatsleiter im Innenministerium), Prof. Dr. Kurt Gerhardt, Rainer Prokop und Eberhard Trumpp (Geschäftsführung des Landkreistages), Werner Hauser und Otto Kaufmann (Geschäftsführung des Städtetages), Klaus Kopp und Werner Sixt (Geschäftsführung des Gemeindetages), Dr. Peter Schoepke (Präsident der Gemeindeprüfungsanstalt) sowie aus der kommunalen Praxis Reinhard Ebersbach (Bürgermeister Überlingen), Alfred Erhardt (Kreisverwaltungsdirektor Rhein-Neckar-Kreis), Dr. Klaus Plate (Stadtdirektor Heidelberg) und Dr. Gerhard Rembold (Stadtkämmerer Karlsruhe) an. Die Arbeitsgruppe übergab im Oktober 1990 die Ergebnisse an Steffen Heitmann, den Leiter der Fachgruppe „Verfassungs- und Verwaltungsreform" Sachsen, und veröffentlichte die Broschüre „Kommunalgesetze für Sachsen – Entwürfe". Der in dieser Broschüre enthaltene Gemeindeordnungsentwurf war schon zu einem sehr frühen Zeitpunkt Grundlage der politischen Diskussion. Alle später in den Sächsischen Landtag eingebrachten vier Fraktionsentwürfe basierten folgerichtig auf dem von der Arbeitsgruppe „Kommunale Selbstverwaltung" erarbeiteten Gemeindeordnungsentwurf. Der schließlich vom Landtag verabschiedete, modifizierte Entwurf der CDU-Fraktion übernimmt am konsequentesten den Entwurf der Arbeitsgruppe. Damit wird eine sächsische Variante der süddeutschen Ratsverfassung vom Freistaat Sachsen übernommen. Zu den Fragen nach dem Wegfall der hauptamtlichen Stellung des Bürgermeisters für kleine Gemeinden und der gestärkten Rolle des direkt gewählten Bürgermeisters gab es lebhafte Auseinandersetzungen. Die Kommunalverfassung der DDR schrieb noch die Teilung der Ämter des Gemeindevertretervorstehers und Bürgermeisters vor und erlaubte jeder Gemeinde einen hauptamtlichen Bürgermeister.[2]

Lange wurde um diese Rolle der Gemeinde- und Stadtverordnetenvorsteher gerungen, die besonders den Gemeindevertretern sehr schnell lieb geworden war. Die großen Kreisfreien Städte fordern in der Leipziger Erklärung vom 11. Januar 1992 und dem Potsdamer Appell vom 9. Januar 1993 mit den Unterschriften zahlreicher Stadtpräsidenten und Stadtverordnetenvorsteher den Erhalt der Doppelspitze und warnen vor der Machtfülle eines direkt gewählten Bürgermeisters, insbesondere wenn ihm der Vorsitz in der Stadtverordnetenversammlung und den Ausschüssen eingeräumt wird. Doch eine Doppelspitze passte nicht zu einer starken und handlungsfähigen Stellung des Bürgermeisters.

In Dresden wird die Stadtverordnetenvorsteherin Evelyn Müller, die mit großem Engagement und Charme die Sitzungen leitete, wie in vielen anderen Städten Präsidentin genannt. Die insgesamt hilfreiche Partnerschaft mit Hamburg bewirkt aber auch, dass sich die Dresdner Stadtverordnetenversammlung ihr nicht zustehende Regularien der Hamburger Landesparlaments abguckte, die später nur mit Schmerzen zu eliminieren waren. Im Hamburger Senat ist der Erste Bürgermeister ein „Primus inter Pares", ein „Erster unter Gleichen" – kein Ansatzpunkt für die starke Rolle des Bürgermeisters, die ihm in Sachsen zukommen sollte. Der Dresdner Oberbürgermeister, der einerseits schnell und tatkräftig entscheiden soll, steht in der Stadtverordnetenversammlung mit seiner Auffassung von einem starken

---

2 Sächsischer Städte- und Gemeindetag: Geschäftsbericht für die Jahre 1993-1994.

Zweite Wahlperiode beginnt mit neuer Sächsischer Gemeindeordnung

Bürgermeister mutterseelenallein. Am 14. Januar 1993 beschließt die Stadtverordnetenversammlung Dresden mit überwältigender Mehrheit (98 Ja, 10 Nein, 3 Enthaltungen) gegen die Stimme des Oberbürgermeisters, eine entsprechende Offerte für die Beibehaltung der Doppelspitze an den Landtag zu richten. Die Stadtverordneten wollen keinen Oberbürgermeister als „Alleinherrscher". „Hier wird an der Wurzel der Demokratie gesägt", behauptet Peter Zacher von der Alternativen Fraktion. „Das zarte Pflänzchen der Demokratie darf durch eine neue Kommunalverfassung nach süddeutschem Muster keinen Schaden nehmen", heißt es in dem Schreiben der Präsidentin an alle Fraktionsvorsitzenden im Sächsischen Landtag. Doch die Landtagsabgeordneten sind anderer Meinung als die Gemeindevertreter. Das solide begründete Antwortschreiben des Ministerpräsidenten an die Präsidentin der Stadtverordnetenversammlung reizt die Stadtverordneten nur noch mehr. Die PDS-Chefin Christine Ostrowski empfiehlt sarkastisch dem Ministerpräsidenten, „die aufmüpfige Stadtverordnetenversammlung gleich ganz aufzulösen und anstehende Kommunalwahlen bis zur Besserung der Untertanen aussetzen zu lassen." Ihre Fraktion entgleist für die Sitzung am 11. März 1993 gar mit einem Antrag, „die Stadtverordnetenversammlung mit sofortiger Wirkung aufzulösen und bis zur Neuwahl auf der Grundlage einer den Vorgaben des Ministerpräsidenten entsprechenden Gemeindeordnung die Aufgaben der Stadtverordnetenversammlung vom Oberbürgermeister, den Dezernenten und den in der Stadtverwaltung beschäftigten Stadtverordneten wahrnehmen zu lassen." Doch diese provozierende Narretei macht die Mehrheit der Stadtverordneten nicht mit. Auch wenn sie bestenfalls zur Belustigung und Verhöhnung des neuen Entwurfs der Gemeindeordnung diente, zeigt dieser Vorgang doch, wie sehr gerade die starke Stellung des Bürgermeisters gebraucht wurde.
Auch in den Kreistagen regt sich Widerspruch. Die Kreistagspräsidenten des Vogtlandlandkreises protestieren in einer offenen Erklärung gegen die neue Gemeindeordnung. Der Präsidentenkonvent Oberlausitz/Niederschlesien fordert in einem Schreiben an alle Kreistage Sachsens die Kreistagspräsidenten auf, am Tag der Beschlussfassung ihren Protest vor dem Landtag kund zu tun. Am 1. Mai 1993 trat die Gemeindeordnung für den Freistaat Sachsen in Kraft, aber noch nicht vollständig. Sie löste die alte Kommunalverfassung in den Teilen sofort ab, die sich auf die Gemeinde bezogen. Bestimmte Vorschriften der Kommunalverfassung blieben jedoch während der laufenden Wahlperiode der Gemeindevertretungen und der laufenden Amtszeit der Bürgermeister und Beigeordneten weiter anwendbar. Mit dem In-Kraft-Treten der Gemeindeordnung war nicht sofort die Beendigung der Tätigkeit der gewählten kommunalen Vertretungen und der Wahlbediensteten verbunden. So übten die zum Zeitpunkt des In-Kraft-Tretens gewählten Gemeindevertretungen, Bürgermeister und Beigeordneten ihre Ämter bis zum Ende ihrer Wahlperiode nach den bisherigen Bestimmungen aus. Neuwahlen waren somit weder sofort erforderlich noch möglich. Auch die Rechtsstellung der Gemeindevertretungen, Bürgermeister und Beigeordneten ändert sich mit dem In-Kraft-Treten der Gemeindeordnung nicht.
Von den §§ 27 bis 60 SächsGemO, die sich auf den Gemeinderat und den Bürgermeister beziehen, wurden lediglich § 33 Abs. 2 Satz 3, § 39 Abs. 2, 3,

Dr. Herbert Wagner

4, 6 und 7 und § 51 Abs. 5 angewendet. Soweit Bürgermeister oder Beigeordnete während der seinerzeit laufenden Amtsperiode zurücktraten oder abgewählt wurden, erfolgte die Neuwahl nach den Bestimmungen der Kommunalverfassung, also durch die Gemeindevertretungen, für die Dauer der laufenden Wahlperiode. Die übrigen Bestimmungen fanden erstmals auf die im Jahre 1994 neu zu wählenden Gemeinderäte, Bürgermeister und Beigeordneten Anwendung.[3]

1.1 Das Wahljahr 1994

Am 12. Juni 1994 fanden Europa-, Kommunal- und Bürgermeisterwahlen statt. Erstmals wurde nach der neuen Gemeindeordnung gewählt. Wo erforderlich, wurde vielerorts ein „zweiter Wahlgang" für die Wahl des Bürgermeisters, Oberbürgermeisters oder Landrats zwischen dem 26. Juni und dem 10. August durchgeführt.

Zu Beginn des Jahres hörte man viele Unkenrufe von einer zu erwartenden „Wahlmüdigkeit" und „Politikverdrossenheit." Zu viele widersprüchliche Erfahrungen machten die Bürger in den ersten vier Jahren der Freiheit und der Demokratie. Viele hatten zu hohe Erwartungen an die Demokratie und ihre Mitgestaltungsmöglichkeiten gestellt. Manch falsches Demokratieverständnis aus der Wendezeit war einer Ernüchterung und gewissen Normalität gewichen. So glaubte ein Stadtverordneter in Dresden, vertrauliche Angelegenheiten mit dem Recht auf Meinungsfreiheit ausposaunen zu dürfen. Ein anderer Stadtverordneter forderte nach seinem persönlichen Verständnis von Minderheitenschutz, dass in der Demokratie doch endlich die Mehrheit das tun müsse, was die Minderheit will. Er stieß bei der Mehrheit in der Stadtverordnetenversammlung auf Unverständnis. Viele zogen sich enttäuscht wieder aus der Politik zurück.

Doch viele ergriffen die Chance der 1994er Wahlen. Letztlich gab diese Gruppe den Ausschlag, denn die negativen Prognosen des Jahresanfangs sind nicht eingetroffen. Die Wahlbeteiligung in Sachsen sank zwar bei allen Wahlen. Bei den Gemeinde- und Stadtratswahlen sank sie von 76 % im Jahr 1990 auf 70,4 % und bei den Kreistags- und Stadtratswahlen der Kreisfreien Städte sogar von 76 % im Jahr 1990 auf 66,9 %. Doch 1990 war ein Ausnahmejahr. Erstmals konnte man sich an den heiß ersehnten freien Wahlen beteiligen. Auch die Anzahl der Parteien, die sich zur Wahl stellten, sank in Dresden von 20 Parteien und Wählervereinigungen im Jahr 1990 auf elf im Jahr 1994. Die Landtagswahl am 11. September 2004 war in der Wahlbeteiligung mit 58,4 % ein Tiefpunkt, aber schon zur Bundestagswahl gingen wieder 72 % der wahlberechtigten Sachsen (1990 waren es 76,2 %) an die Wahlurne. Wo die große Mehrheit der Bürgerinnen und Bürger an vier Sonntagen im Jahr aus freien Stücken zur Wahl geht, da gibt es keine Wahl-

---

3 Runderlass des Sächsischen Staatsministeriums des Innern zum In-Kraft-Treten der Gemeindeordnung für den Freistaat Sachsen und zur weiteren Anwendung der Kommunalverfassung vom 29. April 1993 (SächsAmtsbl. S. 721).

müdigkeit und keine Demokratiemüdigkeit. Tausende ehrenamtliche Helferinnen und Helfer stellten den Ablauf der vier Wahlsonntage sicher. Sie haben den Sonntag im Wahllokal verbracht und teilweise bis weit in die Nacht hinein die Stimmen ausgezählt. Ihrem ehrenamtlichen Engagement ist es mit zu verdanken, dass die von den Kommunalverwaltungen vorbereiteten Wahlsonntage reibungslos und ohne Pannen verliefen.
Inhaltlich bestätigen die Wahlergebnisse 1994 die Fortsetzung der mit den Wahlen 1990 eingeschlagenen Politikrichtung bei Bund sowie Freistaat und weitgehend auch in den Kommunen, obwohl es bei den Kommunen schon zu spürbaren Verschiebungen von den bürgerlichen Parteien in Richtung Rot-Grün kommt. PDS und SPD legen zu, die CDU aber bleibt trotz Stimmenverluste die stärkste politische Kraft. Bei fragilen Mehrheitsverhältnissen, wie in Dresden, haben diese Verschiebungen sogar entscheidenden Charakter. Im Bund setzt sich diese Tendenz erst bei den Bundestagswahlen am 27. September 1998 fort und führt zu einem Wechsel der Mehrheiten und in der Konsequenz zu einem Wechsel der Bundesregierung und der Politikrichtung.

1.2 Starke Stellung des Bürgermeisters nach den Neuwahlen 1994

Die Neuwahlen von Bürgermeister und Beigeordneten nach den Bestimmungen der Sächsischen Gemeindeordnung erfolgten erstmals mit den Kommunalwahlen 1994. Die Wahl der Gemeindevertretung erfolgt nun unabhängig von der Wahl des Bürgermeisters. Ein Gleiches gilt für die Landräte. Letztmalig wurden in Sachsen flächendeckend die Gemeinde- bzw. Stadträte und die Ortschaftsräte sowie die Bürgermeister, die Kreistage und die Landräte gleichzeitig gewählt. Eine Ausnahme bildeten die Landkreise Kamenz, Meißen und der Vogtlandkreis, deren Wahlen durch Klagen zur Landkreisreform verschoben werden mussten.
Die Wahlperiode der Gemeindevertretung betrug nun fünf Jahre und die der Bürgermeister und Landräte sieben Jahre. Während die Gemeindevertretung bei ordnungsgemäßen Wahlen immer im ersten Wahlgang komplett gewählt ist, kann bei den Bürgermeistern und Landräten, je nach Stimmenverteilung auf die einzelnen Kandidaten, ein zweiter Wahlgang notwendig werden, der als so genannte Neuwahl frühestens zwei Wochen und spätestens vier Wochen nach der ersten Wahl stattfinden muss. Zur Neuwahl können auch völlig neue Kandidaten auftreten. Nach dem zweiten Wahlgang entscheidet jedoch die höchste Stimmenanzahl und bei Stimmengleichheit das Los.
Die Sächsische Gemeindeordnung ist wie die süddeutsche Ratsverfassung durch die demokratische Urwahl und Doppelstellung des Bürgermeisters als Leiter der Verwaltung und Ratsvorsitzender gekennzeichnet. Als Leiter der Verwaltung und Vorsitzender des Gemeinderates kann der Bürgermeister sachkundig den Beschlussfassungsvorgang einleiten und schon in der Diskussionsführung bei den doch meist gut gemeinten Beschlussvorschlägen und Änderungsanträgen auf mögliche Schwierigkeiten und Chancen hinwei-

sen, denn schließlich ist er selbst für die Umsetzung der Gemeinderatsbeschlüsse durch die Verwaltung verantwortlich. Ein Stadtverordnetenvorsteher nach der alten Kommunalverfassung musste diese Sichtweise nicht besitzen.
Die Direktwahl durch den Bürger erlaubt dem Bürgermeister auch eine stärkere Position gegenüber dem Gemeinderat. Er ist wie der Gemeinderat direkt vom Bürger gewählt und kann nur durch diesen wieder abgewählt werden. Die häufigen Abwahlvorgänge durch die Gemeindevertretung nach den Regeln der Kommunalverfassung fanden mit der Sächsischen Gemeindeordnung ein Ende. Der Bürgermeister kann nach der neuen Gemeindeordnung einem Beschluss des Gemeinderats, den er nachteilig für das Wohl der Gemeinde hält, freier widersprechen, ohne gleich seine Abwahl zu riskieren. In einer wichtigen Angelegenheit kann er sogar aktiv versuchen, durch Unterstützung eines Bürgerentscheids den als nachteilig erkannten Gemeinderatsbeschluss zu korrigieren.
Doch die Machtfülle des Bürgermeisters ist nicht unbegrenzt. Er kann von den Bürgern wieder abgewählt werden. Wird der Bürgermeister den Anforderungen seines Amtes nicht gerecht, und treten dadurch so erhebliche Missstände in der Verwaltung der Gemeinde ein, dass eine Weiterführung des Amts im öffentlichen Interesse nicht vertretbar ist, kann die Amtszeit des Bürgermeisters von der Rechtsaufsichtsbehörde für beendet erklärt werden, wenn andere Maßnahmen nicht ausreichen.

1.3 Zusammensetzung des Gemeinderats

Die Anzahl der Gemeinderäte ist im § 29 für die einzelnen Größenklassen der Gemeinden fest vorgegeben und kann nur durch einen Hauptsatzungsbeschluss geringfügig nach oben geändert werden. So reduzierte sich mit der neuen Gemeindeordnung die Anzahl der Dresdner Gemeindevertreter von 130 Stadtverordneten auf die maximal mögliche Anzahl von 70 Stadträten. Für die Städte wurde die Bezeichnung Stadtverordnete durch die Bezeichnung Stadträte und die Stadtverordnetenversammlung durch den Stadtrat ersetzt.

1.4 Beteiligungsrechte der Bürger

Eine große Bedeutung erhielten die Beteiligungsrechte der Bürger. Die Gemeindeordnung enthält neue Bestimmungen unter anderem zum Petitionsrecht in Gemeindeangelegenheiten (ein begründeter Bescheid oder Zwischenbescheid ist innerhalb von sechs Wochen zu erteilen) und zur Hilfe in Verwaltungsangelegenheiten.
Die Pflichten ehrenamtlich tätiger Bürger, also auch der Mitglieder der Gemeindevertretungen, sind näher ausgestaltet; insbesondere besteht die Möglichkeit der Auferlegung eines Ordnungsgeldes, wenn ein Bürger ohne wichtigen Grund seine ehrenamtliche Tätigkeit ablehnt oder aufgibt. Allein die Androhung eines Ordnungsgeldes führte in manchen Fällen schon zu einer Disziplinierung.

Einwohnerversammlung, Einwohnerantrag, Bürgerbegehren und Bürgerentscheid wurden durch klare Bestimmungen näher geregelt. Einwohnerversammlungen sollen mindestens jährlich durchgeführt werden. Eine Einwohnerversammlung muss durchgeführt werden, wenn 10 % der über 16-Jährigen einen entsprechenden Antrag unterschrieben haben. Die Gemeindevertretung kann in der Hauptsatzung auch ein geringeres Quorum festlegen, aber nicht weniger als 5 %. Anstelle des Bürgerantrages gibt es nun den Einwohnerantrag (§ 23 SächsGemO). Für einen Einwohnerantrag zur Behandlung einer Gemeindeangelegenheit in der Gemeindevertretung gilt die gleiche Quorenregelung wie für die Einwohnerversammlung. Zur Erinnerung: Für einen Bürgerantrag über die Behandlung einer Gemeindeangelegenheit durch die Gemeindevertretung war nach der alten Kommunalverfassung noch ein Quorum von 10 % der wahlberechtigten Bürger erforderlich. Auch stellt die Gemeindeordnung es dem Gemeinderat frei, das Quorum für den Erfolg eines Bürgerbegehrens in der Hauptsatzung individuell zu regeln, und zwar zwischen 5 und 15 %. Die Kommunalverfassung schrieb ein Quorum von 10 % vor.

1.5 Straffung der Verwaltungsapparate

Die Sächsische Gemeindeordnung will mit ihren neuen verwaltungstechnischen Rahmenbedingungen auch die Gemeindeverwaltungen straffen und Kosten für Personalausgaben senken. So wird in Abhängigkeit von der Gemeindegröße eine Obergrenze für hauptamtliche Beigeordnete eingefügt, die in der Regel zu einer Zusammenfassung von Aufgabenbereichen und einer Reduzierung der Dezernate führte. Wurde 1990 erstmals in den Kommunen eine neue Verwaltungsstruktur eingeführt, so erhielt diese 1994 eine kräftige Korrektur. So wurde die 1990 zur konstituierenden Sitzung der Stadtverordnetenversammlung Dresden beschlossene Verwaltungsstruktur von den elf Dezernaten Allgemeine Verwaltung, Finanzen, Ordnung und Sicherheit, Kultur und Tourismus, Bildung, Jugend und Sport, Gesundheit und Soziales, Wirtschaftsförderung, Stadtentwicklung, Bauverwaltung, Kommunale Dienste und Umwelt reduziert auf acht (später sieben) Dezernate: Allgemeine Verwaltung, Finanzen, Ordnung und Sicherheit, Kultur und Jugend, Gesundheit und Soziales, Stadtentwicklung und Bau, Wirtschaft und Wohnen sowie Umwelt und Kommunale Dienste.
Die Aufstellung des Haushaltsplanes, des Finanzplanes und der Jahresrechnung, die Haushaltsüberwachung sowie die Verwaltung des Geldvermögens und der Schulden sollen bei einem Bediensteten zusammengefasst werden (Fachbediensteter für das Finanzwesen). Der Fachbedienstete für das Finanzwesen muss die dafür erforderliche fachliche Vorbildung, Erfahrung und Eignung besitzen. Die erforderliche Eignung besitzt, wer entweder eine abgeschlossene wirtschaftswissenschaftliche Ausbildung oder die Befähigung zum Gemeindefachbeamten besitzt. Diese Voraussetzung erfüllt, wer die Laufbahnbefähigung für den gehobenen oder höheren nichttechnischen Verwaltungsdienst erworben hat.

Dr. Herbert Wagner

1.6 Hauptamtlichkeit des Bürgermeisters nicht für Kleinstgemeinden

Von 1990 bis 1994 hatten alle Städte und Gemeinden die Möglichkeit, einen hauptamtlichen Bürgermeister zu bestellen. Nach der Sächsischen Gemeindeordnung war die Hauptamtlichkeit auf 3 000 Einwohner bzw. mit der Möglichkeit einer Festlegung in der Hauptsatzung auf 2 000 Einwohner festgeschrieben. Von wenigen Ausnahmen abgesehen, hätte dies dazu geführt, dass über 80 % der Gemeinden keinen hauptamtlichen Bürgermeister mehr haben würden. Aus der finanziellen Notwendigkeit heraus und mit dem Willen, mehr Fachkompetenz in die Verwaltung zu bringen und letztlich auch aus einer gewissen Ausweglosigkeit und Einsichtsfähigkeit heraus, schlossen sich in den letzen Monaten der alten Wahlperiode mehrere hundert Gemeinden freiwillig zusammen und erreichten so die kritische Einwohnerschwelle für einen hauptamtlichen Bürgermeister.

1.7 Große Kreisstädte – Ortschaftsverfassung – Stadtbezirksverfassung

Nach § 3 Abs. 2 SächsGemO können Gemeinden mit mehr als 20 000 Einwohnern auf ihren Antrag von der Staatsregierung zu Großen Kreisstädten erklärt werden, wenn sie Gewähr für die ordnungsgemäße Erfüllung der damit verbundenen Aufgaben bieten. Die Gemeinden dieser Größenklassen müssen einen entsprechenden Antrag einreichen, über den aber noch nicht gleich entschieden werden konnte, da eine entsprechende gesetzliche Regelung über die Aufgaben der Großen Kreisstädte noch ausstand. Durch die Landkreisreform verloren im Jahr 1994 viele Städte ihren Kreissitz. Der Verlust des Kreissitzes, der mit dem mittelfristigen Verlust von Verwaltungsarbeitsplätzen einhergeht, wurde mit der Erhebung zur Großen Kreisstadt etwas gelindert. Aus Bürgermeistern wurden Oberbürgermeister.
Neu ist die so genannte Ortschaftsverfassung, §§ 65 bis 69 SächsGemO, welche die nur sehr knappe Regelung der Ortsteilverwaltung in § 33 KV ersetzt. Die Gemeinden haben die Möglichkeit, für Ortsteile die Ortschaftsverfassung einzuführen. Im Rahmen der haushaltsrechtlichen Bestimmungen unter Berücksichtigung der Grundsätze der Wirtschaftlichkeit und Sparsamkeit kann nach pflichtgemäßem Ermessen in der Ortschaft eine eigene Verwaltungsstelle eingerichtet werden. In einer Ortschaft wird ein Ortschaftsrat gebildet und ein Ortsvorsteher bestellt. Die Aufgaben des Ortschaftsrats sind in § 67 SächsGemO detailliert aufgeführt. Die Aufgaben des Ortsvorstehers bestimmt § 68 SächsGemO. Näheres ergibt sich aus den §§ 65 bis 69 SächsGemO.
Die Ortschaftsverfassung ermöglicht es, auch nach Gemeindeeingliederungen oder Vereinigungen die Belange der Ortschaft in vergleichsweise weitem Umfang zu wahren. Die Bereitschaft zu freiwilligen Gemeindeneugliederungsmaßnahmen wird durch die Möglichkeit gefördert, in den Eingliederungsvereinbarungen unmittelbar demokratisch legitimierte Ortschaftsräte

Zweite Wahlperiode beginnt mit neuer Sächsischer Gemeindeordnung

vorzusehen, die die Belange des künftigen Ortsteils vertreten. Erstmalig werden die Ortschaftsräte anlässlich der Kommunalwahlen 1994 gewählt. Neu ist die so genannte Stadtbezirksverfassung, §§ 70 und 71 SächsGemO; diese löst die recht knappe Regelung in § 32 KV ab. In Kreisfreien Städten besteht die Möglichkeit der Einteilung des Stadtgebietes in Stadtbezirke. Ferner können in Stadtbezirken Stadtbezirksbeiräte gebildet werden. Darüber hinaus besteht im Rahmen der haushaltsrechtlichen Bestimmungen unter Berücksichtigung der Grundsätze der Wirtschaftlichkeit und Sparsamkeit die Möglichkeit, nach pflichtgemäßem Ermessen örtliche Verwaltungsstellen in Stadtbezirken einzurichten. Die Mitglieder des Stadtbezirksbeirats werden durch den Gemeinderat aus dem Kreis der im Stadtbezirk wohnenden wählbaren Bürger nach jeder regelmäßigen Wahl der Gemeinderäte, also erstmals nach den Kommunalwahlen 1994, gewählt. Der Stadtbezirksbeirat ist zu wichtigen Angelegenheiten, die den Stadtbezirk betreffen, zu hören. Er hat die örtliche Verwaltungsstelle in wichtigen Angelegenheiten zu beraten. Das Nähere ergibt sich aus den §§ 70 und 71 SächsGemO.
Der Sechste Teil der Gemeindeordnung (§§ 124 bis 132 SächsGemO) enthält wichtige sonstige Vorschriften. Nach § 124 SächsGemO sind die Gemeinden Verwaltungsbehörden im Sinne des § 36 Abs. 1 Nr. 1 des Gesetzes über Ordnungswidrigkeiten. Sie können Verstöße gegen bestimmte Satzungen mit einer Geldbuße ahnden. § 126 SächsGemO enthält eine Sonderbestimmung für den Bereich des Investitionsvorranggesetzes.

2. Die Situation in der Landeshauptstadt Dresden

2.1 Dresden blüht auf und verliert Einwohner

Mit der wiedergewonnenen Freiheit durch die friedliche Revolution und den zusätzlichen Chancen durch die Einheit Deutschlands erlebt auch Dresden eine beispiellose Phase des Aufbruchs. An allen Ecken und Enden der Stadt wird gebaut. Nachholbedarf und Sanierungsstau sind immens. Die Sanierung des maroden Wohnbestandes schreitet voran, neue Wohnparks, Büros, Hotels, Einkaufszentren und Gewerbegebiete werden gebaut. Termine von Grundsteinlegungen und Richtfesten jagen einander. Mehr als 200 Kräne drehen sich ständig über den Dächern der Stadt.
In der Bevölkerungsentwicklung gibt es einige interessante Tendenzen[4]: Die seit 1987 und besonders intensiv nach der Wende ständig sinkende Geburtenrate (auf unter 50 %) geht 1994 erstmals nicht weiter nach unten, sondern zeitigt auf dem katastrophal niedrigem Niveau erstmals 256 Geburten mehr als im Vorjahr. Der Zuzug aus den alten Bundesländern nimmt bei sinkenden Fortzügen zu und erreicht einen Positivsaldo von 1 075 Personen,

---
4 Statistische Informationen. Dresden in Zahlen 1995.
    Herausgeber: Landeshauptstadt Dresden, Rechtsamt (Kommunale Statistikstelle), Amt für Presse- und Öffentlichkeitsarbeit 1996.

Dr. Herbert Wagner

die mehr aus den alten Bundesländern nach Dresden ziehen als umgekehrt. Die Fortzüge in die Nachbarkreise waren um 6 515 Personen höher als die Zuzüge aus diesen Kreisen. Ursache ist die Fertigstellung der vielen Einfamilienhäuser in Umlandgemeinden von Dresden. Der Ruf nach Eingemeindungen der in Dresden Beschäftigten, aber in das Umland gezogenen Einwohner wird immer lauter. In der Summe nahm die seit 1988 sinkende Einwohnerzahl weiter um 4 180 Einwohner (-1,66 %) gegenüber dem Vorjahr ab.

2.2 Das schwierige Wohnungsproblem entspannt sich

In den neuen Bundesländern ist die Lage auf dem sich erst entwickelnden Wohnungsmarkt besonders kompliziert: Die jahrzehntelang extrem niedrig gehaltenen Mieten, der dadurch verursachte galoppierende Verfall unserer Bausubstanz, die einseitige Ausrichtung auf die Plattenbauviertel haben ihre schwerwiegenden Folgen hinterlassen. Aber auch auf diesem Gebiet regt sich inzwischen einiges. Unübersehbar werden in Dresden Wohnhäuser saniert, modernisiert und neu gebaut. Dächer werden gedeckt, Fenster erneuert, Installationen gewechselt. Die gesamte Stadt ist seit 1994 vom Stadtgas auf das umweltfreundliche Erdgas umgestellt. Neben Bürogebäuden errichten immer mehr Investoren auch Wohnungen. Natürlich, die teuren Komfortwohnungen können sich nur wenige leisten – wenn auch schon einige Dresdner mehr, als man denkt. Das wachsende Angebot erhöht insgesamt die Aussicht auf mehr bezahlbaren Wohnraum. Zunehmend entstehen auch öffentlich geförderte, preisgünstige Wohnungen zunehmen mit Mietpreisbindung – wie etwa im Wohnpark Reick oder an der Kieler Straße oder an der Bürgerstraße in Pieschen. Auch altersgerechter Wohnraum entsteht, wie das Projekt „Betreutes Wohnen" und die Schaffung von Wohnungen für Senioren an der Konkordienstraße und der Torgauer Straße zeigen.

2.3 Die Wirtschaft holt auf

Die Dresdner Wirtschaft wächst, auch wenn 1994 die Arbeitslosigkeit wieder zu den Problemen gehört, die am meisten bedrücken. Zwar ist sie in Dresden mit durchschnittlich 26 320 Arbeitslosen (11,8 %) weiterhin deutlich niedriger als in allen anderen ostdeutschen Städten dieser Größe und auch niedriger als in zahlreichen westdeutschen Städten, doch verdeckt die Vielzahl arbeitsmarktpolitischer Maßnahmen das tatsächliche Ausmaß der Unterbeschäftigung. Neben den vielen Qualifizierungs- und Arbeitsbeschaffungsmaßnahmen, die alle begleitend wirken, gibt es nur eine wirklich tragfähige Grundlage für mehr Beschäftigung: eine florierende Wirtschaft.
Der von der Wirtschaft 1990 beanstandete schreiende Mangel an Bürofläche – lange staatlich gefördert – wird 1994 gedeckt. Die alten provisorischen Holzbaracken aus DDR-Zeiten verschwinden und werden durch moderne Bürogebäude ersetzt. Mancher beginnt schon zu fragen: „Was sollen wir mit

Zweite Wahlperiode beginnt mit neuer Sächsischer Gemeindeordnung

so vielen Bürogebäuden?" Doch die Investoren in Bürogebäude wollen keine Leerstände. Sie werben in ganz Deutschland Unternehmen und animieren sie mit Standortvorteilen und günstigen Mieten, nach Dresden zu kommen, sich hier anzusiedeln und so neue Arbeitsplätze zu schaffen.[5] Das Investitionsvorranggesetz (InVorG) hat sich als wichtiges Instrument für die Förderung von Investitionen wirtschaftlicher Unternehmen und für die Realisierung dringend erforderlicher Infrastrukturmaßnahmen erwiesen. 32 216 Restitutionsanträge lasteten auf Grundstücken in der Stadt, das war ca. die Hälfte der bebauten Stadtfläche. Solange nicht endgültig klar war, wem die Grundstücke und Gebäude künftig gehören würden, investierte niemand in diese Gebäude, nur die notdürftigsten Reparaturen wurden geleistet. Das Investitionsvorranggesetz ermöglichte nun, dass auf restitutionsbelasteten Grundstücken, die in der Verfügung der Kommune waren, kurzfristig Investitionen getätigt werden konnten, falls dabei Wohnraum neu geschaffen bzw. wiederhergestellt oder Arbeitsplätze geschaffen bzw. erhalten werden. Mit den einschließlich 1994 beschiedenen Investitionsvorrangverfahren konnten etwa 8,0 Milliarden DM Investitionsvolumen in Dresden gebunden, 29 000 Arbeitsplätze erhalten, 47 000 Arbeitsplätze geschaffen und 9 200 Wohnungen wiederhergestellt bzw. neugebaut werden.[6] Die Zahl der angemeldeten Gewerbebetriebe steigt regelmäßig nach wie vor Monat für Monat und liegt Ende 1994 bei über 26 000. Die Gewerbesteuereinnahmen der Stadt haben sich von 39,0 Millionen DM im Jahr 1991 auf 129,7 Millionen DM im Jahr 1994 verdreifacht. Die gesamten Steuereinnahmen (netto) erhöhen sich im gleichen Zeitraum von 100,6 Millionen DM auf 288,0 Millionen DM. Handwerk und Mittelstand, in der DDR die Stiefkinder der Wirtschaft, gewinnen zunehmend an Kraft. Aber auch sie brauchen einige große produzierende Unternehmen, denen sie zuliefern können. Und deshalb ist der bedeutendste Ansiedlungserfolg von 1994 so erfreulich: der Bau der modernsten Halbleiterfabrik Europas durch Siemens.

2.4 Hochtechnologien bieten neue Chancen

Am 23. Dezember 1993 gab der Vorstandsvorsitzende des Unternehmens seine Absicht bekannt, in Dresden oder Umgebung eine hochmoderne Chipfabrik zu errichten. Dresden hat sich diese Chance nicht entgehen lassen. In bundesweit beispiellos kurzer Frist hat die Stadtverwaltung die Voraussetzungen für dieses kühne Projekt geschaffen: Schon fünfeinhalb Monate später, am 6. Juni 1994, konnte Bundeskanzler Helmut Kohl an der Königsbrücker Straße den Grundstein für das Siemens Microelectronics Center Dresden (SIMEC) legen. Im gleichen Jahr wurde bereits Richtfest gefeiert. Allein mit dem Bau dieser Fabrik, die zu den modernsten der Welt zählt,

---
5 Neujahrsansprache des Oberbürgermeisters.
 Dresdner Amtsblatt Nr. 1/95, 5. Januar 1995.
6 Wirtschaft und kommunale Wirtschaftsförderung 1995.
 Herausgeber: Landeshauptstadt Dresden, Dezernat Wirtschaft und Wohnen, Amt für Presse- und Öffentlichkeitsarbeit.

Dr. Herbert Wagner

werden 2,7 Milliarden Mark investiert und 1 400 Arbeitsplätze geschaffen. Als erstes ist zunächst ein 64-Megabit-Chip geplant, dem bald der 256-Mbit-DRAM folgen wird. Doch das war nur der Anfang. Die Chipfabrik wird in den Folgejahren unter dem neuen Firmennamen Infineon erweitert und führt weltweit erstmals die 300-mm-Wafer-Technik ein. Angespornt durch das Infineon-Engagement, siedeln sich weitere Unternehmen der Mikroelektronik an, insbesondere der amerikanische Halbleiterriese Advanced Micro Devices (AMD) mit seinem Prozessorenwerk Fab 30, in der ab Juni 2000 die schnellsten und leistungsfähigsten Mikroprozessoren produziert werden. Gemeinsam bauen Infineon, AMD und DuPond als Joint Venture das Dresdner Maskenzentrum Advanced Mask Technology Center (AMTC) und beginnen am 14. Oktober 2003 mit der Fertigung. Es ist das weltweit Modernste seiner Art. Als jüngste Ansiedlung gilt ein zweites AMD-Werk, das mit der Eröffnung der Fab 36 am 14. Oktober 2005 die steigende Nachfrage nach AMD64-Prozessoren befriedigen soll. Aus Dresden kommen nun nicht nur die modernsten Speicher-Chips von Infineon, sondern auch die schnellen – und zeitweise sogar weltweit die schnellsten – Mikroprozessoren. Mit diesen Bauelementen kommen aus Dresden wieder international wettbewerbsfähige Produkte der Hochtechnologie. Der Geist der Innovation, der die Stadt Dresden seit Jahrhunderten erfüllt, ist wieder lebendig geworden. Schon die erste Spiegelreflexkamera der Welt kam aus Dresden, seit 1992 auch die moderne Panoramakamera. Forschung und Entwicklung sind in der Stadt zu Hause, Industrie und Wissenschaft befruchten sich gegenseitig.

2.5 Tourismusstadt

Dresden ist aufgrund seiner geografischen Lage, Geschichte, Kultur, dem landschaftlichen Umfeld, seiner vielseitigen Wirtschafts-, Wissenschafts- und Forschungsstruktur prädestiniert, sich zu einem Tourismus- und Kongresszentrum von internationalem Rang zu profilieren. Von den ca. 5,6 Millionen Besuchern im Jahr 1994 lag die Zahl der Übernachtungen bei etwa 1,7 Millionen; Tendenz steigend. Die Zahl der Hotels ist von 13 im Jahr 1990 auf 51 im Jahr 1994 gestiegen, wobei sich die Hotelbetten von 4 100 auf 8 000 erhöhten. Hatte die Tourismusbranche zunächst einen verheerenden Mangel an Hotelbetten beklagt, so beginnt mancher zu fragen: „Was sollen wir mit so vielen Hotelbauten?" Doch wer in Dresden ein großes Hotel baut, der wirbt ebenfalls in ganz Deutschland für diese Stadt, er holt Touristen nach Dresden, die wiederum Geld in die Stadt bringen, das der Wirtschaft zugute kommt. Aber auch die Nachfrage nach Tagungs- und Kongressmöglichkeiten wie auch nach Ausstellungsgelegenheiten in Dresden steigt ständig. Über 7 000 Kongresse und Tagungen haben 1994 etwa 400 000 Teilnehmer zusammengeführt. Neben Jahreshauptversammlungen von Großunternehmen, Fachtagungen der unterschiedlichsten Berufs- und Wissenschaftsbereiche haben auch 1994 mehrere Großveranstaltungen den Kongressbetrieb in Dresden bestimmt, z. B. der 92. Deutsche Katholikentag und der 97. Deutsche Ärztekongress. 1994 fanden allein im Kulturpalast 104 Tagungen und Kongresse mit etwa 86 000 Teilnehmern statt.

Zweite Wahlperiode beginnt mit neuer Sächsischer Gemeindeordnung

Heute bewundern fast acht Millionen Touristen pro Jahr den wieder aufpolierten Canaletto-Blick, der Hausmannsturm kündet vom Wiederaufbau des Residenzschlosses. Taschenbergpalais und Coselpalais, aus dem Nichts zurückgewonnen, erstrahlen im alten Glanz, auf der anderen Elbseite die barocke Innere Neustadt mit der Königstraße. Steigender Tourismus aber bedeutet Zunahme des Verkehrs.

2.6 Die Straßen der sechziger Jahre sind dem Verkehr der neunziger nicht gewachsen

Der Wohlstand der Einwohner wächst. Wie alle Ostdeutschen kaufen sich die Dresdner rasch nach der Wiedervereinigung ein neues, ein zweites oder überhaupt ihr erstes Auto. Niemand muss mehr 15 Jahre auf einen Trabant oder Wartburg warten; die neuen Viertakter sind schöner, bequemer, leiser, stinken nicht so, und gebraucht sind sie allemal billiger. Wachstum und die Erneuerung des gesamten Fahrzeugparks der Ostdeutschen wird als ein äußeres Zeichen der sozialen Marktwirtschaft sichtbar. Innerhalb von wenigen Jahren hat sich die Anzahl der Kraftfahrzeuge in Dresden verdoppelt. Allein die PKW-Zahl stieg von 110 000 im Jahr 1989 auf 201 051 zum 30. Dezember 1994. Die vorhandenen Straßen der sechziger Jahre sind dem sprunghaft gewachsenen Verkehr der neunziger nicht mehr gewachsen. Staus werden zum Dauerproblem.
Auch Europa wächst immer weiter zusammen, die Aufnahme der Tschechischen Republik in die Europäische Union ist absehbar. Dresden muss die Herausforderung der EU-Erweiterung annehmen. Doch noch rollt der Schwerlastverkehr zwischen Südosteuropa und Skandinavien über unzureichende Straßen durch die Dresdner Innenstadt. Mobilität ist gefragt, und Handeln tut Not, übrigens nicht nur für den motorisierten Individualverkehr, sondern ebenso für den öffentlichen Personennahverkehr, der gleicherweise Impulse aus dem wachsenden Mobilitätsbedürfnis erhält.

2.7 Alle Planungen auf den Prüfstand

Nach den ersten freien Kommunalwahlen wurden alle bisherigen Stadtplanungen aus sozialistischer Zeit auf den Prüfstand gestellt. Mit der wiedergewonnenen Freiheit und der Einheit Deutschlands ergaben sich völlig neue Chancen. Städtebauliche Fehlentwicklungen in der alten Bundesrepublik sollten nicht wiederholt werden. Wichtige Grundsatzplanungen waren in der ersten Wahlperiode abgeschlossen. Das schon 1992 erstellte Rahmenkonzept Stadtentwicklung[7] galt als Zwischenbericht zur Flächennutzungsplanung und bestimmte den Grundkurs zwischen Bewahrung und Entwick-

---

7 Rahmenkonzept Stadtentwicklung. Zwischenbericht zur Flächennutzungsplanung. Herausgeber: Der Oberbürgermeister der Landeshauptstadt Dresden, Dezernat für Stadtentwicklung, Juli 1992.

lung. Dresden sollte sowohl eine europäische Kulturmetropole im Grünen bleiben als auch sich zu einem hervorragenden Wirtschafts- und Wissenschaftsstandort entwickeln können, in dem die Menschen ihren Lebensunterhalt durch eigene Arbeit verdienen können. Dresden soll weder ein barockes Disneyland noch Opfer einer ungezügelten Investitionswut werden. Richtig erkannt wurde: Wer sich vom Verkehrsnetz abkoppelt, der wird auch wirtschaftlich abgehängt. Daher wurde schon im Rahmenplan bezüglich des Lückenschlusses einer Autobahn zwischen Böhmen und Sachsen diese als eine stadtnahe Linienführung vorgeschlagen, die vor allem die Innenstadt vom Schwerlastverkehr entlastet.

3. Erster Bürgerentscheid in Dresden – gelebte direkte Demokratie im Ringen um die Autobahn A 17

3.1 Konsens im Verkehrskonzept wird wieder infrage gestellt

Dem Vorschlag zum Bau der stadtnahen Linienführung der Autobahn A 17 folgten Kontroversen, die schließlich zum ersten Bürgerentscheid in Dresden nach der neuen sächsischen Gemeindeordnung führen sollten. So ist in der Presse bereits zu lesen: „BUND sammelt Unterschriften gegen Autobahn", „Heißer Herbst gegen Autobahn nach Prag", „SPD gegen Neubau einer Autobahn nach Prag".

In der Stadtverordnetenversammlung beginnt sich ein Widerstand zum Bau der Autobahn nach Prag zu artikulieren

Nach hitziger Diskussion fasst die Stadtverordnetenversammlung Dresden am 21. Oktober 1993 einen sibyllinischen Beschluss. Satz eins klingt viel versprechend: „Die Landeshauptstadt Dresden hält den Bau einer Autobahn Dresden-Prag für unabdingbar und erwartet die zügige Verwirklichung". Die eigentliche Botschaft folgt jedoch in Satz zwei, der über die stadtnahe Linienführung feststellt, sie werde „als internationale Autobahn abgelehnt". Was soll das heißen? Eine „nationale Autobahn" zwischen Dresden und Prag ist schon vom Wortsinn her widersinnig. Gegner wie Befürworter können den Beschluss unterschiedlich interpretieren. Die Stadtverordnetenversammlung hat noch nichts entschieden, die eigentliche Entscheidung darüber, wie sich die Landeshauptstadt Dresden als Träger öffentlicher Belange zum geplanten Autobahnbau stellt, steht noch bevor. Die Debatte auf Hochtouren kann losgehen. Die Stadtverordnetenversammlung fordert weitere Untersuchungen.

Zweite Wahlperiode beginnt mit neuer Sächsischer Gemeindeordnung

Die Begleitmusik in der Presse wird lauter: „Streit um Autobahn Sachsen-Böhmen gewinnt an Schärfe", „Rechnet Autobahnamt mit geschönten Zahlen?", „Weiter Zweifel an Entlastung durch Stadtautobahn".

Der Bund plant eine Autobahn Sachsen-Böhmen

Am 24. November 1993 beschließt der Bundestag eine Autobahnverbindung zwischen Sachsen und Tschechien in den Bundesverkehrswegeplan aufzunehmen. Der Freistaat Sachsen erhält die Aufgabe, eine derartige Verbindung planerisch vorzubereiten und untersucht verschiedene Korridore. Das sächsische Wirtschaftsministerium untersucht sieben Korridore zwischen Zittau und Chemnitz und grenzt diese schließlich auf zwei Varianten bei Dresden ein, eine stadtferne und eine stadtnahe. Am 28. Januar 1994 beschließt die Stadtverordnetenversammlung Dresden nach einjähriger, umfassender und auch kritischer Diskussion vor dem Ende der ersten Wahlperiode mit 81 Ja-Stimmen, sechs Enthaltungen und nur vier Nein-Stimmen ein Verkehrskonzept und bekennt sich damit zu einer stadtnahen Trassierung der Autobahn nach Prag innerhalb des Korridors 3, lehnt jedoch eine Führung ab, die zusammengehörige Teile des Stadtgebietes durchschneidet und stadtökologisch unvertretbar ist.[8] Auch das schon zuvor beschlossene und nach der Endredaktion im Juli 1994 erschienene Planungsleitbild Innenstadt setzt zur Entlastung der Innenstadt die Verlagerung der nach Prag führenden Bundesstraßen B 170 und B 173 voraus.[9]

Sächsische Staatsregierung empfiehlt stadtnahe Variante

Die sächsische Staatsregierung beschließt am 19. April 1994, zur Linienbestimmung für die Autobahn Sachsen-Böhmen dem Bundesminister für Verkehr die stadtnahe Dresdner Variante zu empfehlen. Die Kriterien Verkehrswirksamkeit, Umwelt, Wirtschaftlichkeit und Kosten legen dies nahe. Die Trasse wird jedoch nur unter der Bedingung empfohlen, dass umfangreiche Maßnahmen zum Schutz vor Lärm und Schadstoffen, zum Natur- und Gewässerschutz ergriffen werden. Dies bedeutet an mehreren Stellen einen Tunnel.

„Grüne wollen gegen A 13 klagen", „Experten: A 13 unnötig", „Mit Mahnfeuer gegen Bau der A 13 protestiert": die üblichen Schlagzeilen. Eine andere lässt aufhorchen: „Umweltgerechte A 13 – Vereinigte Bürgeraktionen fordern stadtnahe Variante". Das neu zu bauende Autobahnstück zwischen Dresden und der tschechischen Grenze erhielt in Fortsetzung der Autobahn

---

8 Verkehrskonzept der Landeshauptstadt.
  Herausgeber: : Landeshauptstadt Dresden, Dezernat für Stadtentwicklung, Amt für Presse- und Öffentlichkeitsarbeit. Mai 1994.
9 Planungsleitbild Innenstadt.
  Herausgeber: Landeshauptstadt Dresden, Dezernat für Stadtentwicklung, Stadtplanungsamt und Amt für Presse- und Öffentlichkeitsarbeit, Juli 1994.

Dr. Herbert Wagner

Berlin-Dresden zuerst die Bezeichnung A 13, wurde aber später in A 17 umbenannt.

Dresdner Kommunalwahlen schaffen autobahnfeindliche Mehrheiten

Die Dresdner Kommunalwahlergebnisse bestätigen nicht so eindeutig die Fortsetzung der bisherigen Politik. Zur Oberbürgermeisterwahl traten mehrere Kandidaten an. Der amtierende Oberbürgermeister wurde im zweiten Wahlgang mit 54,8 % der Wählerstimmen wieder gewählt, aber der neue und verkleinerte Stadtrat wandelte sich von den fragilen Verhältnissen der ersten Wahlperiode 1990–94 zu einer klaren rot-grünen Mehrheit für die Wahlperiode 1994–1999.
Im Dresdner Stadtrat tritt ein in der Gemeindeordnung nicht vorgesehenes seltsames Verständnis von „Regierungs-Minderheit" und „Oppositions-Mehrheit" auf. Um die Meinungsführerschaft der PDS (16 Mandate) scharen sich häufig die SPD (elf Mandate), Bündnis 90/Die Grünen (sechs Mandate) und große Teile der Bürgerfraktion (sieben Mandate). Sie verstehen sich in Anlehnung an bundes- und sachsenweite Beispiele als Opposition zum Oberbürgermeister und besonders zur CDU-Fraktion (25 Mandate), zu der sich gelegentlich Teile der FDP/DSU-Fraktion (fünf Mandate) gesellen. Letztere haben zusammen aber nur maximal 43 % der Stimmen, die auch bei gelegentlichen Stimmzuwächsen aus der Bürgerfraktion keine verlässliche Mehrheit bilden. Tatsächlich bilden die sich in der Oppositionsrolle gefallenden Fraktionen eine stille, aber funktionierende Mehrheit, die das „Regieren" sehr schwierig machen.
Der im Verkehrskonzept erreichte Konsens bröckelt. Ursache und Wirkung der Verkehrsprobleme werden vertauscht. Der aus dem Westen importierte Angst machende Slogan der Autobahngegner „Wer Straßen baut, wird Stau ernten" findet auch im neu gewählten Dresdner Stadtrat schnell Gehör und mit der Übernahme durch die SPD-Fraktion auch eine sichere Mehrheit.[10]

3.2 Chronik des Bürgerentscheids

Am 22. Juni 1994 stellt der Freistaat den Antrag auf Linienbestimmung beim Bundesministerium für Verkehr, Bau- und Wohnungswesen. Der Bundesminister für Verkehr bestimmt am 31. Oktober 1994 für den Raum Dresden im Abschnitt zwischen der A 4 bei Wilsdruff und Pirna die stadtnahe Wahllinie 441.
Der aus Westdeutschland bekannte Sturm der Autobahngegner bricht nun auch in Dresden los. Statt „stadtnahe" spricht man von nun an nur noch von

---

10 Wagner, Herbert: „Der Kampf um die Autobahn A17"
aus dem Buch „EUROPA mit Verkehrskonzept auf Erfolgskurs", Verlag Frankfurter Allgemeine Zeitung GmbH, 1996, Herausgeber: Hellmuth Buddenberg.

Zweite Wahlperiode beginnt mit neuer Sächsischer Gemeindeordnung

„stadtschneidend". Die PDS-Fraktion im Stadtrat setzt sich dafür ein, den Oberbürgermeister zu beauftragen, die so genannte stadtschneidende Variante bei Bund und Land als katastrophalen Einschnitt in die zukünftige Stadtentwicklung Dresdens zu bezeichnen und den Einspruch der Stadt geltend zu machen. Der Oberbürgermeister soll alle rechtlichen Möglichkeiten gegen weitere Planungsschritte nutzen, bis hin zur Klage.

Stadtratsbeschluss gegen stadtnahe Autobahn

27./28. Januar 1995. Nach achtstündiger Nachtsitzung schließen sich SPD, Bündnis 90/Die Grünen sowie die Bürgerfraktion dem Antrag der PDS an. Zusammen haben diese Fraktionen die Mehrheit im Dresdner Stadtrat. Der christdemokratische Oberbürgermeister, der die Autobahn für dringend notwendig hält, wird also vom rot-grünen Stadtrat beauftragt, gegen seine eigene Überzeugung Klage gegen die Autobahn zu erheben. Mit den Worten der „Dresdner Neuesten Nachrichten" vom 30. Januar 1995 liest sich das so: „Jubel in der PDS-Stadtratsfraktion. Ihr Antrag, der Oberbürgermeister solle gegen eine stadtschneidende Variante der Autobahn A 17 Einspruch erheben und alle rechtlichen Möglichkeiten gegen deren Bau nutzen, kam mit 38 gegen 24 Stimmen durch. Achteinhalb Stunden Anhörung von Experten und eine Diskussion waren vorangegangen, bis am Sonnabend nach Mitternacht diese Entscheidung fiel." Die gegensätzlichen Politik- und Demokratieverständnisse kommen in den Zitaten des CDU-Fraktionsvorsitzenden Dr. Ludwig-Dieter Wagner und der PDS-Stadtvorsitzenden Christine Ostrowski zum Ausdruck. L.-D. Wagner (CDU): „Wir sind gewählt, damit wir für die Bürger und in ihrem Sinne Politik machen." C. Ostrowski (PDS): „Politiker sind dafür gewählt worden, dass sie gestaltend wirken und nicht einfach der Stimmung der Mehrheit nachgeben."

Veto des Oberbürgermeisters

31. Januar 1995. Die gestärkte Position der Bürgermeister und Landräte nach SächsGemO macht es dem Bürgermeister leichter, einem als falsch erkannten Beschluss des Gemeinderats zu widersprechen. Oberbürgermeister Herbert Wagner legt gegen den Stadtratsbeschluss ein Veto ein: „Sehr geehrte Damen und Herren, gemäß § 52 Absatz 2 Satz 1, 2. Halbsatz Sächsische Gemeindeordnung widerspreche ich dem o. g. Beschluss und kündige die erneute Behandlung und Beschlussfassung für den 9. Februar 1995 an. Begründung: Nach der genannten Vorschrift kann der Oberbürgermeister Beschlüssen des Stadtrates widersprechen, wenn er der Auffassung ist, dass diese für die Stadt nachteilig sind. Die Zuerkennung dieses Rechts entspringt der Urwahl des Oberbürgermeisters und der daraus resultierenden kommunalpolitischen Verantwortung für die Bürgerinnen und Bürger. Ich halte den o. g. Beschluss für äußerst nachteilig, da er die stadtnahe Linienführung der A 13 zu verhindern sucht. Diese Linienführung ist aus folgenden Gründen

Dr. Herbert Wagner

für eine weitere positive Entwicklung der Landeshauptstadt Dresden dringend erforderlich:

1. Stadtnahe Autobahn: Entlastung des innerstädtischen Verkehrs: Die stadtnahe Linienführung trägt zu einer wesentlichen Entlastung des innerstädtischen Straßennetzes bei und vermindert somit bestehende und zukünftige Verkehrsprobleme. Der Fernverkehr muss aus der Innenstadt herausgezogen werden. Insofern ist ein zügiger Ausbau der A 13 eine große Chance, den innerstädtischen Verkehr zu entlasten. Die A 13 ist der ‚Bypass', der die Stadt vor dem Verkehrskollaps bewahrt.

2. Stadtnahe Autobahn: Voraussetzung für den weiteren wirtschaftlichen Aufschwung: Ohne eine gute Infrastruktur ist eine beständige wirtschaftliche Entwicklung einer Landeshauptstadt nicht vorstellbar. Die stadtnahe A 13 ist für die Versorgung bereits bestehender Industrie- und Handelsunternehmen sowie für die Ansiedlung weiterer Unternehmen in Dresden eine wesentliche Voraussetzung. Sie sichert bestehende Arbeitsplätze und trägt zur Schaffung weiterer Arbeitsplätze bei. Eine stadtnahe Autobahn verstärkt diese Effekte gegenüber einer stadtfernen und verbessert entscheidend die Konkurrenzfähigkeit mit den anderen Oberzentren in Sachsen.

3. Stadtnahe Autobahn: Finanziert vom Bund: Auf Dresdens Stadtgebiet besteht keine Möglichkeit, den Verkehr durch den Bau weiterer Straßen zu entlasten. Die Trasse der stadtnahen A 13 wurde für Jahrzehnte für den Autobahnbau freigehalten. Eine rein innerstädtische Hauptstraße auf dieser Strecke würde die Stadt zwar verkehrlich entlasten, wäre jedoch angesichts der finanziellen Lage durch die Stadt niemals zu realisieren. Die stadtnahe Bundesautobahn wird jedoch durch den Bund finanziert. Die A 13 ist somit die einzige Chance, auf absehbare Zeit zu einer Verkehrsentlastung zu kommen.

4. Stadtnahe Autobahn: Handelsbeziehungen zum Osten: Dresden versteht sich als ‚Tor zum Osten'. Die vorgeschlagene Linienführung sichert die Verkehrserschließung mit Böhmen. Grenzüberschreitende Handelsbeziehungen zum Osten Europas werden somit erleichtert und können ausgebaut werden. In einem ‚Europa der Regionen' sind gerade diese Wirtschaftskontakte von entscheidender Bedeutung. Sie dürfen nicht leichtfertig aufs Spiel gesetzt werden. Wer es ernst nimmt mit Europa, muss auch ein Zusammenwachsen der Regionen zulassen.

5. Stadtnahe Autobahn: Der Umwelt zuliebe: Die stadtnahe Autobahn ist umweltfreundlicher als die stadtfernere Variante, die einen Umweg von 10 Kilometern bedeuten würde. Die Entlastung für den Stadt- und Regionalverkehr wäre bei einer stadtfernen Autobahn erheblich geringer. Für den Schutz unserer Umwelt habe ich an die Sächsische Staatsregierung folgende Forderungen gestellt:
Die Grenzwerte für die Lärm- und Schadstoffemissionen müssen auf dem gesamten Linienverlauf eingehalten werden. Das gilt selbstverständlich auch für das kritische Kaitzer Loch und den Lockwitzgrund. Der bisher vorgestellte Anschluss der B 170 an die Autobahn ist wohl nicht geeignet, diese Forderung zu erfüllen, und ist deshalb entsprechend zu ändern. Die Autobahn ist zwischen Roßthal und Dölzschen sowie zwischen Coschütz und dem Kaitzer Loch als Tunnel zu führen. Für den Ausbau aller drei Auto-

bahnzubringer auf dem Stadtgebiet muss der Freistaat die maximale finanzielle Förderung, gerade auch unter Berücksichtigung lärm- und abgasmindernder Lösungen für die Anwohner, insbesondere an der B 170 garantieren. Diese Forderungen werde ich auch im Rahmen der weiteren Planungen einfordern.
6. *Stadtnahe Autobahn oder keine Autobahn*: Sollte sich die Stadt mit allen Mitteln gegen eine stadtnahe Autobahn wehren, wird der Bund zunächst Projekte finanzieren, gegen die nicht so massiv protestiert wird. Angesichts der beim Bund äußerst angespannten Haushaltslage würde ihm ein lautstarker Protest aus Dresden Argumente frei Haus liefern, das Autobahnprojekt Sachsen-Böhmen auf die lange Bank zu schieben und schließlich ganz zu streichen. Letztlich müssen wir uns immer vor Augen führen, dass es sich bei diesem Autobahnprojekt um eine von vielen Baumaßnahmen in Deutschland handelt.
Die letzte Entscheidung über die Festlegung des Verlaufs steht ausschließlich dem Bund zu. Die Entscheidung ist getroffen. Der Bund hat die Linie bestimmt. Mit Beschluss vom 21. Oktober 1993 hat die damalige Stadtverordnetenversammlung den Bau der Autobahn Dresden-Prag mit großer Mehrheit für ‚unabdingbar' erklärt und deren ‚zügige Verwirklichung' angemahnt. Durch den nun gefassten Beschluss des Stadtrates, im Wege des Linien- und Planfeststellungsverfahrens gegen den Bau der beabsichtigten stadtnahen Variante im Klageverfahren anzugehen, ist ein langwieriger Rechtsstreit mit Land und Bund vorprogrammiert. Dieser würde die zügige Verwirklichung einer Autobahn massiv gefährden und dem Grundsatzbeschluss der Stadtverordnetenversammlung vom 21. Oktober 1993 diametral widersprechen. Ich halte den o. g. Beschluss für nachteilig, da er die weitere positive Entwicklung Dresdens stark beeinträchtigen würde."

Veto vom Stadtrat abgelehnt

9. Februar 1995. Das erwartete Ritual tritt ein: Der Stadtrat überstimmt den Widerspruch des Oberbürgermeisters und bleibt bei seiner Ablehnung der Autobahn. Dieses Ergebnis ist erwartet worden, doch damit ist noch nichts entschieden. Seit Wochen läuft es wie ein Lauffeuer durch die Stadt: Jetzt muss ein Bürgerentscheid her! Diesmal sind es nicht die angeblich so basisdemokratischen Fraktionen, die das fordern, sondern die landläufig als konservativ Bezeichneten. Während sich die rot-grüne Stadtratsmehrheit noch gegen einen Bürgerentscheid stemmt, beginnen die Befürworter der Autobahn mit den Vorbereitungen für eine Unterschriftensammlung. Der Beschluss des Stadtrates kann nach der Sächsischen Gemeindeordnung nur noch durch einen Bürgerentscheid geändert werden. Für die Durchführung eines Bürgerentscheides muss diesem ein Bürgerbegehren vorausgehen, für das innerhalb von zwei Monaten nach der öffentlichen Beschlussbekanntmachung mindestens fünf Prozent der Wahlberechtigten ihre Unterschrift geleistet haben müssen.

Dr. Herbert Wagner

Die Bürgerschaft formiert sich

10. Februar 1995. Die Bürgerinitiative „Vereinigte Bürgeraktion für die A 17" tritt an die Öffentlichkeit. Ihr Ziel ist es, den Stadtratsbeschluss zu kippen und in ein positives Votum für die Autobahn umzuwandeln. Solange das Bürgerbegehren noch nicht entschieden ist, lehnt es der Oberbürgermeister ab, dem Stadtratsbeschluss zu folgen und Schritte gegen die Autobahn zu unternehmen. Die Stimmung in der Stadt wird täglich heißer. Unter dem Dach der Bürgerinitiative sammeln die aktiven Mitglieder von CDU, Junger Union, DSU und FDP Unterschriften, aber auch zahlreiche parteilose Bürger, Handwerker, Gewerbetreibende und Unternehmer. Gesammelt wird überall: an Tankstellen, Kreuzungen, im Wohngebiet, in den Betrieben. Die in der alten Bundesrepublik übliche Frontstellung hat sich umgedreht: Wie kann es die bürgerliche Mitte wagen, einen Bürgerentscheid einzuleiten? Jenes geheiligte basisdemokratische Instrument, das doch nur zur Rettung der Welt eingesetzt werden darf? Jetzt wird alles versucht, den Bürgerentscheid zu boykottieren.

März 1995. Unter falschem Namen kommt Jens Lorek, der Stellvertreter der PDS-Stadtvorsitzenden, ins Rathaus, fragt sich zum zuständigen Mitarbeiter im Stadtplanungsamt durch und bekundet scheinheilig Interesse an der stadtnahen Autobahn, um anschließend zu fragen, ob er sich nicht gleich hier in die Liste für das Bürgerbegehren eintragen könne. Dies ist nicht üblich, aber der angesprochene Mitarbeiter gibt ihm ein leeres Formular für das Bürgerbegehren. Mit diesem Corpus Delicti ist die Stadtverwaltung überführt, widerrechtliche Unterschriftensammlungen in den Diensträumen während der Dienstzeit zu veranstalten. „Unerlaubter Stimmenfang im Rathaus", „In der Amtsstube auf Stimmenfang", „Rathausbeamte organisieren Bürgerbegehren" – so hallt es durch den Blätterwald. Doch es kommt noch dicker. Skandal! Skandal! Die PDS wirft der CDU vor, sie würde in unzulässiger Weise Spendenquittungen für jene ausstellen, die den Bürgerentscheid finanziell unterstützen wollen. Nach dem Trick mit der gefälschten Unterschrift im Rathaus ist der PDS also eine neue getürkte Aktion eingefallen: „Spendenbeleg 54-4876 macht Dresdner Union zu schaffen". Darf die CDU Spendenquittungen für Spenden für den Bürgerentscheid ausstellen? Später kommt heraus: Sie darf, von einem Skandal kann keine Rede sein. Mit Eilanträgen und Geschäftsordnungstricks im Stadtrat versuchen die Autobahngegner in letzter Minute das Bürgerbegehren zu verhindern, doch ohne Erfolg.

Bürgerbegehren erfolgreich

22. März 1995. Die Bürgeraktion für die Autobahn übergibt dem Oberbürgermeister sage und schreibe 34 278 Unterschriften; rund 19 000 wären nötig gewesen. Der Weg für den Bürgerentscheid ist damit frei.
23. März 1995. Nachdem der Oberbürgermeister kürzlich in einem Zeitungsinterview angedeutet hat, eine Ausstellung des sächsischen Wirtschafts-

Zweite Wahlperiode beginnt mit neuer Sächsischer Gemeindeordnung

ministeriums über den Autobahnbau im Rathaus zu zeigen, bläst die Stadtratsmehrheit auch zum Sturmangriff auf die stadteigenen Stellwände. Der Stadtrat beschließt: „Der Oberbürgermeister wird beauftragt, zur Information der Bevölkerung eine Ausstellung zur stadtschneidenden Trassenführung der A 13 erarbeiten zu lassen, in der die Argumente für Befürwortung und Ablehnung der stadtschneidenden Trasse nachvollziehbar gemacht werden. Das Konzept für die Ausstellung ist rechtzeitig vor ihrer Eröffnung den Ausschüssen für Umwelt und Kommunalwirtschaft, Wirtschaftsförderung (beratend) und Stadtentwicklung und Bau (beschließend) zur Bestätigung vorzulegen. Eine weitere Ausstellung wird in den städtischen Räumlichkeiten nicht gezeigt." Weiterhin legt der Stadtrat fest, dass „die Betroffenheit der Stadt Dresden durch die aktuelle Trassierung der Autobahn einschließlich ihrer Auffahrten und Zubringer" darzustellen sei. Ein ganzer Katalog wird aufgestellt: „Art und Ausmaß der direkten und indirekten Auswirkung der Autobahn und Anzahl der betroffenen Bürgerinnen und Bürger, insbesondere durch a) die zusätzlichen Schadstoffemissionen im Nahbereich der Autobahn und im gesamten Stadtbereich, b) Auswirkungen auf das Stadtklima, c) Lärmbelastungen, Verlust an geplanten Bauflächen bzw. Bauerwartungsland nach dem derzeitigen Stand der Flächennutzungsplanung, Beeinträchtigung von Bauflächen im Bestand, Beeinträchtigung von Natur- und Landschaftsraum im Bestand nach dem derzeitigen Stand der Landschaftsplanung, Bewertung der Plausibilität der prognostizierten Verkehrsbelegung, insbesondere der Lkw-Anteile, Bewertung der von der planenden Behörde angeführten Entlastungswirkung durch die Trasse 441 und der durch die Gutachten unberücksichtigten direkten und indirekten verkehrlichen Auswirkungen der Trassenführung, geschätzte Kosten, die der Stadt durch die entstehenden Folgewirkungen der Trasse 441 entstehen (insbesondere Lärmschutzmaßnahmen und Straßenbau im Bereich der Trasse und ihrer Zubringer), Verlust an vorhandenen bzw. geplanten Kleingartenflächen, Beeinträchtigung denkmalgeschützter Objekte, Auswirkungen auf das Stadtklima. „Das heißt auf Deutsch: Die Ausstellung des Wirtschaftsministeriums darf in den städtischen Räumen überhaupt nicht gezeigt werden, stattdessen oktroyiert der Stadtrat der Stadtverwaltung eine Ausstellung, bei der er bis ins Kleinste, bis auf die letzte Ausstellungstafel hin Einfluss auf den Inhalt nimmt. Monatelang müssen der Presseamtsleiter, Dr. Ulrich Höver, und der Abteilungsleiter für Stadtratsangelegenheiten, Ulrich Zimmermann, zwischen den Vorstellungen des Oberbürgermeisters und der Stadtratsmehrheit einen praktikablen Kompromiss aushandeln. Das auf Neutralität bedachte Presseamt muss immer wieder in die Ausschüsse des Stadtrates kommen und gemeinsam mit der beauftragten Werbeagentur Tafel für Tafel vorlegen. Was zu sehr pro Autobahn erscheint, wird gnadenlos herausgestrichen, gegen die Autobahn werden zahlreiche zusätzliche Argumente aufgeführt.

Stadtratssitzung im Freien

April/Mai 1995. Die PDS beantragt zur 17. Sitzung des Stadtrats im April eine Sondersitzung für den Monat Mai durchzuführen, und zwar soll als

Dr. Herbert Wagner

einziger Tagesordnungspunkt die beabsichtigte Trassenführung der A 17 abgelaufen werden. Dem Oberbürgermeister kommt der Antrag sehr gelegen, hat er sich doch selbst schon vor Ort alle kritischen Punkte angesehen. Der Antrag findet mit 29 zu 27 Stimmen eine Mehrheit. Gern lädt der Oberbürgermeister alle Stadträte zu einer „Stadtratswanderung" ein. Am Himmelfahrtstag, dem 25. Mai 2005, ist es soweit. Die Damen und Herren des Stadtrates schreiten die geplante Autobahntrasse zu Fuß ab – eine Herrentagswanderung der besonderen Art. Schwitzend und durstig kommen sich die sonst verfeindeten Parteien näher; Erfrischungen und Kirschen werden gegenseitig ausgetauscht. Im Plenarsaal des Rathauses wird derweil der Bürgerentscheid blockiert. Die Stadtratsmehrheit lehnt zunächst einmal die vom Oberbürgermeister vorgelegte Verfahrensvorschrift zur Durchführung eines Bürgerentscheids ab. Ein Plebiszit könne es erst dann geben, wenn der Freistaat Sachsen eine für das ganze Land geltende Verfahrensvorschrift aufstelle. Basisdemokratie nur auf Befehl? Offenbar hat man Angst, dass die schweigende Mehrheit der Dresdner trotz des anderen Meinungsbildes in der Presse für die Autobahn stimmen wird.

Juni 1995. Wird die Zermürbungstaktik gegen die Befürworter der Autobahn Erfolg haben? Der Oberbürgermeister wendet sich an seine Freunde: „Nur die stadtnahe Autobahn ist der Bypass, der unsere Stadt vor dem endgültigen Verkehrskollaps bewahren kann. Ich bin überzeugt davon, dass dies die schweigende Mehrheit der Dresdner ebenso sieht. Aber niemand von uns soll sich der Illusion hingeben, dass der Bürgerentscheid praktisch schon gewonnen wäre. Das ist ganz und gar nicht der Fall. Unsere Gegner sind hochgradig mobilisiert, sie bringen alles an Polemik, zahlenmäßiger Stärke, Organisationskraft und Kampagnenfähigkeit auf die Beine, was das rot-grüne Verhinderungsbündnis zu bieten hat. Und sie setzen – nicht ganz zu Unrecht! – auf die traditionelle Lethargie und Schlafmützigkeit des bürgerlichen Lagers."

Juli 1995. Nach „Architekten gegen die A 17" heißt es nun auch „Künstler gegen die A 17".

August 1995. Die Versuche, den Bürgerentscheid zu verhindern, hinauszuzögern oder zu stören, reißen nicht ab. Anstelle der neutralen Fragestellung des Bürgerbegehrens „Sind Sie für den Bau der Autobahn Dresden-Prag entsprechend der abgebildeten Linienführung?" werden die verschiedensten Fragen für den Stimmzettel vorgeschlagen – alle nach dem Muster: Die verheerenden Auswirkungen einer Autobahn sind bekannt. Sind Sie etwa trotzdem dafür ...? Am 17. August aber ist es endlich soweit: Der Stadtrat bestimmt den 5. November 1995 zum Tag des Bürgerentscheides über die Autobahn Dresden-Prag. Die Abstimmungsfrage ist identisch mit der des Bürgerbegehrens. 2 500 Helfer in den Wahllokalen werden nötig sein, rund 900 000 DM aus der Stadtkasse wird der Bürgerentscheid kosten. Der Antrag der PDS, auch die 16- und 17-jährigen Einwohner abstimmen zu lassen, wird abgelehnt, da er offensichtlich rechtswidrig ist. Die Gegner der Autobahn fügen den Ehrenbezeichnungen für das von ihnen so verhasste Bauwerk eine weitere hinzu: „Fahrt zur Hölle".

222

Zweite Wahlperiode beginnt mit neuer Sächsischer Gemeindeordnung

Autobahngegner holen zum letzten Schlag aus

September 1995. PDS-Stadträte holen zum letzten Schlag gegen den Bürgerentscheid aus: einstweilige Anordnung! Besonders grotesk ist ihre Begründung: Das Bürgerbegehren sei nicht zulässig, weil der Bau einer Autobahn allein Bundesangelegenheit sei und keine kommunale Sache. Zuvor hatten sie gerade dieses Thema als ein eminent kommunales Thema selber in den Stadtrat eingebracht! Trotz der Klage laufen die Vorbereitungen für den Bürgerentscheid weiter auf Hochtouren.
Oktober 1995. Auffahrt Zukunft oder Staufahrt Zukunft? Die letzten vier Wochen vor dem Bürgerentscheid sehen wir eine Materialschlacht wie zur Bundestagswahl. Zeitungen, Aufkleber und Prospekte gehen weg wie warme Semmeln, Info-Stände und Plakate sind umlagert. Die Dresdner diskutieren auf der Straße und in Einwohnerversammlungen. Die vom Stadtrat angeordnete und zensierte, von der Stadtverwaltung ausgeführte Ausstellung ist fertig. Auch wenn sie die Kontra-Autobahn-Argumente überbetont, kommen natürlich auch Vorteile der Autobahn zum Ausdruck. Bei der Eröffnung durch den Oberbürgermeister drängen die Massen ins Rathaus. Das Gericht lehnt die Klage der PDS gegen den Bürgerentscheid ab. Da die geplante Autobahn mehrere Kilometer über Dresdner Stadtgebiet laufen soll, berührt sie durchaus kommunale Interessen.
3. November 1995. Primator Josef Jilek, Oberbürgermeister von Usti nad Labem (Aussig an der Elbe), eilt seinem Dresdner Amtskollegen zu Hilfe. Vor der sächsischen Presse weist er darauf hin, wie dringend man in der Tschechischen Republik auf einen positiven Ausgang des Bürgerentscheides warte. Alle Parteien in Aussig hätten die Autobahn lieber heute als morgen und verstünden das ganze Theater in Deutschland nicht.

Der Bürgerentscheid richtets

5. November 1995. Der Tag ist da. Ein kalter Novembermorgen mit Glatteis. 14 Uhr. Die Wahlbeteiligung ist bis jetzt noch erschreckend gering. Doch dann kommt die Sonne heraus... 18 Uhr. Die Wahllokale schließen, die Auszählung beginnt. Im Rathaus laufen alle Informationen zusammen. Politiker und Bürger, Aktive und Zaungäste, Presse, Funk und Fernsehen geben sich ein Stelldichein. Als die ersten Hochrechnungen einlaufen, brechen Jubel und Verzweiflung aus. Das amtliche Endergebnis: Von 365 270 Abstimmungsberechtigten haben sich 51,2 % am Bürgerentscheid beteiligt. Davon haben 68 % mit Ja und 32 % mit Nein gestimmt. Die aus den alten Bundesländern bekannten Verhaltensmuster bei Bürgerentscheiden über große Verkehrsprojekte haben sich in Dresden nicht bestätigt. Der Bau der A 17 wurde durch den Bürgerentscheid nicht zu Fall gebracht. Dresden hat gezeigt, dass es auch ganz anders geht. Das notwendige Quorum von 91 318 Stimmen ist mit 127 607 Stimmen mehr als erreicht worden. Selbst in PDS-Hochburgen haben mehr als zwei Drittel für die Autobahn gestimmt! Ein Sieg der Vernunft, ein Sieg des Bürgers. Der Weg ist frei für den Bau der Autobahn Dresden-Prag.

Dr. Herbert Wagner

8. November 1995. Die PDS hat ihre Erklärung schon parat. „Die Dresdner Autofahrer sind vor dem Bürgerentscheid durch organisierte Staus manipuliert worden", vermutet eine hohe PDS-Funktionärin. Später schließt sich auch eine Repräsentantin der Grünen diesem Verdacht an.
10. November 1995. Die Frankfurter Allgemeine Zeitung sieht es anders: „Die direkte Demokratie kommt immer mehr in Mode. Ein Einwand gegen sie ist, dass die Teilnehmer sich von ihren engen Interessen leiten ließen, das Gemeinwohl aus dem Blick verlören. Ein Gegenbeispiel zu dieser Skepsis hat nun die Bevölkerung von Dresden geliefert. Dort gibt es Streit um die Führung einer Autobahn, die Dresden – und damit den Westen und Norden Deutschlands – mit Prag verbinden soll. Die vorgesehene, von Bürgerinitiativen, der SPD, der PDS und den Grünen bekämpfte Trasse schneidet den Südwesten der Stadt an, geht durch eine Plattenbausiedlung, soll allerdings weitgehend unterirdisch verlegt werden. Selbst bei den unmittelbar Betroffenen hat die Autobahn in der vorgesehenen Form Zustimmung gefunden."
Fazit der FAZ: „Kluge Dresdner."

Literatur

Krieger, Roland/Bromberger, Karl-Heinz/Dittmer, Maritha/Eichert, Christof/Wagner, Erwin: Gemeindeordnung für den Freistaat Sachsen, Dresden: Kohlhammer Deutscher Gemeindeverlag Verlag 1993.
Neujahrsansprache des Oberbürgermeisters. Dresdner Amtsblatt Nr. 1/95, 5. Januar 1995.
Planungsleitbild Innenstadt, hrsg. von der Landeshauptstadt Dresden, Dezernat für Stadtentwicklung, Stadtplanungsamt und Amt für Presse- und Öffentlichkeitsarbeit, Juli 1994.
Rahmenkonzept Stadtentwicklung. Zwischenbericht zur Flächennutzungsplanung. Herausgeber: Der Oberbürgermeister der Landeshauptstadt Dresden, Dezernat für Stadtentwicklung, Juli 1992.
Runderlass des Sächsischen Staatsministeriums des Innern zum In-Kraft-Treten der Gemeindeordnung für den Freistaat Sachsen und zur weiteren Anwendung der Kommunalverfassung vom 29. April 1993.
Sächsischer Städte- und Gemeindetag: Geschäftsbericht für die Jahre 1993–1994.
Statistische Informationen. Dresden in Zahlen 1995, hrsg. von der Landeshauptstadt Dresden, Rechtsamt (Kommunale Statistikstelle), Amt für Presse- und Öffentlichkeitsarbeit 1996.
Verkehrskonzept der Landeshauptstadt, hrsg. von der Landeshauptstadt Dresden, Dezernat für Stadtentwicklung, Amt für Presse- und Öffentlichkeitsarbeit. Mai 1994.
Wagner, Herbert: „Der Kampf um die Autobahn A 17", in: Hellmuth Buddenberg (Hrsg.): „EUROPA mit Verkehrskonzept auf Erfolgskurs", Frankfurt/M.: Verlag Frankfurter Allgemeine Zeitung GmbH, 1996.
Wirtschaft und kommunale Wirtschaftsförderung 1995, hrsg. von der Landeshauptstadt Dresden, Dezernat Wirtschaft und Wohnen, Amt für Presse- und Öffentlichkeitsarbeit.

Die Stadt Chemnitz und ihr Bestreben um Eingemeindungen

Dr. Peter Seifert

1. Chemnitz im Wandel der Zeit

1.1 Ursprünge

Als Chemnitz in der Mitte des 12. Jahrhunderts auf der geschichtlichen Bühne erschien, tat es dies unter dem slawischen Namen Kameniz, was soviel wie Steinfluss bedeutete. Die Kameniz entstand – damals noch weit vor den Toren der Stadt – aus dem Zusammenfluss der aus dem Erzgebirge kommenden Quellflüsse Zwönitz und Würschnitz. Als Kreuzungspunkt zweier wichtiger Fernverbindungen von Leipzig nach Böhmen und von Nürnberg nach Dresden entwickelte sich Chemnitz als eine Markt-, Kaufmanns- und Handwerkergemeinde. Von herausragender Bedeutung war das „Bleichprivileg" von 1357, das vier Bürgern die Einrichtung einer Bleiche gestattete. Damit erhielt Chemnitz eine Zentralstellung in der Textilproduktion und im Textilhandel. Schon damals war die von mehreren Klosterdörfern umschlossene Stadt territorial beengt. 1402 gelang es, vom Kloster Landbesitz im Umfang von 713 Hektar zu erwerben. Dabei handelte es sich unter anderem um die Dörfer Borssendorf und Streitdorf sowie Teile von Gablenz, Bernsdorf und Kappel, mit denen die Stadt ihr Areal verdreifachen konnte. Der Prozess der industriellen Revolution setzte in Chemnitz frühzeitig und rasch ein. Im Laufe des 19. Jahrhunderts entwickelte sich Chemnitz zur wichtigsten Fabrik- und zur zweitbedeutendsten Handelsstadt Sachsens. Das Wasser als Antriebskraft für die Maschinen nutzend, gründeten die Gebrüder Bernhard im Jahr 1799 in Harthau die erste mechanische Spinnerei nach englischem Vorbild in Kontinentaleuropa. Nachfolgend entstand eine Vielzahl von weiteren Maschinenspinnereien. Daraus erwuchs mit der zunehmenden Anwendung von Arbeitsmaschinen in der Textilindustrie, der Eisenverarbeitung und dem Bergbau die Existenzgrundlage für den Maschinenbau. 1848/49 beschäftigte man bereits über 1 100 Arbeiter in dieser Branche. Bald erwarb sich die Stadt den Ruf als Wiege des deutschen Maschinen- und Fahrzeugbaus. Damals befanden sich 62 % aller sächsischen Maschinenbaufabriken in Chemnitz. Ausdruck der rasanten Entwicklung im 19. Jahrhundert sind die wachsenden Einwohnerzahlen:
1840: 23 000 EW
1846: 29 000 EW
1871: 68 229 EW
1883: 102 713 EW

Dr. Peter Seifert

Auch nach der Jahrhundertwende setzte sich die Industriestadtentwicklung fort. 1912 gab es in Chemnitz 1 836 Fabriken (überwiegend der Metallverarbeitung, dem Maschinenbau, der Textil- und Bekleidungsindustrie zugehörig), in denen ca. 73 000 Menschen tätig waren. Schon bis 1900 wurden mehrere Vororte, zu denen auf Grund der Auswirkungen der Industrialisierung bereits enge Bindungen bestanden, der Stadt zugeordnet. Bis 1929 konnten noch weitere zehn Vororte eingemeindet werden. Damit vergrößerte sich das Stadtareal um 6 300 Hektar. Im Jahr 1930 erreichte Chemnitz dann mit 360 250 Einwohnern den höchsten Bevölkerungsstand. In der Blütezeit agierte mit der Auto Union AG und deren Firmen Wanderer, Horch, DKW und Audi der zweitgrößte Autohersteller Deutschlands von Chemnitz aus. Etwa jedes vierte Auto auf Deutschlands Straßen fuhr damals mit dem Logo der Auto Union.
Die nachfolgende Zeit des Nationalsozialismus hinterließ ein schweres Erbe. Durch Luftangriffe wurde die Chemnitzer Innenstadt weitestgehend zerstört. 4 000 Menschenopfer waren zu beklagen.

1.2 Aus Chemnitz wird Karl-Marx-Stadt

Bereits 1946 gab es in Chemnitz erste Überlegungen, das zerstörte Zentrum nach dem alten Stadtgrundriss wieder aufzubauen. Die Gründung der Deutschen Demokratischen Republik 1949 stand dem jedoch entgegen. Damals verkündeten die Vertreter der neuen Regierung das Gesetz für den Aufbau der Städte in der DDR, welches nach Moskauer Vorbild andere Ansprüche an die Gestaltung eines Stadtzentrums stellte. Man erwartete breite Alleen und große Plätze für Demonstrationen und Volksfeste. Monumentale Hochhäuser sollten die historischen Türme der Kirchen und Rathäuser überragen. Obwohl die Stadt im Zentrum mit der feingliederigen Bebauung an der Inneren Klosterstraße erste optimistische Zeichen des Wiederaufbaus schuf, blieb es ihr nicht erspart, den neuen Forderungen nachzukommen.
Die Umbenennung in Karl-Marx-Stadt im Jahr 1953 löste neue und weitgehende politische Forderungen im Bauwesen aus. Der in der Folgezeit eingeleiteten Industrialisierung des Bauwesens fielen dadurch noch eine Vielzahl vorhandener und nutzbarer historischer Gebäude durch Abbruch zum Opfer. Sogar bereits wiederhergestellte Gebäude mussten der Ideologie weichen. Auch das private Unternehmertum litt unter den zentralistischen Vorgaben und fand sich sehr bald in einem dirigistischen Korsett gebunden. Dies hatte zur Folge, dass viele Unternehmen ihren Firmensitz in die damaligen drei westlichen Zonen verlegten. Das bekannteste Beispiel hierfür ist die Verlagerung der Auto-Union (heute Audi) nach Ingolstadt. Nichtsdestotrotz gelang es dank der hervorragend ausgebildeten Menschen, mit deren Engagement, Improvisationsfähigkeit und Erfindertum den Raum Chemnitz-Zwickau zu dem führenden Wirtschaftszentrum der ehemaligen DDR zu entwickeln. So steuerten Chemnitzer Unternehmen etwa ein Viertel der nationalen Industrieproduktion bei und konnten sich auch erfolgreich auf den Märkten des westlichen Auslands behaupten. Doch auch hier führten die

Missstände der Mangelwirtschaft zu einem schleichenden Niedergang. Erst mit der Wende 1990 konnte sich die Stadt von ihren Fesseln befreien.

1.3 „Chemnitz" wird wieder Chemnitz

Im Herzen der Menschen war Chemnitz eigentlich immer Chemnitz geblieben; so war es nur logisch, dass sich der überwiegende Teil der Bevölkerung für die Rückbenennung von Karl-Marx-Stadt in Chemnitz aussprach. Mit dem politischen Umbruch taten sich „plötzlich" hinsichtlich der Stadtentwicklung ungeahnte Möglichkeiten auf. Die vielen unbebauten Flächen im Stadtzentrum schrien förmlich nach einer Bebauung. Völlig neue rechtliche Rahmenbedingungen und Diskussionen darüber, ob eine Fortführung der in der DDR entstandenen Zentrumsstruktur oder eine Anlehnung an die historischen Grundrisse erfolgen sollte, bestimmten in den ersten Nachwendejahren das Geschehen. Unter anderem aufgrund dieses Zeitverzuges konnte in der damaligen Nachbargemeinde Röhrsdorf Sachsens größtes Einkaufszentrum entstehen. Ein Umstand, der auf Grund der dadurch gebundenen Kaufkraft fast die Entwicklung der Innenstadt zum Scheitern gebracht hätte. Dennoch gelang es unter größtem Kraftaufwand ab 1998, orientiert an den historischen Grundrissen, die Innenstadt neu aufzubauen. Mit Hans Kollhoff und Helmut Jahn hatten sich Architekten mit Weltruf dieser Aufgabe angenommen. Das Ergebnis zeigt eindrucksvoll, dass es für das Stadtbild positiv war, dass in den ersten Nachwendejahren nicht überhastet losgebaut wurde. Dramatische Folgen für den Arbeitsmarkt hatte der nach der Wende notwendigerweise zu leistende Umstrukturierungsprozess der heimischen Industriebetriebe. Neben Neuansiedlungen von weltweit operierenden Konzernen wie Volkswagen, Siemens oder IBM entstanden vor allem kleine und mittlere Unternehmen durch Aus- und Neugründungen. Seit 1995 verzeichnet das produzierende Gewerbe ein zweistelliges Umsatzwachstum jährlich und das Bruttoinlandsprodukt pro Einwohner wuchs um etwa 4 % pro Jahr. Damit entwickelte sich Chemnitz gemeinsam mit Dresden zur wirtschaftsstärksten ostdeutschen Großstadt.

1.4 Gemeindegebietsreform – kein neues Thema

Solange es städtische Entwicklungen gibt, solange wird es auch Diskussionen über das Für und Wider von Gebietsreformen geben. Auf lokaler Ebene spielte besonders bei Großstädten die Eingemeindung eine zentrale Rolle. Interessant ist, dass sich Argumentationen, Notwendigkeit und Randbedingungen über all die Jahrzehnte sehr ähnlich sind. So befasste sich am 17. Februar 1921 in Chemnitz die Stadtverordnetenversammlung in einer geheimen Sitzung[1] mit der Frage der „Einverleibung" von Schönau, Rottluff und Neustadt. Grundlage der Diskussionen war eine

---
1 Quelle: Wortprotokolle Bd. XXI Geheime Sitzungen 1921.

Dr. Peter Seifert

Ratsvorlage, Zitat: „Stellung von Antrag beim Ministerium des Innern auf zwangsweise Einverleibung von Schönau und Rottluff für den Fall, dass die Vertretungen dieser Gemeinden Verhandlungen über vertragliche Eingemeindungen ablehnen sollten." Der Berichterstatter führte schon seinerzeit viele Gründe an, die auch für die Reformen der 90er Jahre noch zutreffend waren. Es ging vor allem um Bauland für den Wohnungsbau, die Ausdehnung der Industrie, die Erwirtschaftung von Steueraufkommen für die Stadt, großflächigen Landbesitz der Stadt außerhalb der eigenen Gemarkung in Neustadt, Inanspruchnahme kultureller Einrichtungen wie Theaterbesuche oder die Nutzung höherer Bildungseinrichtungen durch Bürger bzw. Schüler der Vororte. Zitat: „Eine ganze Reihe von Schülern von diesen Vororten gehen jetzt herein in unsere höheren Bildungsanstalten, und wir bezahlen infolgedessen die Zuschüsse, die für den einzelnen Schüler an den höheren Bildungseinrichtungen ziemlich hoch sind. Ein Schreiben, das an die Gemeinde Schönau vom Rate unserer Stadt gerichtet worden ist mit der Aufforderung, diese Lasten mitzutragen, ist rundweg abgelehnt worden." Gewisse Parallelen zu heute sind unverkennbar, wobei ein wichtiger Umstand besonders erwähnenswert ist, nämlich der Versuch der Vorortgemeinden durch Zusammenschlüsse ihrerseits eine Eingliederung in die Großstadt zu verhindern. Später wird dazu noch zu berichten sein. Letztlich gelang es der Stadt Chemnitz, Heinersdorf im Jahr 1922, Rottluff 1926 und Reichenhain 1927 einzugemeinden. Neustadt vereinigte sich 1922 mit Schönau.

Die Eingemeindungen bzw. die Eingemeindungsdiskussionen erstreckten sich über mehrere Jahrzehnte hinweg. Kurz vor Ausbruch des Zweiten Weltkrieges verfasste der damalige Oberbürgermeister der Stadt Chemnitz eine Denkschrift zur Frage der Eingemeindung mit dem Titel „Chemnitz eine Stadt ohne Land". Trotz der überwiegend der Ideologie des Nationalsozialismus untergeordneten Argumentation zur Notwendigkeit von Eingemeindungen basierten viele Begründungen auf raumordnungspolitischen Überlegungen, die zum Teil auch heute noch gültig sind. Keine ausreichenden Flächen für den Siedlungs- und Industriebau, Stadtflucht einkommensstarker Schichten oder Nutzung der städtischen Infrastruktur durch die Einwohner der Randgemeinden waren einige der wichtigsten Gründe, die für Eingemeindungen genannt wurden. Zitat: „Damit sinkt aber nicht nur – im Zeichen des allgemeinen Aufbaues! – die Einwohnerzahl der Stadt ... Die Abwanderungsziffer zeigt eine überraschend hohe Quote von meist gelernten Facharbeitern, die sich in großer Zahl auch nach Mitteldeutschland begeben, weil ihnen dort in der Nähe neuer Betriebe neue und schöne Siedlungswohnungen geboten werden."

Als dringlich wurden die Eingemeindungen von Siegmar-Schönau, Rabenstein, Glösa, Adelsberg und Harthau bezeichnet. Durch den Einfluss des Zweiten Weltkrieges konnten aber keine Lösungen in diesem Sinne herbeigeführt werden. Mit Beginn der fünfziger Jahre stand bei den Verantwortlichen in Politik und Verwaltung von Chemnitz die Problematik Eingemeindung erneut auf der Tagesordnung und es konnte das verwirklicht werden, was die Chemnitzer Kommunalpolitik schon 1937 gefordert hat. So stand beispielsweise als Ratsvorlage 01/50 zu Punkt 1 der Ratstagesordnung vom 9. Januar 1950 die Eingemeindung der Landgemeinde Glösa zur Entscheidung an. Die Begründung lautete: Zitat: „Auf Grund vorhergehender Aussprachen, die durch Vertreter der Gemeinde Glösa begonnen wurden, wurde die Gemeinde Glösa am 1. Dezember 1949 offiziell beim Oberbürgermeister der Stadt Chemnitz vorstellig, um die Eingemeindung Glösas nach Chemnitz auszulösen." Die Eingemeindung basierte auf den noch vor Gründung der DDR erlassenen Eingemeindungsrichtlinien vom 30. Oktober 1947[2] und wurde mit einem Grenzänderungsvertrag vollzogen. Der Vertrag war der Landgemeinde Glösa, dem Kreisrat zu Chemnitz und dem Kreistag vorzulegen sowie durch die Landesregierung bzw. durch den zuständigen Ausschuss des Landtages zu genehmigen. Juristisch/bürokratisch sicher nicht einfacher als 1922 oder 1998, aber in jedem Fall relativ unspektakulär verliefen in dieser Zeit die Eingliederungen. Eine detaillierte Übersicht aller Eingemeindungen in die Stadt Chemnitz mit Zeittafel zeigt die folgende Grafik.

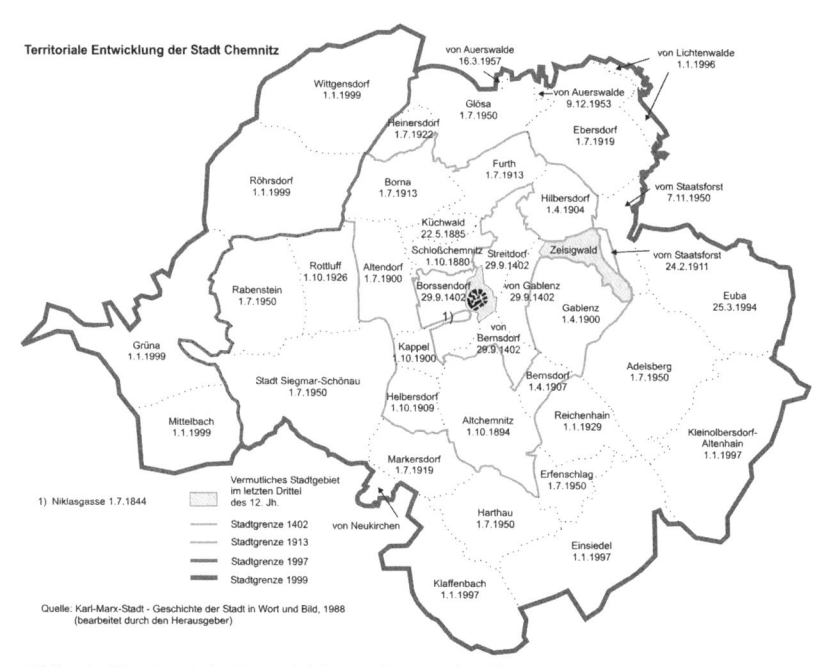

Abb. 1: Territoriale Entwicklung der Stadt Chemnitz

---

2 Veröffentlicht im Gesetz- und Verordnungsblatt der IRS, S. 511.

Dr. Peter Seifert

2. Die Etappen der Gemeindegebietsreform am Ende des 20. Jahrhunderts

2.1 Rechtliche Rahmenbedingungen

Mit dem Gesetz über kommunale Zusammenarbeit, der Gemeindeordnung und der Landkreisordnung wurden in der ersten Hälfte der 90er Jahre seitens des Freistaates Sachsen die Voraussetzungen für den Vollzug einer Gemeindegebietsreform geschaffen. Bereits im November 1991 wurden die „Grundsätze des Sächsischen Staatsministeriums des Innern zur Aufstellung einer kommunalen Zielplanung und Verfahrensgrundsätze zur Durchführung von freiwilligen Maßnahmen der Gemeindereform" veröffentlicht. Die Grundsätze sollten den Städten und Gemeinden bei der Neustrukturierung ihrer Verwaltungsräume eine Hilfestellung zum Handeln sein. Sachsen gehörte damit zu den Bundesländern, die sich auf Gemeindeebene nicht nur auf eine Reform der Verwaltungsstrukturen, sondern konsequent für eine Gebietsreform entschieden hatten. Bereits am 1. August 1994 war die Kreisgebietsreform in Kraft getreten. Diese Reform wurde entgegen dem Rat und entgegen den Befürchtungen der Kommunalpolitik vor der Gemeindegebietsreform durchgeführt. Sie wäre jedoch unvollständig geblieben, wenn es auf Gemeindeebene keine Fortsetzung gegeben hätte. Daher wurden in unmittelbarer zeitlicher Folge der Kreisgebietsreform Grundsätze, Maßstäbe und Eckwerte für eine Gemeindegebietsreform im Freistaat Sachsen festgelegt.
Der Freistaat Sachsen bestand 1993 aus 1 579 Gemeinden einschließlich der sechs Kreisfreien Städte. Rund 60 % der Gemeinden hatten weniger als 1 000 und rund 93 % weniger als 5 000 Einwohner. Eine Zielstellung aller Verwaltungsreformen bestand und besteht noch immer in der Schaffung bzw. im Erhalt einer bürgernahen Verwaltung. So war vorgesehen, Aufgaben von den Landkreisen und unteren staatlichen Verwaltungsbehörden auf die Gemeinden zu übertragen. Dies wurde auch durch entsprechende Fach- bzw. Einzelgesetze realisiert. Insbesondere kleinen Gemeinden fehlten auf Grund ihrer eingeschränkten Verwaltungskraft jedoch die Kompetenzen dafür. Deshalb sollten über die Reduzierung der Anzahl von Gemeinden funktionsfähigere Verwaltungseinheiten geschaffen werden. Unter dem Aspekt, dass ein wesentlicher, allgemeiner Grundsatz einer Gemeindereform darin besteht, die Allzuständigkeit für die Angelegenheiten der örtlichen Gemeinschaft zu gewährleisten bedeutet dies, dass die Gemeinden in der Lage sein müssen, die erforderliche kommunale Grundausstattung zu schaffen und wirtschaftlich effektiv zu nutzen, hauptamtliches Personal mit begrenzt spezialisierten Tätigkeitsbereichen anzustellen, moderne technische Verwaltungsmittel einzusetzen und einheitliche Lebensräume durch gemeinsame Planung und Steuerung von Maßnahmen zur Verbesserung der Infrastruktur zu gestalten.
Kernpunkt der Gemeindegebietsreform war die Berücksichtigung der nahräumlichen Verflechtungsbereiche der Zentralen Orte, insbesondere die Ober- und Mittelzentren. Im Vergleich zu ihren Umlandgemeinden verfügen die Zentralen Orte über eine Vielzahl von Einrichtungen, die die wirtschaft-

lichen und sozialen Grundlagen für die Bevölkerung darstellen. Somit ist das funktionsteilige System der Zentralen Orte und ihrer Verflechtungsbereiche eine wesentliche Bedingung für die Gewährleistung der Grundfunktionen der Daseinsvorsorge in den Städten und Gemeinden. Es stellte auch das Leitprinzip für alle Gemeindegebietsreformmaßnahmen im Freistaat Sachsen dar. Für die räumliche Abgrenzung örtlicher Verwaltungseinheiten wurden verschiedene Kriterien definiert. Im Unterschied zur Kreisgebietsreform sollten stärker die örtlichen Gegebenheiten, historischen Verbundenheiten und traditionellen Bindungen Berücksichtigung finden. Die Gemeinden sollten in Abhängigkeit der Bevölkerungsdichte möglichst zwischen 5 000 und 8 000 Einwohner aufweisen. Für dünner besiedelte Räume wurden Abweichungen nach unten eingeräumt. Grundsätzlich sollten nur Verwaltungseinheiten (Einheitsgemeinden, Verwaltungsgemeinschaften und Verwaltungsverbände) genehmigt werden, die sich nach den veröffentlichten räumlichen und organisatorischen Aspekten der Grundsätze richteten. Ausdrücklich erwähnt sei an dieser Stelle noch die Tatsache, dass für die Zentralen Orte der Grundsatz festgelegt wurde, dass in der Freiwilligkeitsphase der Gemeindegebietsreform keine Tatsachen geschaffen werden durften, die dem Gesetzgeber selbst eine maßvolle Eingemeindungspolitik im Umfeld der Ober- und Mittelzentren unmöglich gemacht hätten. Dieser Spielraum wäre z. B. dann nicht mehr vorhanden gewesen, wenn unmittelbar an die Städte angrenzende Gemeinden sich mit von der Stadt weiter entfernten Gemeinden vereinigt oder sich dorthin eingemeinden lassen hätten.

Um zukunftsbezogene gesetzgeberische Stadt-Umland-Lösungen nicht von vornherein zu blockieren, waren deshalb die Genehmigungsvorbehalte in der Freiwilligkeitsphase bei der Gemeindegebietsreform insbesondere im Stadt-Umland-Bereich unerlässlich. Der Kabinettsbeschluss vom 3. März 1992, der diesen Genehmigungsvorbehalt für das Staatsministerium des Innern einführte, ist folglich nach wie vor für das Verwaltungshandeln bindend.

2.2 Die Notwendigkeit von Eingemeindungen für die Stadt Chemnitz

Schon unmittelbar nach der politischen Wende wurde deutlich, dass sich, um vom Einzugsgebiet der Stadt Chemnitz zu profitieren, Industrie und Handel in den benachbarten Gemeinden niederließen. Umgekehrt erwies sich die Neuausweisung von Gewerbegebieten durch die Knappheit geeigneter Flächen auf dem damaligen Stadtgebiet als durchaus problembehaftet. Wenn der Stellenwert der Stadt Chemnitz nicht geschmälert werden sollte, musste die wirtschaftliche Entwicklung in Kenntnis von jahrhundertealten Erfahrungen des Städtebaus und der Flächennutzung, die ein Gleichgewicht von baulicher Verdichtung und Freiflächen beibehält, weitergeführt werden. Auch die Region konnte kein Interesse haben an einer Schwächung seines Oberzentrums mit den dabei zwangsläufig einhergehenden fatalen Folgen für die Außenwirkung und Ausstrahlung. Gemeinsam musste daher eine Basis gesucht werden, auf der eine zukunftsweisende Entwicklung möglich

Dr. Peter Seifert

wurde. So sah die Stadt Chemnitz zunächst ihr Interesse auf eine Struktur gerichtet, die den Zusammenschluss mit den unmittelbar an den Stadtgrenzen befindlichen und ihrer Entwicklung eindeutig auf Chemnitz hin orientierten Gemeinden vorsah.

Konkret zielte die Schaffung leistungsfähiger, übersichtlicher und möglichst ausgeglichener regionaler Strukturen in den sächsischen Stadt-Umland-Bereichen darauf ab, dass leistungsfähigen Kernstädten jeweils leistungsfähige Umlandgemeinden als Partner mit dem Ziel einer wechselseitigen Aufgabenwahrnehmung und -entlastung gegenübergestellt werden sollten, dass der Bildung von Einheitsgemeinden Vorrang gegenüber der Bildung von Verwaltungsgemeinschaften eingeräumt werden sollte und dass Eingemeindungen in die Kernstädte nur in moderater Form vorgenommen werden sollten. Dies bedeutete insbesondere, dass in der Regel nur die unmittelbaren Nachbargemeinden der Kernstädte in die konkreten Eingliederungsüberlegungen einbezogen wurden.

2.3 Freiwilligkeitsphase

In einer ersten Phase (1994 – 1998) wurde bei der Gemeindegebietsreform auf Freiwilligkeit gesetzt. Diese Vorgehensweise hatte sich außerordentlich gut bewährt. Gemeinsam mit der Stadt Chemnitz nutzten diese Möglichkeit die Gemeinden Euba, Kleinolbersdorf-Altenhain, Einsiedel und Klaffenbach. Die Stadtverwaltung war sowohl auf die freiwilligen Eingliederungen wie auch auf die gesetzlichen Eingemeindungen sehr gut vorbereitet. Bereits sehr früh nach der Wende ging man in Chemnitz kooperativ und aktiv auf das Thema Stadt-Umland-Beziehungen ein. Das Bewusstsein ob dieser Verantwortung resultierte insbesondere daraus, dass die Stadt mit ihren heute rund 250 000 Einwohnern das Zentrum eines dicht besiedelten Verdichtungsraumes ist. Chemnitz ist – teilweise unmittelbar angrenzend – von einem Kranz von acht Städten mit jeweils 10 000 bis 25 000 Einwohnern sowie einer Vielzahl von einwohnerstarken Gemeinden umgeben. Die dichte Besiedelung ist das Ergebnis der traditionellen industriellen Prägung des gesamten Raumes Chemnitz-Zwickau wie auch des Erzgebirges. Insofern war sich sowohl die Verwaltung als auch die Kommunalpolitik in Chemnitz der Verantwortung für die Region bewusst und willens, den dem Zentralismus des DDR-Regimes geschuldeten Ressentiments gegenüber der Bezirkshauptstadt durch Kooperation entgegenzutreten. Daher wurde bereits Ende 1992 als Stabsstelle das „Büro für Nachbarschaftsbeziehungen" gebildet. Neben den fachlichen Auseinandersetzungen sollten vor allem auf politischer Ebene gemeinsame Handlungsfelder mit den umliegenden Gemeinden und den Nachbarlandkreisen aufgegriffen werden. Weiterhin gab es im Baudezernat ein Sachgebiet „Beteiligung an der Regionalplanung". Vordergründige Aufgabenfelder waren die Trägerbeteiligung, die planerische Abstimmung mit den Nachbargemeinden und die Ausgestaltung der Gemeinschaftsinitiative Wirtschaftsregion Chemnitz-Zwickau. Beide „Einheiten" waren ab 1994 mit jeweils drei Personen besetzt.

Urkunde

AUF DER GRUNDLAGE DER GEMEINDEORDNUNG
FÜR DEN FREISTAAT SACHSEN, DEN FORTGELTENDEN BESTIMMUNGEN
DES GESETZES ÜBER DIE SELBSTVERWALTUNG DER GEMEINDEN
UND LANDKREISE IN DER DDR UND IN VERBINDUNG
MIT DEM VERTRAG ÜBER DIE HERSTELLUNG DER EINHEIT
DEUTSCHLANDS, HABEN DIE STADTVERORDNETENVERSAMMLUNG
VON CHEMNITZ AM 21. MAERZ 1994 (BESCHLUSS-Nr.: 1090/94)
UND DER GEMEINDERAT VON EUBA AM 24. MAERZ 1994
(BESCHLUSS-Nr.: 10/94) DIE »ÖFFENTLICH-RECHTLICHE
VEREINBARUNG ÜBER DIE EINGLIEDERUNG DER GEMEINDE EUBA
IN DIE STADT CHEMNITZ« BESCHLOSSEN.

DIE VEREINBARUNG WURDE AM 25. MAERZ 1994 DURCH DAS
REGIERUNGSPRÄSIDIUM MIT SOFORTIGER WIRKUNG GENEHMIGT.

DIE BISHERIGE GEMEINDE EUBA WIRD STADTTEIL DER STADT CHEMNITZ.
DIE STADTTEILBEZEICHNUNG LAUTET:

EUBA STADT CHEMNITZ

Dr. PETER SEIFERT
OBERBÜRGERMEISTER
DER STADT CHEMNITZ

CARSTEN ZIMMERMANN
BÜRGERMEISTER
DER GEMEINDE EUBA

EUBA STADT CHEMNITZ, AM 6. APRIL 1994

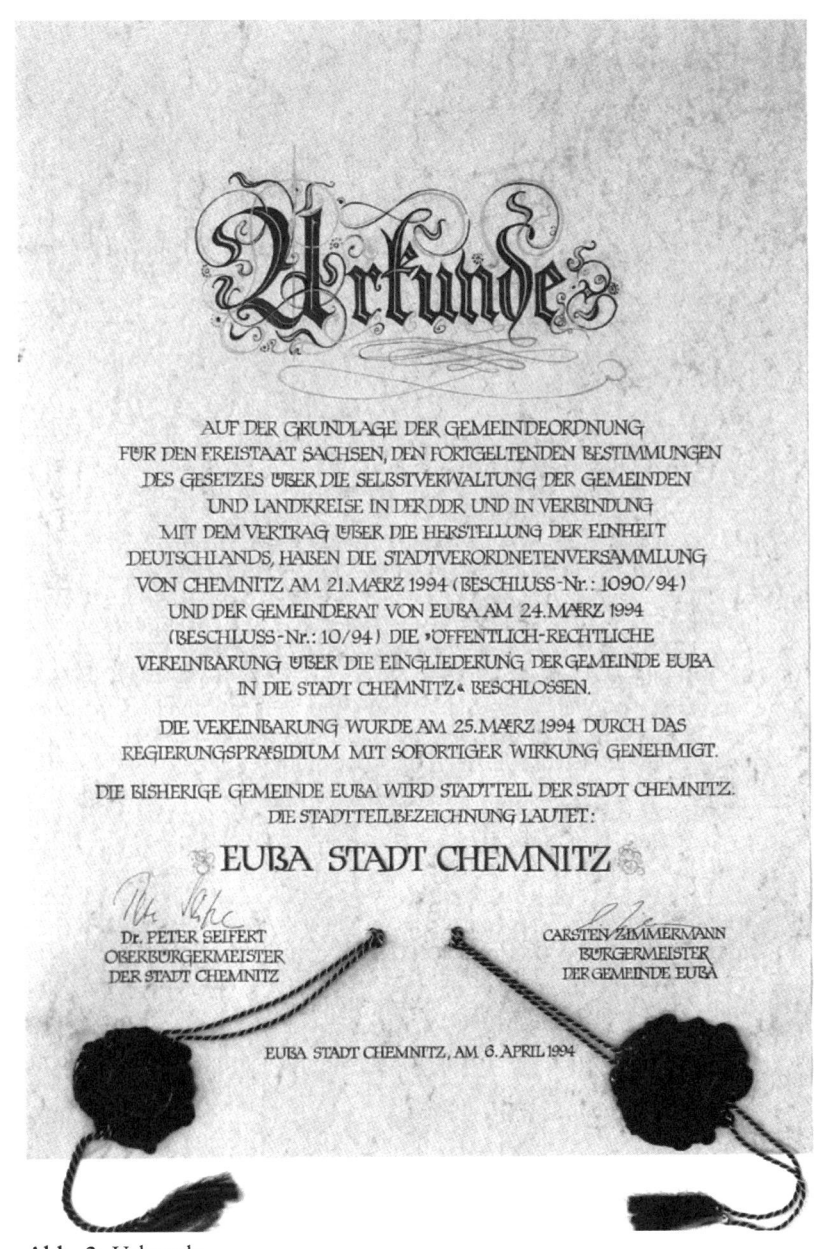

Abb. 2: Urkunde

Dr. Peter Seifert

Im Oktober 1993 wurde als „Dienstleistungsamt" des Oberbürgermeisters das Bürgermeisteramt gegründet. Wegen der politischen Tragweite des Aufgabenspektrums und des Querschnittscharakters wurde das Büro für Nachbarschaftsbeziehungen kurz darauf dem Bürgermeisteramt zugeordnet. Ende 1996 führten das Zurückgehen der originären Trägerbeteiligungsverfahren und der Aufgabenzuwachs bezüglich der Wirtschaftsregion Chemnitz-Zwickau dazu, dass sämtliche regionalentwicklungsspezifische Aufgabengebiete im Büro für Nachbarschaftsbeziehungen zusammengefasst wurden. Die rein fachliche Beteiligung der Stadt Chemnitz an den Bauleitplanverfahren der Nachbargemeinden und auf regionaler Ebene verblieb im Baudezernat. Mit dem Büro war eine wichtige Grundvoraussetzung zur Vertrauensbildung geschaffen worden, da sich die Umlandgemeinden in allen Fragen nur an einen Ansprechpartner in der Stadt wenden mussten. Diese strukturellen Voraussetzungen hatten maßgeblichen Anteil mit daran, dass es überhaupt erst zu freiwilligen Eingemeindungen kam und diese auch weitestgehend reibungslos verliefen. So wurde beispielsweise eine dezidierte Übersicht über die Vorteile einer freiwilligen Eingliederung erstellt, in der insbesondere die Aufzählung der finanziellen Vorteile (Gebühren) bei den Einwohnern der Nachbargemeinden große Beachtung fand.

Das Ergebnis der Bemühungen der Stadt Chemnitz spricht für sich. Mit den Eingemeindungen von Euba im Jahr 1994, Teilen von Lichtenwalde 1996 sowie Kleinolbersdorf-Altenhain, Einsiedel und Klaffenbach 1997 war Chemnitz das einzige sächsische Oberzentrum, das ohne besondere zusätzliche staatliche Finanzhilfen aus eigener Kraft und in eigener Regie die Freiwilligkeitsphase gemeinsam mit diesen Gemeinden genutzt hat. Vorausgegangen waren in allen Gemeinden Einwohnerversammlungen, in denen der Oberbürgermeister den Bürgerinnen und Bürgern die Vor- und auch die Nachteile der Eingliederung in die Stadt Chemnitz erläuterte und für alle Fragen persönlich zur Verfügung stand. Über das Büro für Nachbarschaftsbeziehungen wurde der ständige Kontakt zu den entsprechenden Bürgermeistern und Gemeinderäten gepflegt. So konnten die jeweiligen Eingliederungsverträge wirklich verhandelt und auch Vertrauen aufgebaut werden. Exemplarisch sei an dieser Stelle die Gemeinde Euba genannt, die als erste alle Vor- und Nachteile einer Änderung von Verwaltungsgrenzen abgewogen hatte. In mehreren Einwohnerversammlungen und in noch mehr Gemeinderatssitzungen wurde die „Öffentlich-rechtliche Vereinbarung über die Eingliederung der Gemeinde Euba in die Stadt Chemnitz" diskutiert, verhandelt, nachverhandelt, geändert und – auch beschlossen. So konnte am 6. April 1994 mit einem offiziellen Festakt die Eingemeindung vollzogen werden. Die Freiwilligkeitsphase wurde genutzt, um in den Eingliederungsverträgen Entwicklungen für die nächsten Jahre vertraglich zu fixieren. Wichtigste Punkte waren die Wahrung der Eigenart der Gemeinde, die Einführung einer Ortschaftsverfassung, die Fortführung von Investitionen und Planungen und der Erhalt von Infrastruktureinrichtungen, um nur einige beispielhaft zu nennen. Hervorzuheben ist, dass trotz aller Wünsche der einzugliedernden Gemeinden einerseits und den realen Möglichkeiten der eingliedernden Stadt andererseits der gesamte Prozess von einem sehr hohen Maß an Vertrauen, Realitätssinn und Fairness gekennzeichnet war. Dies ist insofern besonders erwähnenswert, als dass die Hauptbeweggründe, eine freiwillige Eingliederung anzustreben, von Gemeinde zu Gemeinde deutlich unterschiedlich ausgeprägt waren. Im Falle Euba war der im Zusammenhang mit der anstehenden Kreisgebietsreform bevorstehende (im Extremfall) zweimalige Kreiswechsel zu vermeiden. Mit der Kreisgebietsreform hätte Euba zum Landkreis Freiberg gehört und wäre gegebenenfalls in der Gemeindegebietsreform per Gesetz nach Chemnitz eingegliedert worden. Dies führte im Vergleich zu allen weiteren Vor- und Nachteilen zur Entscheidung der Gemeinde Euba, sich freiwillig nach Chemnitz eingliedern zu lassen. Im Gegensatz dazu waren bei den anderen freiwilligen Eingliederungen die Beweggründe ganz andere. „Großvorhaben" wie der Bau von Abwassersammlern in Verbindung mit dem Aus- und Neubau der gesamten Ortsdurchfahrten oder als konkretes Beispiel die Sanierung und der Betrieb des Wasserschlosses Klaffenbach überforderten die finanzielle Leistungsfähigkeit der Gemeinden. Sich einerseits dessen bewusst und andererseits wissend, dass die Durchführung dieser Vorhaben unmittelbar anstand oder bereits begonnene Vorhaben zu Ende gebracht werden mussten, waren diese Umstände ebenfalls Beweggründe, sich durch die freiwillige Eingliederung der Leistungsfähigkeit der Großstadt anzuschließen.

2.4 Gesetzliche Phase

Um für alle Einwohner auf Ebene der kommunalen Verwaltung gleichwertige Lebensbedingungen zu schaffen, war es trotz der Erfolge in der freiwilligen Phase notwendig, die Reform durch eine gesetzliche Regelung zum Abschluss zu bringen.
Durch die Verwaltung der Stadt Chemnitz wurden im Hinblick auf die bevorstehenden Zwangseingliederungen die „Betrachtungen zur Notwendigkeit der Gemeindegebietsreform im Stadt-Umland-Bereich" erarbeitet. Hierbei wurden insbesondere die Verflechtungen, die Suburbanisierung, die Gewerbeflächenentwicklung und die Pendlerbeziehungen analysiert. Die Ergebnisse fanden den entsprechenden Eingang im „Stadt-Umland-Gutachten" der TU Dresden, das wiederum Grundlage für die Entwürfe der Eingliederungsgesetze war. Im Betrachtungszeitraum vom 1. Januar 1993 bis zum 31. Dezember 1998 hatten einige Gemeinden im Verhältnis zu ihrer Einwohnerzahl vom 31. Dezember 1992 einen Wanderungsgewinn von bis zu 73 % nur durch Chemnitzer Bevölkerung. Detailliert wird dieser Sachverhalt in der nachfolgenden Karte aufgezeigt.
Die Argumentation, man würde bei einer Eingemeindung seine Identität verlieren, konnte damit bei dem o. g. Bevölkerungsanteil von zugezogenen Chemnitzern geradezu als absurd bezeichnet werden. Die sprunghafte Suburbanisierung hatte mehrere Gründe. Allen voran stand der (jahrzehntelang unterdrückte) Wunsch der Menschen nach einem Haus im Grünen. Die Stadt konnte dieser Nachfrage in der ersten Hälfte der 90er Jahre kein entsprechendes Flächenangebot entgegensetzen. Zum einen waren die allgemeinen stadtentwicklungsspezifischen Probleme einfach zu vielfältig und zum anderen waren viele Flächen durch Restituierungsverfahren blockiert. Die hohen

Dr. Peter Seifert

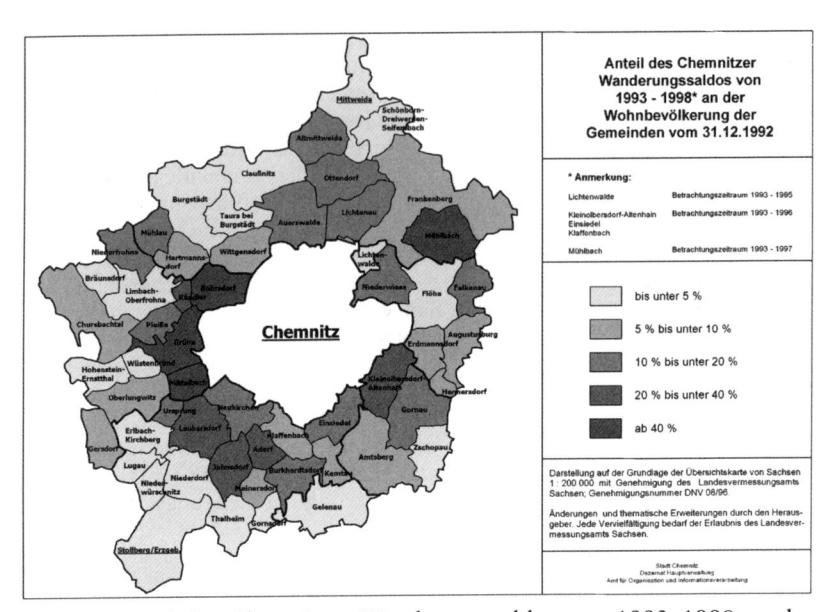

Abb. 3: Anteil des Chemnitzer Wanderungssaldos von 1993–1998 an der Wohnbevölkerung der Gemeinden vom 31. 12. 1992

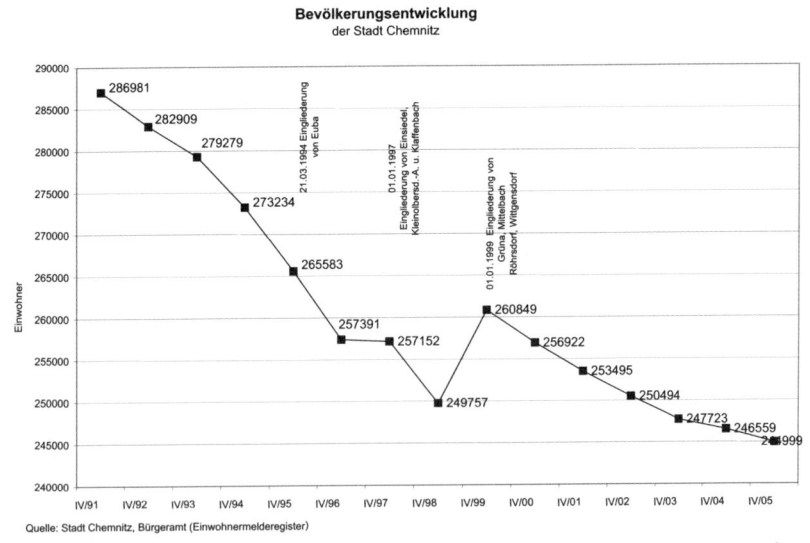

Abb. 4: Bevölkerungsentwicklung Chemnitz in den Jahren von 1991 bis 1998

Die Stadt Chemnitz und ihr Bestreben um Eingemeindungen

Preise auf Grund des Flächenmangels taten ihr Übriges. Im Gegensatz dazu hatten die Umlandgemeinden freie Flächen in Größenordnungen mit Baurecht belegen können. An dieser Stelle muss erwähnt werden dürfen, dass heute viele dieser Standorte bei konsequenter Anwendung der damaligen gesetzlichen Rahmenbedingungen nicht mehr genehmigt werden würden.
Die Auswirkungen dieser Stadt-Umlandwanderung auf die Bevölkerungsentwicklung von Chemnitz sind in nachfolgendem Diagramm ersichtlich.
Die starken Bevölkerungsverluste der unmittelbaren Zeit nach der „Wende", verursacht durch die Ost-West-Wanderung, hatten sich ab 1992 deutlich abgeschwächt. Durch die im Jahr 1994 beginnende Abwanderung in das Umland beschleunigte sich aber der Bevölkerungsverlust der Stadt wiederum erheblich. Zwar wurde diese Entwicklung anfangs noch durch die Eingliederung von Euba überdeckt, doch war absehbar, dass diese Einwohnerverluste über kurz oder lang auch zu einem Verlust der Leistungsfähigkeit des Oberzentrums Chemnitz führen würden.
Wie sehr das Umland auf die Stadt ausgerichtet war, zeigen die in nachfolgender Karte beschriebenen Pendlerverflechtungen.

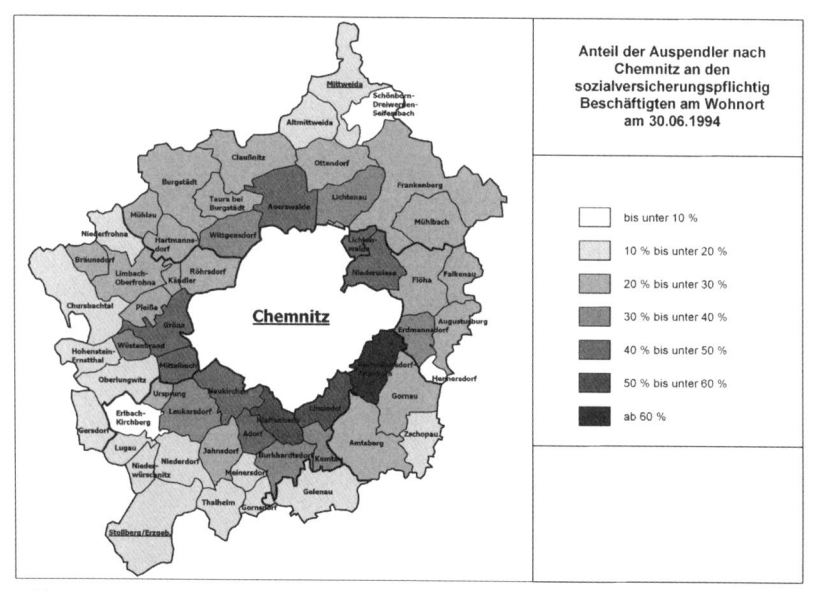

Abb. 5: Anteil der Auspendler nach Chemnitz an den sozialversicherungspflichtig Beschäftigten am Wohnort am 30. 6. 1994

Die aus der Stadt Chemnitz in die Umlandgemeinden gezogene Bevölkerung hatte in der Regel nach wie vor ihren Arbeitsplatz in der Stadt behalten. Dazu kam die grundsätzlich hohe Arbeitsmarktzentralität von Chemnitz. Zusammen hatten diese sehr hohen Pendlerverflechtungen eine Vielzahl von

Dr. Peter Seifert

Problemen (Verkehr u. a.) zur Folge, die aber an dieser Stelle nicht näher ausgeführt werden sollen.
Der Abwanderung in das Umland waren bereits zwei weitere Arten der Suburbanisierung vorausgegangen. Dies betraf die Entwicklung von Gewerbeflächen und von Einzelhandelsstandorten. Zwar versuchten die Umlandgemeinden an ihre traditionellen wirtschaftlichen Strukturen als ehemalige Industriestandorte anzuknüpfen, doch vollzogen sich insbesondere entlang der Hauptverkehrsachsen weit über den Eigenbedarf hinausgehende Gewerbestandortentwicklungen. Dysfunktionale Entwicklungen lassen sich daran ablesen, dass damals allein in den Nachbargemeinden der Stadt neue Gewerbeflächen im Umfang von 250 Hektar realisiert bzw. genehmigt waren, während in Chemnitz dies für lediglich 154 Hektar zutraf. Dies entsprach einer Relation von durchschnittlich 7,3 Hektar auf je 1 000 Einwohner in den Nachbargemeinden gegenüber knapp 0,6 Hektar je 1 000 Einwohner in Chemnitz. Der Stadt waren dabei mehr oder weniger die Hände gebunden. Die nachhaltige Strategie, Flächenverbrauch durch Revitalisierung von Brachflächen zu reduzieren, war nicht nur zeitaufwändiger und teurer, sondern traf noch dazu auf Unternehmensphilosophien/-anforderungen, die ausschließlich auf einen Standort auf der grünen Wiese orientierten.
Von beinahe verhängnisvoller Auswirkung auf die Entwicklung der Stadt stellte sich die Ausweisung von Einzelhandelsflächen im Umland von Chemnitz dar. Insbesondere das Chemnitz-Center mit seinen damals 69 000 m² Verkaufsfläche (zu diesem Zeitpunkt waren dies deutlich mehr Quadratmeter als im gesamten Innenstadtbereich) sorgte für einen über dem bundesdeutschen Durchschnitt liegenden Anteil an Verkaufsfläche pro Einwohner. Dieses Überangebot war mit dafür verantwortlich, dass die Innenstadtentwicklung von Chemnitz nur durch einen riesigen Kraftakt und mit dem Engagement der kommunalen Wohnungsbaugesellschaft gelingen konnte.
Alles in allem waren das die Gründe, die die Staatsregierung veranlassten, im Jahr 1998 die Freiwilligkeitsphase zu beenden und per Gesetz notwendige Eingliederungen vorzunehmen. Es wurden zehn umfangreiche „Eingliederungsgesetze" für die sieben kreisfreien Städte und fünf Planungsregionen im Freistaat Sachsen zur Anhörung freigegeben und beschlossen. Die fünf Gesetze zu den sieben kreisfreien Städten (die Städte Görlitz, Hoyerswerda und Plauen wurden in einem Gesetz zusammengefasst) wurden am 24. August 1998 durch den Sächsischen Landtag beschlossen.[3] Die fünf Gesetze zu den Planungsregionen wurden am 28. Oktober 1998 durch den Sächsischen Landtag beschlossen.[4] Das Eingliederungsgesetz von Chemnitz sah die Eingemeindung von Mittelbach, Grüna, Röhrsdorf und Wittgensdorf vor.

---

3 Veröffentlicht im Sächsischen Gesetz- und Verordnungsblatt Nr. 17 vom 9. September 1998, S. 457 ff.
4 Veröffentlicht im Sächsischen Gesetz- und Verordnungsblatt Nr. 20 vom 30. Oktober 1998, S. 553 ff.

Die Stadt Chemnitz und ihr Bestreben um Eingemeindungen

2.5 Aktionen und Reaktionen

Die wesentlichen Grundsätze der Gemeindegebietsreform, insbesondere im Umfeld der Ober- und Mittelzentren, wurden schon zu einer sehr frühen Phase der Reform definiert und bekannt gegeben. Eines der Kriterien war, in Verdichtungsräumen sollten Gemeinden zwischen 5 000 und 8 000 Einwohner aufweisen. Dieser Grundsatz allein bestimmte in fast allen Fällen der für eine Eingliederung in Frage kommenden Gemeinden das Handeln im Vorfeld des Vollzuges der Reform. Besonders deutlich kann dieser Abschnitt der Entwicklung im Bereich der ehemals selbständigen Gemeinde Röhrsdorf nachvollzogen werden.

Der Gemeinderat von Röhrsdorf nutzte gleich Anfang der 90er Jahre die für Ansiedlungen von Gewerbe und Handel äußerst günstige Lage vor den Toren des Oberzentrums Chemnitz, um direkt an der Bundesautobahn 4, außerhalb des eigentlichen Gemeindegebietes, ein Gewerbegebiet mit insgesamt 64 Hektar auf der grünen Wiese auszuweisen. Bestandteil der Planungen war auch das bereits erwähnte Sondergebiet mit seinen 69 000 m² Einzelhandelsflächen. Auf die Auswirkungen, die die Umsetzung der Planungen für die Stadt Chemnitz mit sich brachten, soll nicht näher eingegangen werden. Es wird jedoch deutlich, dass eine Gemeinde hier sämtliche raumordnungspolitischen Grundsätze außer Acht gelassen und schon damit allein oberzentrale Aufgaben übernommen hat. Ähnliche Entwicklungen gab es im Gemeindegebiet auch beim Wohnungsbau. So planten und setzten die Verantwortlichen in Rat und Verwaltung Vorhaben um, die mit der Befriedigung des Eigenbedarfs nicht einmal ansatzweise etwas zu tun hatten. Die Möglichkeiten von Chemnitz, in gleicher Weise und Geschwindigkeit wie Röhrsdorf selbst Gewerbe- und Wohnungsbaustandorte zu entwickeln, waren in dieser Zeit eher eingeschränkt. Ungeklärte Vermögensverhältnisse und fehlendes Know-how in der Verwaltung waren die wichtigsten Gründe dafür. Um jedoch Entwicklungen nicht zu blockieren, wurde mit der Gemeinde Röhrsdorf ein Kooperationsvertrag über die gemeinsame Entwicklung und Erschließung des Gewerbe- und Sondergebietes Chemnitz/Röhrsdorf abgeschlossen. Die Stadtverordnetenversammlung fasste den Beschluss am 29. April 1992. Als Grundlage dieses am 21. Januar 1993 unterzeichneten Vertrages war die Präambel: „Die Vertragsparteien streben im Zuge der Realisierung der Hauptentwicklungsachse Chemnitz-Röhrsdorf-Hartmannsdorf die Vereinigung beider Gebietskörperschaften an. Im Hinblick auf diese Vereinigung und auf die beiderseitigen Interessen an der Entwicklung des Gewerbe- und Sondergebietes nördlich der Autobahn Eisenach-Dresden und östlich der Bundesstraße B 95 schließen die Vertragsparteien nachstehenden Vertrag." Doch im Vorfeld der Gemeindegebietsreform wollte seitens der Gemeinde Röhrsdorf niemand der politisch Verantwortlichen mehr einen Bezug zur Eingemeindung herstellen.

Die Reaktionen der betroffenen Gemeinden auf das Gesetz nahmen teilweise skurrile Züge an. So ließen beispielsweise die Bürger der Gemeinden Grüna und Mittelbach im Rahmen einer Demonstration gegen die Eingemeindung ihre Kinder eine Bundesstraße mit quer gespannten Plakaten blockieren. Die Gemeinden Kändler, Pleißa und Röhrsdorf versuchten, entgegen den Grund-

239

Dr. Peter Seifert

sätzen für die kommunale Zielplanung im Freistaat Sachsen, durch einen Zusammenschluss dem Gesetzgeber die Möglichkeit der Eingliederung zu nehmen. Unter Missachtung der einschlägigen Verwaltungsvorschriften wurden damals sogar die Ortsschilder verändert.

Abb. 6: Verändertes Ortsschild

Ebenfalls unter Missachtung o. g. Grundsätze führten die Verwaltungsspitzen der drei genannten Gemeinden ein Bürgerbegehren gegen die Eingemeindung durch. Dieses führte erwartungsgemäß dazu, dass über 87 % der Einwohner, statt Ortsteile von Chemnitz oder Limbach-Oberfrohna zu werden, dafür plädierten, dass die drei Gemeinden sich zu einer Einheitsgemeinde „Pleißenbach" zusammenschließen sollten. Damit wurde den Bürgern eine Option suggeriert, die der Gesetzgeber, das Wohl der Allgemeinheit voranstellend, so nicht vorgesehen hatte. Populistisch vorgetragene Argumentationen, wie beispielsweise „wie will Chemnitz denn sein neues Umland verwalten, wenn es bislang unfähig gewesen ist, sein eigenes Zentrum baulich zu gestalten" oder auch „ländliche Strukturen passen nun mal nicht mit städtischen zusammen", bestimmten damals die Szenerie. Gerade letztere Argumentation zeigt in besonderer Art und Weise die Widersprüchlichkeit der Eingemeindungsgegner auf; so wurde nämlich in gleichem Atemzug argumentiert, dass die Stadt durch die prosperierende Entwicklung der Umlandgemeinden überhaupt keine Nachteile hätte: „wir haben letztlich auch Arbeitsplätze und Wohnraum für die Chemnitzer geschaffen und vieles gebaut". Beispielhaft lässt sich die damalige Stimmungslage an-

Die Stadt Chemnitz und ihr Bestreben um Eingemeindungen

hand eines Presseartikels in der Lokalzeitung vom September 1996 aufzeigen. Zur Gemeindegebietsreform befragte Bürger aus Grüna und Röhrsdorf erteilten demnach eine „klare Abfuhr für die Eingemeindung", man wolle „nicht ausbaden, was Chemnitz von Anfang an verschlafen hat, nicht fünftes Rad am Wagen sein". Die Gemeinden hätten „genügend Einwohner, um selbständig zu bleiben. Als Randgebiet haben wir nur Einbußen." „Hier ist viel los, wird viel organisiert ..., in Chemnitz dagegen geht nichts los. Chemnitz befasst sich nur mit sich selbst und dem Rathaus, die Bürger werden nicht gefragt" (alle Zitate aus der Freien Presse vom 28./29. September 1996).

Das Landratsamt Chemnitz wies das Ansinnen nach einem Zusammenschluss der drei Gemeinden jedoch zurück. Die Klage der Gemeinde Röhrsdorf dagegen wurde durch das Verwaltungsgericht Chemnitz abgelehnt. Das Urteil wurde damit begründet, dass ein Gemeindezusammenschluss voraussetzt, dass dieser dem Wohl der Allgemeinheit entspreche. Dabei dürften nicht nur die Belange der betroffenen Gemeinden und ihrer Bürger berücksichtigt werden. Vielmehr müssten auch die überregionalen Grundsätze und Ziele der Raumordnung und Landesplanung beachtet werden. Nach dem seit dem 6. September 1994 verbindlichen Landesentwicklungsplan seien die Gemeinde Kändler dem Einzugsbereich des Mittelzentrums Limbach-Oberfrohna und die Gemeinde Röhrsdorf unmittelbar dem Oberzentrum Chemnitz zugeordnet.

Der Vollständigkeit halber sei abschließend zur gesetzlichen Phase der Gemeindegebietsreform noch erwähnt, dass durch die vom Eingliederungsgesetz betroffenen Gemeinden alle rechtsstaatlichen Mittel genutzt wurden, um die Eingliederung rückgängig zu machen. Das Gesetz wurde zum 1. Januar 1999 vollzogen. Bereits am 13. November 1998 hatte die Gemeinde Röhrsdorf einen Antrag auf kommunale Normenkontrolle nach Art. 90 SächsVerf beim Verfassungsgerichtshof des Freistaates Sachsen eingereicht. Damit verbunden war auch ein Antrag auf Erlass einer einstweiligen Anordnung nach § 15 SächsVerfGHG, bis zur Entscheidung über das Normenkontrollverfahren das In-Kraft-Treten des Eingliederungsgesetzes zu verschieben. Hilfsweise wurde auch eine Verpflichtung der Stadt Chemnitz beantragt, alle Maßnahmen zu unterlassen, die eine Rückabwicklung der Eingliederung unzumutbar erschweren würde. Dem Antrag auf einstweilige Anordnung wurde insofern stattgegeben, als die Stadt Chemnitz und der Freistaat Sachsen verpflichtet wurden, bis zur Entscheidung über das Normenkontrollverfahren auf kommunalen Antrag gegen das Gesetz zur Eingliederung von Gemeinden in die Stadt Chemnitz vom 24. August 1998 keine aufschiebbaren Entscheidungen oder Maßnahmen zu treffen, die der Antragstellerin (der Gemeinde Röhrsdorf) im Falle ihres Obsiegens die Wiederherstellung ihrer Selbstständigkeit unzumutbar erschweren oder nicht wiedergutzumachende Nachteile einbringen würde. Wobei „im Übrigen" der Antrag abgelehnt wurde. Mit Urteil vom 18. Juni 1999 wurde nach mündlicher Verhandlung vom 6. Mai 1999 die Zurückweisung des Antrags auf Normenkontrolle „für Recht erkannt". Auch allen anderen vom Eingliederungsgesetz Chemnitz betroffenen Gemeinden wurden deren Anträge auf Normenkontrolle negativ beschieden. Kurios dabei: Obwohl die Stadt Chemnitz in allen Verfahren obsiegte, musste sie auf Grund der Rechtsnachfolge die Kosten für die Verfahren tragen.

Objektiv betrachtet, kann man rückblickend durchaus zumindest Verständnis für die Handlungsweisen einiger Bürgermeister samt derer Gemeinderäte haben. Sie identifizierten sich sehr stark mit ihren Gemeinden und sahen sich in der Rolle der die Selbstverwaltung Gestaltenden. Unter dem Aspekt, dass die mit der gesellschaftspolitischen Wende verbundene gemeindliche Selbstverwaltung gerade erst wenige Jahre zuvor gewonnen wurde, ist es verständlich, dass an diesem Privileg teilweise mit allen erdenklichen Mitteln festgehalten werden wollte. Dass die Basis der gemeindlichen Selbstverwaltung einerseits damit verbunden sein muss, dass diese auch finanzierbar bleibt und andererseits nicht auf Kosten anderer gehen darf, wurde von den Verantwortlichen in den Nachbargemeinden oft „übersehen". Es wurde argumentiert, dass man in den vergangenen Jahren eine positive Entwicklung sowohl in der Einwohnerzahl als auch in der Gewerbeentwicklung vorweisen könne, die Gemeinde daher auf gesunden Beinen stünde und es damit keinen Grund gäbe, der für eine Eingemeindung in die Stadt spräche. Dass diese positive Entwicklung nur durch die Nähe zum Oberzentrum Chemnitz und auch auf Kosten der Stadt stattfand, spielte für die Eingemeindungsgegner keine Rolle.

3. Resümee

Die im Vergleich zu den anderen neuen Ländern frühzeitig durchgeführte Gebietsreform auf Kreis- und auf Gemeindeebene hatte einen nicht unerheblichen Anteil daran, dass im Freistaat Sachsen leistungsfähige Verwaltungsstrukturen aufgebaut werden konnten. Diese Strukturen tragen ihrerseits nicht unerheblich dazu bei, die Konkurrenzfähigkeit Sachsens im Standortwettbewerb der Bundesländer zu stärken. So kann die im Verhältnis zu anderen Bundesländern geringere Verschuldung „der öffentlichen Hand" durchaus auch mit auf diese Reform zurückgeführt werden. Dabei darf aber nicht außer Acht gelassen werden, dass die zu diesem Zeitpunkt stabilen Mehrheitsverhältnisse im sächsischen Landtag die Grundvoraussetzung für diese „zügige" Herangehensweise und Umsetzung der Reformen waren. Heute, sieben Jahre nach Abschluss der gesetzlichen Phase im Stadt-Umland-Bereich von Chemnitz kann man resümieren, dass die eingegliederten Gemeinden tatsächlich in der Stadt angekommen sind. Ein wichtiger Grund dafür ist sicher die Tatsache, dass die Verwaltung stets die Belange der neuen Ortsteile ernst genommen hat. Nicht nur die zuständigen Fachämter, sondern die Verwaltungsspitze selbst hat sich regelmäßig den Einladungen zu Bürgerversammlungen oder von Ortsvereinen und -verbänden gestellt. Natürlich konnte dabei nicht allen geäußerten Wünschen entsprochen werden. Der beispielsweise oft geäußerte Unmut, dass nach der Eingemeindung in dem betreffenden Ortsteil im Gegensatz zu früher keine Investitionen mehr getätigt wurden, konnte anhand überprüfbarer Zahlen in jedem Falle widerlegt werden.

Die Stadt Chemnitz und ihr Bestreben um Eingemeindungen

Der Oberbürgermeister vertrat dabei stets den Standpunkt, die Stadt im Gesamtkontext weiter zu entwickeln. Die aktuellen Wirtschaftszahlen belegen eindrucksvoll, dass Chemnitz auf dem richtigen Weg ist, zu „alter" wirtschaftlicher Stärke zurückzufinden. So ist, wie bereits erwähnt, die Stadt neben Dresden die wirtschaftsstärkste Großstadt in den neuen Ländern. Kontinuierlich ist weiter in eine zukunftsfähige Infrastruktur und in die Steigerung der Lebensqualität, die allen Chemnitzer Bürgerinnen und Bürgern und damit auch der gesamten Region zugute kommt, zu investieren. Daher ist es aus Sicht des Autors nicht mehr sachgemäß, zwischen eingegliederten Ortsteilen und dem restlichen Stadtgebiet zu unterscheiden.

Trotz des rückblickend positiven Urteiles zu den damaligen Reformen aus Sicht einer Großstadt und in Anbetracht der Kürze der zurückliegenden Zeit gibt es dennoch keinen Grund, sich zufrieden zurückzulehnen. Dass sowohl auf Ebene der Gemeinden als auch auf Ebene des Landes die Rahmenbedingungen des Verwaltungshandelns zu reformieren sind, ist erkannt. Die anstehende Verwaltungsstrukturreform gilt es unbedingt auch zu nutzen, die Gliederung der Kreise in Sachsen den fortschreitenden Anforderungen eines effizienten Handelns anzupassen. Dabei könnten aus Sicht des Autors durchaus auch noch Gebietsänderungen auf Gemeindeebene notwendig werden.

Mein Dank gilt den Mitautoren des Beitrages Dr. Harald Neuhaus, Geschäftsführer des Verkehrsverbundes Mittelsachsen, und Thomas Michalla, amt. Amtsleiter des Bürgermeisteramtes der Stadt Chemnitz.

Die Gemeinde Liebschützberg – ein Kind der Gemeindegebietsreform

Andreas Kretschmar

Eine selbständige Gemeinde Liebschützberg gibt es 1990 noch nicht, wohl aber die 1 600 Einwohner zählende Gemeinde Borna. Sie liegt im Landkreis Oschatz zwischen den Städten Oschatz mit 18 266 Einwohnern und Riesa mit 46 776 zum 31. Dezember 1990. Erstmals urkundlich erwähnt wurde das Dorf Borna bereits im Jahr 1185.
Der gelernte Nachrichtentechniker Andreas Kretschmar hatte sich kurz vor der Wende in das kommunale Geschehen über die LDPD eingebracht. Durch die Geschehnisse der Wende wurde das kommunale Engagement erhöht. Er wurde in den Gemeinderat Borna gewählt, um hauptamtlich für die Gemeinde zu arbeiten. Am 1. Juni 1990 wurde er Bürgermeister der Gemeinde Borna und war mit 26 Jahren der jüngste gewählte Bürgermeister des Landkreises Oschatz.

Die ersten Aufgaben

In den ersten Tagen überschlugen sich die Ereignisse, die neue Gemeindevertretung konstituierte sich, personelle Veränderungen in der Führung der Gemeinde standen an. Wie mit den Beschäftigungsverhältnissen aus der DDR-Zeit und dem Erbe der SED umgehen? Alles drehte sich immer wieder um die Frage nach einer neuen Turnhalle und dem Schulgebäude. Die Schule dämmerte marode vor sich hin und die Schüler waren kaum unterzubringen. Eine Turnhalle war seit Jahren nur ein Traum. Der Kindergarten sollte schon längst erneuert werden, befand sich aber immer noch in einem umgebauten Stallgebäude. Die Wasserversorgung war unbeschreiblich, das Wasser war mit Schadstoffen zum Beispiel in Bornitz und Wadewitz mit 114 mg Nitrat/m^3 belastet und die Straßen waren kaputt.
Mit der Öffnung der Grenze überrollten uns nicht nur positive Erlebnisse. In unserer alten Sandgrube wurde bisher nur die Asche der Ofenheizungen abgelagert, es gab ja kaum anderen Abfall. Aber im Westen war es üblich, alles aufwändig zu verpacken – eine Neuerung, die schnell von uns übernommen wurde. Plötzlich gab es also massig Plastik- und Flaschenabfälle und da das Sero-Netz zusammen gebrochen war, lag nun alles überall herum. Dieses Thema beschäftigte uns viele Wochen und Monate, bis endlich ein Zaun um die Deponie gezogen wurde. Damit hatten die Bornaer das größte Problem dieser Zeit kurzfristig gelöst.
Nach der Öffnung der Grenze fuhren auch die Bornaer Einwohner in den Westen und sahen bei ihren Bekannten und Verwandten vermeintlich schöne

Die Gemeinde Liebschützberg – ein Kind der Gemeindegebietsreform

Dinge und brachten frische Ideen nach Hause und postwendend auf des Bürgermeisters Tisch. Dies betraf die allgemeine Ordnung, es kamen auch Vorschläge zur Umgestaltung der Feuerwehren, insbesondere zur Anschaffung von neuer Ausrüstung und Technik. Aus dem Westen wurden Vorschläge zur Anpassung des Schulsystems, Wünsche für kulturelle Veranstaltungen und Vereinsfeste mitgebracht. Der Bürgermeister erhielt Ratschläge für eine bessere Auslastung der Sporteinrichtungen, Hinweise zur Anlegung von Gewerbe- und Wohngebieten und anderes mehr. Viele Wünsche mussten verschoben werden, denn auf welcher Rechtsgrundlage sollte denn entschieden werden? Eigentlich gab es die DDR noch, aber jeder tat so, als ob die Gemeinde Borna bereits zur Bundesrepublik gehörte. An den Freistaat Sachsen war noch lange nicht zu denken, denn der gründete sich juristisch erst mit der Eingliederung der DDR in die Bundesrepublik Deutschland zum 3. Oktober 1990 wieder neu. Wir befanden uns in einem juristischen Vakuum.
Die Ideen wurden also gesammelt und in erster Linie musste das Tagesgeschäft erledigt werden. Der Bornaer Bürgermeister hatte dafür zweieinhalb Arbeitskräfte im Gemeindeamt und ein Moped „Schwalbe". Was kam zuerst? Klar: das Besorgen von Sargträgern. Bevor Bestattungsunternehmen dafür verantwortlich waren, war es des Bürgermeisters Aufgabe.
Eine andere Anekdote aus der aufregenden Wendezeit: Die neue Freiheit zog uns alle unverhältnismäßig oft vor den Fernseher und es musste eine Satellitenschüssel her, die es plötzlich überall und vor allem legal zu kaufen gab. Welch ein entsetzliches Bild boten unsere Dörfer: Nahezu jedes Haus wurde von den Satellitenschüsseln verunstaltet und bei weitem hatte nicht jedes Haus nur einen Fernseher! In Borna und Schönnewitz gab eine in DDR-Zeiten gegründete Antennengemeinschaft, die Geld eingesammelt und Kabel verlegt hatte, um eine gemeinschaftliche Anlage für das Westfernsehen zu bauen. Dieses Vorhaben stand plötzlich in Frage, da die Leute ihr Geld wieder zurückhaben wollten. Das aber war nicht möglich, weil es in der Erde verbuddelt war. Westfernsehen in Farbe war aber auch nicht drin, da die Baumaßnahme nicht abgeschlossen war. Kurzerhand wurde eine Satzung zum Verbot von Satellitenschüsseln für Borna mit dem Ortsteil Schönnewitz erlassen. Die Gemeindevertretung beschloss diese Satzung am 29. Januar 1991. Diese Regelung entbehrte praktisch jeder Rechtsgrundlage, aber funktionierte hervorragend. Die Antennengemeinschaft bekam das restliche Geld und baute die Anlage zu Ende. Aus der Antennengemeinschaft ist mittlerweile ein Verein geworden und das Dorfbild wurde erhalten, wie es sich gehört. Dass die Satzung rechtsunwirksam war, hat die Kommunalaufsicht übrigens nie festgestellt, sie wurde nichtsdestotrotz später vom Gemeinderat geräuschlos aufgehoben.
Mit Wende-Episoden ist auch das große Problem der Eigentumsverhältnisse verknüpft, welches sich auf dem Lande ganz anders darstellte als in einer Stadt. Was bis vor wenigen Monaten noch uninteressant schien, war plötzlich Thema Nr. 1. Die sich umwandelnden LPG aber auch die Wiedereinrichter waren auf der Suche nach Pachtverträgen, um das landwirtschaftliche Gewerbe auszuüben. Die Bürger kramten gewissenhaft in Omas Unterlagen, um einen Anspruch auf ein Fleckchen Wiese oder Acker anmelden zu können. Die wöchentliche Bürgermeistersprechstunde donnerstags begann dann

Andreas Kretschmar

schon gegen Mittag und endete manchmal kurz vor Mitternacht, immer ging es um die Eigentumsverhältnisse. Wo liegt welches Stück Wiese, wer stellt die Grenzsteine wieder her, wer legt Wege an, um zum eigenen Acker oder zur eigenen Wiese zu kommen? Die Gemeinde selbst besaß überhaupt nichts, nicht einmal das Gemeindeamt, denn es war alles Volkseigentum. In tagelanger akribischer Arbeit bis in die Nacht hinein und am Wochenende saßen die Mitarbeiter des Gemeindeamtes und stellten die verschiedenen volkseigenen Grundstücke zusammen, die in irgendeiner Art und Weise einen kommunalen Bezug hatten. Diese Listen, teilweise ordnerstark, wurden dann zur Treuhand nach Berlin geschickt, um das Volkseigentum in Gemeindeeigentum umwandeln zu lassen. Dieser Prozess sollte uns noch Jahre begleiten.

Ein weiteres Problem, welches es zu lösen galt, war die Frage nach Wohnraum. In Borna mit 1 600 Einwohnern gab es insgesamt 57 Anträge auf Wohnraum. Es hatten sich zwar die politischen Verhältnisse grundsätzlich verändert, aber Wohnraum war damit nicht entstanden. Mit der neuen Freiheit kamen die alten Wohnungssuchenden ins Gemeindeamt. Die Antworten waren aber die gleichen. Die Liste reduzierte sich ein wenig, da langjährige Mieter ihr Geld und die Fördermöglichkeiten nahmen, um sich selbst Eigentum zu schaffen. Der Wegzug war damals noch nicht das Thema. Die Bürger sahen in der Arbeit im Westen eine kurzfristige Überbrückung, bis die blühenden Landschaften hier vollkommen waren. In Borna war vor der Wende mit dem Bau eines Blocks mit 18 Wohneinheiten begonnen worden, der plötzlich ruhte, weil der zuständige Rat des Kreises kein Geld mehr ausgab. Der Gemeinderat entschied nach einigem Hin und Her, mit Hilfe eines Kredits das Haus fertig zu bauen. Die äußere Hülle war Ost-Standard, die Ausstattung teilweise schon West-Standard. Natürlich waren die Wohnungen begehrt, denn die Miete war günstig. In der öffentlichen Gemeindevertretersitzung am 19. November 1991 sollte die Wohnungsvergabe erfolgen. Gewissenhaft wurden Familien mit Kindern bevorzugt, Ältere bekamen die Einraumwohnungen. Zugegeben: diese Gemeindevertretersitzung war eine der schwierigsten. Das Wohnungsproblem war nicht gelöst, aber entschärft. Diese unsere Geschichte sollten wir nicht vergessen, wenn wir über die Zukunft sprechen.

Hilfe und Unterstützung aus der Partnergemeinde Gailingen

Die Gemeinde Borna hatte sich zunächst etwas Zeit gelassen, eine Partnergemeinde zu suchen, um die Entwicklung in Sachsen abzuwarten und diese Entscheidung war richtig. Partnerland Sachsens wurde Baden-Württemberg und dem Landkreis Oschatz wurde der Partnerkreis Konstanz zugeordnet. In einer Beratung der Bürgermeister des Landkreises war der Bürgermeister der Stadt Engen zu Gast. So wurde vereinbart, im Raum Konstanz Partnergemeinden zu suchen. Jeder wurde aufgefordert, eine Beschreibung seiner Gemeinde nach Engen zu schicken und von da aus sollte die Verteilung passender Gemeinden erfolgen.

Gesagt, getan und es vergingen Wochen. Im Dezember 1991 entnahm der Bürgermeister der „Oschatzer Allgemeinen Zeitung", dass Borna eine Part-

Die Gemeinde Liebschützberg – ein Kind der Gemeindegebietsreform

nergemeinde namens Gailingen am Hochrhein hätte. Im Gespräch mit dem Redaktionsleiter der Zeitung stellte sich heraus, dass sich eine interessante Reihe glücklicher Umstände gefügt hatte. Der Redaktionsleiter war am Wochenende zuvor in Gailingen gewesen, um seine Lebensgefährtin von einem Lehrgang vom Landratsamt Konstanz abzuholen. Sie übernachtete in Gailingen beim Archivar des Landkreises Konstanz, Detlef Girres, der gleichzeitig Gemeinderat war. Just in diesen drei Tagen wurde durch den Bürgermeister der Gemeinde Gailingen im Gemeinderat die Partnerschaft mit Borna beraten und so war sie geboren.
Die ersten Kontakte gestalteten sich äußerst schwierig, denn – wir erinnern uns – jedes Telefonat nach dem Westen musste angemeldet und per Hand vermittelt werden. Die Beziehung zu dieser Gemeinde half Borna im Aufbau der kommunalen Selbstverwaltung kräftig. Der Bürgermeister Heinz Brennenstuhl aus Gailingen engagierte sich mit ganzem Herzen für den Aufbau Ost. Bis heute hält die ehrliche tiefe Freundschaft zwischen den Bürgermeistern. Mit praktischen Ratschlägen und Hinweisen für den Gemeinderat, die Verwaltung, die Vereine oder aber auch für die Unternehmen wurden die Ossis von den Wessis unterstützt, ohne dass diese Bezeichnungen benutzt wurden.

Reformen deuten sich an

Zwei Jahre gingen ins Land. Zwei verrückte Jahre: wer flink und clever war und die richtigen Leute kannte, kam weit voran und wer das Glück nicht hatte, kam nicht richtig vom Fleck. Besonders in den ganz kleinen Gemeinden mit ein paar hundert Einwohnern, in denen nur der Bürgermeister und eine Sekretärin in der Verwaltung kämpften, gab es große Unterschiede. Nun formte sich die neue Behörden-Hierarchie in Sachsen. Der Freistaat entstand und erste sächsische Gesetze und Verordnungen wurden erlassen. Durch Art. 82 Absatz 2 der Verfassung des Freistaates Sachsen vom 27. Mai 1992 wurden die Gemeinden Träger der Selbstverwaltung. In den Jahren 1992 und 1993 begannen die Kommunalaufsichten im wahrsten Sinne des Wortes zu arbeiten; sie kontrollierten die Verwendung der Fördermittel. Nicht mehr der mahlte zuerst, der zuerst kam: es gab gesetzliche Fristen und Termine für einzelne Förderprogramme – Verwaltungswissen war gefragt statt aufgekrempelter Hemdsärmel und Verträge per Handschlag. Damit gingen die legendären Jahre des Bopparder Modells zu Ende. Etwas Bundesrecht, etwas Verwaltungsrecht und schon war der Mitarbeiter mit einem groben Überblick über die neuen Rechtsgrundlagen ausgestattet. Dies reichte nun bei weitem nicht mehr aus, den Aufgaben einer öffentlichen Verwaltung zu entsprechen, um rechtssichere Bescheide zu erlassen und gesetzeskonforme kommunalpolitische Arbeit auf dem Fundament der Sächsischen Gemeindeordnung zu machen.
Ehrlicherweise kamen einige Bürgermeister aus Orten unter 1 000 Einwohnern vor allem deshalb ins Grübeln, da § 51 Absatz 2 der Gemeindeordnung vorschrieb, dass erst ab 2 000 Einwohner ein hauptamtlicher Bürgermeister tätig sein darf. Ratlosigkeit? Für strukturschwache Regionen konnte der

247

Andreas Kretschmar

Landrat eine Sondergenehmigung erteilen. Nicht nur Borna, sondern so ziemlich der gesamte Landkreis war natürlich plötzlich strukturschwach. Aber unter Tageslicht betrachtet war das kein solider Weg in die Zukunft. Borna konnte also nicht mehr als Single durchs Leben gehen, sondern hielt Ausschau nach einem passenden Lebensgefährten mit ähnlichen Interessen. Aus den Gesprächen mit der Partnergemeinde, die diesen Prozess zwanzig Jahre vorher durchlebte, wurde eines deutlich: wenn sich Gemeinden freiwillig und ohne Druck zusammenschließen, kann eine erfolgreiche Zukunft gestaltet werden. Zuerst sprach Borna mit der Gemeinde Ganzig, die 350 Einwohner zählte. Die bauliche Dorfstruktur war im Wesentlichen erhalten und die Gemeinde und ihre Bürger waren stolz auf das Erreichte und die Eigenständigkeit. Mit dem Gedanken, irgendwo dazu zu gehören, musste man lernen umzugehen. Es gab – wen wundert's – Skepsis. Genauer analysiert, bestanden Beziehungen durch die Nutzung der gemeinsamen Schule und das gemeinsame Kirchenspiel. Nach Sondierungsgesprächen der Bürgermeister kam am 9. September 1993 eine Abordnung von Gemeinderäten aus Ganzig und Borna zu einer ersten Beratung zusammen.
Nach Oschatz wollten übrigens weder die Bornaer noch die Ganziger. Deren Bürgermeister Christian Fischer lud die Bürger der Gemeinde Ganzig am 20. November 1993 zur Abstimmung über den Partner für die anstehende Gemeindefusion ein. Das Ergebnis war sehr eindeutig: 94,9 % stimmten für eine Hochzeit mit Borna und nur 4,1 % für eine Eingliederung nach Oschatz. Freundschaftlich berieten die Abordnungen über den Vertrag zur Eingliederung von Ganzig in die Gemeinde Borna. Die Ganziger erhielten eine hohe wirtschaftliche und politische Selbstständigkeit. Es wurde ein Ortschaftsrat gebildet, der in allen wesentlichen Angelegenheiten in der Gemeindevertretung der neuen Gemeinde Borna zu hören sei. Das Personal wurde übernommen und der Bürgermeister aus Ganzig wurde Bauamtsleiter in Borna – bis heute. Bis zur nächsten Kommunalwahl arbeiteten beide Gemeinderäte unverändert zusammen. Diese Vereinbarung wurde am 16. Dezember 1993 durch die Gemeindvertretung Ganzig und am 21. Dezember 1993 von Borna beschlossen. Zum 1. Januar 1994 ging Ganzig nach 850 Jahren Selbstständigkeit in der Gemeinde Borna auf. Damit hatte die neue Gemeinde Borna eine Größe von 1950 Einwohnern. Die Hauptamtlichkeit des Bürgermeisters sowie die Eingemeindungsvereinbarung wurden umgehend vom Landrat genehmigt. Das war also geschafft.
Andreas Kretschmar kandidierte am 12. Juni 1994 zur ersten Bürgermeisterdirektwahl und wurde mit 82 % neuer und alter Bürgermeister von Borna. Ganzig geht es auch heute noch gut, es hat sich weiter verschönt, der Ortschaftsrat ist nunmehr ein aktiver Heimatverein. Die Wunden der Eingemeindung sind ohne Narben verheilt.
Noch ein paar Worte zur Auswahl des Partners vor der Eheschließung: Es gab ebenfalls Gespräche mit der benachbarten Stadt Strehla. Hierzu gab es auch Vorsprachen beim Innenministerium. Der Gemeinderat war uneinig. Die einen wollten nicht Anhängsel einer Stadt werden, die anderen sahen eher das Problem der Kreisgrenze. Denn die Kreisreform spukte durch die Gerüchteküchen und noch gehörte Strehla dem Kreis Riesa und Borna dem Kreis Oschatz an. Die Gespräche mit der Nachbargemeinde Terpitz waren

Die Gemeinde Liebschützberg – ein Kind der Gemeindegebietsreform

fruchtbringend, aber die Mehrheit des Gemeinderates von Terpitz tendierte eher in nördliche Richtung. So gründete sich nach etlichen Marathonverhandlungen die Gemeinde Liebschützberg mit den Gemeinden Wellerswalde, Gaunitz und Laas.
Warum sprach keiner richtig gern mit den Oschatzern? Die Bürger auf dem Lande schätzten ein, dass sich die „Randbereiche" rascher entwickelten als Stadtkerne; die Probleme und Lösungsversuche waren grundsätzlich verschieden. Während für Dörfer die finanziell prächtig ausgestatteten Ämter für Ländliche Neuordnung entstanden, wurde der große Apparat des Rates des Bezirkes in die Regierungspräsidien umgewandelt. Träge und schwerfällig waren sie keine glanzvolle Alternative für ein landwirtschaftlich geprägtes Dorf. Die Städte begannen auszubluten, die Menschen zogen aus der Innenstadt weg aufs Land oder ganz weg in den Westen. Auf der grünen Wiese entstanden die bekannten Einkaufszentren in schnell ausgewiesenen Gewerbe- und Industriegebieten. Die Chancen in einer Zeit, in der es üblich wurde, dass jeder für sich kämpft, erschienen also auf dem Lande verlockender als in einer anonymen Stadt. Was sollten die Bornaer auch dort – in dem strukturschwachen Raum. Sie kannten die Mitarbeiter im Gemeindeamt als Nachbarn. Mit dem Bürgermeister ließ sich am Gartenzaun so manche Frage direkt klären. 1993 fiel keine Entscheidung gegen die Stadt Oschatz, sondern für die Zukunft der Gemeinde Borna.

Die Kreisgebietsreform

Anfangs fast unbemerkt passierte neben der freiwilligen Phase der Gemeindegebietsreform die Kreisreform. Auch hier gab es Sondierungsgespräche mit allen Nachbarn und Landkreisen. Leider spielte nicht nur der gesunde Menschenverstand die erste Geige, sondern Fraktionsdenken dirigierte. Idealer Partner für die Oschatzer war der Kreis Riesa. Viele tausend Einwohner aus Oschatz und Riesa versammelten sich im Riesaer Fußballstadion und bekundeten ihren Willen nach einem gemeinsamen Kreis. Letztendlich entschied sich jedoch der Kreistag Riesa ganz knapp gegen Oschatz. Außerdem wurden in dieser Zeit die Grenzen der Regierungsbezirke wahre Mauern. Und so passierte es eben, dass Oschatz und Torgau zusammengewürfelt wurden und Riesa Großenhain zugeteilt wurde. Die Geschichte und Gefühle der Menschen spielten keine Rolle, auf der sächsischen Landkarte wurden Striche gezogen und Kreise gemalt und es ist bis heute so, dass die Oschatzer und Torgauer sich nicht nur im Dialekt komplett unterscheiden. Das Zusammenwürfeln von Flächen in ganz Sachsen verdient die Bezeichnung Kreisgebietsreform nicht. Ein organisches Zusammenwachsen im Sinne einer konsequenten und konstruktiven Arbeit bleibt bis zum heutigen Tage aus – wie anderswo in Sachsen auch. Als sich Gemeinden zusammenschlossen, hatten die Beteiligten das Ohr an den Sorgen der Bürger. Als „Ausgleich" wurden nicht wenige neue Leute in den Ministerien eingestellt, um die anfallenden Aufgaben zu erledigen. So ist es eben mit Reformen, die einen trifft es doppelt und die anderen haben Vorteile. Seit 1. August 1994 gehört Borna also zum Gebilde Torgau-Oschatz.

Andreas Kretschmar

Die Gemeindegebietsreform geht weiter

Ebenfalls zum 1. August 1994 begannen die Gemeindevertretungen, die sich nun Gemeinderäte nannten, zu arbeiten. In der Flut der täglichen Aufgaben blieb für Strukturbetrachtungen des Kreises keine Zeit, denn unversehens tauchte ein Problem auf, das Sachsen bis heute noch nicht bewältigt hat: Die Wende brachte mit sich, dass der Wunsch junger Leute nach einem Kind ständig geringer wurde. Längst waren die Zeiten vorbei, als die Schule zu klein war und in provisorischen Räumen unterrichtet wurde. In der Mittelschule reichten die Schüler für zwei neue fünfte Klassen im Schuljahr 1995/96 nicht. In der Gemeindratssitzung am 13. Juli 1995 wurde über den Schulstandort beraten. Das Oberschulamt hatte den Schulleiter angewiesen, einige Schüler in Borna nicht anzunehmen, um eine Einzügigkeit zu erreichen. Diese abgewiesenen Schüler sollten andere Schulen besuchen. Damit war klar, dass die Mittelschule keine Zukunft hatte. Sogar die Grundschule erhielt ein Fragezeichen, da immer weniger Babys geboren wurden. Es musste eine Lösung her: Die Gemeinderäte hatten alle schon Kinder und so konnte nur noch das Einzugsgebiet vergrößert werden, um die Schule zu retten. Wieder fiel das Wort Gemeindegebietsreform. Mit 1 950 Einwohnern wähnte sich Borna ohnehin nicht sicher und war auch scharf an der Grenze der Hauptamtlichkeit des Bürgermeisters.

Vorbereitung der nächsten Stufe

Mutiges Vorausdenken war gefragt. Die Zeit der freiwilligen Zusammenschlüsse war offenbar bis zum Jahresende 1997 begrenzt und das Sächsische Innenministerium und die Regierungspräsidien beschäftigten sich intensiv mit der Gemeindegebietsreform. Deren Chefs organisierten für den 8. Mai 1995 eine „Kreisbereisung".
Die Möglichkeiten der relativ zwanglosen Vertragsgestaltung bis Ende 1997 sollten doch bitteschön genutzt werden. Die Bürgermeister und Gemeinderäte schätzten die strukturellen Anforderungen für das nächste Jahrtausend unterschiedlich ein. Neben der recht emotional diskutierten Frage der Schulen standen im ländlichen Raum etliche weitere Herausforderungen auf der Tagesordnung: die Sicherung des Brandschutzes zum Beispiel, denn die Kameraden waren tagsüber nicht einsatzbereit. Es galt also größere Einheiten zu schaffen, da nur so derartige Aufgaben zu bewältigen sind. Ideen und Mut hatten wir – also los!
Die jährliche Informationsfahrt der Bürgermeister von 1995 wurde genutzt, um aus den ungeformten Ideen zur Gebietsreform im Landkreis Nägel mit Köpfen zu schmieden. Gemeinsam mit der Kommunalamtsleiterin analysierte der Bornaer Bürgermeister, welche Partner sich finden könnten und wie sich der Kreis mittelfristig stabil entwickeln könnte, um den Bürgern nicht alle zwei Jahre eine neue Reformdebatte zuzumuten. Als zukunftsfähig erschien für die Gemeinde Borna ein Zusammenschluss mit der soeben gebildeten Gemeinde Liebschützberg. Damit schien für die nächsten 10 bis

Die Gemeinde Liebschützberg – ein Kind der Gemeindegebietsreform

15 Jahre eine ausreichende Verwaltungs- und Finanzkraft vorhanden, um die anstehenden Aufgaben lösen zu können. Dabei wurden die Modelle Einheitsgemeinde, Verwaltungsverband und Verwaltungsgemeinschaft diskutiert. Stets klare Regelungen im Blick stellte sich die Einheitsgemeinde als sinnvollste Lösung dar. Der Landrat sprach – wieder zu Hause – mit dem Bürgermeister von Liebschützberg, Karl-Heinz Börtitz. In weiteren Besprechungen stellten Borna und Liebschützberg fest, dass sie auf der gleichen Wellenlänge funkten. Aber wie sagt man es den Gemeinderäten? Wie den Bürgern? Die Hürde der ersten Reform war gerade genommen, die Fördergelder für den Zusammenschluss ausgereicht. In Liebschützberg wurde das Rathaus saniert. Aber realistisch betrachtet, mussten die Bürger beider Gemeinden die Herausforderung anpacken und so traf man sich denn. Zu beachten war dabei, wie die Stadt Oschatz auf die gemeinsame Wellenlänge der beiden Kleinen reagiert. Kurz zuvor hatte sich Limbach-Leuben mit Oschatz zusammengeschlossen. Collm-Lampersdorf orientierte sich leider in Richtung Wermsdorf.
So war die Gefechtslage, als eine Hand voll Bürgermeister eine Einladung für den 6. November 1995 zu einer weiteren „Verhandlungsrunde" mit dem Regierungspräsidium und dem SMI zum Thema „Freiwilligkeitsphase der Gemeindegebietsreform" ereilte. Unmissverständlich wurden sie auf die Vorstellungen des Innenministerium gebrieft: Erst Gemeindegrößen von 5 000 bis 8 000 Einwohnern sind vorstellbar. In dieser Besprechung am 6. November 1995 erklärte der Oschatzer Oberbürgermeister Dr. Claus Förster, dass er keinen Anlass sehe, Borna oder Liebschützberg einzugemeinden. Er betonte, dass sich Oschatz eine starke ländliche Gemeinde Borna-Liebschützberg im östlichen und nördlichen Raum wünscht. Dies war für uns das Startsignal für die Mission „Flucht nach vorn": Zusammenschluss von Borna und Liebschützberg.
Die sachliche Diskussion der jeweils zehn Vertreter der Gemeinden Borna und Liebschützberg fand schon am 13. November statt. Auf Vorschlag von Gemeinderat Jörg Schmidt wurde ein Punkteprogramm zu Vorteilen und Nachteilen der bevorstehenden Reform erarbeitet. Die Verhandlungspartner legten fest, den Zusammenschluss zu einer neuen Gemeinde zum 1. Januar 1997 anzugehen und bis zum April 1996 eine klare Einigung zu erzielen. Die Standpunkte der Gemeinderäte flossen in ein Diskussionspapier. Mit einem Brief vom 13. August 1996 wurden alle Bürger der Gemeinden über den geplanten Zusammenschluss zu einer neuen Einheitsgemeinde informiert und zu sechs Einwohnerversammlungen eingeladen. Die Einschätzungen der Bürger waren gefragt, Wünsche und Fragezeichen sollten offen besprochen werden. Ein Stück Eigenständigkeit und Selbständigkeit aufzugeben, fiel allen schwer, jedoch waren die Erfahrungen der vor zwei Jahren durchgeführten Gemeindereform mit Ganzig sehr positiv. Es gab keine Verluste zu beklagen, auch nicht der Identität. Der Umgang mit Bürgern und Vereinen wurde gewissenhaft gepflegt und ihre Wünsche berücksichtigt, wenngleich auch nicht alle Blütenträume reiften, da das dünne Portmonee keine großen Sprünge erlaubte. Wiederum war es die Schule in Schönnewitz, die für den Zusammenschluss von Borna und Liebschützberg zu einer neuen Gemeinde mit rund 4 000 Einwohnern in 17 Ortsteilen und 6 843 Hektar Fläche

sprach. Dies alles war Diskussionsstoff in den Einwohnerversammlungen, die recht konfliktfrei abliefen. Diskussionen entstanden aber fast nur durch die Notwendigkeit, dass einige Straßen neue Namen brauchten, um Dopplungen auszuschließen. Nun bastelten die Verantwortlichen weiter an einer Vereinbarung zum Zusammenschluss. Das große Ziel war die gemeinsame Lösung der dringenden Aufgaben in den Dörfern, und zwar vor Ort. Aber wie sollte nun die neue Gemeinde heißen? Sehr emotionsvoll wurde im Herbst 1996 diese entscheidende Frage diskutiert. Der Liebschützer Berg bietet eine sprichwörtliche Weitsicht: Die Bürger lieben ihn und identifizieren sich mit ihm. So entstand der Name und der Sitz der Verwaltung wurde nach Borna verlegt – ein guter Kompromiss. Einen Konflikt der Mitarbeiter in den Verwaltungen wollte niemand provozieren, einige gingen in den Ruhestand, einige bekamen neue Aufgaben. Es wurden Ämter gebildet und so konnten die Aufgaben wesentlich spezifischer erfüllt werden. Auch die beiden Bürgermeister wollten nicht in einen Ring klettern, um den stärksten Kämpfer auszufechten, sondern eine gelungene Gebietsreform war wichtiger als ihr eigenes Wohl. So stellte sich der Bornaer Bürgermeister zur Wahl und der Liebschützberger Bürgermeister wollte gern in der Gemeindeverwaltung Verantwortung tragen; dieser Gedanke gefiel allen Gemeinderäten. So wurde Karl-Heinz Börtitz Hauptamtsleiter und war neben dem Bauamtsleiter Christian Fischer, dem früheren Ganziger Bürgermeister, eine erhebliche Stütze für den neuen gemeinsamen Bürgermeister.

Die öffentlich-rechtliche Vereinbarung konnte jeder einsehen und sie wurde am 10. Dezember 1996 in den Gemeinderatssitzungen bestätigt. Damit war die neue Gemeinde Liebschützberg mit Sitz in Borna zum 1. Januar 1997 geboren. Wie vereinbart, wurde der Bürgermeister von Borna zum Amtsverweser bestellt. Die Bürgermeisterwahl im April 1997 entschied er mit 97,9 % für sich.

Endlich Tagesgeschäft: ganz oben auf der Liste stand, die Wünsche der Bürger aus den Einwohnerversammlungen auf ihre Umsetzbarkeit zu prüfen. Das kleine schlagkräftige Team fand schnell zueinander und bald spürten die Bürger erste Vorteile: ein bisschen Geschick im Kampf an der Front der Förderprogramme bescherte ihnen moderne Technik zur Unterhaltung von Straßen, um nur einen zu nennen.

Und da war es wieder: das Schulproblem. Eine sichere Schule lag nicht nur den Eltern am Herzen, sondern alle Liebschützberger wollten gern eine Schule vor Ort, welche auf dem Lande oft – neben der Feuerwehr – der Kristallisationspunkt des kulturellen Lebens ist. Allerdings hatte die Schule – obwohl scheinbar selbstverständlich – keine Turnhalle. Seit fast vier Jahrzehnten wünschten sich die Bürger aus den Dörfern eine hübsche kleine Turnhalle für die Schulkinder und den Vereinssport. 1997 wurde endlich, endlich mit dem Bau begonnen, die damit verbundenen Abenteuer füllen ein weiteres Buch. So erinnert man sich heute noch gern an den Gemeinderatsbeschluss von Borna am 16. Oktober 1990: „Der Bürgermeister erhält die Befugnis, für den Bau der Gasleitung, der biologischen Abwasseranlage, der Turnhalle und der Wasserleitung bzw. Versorgungsanlage Bornitz, Kredit in Anspruch zu nehmen." Kaum zu glauben und übrigens wurde der Beschluss bis heute nicht aufgehoben. Die Eröffnung der Turnhalle im Mai 1998 ließ

Die Gemeinde Liebschützberg – ein Kind der Gemeindegebietsreform

die Bürger aus allen 17 Ortsteilen rund um den Liebschützer Berg zusammenwachsen. Diese Erkenntnis ist nötig, um zu beweisen, dass der Zusammenschluss von Borna und Liebschützberg für die Bürger reale und gefühlte Vorteile brachte.

Der Oschatzer Oberbürgermeister Dr. Claus Förster freute sich während dessen auf seinen planmäßigen Ruhestand und kandidierte nicht wieder für die Bürgermeisterwahl am 10. Juni 2001. Im August 2000 empfahl der befreundete Bürgermeister aus Gailingen, Heinz Brennenstuhl, Kretschmar könnte sich in der Großen Kreisstadt Oschatz als Oberbürgermeister zur Wahl stellen. Nach „Diskussionsrunden" mit der Familie und mit vielen Unternehmern und Bürgern aus Oschatz wagte er schließlich den Schritt. Deswegen begann 2001 für den damals 38-jährigen Andreas Kretschmar ein neuer Lebensabschnitt, als er am 1. August zum ersten Mal am Schreibtisch in Oschatz als Oberbürgermeister saß. Die positiven Entwicklungen der Stadt Oschatz und der Gemeinde Liebschützberg verlaufen nebeneinander, offen wird miteinander umgegangen.

Hätten die Liebschützberger damals nicht die Turnhalle gebaut – heute würde es niemand mehr tun. Das wissen nicht nur die Gemeinderäte sondern auch die Bürger. Der Beginn der 90er Jahre des letzten Jahrhunderts war nicht nur schwer sondern auch Frucht bringend. Schritt für Schritt wurden kleine und große Wünsche der Bürger erfüllt. Dies ist heute ungleich schwieriger, da die Erwartungen ständig steigen und die Kassen dafür ständig leerer werden. Auch 2005 wird von Reformen gesprochen. Mein Appell: Flächenreformen haben keinen Sinn, es müssen durchdachte Funktionalreformen sein. Aufgaben müssen von oben nach unten übertragen werden, damit diese von der Großen Kreisstadt Oschatz den Bürgern der Umlandgemeinden angeboten werden können. Gebietsreformen sind kein Schreckgespenst in den Köpfen der Leute in kleinen Gemeinden, sie müssen als Chance auf ein Teilhaben am Fortschritt im neuen Jahrtausend begriffen werden. Vertrauen und Zuversicht brauchen alle Sachsen, um in zukunftsfähigen Gebietsstrukturen ihr Leben selbst gestalten zu können.

Mein Dank gilt allen Mitarbeitern der Archive in der Stadtverwaltung Oschatz und Liebschützberg für die Bereitstellung der Unterlagen.

Der sächsische Finanzausgleich – ein eigenständiger Weg

Dr. Andreas Schramm

Der turbulente Weg zum ersten Gesetz über den Finanzausgleich

Wenn wir über Kommunalpolitik von der friedlichen Revolution bis heute reden, dann ist der Begriff „sächsische" Kommunen nicht ganz richtig, denn die neue Kommunalverfassung machte aus den alten „Räten der Kreise" bereits am 17. Mai 1990 „Landratsämter", noch bevor der Freistaat Sachsen neu entstand. Wir fühlten uns zwar schon immer als Sachsen, nach Gesetz waren wir es aber noch nicht. Wir wollten ja schon lange die D-Mark, hatten sie aber noch nicht. Die Überschrift dieses Kapitels könnte also auch lauten: „Landkreise im Spannungsfeld von Mark der DDR bis zum Euro" oder aber „Kommunale Finanzsysteme im Wandel – von der DDR nach Sachsen". Für 1990 gilt auch: „Die Kommunen – stabile Brücke über den Strudel des Systemumbruchs".
Turbulenzen gab es viele in der Zeit „zwischen den Welten", in der Zeit der Noch-DDR und dem Tag der Wiedervereinigung. Mancher wirbelte den Staub erst wieder neu auf, nachdem er sich bereits gelegt hatte. Na wer schon? Natürlich die von uns allen geliebte „Treuhandanstalt".
Beispiel Apothekengewinne: Da die pharmazeutischen Zentren und staatlichen öffentlichen Apotheken nach dem Nettoprinzip mit dem Haushalt der Räte der Kreise verbunden waren, wurden die erwirtschafteten Gewinne ohne Besteuerung an den Rat als örtliches Staatsorgan abgeführt. Das geschah auch noch im Zeitraum vom 3. Oktober 1990 bis zum 31. Oktober 1990. Soweit so gut.
Da die Treuhandanstalt als „Privatisierungsorgan" des Bundes die eine oder andere ehemals „volkseigene" Firma zu Konditionen verkauft hatte, die uns, würden wir heute Ähnliches mit kommunalem Vermögen tun, einen unfreundlichen Besuch der Sonderermittlungseinheit der sächsischen Staatsanwaltschaft „INES" einbringen würde, brauchte sie Geld.
Nur welches? Unseres! Man forderte es zurück. Nicht sofort, das wäre zu einfach gewesen. Nein, erst 1992. Nicht wenig. Nein, nahezu 2 Millionen DM für einen durchschnittlichen sächsischen Landkreis.
Die Nettogewinnabführungen der Apotheken waren aber integrierter Bestandteil des bestätigten Haushaltplanes für das zweite Halbjahr 1990, also Deckungsquelle für die Haushalte der Landkreise. Wir erhielten unsere Planvorgaben von den ehemaligen Bezirksverwaltungsbehörden als verbindliche Kennziffern. Glücklicherweise konnten wir diesen Tatbestand in den gerichtlichen Auseinandersetzungen belegen.

Der sächsische Finanzausgleich – ein eigenständiger Weg

Das Jahr 1991 begann genauso spannend wie das Jahr 1990 endete. Der Freistaat Sachsen steckte nach wie vor in den Kinderschuhen, die Landesverwaltung mitten im Aufbau. Ein Finanzausgleichsgesetz konnte zu Beginn 1991 noch nicht vorliegen. Folglich wussten die Kommunen nicht, über welche Mittel sie verfügen konnten, für direkte Steuereinnahmen gab es noch keine Rechtsgrundlage. Ernste Liquiditätsprobleme waren die Folge. Aus ihrer Not heraus suchten die Bürgermeisterinnen und Bürgermeister des damaligen Landkreises Rochlitz das direkte Gespräch mit dem Ministerpräsidenten Prof. Dr. Kurt Biedenkopf. Als ehemaliger Landtagsabgeordneter konnte ich dieses auch schnell vermitteln. Dies Gespräch fand nicht etwa in einem Dienst- oder Besprechungsraum, sondern im Foyer der Dreikönigskirche statt, die damals noch „Sitz" des Sächsischen Landtages war. Prof. Dr. Biedenkopf stellte den Bürgermeistern die seitens der Staatsregierung vorgesehenen Schritte dar, das Gespräch führte zu einem einvernehmlichen Ende und wenige Wochen später waren auch die akuten Finanzprobleme gelöst. Wäre es nur heute noch so einfach!

„Über Geld redet man nicht, Geld hat man!" Wenn dieser Satz irgendwo nicht gilt, dann für öffentliche Haushalte. Insbesondere für die sächsischen Kommunen weder damals noch heute. Aber heute ist es schon wert, über den sächsischen Finanzausgleich zwischen Freistaat und Kommunen zu reden, denn Sachsen ist hier einen eigenständigen Weg gegangen, der in ganz Deutschland Resonanz gefunden hat. Welcher Art die Resonanz auch immer war. Eines ist unbestritten, dieser Weg war ein gemeinsamer zwischen Freistaat und Kommunen. Wenn in Sachsen heute der Finanzausgleich zwischen Land und Kommunen verhandelt wird, dann handelt es sich dabei nicht nur um das für die kommunale Ebene wichtigste Gesetz, welches wesentlich den Gestaltungsrahmen kommunaler Selbstverwaltung absteckt, sondern die einzelnen Verfahrensschritte hin zum Gesetz sind jahrelang erprobt, eingeübt – man kann fast von Ritualen sprechen.

Rituale, beinah wie bei einer Papstwahl, zumindest was die Konklave, die personelle Zusammensetzung, die Räumlichkeit und den weißen Rauch betrifft. Sogar die jeweilige Sitzordnung bei den Verhandlungen ist immer die gleiche. So sitzt an der Stirnseite im Finanzministerberatungsraum der Hausherr, flankiert rechts und links vom Staatssekretär und Haushaltsabteilungsleiter. Auf der rechten Seite nehmen die Vertreter des Sächsischen Städte- und Gemeindetages ihre Plätze ein und auf der linken Seite die des Sächsischen Landkreistages. Wenn der Innenminister dazu kommt, was in den letzten zehn Jahren sehr selten der Fall war, dann hat er die Wahl, neben einem der kommunalen Landesverbände Platz zu nehmen.

Ähnlich wie bei der Papstwahl, an der nicht immer die gleichen Kardinäle teilnehmen, haben sich die handelnden Personen im letzten Jahrzehnt verändert, wenngleich auch hier ein großes Maß an Kontinuität zu erkennen ist. Gerade einmal drei Finanzminister und jeweils zwei Präsidenten der kommunalen Spitzenverbände haben seit Einführung der Spitzengespräche zum FAG an diesen teilgenommen.

„Urgestein" und stabile Größe am Verhandlungstisch ist der Finanzstaatssekretär Dr. Wolfgang Voß, der bei jedem dieser Gespräche zugegen war und diese wohl auch inhaltlich maßgeblich mitgeprägt hat. Ein Hüter der Staats-

finanzen, der jeder Glucke alle Ehre macht, die jeden Angriff auf ihr Nest und die darin befindlichen Eier abzuwehren versucht, wenn die „kommunalen Füchse" zum Angriff blasen.
Sogar die Vorbereitungen der Verhandlungen laufen jährlich ähnlich ab. Das Prozedere zur Vorbereitung eines neuen Finanzausgleichsgesetzes (FAG) beginnt zumeist unmittelbar nach der Beschlussfassung des letzten. So wird im FAG-Beirat das Arbeitsprogramm abgestimmt. Es wird analysiert, diskutiert und entschieden, welche Strukturelemente im Finanzverbund zwischen Land und Kommunen zahlenmäßig wie inhaltlich überprüft werden müssen. Es werden Arbeitsaufträge erteilt u. v. m. Diese Grundlagenarbeiten intensivieren sich mit dem Näherrücken des nächsten Finanzausgleichsgesetzes. So werden zumeist im Januar und Februar aktuelle Statistiken zu der Finanzentwicklung von Staat und Kommunen oder der Entwicklung der vom Land übertragenen Aufgaben ausgewertet und beurteilt. In den Folgemonaten wird dann auf Arbeitsebene ein erster Rohentwurf zum neuen FAG erörtert, der keine Zahlenwerte, sondern nur strukturelle Neuerungen aufweist. Es folgt nach der Mai-Steuerschätzung der zahlenmäßige Referentenentwurf, der nach ersten Gremienbefassungen in den kommunalen Landesverbänden im Spitzengespräch des Finanzministers mit den Präsidenten des Sächsischen Städte- und Gemeindetages und des Sächsischen Landkreistages mündet. Nun wird verhandelt. In mehreren Terminen wird versucht, einen Kompromiss zu finden, der sich dann in der Kabinettsvorlage – zumeist noch vor der Sommerpause – abbildet. Es folgt das parlamentarische Verfahren mit einer Beschlussfassung zum Gesetz, vielfach noch in der letzten Landtagssitzung des Jahres.
Was sich in dieser kurzen summarischen Zusammenfassung so nüchtern darstellt, ist über nunmehr zwölf Jahre gewachsen und das in Sachsen praktizierte Verfahren hat, wenn man über die Landesgrenzen schaut, eine sehr eigene Note. Typischerweise stellt die Auseinandersetzung um das knappe Geld den zentralen Konfliktpunkt zwischen Staat und Kommunen dar. Dieser wird so gelöst, dass der Staat etwas vorlegt, was von kommunaler Seite als völlig unzureichend abgelehnt wird. Dieser Konflikt wird dann mit guten oder weniger guten Argumenten bis hinein in das parlamentarische Verfahren getragen und schließt oftmals mit einer Generalkritik an den Landtag, der die kommunalen Interessen zu wenig würdigt. Dies ist Vergangenheit.

Finanzausgleich trägt wechselseitigen Interessen Rechnung

Wir sind in Sachsen einen anderen Weg gegangen. Wir haben bei jedem Finanzausgleich mit zum Teil vermeintlich unversöhnlichen Positionen zu Beginn versucht, eine Lösung zu finden, die den wechselseitigen Interessenlagen Rechnung trägt. Und wir haben dies auf der Grundlage von nachvollziehbaren, auch finanzwissenschaftlich fundierten Grundsätzen versucht. Entscheidend für den Weg hin zum Finanzausgleich war der ernsthafte Wille der Beteiligten zum Konsens, waren Verlässlichkeit und Vertrauen in den Gegenüber. Und das dies nicht immer einfach zu vermitteln war, vermag

Der sächsische Finanzausgleich – ein eigenständiger Weg

jeder, der in der Politik tätig ist, gut nachzuvollziehen. Es ist viel einfacher, sich über die Zumutungen der anderen Seite zu beklagen, als sich konstruktiv für eine gemeinsame Zielsetzung einzusetzen, die aber jeder Seite etwas im Ergebnis abverlangt. Hinzu kommt, dass auch von außen die Grundsätze des sächsischen Finanzausgleiches, insbesondere der Gleichmäßigkeitsgrundsatz (dazu weiter unten) hart kritisiert wurden.
Vergleicht man die Finanzsituation der Kommunen über Ländergrenzen hinweg, scheint sich bei allen Schwierigkeiten der sächsische Weg zu bestätigen. Dies bedeutet nicht, dass dieser zur Kopie empfohlen wird, denn vieles hängt vom Zeitpunkt und den handelnden Personen ab. Und dabei war der Anfang alles andere als einfach.
Wir gehen zurück in das Jahr 1993. Eine für mich nicht ganz einfache Zeit, und für den Außenstehenden sicherlich kaum nachvollziehbare Situation. Damals gab es in Sachsen die für jedes Land vorteilhafte Konstellation, dass kommunale Wahlbeamte gleichzeitig Landtagsabgeordnete sein konnten. Ich war einer von drei Landräten im Landtag. Später wurde diese Konstellation auf dem Altar von persönlichen Interessen und Machtkonstellationen handstreichartig geopfert. Möglicherweise verständlich in einer Situation, in der die Reduzierung der Landtagssitze von 160 auf 120 bevorstand und man dadurch Konkurrenten bei der Kandidatennominierung auszuschalten hoffte. Außerdem ist eine Fraktion durch den Ministerpräsidenten einfacher zu steuern, wenn ein erheblicher Teil davon der Kabinettsdisziplin unterliegt anstatt „nur" dem Wähler vor Ort verpflichtet zu sein. Lieber abhängige Minister als selbstbewusste Kommunalpolitiker in der Fraktion, hieß der Grundsatz zur Einführung der Inkompatibilität.
So weit so gut. Doch 1993 war ich nicht nur Landtagsabgeordneter, sondern auch Landrat zweier Landkreise, Rochlitz und Hainichen, die ein Jahr später dann zum neuen Landkreis Mittweida fusionierten. Da dies schon vorher klar war, entschied sich der damalige Kreistag Hainichen nach Rücktritt des Landrates, mich zum neuen Landrat zu wählen, um Personaldiskussionen bei der bevorstehenden Kreisreform aus dem Weg zu gehen. Ich hatte damals also eine Doppelfunktion inne, zum einen als Doppellandrat der Landkreise Rochlitz und Hainichen und zum anderen als Landtagsabgeordneter und zuletzt als Vorsitzender des Innenausschusses des Landtages. Im Präsidium des Landkreistages war ich kooptiert, konnte aber nur selten an den Sitzungen teilnehmen. Die finanzpolitischen Fragen waren damals zwar ein wichtiges Thema, aber nur ein Problembereich in der Fülle der Aufgaben. Wenn man sich das Arbeitsprogramm im Landtag betrachtet mit der kompletten Schaffung von Landesrecht, der Entwicklung der Kreisverwaltung und der Infrastruktur im Landkreis, waren dies schon Mammutaufgaben, die zu bewältigen nicht ganz einfach waren.
Mit den Regelungen des Einigungsvertrages zur kommunalen Finanzbeteiligung beschränkte sich der landesrechtliche Entscheidungsspielraum auf die horizontale Verteilung der Finanzen. Eine wirkliche Auseinandersetzung über die Teilhabe der Kommunen an den Landesfinanzen fand weder im Landtag noch im Verhältnis zwischen Staat und der kommunalen Gemeinschaft statt. Der Finanzausgleich war damit im Wesentlichen von oben vorgegeben und kein Gestaltungsrahmen, den es über politische Einflussnahme

257

Dr. Andreas Schramm

zu verändern galt. Gleichwohl gab es natürlich auch beim Geldverteilen heftige Auseinandersetzungen.
So erinnere ich mich gut, wie nach der November-Steuerschätzung 1993 zu entscheiden war, auf welche Weise die sich danach ergebenden Steuermehreinnahmen zu verteilen waren. Man kann sich heute gar nicht mehr vorstellen, dass es jemals eine Situation gegeben hat, wo die Steuereinnahmen nach der Steuerschätzung sich besser entwickelten als ursprünglich angenommen. Mit Blick auf die dramatischen Einbrüche der Steuern in den vergangenen Jahren eine fast schon paradiesische Vorstellung. Die Kommunen hatten damals einen Anspruch auf einen Teil dieser Mehreinnahmen. Andererseits war der Schuldenstand des Landes aufgrund der ungenügenden Finanzbasis des Fonds „Deutscher Einheit" dramatisch angewachsen. Also, was tun?
Ein wesentlicher Teil der Mehreinnahmen wurde dem gerade neu gegründeten Landeswohlfahrtsverband als überörtlichem Sozialhilfeträger als Mitgift zur Verfügung gestellt – eine staatliche Mitgift aus kommunalen Geldern. Das würde es heute sicherlich nicht mehr geben, wobei der damalige Verschiebebahnhof beim Bund heute immer noch Hochkonjunktur hat, wenn man die Finanzierung der Grundsicherung im Alter und Hartz IV betrachtet. Gut, dass es damals noch nicht die Institution des Spitzengespräches im heutigen Sinne gegeben hat. Ich hätte wohl heute Schwierigkeiten, den Kollegen Landrätinnen und Landräten zu erklären, dass es einen Verhandlungserfolg darstellt, wenn das Land eine Aufgabe auf die Landkreise überträgt und diese dann auch noch teilweise für deren Finanzierung aufkommen müssen. Na ja, die Zeiten ändern sich.
Aber das war nicht die einzige schwierige Entscheidung Ende 1993. So sind im Dezember 1993 rückwirkend noch die Umlagegrundlagen beim Landeswohlfahrtsverband durch den Landtag geändert worden, was zu erheblichen Protesten gerade des Landkreistages führte. Dies war wohl aus sachlicher Hinsicht gerechtfertigt, nur war der Zeitpunkt ein Unding. Man kann sich sicher gut vorstellen, dass mir in meiner Haut bei derartigen Entscheidungen im Landtag nicht ganz wohl war.
Die viel gewichtigere Entscheidung wurde dann aber einige Monate später vorbereitet und getroffen. Die folgenden Finanzausgleiche zwischen Land und Kommunen wurden auf einer gänzlich neuen finanziellen Basis verhandelt. Die im Einigungsvertrag festgelegte Beteiligung der Kommunen an den Landeseinnahmen entfiel und die neuen Bundesländer wurden in das bundesdeutsche Finanzgefüge mit dem Länderfinanzausgleich einbezogen. Zugleich erreichte gerade unser damaliger Ministerpräsident Prof. Dr. Biedenkopf für die neuen Bundesländer zeitlich auf zehn Jahre befristete Finanzzuweisungen zur Überwindung der teilungsbedingten Lasten und zur finanziellen Absicherung des infrastrukturellen Nachholbedarfes. Der sächsische Ministerpräsident nutzte die Gunst der Stunde, um für die neuen Bundesländer eine stabile, berechenbare Finanzbasis zu schaffen. Dieses Finanzpaket führte insgesamt zu einer Verbesserung der Einnahmesituation des Freistaates um 6,8 Milliarden DM.
Es ging nunmehr darum, die finanzielle Teilhabe der Kommunen an dieser verbreiterten Finanzbasis des Landes zu regeln. Ich war zwischenzeitlich nach der Kreisreform zum Landrat des neuen Landkreises Mittweida ge-

Der sächsische Finanzausgleich – ein eigenständiger Weg

wählt und die CDU-Landtagsfraktion hatte noch vor der Landtagswahl in einer Nacht-und-Nebel-Aktion den kommunalen Sachverstand aus dem Landtag katapultiert. Auch im Landkreistag gab es Veränderungen, man wählte mich zuerst zum Finanzausschuss-Vorsitzenden und ein halbes Jahr später zum Präsidenten. In diese mehrfache Umbruchssituation hinein galt es, die kommunale Position zum FAG 1995 zu bestimmen.

Kommunaler Finanzausgleich an feste Regeln gebunden

Nach welchen Grundsätzen sollte der kommunale Finanzausgleich im Verhältnis zwischen Land und Kommunen ausgestaltet werden? Gab es irgendeinen greifbaren Ansatzpunkt? Beide Spitzenverbände haben in den vielfältigen Gesprächen mit dem Finanzministerium auf die Regelungen des Einigungsvertrages verwiesen und forderten eine entsprechende Beteiligung am Länderfinanzausgleich und Umsatzsteuerausgleich sowie dem Landessteueraufkommen. Argumentativ war dies zugegebenermaßen ein schwacher Ansatz, weil hier unterschiedliche Sachverhalte miteinander verglichen wurden. Das Land argumentierte, dass aufgrund der erheblichen Vorbelastungen des Landes durch die Kreditaufnahmen auch zur Haushaltsabsicherung der Kommunen der wesentliche Anteil der Mehreinnahmen auch beim Land verbleiben sollte. Und sie fanden mit dem ersten Gleichmäßigkeitsgrundsatz einen zumindest sachlich nachvollziehbaren Anknüpfungspunkt, nach welchem Maßstab die Einnahmen des Landes zu verteilen waren.
Danach sollten die sächsischen Kommunen ab 1995 bezüglich ihrer allgemeinen Deckungsmittel, bestehend aus Steuereinnahmen und laufenden Zuweisungen, gegenüber den Kommunen der alten Länder so gestellt werden, wie der Freistaat mit seinen allgemeinen Haushaltsdeckungsmitteln nach Abzug der Kommunalzuweisungen gegenüber den alten Ländern steht. Ziel war es, durch diesen Grundsatz im sächsischen Finanzausgleich letztlich die Finanzverteilungsverhältnisse der alten Bundesländer abzubilden. Natürlich fanden wir mit dem fehlenden Aufgabenbezug und den unterschiedlichen Ausgangsbedingungen starke Argumente gegen diesen Ansatz, andererseits fehlte uns eine systematische Alternative. Letztlich wurde mit diesem Grundsatz aber der sächsische Weg begründet, wonach der kommunale Finanzausgleich regelgebunden aufgestellt wird und nicht wie in vielen anderen Bundesländern nach Haushaltslage allein dem Bestimmungsrecht des Landtages unterworfen ist. Der kommunale Finanzausgleich wurde damit zu wesentlichen Teilen stabil und damit nicht mehr Spielball von Landtagsentscheidungen.
In den Folgejahren wurde diese Regelbindung ein Markenzeichen sächsischer Finanzpolitik. Der Einstieg in den vertikalen Finanzausgleich blieb aber immer umstritten, denn im Ergebnis ging der Löwenanteil der Mehreinnahmen an das Land und der Einstieg bildete zudem die Grundlage für alle weiteren Finanzausgleiche. So versuchte der Sächsische Städte- und Gemeindetag einige Jahre später über ein finanzwissenschaftliches Gutachten die Einstiegsberechnung über den Vergleich mit der Beteiligungssituation in den alten Bundesländern zu Fall zu bringen. Aber die dort getroffenen

Dr. Andreas Schramm

gutachterlichen rechnerischen Annahmen erwiesen sich als argumentativ wenig tragfähig. Ich meine, dass unabhängig von der Richtigkeit der damals getroffenen Annahmen hier ein politischer Kompromiss gefunden wurde, den es zu respektieren galt.

Schade nur, dass wir beim Einstieg in das neue System nicht Revisionsklauseln eingezogen haben, die beispielsweise auch die nachfolgende Verschuldungsentwicklung als Korrektiv für den Gleichmäßigkeitsgrundsatz berücksichtigten. Denn so sehr auch die Verschuldung des Landes in den ersten Jahren anstieg, die Verschuldung der Kommunen in den Folgejahren nach Einführung dieses Grundsatzes wuchs nun deutlich an.

Ob wir im Jahr 1995 auf kommunaler Seite argumentativ auf Augenhöhe mit dem Finanzminister waren, ist heute neu zu beurteilen, denn die Verschuldung des Freistaates blieb auf einem vergleichsweise niedrigem Niveau, das der Kommunen nicht. So kann ich mich gut an mein erstes Spitzengespräch als Präsident des Sächsischen Landkreistages erinnern. Es ging um die Erörterung zum FAG 1996. Wir hatten, wie in späteren Jahren üblich, uns zu einem vorbereitenden Gespräch beim Sächsischen Städte- und Gemeindetag zusammengefunden, um unsere Marschroute festzulegen. Dies ist eine weitere Tradition oder besser ein weiteres Ritual des Finanzausgleichsgeschäftes. Beide Verbände haben über die Jahre gelernt, dass wir nur gemeinsam bestehen können und haben so Streitpunkte zwischen uns versucht auszuklammern und die gemeinsamen Punkte gerade in Richtung einer Verbesserung der kommunalen Finanzausstattung in den Vordergrund gestellt. Ich glaube, dieses ist uns von FAG zu FAG besser gelungen, wozu auch ein sehr kollegiales Verhältnis zu den Präsidenten Dr. Herbert Wagner und meinem Namensvetter Christian Schramm beigetragen haben. Aber zurück in das Jahr 1995.

Wir saßen beim SSG, die für uns wichtigen Forderungen waren formuliert, die kämpferische Haltung nahm mit jedem Diskussionsbeitrag untereinander zu. In dieser Stimmungslage traten wir den kurzen Weg zum Finanzministerium an. Insbesondere die mangelnde Finanzbeteiligung der Kommunen am Solidarpakt wollten wir beklagen. Dr. Wagner trug dazu die vereinbarten Forderungen vor. Finanzminister Prof. Dr. Georg Milbradt, wie wir ihn kennen, verzog zunächst keine Miene und hielt dann, leicht lächelnd, einen finanzwissenschaftlichen Vortrag zur künftigen Ausrichtung der Staats- und Kommunalfinanzen, in dessen Mittelpunkt der modifizierte Gleichmäßigkeitsgrundsatz stand. Was konnte man gegen eine gleichmäßige Finanzentwicklung von Freistaat und Kommunen sagen? Natürlich, die fehlende Berücksichtigung der Ausgabenentwicklung war ein Argument. Aber dies war auch unser einziges Argument!

Spitzengespräche waren zu Beginn auch oftmals ein Quell neuer Erfahrungen, denn es war nicht so, dass die hier vermittelten Grundsätze ausschließlich die Interessenlage des Landes widerspiegelten. Es waren Grundsätze, die auch kommunale Aspekte berücksichtigten, wenn man beispielsweise an das hohe Maß an Disponibilität der Finanzzuweisungen denkt. Es gibt kein FAG in der Bundesrepublik, das so wenige inhaltliche Vorgaben aufweist, wie das sächsische FAG. Der wesentliche Teil der bereitgestellten Mittel weist keine Zweckbindung des Staates auf. Diesen Weg kommunalerseits nicht mitzu-

Der sächsische Finanzausgleich – ein eigenständiger Weg

gehen, wäre deutlich gegen die Interessen kommunaler Selbstverwaltung gelaufen.

Das Verhältnis zwischen den Partnern des Spitzengesprächs wandelte sich mit den Jahren. Das Verstehen eines komplexen ineinandergreifenden Systems mit klar erkennbaren Zielvorstellungen auf der einen Seite, vielmehr aber noch ein sich entwickelndes Selbstbewusstsein bei den kommunalen Akteuren führte dazu, dass die kommunale Seite von FAG zu FAG an Argumentationskraft gewonnen hat. Man wird heute sicherlich von gleichberechtigten wie gleichrangigen Spitzengesprächen sprechen. Natürlich ist auch der so genannte modifizierte Gleichmäßigkeitsgrundsatz insbesondere außerhalb Sachsens wegen des Fehlens der Aufgaben- und Ausgabenentwicklung als Trojanisches Pferd abgelehnt worden. Als wir ab dem Jahr 2001 die regelmäßige Überprüfung der Ausgaben- und Aufgabenentwicklung im FAG verankern konnten, hat dies zwar zu mehr Transparenz und einer Disziplinierung der Fachseilschaften geführt, mehr Geld hat es uns nicht gebracht.

Ich glaube, rückblickend sind wir mit diesem Einnahmeverteilungsgrundsatz gar nicht so schlecht gefahren. Ich kann mich noch gut erinnern, wie kurz nach der Einführung dieses Grundsatzes die Einnahmen der Kommunen aufgrund von Steuerreformmaßnahmen des Bundes wegbrachen und das Land zusätzliche Finanzzuweisungen auf der Grundlage des Gleichmäßigkeitsgrundsatzes erbringen musste. Hier stellte sich der Finanzminister schützend vor die Kommunen (er musste es, wollte er nicht den Gleichmäßigkeitsgrundsatz aufkündigen!), denn auch beim Land gab es zwar Mindereinnahmen und Kürzungen in den Einzelplänen des Staatshaushaltes, dem FAG mussten demgegenüber zusätzliche Mittel zugeführt werden.

Und dies beschreibt eine weitere Konstante im sächsischen FAG. Grundsätze gelten in guten wie in schlechten Zeiten. Sowohl der Finanzminister als auch die Präsidenten der Landesverbände konnten sich immer auf den jeweils anderen verlassen. Ich will mit dieser Aussage ausdrücklich die Vergangenheit beschreiben. Ob in der Zukunft die Rahmenbedingungen nicht eine Modifikation der Grundsätze notwendig machen, wird sich zeigen. Und rückblickend, wo waren 1995 die Alternativen?

Die politischen Kräfteverhältnisse im Landtag mit einer klaren CDU-Mehrheit haben für uns schon die Frage aufgeworfen, ob wir über ein regelgebundenes System in Abstimmung mit dem Finanzminister zu besseren Ergebnissen kommen oder ob diese eher im Landtag zu erreichen sind, wo wir gerade einmal über Anhörungen unsere Positionen und unsere Vorstellungen vortragen können, wo wir aber bei den eigentlichen Entscheidungen nicht mit am Tisch sitzen. Diese politische Risikoabschätzung war im Grunde genommen die Kernfrage. Aus heutiger Sicht lässt sich die Frage meiner Ansicht nach klar beantworten, dass der eingeschlagene Weg der richtige war. Hinzu kommt, dass die tragenden Grundsätze unseres Finanzausgleiches ja nicht im luftleeren Raum entstanden, sondern inhaltlich nachvollziehbar waren, zahlenmäßig untersetzt wurden und im Ergebnis zu einer so genannten win-win-Situation führten.

Damit bin ich bei zwei weiteren wesentlichen Konstanten im sächsischen Finanzausgleich. Das ist zum einen die Institution des FAG-Beirates, in dem sämtliche finanzrelevanten Fachfragen vorberaten werden, so dass im Spitzengespräch tatsächlich die zentralen Konfliktpunkte wie die politisch zu beantwortenden Aspekte erörtert werden konnten. Dabei gehen heute die Aufgaben des Beirates, der institutionell 1996 in das FAG aufgenommen wurde, deutlich über die Vorbereitung des Spitzengespräches hinaus. Letztlich wirkt der FAG-Beirat heute bei nahezu allen finanzwirksamen Kommunalentscheidungen des Staates mit. Die deutliche Zunahme der Bedeutung dieser Institution hat auch etwas mit einer weiteren Konstanten zu tun. Dies betrifft die hohe fachliche Kompetenz, die das Finanzministerium in dieses Gremium einbringt. Nicht umsonst sind alle, die auf staatlicher Seite mit diesem Thema befasst waren, auf der Karriereleiter nach oben gewandert: Der Finanzminister wurde Ministerpräsident, der damalige Referatsleiter, Dr. Wolfgang Voß, wurde Staatssekretär, und der ehemalige Haushaltsabteilungsleiter, Dr. Tilmann Schweisfurth, ist heute Rechnungshofpräsident von Mecklenburg-Vorpommern.

Bei diesem Loblied auf das sächsische Modell darf aber nicht vergessen werden, dass die inhaltliche und politische Auseinandersetzung zu den einzelnen finanzrelevanten Themenstellungen mit Unerbittlichkeit und Härte von jeder Seite geführt werden, ohne jedoch das Ziel aus den Augen zu verlieren. Ein gutes Beispiel hierfür war der über all die Jahre schwelende Konflikt um die Finanzierung des Landeswohlfahrtsverbandes. Mit der gewählten Vergangenheitsform soll nicht signalisiert werden, dass dieses Thema abgeschlossen ist, sondern es ist nur ein Stück weit in den Hintergrund gerückt. Der Freistaat sollte sich nicht zu früh freuen, denn bei weiter steigenden Ausgaben in der Eingliederungshilfe wird dieser Konflikt sehr schnell wieder aufbrechen. Doch zurück zum Anfang.

Mit der Kommunalisierung der überörtlichen Sozialhilfe im Jahr 1994 stellte sich zugleich die Frage, wie diese neue kommunale Aufgabe finanziell abzusichern ist. Von der Mitgift aus fremden Kassen habe ich bereits berichtet. Darüber hinaus erfolgte zu Beginn noch eine Defizitabdeckung durch den Freistaat außerhalb des FAG. Diese wurde in das FAG einbezogen und der Landeswohlfahrtsverband ist über mehrere Schrittfolgen dann vollständig durch seine Mitglieder umlagefinanziert worden. Dabei hat der Freistaat sich mit der Begründung der Teilhabe an der Entlastung aus der Pflegeversicherung ein Stück von dem Entlastungskuchen abgeschnitten und das FAG mit investiven Programmen befrachtet. Diese Befrachtung ist ständiges Thema in allen Spitzengesprächen gewesen. Diese ominösen 108 Millionen DM oder 55 Millionen Euro sind regelmäßig mit unterschiedlichen argumentativen Ansätzen von kommunaler Seite eingefordert worden. Ich kann mich noch gut erinnern, es muss wohl das Jahr 1999 gewesen sein, als ich mit Vehemenz und guten Argumenten im Spitzengespräch diese Kernforderung vortrug. Der Finanzminister hatte es zwischenzeitlich aufgegeben, uns über finanzwissenschaftliche Grundsatzvorträge von seinen Vorstellungen zu überzeugen, sondern setzte lediglich ein wohlgefälliges Grinsen auf und erwiderte: „Netter Versuch, aber darüber diskutieren wir nicht, das Geld gehört mir und dabei bleibt es!"

Doch steter Tropfen höhlt den Stein. Im FAG 2005/06 haben wir auch dieses Bollwerk genommen. Natürlich wusste der Finanzminister ganz genau, dass

Der sächsische Finanzausgleich – ein eigenständiger Weg

die Kommunalisierung der überörtlichen Sozialhilfe aus finanziellen Gründen ein guter Schachzug ist. Er hat sich dementsprechend vehement dafür eingesetzt. Er wusste von der erheblichen Fallzahlendynamik in diesem Aufgabenfeld. Und so überraschte es auch nicht, dass die Finanzausstattung des Landeswohlfahrtsverbandes aus staatlichen Mitteln durchaus anfänglich sehr ausreichend bemessen war. Jahrelang wurde von dem so genannten LWV-Puffer gesprochen, der zwar auf dem Papier bestand, aber nicht in den Kreishaushalten erkennbar war. Und irgendwann war auch dieses Polster rein rechnerisch aufgebraucht, was auch letztlich dazu beigetragen hat, dass die Auseinandersetzungen um die Finanzierung des Kommunalverbandes sich weiter verstärkten. Andererseits ist festzuhalten, dass der sächsische überörtliche Sozialhilfeträger im deutschlandweiten Maßstab die Eingliederungshilfe am kostengünstigsten bewältigt und dies bei einem hohen Versorgungsniveau. Die Entscheidung zur Kommunalisierung war danach für Sachsen gut, auch wenn die Kommunalhaushalte unter dieser Aufgabenlast leiden.

Auch dieses ist ein Merkmal im sächsischen System. Es wird den Gemeinden und Landkreisen zugetraut, die öffentlichen Aufgaben effizienter und besser zu erledigen, als andere Verwaltungseinheiten. Es wird ihnen zugetraut, besser mit dem Geld umzugehen, insbesondere auch mit knappen Ressourcen zurecht zu kommen. Eine Philosophie, die auch im kommunalen Finanzausgleich ihren Niederschlag gefunden hat. Hier ist ein Stück weit politische Zielvorstellung erkennbar. Die Verteilung des Geldes dient der Umsetzung politischer Ziele und nicht umgekehrt. Der Staat hat im Ausgleichssystem nur im Rahmen der Straßenunterhaltung und der Kultur fachliche Zweckbindungen vorgesehen. Die zentralen Aufgaben wie Schule, Schülerbeförderung, ÖPNV werden im Rahmen der allgemeinen Zuweisungen abgebildet.

Die Aufgabe von Zweckbindungen war auch in den kommunalen Spitzenverbänden wie in den Fachministerien nicht unumstritten. Natürlich ist es viel einfacher, seine Forderungen anknüpfend an einen nicht ausreichend dotierten Zuweisungstopf zu formulieren, als generell allgemein über die Finanzlage der Kommunen seine Position zu bestimmen. Sicherlich wäre so an der einen oder anderen Stelle eine quantitative Aufstockung von Zweckzuweisungen möglich gewesen. Ob damit der Gesamttopf für die kommunale Finanzausstattung größer geworden wäre, scheint mir zweifelhaft. Eins wäre aber auf jeden Fall passiert: Die Prioritäten hätte Dresden gesetzt und der Gestaltungsrahmen vor Ort wäre noch weiter beschnitten worden.

Was hier so neutral beschrieben wird, hat aber seine Geschichte, hat seine Vorbereitung im FAG-Beirat und die verbandsinterne Auseinandersetzung zur Voraussetzung und letztlich auch die Verhandlungen mit der staatlichen Seite. Alles, was hier beschrieben ist, kann sicherlich auch fachlich und finanzwissenschaftlich untersetzt werden, ist aber letztlich ein Produkt von Ministerialbeamten, Kommunal- und Landespolitikern. Ohne die verantwortlich handelnden Menschen hätte es dieses System, mit seiner eigenen Note, nicht gegeben.

Möglicherweise ist dieses Kapitel zu den kommunalen Finanzen ein etwas zu trockenes und für den nicht Eingeweihten auch ein Buch mit sieben Siegeln.

Dr. Andreas Schramm

Trotzdem glaube ich, ist es eines der spannendsten in der jungen sächsischen Kommunalgeschichte, vor allem aber ist es eines der wesentlichen. Hier, und nicht nur hier, über viele Jahre mitgewirkt zu haben, ein Land nach einer so glücklichen politischen Wende mit aufgebaut zu haben, ist eine Gnade, die unseren Kollegen in den alten Bundesländern nicht gegönnt war. Dies ist der Quell unseres Selbstbewusstseins und unserer Dienstauffassung. Möge dieser Quell auch für die kommenden Generationen von Kommunalpolitikern nicht versiegen, dann ist auch eine zunehmend versiegende Finanzquelle eine Herausforderung und Chance zugleich.

Die gerettete Kultur – Sachsens Kulturräume

Christian Schramm

Um es vorwegzunehmen: Gäbe es das Kulturraumgesetz nicht, müsste man es erfinden! Bei allem Verbesserungswürdigen, bei aller finanzieller Knappheit, trotz mancherlei formaler Enge, ohne dieses Gesetz gäbe es wohl manche kulturelle Einrichtung in unserem Land nicht mehr, und das intensive Nachdenken über Kultur und Kulturerhalt, die Folgen der Kulturlosigkeit im wörtlichen Sinne und die wirtschaftliche Bedeutung der Kultur in Sachsen wäre nicht zustande gekommen. Dieser Artikel will keine umfassende Darstellung sein, sondern – akzentuierend und auswählend – im Rückblick und im Überblick die Frage nach der Zukunft der Kultur und ihrer Finanzierung anregen.

1. Die Ausgangssituation

Unbestritten gehört Sachsen zu den Bundesländern, in denen neben der Industrie- und Gewerbeentwicklung die historische und gegenwärtige Dimension von Kunst und Kultur eine frappierende Dichte und Qualität aufweist. Seit der Zeit der Wettiner hat sich in Sachsen eine reichhaltige Kultur entwickelt. Neben der Sammelleidenschaft sächsischer Fürsten, dem Versuch, Versailles zu kopieren und entsprechende Werke zu schaffen, spielte auch die bürgerliche Kultur eine entscheidende Rolle. Schließlich hat auch das Mäzenatentum sächsischer Industrieller viel zur Kultur beigetragen. In Sachsen bzw. für Sachsen sind in allen Bereichen der Künste weltbekannte Werke entstanden und haben so anregend und stilbildend gewirkt. Die Anzahl der kulturellen Institutionen, kombiniert mit den zusätzlichen Kulturangeboten, erforderte einen enormen Aufwand an Finanzierung. Wie sollte Sachsens Kultur erhalten werden?
Sachsens Lage in Mitteleuropa, die gegenseitige Durchdringung zweier Religionen über fünf Jahrhunderte hinweg, das Wirken der Wettiner bis hin zur Entwicklung in der DDR sind Ursachen für ein ausgeprägtes, spezifisches Kulturbedürfnis seiner Bewohner. Wer die Sachsen kennt, weiß, dass es sehr viele an Kultur interessierte Bürger gibt. Wer speziell die Dresdner beobachtet, der könnte zu der Auffassung gelangen, die gesamte Bevölkerung bestehe nur aus Kultur- und Architekturinteressierten. Und schließlich findet man in jedem Prospekt für Investoren Hinweise auf diese besondere Kulturlandschaft, die auch andere Besucher anzieht. Der gute Ruf der sächsischen Kultur hat schon in den vergangenen Jahrhunderten zahlreiche Gäste nach Sachsen geführt, und für viele ist dies auch heute der Hauptgrund für eine

Reise nach Sachsen. So hat Sachsen bei Kultur- und Städtereisen aufgrund seines guten Angebotsprofils bereits heute mit 2,4 % einen doppelt so hohen Marktanteil wie bei allen Reisen und liegt in Deutschland nach Bayern an zweiter Stelle.

Im Herbst 1989 fand in Ostdeutschland die zentralistische Bevormundung von Kunst und Kultur ein Ende. Verbunden mit der wiedererrungenen Freiheit sowie mit der kulturpolitischen Neuordnung war allerdings auch der Wegfall der bis dahin einigermaßen gesicherten zentralen Finanzierung von kulturellen Einrichtungen. Auch die Gemeinden und Landkreise sahen sich vor neue Aufgaben gestellt. Vielerorts übernahmen die Kommunen die Trägerschaft für personalintensive kulturelle Einrichtungen und mussten daher für deren Betrieb die entsprechenden Kosten tragen. Selbst kleinere Kommunen unternahmen alle Anstrengungen, den Betrieb ihrer Theater und Orchester, deren Zuschussbedarf teilweise in zweistelliger Millionenhöhe lag, weiterhin aufrechtzuerhalten. Es ist nur verständlich, dass sie in den meisten Fällen damit überfordert waren. Ohne die Sonderprogramme des Bundes im Rahmen der „Übergangsfinanzierung Kultur" zu Beginn der neunziger Jahre hätte die Kulturlandschaft in Ostdeutschland irreparablen Schaden genommen. Aufgrund der Befristung dieser Programme entschloss sich Sachsen, das System zur Kulturförderung völlig neu zu gestalten und dabei ein eigenes sächsisches Modell zu entwickeln. Anfänglich als Theater- und Orchestergesetz konzipiert, nahm dieses Gesetz im Verlauf einer landesweiten öffentlichen Diskussion immer stärker die Gestalt einer Grundlage zur Förderung der Kultur in ihrer gesamten Breite und Vielfalt an. Kultur hat zum mutigen Bekenntnis zur gesellschaftlichen Wende, zur Erkenntnis der Lage, zum Sortieren der Weltsichten und dem politischen Verständnis der Dinge unendlich viel beigetragen. Jede Theateraufführung, jedes Jazzkonzert, jede sinfonische Darbietung, jedes Buch und jeder Film wurde auf politische Botschaften abgeklopft und abgehört. Das geheime Einverständnis des Publikums darüber, dass Kultur zum Kampfplatz und zum gewaltlosen Instrumentarium des Widerstandes gehörte, war allgemein. Das machte die Kultur zur Wendezeit aufregend, anregend und unverzichtbar.

Umso bedauerlicher ist es, dass es einige Zeit nach dem gemeinsamen politischen Neubeginn einen Rechtfertigungszwang für die Kultur gab, diesmal unter Notwendigkeitsfragen und betriebswirtschaftlichen Gesichtspunkten. Die Fragen nach der Finanzierbarkeit, nach eventuellen Doppelungen und scheinbar unpassenden Größen von Kultureinrichtungen schienen den Erfahrungen der Wende und frühen Nachwende geradezu Hohn zu sprechen und wurden dementsprechend wenig verstanden. Wenn heute über die Finanzierung von Kultur gesprochen wird, sollte dies nicht ausschließlich im Vergleich zu den westdeutschen Bundesländern geschehen. Die Erfahrung mit der Wende und die Spezifik ostdeutscher Kulturlandschaften darf, ja muss einen anerkannten eigenen Status begründen. Gemessen an den Erfahrungen aus der DDR und der Wendezeit, den Mühen des Aufbaus und den auszuhaltenden Spannungen für den Einzelnen und die Gesellschaft bleibt festzuhalten: die Sprengkraft von Kultur, aber auch ihre Integrationsfähigkeit, ist gar nicht zu überschätzen.

2. Politische Standpunkte

Im Jahr 1993 geschieht für die sächsische Kultur Bedeutsames. Die durch die politische Wende des Jahres 1989 erreichte Freiheit der Kunst und Kultur wurde nun in ein stabiles Netz eingespannt. Vorausgegangen war die Überlegung, wie man die reiche Kulturlandschaft des Freistaates Sachsen sichern, ja vielleicht sogar anreichern könne. Dabei hatten die „Macher" vor allem im Blick: Die Theater und Orchester Sachsens müssen eine gesicherte Zukunft haben. Das hieß natürlich, Mittel mussten dauerhaft bereitstehen. Die Erfahrung der Praxis zeigte, dass die Bemühungen der Träger, vor allem in den Städten und Gemeinden, also mit Ausnahme der staatlich getragenen Orchester und Bühnen, unter den sich entwickelnden finanziellen Zwängen einigen Gefahren ausgesetzt waren. Dabei war nicht etwa die Frage des Wollens das Problem, vielmehr zwangen die Aufgabenfülle und die gleichzeitig abnehmende Finanzierungsmasse die Kommunen zum Abwägen und Überlegen. Der in der Sache durchaus unfruchtbare Streit, ob Kultur eine pflichtige Aufgabe sei, erwies sich dabei als subtiles und dennoch fragwürdiges Geschäft.

2.1 „Naumann-Kommission"

Die sächsischen Kulturräume gehen auf eine politische Initiative des früheren Sächsischen Staatsministers für Wissenschaft und Kunst, Prof. Dr. Hans Joachim Meyer und die so genannte „Naumann-Kommission" zurück. Die achtköpfige, nach dem sächsischen Theaterreformator und Dresdner Hofkapellmeister Johann Gottlieb Naumann (1741–1801) benannte Expertenkommission war nach dem Vorbild von Evaluierungskommissionen im Hochschulbereich am 15. April 1992 durch den Staatsminister für Wissenschaft und Kunst, Prof. Dr. Hans Joachim Meyer, die kommunalen Spitzenverbände sowie den Landesverband Sachsen im Deutschen Bühnenverein mit der Analyse und Neustrukturierung der sächsischen Theaterlandschaft beauftragt worden. Der „Naumann-Kommission" gehörten an
Bernd Dieckmann, Kulturdezernent, Düsseldorf;
Cornelia Dümcke, Kulturökonomin, Berlin;
Karl-Heinz Klunker, Theaterkritiker im Deutschlandfunk, Köln;
Wolfgang Lange, Musiktheaterkritiker, Berlin;
Martin Linzer, Theaterkritiker, Berlin;
Horst Mesalla, Intendant des Schleswig-Holsteinischen Landestheaters;
Ernst Schönfelder, Orchesterdirektor der Staatsoper Hamburg und
Prof. Dr. Matthias Theodor Vogt, Theater und Wirtschaftsexperte, Rom.
Ausgangspunkt der Arbeit der „Naumann-Kommission" war die Feststellung, dass auf dem Gebiet des 1952 aufgelösten und 1990 wiedergegründeten Freistaates Sachsen mit rund 25 Theatern und TVK-Orchestern (Tarifvertrag für Kulturorchester) die weltweit höchste Dichte solcher Einrichtungen für 4,6 Millionen Einwohner zu verzeichnen war. Die „Naumann-Kommission" sah sich vor die Entscheidung gestellt, die Einrichtungen entweder nach dem

Vorbild der größten Teile Westeuropas in den oberzentralen Städten zu konzentrieren oder aber, im Wesentlichen ohne Vorbilder, für die Einrichtungen in den Mittelzentren eine Umlandmitfinanzierung zu erreichen. Zusammengefasst ging die „Naumann-Kommission" von folgenden Grundsatzempfehlungen aus: 1. Die sächsische Theater- und Orchesterlandschaft zählt zu den dichtesten der Welt. Angesichts der geringen Eigenwirtschaftskraft der Kommunen kann sie durch Sparen alleine nicht gerettet werden. Ein grundsätzliches Umdenken ist erforderlich. 2. Vorbedingung für alles Weitere ist die Einbindung der in der Sächsischen Verfassung verankerten „Kulturpflicht" in die Verwaltungsvorschriften. 3. Wir empfehlen den Zusammenschluss von Kreisen und Gemeinden zu Kulturräumen, um die Lasten gemeinsam zu tragen. 4. Besonderes Augenmerk muss dem grenzüberschreitenden Charakter der Kultur gelten, einerseits mit den angrenzenden Bundesländern, andererseits mit Polen und Böhmen als mitteleuropäischem Kulturraum. 5. Die Finanzierung der Kulturräume kann durch die Gründung gemeinsamer Kulturkassen aus Kreisumlagen und Landeszuschüssen gesichert werden. 6. Die derzeit oft zufällig erfolgte Rechtsträgerschaft zwischen Städten und Kreisen muss dringend geklärt werden. Hierbei kann die Rückführung in privatwirtschaftliche Strukturen zu erheblichen Einsparungen führen. Diese wäre allerdings derzeit tödlich, solange nicht Gemeinden, Kreise und Kulturräume Kultur als Pflichtaufgabe wahrnehmen. 7. Theater und Orchester werden auch nach der Reform das teuerste Kulturgut in Sachsen darstellen. Sie sollten eine Mantelfunktion für dezentrale Kulturarbeit übernehmen. Spitzenkultur bedarf einer überaus regen Laien- und Breitenkultur als Nährboden. 8. Eine Bundesförderung oder der von Staatsminister Meyer geforderte Sockelbetrag beim künftigen Länderfinanzausgleich sind solange unverzichtbar, wie die Eigenwirtschaftskraft der sächsischen Kommunen derjenigen in den alten Bundesländern nicht vergleichbar ist. 9. Die verschlissene Bausubstanz bedarf umfangreicher Investitionen. 10. Ein gravierender Schwachpunkt sind die geringe Eigenverantwortung und die mangelnde Flexibilität der kulturellen Einrichtungen, die sich aus dem Widerspruch zwischen öffentlich-rechtlich gewährter sozialer Sicherheit für die Mitarbeiter und dem Auftrag als Kunstproduzenten ergibt. Eine grundsätzliche Neuordnung der Tarifverträge ist umgehend zu verwirklichen.[1]

2.2 Sächsischer Kultursenat

Von Anfang an hat der Sächsische Kultursenat dem Kulturraumgesetz das allergrößte Interesse entgegengebracht. Der Sächsische Landtag beschloss am 22. April 1993 die Errichtung des Sächsischen Kultursenates durch den Freistaat Sachsen. Ihm gehören 24 vom Ministerpräsidenten zu berufende Persönlichkeiten an, die der Kunst und Kultur Sachsens verbunden sind, sowie drei vom Landtag gewählte Abgeordnete und je ein Vertreter des

---

[1] Vgl. Prof. Matthias Theodor Vogt (Hrsg.): Kulturräume in Sachsen, 2. Auflage, Leipzig 1996, S. 71.

Sächsischen Staatsministeriums für Wissenschaft und Kunst, des Sächsischen Staatsministeriums der Finanzen, des Sächsischen Städte- und Gemeindetages und des Sächsischen Landkreistages in beratender Funktion. Die Senatoren sind ehrenamtlich tätig.
Mitglieder des Gründungssenates waren folgende 24 Persönlichkeiten aus Kunst und Kultur Sachsens:
Dr. phil. Susanne Anna, Direktorin der Städtischen Kunstsammlungen Chemnitz;
Christian Baumgärtel, Domowina Bautzen;
Rüdiger Bloch, Intendant des Stadttheaters Freiberg;
Prof. Dr. phil. Renate Drucker, Ephraim Carlebach Stiftung Leipzig;
Ulf Großmann, Kulturdezernent der Kreisfreien Stadt Görlitz;
Prof. Ludwig Güttler, Dresden;
Sieglinde Hamacher, Dresden;
Prof. Bernd Jentzsch, Euskirchen;
Dr. phil. Rolf Magerkord, Oberbürgermeister der Kreisfreien Stadt Plauen;
Dr. phil. Gerd Nauhaus, Direktor des Robert Schumann Hauses Zwickau;
Rainer Petrovsky, Geschäftsführer des Kabaretts „Herkuleskeule" Dresden;
Andreas Richter, Sächsische Landesanstalt für privaten Rundfunk und neue Medien, Dresden;
Dr. phil. Bernd Schöne, Projektgruppe Sächsische Volkskunde Dresden;
Arndt Schultheiß, Leipzig;
Dr. theol. Siegfried Seifert, Ordinariatsrat am Bischöflichen Ordinariat Bautzen;
Dr. phil. Klaus Stiebert, Literaturbeauftragter der evangelischen Kirche;
Gerald Stier, Organist, Dresden;
Rolf Stiska, Intendant der Städtischen Theater Chemnitz;
Jörg Stüdemann, Leiter des Film-, Medien- und Kulturhauses Pentacon, Dresden;
Gunter Weigel, Dezernent für Wirtschaftsförderung im Landratsamt Annaberg;
Dr. phil. Klaus Werner, Geschäftsführendes Vorstandsmitglied des Fördervereins der Leipziger Galerie für zeitgenössische Kunst, Leipzig;
Mathias Wild, Evangelisch-Lutherische Kirchgemeinde St. Pauli Kreuz Chemnitz;
Hubert Witt, Leipzig;
Prof. Udo Zimmermann, Intendant der Oper Leipzig.
Zudem gehörten folgende drei vom Landtag gewählte Abgeordnete dem Gründungssenat an:
Dr. Uwe Grüning, MdL,
Dr. Ingo Zimmermann, MdL,
Benedikt Dyrlich, MdL.
Außerdem waren das Sächsische Staatsministerium für Wissenschaft und Kunst, das Sächsische Staatsministerium der Finanzen, der Sächsische Städte- und Gemeindetag und der Sächsische Landkreistag durch folgende Personen vertreten:
Dr. Reiner Zimmermann, Sächsisches Staatsministerium für Wissenschaft und Kunst;

Gerd Mende, Sächsisches Staatsministerium der Finanzen;
Oberbürgermeister der Landeshauptstadt Dresden Dr. Herbert Wagner,
Sächsischer Städte- und Gemeindetag;
Landrat Christian Otto, Landkreis Zwickauer Land, Sächsischer Landkreistag;
Oberbürgermeister Christian Schramm, Große Kreisstadt Bautzen (seit 1996)

Aufgabe des Sächsischen Kultursenates ist es, die sächsischen Kulturinteressen auf der Ebene des Landes und der Kommunen unter dem Gesichtspunkt der Vielfalt und der Regionalität zu vertreten. Er hat insbesondere die Aufgabe, zu grundlegenden kulturpolitischen Fragen Stellung zu nehmen. Der Kultursenat begleitet die Förderpolitik des Landes und der Kommunen für Kunst und Kultur beratend und spricht Empfehlungen über inhaltliche oder regionale Schwerpunktsetzungen aus. Er nimmt zudem den Jahresbericht der Kulturstiftung des Freistaates Sachsen über die Erfüllung des Stiftungszwecks zur Kenntnis und gibt hierzu eine Stellungnahme ab. Der Kultursenat verfügt über keinen eigenen Haushalt. Seine Funktion besteht allein im Bereich der Beratung.

Im Kultursenat sprachen sich die Senatoren wie auch die Landtagsabgeordneten aller Parteien und andere Vertreter für das Gesetz aus. In der Folge hat sich der Senat immer wieder mit der Ausgestaltung, der Wirkung und der Weiterführung des Kulturraumgesetzes beschäftigt. Insbesondere die Höhe der zur Verfügung stehenden Mittel löste immer wieder Diskussionen und Bewertungen aus. Insgesamt hat der Senat sich dafür engagiert, eine Dynamisierung der Mittel zu erreichen. Dies ist wegen der prekären Situation der Einnahmen des Freistaates Sachsen jedoch nicht gelungen. Es darf jedoch als Erfolg verbucht werden, dass bei aller Kürzung an anderer Stelle die Mittel im Kulturraumgesetz bisher in der vereinbarten Höhe von rund 76,7 Millionen Euro (ab 2005 in Höhe von rund 86,7 Millionen Euro) bereitstehen.

2.3 Die Sicht der kommunalen Spitzenverbände

Den Kommunen kam es, wie bei allen Gesetzen und Verordnungen, darauf an, die Notwendigkeit der geordneten Kulturfinanzierung und das Prinzip der kommunalen Selbstverwaltung unter einen Hut zu bringen. Jedem kommunalpolitisch Verantwortlichen war an der Erhaltung der kulturellen Leitung gelegen. Allerdings war durch die Haushaltlage auch eine natürliche Begrenzung der Ressourcen gegeben. In dem nachfolgend aufgeführten Beschlusstext werden die grundsätzlichen Gedanken des Sächsischen Städte- und Gemeindetages deutlich. In einer gemeinsamen Präsidiumssitzung am 29. März 1993 von Sächsischem Städte- und Gemeindetag sowie Sächsischem Landkreistag wurden die nachfolgenden sechs Forderungen formuliert, die dem Sächsischen Staatsministerium für Wissenschaft und Kunst übermittelt wurden. 1. Der Freistaat Sachsen möge sich gegenüber dem Bund dafür einsetzen, dass dessen Übergangsfinanzierung für die Kultur in Sachsen auch 1994 und über 1994 hinaus fortgesetzt wird – und zwar mindestens so lange, bis der Länderfinanzausgleich wirksam geworden ist. 2. Der Freistaat

Sachsen wird aufgefordert, den Kommunen weitere Finanzhilfen für die Kulturförderung zur Verfügung zu stellen, die zur Schließung der Lücken dienen sollen, die durch ein Auslaufen der Bundesförderung entstehen. Es wird seitens der Kommunen erwartet, dass das Sächsische Staatsministerium für Wissenschaft und Kunst bis spätestens 15. Mai 1993 verbindlich seine Bereitschaft erklärt, die durch ein Auslaufen der Bundesförderung entstehenden Finanzierungslücken zu schließen. Bis zu diesem Zeitpunkt wird auch ein Bekenntnis der Sächsischen Staatsregierung darüber erwartet, wie sich die finanzielle Förderung der sächsischen Kulturlandschaft durch den Freistaat Sachsen ab 1994 gestalten soll. 3. Das Sächsische Staatsministerium für Wissenschaft und Kunst wird aufgefordert, sich an der Erarbeitung und Finanzierung von Sozialplänen zu beteiligen, die bei Umstrukturierungsmaßnahmen im Personalbereich der Kulturszene erforderlich werden. 4. Es wird seitens der sächsischen Kommunen die Verabschiedung eines Sächsischen Kulturraumgesetzes gefordert. In diesem Gesetz sollte die in der Landesverfassung verankerte Verpflichtung des Landes zur Kultur zum Ausdruck gebracht werden. Eine Finanzierungsbeteiligung des Landes außerhalb und zusätzlich zum Finanzausgleich ist darin in angemessenem Umfang festzuschreiben. 5. Weiterhin wird die Einführung eines Kulturlastenausgleichs gefordert, der zu einer gleichmäßigen und gerechten Verteilung der Ausgaben für den Kulturbereich führen soll. 6. Das Sächsische Staatsministerium für Wissenschaft und Kunst wird aufgefordert, ein Bekenntnis zu Kulturregionen und Kulturräume abzugeben, die im Einzelnen festzulegen sind. Soweit der Grundsatzbeschluss der beiden kommunalen Spitzenverbände.

Die weiteren Diskussionen im Präsidium und Landesvorstand des Sächsischen Städte- und Gemeindetages gestalteten sich wie folgt. Am 22. Juni 1993 fasste das Präsidium den Beschluss: „Die Mitglieder des Präsidiums sprechen sich grundsätzlich für ein Kulturraumgesetz aus. Das vorgeschlagene Kulturraumgesetz wird jedoch abgelehnt, da nach den bisherigen Aussagen der Freistaat Sachsen nicht bereit ist, sich an der Finanzierung der Aufgabe Kultur in angemessenem Umfang (mindestens 33 1/3 %) zu beteiligen, wobei die Zuschüsse des Bundes vor Ermittlung der noch zu verteilenden Kosten als Vorwegabzug zu behandeln und danach die Höhe des Landeszuschusses zu bemessen ist. Auf der Grundlage des Gutachtens von Prof. Ossenbühl muss die Angelegenheit neu diskutiert werden." Dem schloss sich der Landesvorstand am 25. Juni 1993 an, was am 7. und 17. September vom Präsidium bzw. vom Landesvorstand durch weitere Beschlüsse bekräftigt wurde.

3. Das Kulturraumgesetz

3.1 Die Entstehung des Kulturraumgesetzes

Das Gesetzgebungsverfahren gestaltete sich wie folgt. Die erste Lesung des Gesetzentwurfes der Staatsregierung vom 8. September 1993 fand am

17. September 1993 statt. Am 9. Dezember 1993 folgten die Beschlussempfehlung und der Bericht des Ausschusses für Kultur und Medien: „Der Ausschuss für Kultur und Medien hat in seinen planmäßigen Sitzungen am 4. November 1993 und 2. Dezember 1993 über den Gesetzentwurf beraten. Den Beratungen ging eine öffentliche Anhörung des Ausschusses zu dem Gesetzentwurf am 30. September 1993 voraus. Die Stellungnahmen des mitberatenden Haushalts- und Finanzausschusses und des Innenausschusses liegen vor. Die einzelnen Fraktionen haben bei ihrer Meinungsbildung zum Gesetzentwurf die Stellungnahmen der kommunalen Spitzenverbände im Freistaat Sachsen herangezogen. Über die Notwendigkeit einer gesetzlichen Regelung zur Substanzerhaltung und strukturellen Weiterentwicklung der traditionsreichen sächsischen Kulturlandschaft nach Abschluss der Übergangsfinanzierung gemäß Artikel 35 des Einigungsvertrages im Rahmen einer zeitlich befristeten Übergangsregelung bestand zwischen den Fraktionen Einvernehmen. Die Bildung von Kulturzweckverbänden in den ländlichen Kulturräumen zur subsidiären Unterstützung kommunaler Kultureinrichtungen und Maßnahmen von regionaler Bedeutung auf gesetzlicher Grundlage ist eine genuin sächsische Lösung. Kultur ist gerade in den ländlichen Räumen ein entscheidender Identitäts- und Wirtschaftsfaktor. Die Aufgaben der Kulturpflege und -förderung werden durch das Gesetz zur Pflichtaufgabe für die kommunalen Gebietskörperschaften erklärt. Die Präambel schreibt die Grundsätze fest, von denen das Gesetz ausgeht. Hier hat der Ausschuss einstimmig die Erwartung aufgenommen, „dass die Kulturräume bürgernahe, effiziente und wandlungsfähige Strukturen schaffen". Über die meisten Änderungsanträge zum Regierungsentwurf wurde in weitgehender Übereinstimmung entschieden. Der Bericht kann sich deshalb auf die Darstellung der wesentlichen Differenzauffassungen beschränken. In § 4 Abs. 3 des Gesetzentwurfes konnte die Opposition den Änderungsantrag der CDU-Fraktion nicht mittragen, wonach dem Kulturkonvent die Landräte und Oberbürgermeister der Mitglieder des Kulturraums als stimmberechtigte Mitglieder, die von den Kreistagen und Stadträten der Mitglieder des Kulturraums entsandten Vertreter sowie der Vorsitzende des Kulturbeirates als Mitglieder mit beratender Stimme angehören sollen. Abstimmungsergebnis: 9/5/0. Bei der Beratung des § 6 des Gesetzentwurfes (Sächsischer Kulturlastenausgleich) bestand die einvernehmliche Auffassung, dass die allgemeine Kunst- und Kulturförderung des Freistaates Sachsen von diesem Gesetz unberührt bleibt. Keine Einigung konnte über die im Gesetz festzuschreibende Höhe der Zuwendungen des Freistaates Sachsen zur Förderung der Kulturpflege erzielt werden. Während die SPD-Fraktion zwar die Festsetzung einer Mindesthöhe der Staatszuwendungen ausdrücklich guthieß, bestand sie andererseits auf der Festsetzung dieses Sockelbetrags in Höhe von 200 Millionen DM. Die CDU-Fraktion hielt demgegenüber an einem Sockelbetrag von 150 Millionen DM fest, wie es der Haushalts- und Finanzausschuss in seiner Stellungnahme empfohlen hat. Der CDU-Antrag fand die Mehrheit mit 10/2/1. Einzig dieser Dissenspunkt, der sich aber nicht als gravierend bewerten lässt, insofern es dem Landtag freisteht, in der jährlichen Haushaltsgesetzgebung über den Mindestbetrag hinauszugehen, veranlasste die Vertreter der SPD-Fraktion, sich in der Schlussabstimmung zur

Beschlussempfehlung der Stimme zu enthalten. Abstimmungsergebnis der Schlussabstimmung: 11/0/3. Der Berichterstatter weist noch darauf hin, dass die beiden Anlageblätter zum Gesetz (Nennung der den einzelnen Kulturräumen zugeordneten Landkreise/Karte der Kulturräume in Sachsen) Bestandteil der Beschlussempfehlung sind."
Änderungsanträge zum Gesetzentwurf wurden von den Fraktionen der CDU, SPD und vom Bündnis 90/Grüne gestellt. Die zweite Lesung des Gesetzentwurfs erfolgte am 16. Dezember 1993 und die dritte Lesung am 17. Dezember 1993. Das Gesetz über die Kulturräume in Sachsen (Sächsisches Kulturraumgesetz – SächsKRG) wurde nach intensiver Diskussion nicht nur der politischen Verantwortungsträger, sondern auch der Künstler sowie Bürgerinnen und Bürger am 17. Dezember 1993 vom Sächsischen Landtag ohne Gegenstimmen und für eine Laufzeit von zehn Jahren verabschiedet und trat am 1. August 1994 in Kraft. Haushaltswirksam wurde das Gesetz zum 1. Januar 1995.

3.2 Der Gesetzesinhalt

Zunächst soll ein kurzer Überblick über den Inhalt des Kulturraumgesetzes gegeben werden. Im Folgenden wird auf die einzelnen Regelungen näher eingegangen.
Präambel: In der Präambel zum Kulturraumgesetz bringt der Gesetzgeber seine Erwartung zum Ausdruck, dass in den Kulturräumen bürgernahe, effiziente und finanzierbare neue Organisations- und Leistungsstrukturen geschaffen werden.
§ 1 Bildung der Kulturräume: Mit dem Kulturraumgesetz werden acht ländliche Kulturräume, nämlich die Kulturräume Vogtland, Zwickauer Raum, Erzgebirge, Mittelsachsen, Leipziger Raum, Elbtal, Sächsische Schweiz/Osterzgebirge sowie Oberlausitz-Niederschlesien, als Pflichtzweckverbände gebildet. Pflichtmitglieder sind die Landkreise und die Kreisfreien Städte Görlitz, Hoyerswerda, Plauen und Zwickau. Daneben erklärt das Gesetz die Kreisfreien Städte Chemnitz, Leipzig und Dresden zu urbanen Kulturräumen.
§ 2 Zielsetzung: Die Kulturräume haben die Aufgabe, die Träger der kommunalen Kulturpflege bei ihren Aufgaben von regionaler Bedeutung, insbesondere bei deren Finanzierung und Koordinierung, zu unterstützen. Dabei verwaltet der Kulturraum seine Angelegenheiten im Rahmen der Gesetze in eigener Verantwortung. Zudem definiert § 2 die Kulturpflege als Pflichtaufgabe der Gemeinden und Landkreise.
§ 3 Sachlicher Geltungsbereich: Es werden kulturelle Einrichtungen und Maßnahmen von regionaler Bedeutung sowie Musikschulen, unabhängig von ihrer Trägerschaft und Rechtsform, auf Beschluss des Kulturkonventes nach Maßgabe der verfügbaren Finanzmittel unterstützt.
§ 4 Organe der ländlichen Kulturräume: Organe der ländlichen Kulturräume sind der Kulturkonvent, der Vorsitzende des Kulturkonventes und der Kulturbeirat.

§ 5 Organe der urbanen Kulturräume: Die Aufgaben nach diesem Gesetz werden von den Organen der Gemeinde wahrgenommen. Der Stadtrat soll einen Kulturbeirat mit beratender Aufgabe berufen.
§ 6 Sächsischer Kulturlastenausgleich: Es ist ein Kulturlastenausgleich dergestalt vorgesehen, dass die Kulturräume zur Förderung der Kulturpflege Zuwendungen des Freistaates Sachsen nach Maßgabe des jährlichen Staatshaushaltsplanes und des sächsischen kommunalen Finanzausgleichsgesetzes in Höhe von 150 Millionen DM, also jetzt rund 76,7 Millionen Euro, erhalten.
§ 7 Kulturkasse: Zur Bewirtschaftung seiner Finanzmittel führt der Kulturraum eine Kulturkasse beim Vorsitzenden des Kulturkonventes.
§ 8 Rechtsaufsicht: Rechtsaufsichtsbehörde über die Kulturräume ist das Sächsische Staatsministerium für Wissenschaft und Kunst.
§ 9 Erlass von Verwaltungsvorschriften: Das Sächsische Staatsministerium für Wissenschaft und Kunst erlässt die zur Durchführung dieses Gesetzes notwendigen Verwaltungsvorschriften im Einvernehmen mit dem Sächsischen Staatsministerium der Finanzen.
§ 10 In-Kraft-Treten und Außer-Kraft-Treten: Das Kulturraumgesetz ist am 1. August 1994 in Kraft getreten und wird derzeit am 31. Dezember 2007 außer Kraft treten.

3.3 Die Kulturräume und ihre Territorien

Für den Freistaat Sachsen wurden im Gesetz insgesamt elf Kulturräume festgelegt. Neben den ländlichen acht Kulturräumen Vogtland, Zwickauer Raum, Erzgebirge, Mittelsachsen, Leipziger Raum, Elbtal, Sächsische Schweiz/Osterzgebirge sowie Oberlausitz-Niederschlesien stehen die drei urbanen Kulturräume Chemnitz, Leipzig und Dresden. Die Kulturräume setzen sich aus folgenden Mitgliedern zusammen:
Kulturraum Vogtland: Vogtlandkreis, Kreisfreie Stadt Plauen;
Kulturraum Zwickauer Raum: Landkreis Chemnitzer Land, Landkreis Zwickauer Land, Kreisfreie Stadt Zwickau;
Kulturraum Erzgebirge: Landkreis Annaberg, Landkreis Aue-Schwarzenberg, Mittlerer Erzgebirgskreis, Landkreis Stollberg;
Kulturraum Mittelsachsen: Landkreis Döbeln, Landkreis Freiberg, Landkreis Mittweida;
Kulturraum Leipziger Raum: Landkreis Delitzsch, Landkreis Leipziger Land, Muldentalkreis, Landkreis Torgau-Oschatz;
Kulturraum Elbtal: Landkreis Meißen, Landkreis Riesa-Großenhain;
Kulturraum Sächsische Schweiz/Osterzgebirge: Landkreis Sächsische Schweiz, Weißeritzkreis;
Kulturraum Oberlausitz-Niederschlesien: Landkreis Bautzen, Landkreis Kamenz, Landkreis Löbau-Zittau, Niederschlesischer Oberlausitzkreis, Kreisfreie Stadt Görlitz, Kreisfreie Stadt Hoyerswerda;
Kulturstadt Chemnitz
Kulturstadt Leipzig
Kulturstadt Dresden

Die gerettete Kultur – Sachsens Kulturräume

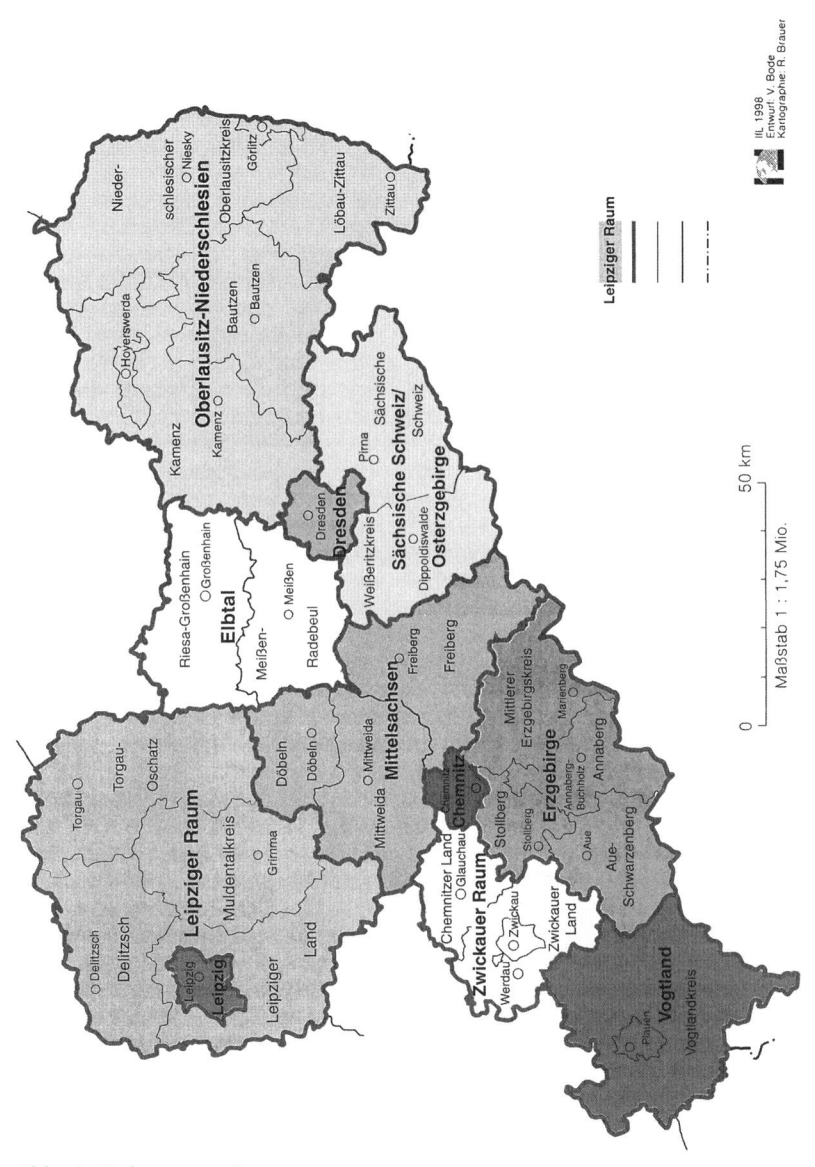

Abb. 1: Kulturräume[2]

---

2 Sächsisches Staatsministerium für Wissenschaft und Kunst (Hrsg.): Kulturförderung – Das Handbuch, Redaktion Tobias J. Knoblich, Dresden 2000, Umschlagseite.

Christian Schramm

Die Entwicklung der Einwohnerzahlen in den einzelnen Kulturräumen im Vergleich der Jahre 1995, 2001 und 2005 stellt sich wie folgt dar:

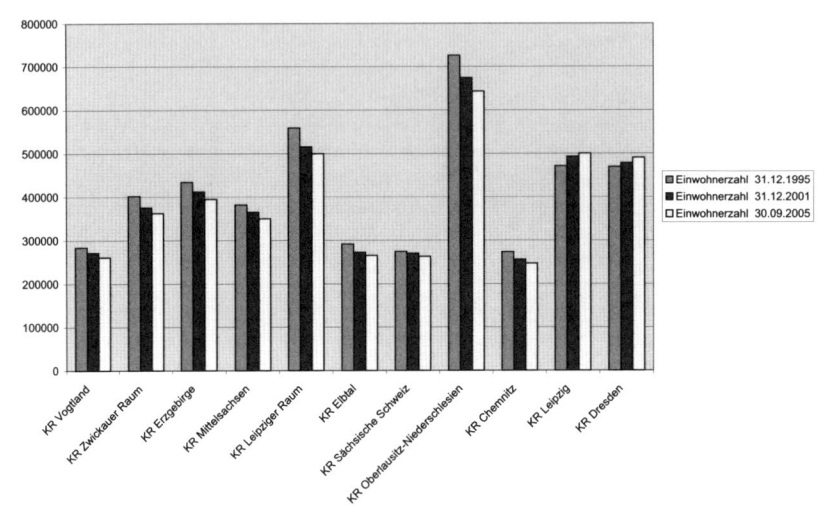

Abb. 2: Einwohner 1995/2001/2005 [3]

3.4 Die Organisation der ländlichen Kulturräume

Organe der ländlichen Kulturräume sind der Kulturkonvent, dessen Vorsitzender und der Kulturbeirat. Wichtigstes Organ ist der Kulturkonvent. Ihm gehören die Landräte und die Oberbürgermeister der Mitglieder des Kulturraums sowie jeweils zwei von den Kreistagen bzw. Stadträten der Mitglieder gewählte Vertreter sowie der Vorsitzende des Kulturbeirates als Mitglieder mit beratender Stimme an. Die Mitglieder des Kulturkonventes sind ehrenamtlich tätig. Zu den Aufgaben des Kulturkonventes gehören insbesondere der Erlass der Satzung des Kulturraumes, die Feststellung des jährlichen Finanzbedarfes, die Finanzplanung, die Aufstellung der Förderliste, die Festsetzung der jährlichen Höhe der Kulturumlage, die Mittelverteilung und der Jahresabschluss. Der Vorsitzende des Kulturkonventes und mindestens ein Stellvertreter werden vom Kulturkonvent aus der Mitte der im Kulturkonvent vertretenen Landräte und Oberbürgermeister gewählt. Der Vorsitzende des Kulturkonventes führt die laufenden Geschäfte des Kulturraumes und vertritt ihn nach außen. Als Besonderheit sieht § 4 Abs. 4 des Kulturraumgesetzes vor, dass die Belange des sorbischen Volkes durch die Stiftung für

---

[3] Zuarbeit des Sächsischen Staatsministeriums für Wissenschaft und Kunst, Referat 2.3.

Kulturräume in Sachsen

Ausführliches Organigramm der ländlichen Kulturräume

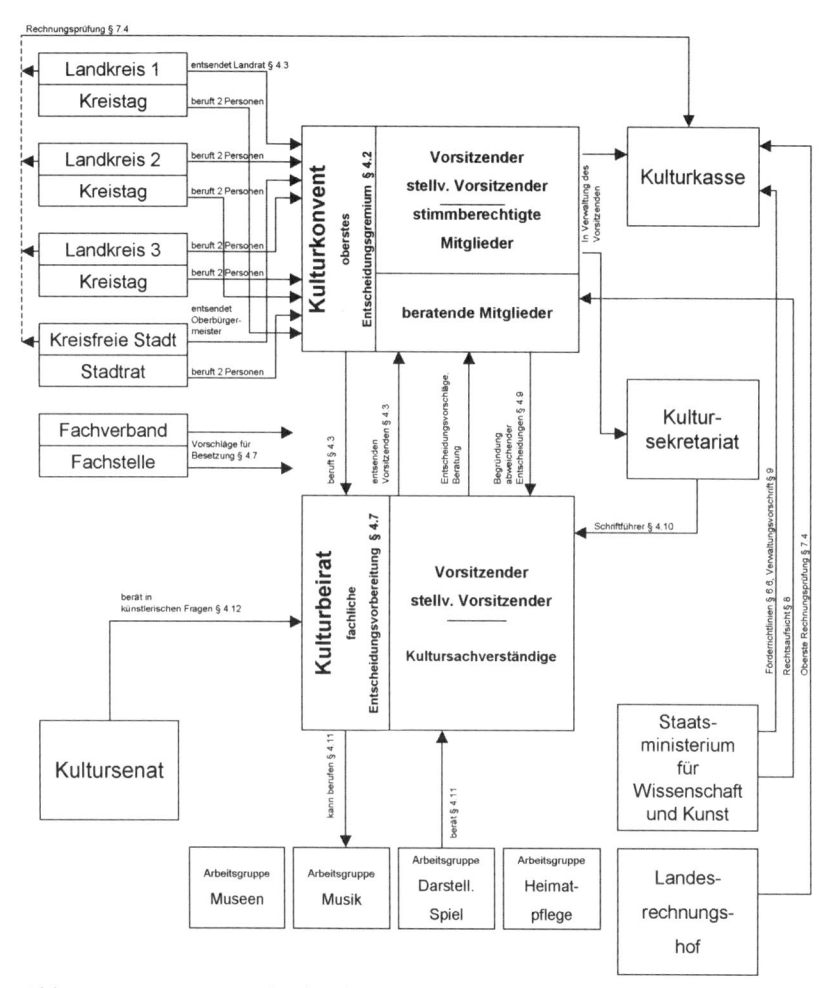

Abb. 3: Organigramm der ländlichen Kulturräume[4]

das sorbische Volk vertreten werden. Sie erhält Sitz und Stimme im Kulturkonvent Oberlausitz-Niederschlesien. Für die Geschäftsführung des Kulturraumes ist ein Kultursekretariat eingerichtet, das vom Vorsitzenden des

---

4 Vogt (Hrsg.) (1996), S. 50

Christian Schramm

Konvents geleitet wird und de facto aus Teilen seiner eigenen Kommunalverwaltung besteht. Dafür erhält der Landkreis oder die Kreisfreie Stadt einen Ausgleich vom Kulturraum. Ferner werden Sachverständige nach angemessener Verteilung der im Kulturraum vertretenen kulturellen Sparten in einen ehrenamtlich tätigen Kulturbeirat einberufen. Der Kulturbeirat berät den Kulturkonvent und unterbreitet ihm Entscheidungsvorschläge, an die dieser jedoch nicht gebunden ist. Der Kulturbeirat kann, gegebenenfalls auch im Zusammenwirken mit den Kulturbeiräten anderer Kulturräume, Arbeitsgemeinschaften für einzelne Kultursparten bilden, die den Kulturbeirat bei dessen Arbeit unterstützen und dessen Beschlüsse vorbereiten. Die Mitglieder der Arbeitsgemeinschaften sind ehrenamtlich tätig. Landesweit wirken in den Facharbeitsgruppen ca. 800 Bürger an den Förderentscheidungen der Konvente mit.

3.5 Einzelfragen

3.5.1 Pflichtaufgabe Kultur?

Anknüpfend an die Tradition des Freistaates Sachsen als Kulturland legt die Sächsische Verfassung vom 27. Mai 1992 in Art. 1 Satz 2 fest, dass Sachsen ein der Kultur verpflichteter sozialer Rechtsstaat ist. Folgerichtig bekennt sich der Freistaat Sachsen dazu, das kulturelle und künstlerische Schaffen zu fördern (Art. 11 Sächsische Verfassung). Der Sächsische Landtag hat somit mit der Schaffung des Kulturraumgesetzes einen wesentlichen Beitrag zur Erfüllung des in Art. 1 Satz 2 und Art. 11 der Sächsischen Verfassung formulierten Staatszieles geleistet. Durch die Einrichtung der Kulturräume wurde diese Verpflichtung konkretisiert. Die Kulturpflege wird in § 2 des Kulturraumgesetzes einmalig in der Bundesrepublik Deutschland als eine Pflichtaufgabe der Gemeinden und Landkreise festgeschrieben. Damit ist geklärt, dass die Erfüllung kultureller Aufgaben haushaltsrechtlich den gleichen Rang genießt wie andere Felder der kommunalen Daseinsvorsorge, also etwa die Ver- und Entsorgung. Ein direkter Anspruch des einzelnen Bürgers auf eine bestimmte Anzahl von Theateraufführungen oder Musikschulkursen lässt sich daraus natürlich nicht ableiten. Die Gemeinderäte und Kreistage sind in ihrer Entscheidung frei, die Finanzmittel für die Kulturpflege festzulegen. Die Stimme der Kultur hat durch die Aufwertung zur Pflichtaufgabe aber an Bedeutung gewonnen.
Ein von der Sächsischen Staatsregierung im Jahr 2001 in Auftrag gegebenes Rechtsgutachten kommt hinsichtlich der gesetzlichen Pflichtmitgliedschaft in den Kulturräumen zu dem Ergebnis, dass die entsprechende Regelung des Kulturraumgesetzes mit der verfassungsrechtlich garantierten kommunalen Selbstverwaltung in Einklang steht. Das Gutachten stellt fest, dass ein Aufgabenentzug nicht vorliegt, weil der Aufgabenbereich der Kommunen durch das Kulturraumgesetz nicht berührt wird. Die Kulturpflege verbleibt als Ganzes in kommunaler Kompetenz. Die Kulturräume haben lediglich die Aufgabe, die Gemeinden und Landkreise bei der Kulturpflege zu unterstüt-

zen. Aus Sicht des Gutachtens liegt auch keine Aufgabenübertragung vor, weil sich die kommunale Kulturpflicht bereits aus der Sächsischen Verfassung ergibt, die nicht nur den Freistaat Sachsen zur Kulturpflege verpflichtet, sondern ebenso die kommunale Ebene. Hinsichtlich der finanziellen Konsequenzen vertritt das Gutachten den Standpunkt, dass den Kommunen durch das Kulturraumgesetz keine neuen Aufgaben übertragen werden. Deshalb komme ein Mehrbelastungsausgleich nicht in Betracht.
Für die meisten in der Kultur Tätigen und an Kultur Interessierten wirkte das Kulturraumgesetz dennoch wie die Verpflichtung, unter allen Umständen den Erhalt der Kulturangebote zu betreiben. Gleichwohl ist im Falle einer Feststellung der zuständigen kommunalen Gebietkörperschaften, einzelne kulturelle Unternehmungen oder Institutionen nicht mehr finanzieren zu können, oder gar im Ernstfall einer Haushaltkonsolidierung, eine Entscheidung zu treffen und unter Umständen die Aufgabe beendet. Von einer unabdingbaren Pflichtaufgabe kann also im strengen kommunalrechtlichen Sinne nicht die Rede sein. Im Falle einer Konsolidierung kommunaler Haushalte musste und muss der Bereich der Kultur wie alles andere auf den Prüfstand gestellt werden. Die Wirksamkeit ist aber einerseits in der klaren politischen und moralischen Absicht und andererseits in der klaren öffentlichen Akzentuierung begründet und wichtig.

3.5.2 Evaluierung des Kulturraumgesetzes

Die Gemeinsame Kommission zur Verteilung und Verwendung der Mittel aus dem Kulturlastenausgleich, bestehend aus Vertretern der kommunalen Spitzenverbände, des Sächsischen Staatsministeriums für Wissenschaft und Kunst, des Sächsischen Staatsministeriums der Finanzen und des Sächsischen Staatsministeriums des Innern, erteilte dem ifo Institut für Wirtschaftsförderung München in Zusammenarbeit mit der Firma Radermacher & Partner Berlin den Auftrag, ein Gutachten zur Verteilung und Verwendung der Mittel aus dem Kulturlastenausgleich zu erarbeiten, in dessen Ergebnis Vorschläge für Anreize zu wirtschaftlichem Verhalten der Kultureinrichtungen im Rahmen der Verwaltungsvorschriften sowie für die Modifizierung der Förderrichtlinie Kulturräume unterbreitet werden sollten. Vertragspartner war der Sächsische Städte- und Gemeindetag. Die Kosten wurden zu 100 % vom Sächsischen Staatsministerium der Finanzen getragen.
Im Nachfolgenden sollen die wesentlichen Ergebnisse des Gutachtens dargestellt werden. Die Unternehmen untersuchten zwei ländliche (Erzgebirge, Oberlausitz/Niederschlesien) und zwei urbane Kulturräume (Chemnitz, Leipzig). Die Untersuchung sollte sich zum einen an den Zielen des Kulturraumgesetzes orientieren, nämlich erstens der Herstellung neuer, finanzierbarer Organisations- und Leistungsstrukturen, zweitens der Schaffung bürgernaher, effizienter und wandlungsfähiger Strukturen im Kulturbereich und drittens der Sicherung der kulturellen Vielfalt und kulturellen Grundversorgung der Bevölkerung in allen Regionen Sachsens. Zum anderen konzentrierte sie sich auf die Frage der Bündelung der Mittel auf Einrichtungen und Maßnahmen von regionaler Bedeutung. Die im Rahmen der Untersuchung

befragten Kulturkonvents- und Kulturbeiratsmitglieder der ausgewählten Kulturräume bewerteten das Kulturraumgesetz grundsätzlich positiv. Die Mittelvergabe und die Zusammenarbeit der Kulturräume mit dem Ministerium wurden jedoch als verbesserungswürdig angesehen. Im Ergebnis der Untersuchungen wurde festgestellt, dass das Gewicht der Förderung besonders im Bereich der kostenintensiven Sparten Theater und Orchester liegt. Hinsichtlich des ersten Zieles des Kulturraumgesetzes war feststellbar, dass in den urbanen Kulturräumen die Bemühungen um Strukturverbesserungen und Effizienzsteigerungen nicht direkt dem Kulturraumgesetz zuzuschreiben sind, sondern vielmehr den negativen Entwicklungen kommunaler Haushalte. Der Wettbewerb um kommunale Mittel zwischen den einzelnen Aufgabengebieten wurde verschärft. Es wurde darüber hinaus aber auch sichtbar, dass in den ländlichen Kulturräumen regional nicht bedeutsame Objekte gefördert wurden und somit der geforderte Reformprozess als nicht ausreichend bezeichnet wurde. Möglichkeiten der Verbesserung der Effektivität sahen die Gutachter in der Festlegung einer Mindestquote von Eigeneinnahmen bei der Feststellung der Bedarfsgröße der einzelnen Kulturräume. Dies wurde bereits in den mit Wirkung vom 1. Januar 1997 in Kraft getretenen Regelungen in der Verwaltungsvorschrift zum Kulturraumgesetz für das Jahr 1996 umgesetzt, indem eine fiktive Mindestquote von 15 % Eigeneinnahmen bei der Feststellung der Bedarfsgröße der einzelnen Kulturräume festgelegt wurde. Dies, kombiniert mit der Neuregelung, dass der Zuschussbedarf (und nicht die Gesamtausgaben) in den Kulturlastenausgleich eingeht, sahen die Gutachter als wichtige Voraussetzung für positive Leistungsanreize. Denn für die Kulturräume, deren regional bedeutsame Kultureinrichtungen und -projekte ihre laufenden Kosten nicht zumindest zu 15 % durch Eigeneinnahmen decken, werden die Landeszuweisungen verringert.

Da die Einnahmesituation in den einzelnen Sparten im Verhältnis zu den Ausgaben sehr unterschiedlich ist, wurde vom Sächsischen Städte- und Gemeindetag stets gefordert, einen praxisgerechteren Maßstab zu finden. Die kommunalen Spitzenverbände wurden aber nicht ausreichend in die Erarbeitung dieser neuen Verwaltungsvorschrift einbezogen. Der Hinweis, diese Neuregelung erst dann aufzunehmen, wenn die Ergebnisse des Gutachtens vorliegen, wurde vom Sächsischen Staatsministerium für Wissenschaft und Kunst zunächst nicht berücksichtigt. Im Zuge der Modifizierung der Verwaltungsvorschrift zum Kulturraumgesetz für das Jahr 1998 erfolgte dann aber eine Abstimmung mit den kommunalen Spitzenverbänden, in deren Ergebnis die Anregungen der kommunalen Spitzenverbände mit eingearbeitet wurden. Der Sächsische Städte- und Gemeindetag hatte stets darauf hingewiesen, dass ein effektiver Mitteleinsatz durch die bestehenden Planungsunsicherheiten kaum möglich ist. Dies wurde nunmehr auch von Seiten der Gutachter bestätigt. Sie teilten diese Ansicht, dass für ein wirtschaftliches Verhalten alle Maßnahmen von besonderer Bedeutung sind, die eine mittelfristige Planungssicherheit geben ebenso wie Maßnahmen, die Anstrengungen zu wirtschaftlichem Verhalten belohnen. Die Gutachter regten an, festbetragsähnliche Regelungen zu treffen. Diese müssten jedoch auch die im sächsischen Haushaltsrecht angelegte Flexibilität ermöglichen. In der Verwaltungsvorschrift zum Kulturraumgesetz für das Jahr 1998 wurden diese

Forderungen durch die Einführung einer Festbetragsfinanzierung und die Bildung eines Strukturfonds in Höhe von ca. 1,5 Millionen Euro berücksichtigt. Das Gutachten zeigte deutlich, dass man die Konsequenzen aus dem Kulturraumgesetz in den urbanen und in den ländlichen Kulturräumen nicht gleich bewerten kann, da es insbesondere in Hinblick auf die spezifischen Voraussetzungen und Erfordernisse der ländlichen Kulturräume konzipiert war.

Für die urbanen Räume erschien es den Gutachtern nicht sinnvoll, präzise Vorgaben zu Entscheidungsgrundlagen und -prozessen, die sich an den Erfordernissen des Kulturraumgesetzes orientieren, zu machen. Sie stellten fest, dass die negative Entwicklung der kommunalen Haushalte und die Begrenzung des zu verteilenden Volumens an Kulturraummitteln einen erhöhten Rechtfertigungsdruck für die kommunalen Kulturausgaben bedingen werden, die sich in der kommunalpolitischen Auseinandersetzung an der Dringlichkeit anderer Aufgaben werden messen lassen müssen. Diesem wachsenden Rechtfertigungsdruck könnten die Kulturinstitutionen und -projekte in Zukunft nur durch die Erhöhung ihrer Effizienz und die Verbesserung ihres Angebotes bzw. ihres Leistungsprofils begegnen.

Für die ländlichen Kulturräume sprachen die Gutachter konkrete Empfehlungen aus. Diese orientierten sich an dem im Kulturraum Erzgebirge erarbeiteten System der Kulturraumförderung, dem nach Auffassung der Gutachter in seinen Grundzügen Beispielcharakter zukam. Die wichtigsten Elemente dieses Systems waren die Differenzierung der Förderpolitik (Kategorisierung), die Vorgabe von Spartenlimits, die Voraussetzung einer substantiellen Eigenbeteiligung der Träger, die Orientierung der anerkannten Ausgaben am Vorjahreswert bzw. die Begründungs- und Befürwortungspflicht bei erhöhten Ausgaben sowie die enge Kooperation von Fachverwaltung bzw. Kultursekretariat und Kulturbeirat. Die Gutachter waren der Auffassung, dass die Einstufung der Einrichtungen und Maßnahmen von regionaler Bedeutung nach ihrer Förderwürdigkeit einen echten Anreiz zur Steigerung der wirtschaftlichen Effizienz, der inhaltlichen Leistungen und des kulturellen Angebotes bietet. Voraussetzung dafür sei jedoch, dass jährlich sowohl der Kreis der zu berücksichtigenden Einrichtungen als auch die jeweilige Einstufung mit der Möglichkeit zur Höher- und Herabstufung (bis zum Verlust der Förderung) geprüft wird und dabei in den einzelnen Sparten alle vorgenannten Kriterien in angemessenem Umfang berücksichtigt werden. Die Vorgabe eines Spartenlimits durch den Kulturkonvent auf der Basis der in der vorangegangenen Periode in den einzelnen Sparten insgesamt erzielten Leistungen rege auch den Wettbewerb der Sparten untereinander um die Fördermittel an. Die Gutachter empfahlen, die Haushaltssouveränität der Einrichtungen durch vermehrten Einsatz von Deckungs- und Übertragbarkeitsvermerken zu stärken. Die organisatorischen Strukturen der zu fördernden Einrichtungen müssten so verändert werden, dass sie die Eigenverantwortung und die Kostentransparenz unterstützen. Dafür sahen die Gutachter insbesondere die Organisation als Eigenbetrieb und in einzelnen Fällen auch die Übertragung der Einrichtung oder Maßnahme an freie Träger als geeignet an. Nach Ansicht der Gutachter ließen sich Effizienzsteigerungen bei den Einrichtungen vor allem durch Rationalisierungsmaßnahmen im nichtkünstlerischen und nichtwissenschaftlichen Bereich, durch gemeinsames Nutzen von Ressourcen gleicher Sparten innerhalb des Kulturraumes bis hin zum Verbund im künstlerischen Bereich sowie den Abbau von Doppelangeboten herbeiführen. Auch die Einführung von Kostenrechnungssystemen wurde als elementar wichtig angesehen. Die Gutachter regten zudem an, die Ergebnisse des Meinungs- und Erfahrungsaustausches innerhalb der Kulturräume und -sparten so zu nutzen, dass die positiven Effekte, die auch in ländlichen Kulturräumen von festbetragsähnlichen Regelungen zu erwarten sind, zum Tragen kommen. Dem Sächsischen Staatsministerium für Wissenschaft und Kunst sollte dabei eine Moderatorenrolle zukommen. Der Erfahrungsaustausch sollte dazu genutzt werden, ein Vergleichssystem zu entwickeln, in dem die jeweils „besten" Lösungen in den einzelnen Sparten vorgestellt werden. Als wichtig sahen die Gutachter dabei an, rechtzeitig Pläne für die Zeit nach dem Auslaufen des Kulturraumgesetzes im Jahre 2004 zu entwickeln.

Die Gemeinsame Kommission zur Verteilung und Verwendung der Mittel aus dem Kulturlastenausgleich stellte im Ergebnis fest, dass die Erstellung des Gutachtens sinnvoll war und eine wichtige Arbeitsgrundlage für die noch bevorstehenden Aufgaben bietet. Eine Änderung des Kulturraumgesetzes wurde jedoch als nicht erforderlich erachtet. Bei der Diskussion der Ergebnisse des Gutachtens, insbesondere in Hinblick auf die Vorschläge zur Erhöhung der Effizienz und Effektivität der kulturellen Einrichtungen, gab es bei den Kulturverantwortlichen sicherlich auch besorgte Mienen. In diesem Zusammenhang muss jedoch daran erinnert werden, dass das Kulturraumgesetz nicht darauf ausgerichtet ist, das vorhandene Kultursystem in seinem Bestand zu sichern. Die Aufgabe Kultur kann im Rahmen der Gesamthaushaltsbetrachtung einer Stadt oder Gemeinde nicht anders bewertet werden als jede andere Aufgabe einer Kommune. Sie muss in gleichem Maße in die Haushaltsdebatten einbezogen werden.

Die sächsischen Kommunen haben in den letzten Jahren immer wieder versucht, ihre Haushalte stabil zu halten. Große Bemühungen beim Personalmanagement, bei der Aufgabenkritik und bei der Effizienzsteigerung haben dazu geführt, dass in den überwiegenden Fällen die Haushalte noch steuerbar sind. Aber die äußerst knappen Ressourcen machen eine Mitfinanzierung der Kultur oder die Sicherung eigener kultureller Aktivitäten oftmals fast unmöglich. Die Situation der nächsten Jahre wird dies weiter verschärfen.

4. Finanzierung und Finanzierungsprobleme des Kulturraumgesetzes

Die Kulturräume führen eine Kulturkasse. Diese wird einmal aus staatlichen Zuwendungen und zum anderen aus einer Kulturumlage der Mitglieder des Kulturraumes gespeist, dem so genannten interregionalen Kulturlastenausgleich. Danach erhalten die Kulturräume zur Förderung der Kulturpflege Zuwendungen des Freistaates Sachsen nach Maßgabe des jährlichen Staatshaushaltsplanes und des sächsischen kommunalen Finanzausgleichsgesetzes in Höhe von 150 Millionen DM, also jetzt rund 76,7 Millionen Euro (ab 2005 in Höhe von rund 86,7 Millionen Euro). Dabei werden 46 Millionen Euro (ab 2005 56 Millionen Euro) aus Staatshaushaltsmitteln und 30,7 Millionen Euro aus Mitteln des kommunalen Finanzausgleiches bereitgestellt. Die Aufteilung dieser Mittel auf die einzelnen Kulturräume erfolgt dabei unter Berücksichtigung der Einwohnerzahl, der Steuerkraftmesszahl und des notwendigen Zuschussbedarfes der Einrichtungen und Maßnahmen von regionaler Bedeutung sowie unter Berücksichtigung der nutzbaren zentralen Angebote, insbesondere von Landeseinrichtungen. Nach einem mathematischen Verfahren werden die jeweiligen Kennzahlen für einen Kulturraum ins Verhältnis gesetzt zur Summe dieser Zahlen für alle Kulturräume. Dabei wirken sich der Zuschussbedarf und die Einwohnerzahl erhöhend auf den Anteil eines Kulturraumes aus, während die Steuerkraft und die ansässigen Landeseinrichtungen diesen Anteil senken. Auf der Grundlage des ermittelten rechnerischen Anteils eines Kulturraumes an den zur Verfügung stehenden Landesmitteln setzt das Sächsische Staatsministeriums für Wissenschaft und Kunst die Zuwendung für jeden Kulturraum fest.

Zur solidarischen Finanzierung kultureller Einrichtungen und Projekte können die ländlichen Kulturräume von ihren Mitgliedern eine Kulturumlage erheben. Über die Höhe dieser Umlage entscheiden die Kulturräume in eigener Verantwortung. Im Kulturraumgesetz wird geregelt, dass durch die Erhebung einer Kulturumlage in den ländlichen Kulturräumen die Mitglieder des Kulturraumes an den Lasten der kulturellen Aktivitäten von regionaler Bedeutung angemessen beteiligt werden. Bei der Festsetzung der Kulturumlage sind der Grundsatz der Lastengleichheit, die finanzielle Leistungsfähigkeit der Mitglieder des Kulturraumes und die übrigen kommunalen Aufgaben zu berücksichtigen. Angesichts der relativ großen Beurteilungsspielräume wollte das Sächsische Staatsministerium für Wissenschaft und Kunst zur Förderung der horizontalen Solidarität in der Verwaltungsvorschrift zum Kulturraumgesetz einen gewissen Anreiz dafür eröffnen, dass sich die Kulturumlage auch an kulturpolitisch motivierten Größenordnungen orientiert. Deshalb wurde in die erste Fassung der Verwaltungsvorschrift zum Kulturraumgesetz für das so genannte Probejahr 1995 die Regelung aufgenommen, dass die Landeszuwendung für einen Kulturraum nicht größer sein darf als die Kulturumlage. Auf Grund der angespannten finanziellen Lage der Kulturraummitglieder gilt seit 1996 eine modifizierte Regelung der Verwaltungsvorschrift zum Kulturraumgesetz, wonach die Kulturumlage gegenüber der Landeszuwendung halbiert werden kann. Ohne diese Modifikation wären einige Kulturräume eventuell nicht mehr in der Lage gewesen, die für sie rechnerisch ermittelte Zuwendung in voller Höhe abzurufen. In der Konsequenz wären die Mittel an die urbanen Kulturräume Chemnitz, Leipzig und Dresden geflossen, die keine Umlage erheben und für die ein Bezug von Landeszuwendung und Kulturumlage deshalb nicht gegeben ist. In der Tendenz wäre damit eine Konzentration der Mittel auf die urbanen Kulturräume eingetreten. Dies entsprach jedoch nicht der Intention des Gesetzgebers, der den Bürgern in allen Regionen des Landes die Teilnahme am kulturellen Leben ermöglichen wollte. Im Ergebnis der 1996 vorgenommenen Änderung der Verwaltungsvorschrift verringerte sich die Kulturumlage von insgesamt ca. 31 Millionen Euro im Jahre 1995 auf ca. 25 Millionen Euro im Jahr 2003.

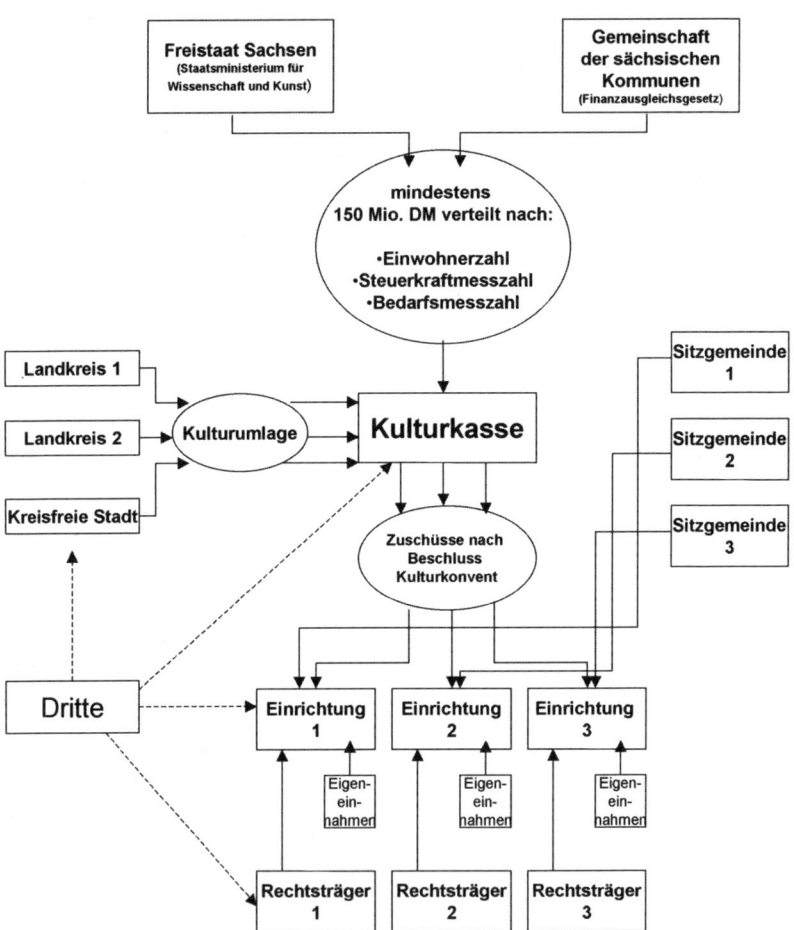

Abb. 4: Finanzströme der Kulturräume[5]

---

5 Vogt (Hrsg.) (1996), S. 49

In der Verwaltungsvorschrift Kulturräume 1998 wurden dann, wie bereits dargelegt, die Festbetragsfinanzierung und der Strukturfonds eingeführt. Die Mittel dieses Strukturfonds werden zur Förderung von Studien und Projekten für moderne Leistungsstrukturen, zur Förderung von Zusammenschlüssen und Kooperationen, zur Überwindung außergewöhnlicher struktureller Belastungen sowie zur Förderung sozialverträglicher Personalmaßnahmen eingesetzt.

Das Gesamtsystem der kommunalen Kulturfinanzierung wird ergänzt durch den Anteil der wirtschaftlichen Träger kultureller Einrichtungen und des vom Kulturraumgesetz geforderten Anteils der jeweiligen Sitzkommunen. Da die kreisangehörigen Städte in das Umlageverfahren der Kulturräume nicht einbezogen sind, werden sie durch das Kulturraumgesetz zu einem angemessenen Sitzgemeindeanteil verpflichtet. Dieser Anteil fließt in der Regel nicht dem Kulturraum zu, sondern direkt der Kultureinrichtung.

Durch den Regionalen Kulturlastenausgleich unterstützt der Kulturraum auf Beschluss des Kulturkonventes die Träger kultureller Einrichtungen und Maßnahmen von regionaler Bedeutung sowie Musikschulen, unabhängig von ihrer Trägerschaft und Rechtsform, nach Maßgabe der verfügbaren Finanzmittel. Die regionale Bedeutung einer kulturellen Einrichtung oder Maßnahme liegt vor, wenn ihnen für das Selbstverständnis und die Tradition der jeweiligen Region ein spezifischer, historisch begründeter Wert zukommt, wenn sie einen besonderen Stellenwert für Bewohner und Besucher der jeweiligen Region haben, wenn ihnen Modellcharakter für betriebliche Organisationsformen attestiert werden kann oder wenn sie künstlerisch-ästhetisch oder wissenschaftlich besonders innovativ sind.

4.1 Dynamisierungsfrage

Wesentlich an der Debatte um die Finanzierung des Kulturraumgesetzes war bisher vor allem die Erkenntnis, dass trotz der zur Verfügung stehenden Mittel durch die wenig beeinflussbaren Faktoren wie etwa die Tarifentwicklung das Volumen der Ausstattung dem Bedarf nicht standhält. Alle Konsolidierungspotentiale sind in den Einrichtungen weitestgehend ausgeschöpft. Somit stellte sich die Frage der Unterfinanzierung in der gewohnt scharfen Weise. Die im Jahre 1999 eingesetzte Kulturraumkommission konnte das Problem nicht abschließend lösen. Insbesondere die Vertreter des Sächsischen Staatsministeriums der Finanzen konnten sich bei den Überlegungen nicht auf eine Erhöhung oder Dynamisierung verständigen. Die gegenwärtige Beurteilung der Einnahmen und die kommende Veränderung der Bundeszuweisung aus dem Länderfinanzausgleich und anderen Steuerquellen veranlassten das Sächsische Staatsministerium der Finanzen zu einer entsprechenden Zurückhaltung. Insbesondere wurde auch der Hinweis gegeben, dass Sachsen im Vergleich zu anderen Bundesländern die höchsten Ausgaben in der Kultur pro Kopf hat. Hier bestand auch der Wunsch, Verhandlungen und Beurteilungen auf Bundesebene nicht durch überzogene Forderungen oder Verhältnisse zu erschweren. Dass diese Position von den Kulturschaffenden nicht geteilt wurde, ist verständlich.

Christian Schramm

4.2 Zuwendungen des Freistaates Sachsen an die Kulturräume von 1995 bis 2001 (in DM)[6]

Tab. 1: Zuwendungen des Freistaates Sachsen an die Kulturräume von 1995 bis 2001 (in DM).

Kulturraum Kulturstadt	1995	1996	1997	1998	1999	2000	2001
Vogtland	9 619 110	7 560 000	9 600 000	9 650 000	10 530 000	9 603 500	9 600 000
Zwickauer Raum	9.027.202	11 000 000	9 969 000	10 040 000	10 413 000	10 428 160	10 285 000
Erzgebirge	8 400 000	8 800 000	8 712 000	8 712 000	8 756 175	8 738 450	8 891 888,14
Mittelsachsen	7 968 716	6 525 000	7 400 000	7 452 000	7 787 000	7 468 500	7 465 000
Leipziger Raum	7 050 542	9 535 304	9 047 000	9 148 011	8 865 886	8 869 386	8 865 886
Elbtal	4 477 957	4 644 555	4 644 555	5 255 761,34	4 570 754	4 552 474	4 548 974
Sächsische Schweiz/Osterz.	2 259 446	2 604 012	2 781 072	2 811 684	2 958 662	2 740 662	2 869 631
Oberlausitz/ Niederschlesien	23 500 000	23 091 896,24	23 081 570	20 000 000	19 688 000	19 003 500	19 608 500
Chemnitz	20 517 143	19 652 793	19 359 121	20 140 170	20 207 382	20 002 245	19 556 503
Leipzig	53 179 884	51 978 336	51 558 098,76	51 082 000	52 502 047	51 231 114	51 241 114
Dresden	4 000 000	4 200 000	4 255 687	4 355 687	4 508 798	4 366 668	4 411 268
Zuwendungen aus Strukturfonds	–	–	–	2 044 325	1 597 915,53	3 185 722,24	2 659 937,10

5. Soziokultur

Eine besondere Problemstellung bestand und besteht in der Frage, wie die Kulturräume sich zur Unterstützung soziokultureller Aktivitäten verhalten können und sollen. Der Wunsch, die Finanzierung über die Kulturräume zu ermöglichen, ist vielfach und von verschiedener Stelle geäußert worden. In der Bestandsaufnahme Soziokultur vom März bis Oktober 1993 wurden 88 soziokulturelle Einrichtungen in Sachsen erfasst. Bei einer Aufteilung auf die elf Kulturräume in Sachsen nach Maßgabe des Kulturraumgesetzes ergab sich folgendes Bild (siehe Tabelle 2). 42 Einrichtungen befanden sich in den urbanen Kulturräumen, davon 18 in kommunaler und 24 in freier Trägerschaft. In den ländlichen Kulturräumen arbeiteten 27 in kommunaler und 19 in freier Trägerschaft; insgesamt waren das 46 Einrichtungen. Insgesamt

---

6 Zuarbeit des Sächsischen Staatsministeriums für Wissenschaft und Kunst, Referat 2.3.

Die gerettete Kultur – Sachsens Kulturräume

befanden sich 45 Einrichtungen in kommunaler Trägerschaft und 43 Einrichtungen wurden von freien Trägern geführt.[7]

Tab. 2: Soziokulturelle Einrichtungen in Sachsen bis Oktober 1993.

Kulturraum	kommunale Träger	freie Träger	gesamt
Vogtland	3	1	4
Zwickauer Raum	1	2	3
Erzgebirge	4	4	8
Mittelsachsen	2	2	4
Leipziger Raum	3	2	5
Elbtal	5	2	7
Sächs. Schweiz/Osterzgebirge	4	2	6
Oberlausitz/Niederschlesien	5	4	9
Ländliche Räume gesamt	27	19	46
Stadt Chemnitz	3	2	5
Stadt Leipzig	3	14	17
Stadt Dresden	12	8	20
urbane Räume gesamt	18	24	42
alle Räume gesamt	45	43	88

Im Jahr 2001 verfügte der Landesverband Soziokultur Sachsen über 43 Mitgliedseinrichtungen. Die folgende Übersicht enthält allerdings nur Einrichtungen in freier Trägerschaft und mit Mitgliedschaft im Landesverband Soziokultur Sachsen (siehe Tabelle 3).

---

7 Arbeitsgemeinschaft Soziokultur im Freistaat Sachsen (Hrsg.): Soziokultur in Sachsen: Analysen, Anmerkungen, Ausblicke, Dresden 1994, S. 49 ff.

Tab. 3: Soziokulturelle Einrichtungen in freier Trägerschaft in Sachsen 2001.

Kulturraum	Anzahl
Vogtland	1
Zwickauer Raum	2
Erzgebirge	2[8]
Mittelsachsen	0[9]
Leipziger Raum	4
Elbtal	1
Sächsische Schweiz/Osterzgebirge	1[10]
Oberlausitz-Niederschlesien	7
Ländliche Räume gesamt	18
Stadt Chemnitz	5[11]
Stadt Leipzig	12
Stadt Dresden	8
urbane Räume gesamt	25
alle Räume gesamt	43

Im Jahr 2005 verfügte der Landesverband Soziokultur Sachsen über 49 Mitgliedseinrichtungen und wird sich perspektivisch im Bereich zwischen 50 und 55 Einrichtungen wohl einpegeln. Anhand dieser Zahlen kann man erkennen, dass es einen deutlichen Strukturbildungs-, aber auch Förderbereinigungsprozess gegeben hat. Damit verfügt Sachsen über eine der dichtesten soziokulturellen Infrastrukturen bundesweit – insbesondere mit Blick auf das vergleichsweise kleine Territorium – etwa im Vergleich mit Niedersachsen oder Nordrhein-Westfalen, die als Referenzgröße herangezogen werden müssen. Ohne die Ebene der Kulturräume wäre das wohl kaum möglich gewesen.

---

8 Es werden noch einige weitere Einrichtungen als Soziokultur geführt. Die genaue Anzahl ist dem Landesverband Soziokultur Sachsen nicht bekannt.
9 Der Landesverband Soziokultur Sachsen hat in diesem Kulturraum keine Mitglieder. Es werden soziokulturelle Projekte gefördert, die Einrichtungen durchführen, die im Sinne des Landesverbandes keine genuin soziokulturellen Einrichtungen darstellen.
10 Es gibt mindestens zwei weitere als soziokulturell zu qualifizierende Einrichtungen, die aber nicht Mitglied im Landesverband Soziokultur Sachsen sind.
11 Es gibt mindestens drei weitere als soziokulturell zu qualifizierende Einrichtungen, die aber nicht Mitglied im Landesverband Soziokultur Sachsen sind.

6. Beispiele für Fusionen von Theatern und Orchestern in Kulturräumen

Tab. 4: Fusionen von Theatern und Orchestern in Kulturräumen.[12]

Kulturraum	Einrichtungen	Maßnahme	Jahr	Bemerkung
Vogtland und Zwickauer Raum	Vogtland-Theater Plauen und Theater Zwickau gGmbH	Fusion zur Theater Plauen-Zwickau gGmbH	2000	
Erzgebirge	Eduard-von-Winterstein Theater Annaberg und Erzgebirgisches Sinfonieorchester Aue e. V.	Zusammenführung in der Erzgebirgischen Theater- und Orchester GmbH	1997	
Leipziger Raum	Westsächsische Philharmonie Borna e. V. und Rundfunk-Blasorchester Leipzig e. V.	Zusammenführung in der Kulturraumorchester gGmbH	1997	Ausgliederung Rundfunkblasorchester im Jahr 2002
Elbtal und Sächsische Schweiz/Osterzgebirge	Elbland-Philharmonie Sachsen GmbH und Sinfonieorchester Pirna	Zusammenführung zur Neuen Elblandphilharmonie (NOVUM GmbH)	1998	

Im Folgenden soll etwas detaillierter auf die im Kulturraum Oberlausitz-Niederschlesien erfolgten Fusionen von Theatern und Orchestern eingegangen werden. Die Gründung der Neuen Lausitzer Philharmonie in der Form einer satzungsgemäß gemeinnützigen GmbH geschah 1996 angesichts der Notwendigkeit, neue Strukturen im Musiktheater- und Konzertangebot des Kulturraumes zu schaffen, die auf einem regionalpolitischen Konsens beruhen und langfristig finanzierbar sein sollten. Ganz bewusst verwiesen die Kulturverantwortlichen 1996 darauf, dass es sich bei der Neuen Lausitzer Philharmonie, in der Musiker der ehemals in Bautzen ansässigen Lausitzer Philharmonie und des Philharmonischen Orchesters Görlitz zusammengeführt wurden, nicht um ein Fusionsorchester von zwei aufgelösten Ensembles handelte, sondern um die Gründung eines neuen Klangkörpers. Diese für den regionalpolitischen Konsens wesentliche Tatsache wurde eindrucksvoll dadurch unterstrichen, dass sich die Kreisfreie Stadt Hoyerswerda vor dem Hintergrund der durch das Kulturraumgesetz gesicherten Basisfinanzierung des Orchesters dazu entschloss, freiwillig in die Trägerschaft als Gesellschafter mit 25 % Stammkapitalanteilen einzusteigen. Eine umfangreiche wissenschaftliche „Studie zur identitätsbildenden Funktion regionaler Orchester am Beispiel der Neuen Lausitzer Philharmonie" aus dem Jahr 1999 belegt eindeutig, dass es tatsächlich gelungen ist, das Orchester sowohl

---

12 Zuarbeit des Sächsischen Staatsministeriums für Wissenschaft und Kunst, Referat 2.3.

Christian Schramm

kulturpolitisch als auch im Hinblick auf die Publikumsresonanz sowie die Akzeptanz in einer großen Breite der Bevölkerung mit fast ausschließlich positiven Konnotationen im Kulturraum zu verankern. Für die Neue Lausitzer Philharmonie hat sich diese nur auf den ersten Blick sehr unruhig erscheinende Übergangsphase als ausgesprochen glücklich erwiesen, insofern sie dem Orchester eine solide Entwicklungsbasis bereitstellte, die von allen Beteiligten als positives und in der Form nicht wieder erreichtes Exempel für eine kulturpolitische Gestaltung im ländlichen Raum angesehen worden ist.

Vor dem Jahr 1996 wurde unabhängig voneinander an zwei Standorten des Kulturraumes Oberlausitz-Niederschlesien Musiktheater produziert, und zwar in Bautzen als feste Sparte neben den Bereichen des deutschen und sorbischen Schauspiels sowie des Puppentheaters, sowie in Görlitz, wo bereits seit der Trennung der gemeinsamen Betriebsstruktur des Gerhart-Hauptmann-Theaters Görlitz/Zittau Ende der 80er Jahre ausschließlich Musiktheater mit Ballett produziert wurde. Auf Grund des hohen Personalbedarfs der Musiktheaterkollektive Orchester, Chor und Ballett war der Konsolidierungsdruck während der ersten Jahre der Wirksamkeit des Kulturraumgesetzes in diesem Bereich am größten. Dabei haben vor allem zwei Entscheidungen die erfolgreiche Bildung eines leistungsfähigen Musiktheaters für den Kulturraum befördert: Zum einen die bereits dargestellte einvernehmliche Neugründung der Neuen Lausitzer Philharmonie im Jahr 1996, zum anderen 1999 der Verzicht des Landkreises Bautzen und der Stadt Bautzen auf die Weiterführung des eigenen Stagione-Musiktheaterbetriebes, der flankiert wurde durch die Bereitschaft der Stadt Görlitz, als Sitzgemeinde – und perspektivisch auch als Gesellschafter – des nun für den ganzen Kulturraum zuständigen Musiktheaters mehr Verantwortung zu übernehmen. Von 1996 bis 1999 übernahm die Neue Lausitzer Philharmonie neben den Produktionen am Musiktheaterstandort Görlitz auch die des Bautzener Stagione-Betriebes, wobei beide Häuser ihre Produktionen systematisch austauschten und in die jeweilige Anrechtsstruktur übernahmen. Ab der Spielzeit 1999/2000 produzierte nur noch das Görlitzer Haus im Bereich des Musiktheaters. Dies hatte eine weitere Umstellung mit Konsequenzen für die Auslastung der Schauspielproduktionen der Produktionsstandorte Bautzen und Zittau zur Folge. Während Görlitz seine Musiktheaterproduktionen bis 1999 im Verhältnis eins zu zwei gegen Schauspielproduktionen aus Zittau tauschte, war dies ab der Spielzeit 1999/2000 nicht mehr möglich, da sich die Quantität des Schauspielangebots in Görlitz vervielfacht hätte. Der Austausch von Musiktheaterproduktionen zwischen Bautzen und Görlitz hatte sich bis 1999 die Waage gehalten. Nun wäre theoretisch jede Musiktheatervorstellung in Bautzen durch zwei zusätzliche Schauspielvorstellungen in Görlitz ausgeglichen worden. Da sich dafür in Görlitz kein Publikum gefunden hätte, wurde das Austauschverhältnis insgesamt auf eins zu eins gestellt. Der Verlust des günstigeren Austauschverhältnisses wurde für das Görlitzer Haus durch eine Umschichtung der Kulturraumfinanzierung aufgefangen.

Die Fusion der Bautzener und Görlitzer Musiktheatersparte, die im Jahr 2002 konsequent durch den Zusammenschluss der Stadttheater Görlitz GmbH und der Neuen Lausitzer Philharmonie GmbH zur Musiktheater

Oberlausitz-Niederschlesien GmbH auf Trägerebene nachvollzogen wurde, hat sich sowohl in künstlerischer Hinsicht wie auch im Hinblick auf die Publikumsresonanz bewährt. Während das Görlitzer Haus Mitte der neunziger Jahre knapp 50 000 Besucher zählen konnte, sind es gegenwärtig deutlich über 90 000. Hierbei erweist sich zunehmend auch der Standort des Musiktheaters an der Grenze zu Polen als Gunstfaktor, denn der Besuch von der polnischen Seite verzeichnet jährliche Steigerungsraten von bis zu 50 % (2004 gegenüber 2003). Auf diese Weise entspricht die Politik des Kulturraumes Oberlausitz-Niederschlesien auch konsequent der Aufgabenstellung, die kulturelle Integration mit den angrenzenden Nationen zu fördern. Inzwischen kooperiert und koproduziert das Musiktheater Oberlausitz-Niederschlesien regelmäßig mit der Niederschlesischen Philharmonie in Jelenia Gora sowie dem Musiktheater Liberec. Neben den positiven integrativen und künstlerischen Effekten dieser Zusammenarbeit kann das Musiktheater in seiner Grenzlage auf diese Weise auch von den geringeren Personal- und Produktionskosten in Polen und Tschechien profitieren. Der aus diesen Ländern kommende Kostendruck verschafft der Theaterleitung nicht zuletzt auch eine besondere Verhandlungsposition mit den Tarifparteien, welche die Ausnahmesituation in der deutsch-polnischen Stadt Görlitz/Zgorzelec bereits in einem weitgehenden Haustarifvertrag anerkannt haben.

7. Situation im Kulturraum Oberlausitz-Niederschlesien in Bezug auf die verschiedenen Sparten

Beim Kulturraum Oberlausitz-Niederschlesien handelt es sich um den flächenmäßig größten (4 496,63 km^2) und bevölkerungsreichsten (649 380 Einwohner – Angabe des Statistischen Landesamtes des Freistaates Sachsen, Stand 1. Januar 2005) Kulturraum in Sachsen. Dabei ist hervorzuheben, dass im Kulturraum Oberlausitz-Niederschlesien auch Sorben als Angehörige einer nationalen Minderheit ansässig sind.
Der Zweckverband Kulturraum Oberlausitz-Niederschlesien setzt sich aus vier Landkreisen und zwei Kreisfreien Städten zusammen. Das Jahresbudget, das zur Förderung von regional bedeutsamer Kunst und Kultur zur Verfügung steht, konnte infolge der Vereinbarung zwischen der CDU, Landesverband Sachsen, und der SPD, Landesverband Sachsen, über die Bildung der Staatsregierung für die 4. Legislaturperiode des Sächsischen Landtages (Koalitionsvereinbarung) vom 8. November 2004 von ca. 16 Millionen Euro im Jahr 2004 auf ca. 18 Millionen Euro im Jahr 2005 angehoben werden. Darin sind ca. 1,5 Millionen Euro Sitzgemeindeanteil und ca. 5 Millionen Euro Umlagen der Zweckverbandsmitglieder enthalten. Die Erhöhung der Landesförderung bedeutete dabei gleichzeitig eine Anhebung der Umlagen um über eine halbe Million Euro. Die Förderung des Kulturraumes Oberlausitz-Niederschlesien basiert auf der Grundlage von Leitlinien, die im Jahr 1998 vom Kulturkonvent verabschiedet wurden und nun erneut auf den Prüfstand gestellt werden müssen, um sie zu aktualisieren. Weiterhin regeln jährlich

gegebenenfalls neu zu beschließende Förderrichtlinien und Förderschwerpunkte das Prozedere und die Gewichtung von Förderentscheidungen. Dabei wird die Fördermittelvergabe im Rahmen eines mehrstufigen Verfahrens organisiert. Facharbeitsgruppen, bestehend aus erfahrenen Fachexperten, die von den Mitgliedern des Zweckverbandes ehrenamtlich in die Facharbeitsgruppen entsandt werden, setzen sich intensiv mit den jeweiligen Anträgen auseinander, um zu einer fachlich fundierten Förderempfehlung zu gelangen. Im Kulturbeirat, der wiederum aus den Facharbeitsgruppenleitern besteht, werden die Ergebnisse der Facharbeitsgruppen zusammengefasst, beurteilt und mit der entsprechenden Stellungnahme an den Kulturkonvent zur Entscheidung weitergeleitet. Der Beirat achtet auf Ausgewogenheit zwischen den Fachsparten und fördert die spartenübergreifende Zusammenarbeit.

Die Gliederung der Fachsparten im Kulturraum Oberlausitz-Niederschlesien reicht von der Darstellenden Kunst bis hin zur Soziokultur, wobei die Darstellende Kunst mit nahezu 60 % den Hauptteil der Förderung beansprucht. Neben den genannten Bereichen finden weitere sieben Fachsparten bei der Förderung regional bedeutsamer Einrichtungen und Projekte Berücksichtigung. Darüber hinaus stehen auch finanzielle Mittel für die Förderung fachspartenübergreifender Projekte zur Verfügung. Die Förderung im Jahr 2005 stellt sich wie folgt dar (siehe auch Tabelle 5).

Tab. 5: Anteile der Förderung nach Fachsparten im Jahr 2005 im Kulturraum Oberlausitz-Niederschlesien.

Fachsparten	Förderung in %
Allgemeine Projekte	1,0
Bibliotheken	14,5
Bildende Kunst	0,3
Darstellende Kunst	57,0
Heimatpflege	0,3
Museen	12,5
Musikpflege	0,5
Musikschulen	3,3
Soziokultur	2,7
Tierparks und Gärten	7,9

Fachsparte Darstellende Kunst

Die Fachsparte Darstellende Kunst wird hauptsächlich institutionell gefördert. Dafür stehen nahezu 10 Millionen Euro zur Verfügung. Ein geringer Anteil in Höhe von 0,24 % dieses Budgets steht zur Förderung von Projekten bereit. Gefördert werden in erster Linie das Deutsch-Sorbische Volkstheater Bautzen, das Gerhart-Hauptmann-Theater Zittau, das Musiktheater Oberlausitz-Niederschlesien Görlitz und das Sorbische National-Ensemble Bautzen. Die Bemühungen zur Bildung eines Kulturraumtheaters scheiterten bisher. Dennoch sind auch für die Zukunft weitere Überlegungen zum Erhalt der Theaterlandschaft und zur Finanzierung dieser anzustellen.

Fachsparte Bibliotheken

Die Bibliotheken im Kulturraum Oberlausitz-Niederschlesien bilden durch ihr relativ dichtes Netz eine bedeutende Größe für die Region. Hier kommt es darauf an, dass mittels flächendeckender Strukturen und elektronischer Vernetzung im Rahmen des WEB-OPAC und des Sachsen-OPAC – das sind Programme, die den Zugriff auf Bestände der Bibliotheken über das Internet eröffnen – zusätzlich Möglichkeiten der Effizienzsteigerung erschlossen werden. Neben solchen Vorhaben und der Förderung von Buchanschaffungen in kleineren Bibliotheken unterstützt der Kulturraum Oberlausitz-Niederschlesien zwölf Bibliotheken institutionell.

Fachsparte Museen

Die Museen nehmen in der Kulturlandschaft des Kulturraumes Oberlausitz-Niederschlesien einen bedeutenden Platz ein. Der Kulturraum fördert neben den regionalen Museen in Bautzen, Görlitz, Kamenz und Zittau auch eine Reihe von Spezialmuseen wie das Sorbische Museum Bautzen, das Deutsche Damast- und Frottiermuseum Großschönau oder das Lessing-Museum Kamenz. Mit ca. 20 Einrichtungen, die durch den Kulturraum jährlich unterstützt werden, handelt es sich hierbei um die Fachsparte mit den meisten institutionell geförderten Einrichtungen.

Fachsparte Tierparks/Gärten

Die Tiergärten werden von der Kulturraumförderung lediglich durch den Kulturraum Oberlausitz-Niederschlesien und dem Kulturraum Erzgebirge erfasst. Die Richtigkeit der Entscheidung des Kulturraumes, die Tiergärten ebenfalls zu fördern, kann an dem guten Zustand der Tiergärten und der Besucherzahl nachvollzogen werden. Im Kulturraum werden fünf Tiergärten in Bischofswerda, Görlitz, Hoyerswerda, Weißwasser und Zittau finanziell unterstützt. Mit Beginn des Kulturraumgesetzes befanden sich die Einrich-

Christian Schramm

tungen noch in der Trägerschaft der Kommunen. Zum jetzigen Zeitpunkt trifft dies lediglich für den Tierpark Hoyerswerda zu. Auch hier gibt es Überlegungen der Umstrukturierung und des Trägerwechsels in eine freie Trägerschaft.

Fachsparte Musikschulen

Musikschulen werden durch den Kulturraum Oberlausitz-Niederschlesien erst seit dem Jahr 2005 gefördert. Hier geht es darum, einen qualitativ guten und breiten Unterricht zu gewährleisten. Daher wird die Förderung auch auf der Grundlage von Schülerzahlen und Unterrichtseinheiten ermittelt.

Fachsparte Soziokultur

Der Kulturraum Oberlausitz-Niederschlesien fördert als einer der wenigen Kulturräume in Sachsen soziokulturelle Projekte und Einrichtungen. Dabei geht es in erster Linie darum, ein stabiles und regional ausgewogenes Netz an soziokulturellen Einrichtungen zu schaffen und zu erhalten. Die geförderten Einrichtungen haben gleichzeitig die Aufgabe, neben ihrer auf den Standort konzentrierten Arbeit für Austausch, Vernetzung und kooperative Zusammenarbeit mit anderen soziokulturellen Einrichtungen und Projekten zu sorgen. Der Kulturraum Oberlausitz-Niederschlesien fördert jährlich mit ca. 500 000 Euro nahezu zehn Einrichtungen und Projekte.

Allgemeine Projekte

Hier werden Projekte zusammengefasst, die nicht einer Sparte direkt zugeordnet werden können, aber auf Empfehlung des Beirats eine Förderung durch den Kulturraum erhalten sollen. Dadurch werden interaktive und spartenübergreifende Projekte möglich. Beispielsweise das Projekt „Internationale Sommerschule der Künste" des Instituts für kulturelle Infrastruktur Sachsen gGmbH, das verschiedene Formen der Kunst wie z. B. der Musik, der Bildenden und Darstellenden Kunst zueinander bringt.

Fachsparte Musikpflege

Die Musikpflege erfasst lediglich die Förderung von Projekten. Die strukturell regelnde Wirkung der Kulturraumförderung kann auf die abgestimmte Durchführung von verschiedenen Festivals in der Region zurückgeführt werden. So findet der Lausitzer Musiksommer im Rhythmus von zwei Jahren und regelmäßig im Wechsel mit den Schlesischen Musikfesten statt. Die Förderung durch den Kulturraum erfolgt dann jeweils in gleicher Weise. Dies dient einerseits der Unterbreitung eines abgestimmten Angebots entsprechend dem Bedarf und stellt gleichzeitig den gezielten Einsatz finanzieller Mittel sicher.

Fachsparte Bildende Kunst

Der Schwerpunkt in der Förderung der Bildenden Kunst im Kulturraum Oberlausitz-Niederschlesien liegt auf der Entwicklung und dem Erhalt eines Netzes von Galerien in freier Trägerschaft. Dafür stehen jährlich lediglich etwas über 50 000 Euro zur Verfügung. Mit diesem vergleichsweise geringen Betrag werden fünf Galerien im Kulturraum mit maximal bis zu 60 % der Sachkosten und weitere Ausstellungsprojekte unterstützt.

Fachsparte Heimatpflege

Im Bereich Heimatpflege wird die Auseinandersetzung auf verschiedensten Themenfeldern der Region finanziell gefördert. Das „Oberlausitzer Zentrum für Heimatpflege" mit Sitz in Zittau steht für die Unterstützung und Anleitung heimatkundlicher und heimatpflegerischer Aktivitäten von Vereinen, Gruppen und Einzelpersonen zur Verfügung. Mit der Förderung des Zentrums soll der Erhalt dieser als Multiplikator wirkenden Einrichtung erzielt werden. Darüber hinaus werden verschiedene andere Projekte gefördert. Neben Publikationen mit regionalgeschichtlichen Inhalten bilden Veranstaltungen wie der Oberlausitzer Heimat- und Folkloretag den Schwerpunkt der Unterstützung durch den Kulturraum.
Zusammenfassend ist anzumerken, dass durch die Bildung der Facharbeitsgruppen nicht nur ein hohes Maß an Erfahrungen und fachlichen Kenntnissen in die Beurteilung der Fördermittelanträge einfließt, sondern der Austausch und die Zusammenarbeit innerhalb des Kulturraumes die Verbesserung der Qualität und eine höhere Effizienz in der Kulturarbeit der Region zur Folge haben.

8. Sorben und Kulturraumgesetz

Für die Lausitz ist die sorbische Kultur ein unverzichtbarer Teil ihrer historischen und gegenwärtigen Identität. Ganz gleich ob man hier als Deutscher oder als Sorbe lebt, für beide gehören die kulturellen Leistungen und Angebote des jeweils anderen und die Durchdringung der seit Jahrhunderten hier beheimateten Eigenständigkeiten zum Interessantesten. Das wird auch zunehmend von den Besuchern der Lausitz erkannt. Am inspirierendsten wird es aber an der Begegnungsstelle der Kulturen, an den fruchtbaren Reibungsflächen. Deshalb kommt es neben dem Fortbestand der Einrichtungen vor allem auf den Erhalt der sorbischen Sprache an. In den Kultureinrichtungen wird für den öffentlichen und privaten Gebrauch der Sprache und auch zur

Christian Schramm

Pflege der sorbischen Kultur Einzigartiges geleistet. Das Sorbische hat hier seine Wurzel und daher einen besonderen Charme. Einrichtungen, die dafür stehen, sind das Sorbische National-Ensemble Bautzen/Serbski ludowy ansambl, das Deutsch-Sorbische Volkstheater Bautzen/Němsko-Serbske ludowe dźiwadło Budyšin und das Sorbische Museum/Serbski muzej.

Sorbisches National-Ensemble Bautzen/Serbski ludowy ansambl[13]

Das Sorbische National Ensemble Bautzen/Serbski ludowy ansambl wurde 1952 als Staatliches Ensemble für sorbische Volkskultur gegründet. Es ist bis heute die wichtigste Einrichtung für die Erschließung, Entwicklung und Förderung der sorbischen Musikkultur. Dem Sorbischen National-Ensemble Bautzen gehören die Sparten Chor, Ballett und Orchester an. Neben der Darbietung professioneller folkloristischer Bühnenkunst bilden die Pflege und Popularisierung sorbischer Kunstmusik die wichtigsten Aufgabenfelder des Ensembles. Ebenso werden Produktionen im Kindertheaterbereich, speziell Ballettmärchen angeboten. Einen wesentlichen Beitrag leistet das Sorbische National-Ensemble Bautzen seit seiner Gründung zur Nachwuchsförderung und bei der Entwicklung sorbischer Kulturensembles und Laienchöre. Im Jahre 1992 erfolgte die Vereinigung der Orchester des Deutsch-Sorbischen Volkstheaters Bautzen und des Sorbischen National-Ensembles Bautzen zur Lausitzer Philharmonie, wodurch eine stärkere Akzentuierung von Sinfonik, konzertanter Orchestermusik und Musiktheater möglich wurde. Doch bereits 1996 kam es zur Auflösung der Lausitzer Philharmonie. Durch den Zusammenschluss mit dem Orchester des Musiktheaters Görlitz entstand schließlich die bereits erwähnte Neue Lausitzer Philharmonie als eigenständiger Klangkörper, ein Teil der Musiker blieb beim Sorbischen National-Ensemble Bautzen und bildet seitdem das dortige Orchester. Seit 1996 ist das Sorbische National-Ensemble Bautzen eine GmbH mit der Stiftung für das sorbische Volk als alleinigem Gesellschafter. Die Finanzierung erfolgt aus Stiftungsmitteln (ca. 85 % der Gesamtausgaben) und Mitteln des Kulturraums Oberlausitz-Niederschlesien. Der Anteil des Kulturraums mag mit jährlich 255 000 Euro relativ bescheiden ausfallen, dennoch bildet er einen wichtigen Beitrag zur Gesamtfinanzierung; dies umso mehr, als das Sorbische National-Ensemble Bautzen im Zuge der beschriebenen Strukturveränderungen und der damit einhergehenden Stellenreduzierung (von ca. 180 auf 107) mittlerweile eine Grenze erreicht, deren Überschreitung die Existenz der Einrichtung wohl unwiderruflich in Frage stellen würde.

Der Kulturraum Oberlausitz-Niederschlesien hat sich seit seinem Bestehen intensiv mit der Förderung der Theater und Orchester befasst. Sein Ziel, tragfähige und finanzierbare Strukturen in diesem Bereich zu schaffen, konnte er insofern erreichen, als dass bis heute kein produzierender Theaterstandort aufgegeben werden musste. Wesentliche Strukturveränderungen wurden

---

13 Zuarbeit durch die Stiftungsverwaltung der Stiftung für das sorbische Volk

vor allem im Bereich Musiktheater und Orchester umgesetzt. Zudem trugen Strukturdebatten und Beschlüsse des Kulturraums wesentlich dazu bei, dass die Theater eine Reihe von Rationalisierungsmaßnahmen/Stellenreduzierungen vornahmen und somit den ständig steigenden Kostendruck ausgleichen und ihre Einrichtung erhalten konnten.

Deutsch-Sorbisches Volkstheater Bautzen/Němsko-Serbske ludowe dźiwadło Budyšin[14]

Das Deutsch-Sorbische Volkstheater Bautzen/Němsko-Serbske ludowe dźiwadło Budyšin besteht seit 1963. Im Zuge der damaligen Reform wurden das Stadttheater Bautzen (gegründet 1796) und die Sorbische Volksbühne (Serbske ludowe dźiwadło, gegründet 1948) zusammengelegt. Die Zusammenführung zweier Traditionslinien (deutsches Stadttheater und sorbische Wanderbühne) und das daraus erwachsende gemeinsame Wirken deutscher und sorbischer Theatermacher verleihen dem Haus bis heute seinen besonderen Status: den des einzigen bikulturellen professionellen Theaters in ganz Deutschland. Von den ursprünglich vier (!) Sparten arbeiten heute noch zwei: Schauspiel und Puppentheater mit Inszenierungen in deutscher, ober- und niedersorbischer Sprache. Das Ballett wurde zu Beginn der 90er Jahre geschlossen, das Musiktheater über den Zwischenschritt Stagione-Betrieb (ab 1993) im Jahre 1999 endgültig mit dem Musiktheater Görlitz fusioniert, womit Bautzen als Produktionsstandort aufgegeben wurde. Hervorzuheben ist das große Engagement des Hauses für den sorbischen künstlerischen Nachwuchs und die Unterstützung von Laiengruppen. Neben dem professionellen Spielbetrieb ist gerade Letzteres für die sorbische Theaterkultur von existenzieller Bedeutung. Gastspiel- bzw. Kooperationsvereinbarungen gibt es mit dem Musiktheater Görlitz, dem Gerhart-Hauptmann-Theater Zittau und dem Sorbischen National-Ensemble. Das Deutsch-Sorbische Volkstheater Bautzen ist seit 1996 Eigenbetrieb des Landkreises Bautzen. An der Finanzierung beteiligen sich außer dem Träger die Stiftung für das sorbische Volk, die Stadt Bautzen und seit In-Kraft-Treten des Kulturraumgesetzes der Kulturraum Oberlausitz-Niederschlesien. Dieser leistet für das Deutsch-Sorbische Volkstheater Bautzen einen jährlichen Beitrag in Höhe von 1 683 900 Euro (ca. 27 % der Gesamtausgaben) und trägt somit wesentlich zum Erhalt der Einrichtung bei.

Sorbisches Museum/Serbski muzej[15]

Im Jahre 1904 wurde das Sorbische Museum/Serbski muzej als Wendisches Museum in Bautzen eröffnet. Die Exponate entstammten einer Sammelaktion für den Aufbau der ersten Exposition zur sorbischen Volkskunde 1896

---

14 Zuarbeit durch die Stiftungsverwaltung der Stiftung für das sorbische Volk
15 Zuarbeit durch die Stiftungsverwaltung der Stiftung für das sorbische Volk

in Dresden. Nach der durch die Nationalsozialisten erzwungenen Schließung 1937 wurde die Sammlung 1942 dem Stadtmuseum Bautzen übereignet. Im Jahre 1957 konnte das Sorbische Museum seine Arbeit wieder aufnehmen und mit der Rückführung seines Altbestandes beginnen. Als einziges Museum stellt es die Geschichts- und Kulturbereiche der Sorben dar. Schrittweise erfolgt der Aufbau der ständigen Ausstellung zur Geschichte, Kultur und Lebensweise der Sorben von den Anfängen bis zur Gegenwart, ferner die Ausgestaltung der ersten Galerie der sorbischen bildenden Kunst und eine Präsentation von Zeugnissen sorbischer Sprache und Literatur aus über vier Jahrhunderten. Träger des Sorbischen Museums ist der Landkreis Bautzen. Die Einrichtung wird finanziert aus Mitteln des Trägers, zum Großteil aus Stiftungsmitteln (ca. 80 % der Gesamtausgaben) und aus Zuschüssen des Kulturraumes Oberlausitz-Niederschlesien. Im Haushaltsjahr 2005 stellt der Kulturraum 38 000 Euro zur Verfügung (ca. 8 % der Gesamtausgaben), wobei anzumerken ist, dass die Zuschüsse der Vorjahre höher ausfielen. Mithin trägt der Kulturraum in Anerkennung der regionalen Bedeutung nicht unwesentlich zum Erhalt des Sorbischen Museums bei.

9. Fazit und Ausblick

Es kann eigentlich kein Zweifel bestehen: die Arbeit in den Kulturräumen mit dem Kulturraumgesetz hat sich positiv ausgewirkt. Deshalb muss eine Weiterführung des Systems befürwortet und unterstützt werden. Mit Nachdruck wird dafür zu sorgen sein, dass auch bei einer Veränderung von Gebietsstrukturen und bei einer weiter angespannten Haushaltlage des Landes dennoch die Ziele des Kulturerhaltes weiter konsequent verfolgt werden müssen. Dabei braucht das Gesetz auch die „Zuneigung" der lokalen Verantwortlichen zur Kultur. Kreistage, Gemeinderäte, Stadträte, alle müssen der Kultur einen Stellenwert zubilligen, sonst greift der Grundgedanke nicht. Gesetzgebung für die Kultur ist somit eher eine Folge als eine Voraussetzung. Am 6. Juni 2002 fand vor dem Ausschuss für Wissenschaft und Hochschule, Kultur und Medien des Sächsischen Landtages die öffentliche Anhörung zur Fortschreibung des Kulturraumgesetzes statt, an der der Sächsische Städte- und Gemeindetag als Sachverständiger teilnahm. Im Ergebnis des Gesetzgebungsverfahrens hat der Sächsische Landtag dann am 14. November 2002 das Gesetz zur Änderung des Gesetzes über die Kulturräume in Sachsen beschlossen, das am 31. Dezember 2002 in Kraft getreten ist. Es sieht vor, das bislang bestehende Kulturraumgesetz bis zum 31. Dezember 2007 zu verlängern. Zwar wurde mit dieser reinen Verlängerung der Geltungsdauer nicht allen Forderungen des Sächsischen Städte- und Gemeindetages Rechnung getragen. Es ist aber zu begrüßen, dass das Kulturraumgesetz mit seiner bisherigen Sockelfinanzierung in Höhe von rund 76,7 Millionen Euro fortgeschrieben wurde, was auch maßgeblich auf Nachdruck des Sächsischen Städte- und Gemeindetages erfolgte, da somit den Kulturräumen eine stabile Finanzierungsgrundlage verbleibt.

Die Koalitionsvereinbarung trifft zum Kulturraumgesetz folgende Aussagen: „Das Kulturraumgesetz wird zunächst bis 2011 verlängert. Der Zuschuss des Freistaates wird ab dem Jahr 2005 um 10 Millionen Euro erhöht. Die Staatsregierung wird zusammen mit den Kulturräumen unter Einbeziehung des Kultursenates ein nachhaltiges Entwicklungskonzept erarbeiten. Der dafür notwendige Diskussionsprozess wird umgehend eingeleitet. Die Theater- und Orchesterlandschaft der Kulturräume ist unter Einbeziehung der staatlichen Theater noch effektiver zu gestalten." Sowohl die Fortführung des Kulturraumgesetzes als auch die Erhöhung des Zuschusses des Freistaates Sachsen sind zu begrüßen.

Der Kulturraum Oberlausitz-Niederschlesien führte mit Unterstützung des Sächsischen Staatsministeriums für Wissenschaft und Kunst und in Zusammenarbeit mit dem Sächsischen Kultursenat, der Hochschule Zittau/Görlitz, dem Institut für kulturelle Infrastruktur Sachsen und dem Musiktheater Oberlausitz-Niederschlesien GmbH am 14. Juni 2005 im Musiktheater Oberlausitz-Niederschlesien in Görlitz eine Kulturräumekonferenz zum Thema „Zukunft des Kulturraumgesetzes" durch. Dabei ging es einerseits um den Austausch der Facharbeitsgruppenvertreter der sächsischen Kulturräume und andererseits um die Möglichkeit, sich mit Frau Staatsministerin Barbara Ludwig und verschiedenen Vertretern der Öffentlichkeit im Rahmen einer Podiumsdiskussion über die von der Staatsregierung geplante Verlängerung des Kulturraumgesetzes auszutauschen. Frau Staatsministerin Barbara Ludwig warf im Rahmen dieser Veranstaltung folgende Fragen zur perspektivischen Entwicklung des Kulturraumgesetzes auf: Wie kann in den Kulturräumen noch mehr Planungssicherheit geschaffen werden? Wie gelingt es, dass das Geld auch wirklich in den Kulturräumen bei der Kultur ankommt? Welche Folgen haben die Ergebnisse der Expertenkommission zur Verwaltungsreform? Was geschieht mit kulturraumübergreifenden Projekten und Strukturen?

Der Freistaat Sachsen und seine Kommunen sind sich darin einig, dass das Kulturraumgesetz einen wichtigen Beitrag für den Erhalt der Sächsischen Kulturlandschaften darstellt. Gerade vor dem Hintergrund rückläufiger kommunaler Einnahmen und steigender Soziallasten ist mit den daraus folgenden Konsolidierungszwängen in sämtlichen kommunalen Aufgabenbereichen das auf eine mehrjährige Finanzmittelsicherung gerichtete Kulturraumgesetz in seiner Bedeutung gar nicht hoch genug einzuschätzen. Aus kommunaler Sicht darf resümiert werden, dass es mit diesem Kulturraumgesetz gelungen ist, alle Kommunen eines Kulturraumes für den Erhalt einer soliden kulturellen Landschaft verantwortlich zu machen, wenngleich nicht verschwiegen werden soll, dass es bei der Wahrnehmung dieser Verantwortung hin und wieder Spannungen gibt. Letztlich gilt auch für das Kulturraumgesetz: Kultur ist im „Kuchen" industriellen Wohlstands nicht das überflüssige Sahnehäubchen, sondern vielmehr Ferment der Entwicklung, freilich auch Gewürz für die Schmackhaftigkeit des Lebens.[16]

---

16 Ivonne Weingart.

Christian Schramm

Mein Dank gilt den Mitautoren des Beitrags Joachim Mühle, Kultursekretär, Kulturraum Oberlausitz-Niederschlesien, und Kathrin Seubert, Referentin, Sächsischer Städte- und Gemeindetag.

Literatur

Arbeitsgemeinschaft Soziokultur im Freistaat Sachsen (Hrsg.): Soziokultur in Sachsen: Analysen, Anmerkungen, Ausblicke, Dresden 1994
Sächsisches Staatsministerium für Wissenschaft und Kunst (Hrsg.): Kulturförderung – Das Handbuch, Redaktion Tobias J. Knoblich, Dresden 2000.
Vogt, Matthias Theodor (Hrsg.): Kulturräume in Sachsen, 2. Auflage, Leipzig 1996.

Gesundheitspolitik im Umbruch

Renate Koch

1. Die Veterinärämter

Mit der Verwirklichung der staatlichen Einheit Deutschlands im Oktober 1990 stand die Umgestaltung des öffentlichen Veterinärwesens auf der Tagesordnung. Die Veterinärgesetzgebung der Europäischen Union und der Bundesrepublik Deutschlands sowie ein später entwickeltes Landesrecht bildeten die Rahmenbedingungen für die künftigen Aufgaben einer neuen Veterinärverwaltung. Auf der Basis des vorgegebenen gesetzlichen Rahmens wurde in kürzester Frist in den Jahren 1990 bis 1991 eine völlig neue Aufgaben- und Organisationsstruktur der Kreisveterinärverwaltung auch im Landkreis Meißen aufgebaut.
Die neu geschaffene Verwaltungsstruktur des Veterinärwesens unterschied sich grundlegend von den staatlich geleiteten veterinärmedizinischen Einrichtungen der Deutschen Demokratischen Republik (DDR). So war z. B. die Abteilung Veterinärwesen in den Bereich des Rates des Kreises für landwirtschaftliche Produktion und Nahrungsgüterwirtschaft integriert, politisch und fachlich wiederum dem Rat des Bezirkes, Abteilung Veterinärwesen, unterstellt. Leiter der damaligen kreislichen Einrichtungen war der Kreistierarzt, dem die praktizierenden Tierärzte und Veterinäringenieure in den „Staatlichen tierärztlichen Gemeinschaftspraxen" fachlich und disziplinarisch unterstellt waren. Zu den Aufgaben des Kreistierarztes gehörte in erster Linie die Durchsetzung der Beschlüsse von Partei und Regierung hinsichtlich der allgemeinen Staatspolitik und im Besonderen der Agrarpolitik in der DDR mit der Zielstellung, die sozialistische Landwirtschaftsstruktur in den landwirtschaftlichen Produktionsgenossenschaften und volkseigenen Gütern politisch und ökonomisch weiter zu festigen. Die spezifischen Fachaufgaben des Kreistierarztes bezogen sich im Wesentlichen auf die Schwerpunkte Tierseuchenprophylaxe und Tierseuchenbekämpfung. Grundlage dafür waren Weisungen des Landwirtschaftsministeriums der DDR. Weitere Aufgaben beinhalteten die Durchsetzung tierhygienischer Maßnahmen, Regelungen des Tierhandels und Kontrolle des Tierarzneimittelverkehrs. Der Tierschutz war in die Veterinärgesetzgebung der DDR nicht eingebunden.
Als sogenannte „koordinierende Tierärzte" standen dem Kreistierarzt speziell ausgebildete Fachtierärzte für Rinder, Schweine, Schafe und Geflügel in beratender Funktion zur Seite. Bis 1963 war die Überwachung der Gewinnung, der Be- und Verarbeitung und des Verkehrs von Lebensmitteln tierischen Ursprungs in das Aufgabengebiet des Kreistierarztes eingegliedert.

Nach 1963 wurde mit der Bildung der Räte für landwirtschaftliche Produktion und Nahrungsgüterwirtschaft die lebensmittelhygienische Überwachungsfunktion für den Kreistierarzt aufgehoben. Diese Aufgabe übernahm die „Veterinärhygieneinspektion beim Rat des Bezirkes". Sie hatte Außenstellen in den Landkreisen.
Ab 1990 wurden auf der Grundlage des Gesetzes über den öffentlichen Gesundheitsdienst die getrennten Verwaltungseinrichtungen der DDR „Kreistierarzt" und „Veterinärhygieneinspektion" wieder zu einer festen Einheit, dem Lebensmittelüberwachungs- und Veterinäramt zusammengeführt und Verantwortungsbereich der Kreisverwaltung. Neben den Aufgaben Tierseuchenrecht, Tierarzneimittelverkehr, Fleischhygiene und Fleischbeschau kam die Aufgabe des Tierschutzes dazu. Umfangreich wurde die gesamte Lebensmittelüberwachung im Sinne des Verbraucherschutzes. Nicht nur Lebensmittel tierischen Ursprungs, sondern das gesamte Lebensmittelsortiment wie z. B. Backwaren, Obst, Gemüse, Getränke usw. kamen hinzu. Die Überwachung betraf gleichfalls Gaststätten und Märkte und Bedarfsgegenstände wie Textilerzeugnisse, Haushaltgegenstände, Schmuckwaren u. a. Natürlich gehörte die Auswertung der Untersuchungsergebnisse regelmäßig entnommener Proben und die Einleitung wirkungsvoller Maßnahmen bei Verdachtsfällen in die Verantwortung dieses Amtes.
Der Aufbau dieses Verwaltungsbereiches des Landratsamtes Meißen gelang relativ schnell und reibungslos, da weitestgehend Fachpersonal vorhanden war und nur in die neuen Strukturen eingegliedert werden musste. So konnten z. B. die Hygieneinspektoren aus dem Gesundheitswesen als Lebensmittelkontrolleure im Lebensmittelüberwachungs- und Veterinäramt eingesetzt werden. Leiter dieses Amtes wurde der Amtstierarzt. Im Landkreis Meißen konnten sowohl er als auch sein Stellvertreter bereits im Jahr 1991 die Spezialausbildung an der Universität Leipzig für den höheren veterinärmedizinischen Verwaltungsdienst abschließen. Damit erhielten beide die Berechtigung, die Gebietsbezeichnung „Fachtierarzt für öffentliches Veterinärwesen" zu führen. In der DDR waren Tierärzte staatliche Angestellte. Daher waren sie 1990 automatisch in ein Arbeitsverhältins mit dem Landkreis überführt worden. Bis zum Jahresende 1991 waren alle, die in der Verwaltung nicht weiter beschäftigt werden konnten, in die private tierärztliche Niederlassung gegangen. Eine gute Zusammenarbeit blieb weiterhin bestehen. Mit vielen von ihnen wurden Verträge abgeschlossen, um die Überwachungs- und Kontrollaufgaben des Amtes flächendeckend sicherstellen zu können.
Die oberste Landesveterinärbehörde beim Staatsministerium für Soziales, Gesundheit, Jugend und Familie konnte binnen weniger Monate nach der Landesgründung installiert werden. Ebenso war die mittlere Veterinärbehörde beim Regierungspräsidium bald danach arbeitsfähig. Auch die notwendige Gesetzgebung erfolgte relativ schnell. Trotzdem gab es eine fast gesetzlose Zeit von Juni 1990 bis etwa März/April 1991. Der gewaltige Umbruch in der Landwirtschaft und den Verarbeitungsbetrieben führte dazu, dass gerade in diesen Monaten Tierbestände verkauft und irgendwohin transportiert werden mussten. Dazu waren aber die gesiegelten Genehmigungen der Veterinärbehörde erforderlich. Die alten DDR Siegel konnte man nicht mehr

nehmen. Formal korrekte neue Siegel gab es noch nicht. Doch für einen gelernten DDR Bürger war das kein Problem. Improvisieren können war eine der wichtigen Lebensstrategien in der DDR.
Kleinere Bauernhöfe, neue Schlacht- und Verarbeitungsbetriebe entstanden. Tier- und Fleischtransporte nahmen weiter zu. Dass es zu keinem Ausbruch klassischer Tierseuchen im Landkreis Meißen kam, war der umsichtigen Arbeit des Leiters des Lebensmittelüberwachungs- und Veterinäramtes, Dr. Klaus Legde, und seines Teams zu verdanken. Durch rechtzeitige Einleitung diagnostischer Maßnahmen konnten Tierseuchen verhindert bzw. minimiert werden. Durch den bestehenden hohen Qualifizierungsgrad der Mitarbeiter der unteren Kreisveterinärbehörde im Landratsamt und die schnelle Anpassung an die neuen Anforderungen durch bedarfsbezogene Fortbildungen brachten eingeleitete Bekämpfungsverfahren z. B. bei Salmonellose der Rinder, Psittakose, atypischer Geflügelpest und BSE den gewünschten Erfolg. Die Sanierung der Rinderbestände im Sinne von Leukosefreiheit wurde im Jahr 2001 abgeschlossen. Zuchthygienisch besonders wertvolle Vatertierbestände im Landkreis Meißen (Besamungsstation und Eigenleistungsprüfstation des Sächsischen Rinderzuchtverbandes sowie das Staatliche Landgestüt Moritzburg) machten intensive seuchenhygienische Überwachungstätigkeiten und Prophylaxemaßnahmen notwendig. Durch hygieneprophylaktische Aufklärungsarbeit und sofortiges Einschreiten der Veterinärbehörde zur Ursachenforschung und -abklärung im Verdachtsfall wurden schwerwiegende Erkrankungsfälle von Menschen weitestgehend vermieden.
Die amtlich kontrollierte Tollwutfreiheit im Landkreis Meißen konnte seit 1991 gehalten werden. Der besonders sensible Bereich des Tierschutzes erforderte teilweise große Anstrengungen der Aufklärungsarbeit und Einsatz auch an Feiertagen. So verbrachte der Amtstierarzt Dr. Legde die Weihnachtsfeiertage 1996 damit, die Tierbestände eines Wiedereinrichters, der plötzlich verschwunden war, vor dem Erfrieren und Verhungern zu retten. So standen z. B. Rinder mit ihren Kälbern seit Tagen im verharschten, tiefen Schnee auf einer Weide und mussten veterinärmedizinisch betreut und bei anderen Bauern untergebracht werden, damit sie nicht elend krepieren.
Die ressortübergreifende und unkomplizierte Zusammenarbeit mit den anderen Ämtern im Landratsamt, wie dem Gesundheits-, Umwelt-, Abfallwirtschafts-, Baurechts-, Gewerbe- und Ordnungsamt mit Jagdbehörde, erwies sich bei vielen Problemlösungen als besonders hilfreich und effizient. Ob die guten Erfahrungen des Freistaates Sachsen auf diesem Gebiet dazu führten, dass das Land Baden-Württemberg im Jahr 1995 die Veterinärbehörde in die Landratsämter integrierte, muss die Autorin mit einem Fragezeichen versehen.

2. Die Gesundheitsämter

Mit dem Aufbau von Gesundheitsämtern wurde 1990 noch vor den Kommunalwahlen durch den Rat des Kreises begonnen. So fasste der Kreistag am 26. April 1990 den Beschluss zum Aufbau eines Gesundheits- und Sozialamtes und beauftragte den amtierenden Kreisarzt Dr. Werner Hahn mit der Schaffung der entsprechenden Strukturen und der personellen Untersetzung. Der Personalvorschlag war dem Vorsitzenden des Rates des Kreises zur Bestätigung vorzulegen. Grundlage für diesen Beschluss war eine Festlegung des Rates des Bezirkes Dresden, in der es hieß, dass bei der Erarbeitung der Strukturempfehlung die guten Erfahrungen der Landkreise Baden-Württembergs sowie des Landes Bayern zugrunde gelegt wurden. In dieser Struktur sollte es sieben Abteilungen geben wie Verwaltungsabteilung, Medizinalaufsicht/Amtsärztliche Tätigkeit und Begutachtung, Gesundheitserziehung, Hygiene und Gesundheitsschutz, Sozialwesen/Gesundheitsfürsorge, Jugendgesundheitsschutz und Gewerbeaufsicht/Betriebsärztlicher Dienst. Für diesen Bereich waren ca. 120 Personalstellen vorgesehen. Bald aber zeigte sich, dass die geplante Struktur nicht handhabbar war und neben dem Gesundheitsamt ein eigenständiges Sozialamt sowie ein Jugendamt aufgebaut werden musste. Diese Erlaubnis wurde durch die von der de-Maiziere-Regierung erlassene Verordnung über den öffentlichen Gesundheitsdienst und die Aufgaben der Gesundheitsämter in den Landkreisen und kreisfreien Städten vom 8. August 1990 bekräftigt.

Der Kernbereich des Gesundheitsamtes im Landratsamt hatte sich mit seinen einzelnen Aufgaben im Wesentlichen nicht verändert. Er war aber durch die Strukturen in der DDR in andere Organisationseinheiten eingebunden gewesen wie z. B. den Jugendzahnärztlichen Dienst in den Polikliniken und die poliklinische Abteilung für Lungenkrankheiten und Tuberkulose (PALT), anderes in nachgeordnete Einrichtungen der Abteilung Gesundheits-und Sozialwesen des Rates des Kreises. Es galt, diese zum Teil über das Stadtgebiet Meißen hinaus verstreut liegenden Stellen in einem Haus zusammenzuführen. Erschwerend kam in den ersten Monaten hinzu, dass das Landratsamt zwar Gebäude des ehemaligen Rates des Kreises nutzte, ein Haus auch nach Instandsetzung für dieses Amt geeignet gewesen wäre, aber die Eigentumsfrage nicht geklärt war. Also wieder einmal improvisieren, nur die allernotwendigste Renovierung vornehmen und das Gesundheitsamt in dem Haus unterbringen. Doch zog sich der Umzug noch bis zum Frühjahr 1992 hin. Der Restitutionsanspruch wurde später zugunsten des Landkreises entschieden.

Dank der zielgerichteten Arbeit der zuständigen Abteilung im Sächsischen Staatsministerium für Gesundheit, Soziales und Familie und der klaren Vorgaben von Staatsminister Dr. Hans Geisler konnte der Landtag bereits am 11. Dezember 1991 das Gesetz über den öffentlichen Gesundheitsdienst (SächsGDG) verabschieden. Damit war Sachsen eines der wenigen Bundesländer, das über ein landeseigenes Gesundheitsdienstgesetz verfügte. Die Mitarbeiter in diesem Bereich mussten nun nicht mehr nur mit dem Gesetz zur Vereinheitlichung des Gesundheitswesens vom 3. Juli 1934 sowie dessen Durchführungsverordnungen arbeiten.

Eine Schwierigkeit beim Aufbau des Gesundheitsamtes bestand darin, einen Amtsarzt zu finden. Zum einen wollten die meisten Mediziner nicht im öffentlichen Gesundheitsdienst bleiben. Sie versprachen sich mehr Erfolg von der eigenen Niederlassung. Zum anderen war es notwendig, für diese Stelle den Abschluss als „Facharzt für den öffentlichen Gesundheitsdienst"

Gesundheitspolitik im Umbruch

zu erwerben. Der Freistaat Sachsen erkannte diesen Facharzt zu, wenn ein einjähriger Lehrgang für dieses Fachgebiet an der Bayrischen Verwaltungsschule besucht und die Prüfung im Bayrischen Staatsministerium für Gesundheitswesen erfolgreich bestanden wurde. Hinzu kam, dass gerade in den ersten Jahren nach der Wende die Sensibilität wegen eventueller Systemnähe oder Stasiverstrickung besonders hoch war und manch geeigneter Bewerber nur auf Grund von Gerüchten durch den Kreistag nicht bestätigt wurde.
Am 10. Februar 1994 gab das Sächsische Ministerium für Sozialwesen, in das die obere Gesundheitsbehörde integriert ist, eine Empfehlung zum Aufbau und zur personellen und technischen Ausstattung der unteren Gesundheitsbehörde beim Landratsamt heraus. Diese Empfehlung war Grund für immer wiederkehrende Auseinandersetzungen der Landrätin des Landkreises Meißen mit der oberen Gesundheitsbehörde bis hin zum Staatsminister Dr. Hans Geisler, da sie den empfohlenen Stellenplan unterschritt. Sie akzeptierte nicht, dass ein Bereich personell gut ausgestattet werden sollte, während Landesregierung und Rechtsaufsichtsbehörde den Landratsämtern Richtlinien für den Gesamtpersonalbestand vorgaben und den Personalabbau forderten. Haushalte wurden oftmals nur mit solchen Auflagen genehmigt. Einen Nachweis, dass die untere Gesundheitsbehörde beim Landratsamt Meißen ihren gesetzlichen Pflichten nicht nachkam, erbrachte die obere Gesundheitsbehörde nicht.
Zu den wesentlichen Aufgaben der neuen Gesundheitsbehörde gehörten und gehören der amtsärztliche Dienst mit z. B. Schwangeren-, Aids-, Tumorberatung; der Bereich der Hygiene; der Jugendärztliche und der Jugendzahnärztliche Dienst. In den ersten Jahren setzte die PALT im Landkreis Meißen ihre Arbeit fort. Aufgrund fehlender Gesetzlichkeiten wurde dieser Bereich später aufgelöst. Insbesondere von den Ärzten der unteren Gesundheitsbehörde wurde als nachteilig empfunden, dass bewährte präventive Maßnahmen wie die Impfpflicht für Infektionskrankheiten im Kindesalter vom Gesetzgeber aufgeweicht wurde. Kinderkrankheiten treten wieder auf, die in der DDR als ausgerottet galten. Der Durchimpfungsgrad ist so gesunken, dass jederzeit Epidemien auftreten können. Auch die Obduktionen liegen weit unter dem notwendigen Mindestmaß. Eine Todesursachenstatistik ist daher nur noch eingeschränkt verwertbar. Das Krebsregister wurde vorerst auf eigene Initiative fortgeführt und später in Sachsen vom zuständigen Ministerium als wichtig erkannt und gefordert. Wesentlich verbessert hat sich die Arbeit der Gesundheitsbehörde auf dem Gebiet der Hygiene. Hier ist insbesondere die Verbesserung der Trinkwasserüberwachung zu nennen. Die gesetzlichen Grundlagen ermöglichen ein schnelles und wirksames Eingreifen bei Verunreinigungen jedweder Art. Die vielen Baumaßnahmen der neunziger Jahre zur Trinkwasserversorgung lassen vergessen, dass noch 1989 die Hygieneinspektion des Rates des Kreises die Empfehlung an Mütter mit Säuglingen in der Stadt Coswig und Umgebung herausgab, für die Zubereitung von Speisen kein Trinkwasser zu benutzen. Der Rat des Kreises sorgte dafür, dass auch in Sommermonaten genügend Selterwasser im Angebot der Kaufhallen war. Grund für diese Maßnahmen war die weit über dem Grenzwert liegende Nitratbelastung des Trinkwassers.

Renate Koch

3. Ambulante medizinische Versorgung

Die ambulante medizinische Versorgung in der DDR war in Polikliniken, Ambulatorien sowie staatlichen Arzt- und Zahnarztpraxen organisiert. In Orten mit einem Krankenhaus gehörten die Polikliniken in der Regel zum Krankenhaus. So war es keine Schwierigkeit, dass stationär tätige Ärzte dort auch Sprechstunden machten und vor stationären Aufnahmen erforderliche Untersuchungen anordneten und auswerteten sowie nachstationäre Behandlungen durchführten. Doppeluntersuchungen wurden zum großen Teil vermieden, da auch die Ambulatorien und Arztpraxen aus den anderen Orten notwendige Befunde der Station zur Verfügung stellten.

In Orten ohne Krankenhaus im Kreis Meißen unterstanden die ambulanten Einrichtungen, auch die Arztpraxen, dem Rat der Gemeinde bzw. der Stadt. Das war in der DDR nicht durchgängig so. In der überwiegenden Zahl der Kreise unterstanden alle ambulanten Einrichtungen dem Rat des Kreises, Abteilung Gesundheits- und Sozialwesen. Vereinzelt gab es in den Kreisen auch Mischformen. Weiterbildungen und Symposien wurden häufig über die Krankenhäuser organisiert und durch die Fachgesellschaften inhaltlich gestaltet.

1990 gab es im Landkreis Meißen drei Polikliniken, vier Ambulatorien, zwölf staatliche Arzt- und sechs staatliche Zahnarztpraxen. In ihnen waren 125 Ärzte aller Fachrichtungen und 70 Zahnärzte aus drei Fachrichtungen tätig. Für bestimmte Erkrankungen gab es Ärzte mit spezieller Zusatzausbildung, die z. B. als Kreisdiabetologe für Patienten mit Zuckerkrankheit zuständig waren. In ihrer Verantwortung lag die Organisation einer regelmäßigen ärztlichen Betreuung und Behandlung auf hohem Niveau. Doch diese bewährten Strukturen ließen sich mit der Bundesgesetzgebung nicht vereinbaren.

Obwohl zu Beginn des Jahres 1990 noch keine Krankenkassen bestanden, die die Leistungen niedergelassener Ärzte vergüteten und es keine Abrechnungsstelle gab, hatten von den 125 Ärzten bereits 56 einen Antrag auf eigene Niederlassung beim Rat des Kreises gestellt. Von den 70 Zahnärzten lagen 35 Anträge vor. Von allen vorliegenden Anträgen waren bis zum Mai elf genehmigt worden. Nachdem sich die Kassenärztliche Vereinigung in Sachsen gegründet hatte, ging die Verantwortung für die Sicherung der ambulanten medizinischen Versorgung auf sie über. Da die Landrätin von Meißen positive Erfahrungen mit der engen Vernetzung von ambulanter und stationärer Betreuung gemacht hatte, war sie sehr darum bemüht, die Poliklinik am Krankenhaus zu erhalten. Erfolg war ihr nicht vergönnt. Auch noch im Jahr 1991 gab es keine Informationen, wie angestellte Ärzte einer Poliklinik abrechnen können. Eine Unterstützung von Seiten der Kassenärztlichen Vereinigung zur Lösung gab es nicht. Bis zur Jahresmitte 1991 hatten sich fast alle Ärzte der Poliklinik selbständig gemacht. Nur wenige der in der Poliklinik beschäftigten Krankenschwestern nahmen sie mit in ihre Praxen. So blieb der Landrätin nichts weiter übrig, als die Poliklinik aufzulösen und viele ihrer ehemaligen Kolleginnen zu entlassen.

Heute, nach 15 Jahren, spricht man wieder von der Notwendigkeit integrierter Versorgung, der Vernetzung niedergelassener Ärzte und der Verzahnung mit dem stationären Bereich.

4. Krankenhäuser

Unter Mitarbeitern im Gesundheitswesen der DDR gab es die Rede „Wenn du in einer fremden Stadt eine Gesundheitseinrichtung brauchst, suche nach dem baulich schlechtesten Gebäude, dann bist du richtig". So war es auch. Es gab zwar einen langfristigen Plan für Werterhaltung und Krankenhausbau, aber in einer Mangelwirtschaft kann er nur sehr langsam und immer wieder verzögert umgesetzt werden. Im Landkreis Meißen gab es 1990 ein Krankenhaus der Regelversorgung mit 735 Betten, verteilt auf fünf Standorte. Im Bericht des Rates des Kreises, Abteilung Gesundheitswesen, an die Landrätin heißt es dazu: „Zum Krankenhaus Meißen muss gesagt werden, dass aufgrund einer grundfondswirtschaftlichen Analyse die Funktionsfähigkeit der Einrichtung nur noch beschränkt für einige Jahre erfolgen kann, der Neubau eines Krankenhauses mit ca. 640 Betten wird derzeit gemeinsam mit dem Institut für Gesundheitsbauten Berlin vorbereitet". Aus eigener Kenntnis wusste die Landrätin, dass die Röntgenabteilung des Kreiskrankenhauses schon vor Jahren hätte geschlossen werden müssen, weil sie den technischen Anforderungen und den Arbeitsschutzbestimmungen bei weitem nicht entsprach. Aber ein Kreiskrankenhaus ohne Röntgenabteilung hätte man schließen müssen. Auf der Investitionsliste des Rates des Bezirkes, Abteilung Gesundheits- und Sozialwesen, stand das Kreiskrankenhaus Meißen bei Röntgengeräten nicht an vorderer Stelle. Es gab noch schlechter bestellte Häuser bzw. große Einrichtungen, die Vorrang hatten wie z. B. die Universitätskliniken. So gab es zum Betreiben der Röntgenabteilung immer wieder eine Ausnahmegenehmigung. Daher war es nur selbstverständlich, dass in den Investitionsplanungen des Landkreises Meißen das Kreiskrankenhaus oberste Priorität hatte. Sehr schnell zeigte sich, dass die Planung des Institutes für Gesundheitsbauten Berlin nicht verwendet werden konnte, da gänzlich neue Aspekte in die Planung einfließen mussten. Auch die gedachte Bettenzahl entsprach nicht mehr dem zukünftigen Bedarf. Pflege- und Nachsorgefälle, so genannte Fremdlieger, konnten durch neu entstandene Pflege- und Rehabilitationseinrichtungen rechtzeitig verlegt und betreut bzw. nachbehandelt werden. Die ersten Planungsüberlegungen für das neue Krankenhaus gingen noch von 450 Betten aus. In den Fördergesprächen mit dem Sächsischen Staatsministerium für Soziales, Gesundheit und Familie einigte man sich auf eine Bettenanzahl von 420. Dafür wurde dann eine Festbetragsförderung eingereicht. Als das neue Krankenhaus im Jahr 1998 in Betrieb ging, wies der Bettenbedarfsplan für den Standort Meißen nur noch 357 Betten aus. Da diese Entwicklung in der Region bereits absehbar war, wurde eine Station nicht mehr mit Betten und Möbeln ausgestattet.
Ähnlich wie im Landkreis Meißen sah die Situation der Krankenhäuser in den anderen Landkreisen und Kreisfreien Städten aus. Diese Situation war dem Staatsminister für Soziales, Gesundheit und Familie, Dr. Hans Geisler, aus eigener Erfahrung bekannt. War er doch viele Jahre Leiter des Labors im Diakonissenkrankenhaus in Dresden. Der Investitionsbedarf bei Krankenhäusern wurde im Freistaat Sachsen auf ca. 10 Milliarden DM geschätzt. Am 19. August 1993 wurde das Sächsische Krankenhausgesetz vom Land-

tag verabschiedet. Auf der Grundlage dieses Gesetzes konnte der Krankenhausplanungsausschuss stationäre Behandlungskapazitäten nach Fachrichtungen und Standorten an Krankenhäusern überarbeiten und teilweise neu ordnen. Dem Ausschuss gehörten Vertreter des Fachministeriums, der gesetzlichen und privaten Krankenkassen, der Krankenhausgesellschaft, der beiden kommunalen Spitzenverbände, der Liga der Freien Wohlfahrtsverbände, der Landesärztekammer und der Kassenärztlichen Vereinigung Sachsen an. Ausgehend von den strukturellen Entscheidungen, sollten die Entscheidungen – seien es Neuinvestitionen oder Großsanierungen – den Anforderungen der nächsten 20 bis 30 Jahre gerecht werden. Klarheit über den tatsächlichen Investitionsbedarf brachte ein vom Fachministerium in Auftrag gegebenes externes Gutachten. Der geschätzte Investitionsbedarf konnte um 2,5 Milliarden DM gesenkt werden. Es vereinfachte auch die Entscheidung über Prioritäten bei der Fördermittelvergabe. Im Gesundheitsstrukturgesetz des Bundes von 1993 wurde der Artikel 14 aufgenommen, der den Bund, die neuen Länder und die Krankenkassen verpflichtete, gemeinsam die Mittel für den Nachholbedarf in den östlichen Bundesländern aufzubringen. Die Umsetzung des Krankenhausinvestitionsprogramms im Freistaat Sachsen wurde im Ministerium für Soziales, Gesundheit und Familie angesiedelt, um landesweit gleiche Maßstäbe und Standards umzusetzen, sowie die Verfahrensbeteiligten – Oberfinanzdirektion, externe Fachberater, Regierungspräsidien, Krankenhausträger, Krankenhausleitungen und Planungsbüros – zu koordinieren. Damit wurde ein solides Förderverfahren und objektivierbare Kriterien der Investitionstätigkeit für alle in diesem Sektor geschaffen. Diese Maßnahmen wurden in Sachsen durch weitere spezifische Bestandteile ergänzt. So gab es eine so genannte „Schnelle Eingreif-Truppe" (SET) für die Vorprüfung der Anträge und Beratung der Krankenhausträger in einem sehr frühen Planungsstadium. Ein zweiter Punkt war die Festbetragsförderung. Sie führte zu kostengünstigem Bauen, denn die Minderausgaben verblieben im Kreis. Mehrausgaben wurden nicht nachgefördert. Weitere Maßnahmen waren die Vorabfreigaben zum vorzeitigen Baubeginn nach verkürzter baufachlicher Prüfung sowie die Zwischenfinanzierung durch den Krankenhausträger zur zeitlichen Vorziehung ausgewählter, insbesondere versorgungspolitisch relevanter Vorhaben bei Garantie der Festbetragsfinanzierung durch das Land.
Diese Förderstrategie führte zu einem wesentlich schnelleren Umsetzen der geplanten Baumaßnahmen, als es allgemein üblich war. Doch noch vor Fertigstellung der Baumaßnahmen war es erforderlich, den enormen Rückstand im Bereich Medizintechnik und Ausstattung aufzuholen. So wurden im Landkreis Meißen für etwa 7 Millionen DM an zwei Standorten die Operationssäle von Grund auf saniert bzw. durch OP-Container ersetzt. Dadurch konnte auch die verschlissene Röntgenabteilung an einem Standort umgebaut und mit neuen Geräten ausgestattet werden. Warum der Landkreis noch so viel Geld in diese alten Häuser steckte, obwohl die Planung für das neue Haus gut voranschritt, wurde die Landrätin nie gefragt. Sie hatte 1992 den Gesundheitsausschuss des Deutschen Landkreistages (DLT), dem sie angehörte, zu Gast und führte ihn selbstverständlich durch einen Standort des Kreiskrankenhauses. Sie zeigte die Röntgenabteilung, die OP-Säle, eine

internistische und eine chirurgische Station, führte durch die Kellergänge und zeigte die Leichenhalle in der auch die Obduktionen durchgeführt wurden. Nach diesem Rundgang herrschte unter den westlichen Mitgliedern des Ausschusses betretenes Schweigen. Sie sahen auch etwas blass aus. Für die Ostkollegen war eine solche Krankenhaussituation nicht neu.
Natürlich blieb in den Jahren des Bauens der medizinische Fortschritt nicht stehen. Neue Medikamente und Untersuchungsmöglichkeiten, veränderte und neue Behandlungsmethoden, Verlagerung von kleinen, einfachen Operationen in den ambulanten Bereich und vieles mehr führten zu einer deutlichen Reduzierung der Verweildauer im Krankenhaus. 1991 lag ein Patient in Sachsen durchschnittlich 18,4 Tage im Krankenhaus. Im Jahr 2001 waren es nur noch 10,2 Tage. Die Auslastung der Betten steigerte sich in diesem Zeitraum von 75,7 % auf 83,7 %. Diese Zahlen werden nochmal durch die Entwicklung der Krankenhausstandorte und die Bettenzahl verdeutlicht. 1991 gab es in Sachsen 112 Krankenhäuser mit insgesamt 42 761 Betten, so waren es 2003 noch 87 Krankenhäuser mit 29 156 Betten. Diese Entwicklung wird sich vielleicht etwas abgeschwächt nicht nur in Sachsen weiter fortsetzen.
Bereits im Jahr 1992 schloss die Landrätin einen Krankenhausstandort mit 92 Betten. Es gab kritische Anfragen aus der Bevölkerung, doch mit den sachlich und fachlich korrekten Antworten, dass eine ausreichende ärztliche Sicherstellung rund um die Uhr an sieben Tagen der Woche nicht mehr gewährleistet werden kann, da in eigener Niederlassung tätige Ärzte im Krankenhaus die Bereitschaftsdienste nicht mehr übernehmen, ließ Diskussionen bald verstummen. Seit Ende der 90er Jahre wird das Gebäude nach Sanierung und Umbauten von einem freien Träger als Seniorenheim betrieben und alle sind zufrieden.
Wichtig zu erwähnen ist auch die Finanzierung für den laufenden Betrieb im Krankenhaus. Zum Jahresende 1990 gab es noch keine klaren Aussagen, wie die Finanzierung erfolgen soll. So blieb den Landkreisen nichts weiter übrig, als ihren Krankenhäusern eine Anschubfinanzierung, die möglichst für ein Quartal ausreichend ist, zu gewähren. Auch als feststand, wer die laufenden Kosten eines Krankenhauses zu tragen hat, wurden diese Gelder in der Regel nicht zurückgezahlt. Anfang der 90er Jahre galt in den Verhandlungen mit den Krankenkassen zur jährlichen Finanzierung noch das Kostendeckungsprinzip. Bei guter Nachweisführung und Verhandlungsgeschick waren finanzielle Probleme im Krankenhaus nicht gegeben. Das änderte sich aber Mitte der 90er Jahre. Die jährlichen Kostensteigerungen in der gesamten medizinischen Versorgung sowie die Stagnation, teilweise rückläufige Entwicklung der Einnahmen der Krankenkassen zwangen den Bund zu Reformmaßnahmen. Ab 1996 wurde der laufende Betrieb der Krankenhäuser von den Krankenkassen durch ein Mischsystem, bestehend aus Fallpauschalen, Sonderentgelten und tagesgleichen Pflegesätzen finanziert. Parallel dazu begann man in kleineren Kreisen, auch im Gesundheitsausschuss des DLT, über neue transparentere und möglichst vergleichbare Kostenabrechnungen zu diskutieren. Grundlage für die Diskussionen bildete das australische Abrechnungssystem (Australian Refined Diagnosis Related Groups – AR-DRG). Ab 1998 wurde die Einführung des DRG-Systems (Diagnosis Related

Groups, auf deutsch Diagnosebezogene Fallgruppen) in Deutschland intensiv vorbereitet. Im Jahr 2003 konnten die Krankenhäuser selber entscheiden, ob sie im Bereich der Somatik bereits nach dem DRG-System abrechnen wollen. Für den Bereich der Psychiatrie blieb die Abrechnung nach tagesgleichen Pflegesätzen weiterhin gültig. Seit 2004 gilt für alle Krankenhäuser das DRG Abrechnungssystem. Einige waren aber erst im Jahr 2005 in der Lage, nach diesem System abzurechnen. Für Krankenhäuser mit sehr guter Kostenstruktur wäre diese Abrechnung von Vorteil, wenn die Konvergenzphase nicht bis zum Jahr 2009 verlängert worden wäre.

Die sich fast überschlagenden Gesetzesänderungen des Bundes im Gesundheitsbereich führten zu Verunsicherungen insbesondere der kommunalen Träger von Krankenhäusern. Die knapper werdende Finanzkraft der Kommunen ließ nicht zu, eventuell auftretende Verluste in Krankenhäusern auszugleichen. Dieses und eine Reihe anderer Gründe führten in den Landkreisen zu der Überlegung, den Versorgungsauftrag von anderen sicherstellen zu lassen und ihre Krankenhäuser an freigemeinnützige oder private Träger zu verkaufen. Das hat die Trägerlandschaft im Freistaat Sachsen wesentlich verändert. Im Jahr 1991 gab es 89 Krankenhäuser in öffentlicher, 19 in freigemeinnütziger und 4 in privater Trägerschaft. Im Jahr 2003 waren es 42 öffentliche, 16 freigemeinnützige und 29 private Trägerschaften.

Im Landkreis Meißen war man bemüht, andere Wege zu gehen. Das Krankenhaus fand nach einer Reihe von Turbulenzen in ruhigeres Fahrwasser zurück. Dazu beigetragen hat die DFG-Gruppe aus Speyer, die in einer extremen Notsituation im Management die Betriebsführung übernahm und zunächst Hubertus Jäger, später Freiherrn von Follenius als Leiter vor Ort einsetzte. Beide Herren und weitere Mitarbeiter der DFG konsolidierten das Haus, sorgten für einen reibungslosen und schnellen Umzug in das neu gebaute Haus und bereiteten es auf die Einführung der DRGs vor.

Mit der Kreisgebietsreform im Jahr 1996 war der Landkreis Meißen auch Träger des Kreiskrankenhauses in Radebeul. Im Frühjahr 2002 beschloss der Kreistag zu Meißen die Fusionierung beider Häuser und damit verbunden die Gründung einer GmbH & Co KG. Ziel war es, weitere Synergieeffekte zu erreichen und die Häuser für den Wettbewerb zu stärken. Dass dies gelungen ist, zeigen u. a. die Wirtschaftsdaten, die Aufnahme in das deutsche Netz gesundheitsfördernder Krankenhäuser (DNGfK), die Anerkennung als Lehrkrankenhaus, die Kooperationsverträge z. B. mit dem Universitätsklinikum Carl Gustav Carus Dresden, die Zusammenarbeit mit der privaten Dresden International University (DIU) auf dem Gebiet der Traditionellen Chinesischen Medizin (TCM). Der mit der GmbH & Co KG Gründung eingesetzte Geschäftsführer, Andreas E. Gebhardt, konnte den durch die DFG-Gruppe begonnenen erfolgreichen Weg fortsetzen. Die als Elblandkliniken Meißen-Radebeul eingetragene GmbH & Co KG hat die Möglichkeit genutzt und bereits im Jahr 2003 nach dem DRG-System abgerechnet. Ein Qualitätsmanagement wurde eingeführt und die Vorbereitungen zur Zertifizierung laufen. Doch die Unsicherheit über die zukünftigen Ramenbedingungen für das stationäre Gesundheitswesen führen jetzt auch im Landkreis Meißen zu Überlegungen, wesentliche Anteile der Gesellschaft zu verkaufen.

Mein Dank gilt den Mitautoren des Beitrages Dr. Klaus Legde, Amtstierarzt im Landratsamt Meißen bis 2001 (Gliederungspunkt 1.1) und Jürgen Neumann, Referent beim Sächsischen Landkreistag (Gliederungspunkt 1.4).
Außerdem danke ich allen, die mir bei der Erarbeitung dieses Beitrages durch Bereitstellung von Dokumenten geholfen haben, im Besonderen DM Petra Albrecht, Amtsärztin im Landratsamt Meißen.

Quellen

Bericht des Rates des Kreises Abt. Gesundheits- und Sozialwesen vom 21.5.1990 an den Landrat.
Krankenhausregister der Krankenhausgesellschaft Sachsen e. V.
Kreistagsbeschluss vom 26.4.1990 (nicht mit Nummer versehen).

Die Neuorganisation der Sozialpolitik

Burgunde Tomczak

1. Zur Arbeit des Sozial- und Jugendamtes im Landkreis Torgau von 1990 bis 1994

Vor der Kreisgebietsreform im Freistaat Sachsen war der Landkreis Torgau einer von 48 Landkreisen mit einer Ausdehnung von rund 610 km² und ca. 54 000 Einwohnern in 40 Städten und Gemeinden. In der Kreisstadt Torgau wohnten im Jahr 1994 mit über 21 000 Einwohnern fast 39 % der Bevölkerung des Landkreises.

Der Strukturwandel, der das Beitrittsgebiet seit 1990 erfasst hatte, war auch 1994 noch nicht vollständig abgeschlossen. Es gab tiefgreifende Änderungen in der Industrie, der Landwirtschaft, im Handwerk und im Gewerbe. Unaufhaltsam setzte sich auch der Abwanderungsprozess fort. Das war nicht mehr die spektakuläre Massenflucht wie im Herbst 1989, deren Bilder weltweit durch die Medien gingen. Es war eine stille, aber stetige Abwanderung. Und es waren vor allem junge Familien, die der Region den Rücken kehrten. Die Arbeitslosigkeit erreichte Werte zwischen 16 % und 17 %, der Geburtenrückgang war erheblich. Zusätzlich zur Strukturschwäche kamen erschwerend die Randlage des Kreises, fehlende Verkehrsanbindungen und die massiven Restriktionen für Investitionen auf Grund ausgedehnter Natur- und Tierschutzgebiete hinzu. Diese wirtschaftlichen Nachteile konnten trotz erheblicher Investitionszuschüsse und weitreichender Förderprogramme durch Neugründungen von Unternehmen nicht vollständig ausgeglichen werden. Auch für die Kommunen gab es Fördermittel und Kredite. Zu nennen ist dabei neben der Kreditanstalt für Wiederaufbau auch die Sächsische Aufbaubank und als wichtigstes Fördermittelprogramm das Programm Aufschwung Ost aus dem Jahr 1991, das insbesondere für den sozialen Bereich ausgelegt war. Damit konnte nach der Wiedervereinigung ganz schnell auch für die Bevölkerung etwas Sichtbares auf den Weg gebracht werden. Vieles war ja marode, ob Straßen, Wasserleitungen, Klärwerke oder Altersheime, Schulen und Krankenhäuser. Die Erwartungen waren groß und damit auch der Druck auf die neue kommunale Selbstverwaltung, etwas zu tun. Eine unglaubliche Fülle von Ereignissen in dieser spannenden Zeit brachte es mit sich, dass Entscheidungen schnell getroffen werden mussten. Das Tempo durfte aber nicht dazu verleiten, oberflächlich oder nachlässig zu arbeiten. Schließlich waren oftmals die Entscheidungen mit Auswirkungen verbunden, die weit in die Zukunft hineinreichen würden. Dabei kam es immer auch darauf an, Prioritäten zu setzen.

Die Neuorganisation der Sozialpolitik

Die wirtschaftliche Umstrukturierung führte auch zu Änderungen in der demografischen Entwicklung, die jedoch nicht sofort sichtbar waren. Erst Jahre später befassten sich die Kommunen mit den Folgen des tiefgreifenden strukturellen Wandels. Während die ersten Planungen für den Neubau von Einrichtungen der Alten- und Behindertenhilfe noch in der Öffentlichkeit diskutiert wurden, ließ dieses Interesse im Laufe der Jahre nach. Im Zusammenhang mit der Pflegeversicherung war durch den Landkreis an Hand von Orientierungskennzahlen und weiteren Vorgaben aus dem Sächsischen Staatsministerium für Soziales ein Altenhilfeplan aufzustellen und vom Kreistag zu beschließen. Ziel war es, mit Hilfe des gesetzlich verankerten Investitionsprogramms den Bedarf an Pflegeplätzen in relativ kurzer Zeit zu decken und das Niveau an das der alten Bundesländer anzupassen. Das waren neue Aufgaben für das Kreissozialamt über den täglichen Umgang mit Sozialhilfeempfängern hinaus. Zur Zahlung von Hilfe zum Lebensunterhalt, Wohngeld, BaföG und anderen Leistungen der offenen Sozialhilfe kam ab 1994 die langfristig anzulegende planerische und konzeptionelle Arbeit hinzu. Daneben nahm die allgemein beratende Tätigkeit im Sozialamt viel Zeit in Anspruch. Opfer von Gewalttaten, Anspruchsberechtigte nach dem SED-Unrechtsbereinigungsgesetz oder nach sonstigen Entschädigungsgesetzen brauchten Rat und Hilfe und erhielten sie.
In gleicher Weise war das Jugendamt im Leistungsbereich der Hilfen zur Erziehung gefordert. Auch hier gab es eine sprunghafte Entwicklung. Der Wandel von institutioneller Erziehungshilfe hin zu offener, ergänzender Familienhilfe stellte für die Kommunen und die freien Träger eine große Herausforderung dar. Innerhalb kürzester Zeit mussten auch hier neue Gesetze angewendet werden. Vor allem im Bereich der wirtschaftlichen Jugendhilfen war spürbar, dass die neuen Lebensverhältnisse nicht nur den Familien, sondern auch den Kommunen Probleme bereiteten. Unterhaltsvorschusszahlungen wurden mit steigender Tendenz erforderlich, wenn die Zahlungspflichtigen nicht zahlen konnten oder wollten. Deutlich war auch die ständige Zunahme von Straftaten jugendlicher Täter. Das Jugendamt sicherte dabei z. B. die Ableistung gemeinnütziger Arbeit und kontrollierte deren Realisierung.
Der Umbruch im Bereich der Kindertagesstätten setzte frühzeitig ein. Als erstes war das Landratsamt 1990 damit konfrontiert, den vielen Erzieherinnen im Landkreis die Kündigung ihres Arbeitsverhältnisses mit der Abteilung Volksbildung des Rates des Kreises auszusprechen, weil es diese nicht mehr gab und weil neue Zuständigkeiten umzusetzen waren. Den Städten und Gemeinden wurde diese Aufgabe nunmehr zugeordnet, diese waren jetzt Betreiber der Krippen oder Kindergärten. Sie konnten diese Aufgabe selbst ausführen oder einen freien Träger mit der Durchführung beauftragen. Anders als im Bereich der Alten- und Behindertenhilfe war hier der Anteil kommunaler Einrichtungen bis in das Jahr 2001 im Landkreis sehr hoch. Neu für das Jugendamt war die ständige Beratung und Unterstützung der Kinder- und Jugendarbeit von Kirchen, Vereinen, Jugendgruppen in den Städten und Gemeinden. Vereine und Kommunen wurden bei der Durchführung von Projekten der Kinder- und Jugendarbeit im Rahmen von Förderprogrammen der Landes- und Bundesregierung unterstützt.

Burgunde Tomczak

2. Die Bildung des Landeswohlfahrtsverbandes Sachsen

Nach der Vereinigung unseres Vaterlandes galt es, den wohl schwierigsten Teil der anstehenden Aufgaben anzugehen und eine Vielzahl von Problemen zu lösen, um die Hinterlassenschaften eines gescheiterten gesellschaftlichen Systems zu beseitigen. Im Bereich der sozialen Sicherung waren von nun an in den neuen Bundesländern die entsprechenden gesetzlichen Grundlagen anzuwenden. Behinderte Menschen befanden sich in einer unwürdigen Situation, die eine gezielte Förderung in den wenigsten Fällen zuließ. Die Beschäftigung auf den wenigen, schlecht ausgestatteten geschützten Arbeitsplätzen konnte diesem Anspruch ebenfalls nicht gerecht werden. Eine umfassende Aufbauarbeit war, wie in den anderen gesellschaftlichen und wirtschaftlichen Bereichen, gefordert. Der Freistaat Sachsen wurde in diesem Prozess von einer Vielzahl engagierter und fachlich qualifizierter Experten aus den alten Bundesländern unterstützt.

Um die Herausforderungen erfolgreich zu meistern, die sich bei der Entwicklung von Leistungsangeboten für behinderte Menschen stellten, wurde 1991 zunächst das Sächsische Landesamt für Sozialhilfe als überörtlicher Träger der Sozialhilfe errichtet. Es erfüllte bis zum Jahr 1993 die aus dem BSHG abgeleiteten Aufgaben eines überörtlichen Trägers der Sozialhilfe, die in der Hilfe für behinderte Menschen ihren Schwerpunkt hat. Ausgehend von den positiven Erfahrungen, die auch in Baden-Württemberg und im Freistaat Bayern in mehreren Jahrzehnten gesammelt werden konnten, entschieden die Sächsische Staatsregierung und letztlich der Sächsische Landtag, die überörtliche Sozialhilfe einem Höheren Kommunalverband zuzuordnen. Mit dem Gesetz über den Landeswohlfahrtsverband Sachsen (SächsLWVG) vom 22. Januar 1993 wurde die Grundlage zur Bildung des Kommunalverbandes gelegt. Der Landeswohlfahrtsverband Sachsen, jetzt Kommunaler Sozialverband Sachsen (KSV Sachsen), nahm seine Arbeit auf. Zu diesem Zeitpunkt war der Freistaat Sachsen das einzige der neuen Bundesländer, das die überörtliche Sozialhilfe in die Verantwortung der kommunalen Gebietskörperschaften übertrug.

Die Gründungsversammlung des LWV Sachsen fand am 1. Juli 1993 auf Schloss Siebeneichen in Meißen statt. Auf der ersten Tagesordnung waren die Wahl des Verbandsdirektors, die Besetzung des Verbandsausschusses und die Beschlussfassung über den ersten Haushalt des Verbandes von herausragender Bedeutung. Einige Landräte, Dezernenten und Amtsleiter erlebten seit dieser ersten Sitzung der Verbandsversammlung die Startschwierigkeiten des Verbandes und die Probleme bei der Kommunalisierung des überörtlichen Trägers der Sozialhilfe mit. Neben dem Haushalt waren es Fragen der Pflegesatzvereinbarung, der Kostenentwicklung in der Sozialhilfe sowie verbandsinterne Satzungen, mit denen sich die Verbandsversammlung zu befassen hatte, nachdem in den Sitzungen des Verbandsausschusses gründliche Vorberatungen erfolgt waren. Die Mitglieder dieses Ausschusses diskutierten außerdem in ihren regelmäßigen Beratungen über Sachfragen des Sozialhilferechts, die in der Praxis für die örtlichen Träger der Sozialhilfe relevant

Die Neuorganisation der Sozialpolitik

waren, so z. B. über Pflegesätze und Pflegestufen in Einrichtungen der Alten- und Behindertenhilfe, über den Umgang mit Formen des bereits damals als primäre Aufgabe erkannten Auf- und Ausbaus des betreuten Wohnens und Probleme der Nichtsesshaften, Obdachlosen oder Suchtkranken.

Die Diskussion und die Beschlussfassung zum Haushalt des LWV Sachsen erwiesen sich im Jahr 1993, wie in den Folgejahren auch, als Schwerpunkt der Verbandsarbeit. Nach langwierigen Beratungen und im Ringen um eine ausgewogene Lastenverteilung zwischen Land und Kommunen beschloss die Verbandsversammlung am 9. Dezember 1993 den ersten ausgeglichenen Haushalt mit Einnahmen und Ausgaben in Höhe von je fast 1,8 Milliarden DM. Mit der Beschlussfassung war der errechnete Finanzbedarf für die Leistungen der Eingliederungshilfe und der Hilfe zur Pflege durch die Landkreise und kreisfreien Städte erstmals anerkannt worden. Das Jahr der Errichtung des LWV Sachsen war somit im Wesentlichen geprägt durch den Übergang von einer Organisationsform in eine andere und die gemeinsamen Anstrengungen, die erforderlichen Finanzmittel zu sichern. Für die Verbandsleitung stellte das Gründungsjahr die erste und ernsthafte Bewährungsprobe dar, die erfolgreich gemeistert werden konnte.

2.1 Der überörtliche Träger der Sozialhilfe als Kommunalverband

Unter dem Aspekt, dass die Aufgabe nach der Vereinigung vor allem darin bestand, die notwendige Basis für ein bedarfsgerechtes Leistungsangebot für behinderte Menschen im gesamten Freistaat Sachsen zu schaffen, fiel dem LWV Sachsen als Kommunalverband vor allem die Solidar- und Lastenausgleichsfunktion zu. Sie waren die entscheidenden Faktoren, die für die Aufgabenübertragung auf einen Kommunalverband sprachen. Alle 22 Landkreise und sieben kreisfreien Städte unseres Landes haben seit 1990 eine unterschiedliche Wirtschaftskraft entwickelt. Neben Ballungszentren mit höherer wirtschaftlicher Stärke wie der Landeshauptstadt Dresden, Leipzig und Chemnitz gibt es Regionen mit relativ geringer Wirtschaftskraft. Die Mitgliedskörperschaften beteiligen sich entsprechend ihrer Leistungsfähigkeit an der Finanzierung der Landeswohlfahrtsumlage (jetzt Sozialumlage), die als größte Einnahmeposition den jährlichen Haushalt bestimmt. Ein für alle Landkreise und kreisfreien Städte gleicher Prozentsatz an den Umlagegrundlagen bemisst die Höhe ihrer Beteiligung. Dass sich die Intentionen des Gesetzgebers als richtig erwiesen haben, ist nachweisbar. Die entscheidende Grundlage war gelegt, um in den Jahren seit 1993 die Folgefinanzierung des bedarfsgerechten Leistungsangebotes, das sich rasch und umfassend, unterstützt durch die Förderpolitik von Bund und Freistaat Sachsen, entwickelt hat, zu sichern.

Behinderten Menschen steht, unabhängig von ihrem Wohnort, dieses umfangreiche Angebot zur Verfügung. Moderne Heime, gut ausgerüstete Werkstätten für behinderte Menschen und ambulante Wohnformen bieten ausreichende Möglichkeiten, diesen Personenkreis zu fördern und zu integrieren. Es bleibt schließlich die Feststellung, dass die Entwicklung der materiellen Voraussetzungen durch Bund, Land und Träger der freien Wohlfahrtspflege sowie die Sicherung der Finanzierung dieser Leistungsangebote durch den LWV Sachsen eine beeindruckende Leistung ist, die seit 1990 gemeinsam vollbracht wurde. Bei kaum einem anderen gesellschaftlichen oder wirtschaftlichen Sektor ist die positive Veränderung im Freistaat Sachsen seit 1990 für alle so sichtbar und erlebbar geworden.

Dem LWV Sachsen als Kommunalverband aller Landkreise und kreisfreien Städte wurden zudem zwei weitere wichtige Funktionen übertragen. Zum einen hält er im Rahmen seiner Bündlungsfunktion Fach- und Spezialwissen vor. Damit schafft er die Basis, um eine effiziente Einzelfallbearbeitung und Entgeltgestaltung zu sichern. Der Kommunalverband gestaltet damit auch die Voraussetzungen für ein vergleichbares Niveau bei den Entgelten/Vergütungen im Freistaat Sachsen. Den LWV Sachsen zeichnen die effektive Struktur der Aufgabenerledigung ebenso aus wie die fachlich fundierte Vertretung in Bundes- oder Landesgremien. Er steht für die Einheitlichkeit der Entscheidungen im Einzelfall, was vor allem den berechtigten Interessen der behinderten Menschen entspricht. Zum anderen hat der LWV Sachsen seit 1993 seine Dienstleistungsfunktion ständig weiter qualifiziert. Im Rahmen seiner aktiven Mitarbeit in den Bundesarbeitsgemeinschaften der Höheren Kommunalverbände bzw. der überörtlichen Träger der Sozialhilfe ist er eng eingebunden in die fachlichen Diskussionen über Gesetzesvorhaben vor allem auf dem Gebiet der Hilfen für behinderte Menschen. Diese Beteiligung kam u. a. den Mitgliedskörperschaften des Verbandes und den Fachausschüssen auf Landesebene zugute. Zudem ermittelte der LWV Sachsen wichtige zentrale Daten zur Nutzung auf Bundesebene als Voraussetzung für eine fundierte Auseinandersetzung in den Gesetzgebungsverfahren. Im Interesse seiner Mitgliedskörperschaften setzte sich der Kommunalverband mit seinen Verhandlungspartnern auf gleicher Ebene auseinander. Da andere Leistungsträger wie Kranken- und Rentenkassen und die Leistungserbringer (Verbände der freien Wohlfahrtspflege) zentral und überregional bzw. landesweit organisiert sind, kommt diesem Aspekt auch in Zukunft eine besondere Bedeutung zu. Daher ist festzustellen, dass sich auch im Freistaat Sachsen die Aufgabenübertragung im Bereich der überörtlichen Sozialhilfe auf einen Kommunalverband bewährt hat. Der LWV Sachsen hat sich in diesem Zeitraum zu einer leistungsfähigen Verwaltung entwickelt, die als Partner anerkannt ist. Die Finanzierung der Leistungsangebote für behinderte Menschen war seit der Gründung des Verbandes durch das solidarische Wirken seiner Mitgliedskörperschaften, der 22 Landkreise und sieben kreisfreien Städte, stets gesichert – sie haben ihre sozialpolitische Verantwortung für behinderte Menschen mit Erfolg getragen.

Die Neuorganisation der Sozialpolitik

2.2 Aufgabenzuordnung und Struktur des Landeswohlfahrtsverbandes Sachsen

Das BSHG (jetzt SGB XII) unterscheidet nach örtlichen Trägern der Sozialhilfe und dem überörtlichen Träger der Sozialhilfe. Landkreise und kreisfreie Städte sind örtliche Träger der Sozialhilfe. Der Schwerpunkt ihrer Aufgaben liegt bei den Hilfen zum Lebensunterhalt (z. B. Ernährung, Unterkunft, Kleidung, Körperpflege, Heizung). Die Bestimmung des überörtlichen Trägers der Sozialhilfe erfolgte nach Landesrecht. Somit wurden dem LWV Sachsen im Jahr 1993 eine Vielzahl von Zuständigkeiten übertragen. Im Folgenden soll eine Auswahl diese Vielschichtigkeit verdeutlichen.
Hilfe in besonderen Lebenslagen (HbL)/Schwerpunkte:
- Eingliederungshilfe für Behinderte
- Hilfe zum Aufbau und zur Sicherung der Lebensgrundlage
- Vorbeugende Gesundheitshilfe
- Krankenhilfe und sonstige Hilfe
- Hilfe zur Familienplanung
- Hilfe für werdende Mütter und Wöchnerinnen
- Blindenhilfe
- Hilfe zur Pflege
- Hilfe zur Überwindung besonderer sozialer Schwierigkeiten

Haushaltsstelle 1.41
- Hilfe zum Lebensunterhalt
- Aufwendungen für sonstige Ausländer (nach § 120 BSHG-HLU, Pflege, Krankheit)
- Hilfe zur Pflege
- Eingliederungshilfe

Haushaltsstelle 1.42
- Delegierte Hilfen nach § 100 BSHG in Verbindung mit § 3 SächsAGBSHG darunter u. a. Hilfe zur Pflege, Krankenhilfe usw.

Haushaltsstelle 1.49
- Gruppenfreizeit für Behinderte
- Betreutes Wohnen nach § 39 BSHG
- Betreutes Wohnen nach § 72 BSHG
- Landesblindengeld

Darüber hinaus wurden folgende Aufgaben wahrgenommen:
- Verhandlung von Pflegesätzen, Entgelten, Vergütungen und Investitionsbeträgen nach dem BSHG und SGB XI
- Vertretung in den Pflegesatzkommissionen und den Schiedsstellen nach dem BSHG und SGB XI
- Landes-, Regional- und Einzelprojektplanung für Einrichtungen nach dem BSHG und SGB XI
- Vertretung in den Koordinierungsausschüssen für Alten- und Behindertenhilfe
- Betraute Behörde für die pauschale Förderung nach § 7 des Sächsischen Pflegegesetzes

- Förderung von Nutzungsentgelten und Schuldendienstlasten nach den §§ 8 und 9 des Sächsischen Pflegegesetzes
- Erteilung der Zustimmung zur gesonderten Berechnung nach § 82 Abs. 3 SGB XI
- Überörtliche Betreuungsbehörde nach § 1 Abs. 2 Sächsisches Ausführungsgesetz zum Betreuungsgesetz (SächsAGBtG)
- Prüfungsbehörde nach dem Berufsvormündervergütungsgesetz (BvormVG)

Den Kernpunkt bildet die Hilfe in besonderen Lebenslagen. Sie umfasst die Eingliederungshilfe für behinderte Menschen, die Hilfe zum Aufbau und zur Sicherung der Lebensgrundlage, die vorbeugende Gesundheitshilfe, die Krankenhilfe, Hilfen zur Familienplanung, die Hilfe zur Pflege, Blindenhilfe und die Hilfen zur Überwindung besonderer sozialer Schwierigkeiten. Unter diesen Zuständigkeiten nimmt die Eingliederungshilfe für behinderte Menschen eine herausragende Position ein. Sie beinhaltete im Zeitraum von 1993 bis 2001 u. a. Heilpädagogische Maßnahmen für Kinder, die Hilfe zur angemessenen Schulbildung, Hilfe zur Beschäftigung in einer Werkstatt für behinderte Menschen (WfbM), das Wohnen in einem Wohnheim mit der Arbeit in einer WfbM, die Finanzierung von Förder- und Betreuungsgruppen in einer WfbM, die Suchtkrankenhilfe und die Sozialhilfe für Deutsche im Ausland. Ferner sind dem LWV Sachsen die Hilfen für behinderte Menschen zum Besuch einer Hochschule, die Versorgung dieses Personenkreises mit Hilfsmitteln und die Hilfe zur Pflege zugeordnet worden. Des Weiteren wurde dem LWV Sachsen die sachliche Zuständigkeit für das betreute Wohnen nach den §§ 39 bzw. 72 BSHG übertragen.

Eine besondere sozialpolitische Verantwortung trägt der LWV Sachsen seit 1993 mit der Zuständigkeit für die Verhandlung von Entgelten/Vergütungen und Investitionsbeträgen nach dem BSHG. Zudem ist der Kommunalverband seit seiner Gründung Mitglied in den Pflegesatzkommissionen und den Schiedsstellen nach dem BSHG bzw. später folgend auch nach dem SGB XI. Gleiches trifft auf die Koordinierungsausschüsse für die Alten- bzw. Behindertenhilfe zu. Der LWV Sachsen ist zudem überörtliche Betreuungsbehörde nach § 1 Abs. 2 des Sächsischen Ausführungsgesetzes zum Betreuungsgesetz (SächsAGBtG) und Prüfungsbehörde nach dem Berufsvormündervergütungsgesetz (BvormVG). Beide Zuständigkeiten verlangen eine enge, kooperative Zusammenarbeit mit den Betreuungsvereinen in den Kommunen, um deren wichtige Arbeit umfassend und fachgerecht im Interesse der auf vielfältige Hilfen angewiesenen Menschen unterstützen zu können.

Nach dem Gesetz über den LWV Sachsen vom 22. Januar 1993 sind die Verbandsversammlung, der Verbandsausschuss und der Verbandsdirektor Organe des Verbandes. Wichtigstes Gremium ist die Verbandsversammlung, die aus den Vertretern der Mitgliedskörperschaften besteht. Diese wählen entsprechend ihrer Einwohnerzahl die Mitglieder in das höchste Organ des Verbandes, das u. a. für die jährliche Diskussion und Beschlussfassung des Haushaltes zuständig ist. Als Arbeitsgremium begleitet der Verbandsausschuss im Haushaltsjahr die Tätigkeit der Verwaltung in regelmäßigen zeitlichen Abständen und kontrolliert die Umsetzung seiner Beschlüsse bzw. die der Verbandsversammlung. Der Verbandsdirektor vertritt den LWV Sachsen

Die Neuorganisation der Sozialpolitik

nach außen und ist Dienstherr der Beamten und Angestellten der Verwaltung. Um die umfangreiche Leistungspalette erfolgreich bewältigen zu können, wurden von den Aufbauhelfern aus den alten Bundesländern ab 1990 große Anstrengungen unternommen.
Das Hauptaugenmerk wurde in dieser Phase auf die Schaffung einer schlanken und damit effektiven Verwaltungsstruktur des Landesamtes für Sozialhilfe bzw. des daraus hervorgegangenen LWV Sachsen gelegt. Auch dieses Ziel wurde, vergleicht man bestimmte Kennzahlen, erreicht. So liegt der Personalkostenanteil an den Gesamtausgaben des Verwaltungshaushaltes seit 1993 beständig unter 2 %. Die Sachbearbeiter in der Einzelfallbearbeitung haben durchschnittlich 250 Fälle zu bearbeiten. Die Fallzahldichte je Sachbearbeiter ist damit um ein Vielfaches höher als bei anderen Sozialhilfeträgern. Seit 1993 wurde der LWV Sachsen zudem in regelmäßigen Abständen externen Prüfungen unterzogen. Ein Gutachten der BSU-Wirtschaftsberatungsgesellschaft für soziale Unternehmen und Einrichtungen mbH Stuttgart hat dem LWV Sachsen bereits 1994 die ordnungsgemäße Aufgabenerfüllung bescheinigt. Im gleichen Jahr erfolgte die Prüfung der gesamten Haushaltsdurchführung durch den Sächsischen Rechnungshof. In seinem Prüfbericht äußert sich der Sächsische Rechnungshof wie folgt: „Trotz der kurzen Zeit seines Bestehens kann der Landeswohlfahrtsverband Sachsen die ordnungsgemäße und wirtschaftliche Erfüllung der übertragenen Aufgaben im wesentlichen bereits gewährleisten." Im Gutachten des ifo-Institutes München unter dem Titel „Kostenstrukturen und Finanzbedarf bei Trägern der überörtlichen Sozialhilfe", das vom Sächsischen Staatsministerium der Finanzen in Auftrag gegeben wurde, wird im Jahr 1995 festgestellt, dass der LWV Sachsen in der Refinanzierungsquote eine bundesweite Spitzenposition einnimmt und die Pflegesätze am unteren Ende der bundesweiten Skala liegen. Der Sächsische Städte- und Gemeindetag e. V. beauftragte im November 1995 eine von der WIBERA-AG Düsseldorf/Berlin und dem ifo-Institut für Wirtschaftsforschung München gebildete Gutachtergemeinschaft mit der Erarbeitung eines Gutachtens zur Begleitung der Arbeit der Gemeinsamen Kommission zur Prüfung der Übertragung der Altenhilfe auf die Landkreise und Kreisfreien Städte des Freistaates Sachsen. Am 21. Mai 1996 wurde das Gutachten vorgelegt und in der Sächsischen Staatsregierung, im Haushalts- und Finanzausschuss des Sächsischen Landtages, im FAG-Beirat sowie weiteren zuständigen Gremien ausgewertet. Die vermuteten Effizienzgewinne, Synergieeffekte und Ausgabenreduzierungen bei einer Verlagerung konnten nicht nachgewiesen werden, so dass von Zuständigkeitsveränderungen abgesehen wurde. Dagegen orientierte man sich auf die Optimierung des Status quo. Der LWV Sachsen hat über die Umsetzung der dazu eingeleiteten Maßnahmen die Organe des Verbandes sowie in den Jahren 1997, 1998 und 1999 den FAG-Beirat ausführlich informiert. Dieses Gutachten war auch Anlass, interne Schritte einzuleiten, um die weitere Modernisierung der Verwaltungstätigkeit zu sichern. In den Jahren 1997 und 1998 wurde mit der Umsetzung von Einzelprojekten begonnen, um weitere Effizienzgewinne zu erreichen. So wurde die Einzelfallbearbeitung im Amt 2-Landessozialamt von der buchstabenbezogenen auf die einrichtungsbezogene Bearbeitung umgestellt. Eine der positiven Auswirkungen war die Verbesserung der Kommunikation zwischen der Einrichtung und deren Hilfeempfängern/Be-

treuern mit dem für sie zuständigen Sachbearbeiter. Das EDV-Projekt wurde bis zum Jahr 2000 erfolgreich umgesetzt, wodurch z. B. die Ermittlung und Pflege aussagefähiger Daten spürbar verbessert wurde. Die Projektgruppe Personalmanagement erarbeitete ein umfangreiches Personalentwicklungskonzept, führte Mitarbeitergespräche ein und organisierte die Durchführung von Qualitätszirkeln. Letztere fanden zunächst auf der Ebene der Ämter statt. Die Ergebnisse flossen in den sich anschließenden ämterübergreifenden Qualitätszirkel ein und halfen, Schwachstellen aufzudecken und zu beseitigen. Die Qualitätszirkel auf Ämter- und Leitungsebene sind zu einem festen Bestandteil der Verwaltungstätigkeit geworden. Alle Projekte wurden und werden von der Lenkungsgruppe, die sich aus der Verbandsleitung und den Projektverantwortlichen zusammensetzt, geführt und kontrolliert.

Zusammenfassend ist festzustellen, dass es seit 1993 gelungen war, den Verwaltungsaufbau des LWV Sachsen mit der Aufgabenzuordnung in Übereinstimmung zu bringen. Die berechtigte Forderung der Mitgliedskörperschaften, nach kostenbewusster Verwendung der zur Verfügung gestellten Finanzmittel, konnte umgesetzt werden. Der erreichte Stand bedeutete allerdings nicht, dass Stillstand in die Bemühungen gekommen wäre – der Prozess der Verwaltungsmodernisierung wurde in den Jahren ab 2001 konsequent fortgeführt. Es wurde allerdings während des Prozessablaufes auch sichtbar, dass die objektiven Einflussfaktoren, zu denen vor allem die Fallzahlentwicklung, die Leistungsgesetzgebung durch Bund und Land sowie der Zuwachs an komplexen Hilfebedarfen zu zählen sind, weitere Effizienzgewinne nicht zulassen. Diese Feststellung spiegelt sich in der Erhöhung des Finanzbedarfs des LWV Sachsen wider, die erforderlich war, um alle gesetzlich normierten Leistungsansprüche behinderter Menschen zu erfüllen. Diese Situation war identisch mit der aller überörtlichen Träger der Sozialhilfe in Deutschland. Die stetige Ausgabensteigerung führte vor allem bei den kommunal organisierten überörtlichen Trägern, den Höheren Kommunalverbänden, auf Grund der zunehmenden finanziellen Belastungen der Landkreise und kreisfreien Städte, zu unterschiedlichen Versuchen, direkten Einfluss auf diese Entwicklung zu nehmen. Einige Kommunalverbände, wie der Verband der bayerischen Bezirke, legten erfolgreich den Handlungsansatz darauf, eine stärkere finanzielle Beteiligung der jeweiligen Länder an der Finanzierung der Leistungen im Bereich der überörtlichen Sozialhilfe zu erreichen. In anderen Bundesländern, wie im Freistaat Sachsen, wurde das Augenmerk darauf gelegt, zu untersuchen, ob durch eine veränderte Aufgabenzuordnung zwischen überörtlichem und örtlichen Trägern der Sozialhilfe Einfluss auf die Kostenentwicklung genommen werden kann. Eine solche tiefgreifende Analyse wurde durch das Sächsische Staatsministerium für Soziales und das Sächsische Staatsministerium der Finanzen in Abstimmung mit dem Sächsischen Landkreistag e. V. und dem Sächsischen Städte- und Gemeindetag e. V. im Jahr 2003 in Auftrag gegeben. Mit der Erarbeitung wurden die Firma con_sens GmbH Hamburg und das ifo-Institut München beauftragt. Unter dem stattlichen Titel „Empirisches Gutachten zur Bewertung des Steuerungssystems, der Standards und der Finanzierung der überörtlichen Sozialhilfe sowie zu Alternativen zur gegenwärtigen Verteilung von Aufgaben und Kostenträgerschaft für überörtliche Sozialhilfeleistungen im Freistaat Sachsen" legten beide Gutachter im Januar 2004 die nunmehr vierte, bisher umfangreichste Bewertung vor, in der vor allem die Arbeit des LWV Sachsen reflektiert wird. Auf der Grundlage der beschriebenen permanenten Aufgaben- und Ausgabenkritik beim LWV Sachsen bezog die Verwaltung Stellung zum Gutachten. Die Schwerpunkte der Stellungnahme lagen darin, festzustellen, dass die objektiv wirkenden Einflussfaktoren (vor allem Fallzahlen, Bundes- und Landesgesetzgebung, komplexe Hilfebedarfe) allein durch Verlagerungen der sachlichen Zuständigkeit (drei Varianten) nicht zu beeinflussen sind. Aus diesem Grund wies der LWV Sachsen in allen Diskussionen darauf hin, dass die empfohlenen Handlungsvorschläge aus seiner Sicht nicht ausreichend sind, um die Zielstellung, eine Kostendämpfung oder gar Kostenreduzierung, zu erreichen. Der LWV Sachsen merkte ebenso kritisch an, dass die Gutachter zur Frage einer Reform der Kostenträgerschaft, also der Lastenverteilung zwischen Land und Kommunen, keine oder nur oberflächliche Aussagen getroffen haben. In eine derartige Analyse und daraus folgende Handlungsempfehlungen aber hatten gerade die Mitgliedskörperschaften des LWV Sachsen auf Grund ihrer finanziellen Situation ihre Erwartungen gesetzt. Zudem konnten aus dem Gutachten keine gesicherten Erkenntnisse gewonnen werden, die sich aus der Verlagerung der sachlichen Zuständigkeit für einzelne Gruppen von Leistungsberechtigten oder ihre Gesamtheit auf die örtlichen Träger ergeben. Das betrifft vor allem Aussagen darüber, ob aus der partiellen oder vollständigen Verlagerung der sachlichen Zuständigkeit auf die Landkreise und kreisfreien Städte tatsächlich unter Beachtung *aller* Faktoren Einsparpotentiale erschlossen werden können. Belastbare Aussagen dazu fehlen ebenso wie die Analyse und der Vergleich des Kostenaufwandes, der bei den örtlichen Trägern der Sozialhilfe mit der Umsetzung einer der drei Varianten verbunden ist. Auch aus diesen Gründen hat der LWV Sachsen in seinen Stellungnahmen dargelegt, dass der Gutachterauftrag nach seiner Beurteilung nicht vollständig erfüllt worden ist. Dessen ungeachtet verständigten sich die Staatsregierung, die Kommunalen Landesverbände und die Mitgliedskörperschaften darauf, im Rahmen des Sächsischen Ausführungsgesetzes zum Sozialgesetzbuch (SächsAGSGB) die sachliche Zuständigkeit für die 0 bis 18 und über 65-jährigen Leistungsberechtigten auf die Landkreise und kreisfreien Städte zu übertragen. Am 30. Juli 2005 ist dieses Gesetz in Kraft getreten, die Verlagerung wird zum 1. Januar 2006 wirksam.

2.3 1993 bis 2001 – die Übernahme sozialpolitischer Verantwortung in Daten

Der LWV Sachsen finanziert auf den Einzelfall bezogen und unter Beachtung des Nachrangsprinzips der Sozialhilfe vielfältige Leistungen für behinderte und hilfebedürftige Menschen in unserem Freistaat. Landkreise und kreisfreie Städte bringen über die LW-Umlage rund 85 % der dafür erforderlichen Finanzmittel auf. Sie haben aus diesem Grund ein starkes Interesse daran, die Faktoren zu kennen, die auf den Finanzbedarf unmittelbar einwirken – die

LW-Umlage ist im Regelfall eine der größten Ausgabepositionen ihrer jährlichen Haushalte. Seit 1993 sind die Kosten für die überörtliche Sozialhilfe permanent gestiegen und haben zu einem ebenso stetigen und nachhaltigen Anstieg der LW-Umlage geführt. Die Gründe für die Steigerung der Kosten liegen, wie bereits erwähnt, außerhalb des Einflussbereiches des LWV Sachsen.
Auf einige wesentliche Aspekte bei der Beurteilung der Einflussfaktoren und ihrer Wertung soll folgend eingegangen werden. Es ist bezeichnend, dass eine adäquate Entwicklung der Ausgaben für die Eingliederungshilfe behinderter Menschen in allen Bundesländern zu verzeichnen ist. Diese Problematik ist nicht auf den Freistaat Sachsen zu beschränken; sie macht zudem deutlich, dass akuter Reformbedarf auf politischer Ebene besteht. Im Zeitraum von 1993 bis 2001 nahmen die in eigener Zuständigkeit des LWV Sachsen zu bearbeitenden Fälle in der Eingliederungshilfe beträchtlich zu. Diese Zahl stieg von 13 410 Fällen im Jahr 1993 auf 24 826 im Jahr 2001 und damit auf 185 % des Ausgangswertes von 1993. Im besonderen Maße betroffen von den Fallzahlsteigerungen ist der Arbeitsbereich der Werkstätten für behinderte Menschen, der durch den LWV Sachsen finanziert wird. Aus der Entwicklung ist ableitbar, dass es seit 1990 gelungen ist, die Kapazitäten in diesem Bereich durch die Förderung von Bund, Land, der Bundesagentur für Arbeit, der Träger der freien Wohlfahrtspflege und der Kommunen in beeindruckendem Maße aus- und aufzubauen.
In den modern ausgestatteten Werkstätten erfahren die behinderten Menschen eine besondere Betreuung und leisten mit ihrer Arbeit einen wichtigen Beitrag, um eigene Fähigkeiten und Fertigkeiten zu entwickeln und ihren Platz in der Gemeinschaft zu finden. Im Jahr 1993 waren 4 034 behinderte Menschen im Arbeitsbereich der WfbM tätig, am 31. Dezember 2001 war die Belegung auf 10 237 Hilfeempfänger gestiegen. Es ist nach vorliegenden Prognosen davon auszugehen, dass sich besonders in diesem Bereich die Fallzahlen bis zum Jahr 2010/2011 weiter erhöhen werden. Erst danach wird sich der jährliche Zuwachs in kleinen Schritten abschwächen und zu einer Kostendämpfung führen.
Wesentliche Gründe für die Entwicklung der Fallzahlen sind:
- die demografische Entwicklung der Bevölkerung, behinderte wie nichtbehinderte Menschen werden immer älter
- die Altersstruktur der Menschen mit Behinderung als Auswirkungen der Euthanasieverbrechen im Dritten Reich
- das Absinken des Eintrittsalters in eine stationäre oder ambulante Hilfemaßnahme als Folge der gesellschaftlichen Entwicklung
- der Anstieg der Hilfeempfänger mit seelischen Behinderungen
- der Anstieg des Anteils der unter 30-jährigen an Schwer- oder Mehrfachbehinderten z. B. als Folge von Unfällen
- die vermehrte Aufnahme von Hilfeempfängern in stationäre Einrichtungen auf Grund des Alters der bisher diese Personen betreuenden Angehörigen
- der medizinisch-technische Fortschritt, der lebenserhaltende Maßnahmen ermöglicht, die wiederum oft mit einem langjährigen und hohen Versorgungsaufwand verbunden sind.

Die Neuorganisation der Sozialpolitik

Natürlich haben Bundes- und Landesgesetzgebung eine ebenso hohe Bedeutung für den Finanzbedarf des LWV Sachsen. Als Leistungsverwaltung ist der Verband an die Umsetzung der gesetzlichen Vorgaben gebunden und hat individuelle Rechtsansprüche zu erfüllen. Trotz aller Probleme bei der Finanzausstattung der Kommunen hat die Solidargemeinschaft aller Landkreise und kreisfreien Städte in den Jahren 1993 bis 2001 einen hervorragenden Beitrag geleistet. Die Steigerung der LW-Umlage verdeutlicht am sichtbarsten die Anstrengungen des Verbandes, behinderten Menschen die Integration in die Gemeinschaft zu ermöglichen. Die Entwicklung der verschiedenen Ausgabearten im Zeitraum von 1993 bis 2001 ist dieser Grafik zu entnehmen.

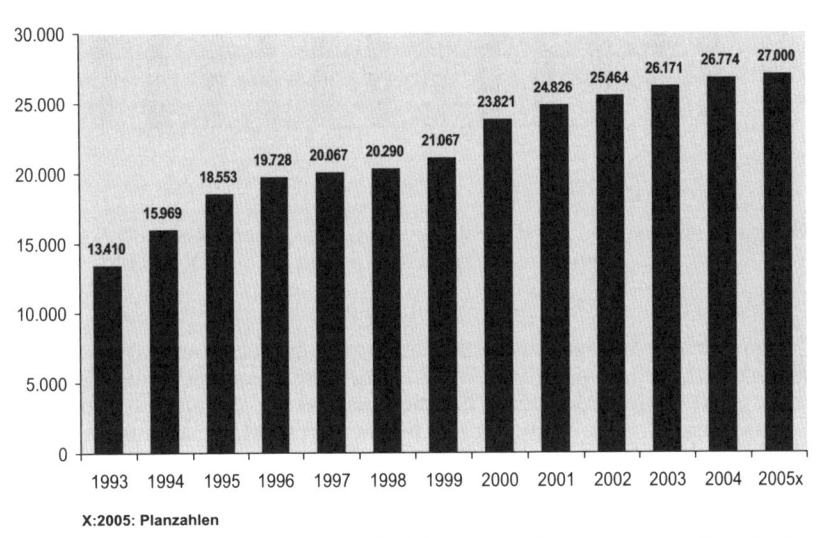

X:2005: Planzahlen

Diagramm 1 Entwicklung der Fallzahlen in Bearbeitungszuständigkeit des LWV Sachsen 1993 bis 2005

Burgunde Tomczak

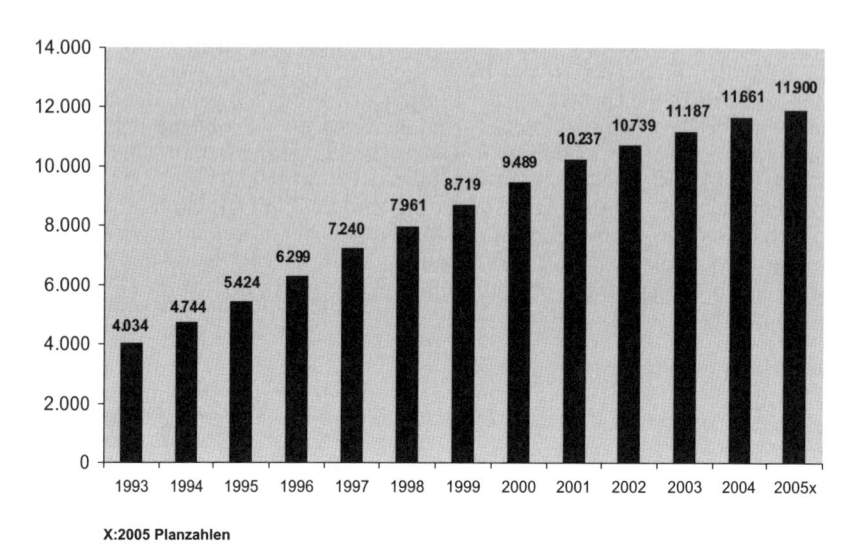

Diagramm 2 Entwicklung der Fallzahlen im Arbeitsbereich der Werkstätten für behinderte Menschen (Kostenträger LWV Sachsen) 1993 bis 2005

Sie spiegelt die Aussagen zur Fallzahlentwicklung und zu anderen Einflussfaktoren erkennbar wider. In Summe hat der LWV Sachsen in diesem Zeitraum rund 5 Milliarden Euro für die Finanzierung der unterschiedlichen Leistungsangebote für behinderte und hilfebedürftige Menschen aufgewendet.

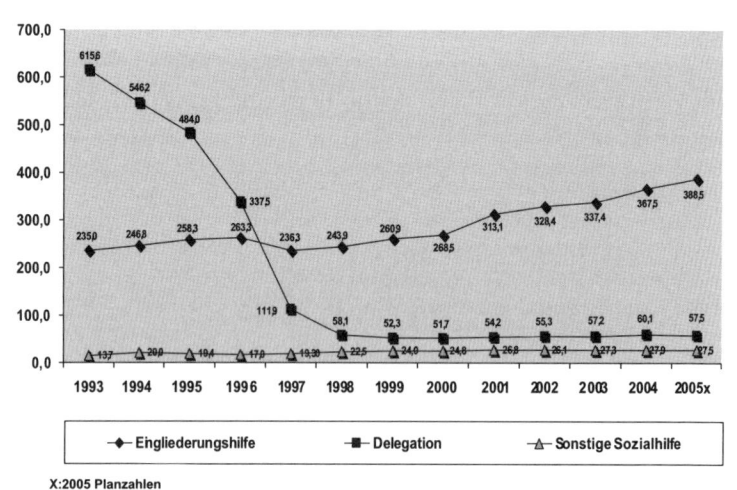

X:2005 Planzahlen
Die Reduzierung der Ausgaben im Bereich der Delegation resultiert aus der Einführung der Pflegeversicherung

Diagramm 3 Entwicklung der Ausgaben in Mio. EUR

3. Die Integration behinderter Menschen

Wird das Netz der Einrichtungen und Dienste, die Leistungsangebote für behinderte oder hilfebedürftige Menschen im Freistaat Sachsen vorhalten, einer näheren Betrachtung unterzogen, fällt auf, dass es ein dichtes Netzwerk ist, das sich gleichmäßig über den gesamten Freistaat Sachsen ausdehnt. Behinderten und hilfebedürftigen Menschen stehen in unmittelbarer Wohnnähe vielfältige Angebote zur Verfügung. Eine Feststellung, die den Stellenwert hervorhebt, den unsere Gesellschaft diesem sozialen Anliegen beimisst. Gleichwohl wird die großartige Aufbauleistung sichtbar, die seit 1990 kennzeichnend für die Entwicklung ist. Aufbauarbeit im materiellen Sinne ist allerdings nur die eine Seite der gleichen Medaille. Nach dem Bau neuer Wohnheime für behinderte Menschen, nach der Inbetriebnahme modern ausgestatteter Werkstätten, nach der Entstehung ambulanter Wohnformen, sind alle diese Leistungsangebote weiter zu finanzieren.

Die Mitgliedskörperschaften des LWV Sachsen haben diese Aufgabe in solidarischer Weise geschultert. Sie haben im Zeitraum von 1990 bis in die Gegenwart ihren gewichtigen Anteil unter schwierigen Bedingungen geleistet, um die Folgefinanzierung der entstandenen sozialen Infrastruktur gemeinsam zu sichern.

Öffentliche Sicherheit und Ordnung

Günter Vallentin

1. Innere Sicherheit in den Kommunen des Landkreises Löbau-Zittau

1.1 Polizei

Für die Angehörigen der Volkspolizei der DDR waren die Wendeereignisse seit 1989 außerordentlich spannungsgeladen. Natürlich wurden sie besonders und direkt mit den ausgetragenen Konflikten konfrontiert. Zunächst völlig überraschend, organisierten sich in vielen großen und auch kleinen Städten der DDR im Herbst 1989 Montagsdemonstrationen. Viele Polizisten spürten und wussten auch, dass etwas passieren musste. Als Teil des Machtapparates der DDR waren sie gehalten, die öffentliche Ordnung und Sicherheit zu gewährleisten. So standen sich bei den Montagsdemonstrationen plötzlich Bekannte gegenüber. Der eine im Demonstrationszug und der andere, der Uniformierte, am Rande, um Anordnungen des Staates oder seines direkten Vorgesetzten zu befolgen. In dieser Situation erwies es sich als außerordentlich glücklich, dass sich die Volkspolizisten in ihrer großen Mehrheit den Bürgern verbunden fühlten. Auch die Volkspolizisten waren DDR-Bürger. Sie kannten deren Probleme und Sorgen, da sie diese ja am eigenen Leib erfuhren. Nur verblendete Parteigenossen redeten sich in dieser Situation die Verhältnisse noch schön. Es wurde alles dafür getan, dass es mit den Demonstranten keine Konfrontation und keine Eskalation gab. Die Organisatoren der Montagsdemonstrationen waren ja unbescholtene Bürger, die nichts anderes wollten, als eine Verbesserung der Verhältnisse.
Eine Verbesserung der Verhältnisse, das wollten viele Volkspolizisten auch. Aus diesem Grunde gab es auch unter den Polizisten selbst heftige Diskussionen, wie man mit den Demonstranten und der Situation überhaupt umgehen sollte. Der heutige Leiter des Referates Einsatz/Führungs- und Lagezentrum der Polizeidirektion Oberlausitz-Niederschlesien, Polizeioberrat Norbert Krause, der im Jahr 1989 stellvertretender Leiter des Volkspolizeikreisamtes in Zittau war, äußert sich wie folgt: „Es war eine sehr aufregende Zeit, und es waren auch spannungsgeladene Ereignisse für mich – gewissermaßen ein Wechselbad der Gefühle. Wir haben ja als Volkspolizisten nicht auf einer Insel gelebt. Wir haben auch bewusst die Widersprüchlichkeiten miterlebt. Insofern war man auch in gewissem Sinn nicht unvorbereitet. Wir wussten, hier stimmt etwas nicht. Hier muss es eine

Öffentliche Sicherheit und Ordnung

Veränderung geben. Eine gewisse Erwartungshaltung war schon vorhanden. Natürlich, auf eine so drastische Wende waren wir nicht vorbereitet. Das dachten wir sicher alle nicht. Insofern gab es auch schon Verunsicherungen und Diskussionen innerhalb unserer Belegschaft. Eines war jedoch klar, ein gewaltsames Einschreiten gegenüber den Demonstranten kam für uns nicht in Frage." Diese Haltung bei der Volkspolizei trug sicherlich dazu bei, dass die Demonstrationen im Herbst 1989 in Zittau und Löbau friedlich ausgetragen wurden. Es gab gegenüber der Volkspolizei keine Ausschreitungen oder anderweitige Anfeindungen. Die Polizei war auch nicht so das Reizthema für die Demonstranten wie z. B. das Ministerium für Staatssicherheit (MfS).

Der große innere Druck der DDR wurde durch die Maueröffnung am 9. November 1989 ein Stück weit beseitigt. Die Neugestaltung der Verhältnisse institutionalisierte sich über die Arbeit der „Runden Tische". Das erleichterte letzten Endes auch die Arbeit der Volkspolizei, die dann nicht mehr so stark in Anspruch genommen wurde. Ab Dezember 1989 war die Volkspolizei dann schon mit der Auflösung der Kreisdienststellen des MfS beauftragt. Diese Auflösung wurde auch hier in engem Kontakt mit Bürgerrechtlern und dem „Runden Tisch" durchgeführt. Eine intensive Kommunikation wurde gepflegt und um Vertrauen geworben. Zunächst galt es die Schaltstellen der Staatssicherheit zu besetzen und sensible Bereiche zu sichern. So befanden sich im Keller der Kreisdienststelle des MfS Berge von Akten, deren Vernichtung verhindert werden musste. Diese Akten waren zu sichern und nach Dresden in das dortige Zentrallager auf der Bautzener Landstrasse zu verbringen. All dies verlief für die Volkspolizisten in einer völlig ungewohnten Situation. Die Befehlsstrukturen des Ministeriums des Innern funktionierten unter dem Gesichtspunkt einer zentralistischen Führung nicht mehr. Von „oben" kamen keine Befehle und Weisungen mehr. Man war angehalten zu improvisieren und sich vor allem auf seinen eigenen gesunden Menschenverstand zu verlassen.

Der Organisationsaufbau der Deutschen Volkspolizei (DVP) in der DDR war zentralistisch ausgerichtet. Dem Ministerium des Innern waren die Bezirksbehörden der Volkspolizei mit Sitz in den ehemaligen Bezirksstädten (z. B. Dresden) und diesen wiederum die Volkspolizeikreisämter (VPKÄ) in den Kreisen nachgeordnet. Die Struktur der DVP war für unser heutiges Polizeiverständnis in Teilen ungewöhnlich. Die Volkspolizei gliederte sich in die Dienstzweige Schutzpolizei, Kriminalpolizei, Verkehrspolizei, Betriebsschutz sowie Pass- und Meldewesen. Darüber hinaus verstand auch die Feuerwehr der Polizei. Bestandteil der Verkehrspolizei waren neben der operativen Verkehrsüberwachung die Abteilungen Kfz-Zulassung und Fahrerlaubniswesen. Der Dienstzweig Pass- und Meldewesen war zusätzlich belastet mit dem Sachbereich Reiseverkehr. Innerhalb der Schutzpolizei war das Sachgebiet Erlaubniswesen zuständig für die Prüfung und Genehmigung von Veranstaltungsanmeldungen sowie für die Tätigkeit von Vereinen. Darüber hinaus gab es, wie schon erwähnt, den ebenfalls der Polizei unterstehenden Betriebsschutz für Großbetriebe. In der Region Löbau-Zittau waren das beispielsweise das Kraftwerk Hirschfelde, das Kraftwerk Hagenwerder und der Automobilbetrieb „Robur" in Zittau.

Günter Vallentin

Im Jahr 1990 wurden die Volkspolizeikreisämter umbenannt in Polizeikreisämter (PKÄ). Im Zuge der Neuordnung des Pass- und Meldewesens übergab man die Meldeämter, die Verkehrszulassung und das Kfz-Wesen an die zivile Verwaltung. Auch die Gebiete Erlaubniswesen und Ausländerwesen gingen an die Landkreisbehörden. Im August 1990 wurde durch den Landesbevollmächtigten für Sachsen, dem späteren Innenminister Dr. Rudolf Krause, eine Projektgruppe ins Leben gerufen, die den Auftrag hatte, für die sächsische Polizei eine neue Struktur zu entwickeln. So wie sich das neubildende Land Sachsen bereits sehr eng an baden-württembergische und bayrische Verhältnisse annäherte, lehnte sich auch die neue Polizeiorganisation an süddeutsche Strukturen an, da in der Projektgruppe vor allem Experten aus Bayern und Baden-Württemberg mitarbeiteten. 1991 war die neue Struktur vollendet. Ein dreistufiger Behördenaufbau charakterisierte nun die sächsische Polizei. An der Spitze befand sich innerhalb des Sächsischen Staatsministeriums des Innern die Abteilung 3, das Landespolizeipräsidium. Neben dem Landeskriminalamt, der Landespolizeidirektion Zentrale Dienste und der Bereitschaftspolizei wurden drei Landespolizeidirektionen (Chemnitz, Dresden und Leipzig) gebildet, welchen 13 Polizeidirektionen nachgeordnet waren. Diese wiederum waren in Inspektionen und Reviere gegliedert. Der Zuständigkeitsbereich der Reviere erstreckte sich in der Regel auf die Territorien der ehemaligen Kreise. Die Inspektionen (Kriminalpolizeiinspektion, Verkehrspolizeiinspektion) waren zuständig für das gesamte Territorium der Direktionen. Im Jahr 1992 kam für die Polizisten eine sehr wesentliche Veränderung. Die Uniformen der neuen Polizei wurden eingeführt. Polizeioberrat Krause meint dazu: „Wir wollten eine neue Polizei sein. Dazu gehörte natürlich auch ein anderes Äußeres. Es war auch eine Frage der Akzeptanz bei den Bürgern, in neuen Uniformen Dienst zu leisten."

Als außerordentlich problematisch stellte sich das Problem der inneren Wende heraus. Die Volkspolizisten waren in der DDR aufgewachsen, hatten eine andere Ausbildung erfahren und hatten auf einmal polizeiliche Arbeit unter rechtsstaatlichen Prinzipien umzusetzen. Die Volkspolizei folgte militärischen Grundsätzen. Dazu passte auch die an die Uniformen der Nationalen Volksarmee angelehnte Uniform der Volkspolizei. Von der reinen fachlichen Polizeiarbeit unterschied man sich gar nicht so sehr. Dies stellten die Polizisten bei Begegnungen mit Polizeibeamten aus den alten Bundesländern im Rahmen von Fortbildungsveranstaltungen und bei gemeinsamen Erfahrungsaustauschen schnell fest. Plötzlich befand man sich in einem föderal organisierten Staat. Es gab sechzehn Bundesländer, sechzehn Innenminister und in den Ländern z. T. unterschiedliche Polizeistrategien. Man stellte zum Beispiel fest, dass Bayern ganz anders aufgestellt war als die Polizei in Nordrhein-Westfalen. Darüber hinaus musste akzeptiert werden, dass noch eine Bundespolizei in Gestalt des Bundesgrenzschutzes existierte, die ähnliche oder übergreifende Polizeiaufgaben zu erledigen hatte.

Zusätzlichen Zündstoff innerhalb der Volkspolizei stellte die Überprüfung auf Mitarbeit im Ministerium für Staatssicherheit dar. Auch innerhalb der Volkspolizei sahen sich plötzlich Polizisten mit der Tatsache konfrontiert, dass sie jahrelang von eigenen Kollegen bespitzelt wurden. Dabei gab es manches Schockerlebnis und auch böses Blut unter den Kollegen. Eine Reihe

Öffentliche Sicherheit und Ordnung

von Polizisten, denen die Arbeit für das Ministerium für Staatssicherheit nachgewiesen wurde, musste den Dienst quittieren. Es gingen aber auch lebensältere, erfahrene Polizisten, die mit der neuen Situation nicht mehr zurecht kamen, freiwillig. Das bedeutete gleichzeitig einen nicht unerheblichen Verlust an Fachwissen. Dieser Aderlass konnte durch die Ausbildung neuer Polizeikräfte nicht sofort kompensiert werden. Folglich schlugen diese Verhältnisse innerhalb der Polizei zunächst auf die Aufklärungsraten durch. Man hatte einfach für die ansteigende Kriminalität im Zusammenhang mit der Einführung der D-Mark und mit der Öffnung der Grenzen nicht genügend qualifiziertes Personal.

Vor allem im Grenzbereich des Landkreises Löbau-Zittau im Dreiländereck zu Polen und zur tschechischen Republik stiegen die Eigentumskriminalität und die Schleusertätigkeit sprunghaft an. Es entstand zudem das Problem des Rechtsextremismus. Ausländerfeindlichkeit trat zutage. So waren nun Ausländer- und Asylantenheime, die immer wieder zum Gegenstand sozialer Auseinandersetzungen wurden, von der Polizei zu sichern. All dies waren Dinge, die die Volkspolizisten in der DDR nie kennen gelernt hatten.

Auch in dieser Situation halfen Partnerschaften über die Anfangsschwierigkeiten hinweg. Die Partnerschaft der Stadt Zittau mit der Stadt Villingen-Schwenningen brachte eine Begegnung der Polizeidienststellen mit sich. Der Polizeidirektor der Polizeidirektion Villingen-Schwenningen übergab bei dem ersten Besuch in der Partnerstadt ein Strafgesetzbuch. Diese „Erstausstattung" half über die anfänglichen Schwierigkeiten hinweg, denn die Polizei konnte nicht so schnell mit Gesetzeswerken versorgt werden. Eine der größten Herausforderungen stellte die Schulung der Polizisten hinsichtlich der Anwendung bundesdeutschen Rechts dar. Jeder Polizist musste einen Grundlehrgang absolvieren, in dem komprimiert über drei Monate Grundkenntnisse zu Staats- und Verfassungsrecht, Verkehrsrecht, Strafrecht, Strafprozessrecht, Beamtenrecht und weiteren Rechtsbereichen vermittelt wurden.

Abschließend ist zu bemerken, dass die Wendejahre auch für die Polizei eine sehr ereignisvolle und spannungsgeladene Zeit gewesen sind. Heute hat die Landespolizei des Freistaates Sachsen längst bewiesen, dass sie in den neuen Strukturen funktionstüchtig ist und Sicherheitslagen unterschiedlicher Art hervorragend beherrscht. Die Ergebnisse auf den Gebieten der Kriminalitätsbekämpfung, der kriminalpräventiven Arbeit sowie der Arbeit zur Verbesserung der Verkehrssicherheit können sich mit denen der Polizeien anderer Bundesländer jederzeit messen. Inzwischen ist auch eigener Nachwuchs ausgebildet. Die Strukturen wurden zwischenzeitlich wiederum verändert und den neuen Bedingungen und Herausforderungen angepasst.

1.2 Feuerwehr

Die Feuerwehr in der DDR war Teil des Ministeriums des Inneren. Uniformen und Struktur orientierten sich am Aufbau der Polizei. Die Feuerwehr hatte neben ihrer eigentlichen Aufgabe der Brandbekämpfung den Status einer Hilfspolizei und ebenso Aufgaben des Katastrophenschutzes zu bewältigen. Eine Feuerwehr vorzuhalten, war die Aufgabe jeder Gemeinde.

Die Stationierung der Technik erfolgte abhängig von der Größe und der Einwohnerzahl. Bei einigen Gemeinden gab es auch Sondertechnik wie Tanklöschfahrzeuge oder Drehleitern. Dem Kreis oblag die Aufgabe, Brandschutzeinheiten vorzuhalten, die im Verteidigungsfalle zum Einsatz kamen. Diese Feuerwehren wurden mit Sonderausrüstungen wie Schutzumhängen, Dekontaminationsausrüstungen usw. ausgestattet. Diese Feuerwehren unterstanden direkt dem Ministerium des Inneren. Lösch- und Sonderfahrzeuge sowie Anhängegeräte, die im Feuerwehrwesen der DDR üblich waren, erfolgten durch Zuweisung, die der Rat des Bezirkes an den Rat des Kreises übergab. Der Rat des Kreises legte dann unter Hinzuziehung der Abteilung Feuerwehr des Volkspolizeikreisamtes den Stationierungsort fest. In jedem Landkreis gab es einen zentralen Schlauch- und Gerätestützpunkt, der Wartung, Pflege, Prüfung und Wiederbeschaffung von Geräten der Feuerwehren gewährleistete. Die Einkleidung der Feuerwehrmänner erfolgte durch die zentrale Kleiderkammer jedes Kreises. Finanzielle Belastungen der Gemeinden entstanden dadurch nicht.

Da die Arbeit der Feuerwehr in der DDR zentralistisch organisiert war und sie eines der „Organe" der Staatsverwaltung darstellte, war die Öffentlichkeitsarbeit beträchtlich. Wie in jeder Diktatur hatten Sicherheit und Ordnung einen hohen Stellenwert. Deshalb wurde auch die Arbeit der Feuerwehr, der vorbeugende Brandschutz und die Katastrophenbewältigung wesentlich mehr publiziert und veröffentlicht, als das heute der Fall ist. In jeder Schule wurde darüber hinaus eine Arbeitsgemeinschaft „Junger Brandschutzhelfer" organisiert, um Nachwuchs für die Arbeit in den Freiwilligen Feuerwehren zu sichern.

Bereits in der DDR gab es den Notruf 112. Allerdings war dieser Ruf derart geschaltet, dass er an eine ständig besetzte Stelle innerhalb des Ortes ging. Das konnte auch ein Betriebsschutz oder Pförtnerhaus sein, das rund um die Uhr besetzt war, und dort wurde dann der entsprechende Sirenenalarm ausgelöst. Eine zentrale Auslösung gab es nur für den Verteidigungsfall. Die Löschfahrzeuge waren in der Regel mit einer Verkehrsfunkanlage ausgestattet. Vorrang hatten dabei die Fahrzeuge, die im Rahmen der Landesverteidigung vorgesehen waren. Die Feuerwehren verfügten über keinen eigenen Funkkanal, sondern der gesamte Funkverkehr erfolgte auf dem Funkkanal der Volkspolizei des jeweiligen Kreises über die Zentrale des Diensthabenden des Volkspolizeikreisamtes. Sparsam wurde mit der Ausgabe von Handsprechfunkgeräten umgegangen. In der Regel waren nur zwei Stück pro Fahrzeug vorhanden.

Mit der Wende 1989/90 setzte auch eine Neuorientierung für die Feuerwehr im Gebiet der DDR ein. Zunächst musste festgestellt werden, dass auch in diesem Gebiet die Strukturen in der Bundesrepublik Deutschland föderal organisiert waren. Das heißt, in jedem Bundesland war das Feuerwehrwesen etwas anders geregelt. Hilfe bei der Orientierung der örtlichen Feuerwehren leisteten sehr umfangreich die jeweiligen Partnergemeinden der Städte und Gemeinden im DDR-Gebiet. Es war wesentliches Element fast jeder Partnerschaft, dass sich die Feuerwehren untereinander trafen, sich bekannt machten und austauschten. Wie immer bei der Herstellung menschlicher Kontakte, half das gemeinsame Arbeitsgebiet Feuerwehr diese Partnerschaf-

Öffentliche Sicherheit und Ordnung

ten und auch viele persönliche Freundschaften recht schnell entstehen zu lassen. Auf diese Weise erwarben sich die Feuerwehrkameraden einen bleibenden Verdienst bei der Herstellung der inneren deutschen Einheit durch viele gegenseitige Besuche, Gespräche und den Austausch untereinander. Ebenso wurde durch westdeutsche Feuerwehren, meist der Partnergemeinden, in den Anfangszeiten oft materielle Hilfe geleistet. Man gab nicht mehr benötigte Technik an die Feuerwehr der jeweiligen Partnergemeinde ab. Dies trug besonders in den Anfangsjahren ab 1990 zur technisch aktuellen Aufrüstung der freiwilligen Feuerwehren bei.

Mit dem Erscheinen des ersten Brandschutzgesetzes in Sachsen wurde die Neuorganisation des Feuerwehrwesens festgelegt. Das Aufgabenspektrum der Feuerwehr war anders als in der DDR. Technische Hilfe bei Verkehrsunfällen, allgemeine technische Hilfeleistung, Beseitigung von Umweltgefahren und Mitwirkung im neugestalteten Katastrophenschutz kamen als Aufgaben der Feuerwehr hinzu. Dazu mussten die Feuerwehrleute aus- und weitergebildet werden. Diese Ausbildung fand in der Regel in der Landesfeuerwehrschule Sachsen in Nardt statt. Auch hier halfen die Kontakte in das Land Baden-Württemberg, das beim Aufbau des Feuerwehrwesens in Sachsen große Unterstützung leistete. Daneben wurde die Tradition der Feuerwehrverbände, die es seit 1933 auf dem Gebiet der DDR nicht mehr gegeben hatte, neu aufgenommen.

Auch die Gemeinden mussten mit der Situation zurechtkommen, jetzt völlig eigenverantwortlich für das Feuerwehrwesen in ihrem Gemeindegebiet zu sein. Eigenverantwortlichkeit bedeutet in diesem Falle, auch für die finanzielle Ausstattung der Feuerwehren und für die Beschaffung von Geräten zuständig zu sein. Aus diesem Grund existierten noch lange Zeit Fahrzeuge aus DDR-Beständen, die auf den in der DDR bekannten Typen Barkas, Robur und W 50 basierten. Bei jedem Besuch in der Feuerwehr der Partnergemeinde kamen die Feuerwehrkameraden der örtlichen freiwilligen Feuerwehr natürlich mit Wunschkatalogen entsprechend der Technik zurück, die sie dort gesehen hatten. Jeder Bürgermeister war gut beraten, einen guten Teil seines Stadt- oder Gemeindeetats für die Aufgaben der Feuerwehr bereitzuhalten. In vielen Feuerwehrhäusern gab es einen echten Sanierungs- oder gar Neubaubedarf. Die DDR-Feuerwehrtechnik, die in dieser Zeit schon sehr gepflegt worden war und insgesamt einer Mangelwirtschaft entstammte, war nicht nur längst technisch, sondern auch moralisch verschlissen. Daneben bestand natürlich bei den Gemeindeverwaltungen und Bürgermeistern die moralische Pflicht, Menschen, die sich freiwillig für Lebensrettung und Hilfeleistung einsetzten, mit entsprechend neuer und sicherer Technik auszustatten. In jeder Feuerwehr war daher die Übergabe eines neu beschafften Feuerwehrfahrzeuges und der dazugehörigen neuen Technik ein Ereignis. Bei solch einer Gelegenheit konnte jeder Bürgermeister in die dankbar glänzenden Augen von vielen Feuerwehrleuten blicken. Jede Beschaffung von neuer Technik förderte natürlich auch die Motivation der Feuerwehrkameraden für ihre Arbeit in der Feuerwehr. Durch die gesetzlichen Bestimmungen, die Ausstattung mit neuer Technik und die Ausweitung der Tätigkeiten der Feuerwehr stiegen natürlich auch die Anforderungen an den einzelnen Feuerwehrkameraden. Die Ausbil-

dung, die ein Feuerwehrkamerad durchlaufen muss, um für den Gefahrenbereich eingesetzt werden zu können, ist heute ungleich aufwändiger als zu DDR-Zeiten.
Auch die Alarmierung und die Kommunikation der Feuerwehren musste neu organisiert werden. Durch die Schließung vieler Betriebe konnte die Alarmierung nach Art und Weise der DDR nicht mehr gewährleistet werden. In den Kreisverwaltungen erfolgte der Aufbau von integrierten Leitstellen für Feuerwehr, Rettungswesen und Katastrophenschutz. Der Notruf 112 wurde an diese ständig besetzte Stelle weitergeleitet. Die Alarmierung der kreisangehörigen Feuerwehren erfolgte durch die Leitstelle mittels Funkansteuerung der Sirenen. Inzwischen gehen mehr und mehr Feuerwehren sogar zur stillen Alarmierung mittels Funkgeräten, die am Mann getragen werden, über. Feuerwehrfahrzeuge wurden mit Verkehrsfunk ausgerüstet und konnten darüber mit der Leitstelle kommunizieren. Die Frage der Anzahl der Handfunksprechgeräte ist heute nur noch eine Frage der finanziellen Leistungsfähigkeit der Gemeinde. Eine Beschränkung gibt es heute nicht mehr.
Bei der Nachwuchsarbeit für die Feuerwehr wurde zur Bildung von Jugendfeuerwehren übergegangen. Sie sind meist an den Kreisfeuerwehrverband angegliedert. Aufgrund der demografischen Entwicklung und dem Rückgang der Geburtenzahlen zeichnet sich jedoch bei der Beteiligung an Jugendfeuerwehren eine rückläufige Tendenz ab.

Abb. 1: Entwicklung der Mitgliederzahlen der Freiwilligen Feuerwehren und der Jugendfeuerwehren im Freistaat Sachsen

	1990	1994	1999	2004
Mitgliederzahlen der Freiwilligen Feuerwehren	88.265	57.680	54.500	49.405
Mitgliederzahlen der Jugendfeuerwehren	2.645	8.797	13.943	11.860

Grundsätzlich ist für die Beschaffung feuerwehrtechnischer Ausrüstung die jeweilige Gemeinde als Träger der Feuerwehr zuständig. Allerdings wurden durch den Freistaat Sachsen für die Herstellung der entsprechenden materiellen Verhältnisse erhebliche Fördermittel zum Aufbau des Feuerwehrwesens bereitgestellt. Die materielle Ausstattung der Feuerwehr hat heutzutage nichts mehr mit der Ausstattung zu DDR-Zeiten zu tun. Grenzen setzen hier nur die finanziellen Engpässe der Gemeinden. In vielen Gemeinden wurden jedoch in den frühen 90er Jahren neue Feuerwehrgerätehäuser gebaut, zumindest aber renoviert und neue Feuerwehrgerätetechnik angeschafft. Auch Uniformen und Ausrüstungen entsprechen meist den aktuellen Vorschriften und den neuesten feuerwehrtechnischen Erkenntnissen.
Trotz alledem beklagen viele Feuerwehrkameraden eine ungenügende Würdigung der Öffentlichkeit für ihren Einsatz. Deshalb soll hier vermerkt werden, dass es eine große Hochachtung aller direkt damit befassten Hauptver-

Öffentliche Sicherheit und Ordnung

waltungsbeamten in Gemeinde-, Stadt- und Landkreisverwaltung gegenüber der Arbeit der Feuerwehrkameraden gibt. Die Arbeit in der Feuerwehr wird von Menschen geleistet, die dafür oft ihre eigenen Belange und Interessen zurückstellen, was großes Verständnis auch in den jeweiligen Familien erfordert, denn die Ausbildung zum Feuerwehrmann ist recht aufwändig und erfordert viel Freizeiteinsatz. Auch wenn die Ausbildung abgeschlossen ist, muss ständig geübt und trainiert werden, um den Ausbildungsstand zu halten und für den Einsatzfall gerüstet zu sein. Viele Feuerwehrleute werden mit großem persönlichen Elend von Mitbürgern konfrontiert, wenn sie zu Brandeinsätzen oder zu Verkehrsunfällen ausrücken. Sie versuchen, zu retten, was zu retten ist. Das Miterleben von Schicksalen anderer Menschen und manchmal auch die Erkenntnis, dass man zu spät gekommen ist, um ein Leben zu retten, bedeutet auch eine große psychische Belastung der Feuerwehrkameraden. Deshalb kann Feuerwehrleuten nur immer wieder sehr herzlich für ihren Einsatz gedankt werden.

1.3 Meldeämter

Mit dem Aufbau der kommunalen Selbstverwaltung ging einher, dass ein bedeutendes Element der kommunalen Selbstverwaltung, nämlich die Verwaltung des Einwohnerwesens, an die Städte und Gemeinden der ehemaligen DDR überging. In der Organisationsstruktur der DDR war das Pass- und Meldewesen bei der Volkspolizei angesiedelt, die gleichzeitig auch den Pass- und Reiseverkehr regelte. Auch Ausländer hatten sich bei ihrem Besuch in der DDR bei der örtlichen Polizeidienststelle zu melden.
All das fand mit dem 3. Oktober 1990 ein Ende. Die Übergabe der Einwohnermeldedateien und des Passwesens an die Gemeinden musste organisiert werden. Diese Übergabe erfolgte wie zum Beispiel in der Stadt Ostritz direkt von der Volkspolizei an die Stadtverwaltung. Beide Dienststellen lagen nur fünfzig Meter auseinander, und so wurden die Karteikästen und Schränke der Volkspolizei einfach per Handwagen in das Rathaus der Stadt Ostritz gefahren. Die Mitarbeiter hatten sich vorher bei der Volkspolizeidienststelle nach Art und Weise der Bearbeitung erkundigt und freundeten sich schnell mit dem neuen Metier an. Nicht überall ging es jedoch so unproblematisch und pragmatisch wie in der Stadt Ostritz. Im Landkreis Zittau wurde von der Landkreisverwaltung festgestellt, dass der Bereich Einwohnermeldewesen, Pass-, Ausreise- und Meldeangelegenheiten für Ausländer sehr undurchsichtig war. Man überlegte, ob es klug sei, die Einwohnermeldeangelegenheiten sofort an die Gemeinden zu geben oder sie übergangsweise durch den Landkreis zu betreiben. Damals existierten im Landkreis Zittau noch viele kleinere Gemeinden, in denen die fachlichen und technischen Voraussetzungen dafür nicht gegeben waren. Deshalb wurde entschieden, dass das Meldewesen zwar aus der Polizei herausgelöst wird, aber der Landkreis vorübergehend das Einwohnermeldewesen selbst betreibt. Ziel blieb jedoch die Übergabe an die Städte und Gemeinden. Zu bearbeiten waren außer der normalen Meldedatei auch noch die Archivdaten. Dies realisierte der Landkreis mit der Übergabe in sein Kreisarchiv. Zudem stellten die Mitarbeiter der Landkreis-

Günter Vallentin

verwaltung fest, dass viele Zuständigkeiten bei der Volkspolizei verwoben waren. Im Ordnungsamt wurden die Bereiche Jagdwesen und Waffenrecht aufgebaut. Ebenso mussten die Kfz-Zulassung und das Fahrerlaubniswesen von der Volkspolizei übernommen werden. Etwa 1992 wurde dann das Einwohnermeldewesen endgültig an die Gemeinden übergeben, die sich inzwischen zu Standesamtsbezirken zusammengeschlossen hatten. Die Aufteilung der Kreismeldedatei folgte dieser Struktur. Bis 1995 zog sich die Auflösung der Urkundenstellen hin. Das heißt, mit dem Aufbau der Standesämter übernahmen die Gemeinden sukzessive auch diesen Bereich. Die endgültige Auflösung der Urkundenstellen in den Landkreisverwaltungen bedeutete die Übergabe der historischen Urkundenbücher an die Gemeinden.

Als Start der Übergabe des Einwohnermelde- und des Passwesens an die Gemeindeverwaltungen galt ein Erlass der letzten DDR-Regierung. Ab 3. Oktober 1990 regelte dann das Bundesrecht die Verhältnisse. Die Übergangsregelungen des DDR-Rechts in Bundesrecht traf der Einigungsvertrag. Zunächst beschäftigten sich die Mitarbeiter in den Gemeinden und Stadtverwaltungen mit den manuellen Karteikästen, die von der Volkspolizei übernommen worden waren.

Eine erste große Bewährungsprobe für die Mitarbeiter der Pass- und Meldeämter kam mit der Umtauschaktion der DDR-Personalausweise in Ausweise der Bundesrepublik Deutschland. Die Zusammenarbeit mit der Bundesdruckerei musste geübt und organisiert werden. Schnell arbeitete man sich in das Verfahren der Herstellung eines Passes ein. Vor allem im Landkreis Löbau-Zittau, der sowohl über eine Grenze zur tschechischen Republik als auch zu Polen verfügt, die damals wie das Beitrittsgebiet der ehemaligen DDR noch nicht Mitglied der Europäischen Union waren, bildete die Ausstellung von Pässen ein relativ großes Arbeitsgebiet. Deshalb wurden in den meisten Stadt- und Gemeindeverwaltungen auch Passschreibmaschinen angeschafft, die die Herstellung der grünen vorläufigen Pässe erlaubten. Man konnte schnell auf Reisewünsche von Bürgern reagieren. Ganz nebenbei entwickelte sich das Pass- und Meldewesen damit auch zu einer zwar geringen, aber stetigen Einnahmequelle für die Stadt- und Gemeindeverwaltungen. Als zu einem Arbeitsbesuch der Gemeindedirektor und ein Ratsherr der Partnergemeinde der Stadt Ostritz angereist waren und für den vorgesehenen Abstecher nach Polen und Tschechien ihre Pässe vergessen hatten, half natürlich die Passschreibmaschine weiter. Passfotos waren schnell gemacht, und seitdem hatten die beiden in Ostritz persönliche Zweitpässe der Stadt Ostritz. Mit dem Einwohnermeldewesen eng verbunden waren Neuordnung und Aufbau des Standesamtswesens. Hier galt es zunächst, Mitarbeiter an die Akademie für Standesamtswesen in Bad Salzschlirf zu schicken und entsprechend aus- oder fortbilden zu lassen. Es stellte sich heraus, dass bei der Eheschließung der Wunsch vieler Paare – vor allen Dingen, wenn keine kirchliche Trauung nachfolgte – darin bestand, dass der Bürgermeister als Repräsentationsfigur der Stadt oder Gemeinde die Trauung selbst durchführte. Das hatte zur Folge, dass viele Bürgermeister selbst eine Ausbildung als Standesbeamter in der Akademie für Standesamtswesen in Bad Salzschlirf absolvierten, um den Wünschen der heiratswilligen Paare zu entsprechen. In vielen Stadt- und Gemeindeverwaltungen wurden deshalb extra Trauungs-

Öffentliche Sicherheit und Ordnung

zimmer hergerichtet, die eine würdige Eheschließung unter Beteiligung des Bürgermeisters ermöglichten.
Inzwischen ist das Pass- und Meldewesen und auch das Personenstandswesen ein allgemein akzeptiertes Element der kommunalen Selbstverwaltung, das sich niemand mehr wegdenken kann. Kaum noch Erinnerungen bestehen daran, welchen Restriktionen DDR-Bürger beim Pass- und Meldewesen und gar bei den Reisen ins Ausland ausgesetzt waren. Dabei musste unterschieden werden zwischen Reisen in das sozialistische Ausland, für das die DDR-Bürger dann wegen der vielen Stempel ein ziehharmonikaartig zusammengefaltetes Papierelement in den Personalausweis eingeklebt bekamen, und den Reisen in das nichtsozialistische Ausland. Selbst bei Reisen in das sozialistische Ausland gab es zeitweise immer wieder Festlegungen, dass man Polen, die ČSSR oder andere Länder nur auf persönliche Einladung aus diesen Ländern besuchen durfte. Daran änderte auch der Status als sogenanntes „Brudervolk" nichts. Ungleich größeren Restriktionen war man allerdings ausgesetzt, wenn man in das nichtsozialistische Ausland oder gar in die „kapitalistische BRD" reisen wollte. Stundenlanges Warten in Volkspolizeikreisämtern bei der Bearbeitung der dafür nötigen Anträge waren die Regel. Grundsätzlich wurden die Anträge auch vom Ministerium für Staatssicherheit überprüft. Erst wenn von dieser Seite eine Freigabe kam, wurde der Antrag bearbeitet und konnte positiv beschieden werden. Der DDR-Bürger erhielt einen Pass, der es ermöglichte, in die Bundesrepublik Deutschland zu reisen. Auch dazu gab es wieder eine Steigerung an Repressalien, Personen und Familien die die DDR für immer verlassen wollten, mussten sich auf der Abteilung Inneres in der Kreisverwaltung melden und bekamen dort bis ins Kleinste vorgeschrieben, wie sich diese Ausreise zu gestalten hatte. Bei positivem Bescheid mussten die ausreisewilligen Personen und Familien meist innerhalb von 24 Stunden die DDR verlassen. Zurück blieb das Gepäck der Betroffenen. Dies wurde meist Wochen später in bereitgestellten Umzugskisten, verpackt durch eingeweihte Familienangehörige und durch ein Umzugsunternehmen aus der Bundesrepublik abgeholt. Dabei wurde von einer Einheit des Zolls kontrolliert, ob etwa nicht verbotene Güter aus der DDR ausgeführt werden sollten. Auch die Erinnerung an diese Praktiken verblasst. Deshalb soll im Zusammenhang mit dem Aufbau des Pass-, Melde- und Personenstandswesens hier noch einmal davon gesprochen werden. Das Ziel der Wendebewegung 1989, die Erlangung der Reisefreiheit aller DDR-Bürger, ist in beachtenswerter Weise Wirklichkeit geworden. Innerhalb der Europäischen Union gibt es kaum noch Grenzkontrollen. Deutsche können in jedes Land der Welt reisen, in das sie reisen wollen.

1.4 Katastrophenschutz

Ebenso wie die Bereiche Polizei, Feuerwehr und Meldeämter war der Bereich Katastrophenschutz neu zu organisieren. Im Staatsgefüge der DDR war die Zivilverteidigung Teil der Militär- und Sicherheitspolitik der DDR und damit ein fester Bestandteil der Landesverteidigung. Es wurde davon ausgegangen,

Günter Vallentin

dass es bei einer Auseinandersetzung zwischen „Sozialismus und Imperialismus" unweigerlich erhebliche Beeinträchtigungen der Zivilbevölkerung geben würde. Deshalb wurde die Zivilverteidigung militärisch organisiert und umfangreich und in verschiedenster Art und Weise an die DDR-Bevölkerung herangebracht. Mit dieser Organisationsform setzte sich die DDR, die Zeit ihrer Existenz auf internationale Anerkennung bedacht war, wachsender Kritik aus. Aufgrund dessen wurde Anfang der 80er Jahre zunehmend der Schwerpunkt auf den Katastrophenschutz verlagert.

Die Führung des vorbeugenden Katastrophenschutzes in der DDR nahm der Vorsitzende des Ministerrates wahr. Dem Leiter der Zivilverteidigung oblag die zentrale Anleitung und Kontrolle des vorbeugenden Katastrophenschutzes. Er konnte fachspezifische territoriale Weisungen und Anleitungen geben. Wie immer war auch diese Struktur in der DDR zentralistisch organisiert. Deshalb wurden ihm die Vorsitzenden der Räte der Bezirke untergeordnet, darunter die Vorsitzenden der Räte der Kreise, und auf der untersten Ebene waren die Bürgermeister der Städte und Gemeinden angesiedelt. Die bei der Übergabe der Amtsgeschäfte des Bürgermeisters der Stadt Ostritz am 28. Mai 1990 vorgefundenen Aufzeichnungen und Unterlagen deuteten darauf hin, dass in der Endzeit der DDR ein wesentlicher Arbeitsschwerpunkt der Bürgermeister darin bestanden hat, Katastrophenschutzpläne und Aufzeichnungen auszuarbeiten und fortzuschreiben. Innerhalb der DDR gab es eine Bezirks- sowie eine Kreiskatastrophenkommission. Der damalige Stab der Zivilverteidigung ist am ehesten mit dem heutigen Katastrophenschutzstab im Landratsamt zu vergleichen. Der heute zivil organisierte Zivil- und Katastrophenschutz unterscheidet sich deshalb in seinem Charakter wesentlich von der militärisch organisierten Zivilverteidigung der DDR. Darüber hinaus sind allerdings Inhalte von heute und damals durchaus vergleichbar.

Deshalb war es eine Aufgabe der nach 1990 entstehenden Landratsämter, einen Katastrophenschutzstab und eine Katastrophenschutzleitstelle mit ihren technischen Einrichtungen aufzubauen. Wie bei allen anderen kommunalen Angelegenheiten leisteten in vielen Fällen auch wieder die Partnerlandkreise Bildungs- und Aufbauhilfe. Aufgrund der Finanzkraft der westdeutschen Partnerlandkreise konnte man mitunter überraschende und imponierende Einrichtungen für den Katastrophenschutzfall besichtigen. Innerhalb des entstehenden Landes Sachsens wurden diese Aufgaben in unterschiedlicher Art und Weise erfüllt. Jeder Landkreis stellte sich dieser Aufgabe, richtete einen Katastrophenschutzstab und entsprechende technische Voraussetzungen ein. In die bereits für die Feuerwehr geschaffenen integrierten Leitstellen wurden in die Katastrophenschutzarbeit eingearbeitet. Auch für die neu gewählten Landräte war dies eine ungewohnte Arbeit, glaubte man doch die militärischen und paramilitärischen Organisationen der DDR hinter sich gelassen zu haben. Mit dem Aufbau des Freistaates Sachsen wurden die Landratsämter untere Katastrophenschutzbehörden und damit für die Erfüllung der Aufgaben im Katastrophenfall zuständig.

Inzwischen ist auch die Unterhaltung von Katastrophenschutzstab und -einrichtungen zum Alltagsgeschäft der Landkreisverwaltungen geworden. Regelmäßige Übungen werden durch die Regierungspräsidien mit den Landratsämtern durchgeführt. Praktisch mussten die Katastrophenschutzstäbe ihre Einsatzbereitschaft und ihre Fähigkeit zur Bewältigung von Katastrophenfällen bei dem verheerenden Elbehochwasser des Jahres 2002 unter Beweis stellen. Die daraus zu ziehenden Lehren wurden durch die Kirchbachkommission untersucht und entsprechend veröffentlicht. Dies hat auf die Arbeit der Katastrophenschutzbehörden Einfluss genommen. Der Freistaat Sachsen hat ein Gesetz zur Neuordnung des Brandschutzes, Rettungsdienstes und Katastrophenschutzes erlassen, um die Koordination der verschiedenen Hilfeleistungen untereinander zu verbessern.

2. Sicherheit an den Grenzen des Landkreises Löbau-Zittau

Der Landkreis Löbau-Zittau ist der Landkreis in Sachsen, der die längsten Außengrenzen hat. Zu Polen beträgt der Grenzabschnitt 29,8 km und zu Tschechien 65,4 km. Deshalb hat das Thema Grenzsicherheit im Leben der Bürger des Landkreises einen hohen Stellenwert. Bis zur deutschen Wiedervereinigung am 3. Oktober 1990 spielte Grenzkriminalität nur eine unbedeutende Rolle. Danach verspürten vor allem die Bewohner des Grenzlandes zur Tschechischen Republik das Anwachsen der grenzüberschreitenden Kriminalität. Diebstähle und Autoaufbrüche fanden gleich serienweise statt. Die Lage spitzte sich Mitte der 90er Jahre so zu, dass Bürgerwehren gebildet wurden. Ganz anders gestaltete sich die Situation an der polnischen Grenze. Durch die Lausitzer Neiße gab es ein natürliches Hindernis und die grenzüberschreitende Kriminalität blieb marginal. Hier fand durch die „günstigen" topographischen Verhältnisse eher der Menschen- und Warenschmuggel statt. Aus beiden Gründen fand der Aufbau des Bundesgrenzschutzes im Landkreis Löbau-Zittau starke Beachtung der Bürgerschaft, da im Verbund mit Landespolizei und Zoll eine dritte, verhältnismäßig starke Gruppe die Sicherheit im Grenzland gewährleistete.

2.1 Bundesgrenzschutz (ab 1. Juli 2005 Bundespolizei)

Die Umwandlung des Grenzüberwachungsregimes der Grenztruppen der DDR in jenes des Bundesgrenzschutzes der Bundesrepublik Deutschland vollzog sich in mehreren Schritten. Zwischen den Warschauer Vertragsstaaten war geregelt, dass jedes Land seine Westgrenze in besonderer Weise sicherte. Deshalb wurde auch in der DDR unterschieden zwischen den Grenzregimen an der Grenze zu Westdeutschland und an der Grenze zu Polen und der Tschechoslowakei. An der Grenze zu Westdeutschland wurde ein Regime der verstärkten Grenzsicherung mit Grenzkompanien und dem Einsatz Wehrpflichtiger unterhalten, an der Ostgrenze der DDR lediglich ein Grenzüberwachungsregime installiert. Die Grenzüberwachung wurde realisiert durch den Einsatz von so genannten Grenzabschnittsbevollmächtigten,

Günter Vallentin

kurz Grenz-ABV, die im Einzeldienst, ausgestattet mit einem Fahrzeug, PKW oder Motorrad, einen bestimmten Grenzabschnitt in Schichten überwachten. Diese Grenzabschnittsbevollmächtigten waren in der Regel Berufssoldaten, die sich für einen längeren Dienst in den Grenztruppen der DDR verpflichtet hatten. Davon unterschieden werden musste die Arbeit der Passkontrolleinheiten, die an den offiziellen Grenzübergängen dienten, und die ihrerseits zwar in Uniformen der Grenztruppen der DDR steckten, aber der Abteilung VI des Ministeriums für Staatssicherheit unterstellt waren. Die Grenzabschnittsbevollmächtigten versahen ihren Dienst unterstützt durch freiwillige Grenzhelfer, die aus der Zivilbevölkerung angeworben wurden. In der Regel war der Grenzüberwachungsdienst an der Ostgrenze ein ruhiger Dienst.

Wenige außerordentliche Ereignisse versetzten die Grenzabschnittsbevollmächtigten in Aufregungen. Großen Wirbel unter den Grenztruppen riefen Ereignisse hervor, wie beispielsweise der Grenzübertritt von zwei desertierten Sowjetsoldaten nach Polen. Seit dem Beginn der Aktivitäten der Gewerkschaft „Solidarność" in Polen Anfang der 80er Jahre galten wieder stärkere Restriktionen für die Reise von DDR-Bürgern nach Polen. Besondere Herausforderungen für die Überwachungstätigkeit an der DDR-Ostgrenze ergaben sich aber im Verlauf des Jahres 1989, in dem immer mehr DDR-Bürger den Weg in die Botschaften nach Prag und nach Warschau suchten. In dieser Situation nahm der Druck auf die innerdeutsche Grenze zu. Die Herausforderungen, denen sich die Grenzabschnittsbevollmächtigten gegenübersahen, stiegen an. Aufgegriffene DDR-Bürger, die über die grüne Grenze nach Polen wechseln wollten, wurden der Volkspolizei übergeben und je nach Stand der Entwicklungen in der DDR unterschiedlich behandelt. In der ersten Zeit wurden diese DDR-Bürger verurteilt und mit Haftstrafen belegt. Später schickte man sie nach kurzer Belehrung nur noch in ihre Heimatorte. Eine Zäsur in der Grenzüberwachung stellte natürlich der 9. November und der Fall der Mauer dar. Ab diesem Tag galt die Reisefreiheit für DDR-Bürger allgemein. Der Druck von innen auf die Ostgrenze der DDR sank schlagartig auf Null. Eine Frage für die Angehörigen der Grenztruppen der DDR war die eigene Reisetätigkeit. Alle gingen davon aus, dass Mitgliedern der bewaffneten Organe der DDR die Reisetätigkeit verwehrt war. Allerdings kam zehn Tage nach dem 9. November 1989 die Mitteilung, dass auch die Angehörigen der bewaffneten Organe der DDR ebenso den Bestimmungen zur Reisefreiheit unterliegen, wie alle anderen Bürger. Bereits zu dieser Zeit versuchte die DDR-Regierung die Grenztruppen von der grundsätzlichen militärischen Führung der NVA abzukoppeln und einen eigenen Grenzschutz der DDR aufzubauen. Die aus den Volkskammerwahlen am 17. März 1990 hervorgegangene letzte DDR-Regierung unter Lothar de Maizière trieb diesen Prozess voran. Deshalb wurde der Grenzschutz der DDR nach bundesdeutschem Vorbild dem Innenministerium unterstellt. Es begann die grundlegend veränderte Ausrichtung des Grenzschutzes der DDR zu einer Polizeikomponente. Die Angehörigen der Passkontrolleinheiten mit Unterstellung beim MfS wurden entlassen. Stellen wurden ausgeschrieben und mit Bewerbern aus den Grenztruppen der Ost- und Westgrenze, ausgeschiedenen NVA-Angehörigen und ausgeschiedenen Polizisten verschiedener Aufgaben-

Öffentliche Sicherheit und Ordnung

bereiche aufgefüllt. Diese Umbildung fand bis zum 2. Oktober 1990 statt und stellte die Basis des Personalbestandes bei Übernahme durch den Bundesgrenzschutz ab 3. Oktober 1990 dar.
In der Nacht vom 2. zum 3. Oktober 1990 wechselten die Angehörigen des Grenzschutzes der DDR in die bereits angelieferten Uniformen des Bundesgrenzschutzes. Ab dem 3. Oktober kamen in den Einheiten des Grenzschutzes der DDR Berater aus dem Bundesgrenzschutz der westdeutschen Bundesländer zum Einsatz. Diese Berater hatten die Aufgabe, die Strukturen des Bundesgrenzschutzes, die ja eine Bundespolizei und dem Innenminister unterstellt war, bei den Grenztruppen der DDR einzuführen. Außerdem mussten die Angehörigen des DDR-Grenzschutzes ausgebildet werden in Polizeiarbeit und entsprechenden Rechtskenntnissen. Ebenso war es notwendig, die materielle Ausstattung Stück für Stück zu verbessern. Die westdeutschen Berater stellten oft fest, dass bei den ehemaligen Grenzschützern sehr gute „handwerkliche" Kenntnisse vorhanden waren. Da noch keine rechtsstaatliche Überprüfung der Beschäftigten stattgefunden hatte und auch noch keine Einordnung in ein Beamtenverhältnis erfolgt war, versahen die Angehörigen des DDR-Grenzschutzes Dienst in Uniform des BGS, allerdings ohne entsprechende Schulterstücke. Eine Einordnung in entsprechende Dienstgrade war noch nicht erfolgt. Demzufolge konnten sie auch den Dienst als Polizeivollzugsbeamte noch nicht selbständig durchführen und waren bei einschneidenden Vollzugsmaßnahmen, zum Beispiel Festnahmen, auf die Entscheidungen der westdeutschen Berater angewiesen. Ab Oktober 1991 wurde deshalb energisch der Aufbau der Struktur des Bundesgrenzschutzes auch an der deutschen Ostgrenze betrieben. Die Einrichtung von Dienstposten fand statt. Das alte Personal wurde noch einmal überprüft und nicht verbeamtungsfähige Mitarbeiter schieden aus. Gleichzeitig fand eine Anwerbung von neuen Mitarbeitern im Gebiet der neuen Bundesländer statt und eine Anwerbung von BGS-Beamten in Westdeutschland. Aufgrund fehlender geografischer Kenntnisse der ehemaligen DDR wussten Westbeamte allerdings oft nicht, wohin sie sich mit einer Entscheidung für den Einsatz im Osten bewarben. Durch den großen Personalbedarf kam es zu einer bunten Durchmischung der eingesetzten Truppe an der Ostgrenze. Westdeutsche Beamte wurden von ostdeutschen Kollegen in der Regel freundlich empfangen und in die geografischen Besonderheiten der Region eingeführt. Durch die gemeinsame Arbeit ergaben sich naturgemäß persönliche Kontakte. Die Schilderung persönlicher Schicksale trug zum gegenseitigen Verständnis und der inneren Wiedervereinigung Deutschlands bei. Allerdings kam es durch die „massenhafte" Einstellung von neuen Mitarbeitern und die große Anzahl versetzter Kollegen aus Westdeutschland auch zu einer erheblichen Fluktuation. Nicht jeder der neu eingestellten oder versetzten Mitarbeiter erwies sich dauerhaft für den Einsatz im BGS an der EU-Außengrenze geeignet. Ab 1993 bestand dann die Möglichkeit für Ostdeutsche, verbeamtet zu werden, obwohl bis in die heutige Zeit der Bundesgrenzschutz aus Beamten und angestellten Mitarbeitern besteht.
Die deutsche Ostgrenze war durch den Beitritt der DDR zu einer EU-Außengrenze geworden und Deutschland war verpflichtet, den entsprechenden Standard der Grenzsicherung zu gewährleisten. Schon bald nach der deut-

339

Günter Vallentin

schen Vereinigung am 3. Oktober 1990 sahen sich die Beschäftigten des Bundesgrenzschutzes an der deutschen Ostgrenze einem wachsenden Einwanderungsdruck ausgesetzt, der sich Anfang 1992 zu einer massenhaften illegalen Einreise entwickelte, deren übergroßer Anteil aus Wirtschaftsflüchtlingen rumänischer Herkunft bestand. Durch den über alle Maßen angestiegenen Strom von Wirtschaftsflüchtlingen nach Deutschland und Europa standen die BGS-Mitarbeiter unter einer nur schwer vorstellbaren, gewaltigen Arbeitsbelastung. Die illegal eingereisten Rumänen verhielten sich gegenüber den Angehörigen des Bundesgrenzschutzes außerordentlich friedlich. Sie waren der Meinung, nachdem sie die Grenze passiert hatten, in dem Wirtschaftsparadies Bundesrepublik Deutschland angekommen zu sein und von den Behörden nun in geordnete Verhältnisse überstellt zu werden. Außerdem waren sie mit ordentlichen Pässen ausgerüstet, sodass sie identifiziert werden konnten. Das erleichterte die Arbeit der Mitarbeiter des Bundesgrenzschutzes insoweit, als dass sie sich nicht ständig persönlichen Angriffen gegenüber sahen. Die Arbeitsbelastung bestand vor allen Dingen in der zu bearbeitenden Masse der illegal Eingereisten. Trotzdem standen die Mitarbeiter des BGS auch unter starker psychischer Belastung. Vorwiegend rumänische Bürger kamen oft in Familienverbänden über die Grenze. Mitunter waren darunter auch hochschwangere Frauen, und einmal kamen die Grenzbeamten zu einer gerade stattfindenden Geburt. Die illegal Eingereisten wurden in der Regel nach Feststellung ihrer Personalien und Identität an die polnischen Grenzbehörden übergeben, die ihrerseits mit der Zahl der Flüchtlinge überfordert waren. Anfang der 90er Jahre war der Grenzschutz auf polnischer Seite noch unter dem Einsatz Wehrpflichtiger organisiert. Nicht selten konnten die deutschen Grenzer beobachten, dass die Eingereisten, nachdem sie dem polnischen Grenzschutz mitsamt den eingesammelten Pässen übergeben worden waren, bereits zehn Stunden später wieder über die Grenze nach Deutschland kamen. Die Bürger entlang der Grenze zu Polen blieben von Grenzkriminalität weitgehend verschont, wenn man von den Autodiebstählen mit Höhepunkt etwa 1992/93 absieht. Diese Fahrzeuge wurden von illegalen Einwanderern zum Transit in die größeren Städte Deutschlands benutzt. Ein gestohlenes Auto eines Ostritzer Bürgers wurde beispielsweise verlassen in Bremen aufgefunden. Es hatte seinen Zweck als Transportmittel erfüllt. An der tschechischen Grenze erwarb sich der Bundesgrenzschutz einen besonders guten Ruf, da auch er sich für die Belange der Bürger als ansprechbar erwies, wenn die Landespolizei nicht verfügbar war.

Jahr für Jahr verbesserte sich allerdings die Arbeit an der Grenze. Sowohl gesetzliche Regelungen und Verträge mit den Nachbarstaaten wurden geschlossen als auch die Professionalität der Grenzbeamten auf beiden Seiten der Grenze entwickelte sich. Da bereits vor dem Datum der Wiedervereinigung am 3. Oktober 1990 und der Übernahme durch den Bundesgrenzschutz der Grenzschutz der DDR aufgebaut worden war und in dieser Phase bereits eine Abkehr von Mitarbeitern des Ministeriums für Staatssicherheit stattfand, waren die nachfolgenden Überprüfungen und Trennung von stasibelasteten Mitarbeitern in ihrer Wirksamkeit auf die anderen Mitarbeiter nicht so stark ausgeprägt wie bei Polizei oder Zoll.

Öffentliche Sicherheit und Ordnung

Die Umwandlung der Grenztruppen der DDR in den Bundesgrenzschutz, der bis 2004 eine EU-Außengrenze zu sichern hatte, ist ein außerordentlich spannendes Kapitel der deutschen Wiedervereinigungsgeschichte. Wenn man heute die bestens aufgestellte und organisierte Bundespolizei an der innereuropäischen Grenze bei ihrer professionellen Tätigkeit sieht, vermag man sich kaum noch an die wilden Jahre Anfang der 90er zu erinnern. Durch den Beitritt der Nachbarländer Polen und Tschechien zur europäischen Union und dem Schengener Staatenverbund steht der Bundespolizei in absehbarer Zeit erneut eine Veränderung ins Haus.

2.2 Zoll

Der Zoll in der DDR hatte eine etwas andere Ausrichtung, als man aufgrund seines äußeren Erscheinungsbildes, vor allen Dingen der Uniform, annehmen konnte. In der DDR war die Zollverwaltung dem Ministerium für Außenhandel unterstellt und keine militärische Truppe. Die Ausbildung, die ein Zöllner in der DDR durchlief, war eher geprägt von der Vermittlung von Zollbestimmungen und Kenntnissen des Marxismus-Leninismus. Sie hatte nur eine geringe Komponente militärischer Ausbildung. Die Mitarbeiter des Zolls wurden natürlich auch an der Waffe ausgebildet, aber sie wurden keinerlei militärischem Drill unterzogen. Für die Ausbildung in Frage kamen ohnehin nur Bürger, die einigermaßen als staatstreu einzuschätzen waren, keine Westverwandte hatten oder sich verpflichteten, ihre Westkontakte abzubrechen.
Auch die DDR-Zollverwaltung war eine Einnahmeverwaltung des Finanzministeriums. Ihre Hauptaufgabe war die Überwachung der ökonomischen Ausfuhrverbote, beispielsweise von Lebensmitteln, Babybekleidung, Schuhen, Gardinen und ähnlichen Waren. Daneben oblag ihnen die Überwachung von überwiegend politisch gewollten Einfuhrverboten wie beispielsweise von Druckerzeugnissen, denn DDR-Zöllner sollten wieder einreisenden DDR-Bürgern vor allem Druckerzeugnisse aus dem Westen und Devisen wieder abnehmen. Bei der Einfuhr zu verzollender Waren gab es in der DDR bis in die 70er Jahre einen Gewichtszoll. Je mehr Gewicht, umso mehr Zoll wurde veranschlagt. Das schlug sich natürlich nieder bei Erzeugnissen der Elektronik, die nach Gewicht verzollt wurden.
Der Zoll in der DDR war ausschließlich an Grenzübergängen stationiert. Darüber hinaus gab es Binnenzollämter, die teilweise direkt in den größeren Betrieben, welche mit Außenhandel beschäftigt waren, arbeiteten. Beispiele hierfür in der Region Oberlausitz waren der VEB Robur und der Maschinenbaubetrieb in Neugersdorf. Ebenso fand auch eine Zollabfertigung beim Braunkohlekraftwerk Hirschfelde statt, welches die Braunkohle zur Verstromung aus dem polnischen Tagebau Turow bezog. Deshalb war bei der Überfahrt der Kohlezüge über die Neiße eine extra Zollüberwachung angesiedelt. Ab 1972 wurden großzügige Regelungen für den pass- und visafreien Reiseverkehr in die so genannten sozialistischen Bruderländer vereinbart. Dadurch kam es auch zu vereinfachten Regelungen beim Zoll. Eine beson-

ders diffizile Aufgabe hatte der Zoll zu erfüllen, wenn es um ausreisewillige DDR-Bürger ging. Wurde einem Ausreiseantrag der DDR-Bürger stattgegeben, so mussten diese oft innerhalb von vierundzwanzig Stunden die DDR verlassen. Zurück blieben Wohnungseinrichtungen, die zum Mittransport in die Bundesrepublik Deutschland bestimmt waren. Diese Möbel und andere Umzugsgüter wurden meist von einem Umzugsunternehmen aus der Bundesrepublik abgeholt. Bei der Verpackung und Verladung der Umzugsgüter musste der Zoll anwesend sein und kontrollierte, ob nichts Verbotenes ausgeführt würde. Vor allem richtete man seine Aufmerksamkeit auf die etwa unberechtigte Ausfuhr von Antiquitäten oder größeren Geldbeträgen.

In den Wendemonaten vom Herbst 1989 bis in den Herbst 1990 hinein gab es auch bei den Mitarbeitern des Zolls Unsicherheiten. Zunehmend wurde der Sinn ihrer Tätigkeit in Frage gestellt, da Grenzen geöffnet wurden und niemand mehr an die Einhaltung von irgendwelchen Zollbestimmungen dachte. Die politische Ausrichtung, unter der man ausgebildet war, löste sich langsam auf. Zollmitarbeiter mussten seltsame Dinge beobachten, zum Beispiel wie Vorgesetzte sich plötzlich völlig anders verhielten und wie verschlossene Behälter auf Befehl unkontrolliert durchgelassen werden mussten. Bereits im Frühjahr 1990 gab es jedoch schon erste Kontakte mit westdeutschen Dienststellen, sodass sich zum Termin der Wiedervereinigung am 3. Oktober 1990 bereits einige Dinge klar abzeichneten. Man stellte fest, dass sich das allgemeine „Handwerk" des Zolls in der DDR und in der Bundesrepublik nicht so elementar unterschied. Geschmuggelt wurde hier wie dort mit praktisch den gleichen Methoden. Nur die Unterstellung nach der politischen Wende unter das Finanzministerium ab 1990 war neu. Damit verbunden war eine Umorientierung weg von den ökonomischen Ausfuhrverboten und politisch gewollten Einfuhrverboten der DDR, hin zu einer Einnahmeverwaltung mit Überwachungsfunktion für Verbrauchsteuern wie zum Beispiel Tabak-, Mineralöl-, Bier- und Branntweinsteuern. Wichtige Aufgaben wurden auch im Bereich der Verbote und Beschränkungen wie zu Waffen, Rauschgift, Kriegswaffen oder Arzneimitteln wahrgenommen. Wichtig war neben den notwendigen Kontrollen die Dienstleistungsfunktion für die Wirtschaft wie beispielsweise bei Abfertigungserleichterungen. Zusätzlich zu den bisher gewohnten Diensten an den Grenzübergangsstellen musste ein Grenzaufsichtsdienst aufgebaut werden. Bei den DDR-Zöllnern waren die Kenntnisse diesbezüglich bereits verloren gegangen. Die Grenzen zwischen den sozialistischen Staaten waren fast hermetisch abgeriegelt und wurden von den Grenztruppen beiderseits der Grenze bewacht. Deshalb konnte sich der Zoll auf die Grenzübergangsstellen konzentrieren. Nun mussten all die Kenntnisse wieder reaktiviert werden. Teilweise wurde die Bevölkerung im direkten Grenzgebiet gefragt, wo früher die Zöllner entlanggelaufen waren und Dienst getan hatten, denn recht schnell veränderten sich die Verhältnisse. Ein besonderes Kapitel war auch beim Zoll das Erleben, dass einige Mitarbeiter für das Ministerium für Staatssicherheit gearbeitet hatten. Diese Erkenntnisse im Kollegenkreis waren auch für die Mitarbeiter des Zolls immer wieder frustrierend.

War es bisher immer darum gegangen, zu verhindern, dass DDR-Bürger die DDR verließen, entstand nun mit dem Beitritt der DDR zur Bundesrepublik

Öffentliche Sicherheit und Ordnung

Deutschland und damit zur Europäischen Union ein Druck von außen. Die Grenze war kein eiserner Vorhang mehr und wurde zum Einfallstor für illegale Einwanderer und Flüchtlingsgruppen. Die Herkunftsländer der illegalen Grenzgänger erstreckten sich bis nach Südostasien. Die Flüchtlinge kamen überwiegend über Polen nach Deutschland. Das war insofern erstaunlich, als dass dabei die Lausitzer Neiße überwunden werden musste, die doch ein beträchtliches geografisches Hindernis für Flüchtlinge ohne örtliche Kenntnis darstellte. Dazu kam, dass sich der Grenzaufsichtsdienst des Zolls erst im Aufbau befand und anfänglich materiell und personell schlecht ausgestattet war. In einem Interview erzählte der Zollbetriebsinspektor Andreas Bräuer, der diese Entwicklung miterlebte, dass eines Nachts plötzlich zweiundsiebzig Flüchtlinge vor zwei Zöllnern standen, die dann von einem Zöllner bewacht werden mussten, während mit drei bis vier PKW „Wartburg", die damals die materielle Ausstattung des Zolls darstellten, die Flüchtlinge weggefahren wurden und der Landespolizei überstellt wurden. Es wurde festgestellt, dass zunehmend professionell Menschen und Waren geschmuggelt wurden. Ein besonders beliebtes Schmuggelgebiet war der Klosterwald an der Neiße zwischen der Stadt Ostritz und der Gemeinde Hirschfelde an der Lausitzer Neiße. Dabei gingen die Aktivitäten meistens von Polen aus, aber auch auf deutscher Seite gab es Menschen, die an diesen Handlungen teilnahmen. Zu dieser Zeit begannen die ersten Betriebsschließungen. Die bis dahin unbekannte Arbeitslosigkeit breitete sich aus. So war mancher bereit, einen schnellen Verdienst durch den Transport von Flüchtlingen nach Dresden, Leipzig oder Berlin mitzunehmen. Ebenso erkannten die Zöllner bestimmte Strategien bei den Schmugglern, zum Beispiel wurden zuerst Menschengruppen vorgeschickt, damit die Zöllner beschäftigt waren. Im gleichen Grenzabschnitt wurden dann an anderer Stelle die Zigaretten über die Neiße geschmuggelt, relativ gefahrlos. In der Bevölkerung waren die Mitarbeiter des Zolls gut angesehen, sodass sie auch immer wieder von Bewohnern direkt an der Grenze Hinweise bekamen, die ihre Tätigkeit erleichterte oder erfolgreicher machte.
Anfang der 90er Jahre war der Zustrom von illegalen Einreisenden so groß, dass man teilweise an der Bundesstraße die Grenze entlang fahren konnte und die illegal Eingereisten einfach aufsammelte. Nach und nach entwickelten sich professionellere Strukturen, sodass die Aufgriffe schwieriger wurden. Gleichzeitig schloss man aber auch internationale Verträge mit den Nachbarn Polen und Tschechien ab, welche die einfachere Rückführung der illegal Eingereisten in die Herkunftsländer ermöglichte. Ebenso wurden die Strukturen des Bundesgrenzschutzes aufgebaut, sodass es leichter war, aufgegriffene Eingereiste an den Bundesgrenzschutz zu übergeben und nicht mehr die damit überforderte Landespolizei zu belasten.
Infolge der Erweiterung der europäischen Union im Jahre 2004 begann man bereits in den Vorjahren die Strukturen des Zolls zu verändern, weil absehbar war, dass die Zollkontrollen abgeschafft und nicht mehr so viel Personal gebraucht würde. Deshalb übertrug man der Zollverwaltung bundesweit auch die Aufsicht über die Bekämpfung der Schwarzarbeit. Heute wird man beim Grenzübertritt nach Polen oder Tschechien vom Zoll gar nicht mehr kontrolliert. Es kann allerdings sein, dass man nach wenigen Kilome-

343

tern in Deutschland von mobilen Kontrollgruppen des Zolls angehalten wird, die stichprobenartig Kontrollen durchführen und die Einhaltung von Freimengen, aber auch Beförderungsvorschriften für verschiedene Güter überwachen. Nach fünfzehn Jahren deutscher Einheit kann man auch beim Zoll feststellen, dass er längst seinen Platz in der demokratischen Gesellschaft gefunden hat und seine Aufgaben mit großer Zuverlässigkeit erfüllt.

3. Konversion militärischer Liegenschaften im Landkreis Löbau-Zittau

3.1 Konversion

Unter Konversion versteht man die Umwandlung militärischer Ressourcen und Strukturen für zivile Zwecke. Diesbezüglich traten enorme Probleme nach dem Ende des Warschauer Paktes beziehungsweise nach der Wende in Deutschland Anfang der 90er Jahre auf. Die sowjetischen Streitkräfte zogen sich nach und nach aus ihren Militärstandorten zurück. Ebenso standen die Objekte der Nationalen Volksarmee nach der Wiedervereinigung größtenteils leer. Viele Kommunen in Deutschland standen nun unvermittelt vor dem Problem, die riesigen Areale einer Umnutzung für zivile Zwecke zugänglich zu machen. Nach dem Ablauf von nunmehr fünfzehn Jahren seit der deutschen Wiedervereinigung im Jahre 1990 wird im Anschluss für den Landkreis Löbau-Zittau eine Bilanz der Konversion gezogen am Beispiel der Offiziershochschulen Löbau und Zittau sowie am Beispiel der Panzerwerkstatt in Ostritz.

3.2 Offiziershochschule Löbau/Zittau

Zu den großen militärischen Einrichtungen der NVA im Landkreis Löbau-Zittau gehörte die Offiziershochschule „Ernst Thälmann" der Landstreitkräfte mit den Standorten in Löbau und in Zittau. In Löbau wurden Offiziere für motorisierte Schützen und Panzer und in Zittau Offiziere für die Artillerie, die Pioniere und Nachrichteneinheiten ausgebildet. In beiden Standorten wurden darüber hinaus auch Politoffiziere ausgebildet, darunter auch Offiziersschülerinnen. In der Einrichtung befanden sich achthundert Zivilbeschäftigte und bis zu dreitausend Offiziersschüler.
Dass sowohl die ständigen Beschäftigten der Offiziershochschule als auch die Offiziersschüler finanziell vergleichsweise gut ausgestattet waren, bedeutete natürlich eine erhebliche Kaufkraft in den Städten. Davon profitierte der Handel, die Gaststätten und die Taxiunternehmen. Die Taxiunternehmen hauptsächlich deshalb, weil die Studenten der Offiziershochschule aus allen Teilen der DDR kamen. Der Lehrbetrieb in Zittau endete am Samstagmittag zu einer Zeit, als der Zug in Richtung Berlin bereits abgefahren war. Da der Zug aber die Strecke von Zittau über Löbau nach Görlitz und dann weiter

Öffentliche Sicherheit und Ordnung

nach Berlin nahm, bestand für die Studenten die Möglichkeit, unter zur Hilfenahme eines Taxis direkt von Zittau nach Görlitz zu fahren und dort den Zug noch zu erreichen. Deshalb sah man Samstagmittag oft eine ganze Flotte von Taxis in wilder Fahrt nach Görlitz brausen, damit die Offiziersschüler dort noch ihren Zug nach Berlin erreichten.
In den Wendetagen des Herbstes 1989 spielte die Einrichtung keine Rolle. Es sind keine Aktivitäten der Offiziershochschule nach außen sichtbar geworden. Erst später ist bekannt geworden, dass die Offiziershochschule in „Gefechtsalarm bei Kriegsgefahr" (höchste Stufe) versetzt worden war. Das bedeutete Streichung von Ausgang und Urlaub der Offiziersschüler. Die Offiziere wurden in die Kaserne verlegt und Einsatzhundertschaften gebildet. Mehrmals täglich wertete man die Nachrichten und die Informationen der SED Kreisleitung aus. Die Situation in der OHS entspannte sich erst nach der Teilnahme von Offiziersschülern an der Parade am 7. Oktober in Berlin und nach der Beruhigung der Lage in den großen Städten Berlin, Leipzig und Dresden. Zu einem Einsatz von Offiziersschülern gegen Demonstranten kam es deshalb nicht.

Standort Zittau

Das Gelände der Offiziershochschule umfasste in Zittau einen beträchtlichen Teil des Stadtgebietes. Innerhalb der Offiziershochschule, die ständig erweitert worden war, gab es ein eigenes Straßennetz und eine eigene Infrastruktur. Die Stadt Zittau stellte nach 1990 Antrag auf Rückübertragung des Teils des Geländes, der bis zur Errichtung der Offiziershochschule Eigentum der Stadt Zittau war. Als erstes wurde die Schwimm- und Sporthalle übernommen und für die Bevölkerung zur Verfügung gestellt. Bis zur Wende war sie allein für den internen Betrieb der Offiziershochschule vorgesehen, was als allgemeines Ärgernis empfunden wurde. Da der Standort von der Bundeswehr nicht nachgenutzt wurde, vermarktete das Bundesvermögensamt die Gebäude und Liegenschaften für neue Nutzungen.
Die Stadt Zittau erhielt das Stabsgebäude zurück, das seitdem als Technisches Rathaus dient. Ein Teil der Lehrgebäude ging an die Fachhochschule für Wirtschaft, Technik und Soziales in Zittau. Auch der Landkreis Zittau entschied sich damals für den Ankauf von zwei Gebäuden, ehemals Wohnheime von Offiziersschülern, und ließ sie als Landratsamt herrichten. Seit 1994 ist in diesem Gebäude die Landkreisverwaltung des Landkreises Löbau-Zittau angesiedelt. Das ehemalige Kino der Offiziershochschule wurde umgebaut zum Landkreisarchiv und zur Sicherung des wertvollen Altbestandes an Inkunabeln der Stadt Zittau verwendet. Das ehemalige Offizierskasino übernahm die Bundesanstalt für Arbeit und baute es zum Arbeitsamt aus. Einige Gebäude wurden von Bildungsträgern übernommen und einer neuen Nutzung zugeführt. So entstand mitten im Gelände der ehemaligen Offiziershochschule ein Lehr- und Ausbildungshotel. Andere Teile übernahm der Landkreis. Die Volkshochschule erhielt ein Gebäude, auch die Musikschule wurde untergebracht. Der Fuhrpark des Landratsamtes steht noch heute zum Teil in der ehemaligen Kleiderkammer. Auch die ehemalige Dru-

ckerei wurde von der Landkreisverwaltung übernommen und bis zu ihrer Privatisierung durch den Landkreis genutzt.
Die Stadt Zittau widmete die das Gelände durchziehenden Straßen öffentlich und gab den so neu entstandenen Straßen Namen. Um sie für zivile Nutzung herzurichten, mussten bautechnische Veränderungen durchgeführt werden, da sie ursprünglich für fahrende Panzer ausgelegt waren. Eine Straßenbeleuchtung fehlte gänzlich. Eine Nachrüstung war erforderlich, ebenso für das unterirdische Ver- und Entsorgungssystem. Wie überall in der DDR befand es sich in einem beklagenswerten Zustand und musste auf ein entsprechendes technisches Niveau gehoben werden.
Wesentlich für die Stadt Zittau war die Rückübertragung des Zittauer Stadtwaldes. Die Stadt Zittau gehört zu den größten kommunalen Waldbesitzern in Deutschland. Ein Teil dieses Stadtwaldes wurde durch die Offiziershochschule als Schießplatz genutzt und war damit für die Stadt Zittau und auch für die normale Bevölkerung nicht mehr zugänglich. Allerdings wurde auch die NVA nie Eigentümer des Stadtwaldes, sondern die Bewirtschaftung realisierte der Staatliche Forstwirtschaftsbetrieb. Bei der Rückübertragung an die Stadt Zittau mussten deshalb nur die Zäune beseitigt werden, sodass der ungehinderte Zugang wieder möglich war.
Heute ist zu verzeichnen, dass die Stadt Zittau über die Entwicklung des Geländes der ehemaligen OHS nicht besonders glücklich ist, da wie überall im Osten Deutschlands, die demographische Entwicklung zu Leerständen im innerstädtischen Bereich führt und unter dem Stichwort „Stadtumbau Ost" zunächst die Städte von außen her geschrumpft werden müssten. Da sich aber innerhalb dieses ehemaligen NVA-Geländes verschiedene Einrichtungen, u. a. das Landratsamt, recht fest angesiedelt haben, ist dieses Vorhaben natürlich schwer in die Tat umzusetzen.

Standort Löbau

Ganz ähnlich ist die Lage in Löbau. Auch in der Stadt Löbau bildeten die in ihrem Ausmaß riesigen und weitläufigen Anlagen der Offiziershochschule fast eine eigene Stadt. Alle Wendeereignisse fanden in Löbau ebenso statt wie in vielen anderen Städten und Gemeinden der damaligen DDR. Auch in Löbau war ein Runder Tisch gebildet worden. Der letzte Kommandeur der Offiziershochschule, Generalmajor Ullrich Beetmann, suchte recht frühzeitig den Kontakt zum Runden Tisch und lud in das Armeegelände ein, um Vertrauen zu bilden. Die Offiziershochschule „Ernst Thälmann" gehörte zu den bedeutendsten militärischen Einrichtungen in der DDR. Die NVA hatte ihre eigenen Strukturen, eigene Versorgungseinrichtungen, eigene Sport- und Schwimmhallen. So war es natürlich auch in Löbau das Ansinnen der neu entstandenen Verwaltungen, diese Einrichtungen für die „normale" Bevölkerung nutzbar zu machen. Die Entscheidung der Bundeswehr, die Offiziershochschule an beiden Standorten nicht mehr weiterzuführen, eröffnete auch in Löbau interessante Entwicklungsmöglichkeiten. Natürlich wollte das Bundesvermögensamt die Liegenschaften möglichst vollständig verkaufen, aber dazu waren sie insgesamt zu groß, sodass sie an verschiedene

neue Nutzer gingen. Die Stadt Löbau versuchte dabei die Steuerungsfunktion zu behalten und ließ ein Nachnutzungskonzept für den Standort entwerfen. Zu einem Beschluss im Stadtrat kam es allerdings nicht. Inzwischen war die Vermarktung des Geländes bereits in vollem Gange. Die Landkreisverwaltung, zunächst innerhalb der Stadt einquartiert, stellte sehr schnell fest, dass weder die Räume noch der Standort für ihre Arbeit günstig waren und suchte die Alternative im ehemaligen Gelände der Offiziershochschule. Deshalb wurde das ehemalige Stabsgebäude übernommen, in dem bis dahin der Kommandeur gesessen hatte. Dieses Haus wurde Sitz des Landrates. Darüber hinaus richtete man weitere Verwaltungsgebäude für die neue Landkreisverwaltung ein, einige Wohnheimgebäude, die für das zukünftige Berufsschulzentrum genutzt wurden und Lehr- und Ausbildungsgebäude, die ebenfalls als Berufsschulzentrum umgenutzt wurden. Insgesamt wurden in Löbau mehrere Behörden angesiedelt, so das Staatliche Amt für Landwirtschaft, das Staatliche Amt für Forstwirtschaft, das Arbeitsamt und das Finanzamt. Diese stellen gemeinsam mit dem Landratsamt ein beachtliches Behördenzentrum dar. Darüber hinaus gelang es privaten Betreibern, einige Gebäude zu verkaufen oder zu vermieten. Das Kulturhaus der NVA wurde ein beliebter Jugendtreff. In der Sporthalle etablierte sich eine Kartbahn. Die ehemalige Verkaufsstelle der NVA wurde weitergeführt und nach und nach belebte sich das Gelände mit ziviler Nutzung. Ein besonderes Kapitel stellte die Nachnutzung der NVA-Schwimmhalle dar. Es wurden große Anstrengungen unternommen, dafür eine tragfähige Struktur zu konstruieren. Die Stadt Löbau sah sich aufgrund ihrer geringen Größe und Finanzkraft außer Stande, die finanzielle Belastung einer Schwimmhalle alleine zu tragen und versuchte, einen Zweckverband gemeinsam mit dem Landkreis und mit den umliegenden Gemeinden zu gründen. Diese Initiative scheiterte jedoch, sodass die Schwimmhalle endgültig stillgelegt wurde und der Bevölkerung nicht wie in Zittau zur Verfügung stand. Ende 1991 wurde durch den Landkreis in dem Gelände in einem bis dahin nicht genutzten Gebäude ein Asylbewerberwohnheim eingerichtet.
Nach dem 3. Oktober und dem Übergang der NVA in die Bundeswehr wurde durch die Bundeswehr Oberst Thomas Förster als Standortchef eingesetzt. Zwischen ihm und der Landkreiskreisverwaltung gab es einen regen Austausch, wenn es darum ging, Gebäude an Interessenten zu vermitteln. Allerdings zog sich Anfang 1993 die Bundeswehr komplett aus dem Standort zurück und übergab die Bewirtschaftung der Liegenschaften an das Bundesvermögensamt. Die Landkreisverwaltung Löbau wurde Anfang 1992 mit dem Ansinnen konfrontiert, in Löbau die NVA-Panzer aus der ganzen DDR zusammenzuführen. Da diese Maßnahme Arbeitsplätze für Löbau bedeutete, wurde zugestimmt. Es ergab sich vom Löbauer Berg herab ein merkwürdiges Bild. Mitten in Löbau waren Hunderte von Panzern versammelt, als ob eine ganze Armee Aufstellung genommen hätte. Tag für Tag fuhren von da an die Tieflader aus Löbau zu den Zerlegungsstätten der Panzer, die in Charlottenhof bei Görlitz oder in der Stadt Ostritz zerlegt wurden. In dem Gebäude, das durch das Arbeitsamt genutzt werden sollte, fanden die Übernehmenden im Dachgeschoss eine Pistolenschießanlage vor. Diese Schießanlage wurde zur Nutzung an den Löbauer Sportclub übergeben.

Inzwischen kämpft die Stadt Löbau mit einem erheblichen Einwohnerrückgang und sieht sich mit der Verödung vor allem der Innenstadt konfrontiert. In dieser Situation ist es natürlich unglücklich, dass sich in der Euphorie der ersten 90er Jahre viele Einrichtungen am Rande der Stadt im ehemaligen NVA-Gelände angesiedelt haben. Deshalb kämpft die Stadt Löbau gerade darum, dass Verwaltungseinrichtungen wieder in das Stadtzentrum zurückziehen, was sich aber unter heutigen finanziellen Bedingungen als sehr schwierig erweist.

3.3 Panzerwerkstatt in Ostritz

Um einen vollständigen Bericht zum Thema Konversion im Landkreis Löbau-Zittau zu geben, muss man die Panzerwerkstatt in Ostritz erwähnen. In diesem Standort wurden seit den 60er Jahren Panzer der NVA auseinandergenommen und ihre verwertbaren Teile gelagert. Die nicht verwendbaren Teile wurden zerschnitten und an die Stahlwerke geliefert. Auch in der Stadt Ostritz war der Standort der NVA ein bedeutender Arbeitgeber. Zivilbeschäftigte und auch Armeeangehörige stärkten die Kaufkraft der Stadt. Ende der 80er Jahre wurde Ostritz zu einem Standort, an dem man Panzer, die in den Verhandlungen zwischen der NATO und dem Warschauer Pakt zur Abrüstung festgelegt wurden, verschrottete und zerlegte. Deshalb konnte man ab und zu beobachten, dass Kontrolleure der NATO in Ostritz die ordnungsgemäße Vernichtung der Militärtechnik kontrollierten. Die Zerlegung der Panzer fand unter freiem Himmel statt, weil mit dem Einsatz von Autogenschweißgeräten das Abbrennen der Farbe verbunden war. Diese Farbe entwickelte giftige Dämpfe und war gesundheitsschädigend. Aus diesem Grund wurden bei Wind und Wetter die Panzer im Freien zerschnitten. Ende 1992 endete der Betrieb auch dieses Militärstandortes und wird seitdem vom Bundesvermögensamt erfolglos einem Nachnutzer angeboten.

4. Fazit

Als Fazit zum Thema Konversion im Landkreis Löbau-Zittau muss man sagen, dass die Schließung der Militärstandorte natürlich einen erheblichen Verlust an Kaufkraft und auch an Bevölkerungszahl verursachte. Die Offiziersschüler fehlten in den Läden, in Gaststätten und bei den Taxiunternehmen. Die ebenfalls fehlenden gut verdienenden Offiziere und Zivilbeschäftigten verstärkten diesen Trend zusätzlich. Die NVA hatte allerdings sehr weitsichtig und fürsorglich ihren Militärangehörigen und Zivilbeschäftigten diverse Umschulungs- und Ausbildungsmöglichkeiten angeboten, um sie auf das zivile Leben und das Leben außerhalb der NVA-Strukturen vorzubereiten. So kamen viele Militärangehörige in Verwaltungen unter, die neu aufgebaut wurden oder auch in privaten Unternehmen, die sich bildeten. Viele Mitarbeiter der Offiziershochschule, die stasibelastet waren, suchten aller-

Öffentliche Sicherheit und Ordnung

dings ihr Glück im Westen Deutschlands, sodass auch dieser Trend den Fortzug verstärkte. Die Schließung der Offiziershochschulen stellt insgesamt einen Aderlass für die gesamte Region Löbau-Zittau dar, die bereits unter der Einstellung der Energieerzeugung und dem enormen Rückgang der Textilindustrie litt. Auch die Fahrzeugproduktion der Firma „Robur" in Zittau kam zum Erliegen. Unter diesen Strukturproblemen leidet die Region noch heute. Verstärkt werden die Probleme durch die Lage im Dreiländereck mit der Grenze zu Polen und zur Tschechischen Republik. Die Verkehrsanbindung erschwert die natürlichen Pendlerbeziehungen zu den großen Städten, wenn sie diese nicht sogar unmöglich macht. So bleibt für viele arbeitssuchende Menschen nur der gänzliche Wegzug aus dieser Region. Deshalb und aufgrund der niedrigen Geburtenrate hat der Landkreis Löbau-Zittau seit 1990 mehr als zwanzigtausend Menschen verloren. Das Problem einer strukturell bedingten und verfestigten Arbeitslosigkeit wird den Landkreis Löbau-Zittau wohl noch über Jahre begleiten.

Doch die äußere Gestalt der Städte und Dörfer hat sich gewandelt. Frische Farben leuchten von den Häuserwänden und geben der Oberlausitz ein blühendes Gesicht. In den Straßen steckt modernste Infrastruktur. Es gibt neue Feuerwehrgerätehäuser in den Dörfern. Die Rathäuser und Schul- und Kindergartengebäude können sich sehen lassen. Saubere Luft und Flüsse, deren Grund man wieder erkennen kann und in denen sich zahlreiche Fische tummeln, dokumentieren die positiven Veränderungen auf ihre Weise. Bei allen nicht leugbaren Problemen ist die Entwicklung der Oberlausitz in den Jahren 1990 bis 2001 eine Erfolgsgeschichte.

Mein persönlicher Dank geht an alle, die mir bei der Erarbeitung dieses Beitrages durch ihre persönliche Informationen und Erfahrungsberichte geholfen haben: Gotthilf Matzat, Kreisrat im Kreistag des Landkreises Löbau-Zittau, Jürgen Kloß, Oberbürgermeister a. D., Kreisrat im Kreistag des Landkreises Löbau-Zittau, Polizeioberrat Norbert Krause, Leiter des Referates Einsatz/Führungs- und Lagezentrum der Polizeidirektion Oberlausitz-Niederschlesien, Christian Kümpfel, Kreisbrandmeister des Landkreises Löbau-Zittau, Kurt Wolf, Fachdienstleiter Ordnung/Sicherheit/Verkehr, Landratsamt Löbau-Zittau, Gunter Müller, Zivilschutz Landratsamt Löbau-Zittau, Polizeirat Rico Reuschel, Leiter der Bundespolizeiinspektion Zittau, Polizeihauptkommissar Heinz-Dieter Trautmann, Dienstgruppenleiter BPOLI Zittau, Polizeihauptkommissar Holger Arnold, Stellv. Leiter der BPOLI Zittau, Polizeihauptkommissar Waldemar Sperr Dienstgruppenleiter BPOLI Zittau, und Andreas Bräuer, Zollbetriebsinspektor, Zollamt Zittau.

Hoyerswerda – eine Stadt im Wandel

Horst-Dieter Brähmig

1. Einführung

Am Beispiel von Hoyerswerda wird besonders deutlich, dass sich wirtschaftliche Entwicklungsprobleme auf das gesamte Leben einer Stadt auswirken – dass sie sowohl einen tiefgreifenden demografischen Wandel bewirken als auch die gesamte städtebauliche Entwicklung nachhaltig beeinflussen und nicht zuletzt die Lebensqualität ihrer Bürgerinnen und Bürger bestimmen.
Die Stadtentwicklung von Hoyerswerda in der vergangenen wie auch in der heutigen Zeit vollzog und vollzieht sich in einem Gefüge von mannigfaltigen äußeren Einflüssen und daraus resultierenden inneren Zwängen. Die Stadt ist in ihrer komplexen Entwicklung nicht allein von ihrer Planung abhängig, sondern vor allem von ihrer Fähigkeit, auf die Einflüsse reagieren zu können, die „von außen" auf sie einwirken. Die Stadt als Siedlungsgefüge ist somit ein Entwicklungsobjekt der Gesellschaft. Die Stadtentwicklung nachhaltig, zielorientiert und zukunftsträchtig zu gestalten, ist vor allem Aufgabe aller potentiellen Leistungsträger dieses Siedlungsgefüges im engen Zusammenwirken mit der Stadtverwaltung und dem Stadtrat.
Am 31. August 2005 konnten der Industriestandort Schwarze Pumpe und die Kreisfreie Stadt Hoyerswerda ein gemeinsames Jubiläum begehen: 50 Jahre „erster Spatenstich" für den Aufbau des ehemaligen Kombinates Schwarze Pumpe und zugleich Grundsteinlegung für den Bau der ersten neuen Wohnungen für die Beschäftigten dieses Braunkohlenveredlungskombinates in Hoyerswerda. Der Standort Schwarze Pumpe ist stets strukturbestimmend für die Energieregion Lausitz und vor allem für das Werden und Wachsen von Hoyerswerda gewesen. Tausende Hoyerswerdaer Bürgerinnen und Bürger haben dort gearbeitet, vielfältige soziale, kulturelle und sportliche Beziehungen haben das Leben der Menschen in unserer Stadt und im Umland geprägt. Diese enge Verflechtung besteht auch noch heute – obwohl sich seit den 90er Jahren des vorigen Jahrhunderts in einem historisch relativ kurzen Zeitraum die Gesichter des Industriestandortes Schwarze Pumpe und auch unserer Stadt ganz wesentlich geändert haben.
In Hoyerswerda ist Altes und Neues, Traditionelles und Modernes in besonderer Weise miteinander verbunden, was sowohl das äußere Erscheinungsbild der Stadt prägt als auch ihren unverwechselbaren Charakter und ebenso ihren Charme ausmacht. Die Entwicklung Hoyerswerdas vom einst beschaulichen Ackerbürgerstädtchen (die Chronik verzeichnete im Jahr 1632 etwa 800 Einwohner) zu einer Stadt mit über 70 000 Einwohnern in den 80er Jahren des 20. Jahrhunderts ist eng mit dem industriellen Aufschwung in der Lausitz und unmittelbar mit dem Wachstum des Braunkohlenbergbaus und

der Energiewirtschaft – sprich: Aufbau des Kombinates Schwarze Pumpe – verknüpft.
Am 15. März 1956 fasste das Präsidium des Ministerrates der DDR den Beschluss zum planmäßigen Aufbau der „Wohnstadt Hoyerswerda" als Hauptwohnsitz der Belegschaft des künftigen Kombinates Schwarze Pumpe. Mit der Stadt Hoyerswerda wurde dafür der optimale Standort gefunden. Sie lag außerhalb der „Dunstfahne" des zukünftigen Industriegiganten, war verkehrstechnisch gut angebunden und der Untergrund war kohlefrei und tragfähig. Mit dem „ersten Spatenstich" für den Aufbau des Braunkohlenveredlungskombinates Schwarze Pumpe am 31. August 1955 in der Trattendorfer Heide, ca. 15 Kilometer von Hoyerswerda entfernt, begann die bauliche Erweiterung von Hoyerswerda:
Ebenfalls am 31. August 1955 wurde – am Rande der damaligen Kleinstadt Hoyerswerda mit ihren rund 7 000 Einwohnern – ganz in der Nähe des Bahnhofs, in der August-Bebel-Straße 16a, der Grundstein für die ersten Neubauten gelegt, denn für die mehreren Tausend zukünftigen Beschäftigten des Kombinates musste entsprechender Wohnraum geschaffen und natürlich auch die Versorgung gesichert werden. Am 15. Juni 1957 folgte dann, östlich des „Schwarze-Elster-Kanals", im Wohnkomplex I am Wohnblock 103 der heutigen Otto-Damerau-Straße 2–10, die Grundsteinlegung für den Aufbau von Hoyerswerda-Neustadt. Der Aufbau der Stadt ging einher mit der Suche nach immer rationelleren Baumethoden, insbesondere für Wohnungen.
Hoyerswerda wurde sozusagen zum „Experimentierfeld" auf diesem Gebiet. Hier wurde erstmals der industrielle Wohnungsbau in der Plattenbauweise praktiziert. Parallel zum Aufbau, zur Inbetriebnahme und zur weiteren Entwicklung der einzelnen Betriebsteile des Kombinates Schwarze Pumpe (drei Kraftwerke, drei Brikettfabriken, Zentrale Werkstätten, Transport, Wasserwirtschaft, Gaswerk, Kokerei, Versorgungseinrichtungen usw.) sowie der zahlenmäßigen Entwicklung der jeweiligen Betriebsbelegschaften wuchsen in Hoyerswerda die Wohnkomplexe I bis X und das Stadtzentrum mit dem entsprechenden notwendigen Wohnraum, den jeweiligen Versorgungseinrichtungen des Handels, Kindereinrichtungen, Schulen, Sport- und Spielstätten – kurz: die gesamte Infrastruktur der sich entwickelnden Stadt. Die Einwohnerzahlen der Stadt stiegen von 7 755 (im Jahr 1955) über 24 549 (im Jahr 1960) und 58 669 (im Jahr 1970) auf 70 705 (im Jahr 1980), also um 62 950 insgesamt in diesem Zeitraum.
Trotz der bekannten „Mangelwirtschaft" auf allen Gebieten – ein Aspekt in der Gesamtproblematik der ehemaligen DDR – konnte durch das enge Zusammenwirken der Verantwortlichen des Kombinates Schwarze Pumpe und der Kommunalpolitik einiges erreicht werden, um das Leben der Bürgerinnen und Bürger von Hoyerswerda zu bereichern. Die Versorgung mit preiswertem (und fernbeheiztem) Wohnraum sowie mit Plätzen in den Kindereinrichtungen oder auch mit Dienstleistungseinrichtungen in den jeweiligen Wohnkomplexen war gesichert, ebenso der kostenlose Berufsverkehr für die Beschäftigten der Betriebe der Kohle- und Energiewirtschaft.
Die Stadt Hoyerswerda war über eine Ringleitung an die Wärmeversorgung des Kombinates angeschlossen, auch die Trinkwasserversorgung wurde durch das Kombinat gesichert. Auf kulturellem und sportlichem Gebiet

gab es ebenso ein enges Miteinander – erinnert sei hier an die Errichtung der Mehrzweckhalle im Wohngebiet „An der Thrune", an den Bau und die Erweiterungen des Friedrich-Ludwig-Jahn-Sportplatzes, des Freizeitkomplexes Ost (nunmehr Sportforum), an die Erschließung und Entwicklung der Naherholungsgebiete Knappensee oder Friedersdorfer Strand am Speicherbecken Lohsa, an den Tierpark und späteren Zoo sowie nicht zuletzt an das durch das Kombinat geschaffene Haus der Berg- und Energiearbeiter (die jetzige Lausitzhalle), das trotz aller Widrigkeiten am 1. Mai 1984 als kulturelles Zentrum der Stadt und auch der Region eröffnet wurde.

Der Abbau des „braunen Goldes", der Rohbraunkohle, sowohl im Lausitzer Revier als auch im Mitteldeutschen Revier sowie seine Veredlung zu Briketts, Koks und Gas nahm bis 1989 riesige Dimensionen an. Bis zu 320 Millionen Tonnen Kohle wurden pro Jahr gefördert. Allein die im Jahr 1970 im Lausitzer Revier produzierte Brikettmenge betrug 26 Millionen Tonnen. Das bedeutete natürlich sichere Arbeitsplätze für Zehntausende – das hieß aber auch: Raubbau an der Natur, Verschwinden von Dörfern und Siedlungen von der Landkarte und damit Identitäts- und Heimatverlust.

Bevölkerungsentwicklung 1861 – 2003 Hoyerswerda Kernstadt (ohne Ortsteile)

Prognose 2020

Ca. **24.273** Einwohner in der **Kernstadt**

29.000 Einwohner Hoyerswerda gesamt

Quelle: 3. Regionalisierte Bevölkerungsprognose des Statistischen Landesamtes Sachsen, Variante 2

Einwohnerentwicklung als Spiegelbild von
- Bautätigkeit und
- Wirtschaftskraft
- Wertschöpfungspotenziale

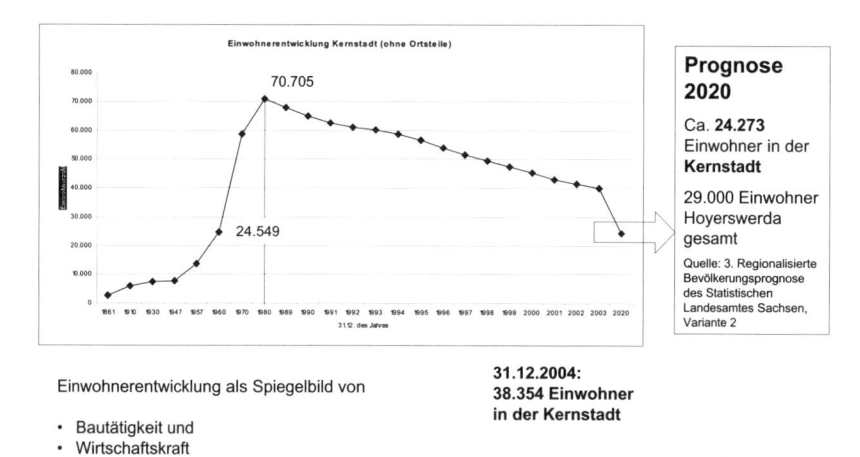

31.12.2004: 38.354 Einwohner in der Kernstadt

Abb. 1: Grafik Bevölkerungsentwicklung 1861–2003 Hoyerswerda Kernstadt (ohne Ortsteile)

Mit der Wiedervereinigung Deutschlands und der Einführung der Marktwirtschaft in den neuen Bundesländern kam es zu tiefgreifenden strukturellen Änderungen in der Bergbau- und Energiewirtschaft, dem wichtigsten wirtschaftlichen Pfeiler in der Lausitz. Mit der Umstellung auf moderne und alternative Energieträger kam es zu einem rapiden Rückgang der Nachfrage

Hoyerswerda – eine Stadt im Wandel

nach Braunkohle und damit letztendlich auch zu einem drastischen Wegbrechen von Arbeitsplätzen in diesem Wirtschaftsbereich. Damit verbunden verzeichnet die Stadt Hoyerswerda seitdem auch eine dramatische rückläufige Entwicklung der Bevölkerung.

2. Arbeitsplatzentwicklung

Hoyerswerda hat seit 1990 das ganze Ausmaß des Strukturwandels in der ostdeutschen Energiewirtschaft deutlich zu spüren bekommen. Durch den neuen Branchenmix aus Erdöl, Erdgas, Atomkraft, Steinkohle usw. fiel die Braunkohleförderung speziell in der Lausitz um rund 70 % auf ca. 60 Millionen Tonnen pro Jahr ab, die Brikettproduktion wurde nahezu vollständig eingestellt und viele Bau- und Instandhaltungsmaßnahmen, Logistik und andere Dienstleistungen für den Bergbau fielen weg. Der größte Arbeitgeber im Stadtgebiet, das ehemalige Braunkohlenwerk Knappenrode mit rund 8 000 Beschäftigten, wurde geschlossen. Die Zahl der am Standort Schwarze Pumpe Beschäftigten fiel von rund 18 000 auf etwa 4 500.
Im Gefolge mit den im Bergbau eingeleiteten Strukturveränderungen verschwand der Industriebau (Bau- und Montagekombinat, Gerüstbau) nahezu vollständig aus der Stadt, der industrielle Wohnungsbau stellte schrittweise seine Arbeit ein (Wohnungsbaukombinat, SÜBA) und auch viele Baunebenleistungen wurden nicht mehr benötigt. Diese negative Entwicklung drückt sich in folgenden Zahlen für das Stadtgebiet Hoyerswerda aus (siehe Tab. 1).

Tab. 1: Zahl der Beschäftigten nach Branchen.

	1991	2002
Bergbau inkl. Bergbausanierung	13 500	3 590
Bauwesen	3 700	850

Ein ähnlich tief greifender Strukturwandel (im Tempo und im Umfang) ist in der neueren deutschen Industriegeschichte flächenhaft wahrscheinlich nur noch in der Textilindustrie vorzufinden. Für die Lausitz blieb in diesen Jahren keine Zeit, ein Strukturanpassungsprogramm zu erarbeiten und wirksam werden zu lassen. Nur der großzügig geförderte Sanierungsbergbau half, die Probleme der Arbeitslosigkeit und der regionalen Neuorientierung abzufedern. Dieser Prozess führte bekanntlich zu einer massiven Bevölkerungsabwanderung aus Hoyerswerda und noch immer gehört die Arbeitslosenzahl bzw. -quote im Dienststellenbereich Hoyerswerda des Arbeitsamtsbezirks Bautzen mit zu den negativen Spitzenreitern nicht nur im Freistaat Sachsen, sondern in ganz Deutschland. Seit dem 31. Dezember 1997 ist die Zahl der sozialversicherungspflichtig Beschäftigten am Arbeitsort Hoyerswerda bis zum 30. Dezember 2003 nochmals von 19 089 um 6 616 auf 12 473 Personen gefallen. Das ist ein Zeichen dafür, dass der Strukturanpassungsprozess auch in den letzten Jahren vor allem in den Branchen Bergbau/Steine-Erden, des verarbeitenden Gewerbes, des Baugewerbes sowie den öffentlichen und privaten Dienstleistungen noch voll im Gange ist (vgl. Tab. 2).

Tab. 2: Zahl der Beschäftigten nach Branchen zum Jahresende.

Branche	31.12.1997	30.12.2003	Differenz
Bergbau/Steine-Erden	1 180	451	– 729
Verarbeitendes Gewerbe	1 144	821	– 323
Baugewerbe	2 931	755	–2 176
Öffentliche/private Dienstleistungen	6 500	4 426	–2 074

Es ist abzusehen, dass im Sanierungsbergbau bis zum Jahr 2007 (Auslaufen des dritten Verwaltungsabkommens, Beendigung der hauptsächlichen Sanierungsmaßnahmen) nochmals etwa 500 Arbeitnehmer aus Hoyerswerda ihren Arbeitsplatz verlieren. Bezogen auf die Einwohnerentwicklung vor 1990 kann Hoyerswerda entsprechend der von der Kommission „Wohnungswirtschaftlicher Strukturwandel" vorgeschlagenen Einteilung als eine typische DDR-Entwicklungsstadt bezeichnet werden. In den Jahren des Wachstums erlebte Hoyerswerda durch Zuwanderung von jungen Arbeitskräften und einer damit verbundenen hohen Geburtenrate einen Bevölkerungszuwachs von ehemals rund 7 500 Einwohnern auf rund 71 000 Einwohner im Jahr 1981 – das heißt nahezu eine Verzehnfachung der Bevölkerung. Die seit 1957 entstehende Neustadt von Hoyerswerda war im Wesentlichen die Wohnstätte für die Tausenden Beschäftigten der hiesigen Bergbau- und Energiewirtschaft. Anfangs waren außer einer bedienenden örtlichen Versorgungsindustrie keine Arbeitsstätten des produzierenden Bereiches für die Stadt Hoyerswerda vorgesehen. Demzufolge konnte die Stadt im Zeitraum ihres wesentlichen Bevölkerungszuwachses von 1955 bis in die achtziger Jahre des vorigen Jahrhunderts keine entsprechende Arbeitsplatzzentralität ausbilden, sondern entwickelte sich in dieser Zeit zu einem klassischen Arbeitsauspendlerort.

Tab. 3: Ein- und Auspendler Stadt Hoyerswerda.

	1971	1981
Auspendler	15 701	21 303
Einpendler	5 044	3 809
Saldo insgesamt	–10 657	–17 494

Die Zahl der im Jahr 1981 in der Stadt vorhandenen Arbeitsplätze betrug 22 954. Die Arbeitsplatzziffer für die Stadt Hoyerswerda (diese Ziffer kenn-

Hoyerswerda – eine Stadt im Wandel

zeichnet den Anteil der in der Stadt arbeitenden an den in der Stadt wohnenden Erwerbstätigen) lag somit 1981 nur bei 55,8 %. 1981 hatte die Stadt Hoyerswerda, vorrangig bedingt durch die Trennung vom Wohnort Hoyerswerda zum bedeutendsten Arbeitsort Schwarze Pumpe, einen Auspendlerüberschuss von 17 494 Erwerbstätigen. Bereits im Jahr 1996 zeigte sich ein gegenüber 1981 deutlich verringerter Auspendlerüberschuss mit 3 086 Beschäftigten. Dieser verringerte sich im Jahr 1998 auf nur noch 621 Beschäftigte. Seitdem ist wieder ein Anstieg zu verzeichnen auf 1 702 Beschäftigte im Jahr 2002. Im gleichen Zeitraum hat die Anzahl der in Hoyerswerda wohnenden sozialversicherungspflichtig Beschäftigten wesentlich stärker abgenommen als die Anzahl der in Hoyerswerda arbeitenden sozialversicherungspflichtig Beschäftigten. Die Anzahl der Arbeitsplätze in der Stadt Hoyerswerda ist damit erheblich gesunken (-24,5 %), ist aber stabiler als die Funktion als Wohnort für die sozialversicherungspflichtig Beschäftigten. Gegenüber 1981 hat sich die Zahl der Einpendler mehr als verdoppelt und hielt sich trotz des Arbeitsplatzrückganges in der Stadt um ca. 20 % seit 1996 verhältnismäßig stabil. Seit 1999 ist hier ein Rückgang zu verzeichnen. Der Anteil der Einpendler zu den am Arbeitsort Hoyerswerda Beschäftigten ist von 1996 bis 1999 um etwa 3 % gestiegen. 2001 waren 46,2 % der in Hoyerswerda sozialversicherungspflichtig beschäftigten Einpendler.

Tab. 4: Sozialversicherungspflichtig Beschäftigte jeweils zum 30. Juni.

Hoyerswerda	1996	1997	1998	1999	2000	2001	2002	Entwicklung 1996–2001 (in %)
Wohnort	22 051	20 216	18 800	16 737	16 660	16 013	14 137	–27,4
Arbeitsort	18 965	18 786	18 179	15 690	15 590	14 311	12 870	–24,5
Einpendler	8 165	8 696	8 492	7 081	7 088	6 616	6 098	–19,0
Auspendler	11 251	10 126	9 113	8 128	8 158	8 318	7 365	–26,0
Saldo	–3 086	–1 430	–621	–1 047	–1 070	–1 702	1 267	–44,8

Die Anzahl der Auspendler innerhalb des Verflechtungsbereiches der Stadt (ohne die Stadt Hoyerswerda selbst) und der Auspendler in die alten Bundesländer hat zugenommen. Kritisch zu werten ist der mit 23,9 % hohe Anstieg der Auspendler in Gemeinden außerhalb des Verflechtungsbereiches. 1999 arbeitete fast jeder vierte sozialversicherungspflichtig Beschäftigte mit Wohnort Hoyerswerda in diesen Gemeinden. Eine besondere Relevanz erhält dieser hohe Anteil dadurch, dass die zumutbare Distanz zwischen dem Wohnort und dem Arbeitsort (auch für das wöchentliche Pendeln) überschritten werden kann und ein Wohnortwechsel zum Arbeitsort bei diesem Beschäftigtenanteil immer wahrscheinlicher wird. Konkrete Erfahrungswerte für diese kritische Distanz liegen jedoch nicht vor.
1999 arbeiteten 4,5 % der sozialversicherungspflichtig Beschäftigten mit Wohnort Hoyerswerda in den alten Bundesländern (ohne Berlin-West). Fest-

zustellen ist, dass fast die Hälfte der sozialversicherungspflichtig beschäftigten Einwohner außerhalb der Stadt arbeitet und gleichzeitig fast wiederum 50 % der in der Stadt Beschäftigten Einpendler sind. Deutlich wird, dass gegenüber 1996 lediglich der überregionale Arbeitsmarkt mehr in Hoyerswerda wohnende sozialversicherungspflichtig Beschäftigte aufgenommen hat. Dagegen sind sowohl für den lokalen als auch für den regionalen Arbeitsmarkt erhebliche Rückgänge zu verzeichnen.

In Hoyerswerda gab es mit Stand vom 30. Juni 2002 insgesamt 12 870 Arbeitsplätze. Der Wirtschaftsabschnitt öffentliche und private Dienstleistungen (ohne öffentliche Verwaltung) stellte im Jahr 2002 mit 4 516 Arbeitsplätzen den größten Anteil (35,1 %), gefolgt vom Abschnitt Handel mit 2 451 Arbeitsplätzen (19,0 %). Auffallend ist der geringe Anteil des verarbeitenden Gewerbes und des Handwerks, sicher begründet in der Geschichte Hoyerswerdas als ehemaliger sozialistischer Wohnstadt. Seit längerer Zeit überwiegen die Gewerbeabmeldungen gegenüber den -anmeldungen. Die Entwicklung ist damit gegenläufig zur Entwicklung im Freistaat Sachsen und im Regierungsbezirk Dresden.

Im gegenwärtigen Gewerbebestand sind etwa 13 500 Arbeitsplätze vorhanden, die im Wesentlichen nach der politischen Wende entstanden sind. Hier ist vor allem der klare Blick des damaligen Landrates des Kreises Hoyerswerda, Wolfgang Schmitz (CDU) hervorzuheben. Er beeinflusste maßgeblich die Entwicklung des mittelständischen Gewerbes durch eine diesbezügliche Aufgabenstellung an das durch ihn persönlich in hervorragender Weise unterstützte Gewerbe- und Wirtschaftsamt.

Die Stadt Hoyerswerda weist seit Jahren eine hohe Arbeitslosenquote von durchschnittlich über 20 % auf. Spitzenwert war 27 % im Jahr 1999, gegenwärtig – im Jahr 2005 – sind es 22 %.

Erwerbstätige und Arbeitslose

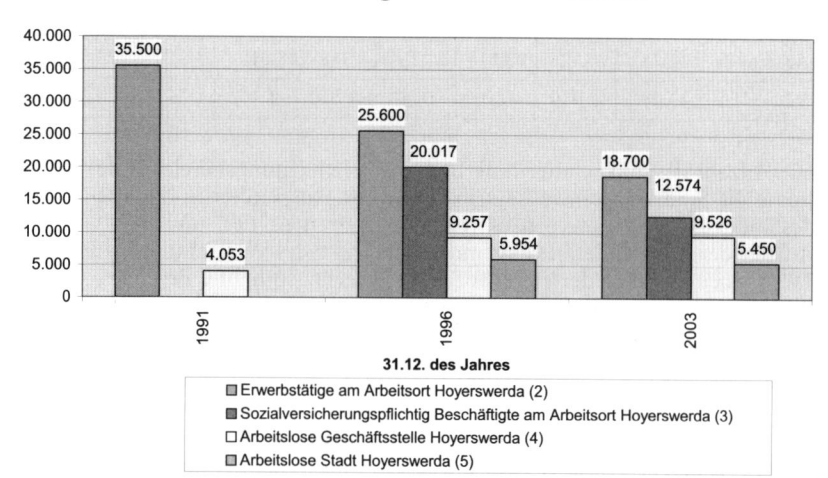

Abb. 2: Erwerbstätige und Arbeitslose

3. Einwohnerentwicklung

Seit 1990 verzeichnet die Stadt Hoyerswerda eine dramatische rückläufige Bevölkerungsentwicklung, deren Ende noch nicht voraussehbar ist. Während die eingemeindeten Ortsteile Zeißig, Schwarzkollm, Bröthen-Michalken und Dörgenhausen nach 1990 deutliche Einwohnergewinne zu verzeichnen hatten und die Rückgänge in Knappenrode noch relativ gering ausgefallen sind, waren sie im Gebiet Hoyerswerda-Kernstadt sehr hoch. Die Bevölkerung nahm dort von 65 685 Einwohnern im Jahr 1990 auf 44 584 Einwohner im Jahr 2000 ab, also um 21 101 Einwohner. Der Rückgang entspricht damit 32,1 % in zehn Jahren.

Hoyerswerda-Neustadt ist das Gebiet, aus dem die vorgenannten Ortsteile – überwiegend – Bevölkerungszuwächse erzielten. Die Neustadt ist also das Problemgebiet hinsichtlich des Einwohnerrückgangs der Stadt und zu Recht wurden viele städtebauliche Aktivitäten nach 1996 auf die Neustadt konzentriert. Grund für den Bevölkerungsrückgang sind zum geringeren Teil die Rückgänge bei Geburten und der Überschuss an Sterbefällen (ca. 200 bis 300 pro Jahr), zum maßgeblichen Teil aber die Rückgänge aus Abwanderungen mit fast 2 000 Einwohnern pro Jahr! Eine Analyse der Fortzüge nach Zielgemeinden hat ergeben, dass zwischen 30 und 40 % der Wegziehenden die Gemeinden der näheren Umgebung (ca. 20 Minuten Fahrtzeit) suchen. Es ist anzunehmen, dass diese Fortzüge in erster Linie durch den Wunsch nach anderen Wohnformen, insbesondere nach einem Haus, begründet sind.

Die Besonderheit der Stadtentwicklung von Hoyerswerda lässt den gegenwärtigen Trend des allgemeinen Bevölkerungsrückgangs extrem deutlich werden. Die Degression durch natürliche demografische Entwicklung wird verstärkt durch Abwanderung in Folge von fehlenden Arbeitsplätzen und Lehr- bzw. Ausbildungsstellen sowie durch Abwanderung in das Umland wegen anderer Wohnformen (Eigenheimbau). Die Abwanderung durch diese beiden Umstände beträgt bisher durchschnittlich 1 967 Einwohner pro Jahr. Dramatische Rückgänge waren in den Jahresscheiben 1990 bis 1993 sowie 1996 bis 2001 zu verzeichnen. Im Jahr 2001/2002 fiel der Rückgang schwächer aus.

Durch die Eingemeindung von umliegenden Kommunen wird die stark sinkende Gesamteinwohnerzahl statistisch etwas aufgefangen. Außerdem wirken sich Wegzüge in diese eingemeindeten Ortsteile nicht mehr negativ auf die Statistik aus. Trotz Eingemeindungen verlor die Stadt Hoyerswerda insgesamt allein in den vier Jahren von 1996 bis 2000 mehr als 8 300 Einwohner! Wenn bei der Auswertung der Statistik aber die Zahlen nach Kernstadt und Gesamtstadt unterschieden werden, stellt sich die Schärfe der Problematik noch deutlicher dar. Die Bevölkerung in der Hoyerswerdaer Kernstadt nahm innerhalb von zehn Jahren (1990 bis 2000) um 32,1 % ab gegenüber der Gesamtstadt mit 28,4 %. Eine Entschärfung ist in den letzten beiden Jahren 2000 bis 2002 noch nicht zu verzeichnen. Noch deutlicher wird das Bild, wenn man bei der Kernstadt die Entwicklung in der Altstadt und in der Neustadt unterscheidet. Die Altstadt hat ihre Einwohnerzahl im Wesentlichen seit 1990 gehalten. Demgegenüber hat die Neustadt in zehn Jahren fast

20 000 Einwohner (19 149 Einwohner, das entspricht 35,1 %) verloren. Eine Trendwende zeichnet sich nicht ab. Im genannten Zeitraum ist eine verstärkte Abwanderung vor allem der jüngeren Bevölkerung festzustellen. Damit verbunden sind der zunehmende Anteil der verbleibenden Bevölkerung, der älter als 60 Jahre ist, und die Zunahme der Hochaltrigkeit der Bevölkerung (älter als 80 Jahre). Die Daten des Standes 2002 zeigen eine weitere deutliche Zunahme des Bevölkerungsanteils mit einem Alter von über 60 Jahren innerhalb der letzten beiden Jahre (vgl. Tab. 5). Insgesamt stieg das Durchschnittsalter der Bevölkerung von Hoyerswerda vom mit 32,2 Jahren niedrigsten sächsischen Wert im Jahr 1990 auf 45,4 Jahre. Das bedeutet die höchste in Sachsen zu verzeichnende Rate.

Tab. 5: Einwohnerentwicklung Hoyerswerda.

	1990	1996	2000	2002
Hoyerswerda Gesamtstadt	69 214 (100,0 %)	57 853 (83,6 %)	49 544 (71,6 %)	45 748 (66,1 %)
Hoyerswerda Kernstadt	65 685 (100,0 %)	53 590 (81,6 %)	44 584 (67,9 %)	40811 (62,1 %)
Hoyerswerda Neustadt	54 598 (100,0 %)	44 298 (81,1 %)	35 449 (64,9 %)	31 734 (58,1 %)
Alter über 60 Jahre	7 600 (11,0 %)	11 135 (19,2 %)	13 158 (26,6 %)	13 970 (30,5 %).

Wie wird sich voraussichtlich die Einwohnerentwicklung in Hoyerswerda fortsetzen? Die Ausgangsbasis der Bevölkerungsprognose bezieht sich auf den Stand des Jahres 2000. Eine Berechnungsvariante der zukünftigen Entwicklung bildet die „natürliche Bevölkerungsentwicklung", also eine Entwicklung ohne Zu- und Abwanderungen – Veränderungen ergeben sich allein durch Sterbefälle und Geburten. Den tatsächlichen Verhältnissen weit näher kommt die zweite Berechnungsvariante „Bevölkerungsentwicklung mit Wanderungen". Hierbei werden Wanderungsgewinne bzw. -verluste auf der Grundlage der Entwicklung der vergangenen Jahre und einer Vorausschätzung, die in die erkennbaren Besonderheiten der Stadt mit einfließen, angenommen.

Bei Annahme zunächst anhaltend hoher Bevölkerungsverluste in den Jahren 2001 bis 2006 und anschließender Verringerung der Wanderungsverluste wurden für das Jahr 2015 ca. 35 000 Einwohner für die Gesamtstadt ermittelt. Es ist aber nicht auszuschließen, dass die Einwohnerzahl von 35 000 bereits im Jahr 2010 erreicht wird. Alle Erfahrungen aus der Stadt Hoyerswerda und auch aus vergleichbaren Städten sprechen dafür, dass auch in Zukunft die Neustadt und hier wiederum die stärker verdichteten Gebiete überproportional – wenn nicht ausschließlich – vom Rückgang betroffen sein werden. Die Abwanderung aus Hoyerswerda betrifft vor allem die Altersgruppe der 20- bis 40-jährigen; dieser Trend wird sich noch auf Jahre hin fortsetzen. Die Altersgruppe der 60-jährigen dagegen wandert nur in geringem Maße ab. Der Anteil der Bevölkerung älter als 60 Jahre steigt im Bundesdurchschnitt bis zum Jahr 2050 anhaltend auf etwa 25 % an. Dieser Anteil wurde bereits im Jahr 2000 in der Stadt Hoyerswerda gegenüber dem bundesdeutschen Durchschnitt überschritten. Er lag Ende 2002 bereits bei 30,5 %. Davon wird der Anteil der hochaltrigen Bevölkerung (älter als 80 Jahre) mit fast 10 % im Jahr 2020 prognostiziert und danach noch weiter ansteigen.

4. Haushaltsentwicklung

In engem Zusammenhang mit der vorgenannten Problematik steht die Entwicklung der Haushalte. Die Haushaltsgröße hat sich seit Jahrzehnten immer weiter verkleinert. Betrug sie in der Bundesrepublik im Jahr 1950 durchschnittlich noch 2,99 Einwohner pro Haushalt und im Jahr 1970 noch 2,74 Einwohner pro Haushalt, so war sie bis 1998 auf 2,19 Einwohner pro Haushalt gesunken. In Hoyerswerda ist in den letzten Jahren eine starke Tendenz zur Verkleinerung der Haushaltsgrößen zu verzeichnen. Die Gesamtstadt wies im Jahr 2000 etwa 70 % kleine Haushalte auf (Ein- und Zweipersonenhaushalte), wobei zu bemerken ist, dass nicht jeder Haushalt auch einer Wohnung entspricht. Die Anzahl der Gesamthaushalte betrug im Jahr 1996 27 292 Haushalte, im Jahr 2000 27 368 Haushalte und im Jahr 2001 25 815 Haushalte. Die Zahlen verdeutlichen, dass diese Tendenz bis zum Jahr 2000 stark ausgeprägt war und einen relativ hohen Stand erreicht hat. Dieser steigt jetzt nur noch langsam an. Damit verbunden ist ein Abnehmen der absoluten Anzahl kleiner Haushalte, bedingt durch den weiteren Bevölkerungsrückgang. Bis ins Jahr 2000 war trotz starker Einwohnerrückgänge ein gleich hohes Niveau der Anzahl Gesamthaushalte zu verzeichnen. Dies ist im Wesentlichen auf drei Ursachen zurückzuführen: erstens die Alterung der Bevölkerung – und ein damit steigender Anteil allein stehender älterer Personen, zweitens eine verringerte familiäre Bindung – und ein damit steigender Anteil allein stehender Personen und drittens eine sinkende Kinderzahl – und damit eine immer geringere Familiengröße sowie kleinere Haushaltsgrößen. Die derzeitige Wohnungsstruktur weist in der Stadt im Schnitt überwiegend Dreiraumwohnungen (etwa 49 %) und Zweiraumwohnungen (etwa 25 %) mit Küche und Bad auf.
Da die Tendenz der Haushaltsverkleinerung in Hoyerswerda bereits deutlich vorhanden ist, wird sich mit der zunehmenden Verringerung der Bevölkerung die Haushaltsanzahl mit rund 16 %, prozentual betrachtet, nur wenig verkleinern. In absoluten Zahlen dagegen wird sich die Verringerung der Haushalte jedoch deutlich zeigen. Die aktuellen Zahlen von 2002 unterstreichen bereits diese Tendenz. Betrug im Jahr 2000 die Zahl der Haushalte noch 27 368 (bei 49 544 Einwohnern), so könnte sie entsprechend der Einwohnerprognose für das Jahr 2010 auf 18 800 sinken. In Bezug zur prognostizierten Einwohnerzahl von 35 000 wird der Anteil der Zweipersonenhaushalte mit etwa zwei Dritteln der Gesamthaushalte im Wesentlichen weiter

dominierend sein. Bei der städtischen Prognose liegt der Schwerpunkt der Rückgänge im Bereich der Haushalte mit drei und mehr Personen, der etwa 50 % beträgt. Die Entwicklung der Haushalte ist gleichzeitig unter dem Aspekt der künftigen Altersstruktur zu betrachten. Der größte Teil der kleinen Haushalte wird der Bevölkerungsgruppe 60 Jahre und älter zugeordnet sein. Der Anteil der Haushalte jüngerer Personen wird dagegen abnehmen. Dies alles hat natürlich fatale Auswirkungen auf die Infrastruktur der Stadt, sprich: Kindereinrichtungen, Schulen und Horte, Wohnungsleerstand und alle damit verbundenen Probleme im sozialen Gefüge des urbanen Lebens. In der folgenden Darstellung und in den jeweiligen Übersichten wird dies alles anhand von Zahlen und Fakten deutlich belegt.

5. Kindertagesstätten

Auf Grund der rückläufigen Kinderzahlen waren bisher bereits drastische Schließungen von Einrichtungen/Kindertagesstätten und damit eine Reduzierung der Anzahl der Kindertagesplätze notwendig. Davon waren 17 Kinderkrippen, 15 Kindergärten und zwei Horte betroffen.
In der Stadt Hoyerswerda bestehen 25 Kindertagesstätten. 17 Einrichtungen werden von freien Trägern und acht in kommunaler Verantwortung betrieben. Insgesamt verfügen die Einrichtungen über 376 Kinderkrippenplätze, 1 050 Plätze in den Kindergärten und 757 Hortplätze, also insgesamt 2 183 Angebote. Die kommunalen Einrichtungen (vier Horte, vier Kindertagesstätten) bieten insgesamt 463 Plätze an. Bei den freien Trägern verfügen die Einrichtungen insgesamt über 1 725 Plätze. Zum gegenwärtigen Zeitpunkt besteht ein ausreichendes Angebot an Tageseinrichtungen für Kinder mit einem Alter bis elf Jahren und insgesamt decken die angebotenen Kapazitäten in ausreichendem Maße die derzeitigen Bedarfsnachfragen in der Stadt. Außerdem bieten freie Träger in zehn Einrichtungen die Integration von behinderten Kindern an. Insgesamt stehen 118 Plätze zur Verfügung, die zu etwa 80 % ausgelastet sind.
Die Einrichtungen sollen in ihrer Anzahl vorerst Bestand haben, mittelfristig werden aber Reduzierungen der Kapazitäten notwendig. Schließungen von Einrichtungen im Bereich der stark vom Rückbau betroffenen Stadtteile sind nicht ausgeschlossen. Die Deckung des Bedarfs kann auch in Zukunft gesichert werden, da fast alle Einrichtungen eine höhere Kapazität haben. Da innerhalb der Kapazität der Einrichtungen die Anzahl der Plätze für Kinderkrippe, Kindergarten und Hort variiert werden können, ist genügend Spielraum vorhanden, um auf die kommenden Veränderungen mittelfristig reagieren zu können. Die Träger der Einrichtungen werden auch zukünftig auf den sich verändernden Bedarf im Einzugsbereich fortlaufend und flexibel reagieren müssen.
Der Bedarf an Plätzen in Kindertageseinrichtungen wird in den nächsten Jahren voraussichtlich weiter abnehmen. Damit wird es zu einem Überangebot kommen, wenn die vorhandenen Plätze weiter im derzeitigen Umfang

angeboten werden. Inwieweit darauf mit Reduzierungen bei der Angebotsgestaltung reagiert wird, ist im Rahmen der Fortschreibung der Kindertagesstättenbedarfsplanung festzulegen.

6. Bildungseinrichtungen

Auf Grund der Geburtenrückgänge seit 1990 wurden bereits fünf Grundschulen der Stadt Hoyerswerda geschlossen. Die gegenwärtig vorhandenen Grundschulen entsprechen in der Anzahl dem derzeitigen Bedarf. In fünf Grundschulen sind 943 Schülerinnen und Schüler integriert, darunter 159 Schüler an der zweizügigen Grundschule „Handrij Zejler" mit dem Programm zweisprachiges Lernen – Sorbischunterricht im Witaj Projekt. Die Schließung von Grundschulen hat zudem zur Verlängerung der Schulwege geführt. Das ist besonders für die Erst- bis Viertklässler als sehr ungünstig zu bewerten. Mit der Vorbereitung des Schuljahres 2005/06 wurden die einzelnen Grundschulbezirke der Stadt Hoyerswerda aufgehoben und es wurde ein gemeinsamer Schulbezirk gebildet.

Mit Stand vom 2. September 2004 gab es in der Stadt Hoyerswerda vier Mittelschulen mit insgesamt 1 471 Schülerinnen und Schülern. Zum Schuljahresende 2004/2005 erfolgte die Schließung der 4. Mittelschule. Durch die bisherige Schließung der Mittelschulen kommt es in den Stadtteilen Wohnkomplex II und Wohnkomplex III sowie im Neustadt-Zentrum zu einer Verlängerung der Schulwege.

Ebenfalls mit Stand vom 2. September 2004 gab es in der Stadt Hoyerswerda drei Gymnasien mit insgesamt 2 036 Schülerinnen und Schülern. Davon entfallen auf die Bevölkerungsgruppe 10 bis 16 Jahre (Mittelschüler oder Gymnasialschüler der Sekundarstufe 1) 1 493 Schüler und auf die Bevölkerungsgruppe 16 bis 18 Jahre (Sekundarstufe 2) 543 Schüler. Der Anteil der Schüler, die aus Hoyerswerda stammen, liegt bei 50 %. Das Leon-Foucault-Gymnasium wurde ab 2001 mit der Kapazität für ein dreizügiges Gymnasium saniert. Das Lessing-Gymnasium wird als zwei- bis dreizügiges Gymnasium geführt und bietet als einen besonderen Bildungsweg eine vertiefte musische Ausbildung als Spezialisierungsmöglichkeit an. Das Gymnasium Johanneum 1992 durch die Evangelische Kirche der schlesischen Oberlausitz (EKBO) gegründet und bisher in alleiniger Schulträgerschaft betrieben. Durch den nachfolgenden Schulträger Evangelische Kirche Berlin-Brandenburg-Schlesische Oberlausitz wurde das Gymnasium an den Schulträgerverein Johanneum Hoyerswerda e. V. zur Weiterbetreibung übergeben.

Mit Stand vom 2. September 2004 gab es in Hoyerswerda drei Förderschulen mit insgesamt 469 Schülerinnen und Schülern.

Mit Stand vom 2. September 2004 gab es in der Stadt Hoyerswerda vier Berufsbildende Schulen mit insgesamt 2 117 Schülerinnen und Schülern. Der Bedarf an Berufsschulplätzen ist auf Grund der natürlichen Bevölkerungsentwicklung bis zum Jahr 2005 relativ stabil geblieben. Konkrete Schülerzahlen lassen sich im berufsbildenden Bereich sehr schwer prognostizieren. Grundsätzlich kann man davon ausgehen, dass sie beginnend mit dem Jahr 2006 bis zum Jahr 2010 abfallen und sich dann stabilisieren. Mit den vorhandenen Schulkapazitäten kann unter Zugrundelegung der prognostizierten Bevölkerungsentwicklung in Hoyerswerda den Bildungsanforderungen entsprochen werden.

Dieser Anspruch fußt auf der zeitigen Erarbeitung der Schulnetzplanung durch die Stadtverwaltung Hoyerswerda, insbesondere unter der maßgeblichen Federführung der damals zuständigen Bürgermeisterin, Renate Schwarze (SPD). Der erste Schulnetzplan war auch einer der ersten überhaupt, die vom Freistaat Sachsen bestätigt wurden. Auf der Grundlage der statistischen Daten und der prognostizierten Bevölkerungsentwicklung für die Stadt, insbesondere der durch die Initiative der Wohnungsgesellschaft mbH Hoyerswerda erarbeiteten „Markt- und Standortanalyse für wohnungsnahe Infrastruktur/Schule" wird der Schulnetzplan für Hoyerswerda zur Zeit in allen Details fortgeschrieben. Entsprechend der Prognose der Schulnetzplanung vom 25. Juni 2002 wurde bisher in der mittel- und langfristigen Planung von einem Bedarf von 300 Plätzen pro Jahrgang im Grundschulbereich ausgegangen. Dies bedeutete die Ausrichtung auf einen Gesamtbedarf von zwölf Zügen bei einer Klassenstärke von 25 Schülern in diesem Schulbereich.

Auf Grund der reellen Schüler- und Geburtenzahlen, die jetzt bereits in der Stadt Hoyerswerda bei 250 liegen, ist eine Überarbeitung der Schulnetzplanung erforderlich. Dabei sind die aktuellen Entwicklungen im Umland der Stadt mit aufzugreifen. Die Entwicklung der Bevölkerungsgruppe im Grundschulalter (sechs bis zehn Jahre) zeigt, dass bis zum Jahr 2010 bereits ein Überangebot an Schulplätzen besteht und es muss kurz- bis mittelfristig über eine weitere Schulschließung befunden werden. Vorab sollte die Aufnahme von Schülern aus dem Umland geprüft werden. Die Menge der jährlich einzuschulenden Kinder wird entsprechend der Prognose des Statistischen Landesamtes bis 2020 auf 175 Personen zurückgehen. Der Abgleich zwischen Bedarfsentwicklung und dem gegenwärtigen Angebot zeigt, dass 2020 nur noch drei bis vier Grundschulen vorgehalten werden müssen. Hierzu werden mit der Fortschreibung der Schulnetzplanung vertiefende Festlegungen getroffen. Im Mittelschulbereich wird derzeit von einem Übergang von etwa 60 % der Grundschüler in die Mittelschule ausgegangen. Dies entspricht bei derzeit 250 Schülern, die den Grundschulbereich verlassen, maximal sechs Klassen. Bisher wurden drei dreizügige Mittelschulen geplant. Die 1. Mittelschule „Am Stadtrand", die 3. Mittelschule „Am Planetarium" sowie die 6. Mittelschule „Friedrich Ebert" sind bisher für eine langfristige Weiterführung konzipiert. Langfristig sind jedoch nur zwei dreizügige Mittelschulen reell. Dies wird auch die Fortschreibung der Schulnetzplanung zeigen.

Die Entwicklung der Bevölkerungsgruppe im Mittelschulalter (10 bis 16 Jahre) zeigt, dass das heute bereits vorhandene Überangebot an Schulplätzen bis zum Jahr 2010 weiter ansteigen wird. Rechnet man damit, dass der Trend anhält, dass 40 % der Kinder im Mittelschulalter in Hoyerswerda den Weg zum Gymnasium wählen, kann man im Jahr 2020 nur noch von 660 Kindern ausgehen, die in der Stadt die Mittelschule besuchen werden. Somit ergibt sich von 2010 bis 2029 weiterer Handlungsbedarf, eventuell muss auch über eine geringere Zügigkeit in den Mittelschulen befunden werden.

Hoyerswerda – eine Stadt im Wandel

Nicht sicher planbar ist dabei das Wanderungsverhalten aus dem Umland zu Schulen der Stadt Hoyerswerda, besonders auch in den Fällen, wenn Mittelschulen in der Umgebung der Stadt geschlossen werden. Bisher kamen etwa 6 % der Mittelschüler aus dem Umland. Deshalb muss auf die weitere Entwicklung im Umland von Hoyerswerda besonders geachtet werden, um rechtzeitig reagieren zu können, sollte der Schülerzustrom aus den Umlandgemeinden ansteigen. Wenn man davon ausgeht, dass der Zuspruch zu den Gymnasien aus dem Umland der Stadt Hoyerswerda prozentual nicht nachlässt, und unter Berücksichtigung der aktuellen Änderung zur Erteilung der Bildungsempfehlung zum Besuch des Gymnasiums ergibt sich ein Rückgang auf etwa 1 000 Schüler im Jahr 2020. Damit reduziert sich das Schülerpotenzial von 2004 in den nächsten 15 Jahren um 50 %.
Trotz eines temporär möglichen Anstiegs des Anteils der Gymnasialschüler wird langfristig ein Überangebot an Schulplätzen in den Gymnasien der Stadt Hoyerswerda entstehen, wenn diesem nicht durch Vergrößerung des Einzugsbereichs und durch eine qualitativ hochwertige Spezialisierung entgegen gewirkt wird. Unter der Annahme, dass die Richtwerte zur Klassenbildung von 25 Schülern eingehalten werden, müssen bei der nachfolgend aufgeführten Zügigkeit in den Gymnasien jährlich 175 Neuaufnahmen in der 5. Klasse erfolgen. Bei Erhalt aller drei Gymnasien wird das Lessing-Gymnasium als zweizügiges Gymnasium mit der Spezialisierung der vertieften musischen Ausbildung weiter betrieben. Hier ist besonders der Einzugsbereich weiter auszudehnen. Das Leon-Foucault-Gymnasium soll mittelfristig als dreizügiges Gymnasium betrieben werden. Auf Grund der hohen Schülerzahlen der Einschulungsjahrgänge 1999 bis 2001 ist der Bedarf am Haus III und der Sporthalle 2 noch bis zum Jahr 2008 gegeben. Bei der Fortführung des Johanneums als mindestens zweizügiges Gymnasium in Trägerschaft Dritter ist dies nur mit seinen bestehenden spezifischen Angeboten einer christlich orientierten Schule und darüber hinaus mit neuen Angeboten zum Beispiel in der vertiefenden sprachlichen Ausbildung möglich. Darüber hinaus müsste es seinen Einzugsbereich wesentlich ausweiten, um neue Schülerpotentiale für den Schulstandort Hoyerswerda zu erschließen. Der aktuelle Bestand an Förderschulen soll auch mittelfristig erhalten werden. Der Bedarf an Förderschulplätzen ist mit höheren Schuljahren ansteigend, das heißt, im Grundschulbereich werden die Kinder mehr und mehr integrativ gefördert. Langfristig ist der Bedarf an einer zweizügigen Schule zur Lernförderung und einer ein- bis zweizügigen Förderschule für geistig Behinderte gegeben. Das Förderzentrum für Körperbehinderte wird langfristig auf der Basis der Schulziele der Grund- und Mittelschule sowie einer Förderschule für Lern- und geistig Behinderte unter räumlich optimalen Bedingungen fortgeführt. Für das Berufliche Schulzentrum „Konrad Zuse" wird weiterhin das derzeitige Bildungsangebot ohne Abstriche vorgehalten. Die Fachoberschule und das Berufliche Gymnasium werden erhalten. Dabei wird im Bereich Fachoberschule neben dem Abschluss Wirtschaftswissenschaft die Richtung Soziales seit 2004 zusätzlich angeboten und es erfolgt eine engere Zusammenarbeit mit der Bildungsstätte für Medizinal- und Sozialberufe, die ihrerseits mit dem gegenwärtigen Angebot erhalten bleibt. Die Medizinische Berufsfachschule am Klinikum wird am jetzigen Standort verbleiben und weiterhin ausbilden.

Horst-Dieter Brähmig

7. Neue Perspektiven

Der auf den vorhergehenden Seiten dargestellte drastische Rückgang der Bevölkerung der Stadt Hoyerswerda stellt seit Anfang der 90er Jahre des vorigen Jahrhunderts eine riesige Herausforderung an alle dar, die für die Geschicke der Stadt Hoyerswerda Verantwortung tragen, die sich im wirtschaftlichen und politischen Bereich verantwortungsbewusst und engagiert für die gedeihliche Entwicklung der Kommune und damit für das Wohl der Hoyerswerdaer Bürgerinnen und Bürger einsetzen.

Der wichtigste Ansatzpunkt für eine möglichst gute Bewältigung des demografischen Wandels und dessen Folgen ist die Schärfung des öffentlichen Bewusstseins in der Kommune für diese Problematik. Wichtigste Voraussetzungen für die Entwicklung von Strategien und Konsequenzen zur Beherrschung der gewaltigen Herausforderungen und zur zukunftsgerechten Gestaltung des kommunalen Lebens sind klare Ziele und Leitbilder auf der Grundlage verlässlicher Analysen und Prognosedaten. Die Schrumpfung der Stadt ist seit 1990 zum Hauptthema geworden – und wird es auf lange Sicht auch bleiben –, auf das sich die Kommune und die lokale Wohnungswirtschaft gemeinsam eingestellt haben. Das zielorientierte und kooperative Handeln zur Vermeidung der Verödung von städtischen Bereichen (Wohnkomplexen) sowie zur Anpassung des Wohnungsbestandes und der Stadtstrukturen an die rückläufige Nachfrage setzen die Abstimmung der Sanierungsstrategien der Wohnungsunternehmen sowohl untereinander als auch mit den städtebaulichen und strukturellen Erfordernissen der Entwicklung der Stadt als Ganzes voraus.

Zielvorstellungen und Leitbilder für die Zukunft kommen nicht ohne Kenntnis der Vergangenheit zustande. An dieser Stelle sei deshalb ein Hinweis auf den international renommierten niederländischen Kunst- und Architekturhistoriker Prof. Dr. Ed Taverne gestattet. Prof. Dr. Ed Taverne lehrte von 1983 bis 2003 Kunst- und Architekturgeschichte an der Universität Groningen. Er widmete sich besonders dem Städtebau des 20. Jahrhunderts. Auf Hoyerswerda stieß er durch die Werke Brigitte Reimanns im Zusammenhang seiner intensiven Beschäftigung mit deutscher Literatur der Gegenwart, vor allem auch der Literatur der DDR. Prof. Taverne besuchte Hoyerswerda im Jahr 2003 mit einer Gruppe von Historikern, Künstlern und Architekten zum Studium der Probleme der schrumpfenden Städte, über die er auch mit dem Oberbürgermeister sprach. Seine Gedanken dazu hielt er in der architekturhistorischen Betrachtung „Eine Stadt ohne Zäune: Die Neustadt von Hoyerswerda" zum Roman „Franziska Linkerhand" von Brigitte Reimann fest. Dabei lautet sein Credo: „Architekturgeschichte ist für mich keine geistreiche Spielerei, kein Freizeitspaß, die Forschung muss vielmehr helfen, die Geschichte der jeweiligen Stadt zu verstehen, um mit dem Wissen die gegenwärtigen Aufgaben ihrer zukünftigen Gestaltung zu lösen."[1]

---

1 Taverne, Ed: „Eine Stadt ohne Zäune" Die Neustadt von Hoyerswerda. Eine architekturhistorische Betrachtung zu „Franziska Linkerhand" (1974/1998), einem Roman von Brigitte Reimann. VII. Anmerkung von Martin Schmidt. In: Neue Hoyerswerdaer Geschichtshefte Nr. 8 (2005), Hoyerswerda (Herausgeber: Stadtverwaltung Hoyerswerda), S. 21.

Hoyerswerda – eine Stadt im Wandel

Konkret soll dazu eine neue Stadtplanung im Zeichen der Schrumpfung beitragen, deren Aufgabe seit Beginn der 90er Jahre des vorigen Jahrhunderts in der Bewältigung der sich durch den anhaltenden Bevölkerungsrückgang einstellenden Leerstände im Wohnraumangebot in der Stadt besteht. Dies zu erkennen und umzusetzen gelang der Stadt Hoyerswerda insbesondere durch die stete tatkräftige Unterstützung des Innenministeriums des Freistaates Sachsen, vor allem durch den jetzigen Innenminister, Dr. Albrecht Buttolo, sowie auch durch Prof. Dr. Jürgen Namysloh. Seit dem Jahr 1994 beschäftigt sich die Stadt Hoyerswerda intensiv mit dem komplexen Prozess des Stadtumbaus. Der Oberbürgermeister sah und sieht seine Hauptaufgabe darin, unter Anerkennung der objektiven Ursachen und der sich ergebenden Entwicklung einen zügigen Ablauf dieses Prozesses unter Zusammenführung von Stadtrat, Verwaltung und den beiden Wohnungsunternehmen (Wohnungsgesellschaft Hoyerswerda mbH, Wohnungsgenossenschaft „Lebens-Räume" Hoyerswerda eG) und Einbeziehung der Bürgerschaft zu organisieren und zu unterstützen.

Hoyerswerda unterscheidet sich im Schrumpfungsprozess ostdeutscher Städte von den anderen Kommunen dadurch, dass mit der Neustadt eine ganze „Stadt" betroffen ist. Im quantitativen Ausmaß der Abwanderung der Einwohner aus der Neustadt und im Verhältnis zur Altstadt waren anfangs insbesondere kurzfristige und praktikable Lösungen gefragt. Die Stadtentwicklung war nach 1990 vor allem auf die Sicherung und Verbesserung der Infrastruktur in der Stadt und auf die Beseitigung dringender städtebaulicher Mängel in der Bebauungsstruktur ausgerichtet. Hierbei konnten mit Hilfe von Fördermitteln erhebliche Verbesserungen erreicht werden. Die Entwicklung der Einwohnerzahlen und der Anzahl der Haushalte sowie deren Größen wird in den Stadtteilen Altstadt, Neustadt und Ortsteile sehr unterschiedlich sein. Die Einwohnerzahl in der Altstadt wird im Wesentlichen gleich bleiben. Ein eventueller Mehrbedarf an Wohnungen kann durch Leerstandsbeseitigung sowie durch Komplexmodernisierung oder Bebauung von Baulücken ausgeglichen werden. Auch in den fünf Ortsteilen der Stadt wird es keine wesentlichen Veränderungen der Einwohnerzahlen und Haushalte geben. Möglicherweise entstehender Wohnungsbedarf wird sich teils durch die begrenzten Angebote an attraktiven Lagen, teils auch durch bewusste Verknappung von Grundstücken in Grenzen halten. In der Hoyerswerdaer Neustadt (Wohnkomplexe I bis X sowie im Stadtzentrum) wirkt sich der Bevölkerungsrückgang dagegen am deutlichsten aus. Für die Entwicklung des Leerstandes an Mietwohnungen bis zum Jahr 2010 wurden bezogen auf die dann hier lebenden Einwohner 8 500 rückzubauende Wohnungen errechnet. Dies ergibt bei einem Lösungszeitraum von 15 Jahren ein Rückbauvolumen von rund 500 bis 600 Wohnungseinheiten pro Jahr. Entsprechend den Ermittlungen der Stadtverwaltung ist auf den Wohnungsbestand vom 1. Januar 2000 bezogen ein Rückbau von etwa 12 700 WE neu zu berücksichtigen. Davon sind bis zum 31. Dezember 2005 schon 4 602 WE durch Rückbau vom Markt genommen worden. Der Rückbau von weiteren 2 048 WE im Zeitraum 2006 bis 2009 wird angestrebt.

In den Jahren 1996 und 1997 wurde in einer interdisziplinären Arbeitsgruppe unter Beteiligung der Hoyerswerdaer Wohnungswirtschaft das „Leitbild 2030" erarbeitet und 1998 im Stadtrat beschlossen. Das Kooperationspotential ergibt sich aus der Überschneidung der Interessenlage zwischen der Wohnungswirtschaft und der Kommune, vor allem in den Punkten nachhaltig funktionierendes Stadtgefüge, städtische Vielfalt, gesicherte Infrastruktur und positives Image der Stadt Hoyerswerda. Die im Zuge dieser Arbeit bekannt gewordenen Daten zum drastischen Rückgang der Bevölkerungszahlen (Pestelstudie im Auftrag DLS Bank) und die im Leitbild ursprünglich genannte Zahl von 5 000 rückzubauenden Wohnungen in Hoyerswerda führten dazu, sich intensiv mit dieser Problematik auseinander zu setzen und notwendige Aktivitäten zu realisieren. Im Rahmen der Planung „Leitbild Stadtraum Hoyerswerda 2030" sind auf der Grundlage verlässlicher Daten Vorschläge für die langfristige Entwicklung der Stadtstruktur erarbeitet worden, die den zunehmenden Anforderungen an ihre zentralörtlichen Aufgaben sowie die Ansprüche der Bürger an Arbeitsstätten, Wohnungen, Bildungs- und Versorgungseinrichtungen Rechnung tragen. Als besondere Schwerpunkte der zukünftigen Stadtentwicklung haben sich herausgestellt die Ordnung und Ausgestaltung der verwaltungsmäßig geordneten Stadt zu einem differenzierten und leistungsfähigen Gemeinwesen und die Fortentwicklung der Neustadt entsprechend ihrer zentralörtlichen Funktion mit einer Vergrößerung der Vielfalt in den Bereichen Wohnungswesen, Arbeitsstätten, Freiräume und räumliche Gestaltung. Besonderes Augenmerk gilt der langfristigen Fortentwicklung der Neustadt. Hier reichen die Verbesserung und Ergänzung des Bestandes nicht aus – es sind Strukturen und Elemente erforderlich, welche die Wandlung von einer Wohnsiedlung zu einer lebendigen Stadt fördern und die Lebenskraft der Stadt stärken.

Im Jahr 1998 wurde durch Geschossdemontage eine erste Aufwertung des äußeren Erscheinungsbildes der Wohnbebauung erreicht. Im Jahr 1997 gab es den Abriss der ersten Wohnblöcke auf Grund von Leerstand und in den Jahren 1999 und 2000 Abrisse mit unmittelbar anschließender Wohnbebauung. Im Jahr 2000 begann die Förderung des Rückbaus über das Förderprogramm und die städtebauliche Weiterentwicklung großer Neubaugebiete bzw. Wohnkomplexe und ab 2002 konnte die Stadt das Förderprogramm Stadtumbau Ost in Zusammenarbeit mit der Sächsischen Aufbaubank zum umfangreichen Rückbau von Wohnbebauung und für Aufwertungsmaßnahmen für das Wohnumfeld nutzen. Die notwendigen Veränderungen sind aber viel weiter gefächert und beziehen sich auf Wohnungen, Gebäude, Straßenräume, Versorgungsstandorte, Gemeindebedarfseinrichtungen, Freiflächen und Verkehr. Stand der beachtliche Aufschwung der Stadt Hoyerswerda bis 1989 im Zeichen der Quantität, so musste die Gestaltung des durch die äußeren Verhältnisse (drastischen Bevölkerungsrückgang) der Stadt auferlegten Rückbaus von Wohngebäuden nunmehr im Zeichen neuer Qualität stehen: neue Möglichkeiten des Wohnens und Arbeitens, des privaten Engagements durch Eigentum, neue Identität durch hohe und höchste Gestaltungsqualität.

In Hoyerswerda wurde im Jahr 1996 die Arbeitsgruppe „Forum-Stadtentwicklung" eingerichtet. Damit gibt es ein bewährtes Gremium, welches regelmäßig berät und direkt dem Oberbürgermeister der Kreisfreien Stadt unterstellt ist. In diesem Forum wird der Stand der Planung informativ übermittelt und bei Bedarf wird diese mit den Belangen der einzelnen Träger

Hoyerswerda – eine Stadt im Wandel

abgestimmt, so dass der integrative Prozess von Stadtplanung, Wohnungswirtschaft und Versorgungsbetrieben gewährleistet ist.
Die Konzeptfortschreibung und das Monitoring laufen federführend in der Langzeitarbeitsgruppe „Stadtumbau" zusammen, in der kompetente Vertreter der Stadtverwaltung, der Versorgungsbetriebe Hoyerswerda, der beiden Großvermieter Wohnungsgesellschaft Hoyerswerda mbH und Wohnungsgenossenschaft Hoyerswerda eG und der Planer des INSEK – Teilkonzepte Wohnen und Wirtschaft und Infrastruktur – mitarbeiten. Sonderfachleute werden bei Bedarf temporär hinzugezogen. Diese Arbeitsgruppe steht ständig im konstruktiven Austausch mit den Bürgern, sie unterrichtet regelmäßig den Stadtrat als kommunales Entscheidungsgremium. Bestandteil der Konzeptfortschreibung ist eine umfassende soziologische Studie mit Langzeitcharakter. Ziel der Studie ist nicht nur die Erfassung und Wertung der heutigen Situation in der Stadt Hoyerswerda im Vergleich zur Studie des Jahres 1994/1995. Die soziologischen Untersuchungen begleiten den Stadtumbau Hoyerswerda. In regelmäßigem Abstand erfassen sie die Ergebnisse der Maßnahmen zum Stadtumbau und zeigen sich daraus entwickelnde Wünsche, vielleicht auch Fehler auf. Sie sind Teil der regelmäßigen Fortschreibung des Integrierten Stadtentwicklungskonzeptes, aber auch des notwendigen Monitorings.
Natürlich hat auch die direkte Einbeziehung der Bürgerinnen und Bürger der Stadt Hoyerswerda in diese gesamte Thematik eine außerordentliche Bedeutung. Bisherige Bürgerforen und Bürgerbefragungen zur Stadtentwicklung haben nicht nur die von den „Fachleuten" vorgenommene Analyse der Stadtstrukturen und die richtige Auswahl der Schwerpunktgebiete (Stadtteilkonzepte) bestätigt, die erste Bürgerbefragung erbrachte auch eine Menge von Ausgangsdaten für die nachfolgende wissenschaftliche und relevante soziologische Untersuchung und die Bewertung nach Zielgruppen.
Der von der Stadt Hoyerswerda ausgelobte internationale Wettbewerb „Von der Wohnsiedlung zur Stadt" für den Wohnkomplex (WK) VIII und Randbereiche, der 1997 durchgeführt wurde, hat in grundsätzlicher Weise die Frage nach der Vitalisierung der Neustadt gestellt und eine Fülle interessanter Anregungen erbracht. Gerade die mit dem 1. Preis ausgezeichnete Wettbewerbsarbeit des französischen Architektenteams Roland Castro und Sophie Denisoff verweist auf die für die Hoyerswerdaer besonders entscheidende Notwendigkeit, durch die schrittweise Schaffung neuer städtischer Elemente dem Wohnen in diesem Wohngebiet ein eigenes, unverwechselbares Gesicht zu geben. Dieser Wettbewerb wurde nicht nur wegen der hohen Beteiligung von 46 internationalen und nationalen Architekturbüros, sondern auch durch die persönliche Unterstützung des damaligen Ministers des Innern des Freistaates Sachsen, Klaus Hardrath (CDU), ein nachhaltiger Erfolg. Ein differenziertes, individuelleres Wohnen mit viel Grün, Landschaft, Wasser usw. einerseits sowie die weitere Ausprägung des städtischen Charakters des Plattenbauviertels soll unter anderem durch die Einordnung eines zusammenhängenden Quartiers von verdichteten Einfamilienhäusern am Nordostrand des Wettbewerbsgebietes, durch zweigeschossige Kleinhausbebauungen in gelockerter, parallel vernetzter Anordnung mit einem attraktiven Angebot an familiengerechtem und freiraumorientiertem Woh-

nen oder neue, viergeschossige sogenannte „Stadtvillen" mit Eigentumswohnungen erreicht werden. Auf der Grundlage des städtebaulichen Weiterentwicklungs- und Neuordnungskonzeptes und des Neuordnungskonzeptes für den Wohnkomplex VIII wurde zwischen der Stadtverwaltung Hoyerswerda und den Wohnungsgebern (Wohnungsgesellschaft mbH Hoyerswerda und Wohnungsgenossenschaft LebensRäume Hoyerswerda eG) das weitere Vorgehen in diesem Wohngebiet erörtert und abgestimmt. Ein Beitrag zur Realisierung des Konzepts war auch die Umstrukturierung des Wohnquartiers Liselotte-Herrmann-Straße. Um in diesem Wohnbereich eine höhere Wohnqualität zu erreichen, wurde der Rückbau von zwei fünfgeschossigen Wohnblöcken mit 250 WE vorgenommen. Als Nachnutzung erfolgte die Bebauung mit vier Stadtvillen einschließlich Verschönerung der umliegenden Außenbereiche. Jede Villa ist mit sechs Wohneinheiten in drei Geschossen ausgestattet. Jeder Wohnung ist ein Mietergarten zugeordnet. Mit dem Angebot an neuen Wohnformen mit neuen Wohnungszuschnitten ergreift die Wohnungsgenossenschaft Hoyerswerda eG die Chance, um auf Freiflächen, die durch planmäßige Rückbaumaßnahmen entstehen, attraktive Stadtvillen zu errichten. Die ersten Häuser waren im Jahr 2001 bezugsfertig.

Als Pilotprojekt im Ergebnis des internationalen Wettbewerbs „Von der Wohnsiedlung zur Stadt" wurde erstmalig in Hoyerswerda auch der Rückbau eines elfgeschossigen Gebäudes auf acht Geschosse gewagt. Projektträger der Maßnahme war der Eigentümer – die Wohnungsgesellschaft mbH Hoyerswerda. Der Bund, das Land und die Stadt haben sich jeweils mit einem Drittel Zuschuss an Städtebaufördermitteln an dem Vorhaben beteiligt. Das Gebäude wurde in Vorbereitung des Umbaus völlig entkernt, um die Möglichkeiten für neue Wohnungszuschnitte zu eröffnen. Vor Umsetzung des Rückbaus hat man sich von dem Bedarf an altersgerechtem Wohnraum sowie von der Lagegunst des Objektes leiten lassen. Von Vorteil sind hier die Nähe des Klinikums sowie eines Einkaufs- und Dienstleistungszentrums. Die neue Altenwohnanlage beinhaltet zwei miteinander im Erdgeschoss verbundene achtgeschossige Wohnhäuser mit 84 Wohneinheiten. Dabei sind bis zum vierten Obergeschoss 19 Wohnungen behindertengerecht und 37 Wohnungen altersgerecht ausgebaut worden. Weiterhin ist im Erdgeschoss eine Begegnungsstätte mit gastronomischer Betreuung angeordnet.

Der Umbau der Stadt soll aber – wie bereits genannt – nicht nur mit dem Rückbau von Gebäuden verbunden werden. Grundsätzliches Ziel ist vielmehr die Weiterentwicklung der Stadt im Rahmen dieses Umbauprozesses. Die entscheidenden Akteure haben inzwischen gemeinsam und einvernehmlich ein Rückbauvolumen von 8 500 Wohnungen unter Berücksichtigung folgender Kriterien abgestimmt: Rückbau vorrangig von außen nach innen, das heißt, vom Stadtrand ausgehend; Rückbau vorrangig von unbeliebten Wohnungstypen; Rückbau vorrangig bei fünf- bis elfgeschossigen Gebäuden; Entdichtung in den Wohnkomplexen durch punktuellen Rückbau sowie Rückbau vorrangig von Gebäuden ohne Komplexmodernisierung. Die Rückbaukriterien vereinen sich überwiegend auf die gleichen Objekte. Dabei beschränkt sich Rückbau nicht nur auf die Wohngebäude, sondern umfasst auch Einrichtungen der sozialen Infrastruktur.

Tab. 6: Übersicht „Rückbau in Jahresscheiben"

Jahr	Wohneinheiten	Summe WE bis jeweils 30.12.	Wohnfläche m²/Jahr	Summe m² bis jeweils 30.12.
1993	16	16	706,48	706,48
1997	36	52	1.689,37	2.395,85
1998	18	70	673,59	3.069,44
1999	6	76	373,22	3.442,66
2000	389	465	20.849,00	24.291,66
2001	783	1.248	22.198,00	46.489,66
2002	643	1.891	37.803,46	84.293,12
2003	864	2.755	44.410,09	128.703,21
2004	1013	3.768	56.943,64	185.646,85
2005	273	4.041	15.744,00	201.390,85 bis 30.05.

Mit den Beschlüssen zum „Integrierten Stadtentwicklungskonzept" (INSEK) – Teilbereiche „Wohnen" und „Wirtschaft" in den Jahren 2003 und 2004 wurde die Aufgabe des Stadtumbaus weiter vertieft und fortgeschrieben. Gegenwärtig arbeitet die Stadt an einem weiteren Konzept zum Thema „Infrastruktur". Das INSEK der Stadt Hoyerswerda wurde durch Entscheidungsträger beim Bund und beim Freistaat Sachsen als äußerst präzise und realitätsnah bewertet. Im Rahmen der Bearbeitung des Integrierten Stadtentwicklungskonzepts INSEK fanden und finden regelmäßig Abstimmungsgespräche vor allem mit den Wohnungseigentümern, aber auch mit den umliegenden Gebietskörperschaften statt, wobei letztere sich vorrangig auf die Themenkreise Tourismus, Infrastruktur und Wirtschaft konzentrieren. Gemeinsames und oberstes Ziel für die gesamtstädtische Entwicklung ist es, die gegenwärtige städtebauliche Situation und den damit verbundenen wohnungswirtschaftlichen Strukturwandel als eine Chance für die Zukunft zu begreifen und den Stadtumbau als transformativen Prozess zu gestalten.
Aus der Sicht der gesamtstädtischen Entwicklung sind die Ziele der Wohnungswirtschaft und der städtebaulichen Entwicklung kongruent, wobei die Entwicklung einer nachhaltig funktionierenden Stadtstruktur natürlich die Priorität hat. Aus wohnungspolitischen, wohnungswirtschaftlichen, stadtstrukturellen und stadtökologischen Gründen haben Wohnungswirtschafter und Städteplaner gemeinsame Ziele hinsichtlich einer bestandsorientierten Stabilisierung und Weiterentwicklung der Großwohnsiedlung Hoyerswerda-Neustadt zu einem eigenständigen Stadtteil mit gemischter Bewohnerstruktur, einem Funktionsmix aus Wohnen, Arbeiten, Freizeitgestaltung und einem ausgewogenen Verhältnis von Dichte und Auflockerung. Dabei steht die

Horst-Dieter Brähmig

schrittweise, möglichst umfassende Vitalisierung und städtebauliche Weiterentwicklung der Neustadt im Mittelpunkt.
Durch den Rückbau von Neubausubstanz wird sich das Verhältnis zu Altbausubstanz in der gesamten Stadt ausgeglichener gestalten, die Stadtstruktur wird sich von der „DDR-Entwicklungsstadt" zur „Doppelstadt" verändern. Dabei soll der Charakter einer bipolaren Stadt manifestiert werden. Unter Betonung des individuellen Charakters sind die örtlichen Qualitäten des Zentrums Altstadt im Bereich Schloss, Markt und Umgebung sowie die örtlichen Qualitäten des Zentrums Neustadt im Bereich von Lausitzhalle und Lausitzcenter zu stärken. Das Gebiet des „Stadtzentrums" soll übergreifend auf die Altstädter Seite zur „Neuen Stadtmitte" umgebaut werden. Die funktionierende Verbindung der einzelnen Wohngebiete, der größeren Stadtbereiche Altstadt und Neustadt sowie auch der Ortsteile untereinander ist wesentliches Ziel des gesamten Stadtumbaus. Mit der Herausbildung städtischer Vielfalt soll der große Nachteil der Monotonie der Plattenbaugebiete kompensiert werden. Aufwertungsmaßnahmen sollen das Angebot an Wohnfolgeeinrichtungen verbessern, der Geschosswohnungsbau soll um Einfamilienhausgebiete am heutigen Stadtrand ergänzt werden und die Abfolge von Straßen und Plätzen mit Aufenthaltsfunktion spannungsvolles Erleben des Stadtraumes ermöglichen. Durch die Mischung der Funktionen, Wohnungsvielfalt in interessanten, differenziert ausgebildeten Gebäuden kann die kritische Masse für Urbanität erreicht und das Wohnen in einer Stadt des „Modernen Bauens" interessant werden.
Ein positives Image ist ein wichtiges, gemeinsames Ziel von Wohnungswirtschaft und Stadtplanung. Es soll den Wegzug hemmen, den Zuzug fördern und das Interesse potentieller Investoren an Hoyerswerda fördern. Es gilt, das positive Image in Bezug auf soziale Eigenschaften sowie die Vorzüge einer Siedlung des „Modernen Bauens" auszuprägen. Die örtlichen Qualitäten der Neustadt (moderner Geschosswohnungsbau mit zum Teil stark durchgrünten Wohngebieten sowie Wohnen und Versorgung in städtischer Dichte und Vielfalt) sind über die Stärkung der Besonderheiten des „Modernen Bauens" zu betonen. Darüber hinaus sollten die Chancen des Städtebaus der Moderne herausgearbeitet werden. Hoyerswerda stellt eine interessante Einmaligkeit in der Region dar. Für die Kommunikation dieses Faktes können Multiplikatoren genutzt werden (studentische Arbeiten, Symposien, Fachtagungen), die innovativen Ansätze aus Wirtschaftskonzepten müssen in das Integrierte Stadtentwicklungskonzept einfließen (energiesparendes Bauen, experimentelles Bauen, Bioenergie usw.). Da die Stärkung und Herausbildung eines Heimatgefühls, des ganz persönlichen Gefühls der Verbundenheit mit der Stadt Hoyerswerda, bei den Bürgerinnen und Bürgern die psychologischen Gründe für eine Abwanderung mindert, liegt dieses Ziel im ureigensten Interesse der Wohnungswirtschaft wie der Stadt selbst. Durch Verbesserung des Wohnumfeldes und Entwicklung sozialer Nachbarschaften sollen Milieus mit Flair geschaffen werden, in denen die Menschen gern wohnen, wo sie sich zu Hause fühlen.

8. Hoyerswerda auf Zukunftskurs

Der Negativtrend in der Bevölkerungsentwicklung kann aber grundsätzlich nur aufgehalten werden, wenn es gelingt, den Einwohnern von Hoyerswerda neue Hoffnung auf einen Aufschwung in der Wirtschaft in der Region und in der Stadt selbst zu geben, dem Arbeitsplatzrückgang entgegen zu wirken und neue Arbeitsplätze zu schaffen. Hier schließt sich auch wieder der Bogen zum eingangs dieses Beitrags erwähnten engen Zusammenhang zwischen dem Industriestandort Schwarze Pumpe und der Stadt Hoyerswerda. Trotz ihres großen Substanzverlusts gehören die Unternehmen der Kohle- und Energiewirtschaft und auch der Bergbausanierung nach wie vor zu den größten Arbeitgebern in der Region. So ist am Standort Schwarze Pumpe in kurzer Zeit mit einem Investitionsvolumen von rund 4,5 Milliarden DM das größte und modernste Kraftwerk Europas gebaut worden, das seit dem 3. Juni 1998 im Dauerbetrieb produziert und Hunderten Mitarbeitern Arbeitsplätze bietet. Nach der Privatisierung des ehemaligen Gaskombinates Schwarze Pumpe, der Konzentration der Veredlungs- und Werkstattkapazitäten der LAUBAG, der Ausgliederung von Service-Bereichen aus den Unternehmen und der Entwicklung der Vattenfall Europe Mining AG, der Herausbildung des Sekundärrohstoff-Verwertungszentrums Schwarze Pumpe GmbH und dem Entstehen zahlreicher neuer Unternehmen, Firmen, Niederlassungen, Produktionsstätten und Servicestützpunkten haben sich hier gegenwärtig fast 90 Firmen mit rund 3 500 Beschäftigten etabliert.

Mit der Entscheidung der österreichischen W. Hamburger AG zur Ansiedlung der Papierfabrik Hamburger Spremberg GmbH & Co. KG auf einer Fläche von rund 400 Hektar auf dem ehemaligen Areal der Industriekraftwerke hat dieses Wirtschaftsspektrum eine bedeutende Erweiterung erfahren. Die Investition von rund 160 Millionen Euro in dieses Vorhaben zur Erzeugung von hochwertigen Wellpappepapieren mit technisch höchst anspruchsvollen Produktionsanlagen schafft rund 300 direkte neue Arbeitsplätze sowie zahlreiche weitere im Umfeld. Zugleich sind damit wichtige Impulse zur Weiterentwicklung dieses Gebietes zu einem modernen Industrie- und Dienstleistungsstandort gegeben worden, dessen Signalwirkung dazu beiträgt, durch einen tiefgreifenden Strukturwandel den wirtschaftlichen Aufschwung der Lausitzer Region insgesamt positiv zu befördern. Es ist zu hoffen, dass alle Unternehmen eine insgesamt gute und gedeihliche Entwicklung sowie steten wirtschaftlichen und geschäftlichen Erfolg für sich in Anspruch nehmen können, so dass Arbeitsplätze gesichert werden.

Rund acht Milliarden DM sind seit 1991 in den ostdeutschen Braunkohlenrevieren zur Beseitigung der Bergbaualtlasten – wie still gelegter Tagebaue und Veredlungsanlagen – durch entsprechendes Fachpersonal ausgegeben worden. Ein Großteil der Sanierungsarbeiten wurde bisher realisiert – bis zum Jahr 2007 stehen weitere Finanzmittel des Bundes und der Länder Sachsen und Brandenburg für die Sanierung bereit. Dass aus ehemaligen Braunkohlearealen attraktive Erholungsgebiete werden können, zeigt die reizvolle Umgebung von Hoyerswerda. In dieser „Bergbaufolgelandschaft" des Lausitzer Braunkohlereviers sind in ehemaligen ausgekohlten Tagebauen riesige Seen mit kultivierten Uferbereichen entstanden, wo sich jährlich Tausende Touristen und Urlauber erholen und entspannen – so am 264 Hektar großen Knappensee unmittelbar vor den Toren der Stadt, am Silbersee bei Lohsa oder am Senftenberger See. Der gegenwärtige Schwerpunkt der Umgestaltung liegt nördlich von Hoyerswerda. Hier werden mehrere Tagebaurestlöcher zu einer Seenkette vernetzt – das neue „Lausitzer Seenland" wird ein riesiges attraktives Erholungsgebiet. Und es werden damit neue Arbeitsplätze geschaffen, die unsere Region, unsere Stadt Hoyerswerda dringend braucht.

Aber es wird nicht nur auf „Tourismus" gesetzt – es geht vorrangig darum, neue Produktionskapazitäten in den verschiedensten Bereichen zu entwickeln oder anzusiedeln und auch bereits vorhandene Kapazitäten, besonders im einheimischen mittelständischen Gewerbe zu erhalten und weiter zu entwickeln. Die Kapazitäten in den strukturbestimmenden Bereichen der medizinischen Versorgung, Ausbildung und Forschung, der angewandten Biotechnologie, der erneuerbaren Energien und der Informationstechnologie sollen ausgebaut werden. Als ein erstes Ergebnis der regionalen wirtschaftlichen Zusammenarbeit, als ein Beispiel für Innovation steht die Entwicklungsgesellschaft Scheibe mbH, eine interkommunale Interessengemeinschaft der Stadt Hoyerswerda und der Gemeinden Lohsa und Spreetal mit ihren bisher sechs Schlüsselprojekten Reparaturwerft/Servicestation Windkraftanlagen, Fertigungsstätte Solartechnik, Holzstoffverwertungszentrum/ Biomassehof, Satzfisch- und Hälterproduktion Edelfische, Bio-Produktionsstandort Kühnicht für Algen-, Pilze- und Gemüseproduktion sowie Chemie- und Faserproduktion Schwarze Pumpe IG Spreewitz.

Alles dies sind sehr gute Ansätze, um wirtschaftliche Stabilität in und um Hoyerswerda zu erreichen als Voraussetzung dafür, dass über die Sicherung und Schaffung von Arbeitsplätzen der Bevölkerungsrückgang gestoppt und sogar umgekehrt werden kann. Wie hoffentlich nachgewiesen werden konnte, handelt es sich bei der Stadt Hoyerswerda nicht um eine nur mit Problemen behaftete Kommune, sondern auch um eine Stadt, die es versteht, im Sinne einer lebens- und liebenswerten Zukunft zu planen, zu organisieren und zu handeln. Dabei ist den Bürgerinnen und Bürgern das Leben und das Lebenswerk des Ehrenbürgers der Stadt Hoyerswerda, des „Computervaters" Prof. Dr. Konrad Zuse, Verpflichtung und Leitbild.[2]

Ich danke allen, die mir bei der Erarbeitung dieses Beitrages geholfen haben, besonders: Michael Köllner, Sachgebietsleiter Stadtplanung, Planungs- und Hochbauamt, Stadtverwaltung Hoyerswerda; Jürgen Nitschke, Büro Oberbürgermeister, Stadtverwaltung Hoyerswerda.

---

2 Die in diesem Beitrag getroffenen Aussagen und verwendeten Zahlenangaben, ebenso teilweise vorgenommenen Formulierungen zur Darstellung des Themas stimmen überein mit dem im Stadtrat Hoyerswerda beschlossenen Integrierten Stadtentwicklungskonzept (INSEK), Teilbereiche Wirtschaft und Wohnen.

Die Sparkassen als Teil der kommunalen Selbstverwaltung in Sachsen

Michael Czupalla

Die ersten freien Wahlen in Ostdeutschland im Jahre 1990 fielen in eine bewegende Zeit. Überall in den neuen Ländern herrschte Aufbruchstimmung, vor allem auch in Sachsen. Auf die frisch gewählten Landräte und Oberbürgermeister warteten dabei zahlreiche Aufgaben, die ihr volles Engagement erforderten, um den Aufbruch erfolgreich zu gestalten. Wie viele Landräte der ersten Stunde war auch der Landrat des Landkreises Delitzsch stolz, dass die Menschen ihm Vertrauen geschenkt und ihm zugetraut haben, die Herausforderungen anzunehmen und überzeugende Lösungen für die drängenden Probleme in den Kommunen zu organisieren.

Eine der vielen, interessanten Aufgaben, die damals Oberbürgermeistern und Landräten zuwuchsen, war der Verwaltungsratsvorsitz der Sparkassen, so auch im Landkreis Delitzsch der Sparkasse Delitzsch, die dann später, im Jahre 1994, mit der Kreissparkasse Eilenburg zur Kreissparkasse Delitzsch-Eilenburg fusionierte. Die erste Begegnung mit dem Sparkassenlager ist allen Beteiligten noch in Erinnerung: Das war im Sommer 1990, während einer Informationsveranstaltung des DSGV, die den Ostdeutschen die Augen öffnen sollte, was auf uns zukommen würde. Heute kann festgestellt werden, dass dieses Amt stets mehr als eine sparkassengesetzliche Verpflichtung war. Es war Chance, aber auch Auftrag, ein Unternehmen mitzugestalten, das für die weitere wirtschaftliche, soziale und kulturelle Entwicklung der Region vor den Toren von Leipzig von großer Bedeutung ist. Damals, vor mehr als 15 Jahren konnten sich nicht einmal die größten Optimisten vorstellen, welch großen Anteil Landkreis und Sparkasse an der wirtschaftlichen Weiterentwicklung der Region Leipzig und an wichtigen Unternehmensansiedlungen haben sollten.

Große Herausforderungen meistern

Die Sparkassen befanden sich damals in dem gleichen Zustand, wie die gesamte ostdeutsche Wirtschaft: Sie waren nicht „fit für die Zukunft". Die Sparkassen hatten zwar die ostdeutsche Planwirtschaft formal überlebt. Sie waren aber nur zentral gelenkte, monopolistisch agierende Geldverwaltungsinstitutionen gewesen, bei denen die Bevölkerung ihre Ersparnisse deponierte, von denen sie sich mangels Angebot kaum etwas kaufen konnte. Das Angebot an Finanzdienstleistungen war mithin weniger als bescheiden. Kredite an Unternehmen und Selbständige hatten kaum eine Rolle gespielt. Langfristige Kredite flossen vielmehr in den Wohnungsbau, die Modernisie-

Michael Czupalla

rung und Rationalisierung der volkseigenen Wirtschaft sowie die Grundfonds der sozialistischen Genossenschaften und der nichtsozialistischen Wirtschaft. Mit rund 80 % entfiel der Löwenanteil der Kredite auf den staatlichen Sektor, also die Deutsche Notenbank, die Deutsche Investitionsbank und die Post. Die restlichen 20 % teilten sich Genossenschaftsbanken und Sparkassen. Allenfalls bei den von der SED-Führung gewünschten Darlehen für junge Ehepaare, so genannten Häuslebauer-Krediten mit subventionierten Zinssätzen, hatten die Sparkassen ansatzweise so etwas wie die Funktion von „Kreditinstituten" entwickeln können. Von Selbstverwaltung, kommunaler Trägerschaft, öffentlichem Auftrag, Gemeinnützigkeit oder Selbstverwaltung, gar von Initiative im Dienste wirtschaftlicher Prosperität konnte jedoch noch keine Rede sein. Die in mehr als 150 Jahren gewachsenen Grundlagen des Sparkassensystems waren von der DDR-Führung gezielt abgeschafft und gerade einmal im März 1990 mit den Sparkassengesetzen der Regierung Modrow wieder ins Leben gerufen worden.

Wenn man diese nun schon mehr als 15 Jahre zurückliegenden historischen und von Aufbruchstimmung geprägten Wochen und Monate noch einmal Revue passieren lässt, dann erinnert man sich solch bewegender Ereignisse wie der Montagsdemonstrationen, der Besetzung des Stasi-Quartiers „Runde Ecke" in Leipzig, der Forderungen der „Gruppe der 20" an den Dresdner Oberbürgermeister, stellvertretend für die zehntausend Demonstranten auf der Prager Straße. Sie haben der friedlichen Revolution in Ostdeutschland Gesicht gegeben und Richtung vermittelt. Es war nicht verwunderlich, dass Sachsen in der Phase der friedlichen Revolution, die in die deutsche Einheit mündete, eine herausragende Rolle spielte. Denn die Bürger in den ehemaligen DDR-Bezirken Leipzig, Dresden und Karl-Marx-Stadt artikulierten ihren Ruf nach Freiheit und Selbstbestimmung sehr frühzeitig und besonders selbstbewusst. Bis hinunter zu den kleinen Kommunen entwickelten sich 1989/90 bürgerschaftliches Engagement und Eigeninitiative, die von den „Runden Tischen" rasch in kommunale Selbstverwaltungen hinüberwuchsen.

Bereits im Oktober 1990 hatte eine „Arbeitsgruppe Kommunale Selbstverwaltung" Entwürfe für Kommunalgesetze in Sachsen erarbeitet. Diese Entwürfe prägten die Entwicklung kommunaler Selbstverwaltungsstrukturen im wieder entstehenden Freistaat Sachsen entscheidend mit. Starke Kommunalvertretungen waren und sind seitdem typisch für den Freistaat Sachsen. Und so nimmt es nicht Wunder, dass der Freistaat, die Kreise, Städte und Gemeinden auch hinsichtlich ihrer Sparkassen engagierte und selbstbewusste Positionen vertreten haben, wie die spätere Entwicklung noch gezeigt hat.

Anfang und Aufbruch

Auch nach 40 Jahren Planwirtschaft war bei vielen Menschen in Sachsen noch die Erinnerung lebendig, dass Sachsen einst das industrielle Kernland Deutschlands darstellte – führend vor allem im Automobil- und Maschinenbau sowie in der Elektroindustrie. Nun lässt sich das Rad der Geschichte bekanntlich nicht zurückdrehen. Es zeigte sich jedoch schon sehr bald, dass

Die Sparkassen als Teil der kommunalen Selbstverwaltung in Sachsen

Pioniergeist, Leistungswille und Unternehmertum in 40 Jahren DDR zwar verschüttet worden waren, aber doch nicht ausgerottet werden konnten. In keinem ostdeutschen Bundesland verliefen die Privatisierungs- und Reprivatisierungsprozesse sowie das Gründungsgeschehen in den ersten Jahren nach dem Ende der SED-Diktatur so ergebnisorientiert wie in Sachsen. Im Kreis der demokratisch gewählten Politiker auf Kommunal- und Landesebene sowie aus den Sparkassen heraus entstand 1989/90 deshalb auch sehr schnell der Wille, die Sparkassenidee neu zu beleben. Denn die Sparkassen wurden für die wirtschaftliche Erneuerung Ostdeutschlands, vor allem für den Aufbau mittelständischer Strukturen in Handwerk, Handel und Tourismus, dringend benötigt. Die wieder oder neu entstehenden mittelständischen Unternehmen benötigten Kapital. Dies schien zunächst kein Problem darzustellen. Jeder erinnert sich daran, dass die Container der Banken damals zum Start der Währungsunion am 1. Juli 1990 in jeder Kleinstadt wie Pilze aus dem Boden schossen und Kredite anfänglich wohlfeil waren. Man sah viele kommen und gehen. Das rote Sparkassen-Logo indes ist geblieben. Daran hatten auch die Kommunen und Landkreise einen entscheidenden Anteil. 1990 traten vor allem die kommunalen Vertreter an, um endlich wieder die umfassende kommunale Selbstbestimmung über die Sparkassen zu organisieren. Es ging nicht allein um die Revitalisierung der einzelnen Sparkassen als leistungsfähige und flächendeckende Anbieter von geld- und kreditwirtschaftlichen Leistungen. Es ging um die Neuorganisation des Verhältnisses zwischen Sparkassen und ihren Gewährträgern, den Abschluss von Sparkassengesetzen in den wieder entstandenen Bundesländern sowie die Formierung eines Sparkassenverbandes. Die neue Ära begann für die Sparkassen jedoch bereits vor der Wirtschafts- und Währungsunion. Die Währungsunion bzw. die Einführung der D-Mark in den neuen Ländern im Jahr 1990 wurde fast ausschließlich von den Sparkassen getragen. Sie war die erste große Bewährung, die sie mit Bravour bestanden.

Gründung des Ostdeutschen Sparkassen- und Giroverbandes

Der Ostdeutsche Sparkassen- und Giroverband entstand 1990 zunächst noch als Sparkassenverband der DDR und später dann als Regionalverband der Sparkassen in den Bundesländern Brandenburg, Mecklenburg-Vorpommern, Sachsen und Sachsen-Anhalt. Dieses war damals etwas grundlegend Neues. Erstmals in der deutschen Sparkassenorganisation vertrat ein Verband vier Bundesländer. Die Leitidee „vier Länder – ein Verband", hat sich seitdem als modern und zukunftsgerichtet bewährt. Für alle Beteiligten galt in den ersten Jahren nach der Wende: Sie waren voller Tatendrang. Manchmal durchaus naiv. Aber mit vielen guten Ideen und viel Idealismus wollten sie Schluss machen mit verkrusteten Strukturen und Neues schaffen. Doch die Arbeit war in vielerlei Hinsicht nicht leicht. Sie mussten in kürzester Zeit ungemein viel lernen und auf den Weg bringen. Der neue Vier-Länder-Verband wurde von so manchem „wohlsituierten" westdeutschen Verbands- und Sparkassenvertreter argwöhnisch beobachtet, ja als Eintagsfliege unterschätzt – zu Unrecht, wie sich später zeigte. Ganz im Gegenteil entwickelte

Michael Czupalla

der OSGV richtungsgebende und überzeugende Lösungen, die von anderen Verbänden und ihren Sparkassen in Deutschland übernommen wurden. Der OSGV hat sich seit 1990 zu einem modernen Dienstleister für seine Mitglieder, die Sparkassen und ihre Träger in den vier Ländern entwickelt. Er versteht sich als Wegbereiter bei der Bündelung der Kräfte. Er unterstützt seine Mitglieder mit modernen Produktpaketen und entwickelt Konzepte für die Verbesserung der Geschäftsabläufe innerhalb der Sparkassen. Das OSGV-Prinzip „vier Länder – ein Verband" steht für das gemeinsame Bemühen der ostdeutschen Sparkassen, die neuen Länder und ihre Regionen voranzubringen. Die Mitgliedssparkassen haben sich am Aufbau eines modernen Finanzdienstleistungswesens und der sozialen Marktwirtschaft mit mittelständischen Strukturen erfolgreich beteiligt. Dies bedeutet aber auch ständig neue Aufgaben für die Sparkassen. Für den OSGV und seine Mitgliedssparkassen wurde in den Folgejahren der Wandel zur konstanten Größe. Ein wichtiger Meilenstein war die Umsetzung der 1994 vom Sächsischen Landtag beschlossenen Kreisgebietsreform im Sparkassensektor. Nach dem Grundsatz des OSGV, „ein Träger – eine Sparkasse", die der Landesgesetzgeber im Freistaat Sachsen bei den Gesetzesformulierungen berücksichtigt hatte, entstanden aus 48 Sparkassen zunächst 25 Sparkassen.

Der öffentliche Auftrag der Sparkassen

Die Grundlage für das Verhältnis zwischen OSGV-Mitgliedssparkassen und den Kommunen bilden die „Rostocker Leitsätze" aus dem Jahr 1999. Sie basieren auf Erfahrungen der zurückliegenden Jahre und formulieren zugleich die Perspektiven für die Zukunft. Bereits auf den Ostdeutschen Sparkassentagen in Dresden (1993) und in Magdeburg (1996) hatten die ostdeutschen Sparkassen Grundorientierungen – „Regionen im Aufbruch" und „Gemeinsam für die Region" – erarbeitet. Sie bekräftigten dabei die Zielsetzung der ostdeutschen Sparkassenorganisation, leistungsstarke Sparkassen in kommunaler Bindung zu entwickeln, die ihre wirtschaftlichen Potenzen für die Entwicklung der Regionen bereitstellen. Die „Rostocker Leitsätze" haben diese Aufgabe präzisiert und Antwort auf die Frage gegeben, wie das mit den Stein-Hardenbergschen Reformen geborene Prinzip der kommunalen Selbstverwaltung unter den konkreten Bedingungen der Sparkassenorganisation in vier ostdeutschen Bundesländern ausgestaltet und gelebt werden kann. Sie richten sich auch an die Kommunen, an die Vertretungskörperschaften und an die Verwaltungsräte, indem sie die Möglichkeiten der Sparkassen bei der Erfüllung kommunaler Aufgaben aufzeigen. Gleichzeitig definieren sie die Verantwortung der Verwaltungsräte bei der Bestimmung der gemeinwohlorientierten Tätigkeit der Sparkassen. Der öffentliche Auftrag besteht unverändert darin, dass jede Sparkasse „das Sparen und die allgemeine Vermögensbildung der Bevölkerung fördert, in unternehmerischer Verantwortung die regionale Wirtschaftsstruktur unterstützt und mitgestaltet und in Abstimmung mit dem Gewährträger örtliche und regionale Aktivitäten im sozialen und kulturellen Umfeld fördert".

Die Sparkassen als Teil der kommunalen Selbstverwaltung in Sachsen

Konkret benennen die „Rostocker Leitsätze" die Aufgaben und Leistungen der Sparkassen für die Landkreise, Städte und Gemeinden. Sparkassen sollen sich in kommunale Gesellschaften, Vereine und Institutionen im Dienste regionaler, strukturpolitischer und kommunaler Belange einbringen. Ihre Repräsentanten wirken in unterschiedlichen kommunalen Gremien mit und unterstützen die Kommunen bei ihren finanz- und kreditwirtschaftlichen Planungen. Sparkassen sind als Kreditinstitute natürlich der Erwirtschaftung von Gewinnen verpflichtet, wobei diese Verpflichtung auch die Sicherung und ständige Steigerung der eigenen Leistungsfähigkeit einschließt. Das unternehmerische Handeln der Sparkasse als Kreditinstitut ist dabei an die Gemeinwohlorientierung gebunden. Die Sparkasse verfolgt geschäftspolitische Ziele, die den Entwicklungskonzepten ihres kommunalen Trägers entsprechen. „Damit leistet die Sparkasse einen wichtigen Beitrag für die Verwirklichung der kommunalen Selbstverwaltung", heißt es ausdrücklich in den „Rostocker Leitsätzen".

Über die Verwendung der von der Sparkasse erwirtschafteten Erträge entscheidet der Verwaltungsrat, wobei die Leistungs- und Nutzenziele im Dialog zwischen Verwaltungsrat und Sparkassenvorstand definiert werden. In den Verwaltungsräten der Sparkassen sitzen demokratisch legitimierte Vertreter. Der Bäckermeister wie der Stadtverordnete oder das Mitglied des Kreistages ebenso wie sachkundige Bürger aus der Region. Sie alle sind am wirtschaftlichen Wohlergehen der Region besonders interessiert und setzen sich dafür ein. Sie wissen, dass Sparkassen hierfür ideale Instrumente darstellen. Natürlich verlaufen Diskussionen in Verwaltungsräten nicht ohne Kontroversen. Stets aber ringen die Mitglieder konstruktiv miteinander, so dass gilt: Die Ergebnisse bringen Sparkassen und Kommunen voran.

Diese Symbiose zwischen Sparkassen und Kommunen lässt sich auf die griffige Formel bringen: „Geht es der Sparkasse gut, geht es auch der Region gut. Geht es der Region gut, geht es auch der Sparkasse gut". Auf Grund ihrer Gemeinwohlorientierung und ihres Regionalprinzips unterscheiden sich Sparkassen auch grundsätzlich von privaten Geschäftsbanken. Diese Grundsätze sind heute aktueller denn je. Und sie sind ein Garantieversprechen, das nirgends von den Kommunen, Unternehmen und Bürgern so sehr benötigt wird wie in den ostdeutschen Bundesländern.

Wegfall von Gewährträgerhaftung und Modifizierung der Anstaltslast

Nicht zuletzt auf der Grundlage der „Rostocker Leitsätze" sind die sächsischen Sparkassen auch nach dem Wegfall der Gewährträgerhaftung und der Modifizierung der Anstaltslast, die zwischen der EU-Kommission und der Bundesregierung ausgehandelt wurden und am 19. Juli 2005 in Kraft traten, gut aufgestellt. Die OSGV-Mitgliedssparkassen haben immer die Position vertreten, dass die Besorgnisse der EU-Kommission wegen einer angeblichen Wettbewerbsverzerrung durch die Gewährträgerhaftung unbegründet sind. Gleichwohl haben sie rechtzeitig Maßnahmen ergriffen, um der neuen Situation Rechnung zu tragen. Für die Sparkassen war es entscheidend, dass

die regionale Bindung, also das Regionalprinzip, durch die Brüsseler Vorgaben nicht in Frage gestellt wird.
Die sächsischen Sparkassen haben in den zurückliegenden Jahren von den beiden Instrumenten Anstaltslast und Gewährträgerhaftung keinen Gebrauch machen müssen. Denn kein öffentlicher Träger musste bislang für die Verbindlichkeiten seiner Sparkasse gegenüber Kunden haften. Bereits in der Vergangenheit standen die Institute der Sparkassen-Finanzgruppe im institutssichernden Haftungsverbund füreinander ein. Sie garantieren damit die Einlagen der Kunden und gewährleisten, dass deren kreditwirtschaftlicher Partner erhalten bleibt. Sie schützen also, anders als beispielsweise bei den privaten Banken, nicht nur die Einlagen der Kunden, sondern zugleich die Sparkasse als komplettes Institut. Als Reaktion auf den Wegfall von Gewährträgerhaftung und die Modifikation der Anstaltslast wurde dieses Institutssicherungssystem weiter ausgebaut, um die Sicherheit von Anlegern nochmals zu verbessern. Darüber hinaus hat der OSGV eine ausgeklügelte Risikoklassifizierung etabliert, die sehr frühzeitig Hinweise auf sich anbahnende Probleme in einer Sparkasse gibt.
Schließlich garantiert die umfangreiche Erfahrung der Kommunalpolitiker in Sparkassenfragen weiterhin den Erfolg der Sparkassen. Die öffentlichen Träger sind seit dem 19. Juli 2005 zur wirtschaftlichen Unterstützung der Institute rechtlich nicht verpflichtet. Sie haften auch nicht automatisch und unbeschränkt für Verbindlichkeiten ihrer Institute. Die Anstaltslast wird durch eine normale wirtschaftliche Beziehung gemäß marktwirtschaftlichen Grundsätzen ersetzt. Diese ist vergleichbar mit dem Verhältnis zwischen einem privaten Anteilseigner und einem Unternehmen in der Rechtsform einer Gesellschaft mit beschränkter Haftung. Dies bedeutet: Die Träger haben weiter die Möglichkeit, dem Institut nach seinem Ermessen Mittel zuzuführen. Erst wenn Unterstützungsleistungen erbracht würden, die ein privater Unternehmer in dieser Form nicht erbracht hätte, würde eine Beihilfe vorliegen, die durch die EU-Kommission zu genehmigen wäre.

Sparkassenlandschaft im Umbruch

Auch ohne den Einfluss aus Brüssel haben sich die kommunalen Strukturen und mit ihr die Sparkassenlandschaft verändert. Waren 1991 48 Sparkassen im Freistaat, waren es 2001 noch 22. Im Jahre 2005 bieten 17 Sparkassen ihre Finanzdienstleistungen den sächsischen Bürgerinnen und Bürgern sowie Unternehmen vor Ort an. Sparkassenfusionen stehen aber nicht für ein Weniger an Qualität, sondern für eine Reaktion auf Veränderungen. Die Vielzahl von Sparkassenfusionen seit 1990 in Sachsen spiegeln nicht nur die Veränderungen in der administrativen Gebietsgliederung vor 1994 wider. Sie dienten und dienen auch weiterhin dem Ziel, die Strukturen und die Geschäftspolitik optimal auf die Bedürfnisse regionaler Wirtschaftsräume auszurichten. Nur so können die Sparkassen für die Wirtschaft und die Menschen der Regionen höchstmöglichen Nutzen erbringen.
Fusionsprozesse werden immer gemeinsam mit den demokratisch legitimierten Vertretern in den Gremien der Sparkassen gestaltet. Der Landkreis De-

Die Sparkassen als Teil der kommunalen Selbstverwaltung in Sachsen

litzsch durchlebte gleich zwei Fusionen. Zunächst schlossen sich 1994 die Kreissparkassen in Delitzsch und Eilenburg zusammen und dann im Jahre 2005 die Kreissparkasse Delitzsch-Eilenburg mit der Sparkasse Leipzig. So hat der Landrat von Delitzsch die strukturellen Veränderungen der Sparkassenlandschaft in Sachsen aktiv begleitet. Anders als bei sonstigen Fusionen im Bankengewerbe geht bei den Sparkassen eine betriebswirtschaftlich gebotene Erhöhung von Leistungsfähigkeit und Effizienz mit der Wahrung der regionalen Identität und kommunalen Verankerung einher. Landkreis und Sparkasse haben sich für diesen Weg entschieden, weil sie überzeugt sind, dass er am besten für die Sparkasse, aber auch für die Region ist und die Zukunftsfähigkeit eines der ältesten einheimischen Unternehmen sichert.
Die sächsischen Sparkassen waren seit der Wende erfolgreich und haben damit an die mehr als 150 Jahre alte Sparkassentradition angeknüpft. Sparkassen zählen zu den ältesten Wirtschaftsunternehmen unseres Landes und profitieren von einer mehrere Generationen währenden Verbindung zu ihren Kunden, vor allem von einer generationenübergreifenden Kundenzufriedenheit. Runde Jubiläen, die zahlreiche Sparkassen in den 90er Jahren feierten, geben Zeugnis davon. Erwähnt sei hier nur die Stadt- und Kreissparkasse Leipzig, die 2001 ihren 175. Geburtstag feierte, oder auch die Kreissparkasse Riesa-Großenhain, die 1999 ihren 160. Geburtstag feierte.
Sparkassen standen noch nie für starre Strukturen. Ihre Geschäftspolitik richtet sich an den Bedürfnissen ihrer Kunden aus. Teil ihres Auftrages ist es, für die Region da zu sein, also vor Ort konkreten Nutzen für die Menschen zu stiften. Die Sparkasse Delitzsch-Eilenburg und alle anderen Sparkassen in Sachsen haben diese Aufgabe eindrucksvoll und vielfältig gelöst. Dies ist gerade in einer zunehmend globalisierten Welt von wachsender Bedeutung, in der vordergründig nur noch transnationale Konzerne überlebensfähig erscheinen. Die Sparkassen in Deutschland beweisen, dass es auch anders geht.
Sparkassenfusionen wird es auch künftig geben. Teilweise werden sich Sparkassen in ihren Wirtschaftsräumen, die sich stetig verändern, neu aufstellen müssen, teilweise werden betriebswirtschaftliche Überlegungen veränderte Strukturen erfordern. Damit Sparkassenfusionen für die bisherigen Träger nicht zum Verlust von Sitz und Stimme in den Verbandsgremien führen können, hat die Verbandsversammlung des OSGV im Oktober 2004 eine Satzungsänderung beschlossen. Anliegen des Verbandes ist es dabei, die Gebietskörperschaften im Verbandsgebiet auch weiterhin in seinen Gremien zu Wort kommen zu lassen und ihre Mitentscheidungsmöglichkeiten zu sichern.

Die Kraft der sächsischen Sparkassen

Die Sparkassen im Freistaat Sachsen bringen innerhalb des OSGV ein erhebliches Potenzial ein. Unter ihnen sind ausgesprochene „Schwergewichte" wie die Ostsächsische Sparkasse Dresden, die Stadt- und Kreissparkasse Leipzig und die Sparkasse Chemnitz. Aber auch kleine Sparkassen wie die Kreissparkasse Mittweida oder die Kreissparkasse Löbau-Zittau, die mittlerweile

Michael Czupalla

mit der Niederschlesischen Sparkasse zur Sparkasse Oberlausitz-Niederschlesien fusionierte, gehören zur vielfältigen Sparkassenlandschaft in Sachsen. Sparkassen jeder Größenordnung – betriebswirtschaftliche Rentabilität vorausgesetzt – haben ihre Daseinsberechtigung. Kleine Sparkassen benötigen die Großen, weil diese Dienstleistungen und Prozesse zu günstigeren Kosten darstellen können und die Großen benötigen die Kleinen, die entsprechende Dienstleistungen nachfragen. Ihre Kraft schöpfen die Sparkassen aus der Gemeinschaft von großen und kleinen Instituten.

Die Leistungsbilanz der sächsischen Sparkassen widerspiegelt die führende Stellung des Freistaates Sachsen im Vergleich der wirtschaftlichen Entwicklungen der ostdeutschen Bundesländer. So repräsentieren die sächsischen Sparkassen zusammengenommen jeweils rund 45 % der Bilanzsumme und der gesamten Einlagen der Mitgliedssparkassen des OSGV. Bei den Krediten an Unternehmen und wirtschaftlich Selbständige kommen die sächsischen Sparkassen auf einen Anteil von rund 40 %, bei den Krediten an die öffentlichen Haushalte auf rund 43,5 % des Gesamtvolumens aller OSGV-Sparkassen. Diese Zahlen beweisen vor allem eines: Sparer, Unternehmer und Kommunen in Sachsen bauen auf ihre Sparkassen.

Die Bündelung der Sparkassenkräfte in Sachsen

Ein wichtiger Einschnitt für die sächsischen Sparkassen und Kommunen war im September 2003 die Gründung der Sachsen-Finanzgruppe (SFG), an der neben dem Freistaat Sachsen die Landeshauptstadt Dresden, die Sparkassenzweckverbände Leipzig, Elbtal-Westlausitz, Vogtland und Erzgebirge sowie die Landkreise Freiberg, Mittleres Erzgebirge, Aue-Schwarzenberg, Mittweida, Torgau-Oschatz und Delitzsch beteiligt sind.
Mit der Sachsen-Finanzgruppe gaben die Mitglieder, der Freistaat Sachsen, die Kommunen und Gebietskörperschaften eine zeitgemäße Antwort auf die veränderten Wettbewerbs- und rechtlichen Rahmenbedingungen für die öffentlich-rechtlichen Kreditinstitute. Es galt und gilt, die Wettbewerbsfähigkeit der Sparkassen und der Sachsen LB durch eine Bündelung der Kräfte im Interesse der wirtschaftlichen Entwicklung und des Gemeinwohls auch in der Zukunft zu stärken. Die neuen Herausforderungen – von der Infragestellung der dreigliedrigen Bankenstruktur in Deutschland über das EU-Recht bis hin zu Basel II – zwingen die öffentlich-rechtlichen Kreditinstitute dazu, enger als bisher zusammenzuarbeiten. Mit der Sachsen-Finanzgruppe wurde für den Freistaat Sachsen eine zukunftsweisende Antwort auf die Frage nach dem weiteren Weg der Bündelung der Sparkassenkräfte am Markt wie auch in betriebswirtschaftlicher Hinsicht gegeben. Die Sachsen-Finanzgruppe übt keine eigene Bankfunktion aus. Die geschäftspolitische Entscheidungshoheit verbleibt bei den Mitgliedssparkassen. Die Träger der Sachsen-Finanzgruppe geben für alle Mitgliedsinstitute verbindliche eigentümergeprägte Oberziele vor. Auch über die Ergebnisverwendung der gemeinsamen Arbeit wird gemeinsam entschieden.
Die Sparkassen-Mitglieder des Sachsen-Finanzverbunds sind gleichzeitig Mitglieder des OSGV. Die Tatsache, dass nicht alle Sparkassen in Sachsen

Die Sparkassen als Teil der kommunalen Selbstverwaltung in Sachsen

Mitglieder der Sachsen-Finanzgruppe sind, ist Ausdruck der kommunalen Selbstbestimmung. Zeitweise geäußerte Vorbehalte und Missverständnisse wurden mit der Neufassung des Gesetzes über das öffentlich-rechtliche Kreditwesen im Freistaat Sachsen ausgeräumt. Die Sachsen-Finanzgruppe bietet heute durch ihre besonderen Formen der Kooperation eine mögliche Basis, um eine neue und zugleich einheitliche Struktur der öffentlich-rechtlichen Kreditinstitute in Sachsen zu schaffen. Unter dem Motto „Gemeinsam auf Erfolgskurs" fördert und unterstützt die Sachsen-Finanzgruppe die Zusammenarbeit der öffentlich-rechtlichen Kreditinstitute im Freistaat Sachsen.

Wirtschaftsstandort Sachsen

Erfolgsorientierung heißt bei den Sparkassen keinesfalls Profitmaximierung um jeden Preis, sondern optimierte Gemeinwohlorientierung und Verbundenheit mit ihren Regionen, mit ihren Menschen und Unternehmen. Sparkassen beweisen tagtäglich, dass es auch im Zeitalter der Globalisierung keinen Widerspruch zwischen Gewinnerzielungsabsicht und sozialer Verantwortung geben muss. Das zeigt sich in der Bedeutung der Sparkassen als Finanzierer des ostdeutschen Mittelstandes ebenso wie in der Unterstützung kommunaler Aufgaben als auch in der engagierten Förderung von Kunst, Kultur und Sport.
Wenn der Freistaat Sachsen heute an der Spitze der wirtschaftlichen Entwicklung in Ostdeutschland rangiert, so ist dies das Ergebnis einer erfolgreichen Wirtschafts-, Standort- und Förderpolitik. Sie hat viele Akteure: Von der Staatsregierung über die Landratsämter bis zu den Bürgermeistern und Volksvertretern in den Kommunen. Wenn heute über die erfolgreichen Highlights der Standortpolitik in Sachsen gesprochen wird – über VW in Mosel und Dresden, BMW, Porsche und DHL in Leipzig, AMD und Infineon in Dresden oder Bruno Banani in Chemnitz – dann darf man nicht vergessen, dass im Lichtkegel dieser „Leuchttürme" unzählige mittelständische Zulieferunternehmen entstanden sind und wachsen, die zu einem großen Teil von den Sparkassen vor Ort begleitet werden.
Nicht in jedem Fall fällt den Sparkassen die Entscheidung für ein finanzielles Engagement leicht. Die verantwortlichen Mitarbeiter der Sparkassen und vor allem die Firmenkundenbetreuer stehen oft in einem Spannungsfeld zwischen der von den Bürgern, Kommunen und Unternehmen vor Ort gewünschten Finanzierung, die ja meist dringend benötigte Arbeitsplätze sichert, und der Abwägung des Risikos. Die Kreditvergabe der sächsischen Sparkassen zeugt davon: 1991 vergaben die sächsischen Sparkassen Kredite an Unternehmen und Selbständige mit einem Volumen von bereits 2,7 Milliarden Mark. 1995 waren es 10,8 Milliarden Mark und im Jahre 2000 noch immer fast 7 Milliarden Mark. Die sächsischen Sparkassen haben auch in wirtschaftlich schwierigen Situationen und im vollen Bewusstsein von Risiken an ihrem Engagement für die Regionen und die Wirtschaft vor Ort festgehalten.

Michael Czupalla

Sparkassen als Partner der heimischen Wirtschaft

Gerade in Zeiten, in denen sich private Geschäftsbanken aus der Finanzierung des Mittelstandes weitgehend zurückgezogen haben und viele Mittelständler beklagen, dass sie kaum mehr Zugang zu Kreditmitteln erhalten, ist das Engagement der Sparkassen besonders wichtig. Für viele sächsischen Mittelständler, Handwerker und Freiberufler ist die Kreditgewährung geradezu existenznotwendig und damit auch für die Kommunen und Regionen, in denen sie wirken, lebenserhaltend. Allein im Jahr 2004 haben die OSGV-Mitgliedssparkassen im Freistaat Sachsen rund 786 Millionen Euro an neuen Krediten bewilligt – eindrucksvoller Beweis der zuverlässigen Partnerschaft der Sparkassen mit dem Mittelstand, die den Sparkassen auch von Außenstehenden bescheinigt wird: Die Vertreter der Industrie- und Handelskammern und der Handwerkskammern betonen immer wieder mit Nachdruck, dass Sparkassen unverzichtbar sind. Wenn man dann noch berücksichtigt, dass der Durchschnittswert je Kreditzusage bei etwa 85 000 Euro liegt, kann man ermessen, dass die Sparkassen und ihre Mitarbeiter „Basisarbeit" im wahrsten Sinne des Wortes leisten.
Da die Kostendeckung nicht zu Lasten der Kunden gehen kann und darf, müssen die Sparkassen mit jedem Euro besonders wirtschaftlich umgehen. Im Schnitt wenden die OSGV-Mitgliedssparkassen bei einem Euro Ertrag nur 60 Cent für Kosten auf. Damit gehören sie zu den effektivsten Sparkassen in Deutschland. Auch in dieser strikten Wirtschaftlichkeit äußert sich die Verantwortung der Sparkassen für ihre kommunalen Träger. Die meisten Kommunen stehen seit Jahren vor enormen haushaltspolitischen Herausforderungen. Da ist es im wahrsten Sinne des Wortes nur recht und billig, dass ihre Sparkassen vorbildlich und effizient wirtschaften. Andere können hier nur lernen. Die Deutsche Bank ist mittlerweile gerade einmal bei einer Cost Income Ratio von 73 angelangt.
Die Bedeutung der Sparkassen für die Wirtschaft geht jedoch weit über die von Geldgebern für die Betriebe hinaus. Die Sparkassen vor Ort verstehen sich als Sachverwalter der Interessen der sächsischen Wirtschaft sowie als Motor der regionalen Wirtschaftsentwicklung. Über den OSGV besteht die Verbindung in die ostdeutschen Bundesländer. Für sie sind Wirtschafts- und Regionalentwicklung untrennbar miteinander verbunden. Geld ist zwar der Motor der Wirtschaft, doch oftmals ist bereits viel gewonnen, wenn Kontakte hergestellt und Kooperationen angebahnt werden. Die Sparkassen verstehen sich als Katalysatoren und Initiatoren der sich entwickelnden Unternehmenskultur. In zahlreichen Veranstaltungen führen Sparkassen vor Ort Unternehmer, Politiker, Wirtschaftsexperten und interessierte Bürger zusammen. Sparkassen organisieren Netzwerke und sind selbst Teil dieser Netzwerke. Firmenkundengeschäft in den ostdeutschen Bundesländern ist mehr als nur Kreditgeschäft. Gefordert ist dabei nicht nur das Kredit-Knowhow der Sparkassen, sondern auch eine überdurchschnittliche betriebswirtschaftliche Kompetenz. Es schließt oftmals die Beratung der Unternehmen in betriebswirtschaftlichen Fragen ein.
Wie sich die Sparkassen auch für die wirtschaftliche Entwicklung ganzer Branchen vor Ort einsetzen, zeigt exemplarisch das alljährliche Sparkassen-

Tourismusbarometer. Dieses Monitoring-Instrument des Tourismus ermittelt Trends und leitet daraus Handlungsempfehlungen für die Tourismuswirtschaft ab – für Sachsen als traditionellem Reiseland mit dem Schwerpunkt Kulturtourismus eine wertvolle Unterstützung. Die sächsischen Tourismusregionen, Kommunen, Tourismusverbände und private Dienstleister können Trends aufgreifen und Weichen für die Zukunft stellen.
Aktiv unterstützen Sparkassen die wirtschaftliche Zusammenarbeit des sächsischen Mittelstandes mit Unternehmen in den benachbarten EU-Beitrittsländern Tschechien und Polen. Sie knüpfen Netzwerke zwischen Unternehmen und Verbänden zu beiden Seiten der Grenze.

Bedeutender Steuerzahler und Arbeitgeber

Die Sparkassen sind bedeutende Steuerzahler in den Kommunen. Zwischen den Jahren 2000 und 2004 zahlten die OSGV-Sparkassen insgesamt 1,24 Milliarden Euro an Steuern. Allein im Jahr 2004 waren es 259 Millionen Euro. Davon entfielen etwa 59 % auf die Körperschaftssteuer und 41 % auf die Gewerbesteuer, von der die ostdeutschen Kommunen besonders profitieren. Die sächsischen Sparkassen entrichteten im Jahr 2004 rund 91,8 Millionen Euro an Steuern. Großbanken zahlen keine Steuern, im Gegenteil, sie holen sich mit ihren Steuertricks noch Geld vom Staat zurück. Sparkassen sind und bleiben darüber hinaus bedeutende Arbeitgeber und Ausbilder. Gerade in strukturschwachen Gebieten ist ihr Angebot an hochwertigen Arbeits- und Ausbildungsplätzen besonders wichtig. Drei Viertel aller ostdeutschen Sparkassenbeschäftigten sind Frauen. Diese Quote wirkt sich angesichts fortgesetzt hoher Arbeitslosigkeit in vielen Regionen Ostdeutschlands günstig auf die Beschäftigungs- und Einkommenssituation von Familien aus.

Gemeinwohl braucht Partner

Die OSGV-Sparkassen unterstützen viele gemeinnützige Projekte in ihrer Region. Dafür standen 2004 insgesamt 45,7 Millionen Euro zur Verfügung: Dies zeigt, wie gut die Sparkassen marktwirtschaftliches Handeln und soziale Verantwortung in Einklang bringen. Sie sind nicht nur Partner des Mittelstandes, sondern auch Partner der Mitbürger und ihrer Heimatregionen – und sie sind es gern.
Gerade in den ostdeutschen Ländern, wo es auf Grund der Wirtschaftsstruktur nur wenige Sponsoren und Mäzene gibt, sind die Sparkassen als größter nichtstaatlicher Förderer von Kunst und Kultur in Deutschland besonders gefragt. Ihr finanzielles und zugleich tatkräftiges Engagement bereichert nachhaltig das kulturelle Leben in den Regionen. Im Bereich der Kultur fördert die Ostdeutsche Sparkassenstiftung gemeinsam mit den Sparkassen in den Ländern Brandenburg, Mecklenburg-Vorpommern, Sachsen und Sachsen-Anhalt jedes Jahr eine Vielzahl von Projekten, die den Reichtum und die Substanz der charakteristischen ostdeutschen Kulturlandschaften

Michael Czupalla

überzeugend veranschaulichen. Jeder Euro, der aus Sparkassenmitteln in die Förderung von Kultur-, Sport- und Jugendaufgaben fließt, stärkt die Anziehungskraft der Regionen und Kommunen und fördert die Verbundenheit der Menschen mit ihrer Heimat. Als ein Beispiel sei hier die 2. Sächsische Landesausstellung „Glaube und Macht – Sachsen im Europa der Reformationszeit" im Jahr 2004 in Torgau genannt, die von den sächsischen Sparkassen und ihren Verbundunternehmen gemeinsam mit der Ostdeutschen Sparkassenstiftung als Hauptförderer unterstützt wurde. Mit ihrer Aktion „1 000 Schulklassen – 500 Busse" erhielten rund 25 000 Schülerinnen und Schüler aus allen Teilen Sachsens die Gelegenheit, die Ausstellung über die historischen Wurzeln und die Bedeutung ihres Landes für die Geschichte Europas zu besuchen. Sparkassen und Stiftung knüpften damit an ihr erfolgreiches Engagement bei der 1. Sächsischen Landesausstellung im Jahr 1998 im Kloster St. Marienstern bei Kamenz an. Aber auch in Stadt und Kreis Delitzsch wurden markante Projekte von der Ostdeutschen Sparkassenstiftung gemeinsam mit der örtlichen Sparkasse gefördert wie z. B. die Restaurierung des Plattenparketts und der barocken Türen im herzoglichen Schloss, der Rühlmann-Orgel in der Stadtkirche und des spätgotischen Altars in der Hospitalkirche oder die Wiederherstellung des Glockengeläutes der Stadtkirche St. Nikolai Eilenburg und die Restaurierung der romanischen Apsis und des spätgotischen Flügelaltars in der Dorfkirche zu Battaune.

Sparkassen und Sport

Regionale und internationale Sport-Events wie der Bob-Weltcup in Altenberg, die Fecht-WM in Leipzig, der Motorrad-Klassiker Sachsenring-Grand Prix in Hohenstein-Ernstthal oder die Sachsentour International im Radsport werden bereits seit mehreren Jahren durch die regionalen Sparkassen, den OSGV und die Partner aus der Sparkassenorganisation, beispielsweise die Sparkassen Versicherung Sachsen, die Sachsen LB und die LBS Ostdeutsche Landesbausparkasse finanziell unterstützt. Sparkassen fördern aber vor allem auch den Breitensport. Die Grundlagen dafür werden durch effektive Talentförderung gelegt. Eine bedeutende Rolle kommt dabei den Eliteschulen des Sports zu. Gemeinsam mit Schulen und Vereinen tragen die Sparkassen zur Früherkennung von Talenten bei und unterstützen begabte Sportler durch spezifische Ausbildungs- und Karrieremöglichkeiten. Die fünf sächsischen Elite-Sportschulen in Leipzig, Dresden, Chemnitz, Klingenthal und Altenberg können durch finanzielle Zuwendungen der Sparkassen Training und Unterricht verbessern. Insgesamt flossen im Jahr 2004 kulturellen, sportlichen, sozialen, wissenschaftlichen und ökologischen Zwecken im Freistaat Sachsen 25 Millionen Euro aus Spenden, Stiftungsbewilligungen und Sponsoring-Mitteln zu. Das war mit einem Anteil von rund 42 % das Gros der im OSGV-Verbandsgebiet für diese guten Zwecke aufgewendeten Mittel.

Sparkassen – Partner in der Not

Die Partnerschaft zwischen Kommunen und Sparkassen in Sachsen bewährt sich jedoch nicht nur unter „Schönwetterbedingungen". Unvergessen ist der beispiellose Solidaritätsbeitrag der gesamten deutschen Sparkassenorganisation – und der sächsischen Sparkassen im Besonderen – für die von der Jahrhundertflut im Jahr 2002 schwer betroffenen Regionen entlang von Elbe, Mulde, Müglitz und Weißeritz. Die Sparkassen-Hochwasserhilfe stellte ein wichtiges Mittel zur Linderung der enormen materiellen Schäden dar. Unmittelbar nach der Katastrophe konnten zeitnah 2,26 Millionen Euro an die betroffenen 15 Landkreise und kreisfreien Städte in Sachsen ausgezahlt werden. In der größten Hilfsaktion der deutschen Kreditwirtschaft richteten alle deutschen Sparkassen und Landesbanken einen Sonderfonds im Volumen von 500 Millionen Euro ein. Die Sparkassen vor Ort stellten Mittel in gleicher Höhe bereit, so dass den Opfern der Hochwasserkatastrophe seitens der Sparkassenorganisation Kredite im Gesamtvolumen von einer Milliarde Euro zur Verfügung gestellt wurden. Vielen geschädigten mittelständischen Unternehmen konnte so die Existenz gerettet werden. Die Sparkassen und ihre Mitarbeiter im Katastrophengebiet – meist selbst schwer von den Verwüstungen betroffen – gehörten zu den Helfern der ersten Stunde. Getragen von der Solidarbereitschaft der Menschen vor Ort und den Hilfsangeboten aus dem gesamten Bundesgebiet hatten sie einen entscheidenden Anteil daran, dass das Leben in den Flutgebieten nicht nur weiter ging, sondern Betroffenheit in Wiederaufbauwillen umschlug.

Auch nach Ende der aktiven Aufrufe gingen auf dem zentralen Spendenkonto der Sparkassen-Hochwasserhilfe viele Spenden ein. Davon wurden unter anderem kulturelle Einrichtungen in Sachsen bedacht, die unter den Folgewirkungen der Flutkatastrophe in außergewöhnlichem Maße zu leiden hatten. Die Mittel kamen Vereinszentren, Museen, Besucherbergwerken und Erhaltungsinitiativen von Schlössern und Kirchen zugute, die Identifikationsorte für die Menschen in den schwer getroffenen Regionen darstellen. Im Landkreis Delitzsch konnte das wertvolle Kirchengestühl der Stadtkirche St. Nikolai in Eilenburg dank der Hochwasserhilfe wieder hergestellt werden. Dem Kinder- und Jugendtheater Eilenburg gelang es, mit der Unterstützung Bühneneinrichtung und Kulissen instandzusetzen. Dem traditionsreichen Eilenburger Karnevalsverein schließlich war es möglich, seine zerstörte Bühne wieder herzurichten.

Sparkassen für die Zukunft der Regionen gut gerüstet

Den Landkreisen und kreisfreien Städten im Freistaat Sachsen und ihren Sparkassen ist es in den vergangenen 15 Jahren in hervorragender Weise gelungen, den öffentlichen Auftrag der Sparkassen zeitgemäß zu definieren, auf die Bedürfnisse der Regionen, der Wirtschaft und der Bürger auszurichten und tagtäglich vor Ort zu leben. Die Kommunen üben selbstbewusst und selbstbestimmt ihr Mitgestaltungsrecht in den Sparkassen aus. Die Sparkassen ihrerseits leisten durch ihre Mitwirkung an kommunalen Aufgaben sowie durch ihre Nutzenstiftung einen wichtigen Beitrag zur Verwirklichung der kommunalen Selbstverwaltung. Kommunen und Sparkassen tun gut daran, Regionalprinzip und Gemeinwohlorientierung der Sparkassen als Grundpfeiler gegen alle Herausforderungen und Anfechtungen zu verteidigen und entsprechend den sich verändernden Bedürfnissen der Regionen und ihrer Bewohner weiterzuentwickeln.

Die kommunalen Vertreter sind vor 15 Jahren mit viel Schwung an den Aufbau der Sparkassen gegangen. Heute können alle Beteiligten stolz auf das Erreichte sein. Sie werden alles daran setzen, dass die Verbindung zwischen Sparkassen und Kommunen auch künftig fortbesteht und die Sparkassen modern und mit regionaler Kompetenz erhalten bleiben.

Autorenporträts

Die 18 Autoren der Beiträge der **Geschichte der Kommunalpolitik in Sachsen – Von der friedlichen Revolution bis zur Gegenwart** gehören zu den Bürgermeistern, Oberbürgermeistern und Landräten, die seit den ersten freien demokratischen Kommunalwahlen 1990 durch die kommunalen Vertretungen bzw. seit 1994 durch Direktwahl der Bürger in ihr verantwortungsvolles Amt gewählt wurden. Die Autorenporträts sind als Kurzbiografien abgefasst.
Dem Anliegen des Werkes folgend werden zuerst die kommunalen Wahlfunktionen aufgeführt, die der Autor ab 1990 ausübt/e, bzw. seitdem innehatte. Die Angabe zur Angehörigkeit politischer Parteien bzw. Wählervereinigungen bezieht sich auf den Stand zum 31.12.2005.
Ausführlichere Informationen zu den Autoren stehen dem interessierten Leser in den jeweiligen Gemeinde-/Stadtverwaltungen bzw. Landratsämtern zur Verfügung.

Horst-Dieter Brähmig

1994 bis 1996 Bürgermeister der Stadt Hoyerswerda, seit 1996 Oberbürgermeister der Kreisfreien Stadt Hoyerswerda, L.PDS

geboren 1938 in Hoyerswerda, verheiratet, zwei Kinder, ev.-luth.

1956 Abitur, 1964 Facharbeiterabschluss als medizinisch-technischer Assistent, 1958 bis 1969 versch. Tätigkeiten im Kreiskrankenhaus Hoyerswerda, 1969 bis 1990 versch. Tätigkeiten im Rat des Kreises Hoyerswerda, zuletzt 1986 bis 1990 als Ratsmitglied für Energie, 1971 bis 1976 Fernstudium Staats- und Rechtswissenschaften, 1990 bis 1993 Leiter des Gewerbeamtes und 1993 bis 1994 Leiter des Straßenverkehrsamtes im Landratsamt Hoyerswerda, 1990 bis 1994 Stadtverordneter und Fraktionsvorsitzender der PDS der Stadtverordnetenversammlung Hoyerswerda, seit 1997 Präsidiumsmitglied des Sächsischen Städte- und Gemeindetages, seit 2004 Vorsitzender des Zweckverbandes Sächsisches Industriemuseum

Autorenporträts

Michael Czupalla

seit 1990 Landrat des Landkreises Delitzsch, CDU

geboren 1950, verwitwet, in Lebensgemeinschaft, zwei Kinder

1969 Facharbeiterabschluss als Werkzeugmacher, 1969 bis 1970 Grundwehrdienst, 1970 bis 1976 Studium an der Bergakademie Freiberg, Abschluss Diplom-Ingenieur, 1976 bis 1990 versch. Tätigkeiten im kaufmännischen Bereich des Ziehwerkes Delitzsch, seit 1990 Kreisvorsitzender der CDU Delitzsch, seit 1991 Präsident des Ostdeutschen Sparkassen- und Giroverbandes, 1991 bis 2005 Vorsitzender des Beteiligungszweckverbandes Sächsische Sparkassen, seit 1992 Mitglied des Verwaltungsrates der Sächsischen Landesbank, seit 1995 Mitglied des Beirates der Hauptverwaltung der Deutschen Bundesbank, Hauptverwaltung Leipzig

Heinz Eggert

1990 bis 1991 Landrat des Landkreises Zittau, Staatsminister a. D., MdL, CDU

geboren 1946 in Rostock, evangelisch, verheiratet, vier Kinder

1964 Facharbeiterabschluss bei der Reichsbahn, 1964 bis 1968 Stellwerksmeister und Fahrdienstleiter, 1969 bis 1974 Theologiestudium an der Universität Rostock, Diplomtheologe, bis 1990 Gemeindepfarrer in Oybin/Studentenpfarrer in Zittau, 1991 bis 1995 Staatsminister des Innern in Sachsen, 1992 bis 1995 Stellv. Bundesvorsitzender der CDU, 1992 bis 2001 Stellv. Landesvorsitzender CDU Sachsens, 1992 Bundesverdienstkreuz, seit 1994 Landtagsabgeordneter, 1997 bis 2002 Moderation gemeinsam mit Erich Böhme im „Grünen Salon" NTV

Autorenporträts

Rainer Eichhorn

1990 bis 2001 Oberbürgermeister der Kreisfreien Stadt Zwickau, CDU

geboren 1950 in Zwickau, ev.-luth., verheiratet, zwei Kinder

1969 Abitur und Facharbeiterabschluss als Maurer, 1969 bis 1971 Grundwehrdienst, 1971 bis 1975 Architektur-Studium an der Technischen Universität Dresden, Dipl.-Ing. Architekt, 1975 bis 1990 Architekt, Gruppenleiter und später Chefingenieur Bauphysik/Brandschutz in der ZGE Landbauprojektierung Zwickau, 1990 Kreisvorsitzender der CDU und Teilnehmer am Runden Tisch, 1991 bis 2001 Mitglied des Landesvorstandes und des Präsidiums des Sächsischen Städte- und Gemeindetages, 1992 bis 2001 Mitglied des Hauptausschusses des Deutschen Städtetages, 2001 bis 2005 Geschäftsführer der AIC Ingenieurgesellschaft für Bauplanung Chemnitz, Freiberg, Dresden, Erfurt, Berlin, seit 2005 selbstständiger Unternehmensberater und Freier Architekt

Dr. Josef Höß

1991 bis 1999 Bürgermeister und Beigeordneter für Finanzen und Liegenschaften der Landeshauptstadt Dresden, CSU

geboren 1931 in Krebs bei Aach, röm.-kath., drei Kinder

1952 Abitur, 1952 bis 1957 Studium der Rechte und der Volkswirtschaft an der Universität München, 1957 erste juristische Staatsprüfung, 1960 Promotion, 1962 zweite juristische Staatsprüfung, danach Finanzassessor in der Bayerischen Finanzverwaltung, 1964 Stadtkämmerer und 1970 bis 1990 Oberbürgermeister der Stadt Kempten (Allgäu), 1990 Berater im Ministerium für Bauwesen der DDR und danach Mitglied des Beraterstabes Bund, Freistaat Sachsen, seit 1998 Präsident des Deutschen Roten Kreuzes Sachsen Landesverband Sachsen e. V., Träger des Bundesverdienstkreuzes 1. Klasse, Träger des Bayerischen Verdienstordens

Autorenporträts

Renate Koch

1990 bis 2002 Landrätin des Landkreises Meißen, CDU

geboren 1943 in Wirkheim, evangelisch, verheiratet

1963 Staatliche Anerkennung als Krankenschwester, 1966 Erlangung der Hochschulreife an der Volkshochschule, 1982 Staatliche Anerkennung als Sozialfürsorgerin, 1961 bis 1990 Krankenschwester, Sozialfürsorgerin und Mitarbeiterin der Arbeitshygieneinspektion des Rates des Bezirkes Dresden, 1979 bis 1990 Mitglied des Kreistages Meißen, 1990 bis 2002 Mitglied des Präsidiums des Sächsischen Landkreistages (SLT) und Vorsitzende des Gesundheitsausschusses des SLT, 1991 bis 2002 Mitglied des Gesundheitsausschusses des Deutschen Landkreistages (DLT), 1991 bis 2005 Vorsitzende des Tourismusverbandes „Sächsisches Elbland", 1993 bis 2002 Mitglied des Innovationsringes des DLT, 1994 bis 1998 Stellvertretendes Mitglied danach bis 2002 ordentliches Mitglied des Kongresses der Gemeinden und Regionen Europas (KGRE)

Andreas Kretschmar

1990 bis 1996 Bürgermeister der Gemeinde Borna, 1997 bis 2001 Bürgermeister der Gemeinde Liebschützberg, seit 2001 Oberbürgermeister der Großen Kreisstadt Oschatz, FDP bis 2002

geboren 1963 in Dornreichenbach, ev.-luth., verheiratet, zwei Kinder

1983 Facharbeiterabschluss für Nachrichtentechnik, 1993 bis 1996 und 1999 bis 2002 Studium an der Sächsischen Verwaltungs- und Wirtschaftsakademie, Abschlüsse als Diplom-Betriebsverwaltungswirt und als Rechtsökonom, seit 2001 Mitglied im Präsidium des Sächsischen Städte- und Gemeindetages

Autorenporträts

Dr. Tassilo Lenk

1993 bis 1996 Landrat des Landkreises Oelsnitz, Juni 1994 gewählter Landrat des Elstertalkreises, seit 1996 Landrat des Vogtlandkreises, CDU

geboren 1948 in Limbach/Oberfrohna, evangelisch, verheiratet, zwei Kinder

1967 Abitur, 1967 bis 1972 Studium der Veterinärmedizin an der Humboldt-Universität zu Berlin, 1976 Promotion, 1972 bis 1990 Praktischer Tierarzt, 1990 bis Februar 1993 Leiter des Lebensmittelüberwachungs- und Veterinäramtes der Landkreise Klingenthal, Oelsnitz und Plauen, 1992 bis 1993 Stellv. Landrat des Landkreises Oelsnitz, Sportbeauftragter des Sächsischen Landkreistages, Mitglied Kuratorium sächsischer Kulturstiftung, Mitglied Gemeinsames Präsidium Euregio Egrensis

Dr. Hans-Christian Rickauer

1990 bis 1994 Bürgermeister der Stadt Limbach-Oberfrohna, seit 1994 Oberbürgermeister der Großen Kreisstadt Limbach-Oberfrohna, CDU

geboren 1950 in Werdau, verheiratet, ev.-luth.

1968 Abitur, 1968 bis 1976 Theologiestudium, 1985 Promotion zum Dr. theol., 1976 bis 1990 wissenschaftliche und seelsorgliche Tätigkeit, seit 1991 Vorsitzender des Vereins sächsischer Bürgermeister, seit 1991 Vorsitzender des Verwaltungsrates des Kommunalen Versorgungsverbandes Sachsen, 1993 bis 2004 Vorsitzender des Zweckverbandes Datenverarbeitung Südsachsen, 1994 Verwaltungs-Betriebswirt VWA, 2004 Stellvertretender Verbandsvorsitzender der KISA

Autorenporträts

Dr. Andreas Schramm

seit 1990 Landrat, CDU

geboren 1951 in Zschorlau/Erzgebirge, ev.-luth., verheiratet, zwei Kinder

1969 Abschluss Erweiterte Oberschule, 1969 Eisenbahnfacharbeiter, 1973 Diplomingenieur, 1973 bis 1990 Assistent an der Ingenieurhochschule Mittweida, Promotion zum Doktor der Ingenieurwissenschaften, 1990 Mitglied der Volkskammer, 1990 bis 1994 Mitglied des Sächsischen Landtages, Mitglied und 1993 bis 1994 Vorsitzender des Innenausschusses, 1990 bis 1992 Landrat des Landkreises Rochlitz, 1992 bis 1994 Landrat der Landkreise Rochlitz und Hainichen, seit 1994 Landrat des neu gegründeten Landkreises Mittweida, seit 1995 Präsident des Sächsischen Landkreistages, Präsidiumsmitglied des Deutschen Landkreistages

Christian Schramm

1990 bis 1994 Bürgermeister der Stadt Bautzen, seit 1994 Oberbürgermeister der Großen Kreisstadt Bautzen, CDU

geboren 1952 in Burgstädt, ev.-luth., verheiratet, drei Kinder

1970 Facharbeiterabschluss als Dreher, 1970 bis 1974 Studium an der Fachhochschule Moritzburg zum Gemeindediakon/Diplom-Religionspädagoge, 1974 bis 1988 Gemeindediakon in Bautzen, 1988 bis 1990 Bezirkskatechet des Kirchenbezirkes Bautzen, 1989 Mitbegründer des Neuen Forums in Bautzen, Mitglied einer Gruppe zur demokratischen Aufarbeitung der Vorgänge um die MfS-Haftanstalt Bautzen II, seit 1991 Mitglied des Stiftungsrates für das sorbische Volk, seit 1994 Mitglied des Hauptausschusses des Deutschen Städte- und Gemeindebundes, seit 1996 Mitglied des Sächsischen Kultursenates, seit 2001 Präsident des Sächsischen Städte- und Gemeindetages, seit 2003 Präsident bzw. Vizepräsident des Deutschen Städte- und Gemeindebundes

Autorenporträts

Dr. Peter Seifert

1990 bis 1993 1. Bürgermeister und seit 1993 Oberbürgermeister der Kreisfreien Stadt Chemnitz, SPD

geboren 1941 in Zwickau, verheiratet, zwei Kinder

1959 Abitur, 1959 bis 1964 Studium an der TH Karl-Marx-Stadt zum Diplomingenieur, 1974 Promotion zum Dr. Ing., 1964 bis 1971 Tätigkeit im Kombinat Robotron auf dem Gebiet der Computerentwicklung, 1971 bis 1990 Leiter des Bereiches Organisation und Datenverarbeitung im Messgerätewerk Zwönitz, 1989 bis 1990 Mitglied der Demokratisch oppositionellen Plattform (DOP) in Karl-Marx-Stadt, November 1989 Mitbegründer der SDP (SPD) Chemnitz und deren erster Vorsitzender, 1990 bis 1993 Stadtverordneter (Vorsitzender der SPD-Fraktion)

Karl-Heinz Teichert

1990 bis 2001 Bürgermeister der Stadt Waldheim, FDP

geboren 1939 in Poppitz/Riesa, verheiratet, zwei Kinder

1957 Facharbeiterabschluss als Schlosser, 1957 bis 1958 Werkzeugschlosser im VEB Stoßdämpferwerk Hartha, 1958 bis 1961 Wehrdienst, 1961 bis 1964 Ingenieurstudium Fachschule Karl-Marx-Stadt, 1964 bis 1966 Ingenieurtätigkeit im VEB Stoßdämpferwerk Hartha, 1966 bis 1970 Beauftragter für Rationalisierung des VEB Spindelfabrik Hartha, 1968 bis 1970 Zusatzstudium EDV an der Ingenieur-Hochschule Leipzig, Diplom-Ingenieur, 1970 bis 1990 Wissenschaftlicher Mitarbeiter des Betriebsdirektors des VEB Spindelfabrik Hartha, 1993 bis 2001 Vorsitzender des Abwasserzweckverbandes „Untere Zschopau"

Autorenporträts

Burgunde Tomczak

1990 bis 1993 Landrätin des Landkreises Torgau, CDU

geboren 1943 in Zeitz, röm.-kath., verwitwet, zwei Söhne

1962 Facharbeiterabschluss als Bankkauffrau, bis 1969 Zweigstellenleiterin bei der Kreissparkasse Zeitz, 1969 bis 1973 Studium Wirtschaftsrecht an der Martin-Luther-Universität Halle/Saale, 1973 bis 1979 Wissenschaftliche Mitarbeiterin in der Oberflussmeisterei Halle/Saale, 1979 bis 1990 Tätigkeit beim Rat des Kreises Torgau, Abteilung Wohnungspolitik, 1990 bis 1993 Kreisvorsitzende der CDU, 1990 bis 1993 Präsidiumsmitglied des Sächsischen Landkreistages, 1993 bis 2005 Verbandsdirektorin des Landeswohlfahrtsverbandes Sachsen, seit 1994 Stadträtin bei der Stadt Torgau, seit 1999 Friedensrichterin in der Stadt Torgau

Volker Uhlig

1983 bis 2001 Bürgermeister der Gemeinde Lichtenberg/Erzgebirge, seit 2001 Landrat des Landkreises Freiberg, Allianz Unabhängiger Wähler

geboren 1949 in Lichtenberg/Erzgebirge, zwei Kinder

1967 Abschluss als Metallhüttenfacharbeiter, 1968 bis 1970 Grundwehrdienst, 1971 bis 1983 Landmaschinen- und Traktorenschlosser, Meister, 1986 bis 1990 Studium Diplomverwaltungswirt (FH) Fachschule, 1990 bis 1994 Kreisvorsitzender des Sächsischen Städte- und Gemeindetages für die Städte und Gemeinden des Landkreises Brand-Erbisdorf, 1994 bis 2001 Kreisvorsitzender des Sächsischen Städte- und Gemeindetages für die Städte und Gemeinden des Landkreises Freiberg, 1994 bis 2001 stellvertretendes Präsidiumsmitglied des Sächsischen Städte- und Gemeindetages und Vorsitzender des Ausschusses Bau, Umwelt und Verkehr, 1999 bis 2001 Mitglied des Kreistages Freiberg und Vorsitzender der Fraktion Allianz Unabhängiger Wähler

Autorenporträts

Günter Vallentin

1990 bis 2001 Bürgermeister der Stadt Ostritz, seit 2001 Landrat des Landkreises Löbau-Zittau, CDU

geboren 1953 in Ostritz, röm.-kath. verheiratet, zwei Kinder

1973 Facharbeiterabschluss als BMSR Techniker, 1976 bis 1977 Grundwehrdienst, 1973 bis 1984 BMSR Techniker im Kraftwerk Hagenwerder, 1984 bis 1990 Fernstudium zum Erzieher, Arbeit als Erzieher im Lehrlingswohnheim des Kraftwerkes Hagenwerder, 1989 bis 1999 Mitglied der Bürgerinitiative Ostritz (BIO), 1990 bis 1994 SSG Kreisvorsitzender Landkreis Görlitz, 1990 bis 2001 SSG Landesvorstandsmitglied, 1994 bis 2001 Kreisrat und stellvertretender Landrat, Vorsitzender der Stiftung Umgebindehaus, Vorstandsmitglied des SLT, Vorsitzender des Rechtsausschusses des SLT

Dr. Herbert Wagner

1990 bis 2001 Oberbürgermeister der Landeshauptstadt Dresden, CDU

geboren 1948 in Neustrelitz/Mecklenburg, röm.-kath, verheiratet, drei Kinder

1967 Abitur und Facharbeiterbrief als Heizungsinstallateur, 1967 bis 1969 Grundwehrdienst, 1969 bis 1973 Studium Informationselektronik an der TU Dresden, 1985 Promotion zum Dr. Ing., 1973 bis 1976 Rationalisierungsingenieur im VEB Reglerwerk Dresden, 1977 bis 1990 Entwicklungsingenieur im VEB Zentrallaboratorium für Rundfunk- und Fernsehempfangstechnik Dresden, später Zentrum für Wissenschaft und Technik, 1989 bis 1990 Sprecher der oppositionellen Gruppe der 20, Organisator und Moderator der Montagsdemonstrationen in Dresden, 1990 Vorsitzender der Basisdemokratischen Fraktion in der Dresdner Stadtverordnetenversammlung, 1990 Eintritt in die CDU und Stellvertretender Kreisvorsitzender, 1990 bis 2001 Präsident des Sächsischen Städte- und Gemeindetages, 1991 bis 2001 Stellvertreter des Präsidenten des Deutschen Städtetages, seit 2001 Geschäftsführer der KDN Kommunale DatenNetz GmbH

Autorenporträts

Mischa Woitscheck

1990 bis 2000 Bürgermeister der Stadt Markranstädt, CDU

geboren 1966 in Markranstädt, verheiratet, zwei Kinder

1986 Facharbeiterabschluss als Instandhaltungsmechaniker, 1986 bis 1987 Grundwehrdienst, 1987 bis 1991 Studium/Fernstudium Allgemeiner Maschinenbau an der Ingenieurschule Leipzig, 1990 bis 1991 Ingenieur für Technologische Programmierung beim VEB Industriearmaturen Leipzig/Industriearmaturen Leipzig GmbH, 1989 bis 1990 Ratsmitglied für Kultur und Sport bei der Stadtverwaltung Markranstädt, 1990 bis 1991 ehrenamtlicher und bis 2000 hauptamtlicher Bürgermeister der Stadt Markranstädt, 1990 bis 2000 Mitglied des Kreistages Leipzig Land/Leipziger Land (mit Unterbrechungen), 1995 bis 2000 Vizepräsident des Sächsischen Städte- und Gemeindetages und Finanzpolitischer Sprecher, seit 2000 Geschäftsführer des Sächsischen Städte- und Gemeindetages

III. Statistische Angaben ab 1990

Prof. Dr. Irene Schneider-Böttcher
Präsidentin des Statistischen Landesamtes Sachsen

Das Land Sachsen

Seit der Neugründung des Statistischen Landesamtes des Freistaates Sachsen zum 1. Januar 1992 hat das Amt eine Fülle von Daten erarbeitet, welche die wirtschaftliche und soziale Entwicklung im Freistaat Sachsen seit Beginn an auf anschauliche Weise widerspiegeln.
Das Autorenteam dieser Publikation hat aus der Vielzahl statistischer Daten eine kleine Auswahl getroffen, die kommunalpolitische Aspekte in Sachsen seit der friedlichen Revolution 1989 beleuchten sollen.
Im Juli 1990 wurde mit dem „Verfassungsgesetz zur Bildung der Länder in der Deutschen Demokratischen Republik – Ländereinführungsgesetz" der Grundstein für die Wiedergeburt des Landes Sachsen gelegt. Die Bildung des Landes Sachsen erfolgte weitgehend unter Beachtung der historischen Grenzen durch die Zusammenlegung der Bezirksterritorien Dresden, Karl-Marx-Stadt/Chemnitz und Leipzig einschließlich der Kreise Hoyerswerda und Weißwasser des ehemaligen Bezirkes Cottbus (heute Land Brandenburg). Die Kreise Altenburg und Schmölln des Bezirkes Leipzig wurden in das Land Thüringen eingegliedert.
Das Land Sachsen, nach 38 Jahren Aufteilung in Bezirke wiedererstanden, verfügt über eine Fläche von 18 415 Quadratkilometern und rund 4,3 Millionen Einwohner. Es ist damit das zehntgrößte Flächenland in der Bundesrepublik Deutschland. Auf einer Fläche von etwa 5,2 Prozent des Bundesgebietes leben hier 5,2 Prozent der Bevölkerung. Die größte Ausdehnung beträgt von Nord nach Süd rund 180 Kilometer und von Ost nach West etwa 200 Kilometer. Die Landeshauptstadt ist Dresden. Weitere Zentren sind vor allem die Großstädte Leipzig, Chemnitz und Zwickau.
Sachsen hat mit sechs Nachbarn gemeinsame Grenzen. Die Landesgrenze hat eine Gesamtlänge von 1 340 Kilometern. Anlieger sind die Bundesländer Brandenburg (242 km), Sachsen-Anhalt (206 km), Thüringen (274 km) und Bayern (41 km) sowie an der Außengrenze der Bundesrepublik Deutschland die Tschechische Republik (454 km) und die Republik Polen (123 km).

Statistische Angaben ab 1990

Gebietsgliederung

Der Freistaat Sachsen gliedert sich Ende 2005 in 22 Landkreise und die sieben Kreisfreien Städte Chemnitz, Plauen, Zwickau, Dresden, Görlitz, Hoyerswerda und Leipzig. Von den derzeit 507 kreisangehörigen Gemeinden sind 285 Mitglieder in einer Verwaltungsgemeinschaft oder einem Verwaltungsverband.
Die Zahl der Gemeinden ist seit Ende 1990 um mehr als zwei Drittel gesunken. So sank die Zahl der Gemeinden mit weniger als 5 000 Einwohnern von 1 502 auf 351 Gemeinden. Dagegen ist die Zahl der Gemeinden mit 5 000 und mehr Einwohnern von 124 auf 163 angestiegen.
Fast 22 Prozent der zurzeit knapp 4,3 Millionen Einwohner des Freistaates Sachsen leben in einer Gemeinde mit weniger als 5 000 Einwohnern. Fast die Hälfte (49 Prozent) wohnt in einer Gemeinde mit 5 000 bis unter 100 000 Einwohnern. In Städten mit über 100 000 Einwohnern leben derzeit 29 Prozent der Sachsen.

Tab. 1: Landkreise und Gemeinden am 30. September 2005

Landkreis	Gemeinden	Davon in VG und VV mit ... Einwohnern		übrige
		unter 5 000	5 000 u. mehr	
	17	7	-	10
Annaberg	15	7	3	5
Chemnitzer Land	27	10	3	14
Freiberg	46	28	6	12
Vogtlandkreis	22	11	2	9
Mittlerer Erzgebirgskreis	24	8	3	13
Mittweida	15	6	2	7
Stollberg	20	7	2	11
Aue-Schwarzenberg	17	4	2	11
Zwickauer Land	30	12	1	17
Bautzen	15	2	-	13
Meißen	29	24	2	3
Niederschlesischer Oberlausitzkreis	21	11	2	8
Riesa-Großenhain	34	21	3	10
Löbau-Zittau	26	16	4	6
Sächsische Schweiz	17	4	2	11
Weißeritzkreis	35	18	5	12
Kamenz	17	9	-	8
Delitzsch	13	5	3	5
Döbeln	23	11	2	10
Leipziger Land	23	4	3	16
Muldentalkreis	21	9	1	11
Torgau-Oschatz				
Sachsen	**507**	**234**	**51**	**222**

Statistische Angaben ab 1990

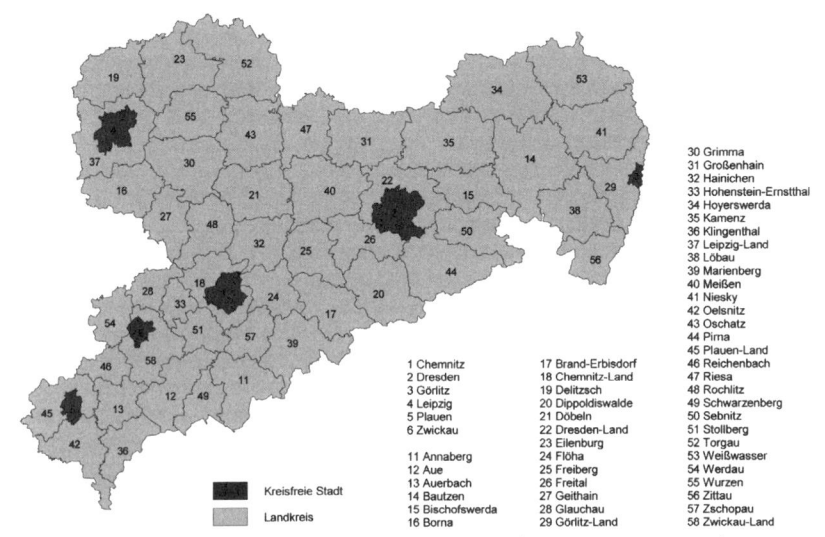

Abb. 1.1: Kreisfreie Städte und Landkreise des Freistaates Sachsen am 31. Dezember 1992

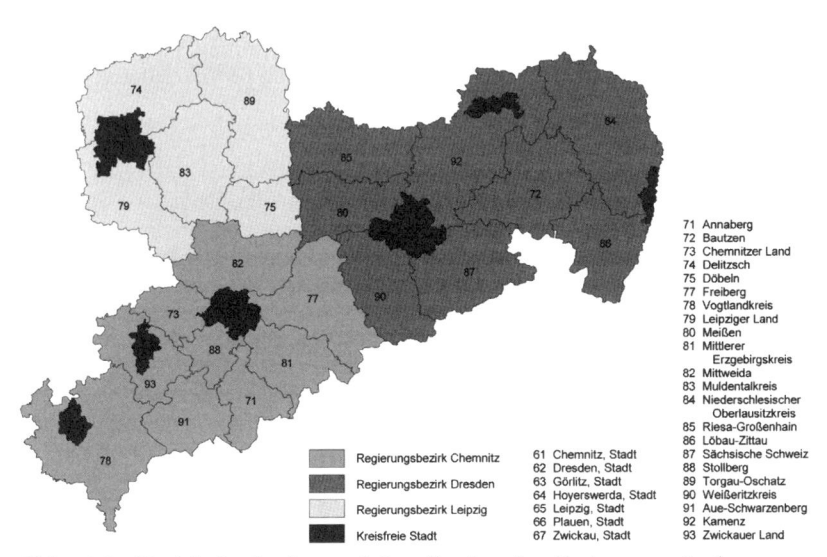

1 Chemnitz
2 Dresden
3 Görlitz
4 Leipzig
5 Plauen
6 Zwickau

11 Annaberg
12 Aue
13 Auerbach
14 Bautzen
15 Bischofswerda
16 Borna
17 Brand-Erbisdorf
18 Chemnitz-Land
19 Delitzsch
20 Dippoldiswalde
21 Döbeln
22 Dresden-Land
23 Eilenburg
24 Flöha
25 Freiberg
26 Freital
27 Geithain
28 Glauchau
29 Görlitz-Land
30 Grimma
31 Großenhain
32 Hainichen
33 Hohenstein-Ernstthal
34 Hoyerswerda
35 Kamenz
36 Klingenthal
37 Leipzig-Land
38 Löbau
39 Marienberg
40 Meißen
41 Niesky
42 Oelsnitz
43 Oschatz
44 Pirna
45 Plauen-Land
46 Reichenbach
47 Riesa
48 Rochlitz
49 Schwarzenberg
50 Sebnitz
51 Stollberg
52 Torgau
53 Weißwasser
54 Werdau
55 Wurzen
56 Zittau
57 Zschopau
58 Zwickau-Land

Abb. 1.2: Kreisfreie Städte und Landkreise des Freistaates Sachsen am 31. Dezember 2005

Regierungsbezirk Chemnitz
Regierungsbezirk Dresden
Regierungsbezirk Leipzig
Kreisfreie Stadt

61 Chemnitz, Stadt
62 Dresden, Stadt
63 Görlitz, Stadt
64 Hoyerswerda, Stadt
65 Leipzig, Stadt
66 Plauen, Stadt
67 Zwickau, Stadt

71 Annaberg
72 Bautzen
73 Chemnitzer Land
74 Delitzsch
75 Döbeln
77 Freiberg
78 Vogtlandkreis
79 Leipziger Land
80 Meißen
81 Mittlerer Erzgebirgskreis
82 Mittweida
83 Muldentalkreis
84 Niederschlesischer Oberlausitzkreis
85 Riesa-Großenhain
86 Löbau-Zittau
87 Sächsische Schweiz
88 Stollberg
89 Torgau-Oschatz
90 Weißeritzkreis
91 Aue-Schwarzenberg
92 Kamenz
93 Zwickauer Land

Statistische Angaben ab 1990

Bevölkerungsentwicklung

Die Einwohnerzahl des Freistaates Sachsen ist seit über 30 Jahren rückläufig. Besonders bedeutsam sind jedoch die Veränderungen der letzten 15 Jahre. Seit Anfang 1990 hat Sachsen 616 Tausend Einwohner verloren. Ende 2004 waren für Sachsen 4,3 Millionen Einwohner registriert – 13 Prozent weniger als 1990. Hauptursache für den Bevölkerungsrückgang ist die Tatsache, dass mehr Menschen sterben als geboren werden. Insgesamt sind seit 1990 etwa 456 Tausend Menschen geboren und 832 Tausend gestorben. Das Geburtendefizit in Höhe von 376 Tausend Personen macht 61 Prozent des Bevölkerungsrückganges aus.
Seit 1990 haben 1,2 Millionen Menschen Sachsen verlassen, dem standen 998 Tausend Zuzüge gegenüber. Die daraus resultierenden Wanderungsverluste von 240 Tausend Personen verursachen damit 39 Prozent des Bevölkerungsrückganges.
Mit dem Schrumpfungsprozess verbunden ist eine fortgesetzte, beschleunigte Alterung. Schon jetzt ist Sachsen mit einem Durchschnittsalter von 44,4 Jahren das demografisch älteste Bundesland. Ende 1990 betrug das Durchschnittsalter in Sachsen noch 39,4 Jahre. Das Durchschnittsalter in Deutschland ist im gleichen Zeitraum von 39,3 auf 42,1 Jahre gestiegen.
Die Veränderungen verlaufen regional und zeitlich differenziert. Im Vergleich zu 1990 haben fast alle Kreisfreien Städte und Landkreise in Sachsen Bevölkerungsverluste von bis zu 39 Prozent zu verzeichnen. Eine Ausnahme bilden der Weißeritzkreis und der Muldentalkreis, die im Betrachtungszeitraum Bevölkerungsgewinne von 1 bzw. 2 Prozent verbuchen konnten. Während Mitte der 1990iger Jahre vor allem die Umlandkreise der großen Kreisfreien Städte Gewinne aus Wanderung verzeichnen konnten, haben seit 2000 bzw. 2002 die Kreisfreien Städte Dresden und Leipzig Bevölkerungsgewinne.

Statistische Angaben ab 1990

Tab. 2: Bevölkerung 1990 bis 2004 nach Kreisfreien Städten und Landkreisen

Kreisfreie Stadt Landkreis Regierungsbezirk Land	3. Oktober 1990	1990	1994	1999	2004
Chemnitz, Stadt	317 486	315 320	294 397	263 222	248 365
Plauen, Stadt	77 191	76 652	73 633	71 955	69 422
Zwickau, Stadt	124 788	123 641	113 796	104 146	98 742
Annaberg	97 773	97 342	92 554	89 304	84 299
Chemnitzer Land	148 561	147 868	142 672	142 396	135 923
Freiberg	162 056	161 157	156 058	154 475	146 747
Vogtlandkreis	221 288	219 348	211 857	204 627	193 736
Mittlerer Erzgebirgskreis	102 166	101 448	97 872	95 417	90 549
Mittweida	145 924	144 993	139 633	139 546	132 505
Stollberg	98 711	98 112	94 607	94 681	90 483
Aue-Schwarzenberg	160 994	159 886	151 480	142 687	132 683
Zwickauer Land	139 456	138 583	136 643	136 475	129 952
Regierungsbezirk Chemnitz	**1 796 394**	**1 784 350**	**1 705 202**	**1 638 931**	**1 553 406**
Dresden, Stadt	514 071	511 270	498 307	476 668	487 421
Görlitz, Stadt	76 603	76 035	69 570	62 871	58 154
Hoyerswerda, Stadt	68 982	68 419	62 286	52 249	43 899
Bautzen	170 852	169 262	163 144	159 545	151 520
Meißen	155 299	154 570	150 598	153 909	150 304
Niederschlesischer Oberlausitzkreis	115 105	114 437	110 100	108 095	98 391
Riesa-Großenhain	134 638	133 762	127 958	123 699	116 229
Löbau-Zittau	177 917	176 643	164 930	157 472	145 995
Sächsische Schweiz	157 629	155 767	150 597	148 797	141 450
Weißeritzkreis	119 484	118 847	117 726	125 200	122 892
Kamenz	152 298	151 518	148 740	156 198	151 421
Regierungsbezirk Dresden	**1 842 878**	**1 830 530**	**1 763 956**	**1 724 703**	**1 667 676**
Leipzig, Stadt	560 387	557 341	527 613	493 872	498 491
Delitzsch	128 345	127 228	125 243	129 050	124 271
Döbeln	87 751	87 041	82 155	79 018	73 379
Leipziger Land	155 384	154 359	149 132	154 762	149 049
Muldentalkreis	126 979	126 187	125 924	136 425	132 590
Torgau-Oschatz	109 417	108 878	105 120	102 925	97 422
Regierungsbezirk Leipzig	**1 168 263**	**1 161 034**	**1 115 187**	**1 096 052**	**1 075 202**
Sachsen	**4 807 535**	**4 775 914**	**4 584 345**	**4 459 686**	**4 296 284**

Statistische Angaben ab 1990

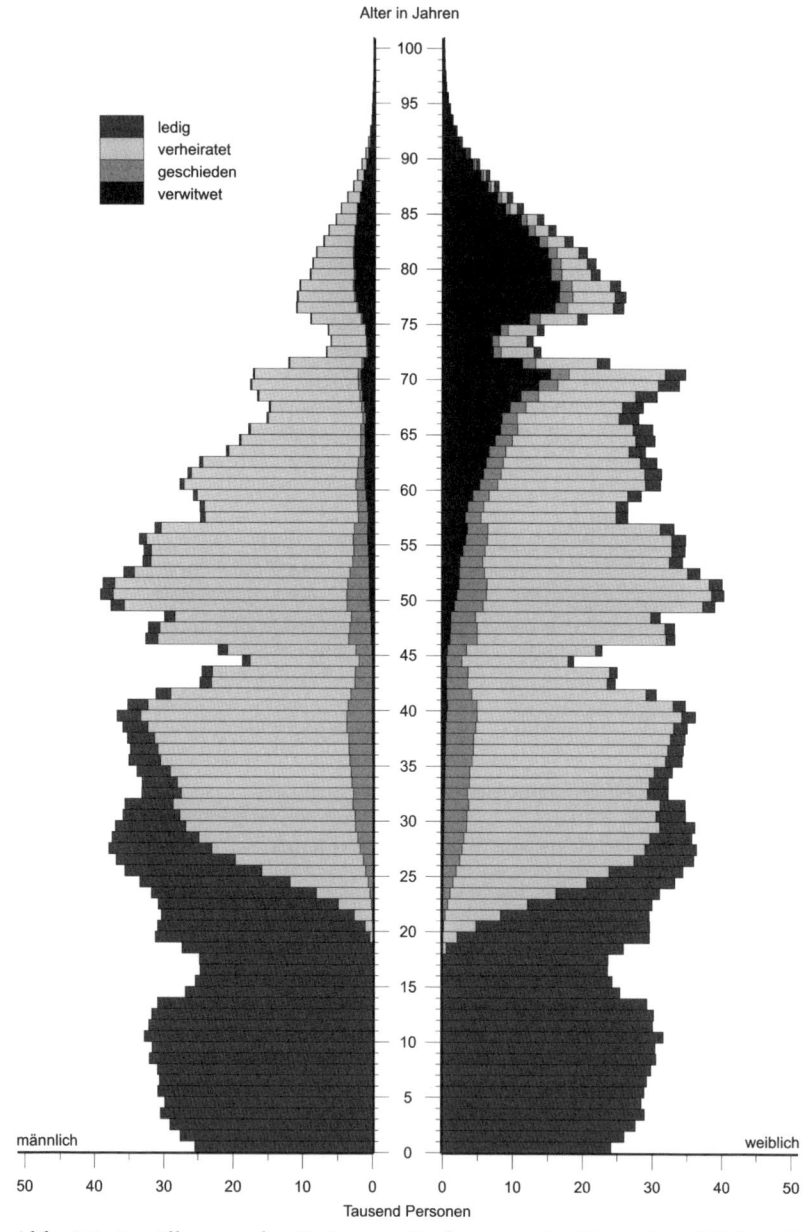

Abb. 2.1: Bevölkerung des Freistaates Sachsen am 31. Dezember 1990 nach Alter, Geschlecht und Familienstand

Statistische Angaben ab 1990

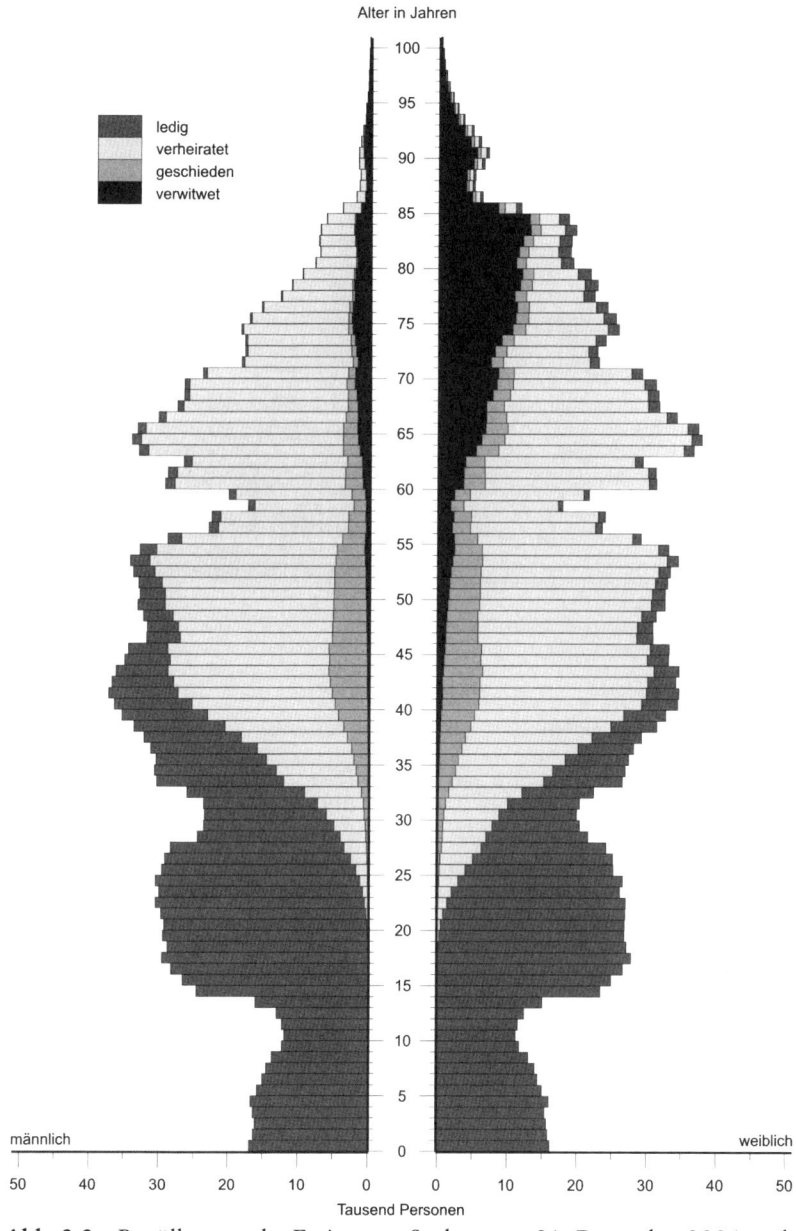

ledig
verheiratet
geschieden
verwitwet

Alter in Jahren

männlich   weiblich
Tausend Personen

Abb. 2.2: : Bevölkerung des Freistaates Sachsen am 31. Dezember 2004 nach Alter, Geschlecht und Familienstand

Statistische Angaben ab 1990

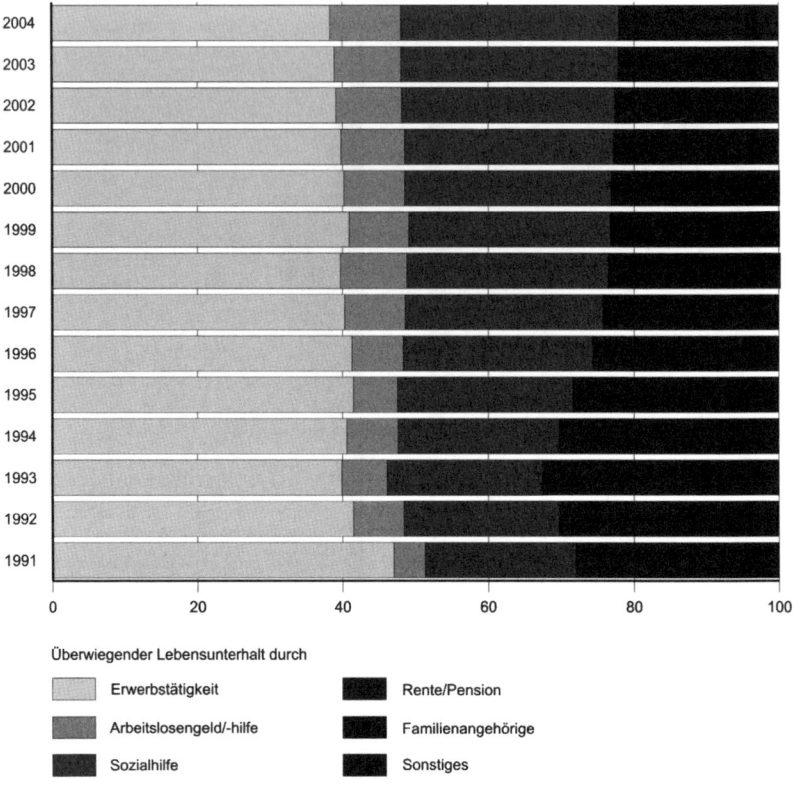

Abb. 3: Bevölkerung 1991 bis 2004 nach überwiegendem Lebensunterhalt

Wohngebäude- und Wohnungsbestand

Zum Stichtag 30. September 1995 wurde durch die Statistischen Landesämter in den neuen Bundesländern und in Berlin-Ost eine Gebäude- und Wohnungszählung (GWZ 95) durchgeführt. Es wurden dabei u. a. alle Gebäude mit Wohnraum und die darin befindlichen Wohnungen gezählt. Auf dieser Grundlage erfolgt jährlich zum 31. Dezember die Fortschreibung der Wohngebäude und Wohnungen bis auf Gemeindeebene durch die Hochbaustatistik.

Die Ermittlung eines aktuellen Gebäude- und Wohnungsbestandes war damals notwendig, weil kein zuverlässiges Datenmaterial vorhanden war. Die letzte derartige Erhebung fand 1981 im Rahmen der Volks-, Berufs-, Gebäu-

Statistische Angaben ab 1990

de- und Wohnungszählung statt. Der Gebäudebestand wurde danach nicht fortgeschrieben. Die Fortschreibung bezog sich nur auf den Wohnungsbestand und war außerdem hinsichtlich der Wohnungsdefinition nicht mit der heutigen identisch. Zusätzlich steigt mit größer werdendem Abstand zur letzten Zählung naturgemäß auch die Fehlerquote zum tatsächlichen Bestand. Mit den Ergebnissen der GWZ 95 wurde in den neuen Bundesländern eine vergleichbare Datenbasis geschaffen, wie sie im früheren Bundesgebiet seit der Volkszählung 1987 bestand. Eine neue Erhebung ist zur Bestimmung einer genauen Fortschreibungsbasis inzwischen wieder erforderlich. Sie soll im Rahmen einer Gebäude- und Wohnungszählung etwa 2010 stattfinden. Am 31. Dezember 2004 gab es in Sachsen 2 342 058 Wohnungen mit einer Wohnfläche von 161 866 100 Quadratmetern und insgesamt 9 396 949 Wohnräumen. Auf jede Wohnung kamen durchschnittlich 1,8 Einwohner (1995: 2,1), 4,0 Wohnräume (1995: 4,0) und 69,1 Quadratmeter Wohnfläche (1995: 67,0). Damit standen 2004 im statistischen Mittel jedem Einwohner 37,7 Quadratmeter Wohnfläche zur Verfügung, 1995 waren es erst 32,0 Quadratmeter gewesen.

Tab. 3: Haushalte in Sachsen 1991, 1994, 1999 und 2004 nach Haushaltsgröße

-Ergebnisse des Mikrozensus -

Haushalte mit ... Personen	1991	1994	1999	2004
1 000				
1	596,1	627,7	689,0	807,2
2	689,7	681,8	738,0	788,2
3	388,7	375,9	366,6	327,0
4 und mehr	374,0	350,4	286,0	233,2
Insgesamt	**2 048,5**	**2 035,8**	**2 079,7**	**2 155,7**
Prozent				
1	29,1	30,8	33,1	37,4
2	33,7	33,5	35,5	36,6
3	19,0	18,5	17,6	15,2
4 und mehr	18,3	17,2	13,8	10,8
Insgesamt	**100**	**100**	**100**	**100**

Mit gut einem Drittel (36 Prozent) haben die meisten Wohnungen vier Wohnräume, einschließlich Küche. Reichlich ein Viertel aller Wohnungen (27 Prozent) besteht aus drei und fast jede sechste Wohnung (17 Prozent) aus fünf Wohnräumen. 52 Prozent aller Wohngebäude waren Einfamilienhäuser, 20 Prozent Zweifamilienhäuser, der Anteil der Mehrfamilienhäuser lag bei 28 Prozent. Innerhalb des Wohnbaus befanden sich in Einfamilienhäusern 17 Prozent aller Wohnungen, in Zweifamilienhäusern 14 Prozent und in Mehrfamilienhäusern 69 Prozent. Veränderungen des Bestandes und damit

Statistische Angaben ab 1990

auch seiner Struktur vollziehen sich nur sehr langsam. Der Wohnungsbestand hat sich von 1995 bis 2001 um 8,2 Prozent erhöht. Seit 2002 nimmt er ab – im Jahr 2002 um 1 842 Wohnungen oder 0,1 Prozent, 2003 um 8 311 Wohnungen oder 0,4 Prozent und 2004 um 4 350 Wohnungen oder 0,2 Prozent. Damit ergibt sich für den Gesamtzeitraum 1995 bis 2004 nur noch eine Steigerung der Wohnungszahl um 7,5 Prozent.

Tab. 4: Wohnungsbestand am 31. Dezember 1995, 1999 und 2004

Kreisfreie Stadt Landkreis Regierungsbezirk Land	1995	1999	2004
Chemnitz, Stadt	154 189	164 322	157 558
Plauen, Stadt	42 432	44 325	44 117
Zwickau, Stadt	60 294	63 949	60 781
Annaberg	41 660	43 683	44 293
Chemnitzer Land	68 730	73 386	73 409
Freiberg	68 877	71 795	72 660
Vogtlandkreis	99 990	104 370	105 213
Mittlerer Erzgebirgskreis	41 819	43 795	44 395
Mittweida	63 570	67 213	68 262
Stollberg	42 578	45 683	46 990
Aue-Schwarzenberg	69 323	71 806	71 054
Zwickauer Land	66 074	69 927	69 955
Regierungsbezirk Chemnitz	**819 536**	**864 254**	**858 687**
Dresden, Stadt	255 155	283 789	287 258
Görlitz, Stadt	37 475	39 285	39 145
Hoyerswerda, Stadt	27 708	28 372	24 969
Bautzen	68 786	71 888	72 897
Meißen	67 762	72 702	75 115
Niederschlesischer Oberlausitzkreis	45 021	47 700	46 331
Riesa-Großenhain	55 203	58 282	57 858
Löbau-Zittau	74 248	76 094	76 357
Sächsische Schweiz	68 629	73 746	75 036
Weißeritzkreis	52 901	56 014	57 816
Kamenz	62 616	67 423	68 978
Regierungsbezirk Dresden	**815 504**	**875 295**	**881 760**
Leipzig, Stadt	285 778	312 096	316 358
Delitzsch	53 829	58 898	60 708
Döbeln	37 433	38 959	38 896
Leipziger Land	68 341	73 956	75 356
Muldentalkreis	54 821	61 214	63 190
Torgau-Oschatz	43 711	46 271	47 103
Regierungsbezirk Leipzig	**543 913**	**591 394**	**601 611**
Sachsen	**2 178 953**	**2 330 943**	**2 342 058**

1) ohne Wohnheime; Alle Angaben beinhalten auch leer stehende Wohnungen.

Bei der Verwendung der Fortschreibungsergebnisse, besonders wenn sie in Relation zu Einwohnern gesehen werden, ist zu beachten, dass der Wohnungsleerstand im Rahmen der Hochbaustatistik nicht erfasst wird. Zuverlässige räumlich und sachlich tief gegliederte Informationen darüber sind nur durch eine Gebäude- und Wohnungszählung zu erhalten. Die letzte Zählung vom 30. September 1995 ergab einen Wohnungsleerstand von 8,7 Prozent oder rund 185 000 Wohnungen. Seit dem wurde im Rahmen der Mikrozensusstichproben im April 1998 ein Leerstand von 16,8 Prozent und im April 2002 von 17,6 Prozent ermittelt. Das entspricht 382 100 und 413 700 leer stehenden Wohnungen. Die höchsten Werte hatten im April 2002 die Städte Leipzig mit 27,4 Prozent und Chemnitz mit 24,3 Prozent. Das Ergebnis der neuen Bundesländer insgesamt lag im April 2002 bei 14,4 Prozent. Für das frühere Bundesgebiet wurde eine Leerstandsquote von nur 6,6 Prozent festgestellt. Durch den seit einigen Jahren angelaufenen geförderten Wohnungsrückbau, den dazu schwachen Neubau und das gleichzeitige Anwachsen der Zahl der Haushalte, ist ein Rückgang des Leerstandes zu vermuten.

Bruttoverdienst

Der Bruttomonatsverdienst der Arbeitnehmer im Produzierenden Gewerbe, im Handel, Kredit- und Versicherungsgewerbe in Sachsen lag im Oktober 1991 bei nur 1 048 € und stieg bis Oktober 2005 auf durchschnittlich 2 235 €. Das war ein Zuwachs von 1 187 € bzw. um über 113 Prozent. Im gleichen Zeitraum stieg der Bruttomonatsverdienst im früheren Bundesgebiet um 44 Prozent (964 €) auf 3 134 € und in den Neuen Bundesländern um 114 Prozent (1 215 €) auf 2 282 €.
Der Bruttomonatsverdienst der Arbeitnehmer im Produzierenden Gewerbe, im Handel, Kredit- und Versicherungsgewerbe in Sachsen lag jeweils im Monat Oktober seit 1991 außer 2001 stets unter dem Durchschnitt der Neuen Bundesländer einschließlich Berlin-Ost. Im Oktober 2005 betrug dieser Anteil 97,9 Prozent. Die sächsischen Arbeitnehmer erhielten im Oktober 1991 nur 48 Prozent des Verdienstes der Arbeitnehmer des früheren Bundesgebietes. Dieser Anteil stieg bis 1995 auf 71 Prozent, erreichte 1997 bis 1999 in der Spitze 73 Prozent und sank danach wieder ab und lag im Oktober 2005 bei 71,3 Prozent.

Statistische Angaben ab 1990

Tab. 5: Erwerbstätige in Sachsen 1991, 1994, 1999 und 2004 nach Kreisfreien Städten und Landkreisen (in 1 000)

- Ergebnisse des Mikrozensus (Gebietsstand 01.01.2005) -

Kreisfreie Stadt Landkreise Regierungsbezirk Land	1991	1994	1999	2004
Chemnitz, Stadt	159,7	135,6	115,4	100,2
Plauen, Stadt	33,5	37,7	32,8	30,3
Zwickau, Stadt	57,8	47,6	40,2	40,2
Annaberg	44,7	35,4	39,3	33,8
Chemnitzer Land	70,6	52,1	60,6	51,2
Freiberg	74,0	67,6	67,7	61,1
Vogtlandkreis	105,4	79,9	89,4	79,9
Mittlerer Erzgebirgskreis	46,3	36,1	40,3	42,2
Mittweida	60,9	57,0	57,2	53,8
Stollberg	45,9	33,0	40,0	36,0
Aue-Schwarzenberg	71,4	59,6	60,2	55,6
Zwickauer Land	63,0	52,1	57,1	57,7
Regierungsbezirk Chemnitz	**834,5**	**695,1**	**700,3**	**642,6**
Dresden, Stadt	247,3	224,4	227,1	215,5
Görlitz, Stadt	38,1	30,0	25,2	18,4
Hoyerswerda, Stadt	36,2	28,7	18,6	14,4
Bautzen	88,8	71,7	68,7	62,2
Meißen	74,0	61,0	63,9	63,2
Niederschlesischer Oberlausitzkreis	59,6	42,2	46,0	39,3
Riesa-Großenhain	65,7	50,6	53,6	46,8
Löbau-Zittau	74,6	60,6	61,2	53,4
Sächsische Schweiz	74,5	66,4	68,7	57,7
Weißeritzkreis	58,1	51,0	58,0	57,4
Kamenz	68,0	60,8	72,2	69,2
Regierungsbezirk Dresden	**887,3**	**748,2**	**763,6**	**696,2**
Leipzig, Stadt	277,5	232,0	227,2	196,6
Delitzsch	55,9	51,7	54,4	48,7
Döbeln	43,1	36,9	31,4	29,6
Leipziger Land	67,7	59,7	67,1	63,4
Muldentalkreis	68,7	51,0	58,5	59,2
Torgau-Oschatz	51,2	45,1	45,8	42,9
Regierungsbezirk Leipzig	**561,2**	**475,9**	**484,2**	**441,1**
Sachsen	**2 283,0**	**1 919,3**	**1 948,1**	**1 779,8**

Statistische Angaben ab 1990

Tab. 6: Erwerbslose in Sachsen 1991, 1994, 1999 und 2004 nach Kreisfreien Städten und Landkreisen (in 1 000)

- Ergebnisse des Mikrozensus (Gebietsstand 01.01.2005) -

Kreisfreie Stadt Landkreise Regierungsbezirk Land	1991	1994	1999	2004
Chemnitz, Stadt	13,5	28,9	27,3	27,1
Plauen, Stadt	/	/	(7,2)	/
Zwickau, Stadt	/	13,3	11,3	12,1
Annaberg	(8,3)	10,6	/	(8,3)
Chemnitzer Land	10,5	17,3	13,1	13,8
Freiberg	(8,4)	15,5	14,7	14,3
Vogtlandkreis	11,1	18,4	12,5	22,9
Mittlerer Erzgebirgskreis	/	(9,7)	(8,3)	(8,5)
Mittweida	(7,4)	14,0	11,7	13,5
Stollberg	/	(10,0)	(7,7)	10,6
Aue-Schwarzenberg	11,1	19,0	15,2	15,3
Zwickauer Land	(7,5)	13,1	12,9	15,2
Regierungsbezirk Chemnitz	**98,2**	**177,5**	**148,7**	**168,1**
Dresden, Stadt	23,2	36,6	37,3	43,8
Görlitz, Stadt	/	/	(8,0)	(8,6)
Hoyerswerda, Stadt	/	/	10,3	/
Bautzen	(8,9)	15,1	16,7	18,2
Meißen	(7,9)	13,6	13,5	13,6
Niederschlesischer Oberlausitzkreis	/	10,1	10,1	13,2
Riesa-Großenhain	/	13,3	14,4	12,9
Löbau-Zittau	10,7	20,6	16,5	18,9
Sächsische Schweiz	(8,3)	13,7	13,6	13,0
Weißeritzkreis	/	10,9	(9,4)	(9,6)
Kamenz	10,1	13,2	15,2	13,8
Regierungsbezirk Dresden	**90,3**	**160,0**	**165,1**	**173,2**
Leipzig, Stadt	30,8	46,3	45,7	55,9
Delitzsch	/	11,1	12,9	16,7
Döbeln	/	10,4	(8,8)	(8,8)
Leipziger Land	/	14,1	15,3	17,3
Muldentalkreis	(8,6)	(9,4)	13,7	14,0
Torgau-Oschatz	(7,6)	10,1	10,0	10,6
Regierungsbezirk Leipzig	**64,8**	**102,1**	**104,7**	**123,0**
Sachsen	**253,2**	**439,6**	**418,5**	**464,2**

Statistische Angaben ab 1990

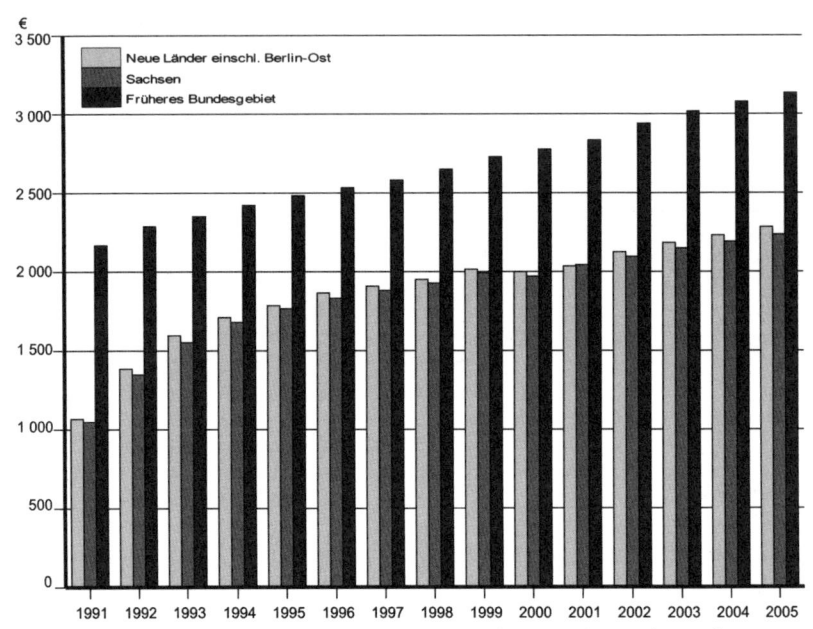

Abb. 4: Durchschnittliche Bruttomonatsverdienste der Arbeitnehmer im Oktober 1991 bis 2005

Allgemein bildende Schulen

Im Schuljahr 2004/05 lernten an 1 653 allgemein bildenden Schulen in Sachsen 363 284 Schülerinnen und Schüler. Seit dem Schuljahr 1994/95 reduzierte sich die Schülerzahl um rund 268 700 bzw. 43 Prozent. Die Zahl der Schulen ging um 659 zurück. Von dem Rückgang sind alle Schularten und alle Kreise im Freistaat Sachsen betroffen. Mit dem Schuljahr 2004/05 wurden 388 Grundschulen weniger verzeichnet als im Schuljahr 1994/95. Die Zahl der Grundschüler reduzierte sich um mehr als die Hälfte. Im Schuljahr 2004/05 existierten 194 Mittelschulen und 37 Gymnasien weniger als 1994/95. Die Zahl der Mittelschüler ging in Sachsen in den letzten 10 Jahren um 38 Prozent, die der Gymnasiasten um 36 Prozent auf 101 989 Schüler im Schuljahr 2004/05 zurück. An den allgemein bildenden Förderschulen wurden im Schuljahr 2004/05 21 628 Schüler unterrichtet, 18 Prozent weniger als 10 Jahre zuvor. Lediglich an den drei Freien Waldorfschulen in Chemnitz, Dresden und Leipzig stiegen die Schülerzahlen um 40 Prozent auf 1 174 an.

Statistische Angaben ab 1990

Seit 2003/04 verzeichnen die Grundschulen aufgrund steigender Schulanfängerzahlen wieder einen leichten Anstieg der Schülerzahlen. In den anderen Schularten hält der Rückgang der Schülerzahlen derzeit weiter an.

Tab. 7: Schüler/innen an allgemein bildenden Schulen im Freistaat Sachsen in den Schuljahren 1994/95, 1999/2000 und 2004/05 nach Kreisfreien Städten und Landkreisen sowie ausgewählten Schularten

Gebietsstand: 1.01.2006

Kreisfreie Stadt Landkreis Regierungsbezirk Land	Insgesamt			Darunter an					
				Grundschulen			Mittelschulen		
	1994/95	1999/2000	2004/05	1994/95	1999/2000	2004/05	1994/95	1999/2000	2004/05
Chemnitz, Stadt	38 149	28 191	19 112	12 790	7 517	5 350	12 023	10 339	6 505
Plauen, Stadt	9 140	7 897	5 761	3 265	2 092	1 719	3 048	2 941	1 917
Zwickau, Stadt	15 096	12 257	8 268	5 437	3 240	2 172	4 709	4 342	2 815
Annaberg	13 471	10 868	7 414	4 658	3 002	2 201	5 259	4 948	3 103
Chemnitzer Land	18 486	16 717	11 929	6 733	4 666	3 463	6 258	6 419	4 135
Freiberg	22 380	19 046	13 198	8 030	5 397	3 795	8 170	8 088	5 269
Vogtlandkreis	26 613	22 813	15 882	9 991	6 506	4 730	9 838	9 875	6 365
Mittlerer Erzgebirgskreis	14 481	12 063	8 055	5 264	3 457	2 408	5 606	5 605	3 320
Mittweida	18 649	16 018	11 255	6 664	4 434	3 276	6 568	6 508	4 103
Stollberg	12 838	10 891	7 417	4 534	3 056	2 186	4 904	4 766	3 269
Aue-Schwarzenberg	20 422	16 336	11 028	7 582	4 790	3 326	8 326	7 586	4 783
Zwickauer Land	17 198	15 184	10 554	6 675	4 575	3 199	6 047	6 486	4 169
Regierungsbezirk Chemnitz	**226 923**	**188 281**	**129 873**	**81 623**	**52 732**	**37 825**	**80 756**	**77 903**	**49 753**
Dresden, Stadt	68 734	54 949	39 464	24 325	14 236	11 249	21 469	19 658	12 493
Görlitz, Stadt	10 362	7 971	5 196	3 557	1 931	1 338	3 077	3 008	1 801
Hoyerswerda, Stadt	10 651	8 086	4 901	3 364	1 882	943	2 998	2 594	1 471
Bautzen	25 413	20 955	13 510	9 145	5 451	3 847	9 817	9 414	5 379
Meißen	20 863	18 268	13 664	7 168	4 987	3 876	7 057	7 251	4 912
Niederschlesischer Oberlausitzkreis	17 946	13 895	8 562	6 734	3 895	2 601	7 039	6 533	3 772
Riesa-Großenhain	19 757	16 241	9 907	7 325	4 229	2 569	7 289	7 424	4 348
Löbau-Zittau	23 998	19 427	12 610	8 601	5 173	3 710	8 926	8 592	5 065
Sächsische Schweiz	20 415	17 617	12 127	7 664	4 670	3 419	7 245	7 394	4 318
Weißeritzkreis	16 316	14 655	10 326	6 051	4 297	3 224	5 991	6 312	4 061
Kamenz	21 176	19 836	13 038	8 213	6 038	4 042	8 500	9 583	5 741
Regierungsbezirk Dresden	**255 631**	**211 900**	**143 305**	**92 147**	**56 789**	**40 818**	**89 408**	**87 763**	**53 361**
Leipzig, Stadt	65 536	52 965	39 353	23 451	14 538	11 057	17 977	17 168	11 988
Delitzsch	18 460	17 182	12 008	6 746	4 588	3 160	6 085	6 537	4 058
Döbeln	11 904	9 632	6 075	4 359	2 610	1 695	4 283	4 223	2 413
Leipziger Land	18 676	17 222	11 611	7 209	5 121	3 593	6 450	6 899	4 266
Muldentalkreis	18 548	18 226	12 346	6 986	5 269	3 485	6 450	7 557	4 812
Torgau-Oschatz	16 274	13 634	8 713	6 133	3 792	2 526	5 890	6 099	3 774
Regierungsbezirk Leipzig	**149 398**	**128 861**	**90 106**	**54 884**	**35 918**	**25 516**	**47 135**	**48 483**	**31 311**
Sachsen	**631 952**	**529 042**	**363 284**	**228 654**	**145 439**	**104 159**	**217 299**	**214 149**	**134 425**

411

Statistische Angaben ab 1990

Tab. 8: Allgemein bildende Schulen im Freistaat Sachsen in den Schuljahren 1994/95, 1999/2000 und 2004/05 nach Kreisfreien Städten und Landkreisen sowie ausgewählten Schularten

Gebietsstand: 1.01.2006

Kreisfreie Stadt / Landkreis / Regierungsbezirk / Land	Insgesamt			Darunter					
				Grundschulen			Mittelschulen		
	1994/95	1999/2000	2004/05	1994/95	1999/2000	2004/05	1994/95	1999/2000	2004/05
Chemnitz, Stadt	122	116	96	56	53	46	37	35	26
Plauen, Stadt	28	25	22	13	11	12	9	9	6
Zwickau, Stadt	39	39	31	16	16	12	11	11	9
Annaberg	54	47	36	31	26	19	15	15	11
Chemnitzer Land	70	65	55	38	35	32	19	18	13
Freiberg	95	88	65	61	54	39	23	23	17
Vogtlandkreis	110	96	79	63	51	43	30	30	24
Mittlerer Erzgebirgskreis	62	54	40	40	31	23	15	16	11
Mittweida	82	69	54	48	37	29	20	19	14
Stollberg	49	47	36	28	26	20	13	13	11
Aue-Schwarzenberg	83	73	61	43	36	31	25	23	19
Zwickauer Land	67	64	51	40	36	26	18	18	16
Regierungsbezirk Chemnitz	**861**	**783**	**626**	**477**	**412**	**332**	**235**	**230**	**177**
Dresden, Stadt	197	194	160	91	91	79	64	61	43
Görlitz, Stadt	29	23	16	14	9	8	7	6	4
Hoyerswerda, Stadt	25	22	15	11	8	5	6	6	4
Bautzen	94	90	69	54	51	37	29	28	22
Meißen	81	72	51	44	36	27	22	22	13
Niederschlesischer Oberlausitzkreis	74	60	47	42	30	24	23	21	16
Riesa-Großenhain	69	61	45	38	31	23	22	21	15
Löbau-Zittau	102	90	61	58	47	31	30	29	19
Sächsische Schweiz	84	74	58	43	35	29	29	25	15
Weißeritzkreis	68	63	50	40	35	27	20	20	17
Kamenz	86	85	69	45	44	37	30	30	22
Regierungsbezirk Dresden	**909**	**834**	**641**	**480**	**417**	**327**	**282**	**269**	**190**
Leipzig, Stadt	207	193	152	98	87	73	55	55	38
Delitzsch	75	68	52	41	34	30	21	21	12
Döbeln	39	35	29	20	17	14	12	12	9
Leipziger Land	81	73	54	48	40	29	21	20	15
Muldentalkreis	79	69	54	47	38	29	21	20	15
Torgau-Oschatz	61	57	45	36	32	25	16	16	13
Regierungsbezirk Leipzig	**542**	**495**	**386**	**290**	**248**	**200**	**146**	**144**	**102**
Sachsen	**2 312**	**2 112**	**1 653**	**1 247**	**1 077**	**859**	**663**	**643**	**469**

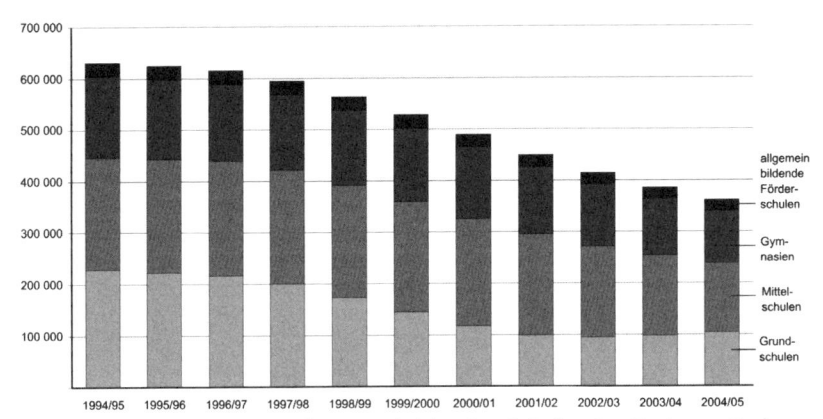

Abb. 5: Schüler/innen an allgemein bildenden Schulen im Freistaat Sachsen in den Schuljahren 1994/95 bis 2004/05 nach ausgewählten Schularten

Steuereinnahmen der Gemeinden

Eine der wichtigsten kommunalen Einnahmequellen sind die Steuern. Diese umfassen die Realsteuern (Grund- und Gewerbesteuer) sowie örtliche Verbrauchs- und Aufwandsteuern (z. B. Hundesteuer, Vergnügungssteuer). Außerdem erhalten die Gemeinden einen Anteil am Aufkommen der Einkommensteuer und der Umsatzsteuer. Vom Gewerbesteueraufkommen hingegen müssen die Gemeinden eine Umlage an den Bund bzw. das jeweilige Bundesland abführen. Mit der selbstständigen Festsetzung der Hebesätze haben die Gemeinden die Möglichkeit, die Höhe der Realsteuereinnahmen zu beeinflussen. Dabei müssen sie aber die wirtschaftlichen Kräfte der Abgabepflichtigen bei ihrer Entscheidung berücksichtigen.
Die Entwicklung der kommunalen Steuereinnahmen (netto), d. h. nach Abzug der Gewerbesteuerumlage, wird durch einen wechselhaften Verlauf gekennzeichnet. Einer positiven Einnahmeentwicklung bis 1995 folgte im Jahr 1996 ein Rückgang. Ab dem Jahr 1997 setzte bis zum Jahr 1999 wieder ein Aufwärtstrend ein. Danach sanken die Steuereinnahmen bis zum Jahr 2002 deutlich ab. Die Steuereinnahmen erreichten im Jahr 2002 nur das Einnahmeniveau des Jahres 1998. Wachsende Steuereinnahmen verzeichneten die Gemeinden wieder seit dem Jahr 2003. Dieser Anstieg war vor allem auf die höheren Einnahmen aus der Gewerbesteuer zurückzuführen. Der Anteil der Gewerbesteuer (netto) an den gesamten Steuereinnahmen der Gemeinden belief sich im Jahr 2004 auf rund 43 Prozent.

Statistische Angaben ab 1990

Tab. 9: Steuereinnahmen (netto) der Gemeinden/Gemeindeverbände 1993 bis 2004 (in Mill. €)

Jahr	Steuer- einnahmen (netto)	Darunter				
		Grund- steuer A	Grund- steuer B	Gewerbe- steuer (netto)	Gemeindeanteil an der	
					Einkommen- steuer	Umsatz- steuer
1993	889	11	175	227	467	-
1994	1 136	12	200	364	549	-
1995	1 337	12	253	345	715	-
1996	1 163	12	292	386	461	-
1997	1 188	13	304	490	367	-
1998	1 353	13	324	519	366	114
1999	1 474	13	340	525	436	145
2000	1 442	13	348	531	385	147
2001	1 380	14	352	497	357	144
2002	1 354	14	363	488	330	143
2003	1 445	14	392	546	335	142
2004	1 613	14	395	692	352	142

Quellen: Jahresrechnungsstatistik der Gemeinden/GV. 1993 - 2003, vierteljährliche Kassenstatistik der Gemeinden/GV. 2004

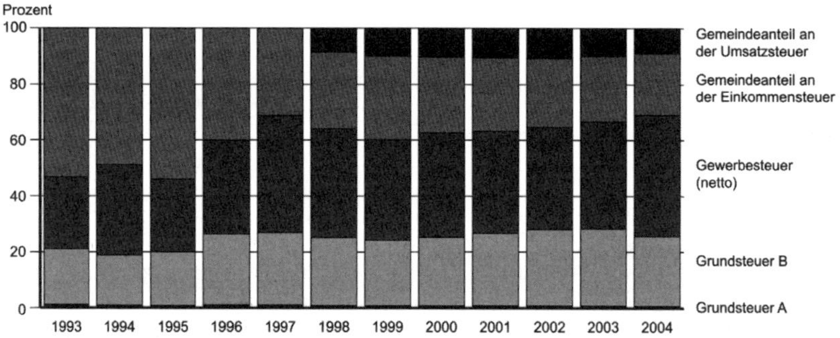

Abb. 6: Ausgewählte Steuereinnahmen sächsischer Gemeinden/Gemeindeverbände 1993 bis 2004

Bereinigte Einnahmen und Ausgaben der Kreisfreien Städte und Kreisgebiete

Die bereinigten Einnahmen beinhalten die Einnahmen der laufenden Rechnung und die Einnahmen der Kapitalrechnung. Erstere umfassen alle Einnahmen, die im Rahmen des Verwaltungsvollzuges sowie des Betriebes von Einrichtungen und Anstalten meistens regelmäßig anfallen und nicht vermögenswirksam sind. Dazu gehören u. a. die Steuern, die Schlüsselzuweisungen vom Land sowie die Gebühren und zweckgebundenen Abgaben. Bei den Einnahmen der Kapitalrechnung werden alle Einnahmen nachgewiesen, die eine Vermö-

Statistische Angaben ab 1990

gensänderung herbeiführen oder der Finanzierung von Investitionen anderer Träger dienen und keine besonderen Finanzierungsvorgänge darstellen. Hierzu zählen u. a. Zuweisungen für Investitionen und Kreditaufnahmen bei Verwaltungen. Sowohl die Einnahmen der laufenden Rechnung als auch die der Kapitalrechnung werden um die Zahlungen von gleicher Ebene, d. h. zwischen den Gemeinden und Gemeindeverbänden bereinigt.

Tab. 10: Bereinigte Einnahmen der Kreisfreien Städte und Kreisgebiete 1992, 1994, 1999 und 2004 (in 1 000 €)

Kreisfreie Stadt Kreisgebiet Regierungsbezirk Land	1992	1994	1999	2004
Chemnitz, Stadt	518 935	556 203	529 480	483 184
Plauen, Stadt	116 489	126 150	129 536	119 031
Zwickau, Stadt	251 350	213 298	228 723	174 032
Annaberg	159 502	139 755	141 704	135 665
Chemnitzer Land	235 711	208 068	197 975	202 556
Freiberg	292 076	262 639	242 613	274 953
Vogtlandkreis	407 954	391 540	316 583	293 601
Mittlerer Erzgebirgskreis	187 340	168 871	168 650	152 446
Mittweida	254 322	201 085	199 319	207 867
Stollberg	147 902	142 206	130 021	138 765
Aue-Schwarzenberg	281 059	223 749	222 416	222 217
Zwickauer Land	249 230	225 061	204 656	190 036
Regierungsbezirk Chemnitz	**3 101 871**	**2 858 625**	**2 711 676**	**2 594 354**
Dresden, Stadt	959 231	929 402	1 017 019	1 149 113
Görlitz, Stadt	138 440	120 365	119 576	104 275
Hoyerswerda, Stadt	60 787	63 399	88 650	70 982
Bautzen	274 604	237 440	255 955	233 706
Meißen	252 065	280 171	277 087	283 962
Niederschlesischer Oberlausitzkreis	221 142	180 454	160 974	150 033
Riesa-Großenhain	233 454	196 971	212 777	204 952
Löbau-Zittau	332 251	282 043	292 803	237 289
Sächsische Schweiz	268 652	271 548	235 890	258 111
Weißeritzkreis	192 141	178 620	221 852	245 602
Kamenz	351 102	332 341	256 365	229 939
Regierungsbezirk Dresden	**3 283 867**	**3 072 754**	**3 138 949**	**3 167 966**
Leipzig, Stadt	833 958	1 044 379	1 085 334	1 043 911
Delitzsch	240 550	182 473	208 306	213 860
Döbeln	172 989	173 853	137 922	156 333
Leipziger Land	332 169	279 059	228 261	256 351
Muldentalkreis	249 795	217 554	205 780	238 223
Torgau-Oschatz	190 656	184 332	156 401	164 693
Regierungsbezirk Leipzig	**2 020 118**	**2 081 650**	**2 022 003**	**2 073 372**
Sachsen	**8 405 855**	**8 831 640**	**7 937 688**	**7 942 052**

Quellen: Jahresrechnungsstatistik der Gemeinden/GV. 1992 - 1999, vierteljährliche Kassenstatistik der Gemeinden/GV. 2004

Statistische Angaben ab 1990

Die bereinigten Ausgaben sind ebenso strukturiert wie die bereinigten Einnahmen. Zu den Ausgaben der laufenden Rechnung gehören zum Beispiel die Personalausgaben, der laufende Sachaufwand und die sozialen Leistungen. Die Ausgaben der Kapitalrechnung beinhalten u. a. die Sachinvestitionen und die Kredittilgungen bei Verwaltungen.

Tab. 11: Bereinigte Ausgaben der Kreisfreien Städte und Kreisgebiete 1992, 1994, 1999 und 2004 (in 1 000 €)

Kreisfreie Stadt Kreisgebiet Regierungsbezirk Land	1992	1994	1999	2004
Chemnitz, Stadt	588 125	595 907	522 040	471 635
Plauen, Stadt	120 192	160 908	129 861	109 635
Zwickau, Stadt	234 691	232 752	221 187	172 958
Annaberg	176 602	171 221	138 083	136 888
Chemnitzer Land	275 724	239 423	188 249	192 626
Freiberg	333 030	302 577	238 606	272 652
Vogtlandkreis	457 559	448 524	291 373	289 185
Mittlerer Erzgebirgskreis	194 137	205 684	156 451	150 164
Mittweida	267 368	229 315	193 222	194 471
Stollberg	172 843	174 469	129 472	126 947
Aue-Schwarzenberg	323 723	278 051	214 080	211 770
Zwickauer Land	264 057	253 461	202 010	189 193
Regierungsbezirk Chemnitz	**3 408 049**	**3 292 291**	**2 624 633**	**2 518 125**
Dresden, Stadt	1 119 384	1 102 810	967 300	1 000 094
Görlitz, Stadt	169 250	144 091	118 599	102 070
Hoyerswerda, Stadt	71 058	83 619	82 852	77 317
Bautzen	305 489	269 714	245 748	219 230
Meißen	275 995	321 897	274 024	260 427
Niederschlesischer Oberlausitzkreis	251 558	204 476	152 518	146 742
Riesa-Großenhain	259 567	226 631	214 420	190 436
Löbau-Zittau	363 798	315 566	273 744	236 187
Sächsische Schweiz	305 251	308 743	237 761	243 165
Weißeritzkreis	231 538	223 005	220 246	240 751
Kamenz	349 171	387 708	253 137	220 722
Regierungsbezirk Dresden	**3 702 058**	**3 588 259**	**3 040 349**	**2 937 140**
Leipzig, Stadt	998 826	1 178 442	1 138 497	1 051 568
Delitzsch	263 951	243 620	212 482	218 645
Döbeln	189 770	207 555	130 262	152 894
Leipziger Land	379 315	329 432	241 163	238 857
Muldentalkreis	268 185	275 729	202 369	237 868
Torgau-Oschatz	210 612	231 021	152 634	169 536
Regierungsbezirk Leipzig	**2 310 659**	**2 465 799**	**2 077 407**	**2 069 368**
Sachsen	**9 420 766**	**10 030 434**	**7 873 106**	**7 616 663**

Quellen: Jahresrechnungsstatistik der Gemeinden/GV. 1992 - 1999,
vierteljährliche Kassenstatistik der Gemeinden/GV. 2004

Personalausgaben und Beschäftigte im Kernhaushalt der Gemeinden

Die Personalausstattung im Kernhaushalt der Gemeinden/Gemeindeverbände (GV) hat sich in den Jahren seit 1993 grundlegend verändert. Die Anzahl der Beschäftigten verringerte sich jedes Jahr kontinuierlich. Im Vergleich zum Jahr 1992 waren im Jahr 1999 bereits mit rund 82 000 Beschäftigten weniger als die Hälfte der Beschäftigten im kommunalen Dienst tätig. Im Jahr 2004 arbeitete fast jeder dritte Beschäftigte im Vergleich zu 1992 nicht mehr im Kernhaushalt der Gemeinden/GV. Die sparsame Personalpolitik der Gemeinden/GV führte trotz der Tariferhöhungen im öffentlichen Dienst zu einer Verringerung ihrer Personalausgaben. Dadurch wurden 1999 für das Personal nur noch rund drei Viertel des Betrages des Jahres 1992 ausgegeben. Die Ausgaben für Personal im öffentlichen Dienst nahmen seit 1999 bis auf einen vorübergehenden Anstieg in den Jahren 2002 und 2003 weiter ab. Im Jahr 2004 beliefen sich die Personalausgaben auf knapp 70 Prozent des Betrages von 1992. Mit rund 479 € je Einwohner erreichten die sächsischen Gemeinden/GV 2004 ein Personalausgabenniveau von knapp 91 Prozent des bundesdeutschen Durchschnitts und weniger als 86 Prozent des Durchschnitts der anderen neuen Bundesländer.

Tab. 12: Personalausgaben und Beschäftigte im Kernhaushalt der Gemeinden/Gemeindeverbände 1992 bis 2004

Jahr	Personalausgaben der Gemeinden/GV.				Beschäftigte im Kernhaushalt der Gemeinden/GV. am 30. Juni	
	absolut	Veränderung	je Einwohner	je Beschäftigten	absolut	Veränderung
	1 000 €	1992 = 100	€	€	Anzahl	1992 = 100
1992	3 067 150	100,0	658	17 791	172 395	100,0
1993	3 086 333	100,6	667	21 505	143 519	83,3
1994	2 715 211	88,5	591	21 955	123 672	71,7
1995	2 947 765	96,1	644	25 818	114 173	66,2
1996	2 742 608	89,4	602	25 676	106 816	62,0
1997	2 475 806	80,7	546	26 867	92 151	53,5
1998	2 365 941	77,1	525	27 419	86 289	50,1
1999	2 316 218	75,5	517	28 248	81 996	47,6
2000	2 252 679	73,4	507	28 384	79 363	46,0
2001	2 105 853	68,7	478	29 202	72 113	41,8
2002	2 113 016	68,9	484	31 085	67 975	39,4
2003	2 132 272	69,5	492	32 871	64 868	37,6
2004	2 064 663	67,3	479	32 920	62 717	36,4

Quellen: Jahresrechnungsstatistik der Gemeinden/GV. 1992 - 2003
vierteljährliche Kassenstatistik 2004
Personalstandstatistik der Gemeinden/GV. 1992 - 2004

Die einzelnen Aufgabenbereiche hatten entsprechend dem in diesen Bereichen tätigen Personal unterschiedlich hohe Anteile an den kommunalen Personalausgaben insgesamt. Rund die Hälfte aller Personalausgaben entfiel auf die Aufgabenbereiche „Allgemeine Verwaltung" und „Soziale Sicherung". Die Veränderungen im Bereich „Soziale Sicherung", die sich durch die Ausgliede-

Statistische Angaben ab 1990

rungen von Tageseinrichtungen für Kinder aus dem Haushalt der Gemeinden/ GV zeigten, wirkten sich auch auf die Struktur der Personalausgaben der Gemeinden/GV aus. Während 1992 von den gesamten Personalausgaben noch rund ein Drittel für „Soziale Sicherung" ausgegeben wurde, waren dafür im Jahr 1999 lediglich noch rund ein Viertel und im Jahr 2003 sogar nur noch knapp ein Viertel der finanziellen Mittel notwendig. Verringert hat sich auch der Anteil der Personalausgaben des Aufgabenbereichs „Schulen". Dieser sank von rund 11 Prozent im Jahr 1992 auf rund sechs Prozent im Jahr 2003. Im Gegensatz dazu verlief die Entwicklung der Personalausgaben bei den Aufgabenbereichen „Wissenschaft, Forschung, Kulturpflege" und „Gesundheit, Sport, Erholung" in den Jahren 1992, 1999 und 2003 nahezu gleichmäßig. Ein steigender Anteil an Personalausgaben wurde beim Aufgabenbereich „Öffentliche Sicherheit und Ordnung" verzeichnet. Im Jahr 2003 belief sich dieser Anteil an den Personalausgaben insgesamt auf rund 14 Prozent, im Jahr 1992 umfasste er noch rund sechs Prozent.

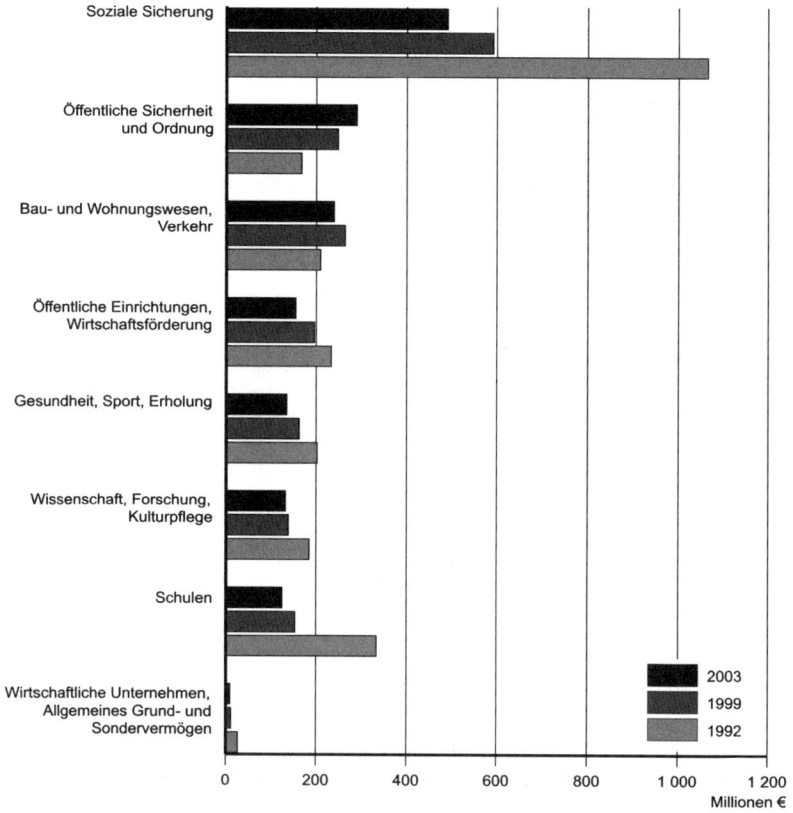

Abb. 7: Personalausgaben der Gemeinden/Gemeindeverbände 1992, 1999 und 2003 nach Aufgabenbereichen

Schuldenstand der Gemeinden

Sowohl die Gemeinden/Gemeindeverbände (GV) als auch ihre Eigenbetriebe, Eigengesellschaften und Krankenhäuser benötigen zur Erfüllung ihrer zahlreichen Aufgaben enorme finanzielle Mittel. Oft reichen jedoch die eigenen Einnahmen der Gemeinden/GV aus Steuern, Gebühren und Abgaben sowie aus Zuweisungen und Zuschüssen vom Bund bzw. Land nicht aus, um große Investitionsvorhaben (Straßen-, Wohnungsbau, Abwasser- und Abfallentsorgung, Wasserversorgung, Wirtschaftsförderung u. a.) zeitnah aus der eigenen Haushaltskasse finanzieren zu können. Deshalb nutzen die Gemeinden/GV und ihre Unternehmen Kredite vom Kapitalmarkt und haben infolgedessen Schulden.
Die Betrachtung des Schuldenstandes der Gemeinden/GV zusammen mit ihren Eigenbetrieben, Eigengesellschaften und Krankenhäusern, die sich jeweils hundertprozentig mit dem Nennkapital oder dem Stimmrecht in kommunaler Hand befinden, vermittelt ein umfassenderes Bild des Schuldenstandes als ein alleiniger Blick auf den Stand der Schulden der Gemeinde/GV (vgl. beide Tabellen zum Schuldenstand). Die erweiterte Betrachtungsweise der Daten zum Schuldenstand ist notwendig, weil kommunale Pflichtaufgaben, wie zum Beispiel die Bereiche der Wohnungswirtschaft, der Wasserver- und Abwasserentsorgung sowie des öffentlichen Personennahverkehrs, an Einrichtungen und Unternehmen übertragen wurden und dadurch aus dem Haushalt der Gemeinde/GV ausgegliedert sind.
Während der Schuldenstand der Eigenbetriebe, Eigengesellschaften und Krankenhäuser von 1997 bis zum Jahr 2003 jährlich wuchs und erstmals im Jahr 2004 ein Rückgang verzeichnet werden konnte, unterbrachen die Gemeinden/GV bereits 1999 den bisherigen Anstieg ihrer Schulden. Im Jahr 2000 erhöhten sich die Schulden der Gemeinden/GV erneut und nahmen danach kontinuierlich ab. Dabei war die Verringerung des kommunalen Schuldenstandes jedoch nicht stark genug, um dem Wachstum der Schulden bei den Unternehmen entgegenwirken zu können. Dadurch bedingt stieg auch in den Jahren 1999, 2001 und 2003 der Schuldenstand der Gemeinden/GV und ihrer Eigenbetriebe, Eigengesellschaften und Krankenhäuser weiter an.
Die kommunalen Schulden wurden im Jahr 2004 hauptsächlich von den Kreisfreien Städten und kreisangehörigen Gemeinden getragen. Während ihre Anteile daran mit jeweils über 40 Prozent etwa gleich groß waren, entfiel auf die Landkreise der verbleibende Anteil von rund 12 Prozent. Der Schuldenstand der Verwaltungsverbände beeinflusste die Schulden der kommunalen Haushalte kaum.

Statistische Angaben ab 1990

Tab. 13: Schuldenstand der Kreisfreien Städte und Kreisgebiete am 31. Dezember 1992, 1994, 1999 und 2004 (in 1 000 €)

Kreisfreie Stadt / Kreisgebiet / Regierungsbezirk / Land	Schuldenstand am 31. Dezember			
	1992	1994	1999	2004
Chemnitz, Stadt	121 580	285 751	344 811	339 995
Plauen, Stadt	8 571	54 226	97 729	72 727
Zwickau, Stadt	89 907	102 003	125 131	108 372
Annaberg	49 607	91 380	91 108	80 679
Chemnitzer Land	108 224	132 779	188 251	181 744
Freiberg	74 618	154 422	152 632	127 799
Vogtlandkreis	111 423	198 665	222 633	189 192
Mittlerer Erzgebirgskreis	31 806	100 082	116 551	98 695
Mittweida	58 265	108 656	96 469	80 356
Stollberg	48 502	98 607	124 306	101 617
Aue-Schwarzenberg	103 733	170 976	181 766	143 111
Zwickauer Land	72 705	125 148	125 336	122 907
Regierungsbezirk Chemnitz	**878 941**	**1 622 695**	**1 866 723**	**1 647 194**
Dresden, Stadt	248 670	675 095	789 544	749 622
Görlitz, Stadt	20 571	45 584	56 404	50 473
Hoyerswerda, Stadt	10 281	34 761	55 742	56 189
Bautzen	52 147	114 269	107 300	118 415
Meißen	59 625	107 120	237 142	221 361
Niederschlesischer Oberlausitzkreis	51 313	77 336	107 808	99 057
Riesa-Großenhain	40 833	103 632	156 134	138 074
Löbau-Zittau	91 210	147 619	154 423	133 562
Sächsische Schweiz	70 841	134 349	150 114	129 273
Weißeritzkreis	52 610	136 264	146 734	126 326
Kamenz	86 066	141 627	177 849	156 299
Regierungsbezirk Dresden	**784 167**	**1 717 656**	**2 139 194**	**1 978 651**
Leipzig, Stadt	133 658	373 178	800 749	911 691
Delitzsch	60 698	131 550	176 596	180 049
Döbeln	29 991	69 140	70 185	56 789
Leipziger Land	111 535	181 588	187 786	154 597
Muldentalkreis	68 444	138 182	156 673	157 834
Torgau-Oschatz	47 443	101 887	122 043	106 775
Regierungsbezirk Leipzig	**451 769**	**995 525**	**1 514 032**	**1 567 735**
Sachsen	**2 114 877**	**4 335 876**	**5 519 949**	**5 193 580**

Quelle: Schuldenstatistik der Gemeinden/GV.

Tab. 14: Schuldenstand der Gemeinden/Gemeindeverbände und deren Eigenbetriebe, Eigengesellschaften und Krankenhäuser am 31. Dezember 1996 bis 2004

Jahr	Gemeinden/GV. und deren Eigenbetriebe, Eigengesellschaften und Krankenhäuser		Schuldenstand am 31. Dezember [1]			
			Davon			
			Gemeinden/GV.		Eigenbetriebe, Eigengesellschaften [2], Krankenhäuser der Gemeinden/GV.	
	absolut	je Einwohner	absolut	je Einwohner	absolut	je Einwohner
	1 000 €	€	1 000 €	€	1 000 €	€
1996	10 427 823	2 288	5 061 990	1 111	5 365 833	1 177
1997	11 354 165	2 502	5 434 447	1 198	5 919 718	1 305
1998	11 970 423	2 656	5 571 006	1 236	6 399 417	1 420
1999	12 291 072	2 746	5 519 949	1 233	6 771 123	1 513
2000	12 534 219	2 821	5 579 712	1 256	6 954 507	1 565
2001	12 642 988	2 870	5 531 376	1 255	7 111 612	1 614
2002	12 521 073	2 868	5 354 190	1 226	7 166 883	1 641
2003	12 777 365	2 948	5 208 964	1 202	7 568 401	1 746
2004	12 369 837	2 872	5 193 580	1 206	7 176 257	1 666

1) bei Eigenbetrieben, Eigengesellschaften und Krankenhäusern Schuldenstand ohne Schulden beim Träger/Gesellschafter
2) Beteiligung am Nennkapital oder Stimmrecht 100 %

Quelle: Schuldenstatistik der Gemeinden/GV. und Schuldenstatistik der öffentlichen Fonds, Einrichtungen und Unternehmen

Kreistags-, Stadtrats-, Gemeinderats- und Ortschaftsratswahlen

Bei den Kommunalwahlen entscheiden die Wählerinnen und Wähler über die Zusammensetzung der Kreistage sowie der Gemeinde-, Stadt- und Ortschaftsräte. Die Größe der kommunalen Vertretungen richtet sich nach der Einwohnerzahl. Die Abgeordneten werden nach einem reinen Verhältniswahlsystem gewählt, wobei jeder Wähler drei Stimmen hat. Die Verteilung der Sitze erfolgt nach dem d'Hondtschen Höchstzahlverfahren.
Bei den Wahlen zu den Ortschaftsräten 1994 konnte mit 77,3 Prozent die höchste Wahlbeteiligung festgestellt werden, dagegen machten bei den Kreistags- und Stadtratswahlen der Kreisfreien Städte 2004 lediglich 46,0 Prozent der Wahlberechtigten von ihrem Wahlrecht Gebrauch. Neben den etablierten Parteien konnten die Wählervereinigungen hohe Stimmenanteile, insbesondere bei den Ortschaftsratswahlen, auf sich vereinen (vgl. Tab. 15 hier in „sonstige" enthalten). Die Kommunalwahlergebnisse 1994 beinhalten die Nachwahlen in den Landkreisen Meißen, Kamenz und im Vogtlandkreis am 3. Dezember 1995.

Statistische Angaben ab 1990

Tab. 15: Stimmen- und Sitzverteilung ausgewählter Parteien in Kreistagen, Stadt-, Gemeinde- und Ortschaftsräten

Wahl-jahr	Gültige Stimmen	Von den gültigen Stimmen entfielen auf ... %						Sitze	Davon entfielen auf ...				
		CDU	SPD	PDS	GRÜNE	FDP	sonstige		CDU	SPD	PDS	GRÜNE	FDP	sonstige
Kreistags- und Stadtratswahlen der Kreisfreien Städte														
1994	6 372 221	38,6	21,0	16,7	7,7	6,3	9,7	1 667	710	347	269	109	105	127
1999	5 258 205	44,5	18,7	19,2	3,7	5,2	8,8	1 652	781	313	310	42	82	124
2004	4 477 908	38,4	13,6	21,6	5,2	7,2	14,1	1 614	681	204	349	56	112	212
Gemeinde- und Stadtratswahlen														
1994	6 796 647	34,8	17,6	14,5	5,0	6,4	21,7	13 104	4 938	1 296	905	163	795	5 007
1999	5 345 223	39,9	15,7	16,9	2,4	4,1	21,0	9 093	3 872	1 009	965	34	335	2 878
2004	4 552 459	34,8	11,4	18,6	3,1	5,1	26,9	8 415	3 345	557	1 007	39	335	3 132
Ortschaftsratswahlen														
1994	439 031	35,6	4,1	3,6	0,1	4,9	51,7	3 125	1 027	90	70	2	145	1 791
1999	970 231	37,9	6,7	6,5	0,5	3,2	45,1	5 591	1 878	215	177	7	144	3 170
2004	819 973	36,9	5,6	8,6	0,2	3,5	45,0	4 763	1 511	142	189	2	127	2 792

in Prozent

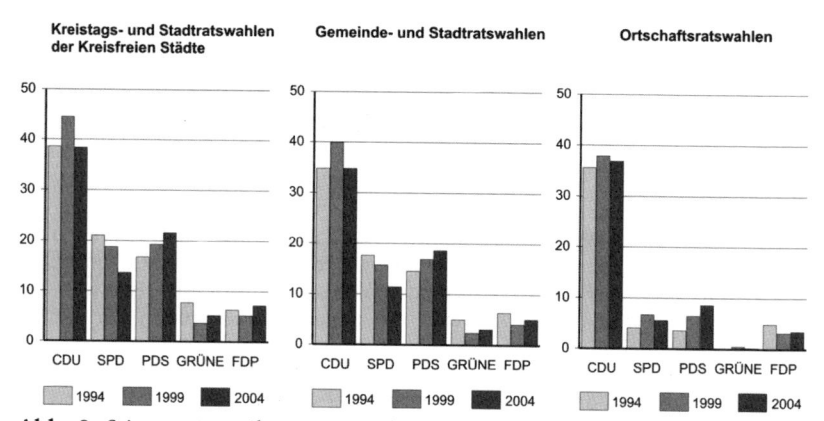

Abb. 8: Stimmenverteilung ausgwählter Parteien bei Kreistags-, Stadtrats-, Gemeinderats- und Ortschaftsratswahlen

IV. Namensverzeichnis der Bürgermeister, Oberbürgermeister und Landräte seit den Kommunalwahlen 1990

Im Anschluss an die Darstellungen der ersten drei Teile sollen hier nun all jene namentlich genannt und gewürdigt werden, die seit der friedlichen Revolution durch das Vertrauen der Bürger in ihr Amt als Bürgermeister, Oberbürgermeister oder Landrat gewählt wurden. Als „erste Bürger" haben sie Verantwortung für die Gemeinden, Städte und Landkreise übernommen und sich durch alle notwendigen, manchmal schmerzhaften, Veränderungen hindurch für ihre Bürger und die Belange ihrer Kommunen engagiert.

So werden im Folgenden, soweit die entsprechenden Informationen vorliegen, alle Bürgermeister, Oberbürgermeister (Amtsbezeichnung in Kreisfreien Städten und Großen Kreisstädten) und Landräte in Sachsen seit den Kommunalwahlen am 6. Mai 1990 aufgeführt. Diese namentliche Übersicht folgt dem Gebietsstand der Landkreise und Kreisfreien Städte zum 31.12.2005. Die zu diesem Zeitpunkt bestehenden Kreisfreien Städte, Landkreise und Gemeinden sind in alphabetischer Reihenfolge aufgeführt und fett markiert. Die Bezeichnung „Stadt" führen die Gemeinden, denen diese Bezeichnung zusteht. Unter der bestehenden Gemeinde/Stadt sind – soweit nach 1990 erfolgt – die Gemeindeeingliederungen und Gemeindevereinigungen der ehemals selbständigen Gemeinden verzeichnet, die zum 31.12.2005 der bestehenden Gemeinde angehören. Dem Ablauf der Geschehnisse entsprechend sind diese Eingliederungen und Vereinigungen chronologisch (nach Jahreszahl) geordnet.

Aufgeführt sind alle gewählten Bürgermeister, Oberbürgermeister und Landräte, die das Amt angetreten haben. Amtsverweser, stellvertretende Bürgermeister, Oberbürgermeister und Landräte, die vertretungsweise amtierten, sind nicht in die Liste aufgenommen worden. Ein Stellvertreter wird nur dann genannt, wenn der Amtsinhaber ausgeschieden war und der Stellvertreter über einen längeren Zeitraum, in der Regel bis zur vorgesehenen Eingliederung oder Vereinigung mit einer anderen Kommune, das Amt vertreten hat. Die namentlich Verzeichneten haben haupt- oder ehrenamtlich amtiert; in Einzelfällen sind sie zugleich in mehreren Gemeinden bzw. Landkreisen gewählt worden.

Dieses Namensverzeichnis erhebt trotz sorgfältiger Zusammenstellung keinen Anspruch auf Vollständigkeit. Da es sich um eine Übersicht zur namentlichen Nennung handelt, können zudem reale, möglicherweise etwas kompliziertere Situationen innerhalb der einzelnen Kommunen wie auch genaue Datumsangaben von Wahlen, Amtsantritten oder Gemeindeeingliederungen bzw. -vereinigungen nicht abgebildet werden. Ausführlichere Informationen stehen dem interessierten Leser in den jeweiligen Gemeinde-/Stadtverwaltungen bzw. Landratsämtern zur Verfügung.

Gemeinde/Stadt Wahlperiode 1990–1994 ab Direktwahl 1994–31.12.2005

Stadt Chemnitz		GV = Gemeindevereinigung („Zusammenschluss") GE = Gemeindeeingliederung („Eingemeindung")
Stadt Chemnitz	Dr. Noll, Dieter; 1991 Dr. Pilz, Joachim; 1993 Dr. Seifert, Peter	Dr. Seifert, Peter
Euba	Zimmermann, Carsten	1994 GE nach Chemnitz
Einsiedel	Ulbrich, Peter	Ulbrich, Peter; 1997 GE nach Chemnitz
Klaffenbach	Donner, Armin	Donner, Armin; 1997 GE nach Chemnitz
Kleinolbersdorf-Altenhain	Gerlach, Bernd	Gerlach, Bernd; 1997 GE nach Chemnitz
Grüna	Traetz, Gerhard	Traetz, Gerhard; 1999 GE nach Chemnitz
Mittelbach	Huth, Lothar; 1991 Neuber, Rainer	Neuber, Rainer; 1999 GE nach Chemnitz
Röhrsdorf	Konrad, Jürgen	Konrad, Jürgen; 1999 GE nach Chemnitz
Wittgensdorf	Dr. Müller, Reinhard	Müller, Klaus; 1999 GE nach Chemnitz

Landeshauptstadt Dresden		GV = Gemeindevereinigung („Zusammenschluss") GE = Gemeindeeingliederung („Eingemeindung")
Landeshauptstadt Dresden	Dr. Wagner, Herbert	Dr. Wagner, Herbert; 2001 Roßberg, Ingolf
Altfranken	Michalsky, Birgit; 1991 Hoffmann, Karl-Heinz	Hoffmann, Karl-Heinz; 1997 GE nach Dresden
Cossebaude	Decker, Karl-Hermann	Decker, Karl-Hermann; 1997 GE nach Dresden
Oberwartha	Bull, Christa	1994 GE nach Cossebaude
Gompitz	Dr. Quass, Helmut	Petermann, Eleonore; 1999 GE nach Dresden
Ockerwitz	Schönberg, Brita; 1993 GE nach Gompitz	
Langebrück	Großmann, Christian	Wagner, Hans-Jochen; 1999 GE nach Dresden
Schönborn	Tamme, Werner	Tamme, Werner; 1996 GE nach Langebrück

Bürgermeister/Oberbürgermeister　　　　　　　　　　Kreisfreie Städte

Mobschatz		Tandler, Erich; 1999 GE nach Dresden
Mobschatz	Tandler, Erich	1994 GV Mobschatz
Brabschütz	Neumann, Wolfgang	1994 GV Mobschatz
Schönfeld-Weißig		Behr, Hans-Jürgen; 1999 GE nach Dresden
Borsberg	Röder, Hein	1994 GV Schönfeld-Weißig
Cunnersdorf	Parteka, Siegfried; 1991 Tietze, Günter	1994 GV Schönfeld-Weißig
Eschdorf	Lembke, Klaus-Dieter	1994 GV Schönfeld-Weißig
Gönnsdorf	Uhlig, Lutz	1994 GV Schönfeld-Weißig
Pappritz	Mizera, Bernd	1994 GV Schönfeld-Weißig
Rockau	Manietta, Günter	1994 GV Schönfeld-Weißig
Schönfeld	Schöne, Heidrun; 1991 Angermann, Martina	1994 GV Schönfeld-Weißig
Schullwitz	Wohlfahrt, Andreas	1994 GV Schönfeld-Weißig
Weißig	Behr, Hans-Jürgen	1994 GV Schönfeld-Weißig
Malschendorf	Georgi, Ute; 1992 Sabel, Margitta	1994 GE nach Schönfeld-Weißig
Weixdorf	Fischer, Bernd; 1990 Ramsdorf, Annelies	Ecke, Gottfried; 1999 GE nach Dresden

Stadt Görlitz		GV = Gemeindevereinigung („Zusammenschluss") GE = Gemeindeeingliederung („Eingemeindung")
Stadt Görlitz	Lechner, Matthias	Lechner, Matthias; 1998 Prof. Dr. Karbaum, Rolf; 2005 Paulick, Joachim
Hagenwerder/ Tauchritz	Ritter, Harald	1994 GE nach Görlitz
Schlauroth	Michel, Manfred	1994 GE nach Görlitz
Kunnerwitz/ Klein Neundorf	Hübner, Eberhard	Hübner, Eberhard; 1999 GE nach Görlitz
Ludwigsdorf/ Oberneundorf	Jonas, Karl-Heinz	Brose, Reinhard; 1999 GE nach Görlitz

Gemeinde/Stadt Wahlperiode 1990–1994 ab Direktwahl 1994–31.12.2005

Stadt Hoyers-werda		GV = Gemeindevereinigung („Zusammen-schluss") GE = Gemeindeeingliederung („Eingemeindung")
Stadt Hoyers-werda	Skoddow, Wolfgang; 1991 Ahrendt, Armin	Brähmig, Horst-Dieter
Bröthen/Michal-ken	Jerchel, Fred; 1993 GE nach Hoyerswerda	
Knappenrode	Rentsch, Elisabeth	1994 GE nach Hoyerswerda
Schwarzkollm	Winzer, Gertrud	Winzer, Gertrud; 1996 GE nach Hoyerswerda
Zeißig	Rulla, Gottfried	Rulla, Gottfried; 1996 GE nach Hoyerswerda
Dörgenhausen	Mickel, Monika	Mickel, Monika; 1998 GE nach Hoyerswerda

Stadt Leipzig		GV = Gemeindevereinigung („Zusammen-schluss") GE = Gemeindeeingliederung („Eingemeindung")
Stadt Leipzig	Dr. Grube, Hinrich-Lehmann	Dr. Grube, Hinrich-Lehmann; 1998 Tiefensee, Wolfgang
Bienitz		Nagel, Manfred; 1999 GE nach Leipzig
Burghausen	Nagel, Manfred	1994 GV Bienitz
Rückmarsdorf	Mühmel, Marco	1994 GV Bienitz
Böhlitz-Ehren-berg	Manig, Siegfried	Koy, Wolfgang; 1999 GE nach Leipzig
Engelsdorf	Zocher, Volker	Zocher, Volker; 1999 GE nach Leipzig
Althen	Eimert, Elvira	1994 GE nach Engelsdorf
Baalsdorf	Nolte, Rainer	1994 GE nach Engelsdorf
Kleinpösna	Müller, Dieter	1994 GE nach Engelsdorf
Hartmannsdorf	Zetzsche; 1992 GE nach Leipzig	
Holzhausen	Grimm, Ursula	Grimm, Ursula; 1999 GE nach Leipzig
Lausen	Handrick, Uwe	1994 GE nach Leipzig
Liebertwolkwitz	Reißmann, Klaus	Reißmann, Klaus; 1999 GE nach Leipzig

Bürgermeister/Oberbürgermeister Kreisfreie Städte

Lindenthal	Böhme, Manfred; 1993 Kuhnert, Thomas	1993 Kuhnert, Thomas; 1999 GE nach Leipzig
Lützschena		Bäsler, Detlef; 1999 GE nach Leipzig
Lützschena	Bäsler, Detlef	1994 GV Lützschena
Stahmeln	Peschel, Holger	1994 GV Lützschena
Kulkwitz	Kolbe, Siegfried	Kolbe, Siegfried; 1999 GE nach Leipzig
Miltitz	Walter, Heinz	Walter, Heinz; 1999 GE nach Leipzig
Mölkau	Illgen, Karlheinz; 1992 Dr. Siegemund, Roland	Dr. Siegemund, Roland; 1999 GE nach Leipzig
Plaußig	Grimm, Manfred	Grimm, Manfred; 1995 GE nach Leipzig
Seehausen	Haferkorn, Thomas	Haferkorn, Thomas; 1997 GE nach Leipzig
Göbschelwitz	1992 GE nach Seehausen	
Gottscheina	1992 GE nach Seehausen	
Hohenhaida	1992 GE nach Seehausen	
Wiederitzsch	Diestel, Andreas	Diestel, Andreas; 1999 GE nach Leipzig

Stadt Plauen		GV = Gemeindevereinigung („Zusammenschluss") GE = Gemeindeeingliederung („Eingemeindung")
Stadt Plauen	Dr. Magerkord, Rolf	Dr. Magerkord, Rolf; 2000 Oberdorfer, Ralf
Meßbach	Morgenstern, Ingrid	1994 GE nach Plauen
Großfriesen	Pestel, Maria	Tröger, Bringfried; 1996 GE nach Plauen
Jößnitz	Ebert, Cornelia; 1991 Müller, Ute	Müller, Ute; 1999 GE nach Plauen
Kauschwitz	Kalinowsky Karl-Heinz	Eisenschmidt, Edith; 1996 Schneider, Lothar; 1996 Schulz, Achim; 1999 GE nach Plauen
Neundorf	Spranger, Wilfried	Spranger, Wilfried; 1999 GE nach Plauen
Straßberg	Kelz, Siegmar	Kelz, Siegmar; 1999 GE nach Plauen

Gemeinde/Stadt	Wahlperiode 1990–1994	ab Direktwahl 1994–31.12.2005
Stadt Zwickau		GV = Gemeindevereinigung („Zusammenschluss") GE = Gemeindeeingliederung („Eingemeindung")
Stadt Zwickau	Eichhorn, Rainer	Eichhorn, Rainer; 2001 Vettermann, Dietmar
Hartmannsdorf	Gärtner, Sieglinde; 1993 GE nach Zwickau	
Crossen	Dannler, Dietmar	Dannler, Dietmar; 1995 Seifert, Walter; 1996 GE nach Zwickau
Schneppendorf	Ganzon, Stefan	1994 GE nach Crossen
Rottmannsdorf	Kehle, Gerhard	Kehle, Gerhard; 1996 GE nach Zwickau
Cainsdorf	Martin, Klaus-Dieter	Martin, Klaus-Dieter; 1999 GE nach Zwickau
Mosel	Kallinisch, Traude	Kallinisch, Traude; 1999 GE nach Zwickau
Oberrothenbach	Dr. Schick, Carsten	Dr. Schick, Carsten; 1999 GE nach Zwickau
Schlunzig	Janus, Rosemarie	Hildebrand, Werner; 1999 GE nach Zwickau

Landkreise   Landräte

Landkreis	Wahlperiode 1990 bis 1994 bzw. *) bis 1995	ab Direktwahl 1994 bzw. *) ab 1995 bis 31.12.2005
Annaberg	Oettel, Wilfried	Oettel, Wilfried; 2001 Förster, Jürgen
Aue-Schwarzenberg		Matko, Karl
Aue	Kraus, Heinz-Günter	
Schwarzenberg	Matko, Karl	
Bautzen		Gallert, Horst; 2001 Harig, Michael
Bautzen	Ebermann, Volker; 1992 Gallert, Horst	
Bischofswerda	Gries, Joachim	
Chemnitzer Land		Dr. Scheurer, Christoph
Chemnitz	Wehner, Christian	
Glauchau	Ohl, Frieder W.; 1991 Dr. Scheurer, Christoph	
Hohenstein-Ernstthal	Dr. Hempel, Eberhart; 1992 Seifert, Heinz	
Delitzsch		Czupalla, Michael
Delitzsch	Czupalla, Michael	
Eilenburg	Schreinicke, Wieland	
Döbeln	Lipus, Klemens; 1993 Dr. Graetz, Manfred	Dr. Graetz, Manfred
Freiberg		Löffler, Eberhard; 2001 Uhlig, Volker
Brand-Erbisdorf	Krauß, Volkmar	
Flöha	Sollmann, Hasso	
Freiberg	Löffler, Eberhard	
Kamenz *)		Fischer, Andrea; 2002 Kockert, Petra
Hoyerswerda	Schmitz, Wolfgang	
Kamenz	Unger, Edgar; 1991 Fischer, Andrea	
Leipziger Land		Dieck, Werner; 2001 Köpping, Petra

Landkreis Wahlperiode 1990 bis 1994 ab Direktwahl 1994 bis 31.12.2005

Landkreis	Wahlperiode 1990 bis 1994 bzw. *) bis 1995	ab Direktwahl 1994 bzw. *) ab 1995 bis 31.12.2005
Borna	Dr. Jähnichen, Rolf; 1990 Bauer, Karlheinz	
Geithain	Langhardt, Lutz; 1993 Bauer, Karlheinz	
Leipzig	Horn, Siegfried; 1991 Dieck, Werner	
Löbau-Zittau		Stange, Volker; 2001 Vallentin, Günter
Löbau	Stange, Volker	
Zittau	Eggert, Heinz; 1991 Neumann, Christian	
Meißen *)		Koch, Renate; 2003 Steinbach, Arndt
Dresden	Geistlinger, Reinhard; 1991 Schramm, Johannes; 1991 Janik, Heiner; 1995 Koch, Michael	
Meißen	Koch, Renate	
Mittlerer Erzgebirgskreis		Kohlsdorf, Albrecht
Marienberg	Kohlsdorf, Albrecht	
Zschopau	Dr. Trommer, Siegfried	
Mittweida		Dr. Schramm, Andreas
Hainichen	Merker, Hans-Jürgen; 1992 Dr. Schramm, Andreas	
Rochlitz	Dr. Schramm, Andreas	
Muldentalkreis		Dr. Gey, Gerhard
Grimma	Dr. Gey, Gerhard	
Wurzen	Hubrich, Werner	
Niederschlesischer Oberlausitzkreis		Schulze, Erich; 2001 Lange, Bernd
Görlitz	Liebig, Dieter	
Niesky	Biele, Hartmut	
Weißwasser	Schulze, Erich	
Riesa-Großenhain		Kutschke, Rainer

Landkreis	Wahlperiode 1990 bis 1994 bzw. *) bis 1995	ab Direktwahl 1994 bzw. *) ab 1995 bis 31.12.2005
Großenhain	Ibisch, Armin	
Riesa	Kutschke, Rainer	
Sächsische Schweiz		Geisler, Michael
Pirna	Evers, Hans-Jürgen	
Sebnitz	Drexler, Nikolaus; 1993 Schulze, Reinhard	
Stollberg	Hertwich, Udo	Hertwich, Udo
Torgau-Oschatz		Schöpp, Robert
Oschatz	Dr. Ahner, Herbert; 1991 Schöpp, Robert	
Torgau	Tomczak, Burgunde; 1993 Meinicke, Gerhard	
Vogtlandkreis *)		Dr. Lenk, Tassilo
Auerbach	Dr. Eichler, Winfried; 1995 Hendel, Frieder	
Klingenthal	Hochmuth, Wolfgang; 1991 Kraus, Fritz	
Oelsnitz	Abele, Bernd; 1993 Dr. Lenk, Tassilo	
Plauen	Röhn, Roland; 1994 Strobel, Ralf	
Reichenbach	Bienert, Gerhard	
Weißeritzkreis		Greif, Bernd
Dippoldiswalde	Greif, Bernd	
Freital	Malcherek, Hans-Christoph; 1992 Paeleke, Karl-Heinz; 1993 Polley, Rudolf	
Zwickauer Land		Otto, Christian
Werdau	Hamburger, Georg	
Zwickau	Otto, Christian	

Gemeinde/Stadt Wahlperiode 1990–1994 ab Direktwahl 1994–31.12.2005

Landkreis Annaberg		GV = Gemeindevereinigung („Zusammenschluss") GE = Gemeindeeingliederung („Eingemeindung")
Annaberg-Buchholz, GKrStadt	Hermann, Klaus	Hermann, Klaus; 2001 Klepsch, Barbara
Frohnau	Preiß, Matthias; 1993 Dürichen, Andreas	Dürichen, Andreas; 1996 GE nach Annaberg-Buchholz
Cunersdorf	Brand, Alfred	Brand, Alfred; 1998 GE nach Annaberg-Buchholz
Geyersdorf	Siegel, Thomas	Siegel, Thomas; 1999 GE nach Annaberg-Buchholz
Bärenstein	Großer, Heinz; 1991 Franke, Rolf	Franke, Wolfgang; 2005 Schlegel, Bernd
Crottendorf	Reinhold, Bernd	Reinhold, Bernd
Walthersdorf	Müller, Bertram; 1990 Süß, Rainer; 1991 Schmiedgen, Jürgen	Schmiedgen, Jürgen; 1999 GE nach Crottendorf
Ehrenfriedersdorf, Stadt	Meinig, Klaus	Uhlig, Frank
Elterlein, Stadt	Weinhold, Karl	Weinhold, Karl
Schwarzbach	Ficker, Ulrich	Ficker, Ulrich; 1996 GE nach Elterlein
Hermannsdorf	Hadlich, Joachim	Hadlich, Joachim; 1999 GE nach Elterlein
Gelenau/Erzgb.	Berger, Erhard	Berger, Erhard; 2001 Penzis, Reinhard
Geyer, Stadt	Dr. Weiß, Joachim	Dr. Weiß, Joachim
Jöhstadt, Stadt	Baumann, Günter	Baumann, Günter; 1999 Hanzlik, Holger
Schmalzgrube	Beyer, Wolfgang; 1993 Hahn, Waldemar	1994 GE nach Jöhstadt
Grumbach	Schmidt-Brücken, Andreas	Schmidt-Brücken, Andreas; 1996 GE nach Jöhstadt
Steinbach	Götzel, Johannes	Bräuer, Günter; 1999 GE nach Jöhstadt
Königswalde	Hotze, Wolfgang	Hotze, Wolfgang
Mildenau	Vogel, Konrad	Vogel, Konrad

Arnsfeld	Lorenz, Karl	Lorenz, Karl; 1999 GE nach Mildenau
Oberwiesenthal, Kurort, Stadt	Kaden, Udo	Heinrich, Lutz; 1995 Kirsten, Heinz-Michael
Hammerunterwiesenthal	Reichel, Brigitte	Reichel, Brigitte; 1997 GE nach Oberwiesenthal
Scheibenberg, Stadt	Andersky, Wolfgang	Andersky, Wolfgang
Oberscheibe	Kreißig, Wolfgang	1994 GE nach Scheibenberg
Schlettau, Stadt	Greifenhagen, Matthias	Greifenhagen, Matthias
Dörfel	Grund, Jürgen	Grund, Jürgen; 1996 GE nach Schlettau
Sehmatal		1999 Ott, Udo
Cranzahl	Schneider, Ottokar	Tetzner, Dietmar; 1999 GV Sehmatal
Neudorf	Ott, Udo	Ott, Udo; 1999 GV Sehmatal
Sehma	Schubert, Rolf	Schubert, Rolf; 1999 GV Sehmatal
Tannenberg	König, Egon; 1993 Lißke, Matthias	Lißke, Matthias; 2001 Neubert, Christoph
Thum, Stadt		1999 Schubert, Klaus
Thum	Wildenauer, Uwe	Wildenauer, Uwe; 1999 GV Thum
Herold	Kepstein, Ralf	Kepstein, Ralf; 1999 GV Thum
Jahnsbach	Schubert, Klaus	Schulze, Ute; 1999 GV Thum
Thermalbad Wiesenbad		1999 Fischer, Heinz (GV Wiesa); 2005 neuer Name Thermalbad Wiesenbad
Neundorf	Jarzombek, Ursula	Jarzombek, Ursula; 1999 GV Wiesa
Schönfeld	Fischer, Heinz	Fischer, Heinz; 1999 GV Wiesa
Wiesa	Reuter, Klaus; 1992 Höppner, Hartmut	Höppner, Hartmut; 1999 GV Wiesa
Thermalbad Wiesenbad	Frenzel, Dieter	Frenzel, Dieter; 1999 GV Wiesa

Gemeinde/Stadt Wahlperiode 1990–1994 ab Direktwahl 1994–31.12.2005

Landkreis Aue-Schwarzenberg		GV = Gemeindevereinigung („Zusammenschluss") GE = Gemeindeeingliederung („Eingemeindung")
Aue, Stadt	Klan, Emanuel	Klan, Emanuel; 1999 Kohl, Heinrich
Bad Schlema (bis 2005 Schlema)	Barth, Konrad	Barth, Konrad; 2004 Müller, Jens
Wildbach	Kramer, Jörg	1994 GE nach Schlema (jetzt Bad Schlema)
Bernsbach	Gräfe, Ursula	Gräfe, Ursula; 2001 Panhans, Frank
Bockau	Teubner; Ludwig	Teubner, Ludwig; 2001 Baumann, Siegfried
Breitenbrunn/Erzgb.	Fischer, Ralf	Fischer, Ralf
Antonsthal	Lang, Joachim	Lang, Joachim; 1998 GE nach Breitenbrunn
Erlabrunn	Wilhelm, Harald	Wilhelm, Harald; 2005 GE nach Breitenbrunn
Eibenstock, Stadt	Staab, Uwe	Staab, Uwe
Blauenthal	Becher, Volker	1994 GE nach Eibenstock
Wildenthal	Schreier, Annelie	1994 GE nach Eibenstock
Carlsfeld	Klos, Hans-Joachim	1995 Meisel, Thomas; 1996 Kröhl, Ralf; 1997 GE nach Eibenstock
Grünhain-Beierfeld, Stadt		2005 Rudler, Joachim
Beierfeld	Krüger, Bernd	Rudler, Joachim; 2005 neuer Name Grünhain-Beierfeld
Grünhain, Stadt	Auerswald, Heinrich	2000 Auerswald, René; 2005 GE nach Beierfeld
Waschleithe	Wittmann, Peter	Schnepp, Roland; 1999 GE nach Beierfeld
Johanngeorgenstadt, Stadt	Herrmann, Joachim	Kraus, Wolfgang; 2001 Hascheck, Holger
Lauter/Sa., Stadt	Richter, Karl-Heinz	Richter, Karl-Heinz
Lößnitz, Stadt	Troll, Gotthard	Troll, Gotthard
Affalter	Walter, Henry	Walter, Henry; 1999 GE nach Lößnitz

434

Bürgermeister/Oberbürgermeister　　　Landkreis Aue-Schwarzenberg

Markersbach	Meyer, Manfred	Meyer, Manfred
Pöhla	Henschel, Gerwig	Henschel, Gerwig; 2001 Grund, Annerose
Raschau	Solbrig, Henry	Solbrig, Henry
Rittersgrün	Siegel, Frank	Siegel, Frank
Schneeberg, Stadt	Henselin, Karl	Stimpel, Frieder
Lindenau	Schulz, Manfred	Schulz, Manfred; 1999 GE nach Schneeberg
Schönheide	Trommer, Ekkehard	Trommer, Ekkehard
Schwarzenberg/ Erzgb., GKrStadt	Knauer, Klaus	Knauer, Klaus; 2001 Hiemer, Heidrun
Grünstädtel	Schällig, Gotthard	Schällig, Gotthard; 1995 GE nach Schwarzenberg
Bermsgrün	Korb, Frieder	Philipp, Peter; 1999 GE nach Schwarzenberg
Erla	Richter, Heinz; 1990 Ruk, Mike; 1994 Rucks, Manfred	Rucks, Manfred; 1999 GE nach Schwarzenberg
Sosa	Teubner, Bernhard	Teubner, Bernhard
Stützengrün	Schneider, Frank	Schneider, Frank; 2000 Reichel, Birgit
Lichtenau	Günther, Ruth	Reichel, Birgit; 1996 GE nach Stützengrün
Hundshübel	Philp, Gunter	Falk, Konrad; 1999 GE nach Stützengrün
Zschorlau	Leonhardt, Wolfgang	Leonhardt, Wolfgang
Burkhardtsgrün	Tauscher, Matthias	Tauscher, Matthias; 1996 GE nach Zschorlau
Albernau	Bochmann, Bernhardt	Bochmann, Bernhardt; 1998 GE nach Zschorlau

Gemeinde/Stadt Wahlperiode 1990–1994 ab Direktwahl 1994–31.12.2005

Landkreis Bautzen		GV = Gemeindevereinigung („Zusammenschluss") GE = Gemeindeeingliederung („Eingemeindung")
Bautzen, GKrStadt	Schramm, Christian	Schramm, Christian
Niederkaina	Thiel, Christoph	1994 GE nach Bautzen
Stiebitz	Rebentisch, Helga	1994 GE nach Bautzen
Kleinwelka	Lehmann, Volkmar	Lehmann, Volkmar; 1999 GE nach Bautzen
Salzenforst-Bolbritz	Falten, Barbara	1994 GE nach Kleinwelka
Bischofswerda, GKrStadt	Erler, Andreas	Erler, Andreas
Schönbrunn	Huste, Eberhard	1994 GE nach Bischofswerda
Großdrebnitz		Büttner, Hans-Günter; 1996 GE nach Bischofswerda
Großdrebnitz	Büttner, Hans-Günter	1994 GV Großdrebnitz
Goldbach	Roch, Werner	1994 GV Großdrebnitz
Burkau	Richter, Hans-Jürgen	Richter, Hans-Jürgen
Kleinhänchen	Steglich, Herbert	1994 GE nach Burkau
Uhyst am Taucher	Gesk, Michael	1994 GE nach Burkau
Crostau	Stampniok, Dietmar	Stampniok, Dietmar
Cunewalde		1999 Martolock, Thomas
Cunewalde	Weickert, Günter	Weickert, Günter; 1999 GV Cunewalde
Weigsdorf-Köblitz	Rachner, Peter	Martolock, Thomas; 1999 GV Cunewalde
Demitz-Thumitz	Eckstädt, Uta	Wittholz, Horst
Rothnaußlitz	Seidler, Hans	1994 GE nach Demitz-Thumitz
Pohla	Börner, Ursula	1994 GE nach Demitz-Thumitz
Doberschau-Gaußig		1999 Schulze, Michael
Gaußig	Pahler, Hans-Peter	Pahler, Hans-Peter; 1999 GV Doberschau-Gaußig
Naundorf	Menzel, Imre	1994 GE nach Gaußig

Gnaschwitz-Doberschau		Schulze, Michael; 1999 GV Doberschau-Gaußig
Doberschau	Friese, Rainer	1994 GV Gnaschwitz-Doberschau
Gnaschwitz	Schulze, Michael	1994 GV Gnaschwitz- Doberschau
Frankenthal	Spill, Alfons	Spill, Alfons; 2001 Gottlöber, Kerstin
Göda	Pittermann, Hellmut	Beer, Peter
Coblenz	Vogel, Günter; 1992 Mickan, Arndt	1994 GE nach Göda
Prischwitz	Beer, Peter	1994 GE nach Göda
Großdubrau	Karwat, Klaus; 1991 Heigel, Ralf-Torsten	Michalk, Wolfgang
Crosta	Schmidt, Günter; 1992 GE nach Großdubrau	
Commerau b. Klix	Schuster, Siegfried	1994 GE nach Großdubrau
Klix	Schäfer, Margitta	1994 GE nach Großdubrau
Quatitz	Herz, Achim	1994 GE nach Großdubrau
Sdier	Kschischenk, Günter	1994 GE nach Großdubrau
Großharthau	Zschiedrich, Ehrenfried; 1992 Tischer, Frank	Schäl, Gotthard; 2001 Krauße, Jens
Bühlau	Nimmrichter, Karl	1994 GE nach Großharthau
Schiedefeld	Gottlöber, Erhard; 1992 Clemens, Sabine	1994 GE nach Großharthau
Seeligstadt	Schäl, Gotthard	1994 GE nach Großharthau
Großpostwitz/ O.L.	Koch, Helga	Koch, Helga; 2001 Lehmann, Frank
Eulowitz	Düring, Günter; 1991 Lehmann, Frank	Lehmann, Frank; 2002 GE nach Großpostwitz
Guttau		Skomudek, Andreas
Guttau	Skomudek, Andreas	1994 GV Guttau
Kleinsaubernitz	Mettasch, Sonja	1994 GV Guttau
Neudorf/Spree	Pötschke, Wolfgang	1994 GV Guttau
Hochkirch	1993 Wilker, Gottfried	Wolf, Norbert
Hochkirch	Vieweg, Gerhard; 1993 GV Hochkirch	

Gemeinde/Stadt	Wahlperiode 1990–1994	ab Direktwahl 1994–31.12.2005
Plotzen	Wilker, Gottfried; 1993 GV Hochkirch	
Pommritz	Menter, Siegbert; 1993 GV Hochkirch	
Breitendorf	Mättig, Martin; 1991 Röthig, Heidrun	1994 GE nach Hochkirch
Kirschau	Rönsch, Armin; 1993 Sußig, Dietmar	Sußig, Dietmar
Rodewitz/Spree	Sußig, Dietmar	Waurick, Matthias; 1999 GE nach Kirschau
Königswartha	Paschke, Georg	Paschke, Georg
Oppitz	Schulze, Hubert	1994 GE nach Königswartha
Kubschütz		Hantusch, Joachim
Kubschütz	Süßmilch, Günter; 1991 Winkler, Heinz; 1991 v. Schröter, Haubold	1994 GV Kubschütz
Jenkwitz	Lehmann, Holger; 1991 Krenz, Hans-Dieter	1994 GV Kubschütz
Purschwitz	Hantusch, Joachim	1994 GV Kubschütz
Malschwitz	Koban, Werner	Sodan, Günter
Baruth	Flacke, Dieter	1994 GE nach Malschwitz
Kleinbautzen	Ziesche, Barbara	1994 GE nach Malschwitz
Niedergurig	Jenke, Siegmar; 1991 Sodan, Günter	1994 GE nach Malschwitz
Neschwitz	Pabst, Matthäus	Pabst, Matthäus; 2001 Schuster, Gerd
Luga	Rudolf, Hans; 1991 Ziegenbalg, Petra	1994 GE nach Neschwitz
Saritsch	Biber, Dietmar	1994 GE nach Neschwitz
Neukirch/Lausitz	Belke, Dietmar	Belke, Dietmar; 2001 Krause, Gottfried
Obergurig	Pilz, Johannes	Bayn, Harald
Puschwitz	Kallenbach, Fritjof	Kallenbach, Fritjof
Radibor		1999 Baberschke, Vinzenz
Milkel	Koch, Volkmar	Schmidt, Thomas; 1999 GV Radibor

Radibor	Hansky, Benno; 1992 Baberschke, Vinzenz	Baberschke, Vinzenz; 1999 GV Radibor
Luppa	Trapp, Christa	1994 GE nach Radibor
Luttowitz	Schulze, Karin; 1991 Ziesch, Gerhard	1994 GE nach Radibor
Rammenau	Snelinski, Hiltrud	Snelinski, Hiltrud
Schirgiswalde, Stadt	Rösler, Wolfgang	Rösler, Wolfgang; 2001 Jung, Patric
Schmölln-Putzkau		Venus, Wolfhardt; 2001 Schmidt, Steffen
Putzkau	Nass, Margitta	1994 GV Schmölln-Putzkau
Schmölln/O.L.	Ludwig, Dieter; 1992 Venus, Wolfhardt	1994 GV Schmölln-Putzkau
Tröbigau	Wobst, Sigrid	1994 GV Schmölln-Putzkau
Sohland a.d. Spree		Harig, Michael; 2001 Pilz, Matthias
Sohland/Spree	Harig, Michael	1994 GV Sohland a.d. Spree
Taubenheim/ Spree	Israel, Reiner; 1992 Kutschke, Volker	1994 GV Sohland a.d. Spree
Wehrsdorf	Augst, Ergmar; 1991 Förster, Roland	1994 GV Sohland a.d. Spree
Steinigtwolmsdorf	Kynast, Peter	Kynast, Peter; 2005 Steglich, Guntram
Ringenhain	Hocke, Wolfgang	Möbius, Alfred; 1995 GE nach Steinigtwolmsdorf
Weifa	Lehmann, Gerhard	Wolf, Vera; 1999 GE nach Steinigtwolmsdorf
Weißenberg, Stadt	Staude, Michael	Staude, Michael
Gröditz	Franz, Heinrich	1994 GE nach Weißenberg
Kotitz	Starke, Edgar	1994 GE nach Weißenberg
Maltitz	Marienfeld, Erwin	1994 GE nach Weißenberg
Nostitz	Schröter, Peter	1994 GE nach Weißenberg
Wurschen	Rosjat, Gert; 1993 Tschipke, Norbert	1994 GE nach Weißenberg
Drehsa	Jannasch, Karl-Heinz; 1993 GE nach Wurschen	

Gemeinde/Stadt Wahlperiode 1990–1994 ab Direktwahl 1994–31.12.2005

Wilthen, Stadt	Wucke, Bernd; 1991 Vetter, Knut	Vetter, Knut
Landkreis Chemnitzer Land		GV = Gemeindevereinigung („Zusammenschluss") GE = Gemeindeeingliederung („Eingemeindung")
Bernsdorf	Bigl, Eckhard	Bigl, Eckhard; 2005 Bergmann, Uwe
Hermsdorf	Reinhold, Horst	1994 GE nach Bernsdorf
Callenberg		1999 Lindner, Jürgen
Callenberg	Schubert, Manfred	Führer, Marlene; 1999 GV Callenberg
Reichenbach	Nitsche, Andreas; 1994 GE nach Callenberg	
Chursbachtal	1994 Lindner, Jürgen	Lindner, Jürgen; 1999 GV Callenberg
Falken	Führer, Marlene; 1994 GV Chursbachtal	
Langenberg	Girruleit, Siegfried; 1994 GV Chursbachtal	
Langenchursdorf	Lindner, Jürgen; 1994 GV Chursbachtal	
Gersdorf	Stock, Hubert; 1991 Löffler, Günter	Löffler, Günter; 1999 Streubel, Wolfgang
Glauchau, GKrStadt	Stetter, Karl-Otto	Stetter, Karl-Otto
Niederlungwitz	Wolf, Konrad; 1991 Wanitschka, Uwe; 1992 GE nach Glauchau	
Reinholdshain	Loos, Karsten; 1992 GE nach Glauchau	
Wernsdorf	Flach, Horst; 1992 GE nach Glauchau	
Hohenstein-Ernstthal, GKrStadt	Trinks, Dirk	Homilius, Erich
Wüstenbrand	Seifert, Heinz; 1992 Hösel, Martin; 1993 Langhammer, Andreas J.	Langhammer, Andreas J.; 1999 GE nach Hohenstein-Ernstthal

Bürgermeister/Oberbürgermeister Landkreis Chemnitzer Land

Lichtenstein/Sa., Stadt	Sedner, Wolfgang	Sedner, Wolfgang
Rödlitz	Appelt, Peter; 1994 GE nach Lichtenstein	
Heinrichsort	Brunn, Jürgen	Brunn, Jürgen; 1996 GE nach Lichtenstein
Limbach-Oberfrohna, GKrStadt	Dr. Rickauer, Hans-Christian	Dr. Rickauer, Hans-Christian
Bräunsdorf	Reinsberg, Hartmut	Reinsberg, Hartmut; 1998 GE nach Limbach-Oberfrohna
Kändler	Schobner, Bernd	Schobner, Bernd; 1999 GE nach Limbach-Oberfrohna
Pleißa	Arnold, Dieter	Arnold, Dieter; 1999 GE nach Limbach-Oberfrohna
Wolkenburg-Kaufungen		Iser, Reinhard; 2000 GE nach Limbach-Oberfrohna
Kaufungen	Spielbauer, Michael	1994 GV Wolkenburg-Kaufungen
Wolkenburg	Mirus, Stefan; 1991 Iser, Reinhard	1994 GV Wolkenburg-Kaufungen
Meerane, Stadt	Dr. Ohl, Peter	Dr. Ohl, Peter; 2001 Prof. Dr. Ungerer, Lothar A.
Niederfrohna	Philipp, Lothar	Philipp, Lothar
Oberlungwitz, Stadt	Schubert, Steffen	Schubert, Steffen
Oberwiera	Posern, Manfred	Opitz, Werner
Remse	Kapferer, Wolf-Dieter	Kapferer, Wolf-Dieter
Weidensdorf	Ebersbach, Manfred	1994 GE nach Remse
Schönberg	Schulze, Winfried	Schulze, Winfried
St. Egidien	Keller, Matthias	Keller, Matthias
Kuhschnappel	Bock, Ingrid	Bock, Ingrid; 1996 GE nach St. Egidien
Lobsdorf	Schönfeld, Stefan	Schönfeld, Stefan; 1996 GE nach St. Egidien
Waldenburg, Stadt	Flämig, Friedrich; 1992 Meine, Detlef; 1992 Loos, Karsten	Loos, Karsten; 2001 Pohlers, Bernd

Gemeinde/Stadt Wahlperiode 1990–1994 ab Direktwahl 1994–31.12.2005

Niederwinkel	Illgen, Ursel; 1992 GE nach Waldenburg	
Dürrenuhlsdorf	Pohlers, Bernd	Pohlers, Bernd; 1999 GE nach Waldenburg

Landkreis Delitzsch		GV = Gemeindevereinigung („Zusammenschluss") GE = Gemeindeeingliederung („Eingemeindung")
Bad Düben, Stadt	Lange, Hans-Günter; 1991 Tulaszewski, Eckehard	Tulaszewski, Eckehard
Wellaune	Reinhardt, Gerd; 1992 GE nach Bad Düben	
Schnaditz	Spadt, Reinhold	Spadt, Reinhold; 1999 GE nach Bad Düben
Tiefensee	Gräfe, Helmut	Gräfe, Helmut; 1999 GE nach Bad Düben

Delitzsch, GKrStadt	Bieniek, Heinz	Bieniek, Heinz
Benndorf	Schiwek, Birgit	1994 GE nach Delitzsch
Laue	Brandt, Gustav	1994 GE nach Delitzsch
Schenkenberg	Fritzsch, Gudrun	Fritzsch, Gudrun; 1997 GE nach Delitzsch
Spröda	Hoppe, Elke	Hoppe, Elke; 1997 GE nach Delitzsch
Döbernitz		Wachsmuth, Lutz; 2004 GE nach Delitzsch
Döbernitz	Wolff, Thilo	1994 GV Döbernitz
Beerendorf	Gebhardt, Ingrid	1994 GV Döbernitz
Brodau	Noack, Veronika	1994 GV Döbernitz
Selben	Wachsmuth, Lutz	1994 GV Döbernitz

Doberschütz		1996 Märtz, Roland
Doberschütz	Rühling, Waltraud	Tschiersch, Rudolf; 1996 GV Doberschütz
Battaune	Thiele, Helga	Thiele, Helga; 1996 GV Doberschütz
Mörtitz	Semper, Wolfgang	Semper, Wolfgang; 1996 GV Doberschütz

Bürgermeister/Oberbürgermeister Landkreis Delitzsch

Paschwitz	Reiche, Frank	Reiche, Frank; 1996 GV Doberschütz
Sprotta	Süptitz, Heinz	Süptitz, Heinz; 1995 Persdorf, Klaus; 1996 GV Doberschütz
Wöllnau	Märtz, Roland	Märtz, Roland; 1996 GV Doberschütz
Eilenburg, GKrStadt	Poltersdorf, Herbert	Wacker, Hubertus
Kospa-Pressen	Wacker, Hubertus	Jänicke, Isolde; 1997 GE nach Eilenburg
Jesewitz		Koschnick, Martina
Jesewitz	Hinz, Gerhardt	1994 GV Jesewitz
Gotha	Koschnick, Martina	1994 GV Jesewitz
Liemehna	Andersch, Joachim	1994 GV Jesewitz
Pehritzsch	Steinberg, Manfred	1994 GV Jesewitz
Kossa		1996 Schneider, Lothar; 1999 GV Kossa; Schneider, Lothar
Pressel	Törl, Siegfried	Törl, Siegfried; 1999 GV Kossa
Kossa	Damm, Werner	Damm, Werner; 1996 GV Kossa
Authausen	Frömmichen, Rolf; 1992 Trebeljahr, Harald	Schneider, Lothar; 1996 GV Kossa
Krostitz	Frauendorf, Wolfgang	Frauendorf, Wolfgang
Krensitz	Pätz, Winfried	1994 GE nach Krostitz
Mutschlena	Ihbe, Roland	1994 GE nach Krostitz
Priester	Bork, Ramona	Mansfeld, Dirk; 1997 GE nach Krostitz
Kletzen-Zschölkau		Hennig, Horst; 1999 GE nach Krostitz
Kletzen	Megow, Elke	1994 GV Kletzen-Zschölkau
Zschölkau	Hennig, Horst	1994 GV Kletzen-Zschölkau
Laußig	Bauerfeind, Rainer	Bauerfeind, Rainer; 2003 Zebrowski, Dieter
Löbnitz	Kutter, Joachimn; 1992 Prautzsch, Gerda	Prautzsch, Gerda
Reibitz	Prautzsch, Gerda; 1992 Heinrich, Gerhard; 1993 GE nach Löbnitz	

Gemeinde/Stadt	Wahlperiode 1990–1994	ab Direktwahl 1994–31.12.2005
Sausedlitz	Pannicke, Werner	1994 GE nach Löbnitz
Neukyhna		Rademacher, Wolfgang; 2001 Lösch, Christine
Kyhna	Lösch, Christine	1994 GV Neukyhna
Lissa	Schöne, Hans-Jürgen	1994 GV Neukyhna
Pohritzsch	Giebler, Joachim; 1992 Sander, Klaus	1994 GV Neukyhna
Zaasch	Tennler, Andreas	1994 GV Neukyhna
Zschernitz	Heichel, Anton	1994 GV Neukyhna
Rackwitz	Frensel, Jörg	Ofiara, Wolfgang; 2001 Freigang, Manfred
Podelwitz	Wendt, Christiane; 1993 Wilke, Reinhard	1994 Ebert, Roland; 1998 Adler, Frank; 1999 GE nach Rackwitz
Zschortau	Hofmann, Heinz	Hofmann, Heinz; Handke, Sieghart; 2004 GE nach Rackwitz
Lemsel	Gwozdz, Kathrin	1994 GE nach Zschortau
Schkeuditz, Stadt	Blechschmidt, Peter	Blechschmidt, Peter; 2003 Enke, Jörg
Kursdorf	Heumos, Manfred	1994 GE nach Schkeuditz
Glesien	Trautmann, Elke	Altenberger, Emil; 1999 GE nach Schkeuditz
Radefeld		Dieckmann, Reinhilde; 1999 GE nach Schkeuditz
Radefeld	Sprosse, Arnold; 1992 Wolf, Christine	1994 GV Radefeld
Freiroda	Dieckmann, Reinhilde	1994 GV Radefeld
Wolteritz	Schulz, Günter; 1992 Handke, Sieghart	1994 GV Radefeld
Dölzig (mit OT Kleinliebenau)	Könze, Horst	1994 GV Bienitz (siehe Stadt Leipzig); 2000 Dölzig GE nach Schkeuditz
Schönwölkau		1995 Tiefensee, Volker
Badrina	Tiefensee, Volker	Tiefensee, Volker; 1995 GV Schönwölkau
Brinnis	Reichert, Gerd	Reichert, Gerd; 1995 GV Schönwölkau
Hohenroda	Schulz, Klaus-Martin	Schulz, Klaus-Martin; 1995 GV Schönwölkau

Bürgermeister/Oberbürgermeister　　　　　　　　　　　Landkreis Döbeln

Lindenhayn	Richter, Harald	Richter, Harald; 1995 GV Schönwölkau
Wölkau	Seydewitz, Jürgen; 1992 Markwardt, Richard	Markwardt, Richard; 1995 GV Schönwölkau
Taucha, Stadt	Dr. Schirmbeck, Holger	Dr. Schirmbeck, Holger
Pönitz	Böckler, Brigitte; 1991 GE nach Taucha	
Merkwitz	König, Michael; 1992 GE nach Taucha	
Wiedemar		Bödemann, Karin
Wiedemar	Bödemann, Karin	1994 GV Wiedemar
Klitschmar	Schmidt, Sibille	1994 GV Wiedemar
Kölsa	Ihme, Regine	1994 GV Wiedemar
Wiesenena	Kühnel, Alfred	1994 GV Wiedemar
Zschepplin		1999 Berkes, Roswitha
Glaucha	Teuber, Günther	Teuber, Günther; 1999 GV Zschepplin
Hohenprießnitz	Seidel, Peter	Dietze, Rainer; 1999 GV Zschepplin
Krippehna	Huth, Franz	Huth, Franz; 1999 GV Zschepplin
Naundorf	Berkes, Roswitha	Berkes, Roswitha; 1999 GV Zschepplin
Zschepplin	Zebrowski, Dieter	Zebrowski, Dieter; 1999 GV Zschepplin
Zwochau	Reißhauer, Dieter	Reißhauer, Dieter; 2001 Ryll, Rudolf

Landkreis Döbeln		GV = Gemeindevereinigung („Zusammenschluss") GE = Gemeindeeingliederung („Eingemeindung")
Bockelwitz	1991 Heckel, Michael; 1992 GV Bockelwitz; Heckel, Michael	Heckel, Michael
Naunhof	Riedel, Christine; 1991 Wolf, Wilhelm; 1992 GV Bockelwitz	
Bockelwitz	Conrad, Ilona; 1990 Heckel, Michael; 1991 GV Bockelwitz	

Gemeinde/Stadt Wahlperiode 1990–1994 ab Direktwahl 1994–31.12.2005

Börtewitz	Tepasse, Regina; 1991 GV Bockelwitz	
Polkenberg	Roitzsch, Horst; 1993 Fritzsch, Peter	Fritzsch, Peter; 1999 GE nach Bockelwitz
Döbeln, Stadt	Girbig, Matthias	Girbig, Matthias; 2001 Buschmann, Axel
Technitz	Herzog, Erwin	1994 GE nach Döbeln
Ebersbach	Schneider, Carola	Schneider, Carola; 2001 Händler, Peter
Großweitzschen		Noack, Frank
Mockritz	Köcher, Rolf	1994 GV Großweitzschen
Westewitz	Noack, Frank	1994 GV Großweitzschen
Großweitzschen	Köhler, Gerda	1994 GV Großweitzschen
Gallschütz	Pötzsch, Wolfgang; 1993 GE nach Großweitzschen	
Hartha, Stadt	Daniel, Peter	Daniel, Peter; 2001 Herbst, Gerald
Gersdorf	Herbst, Gerald	Herbst, Gerald; 2004 GE nach Hartha
Steina	Tillack, Sigrid	1994 GE nach Hartha
Wendishain	Roßberg, Günter	1994 GE nach Hartha
Leisnig, Stadt	Stephan, Heiner	Stephan, Heiner
Minkwitz	Pötzinger, Rudolf; 1992 GE nach Leisnig	
Mochau		1996 Weber, Gunter
Mochau	Weber, Gunter	Weber, Gunter; 1996 GV Mochau
Beicha	Müller, Christiane	Müller, Christiane; 1996 GV Mochau
Lüttewitz	1993 Rosenkranz, Wilhelm	Rosenkranz, Wilhelm; 1996 GV Mochau
Lüttewitz-Dreißig	Rosenkranz, Wilhelm; 1993 GV Lüttewitz	
Choren	Schramm, Günter; 1993 GV Lüttewitz	
Niederstriegis	Martin, Heinz	Martin, Heinz
Littdorf	Buckenauer, Ursula	1994 GE nach Niederstriegis
Ostrau	Kiefer, Manfred	1998 Reibig, Gisela

Bürgermeister/Oberbürgermeister   Landkreis Freiberg

Auerschütz	Weihrauch, Kurt; 1993 GE nach Ostrau	
Jahna-Pulsitz	Reibig, Gisela	1994 GE nach Ostrau
Kiebitz	Wilsdorf, Hellfried; 1992 Tänzer, Frank	Wilsdorf, Hellfried; 1999 GE nach Ostrau
Noschkowitz	Kliemes, Horst	Kliemes, Horst; 1999 GE nach Ostrau
Schrebitz	Ronniger, Günter; 1991 Voigt, Ursula	Komp, Stephan; 1999 GE nach Ostrau
Roßwein, Stadt	Pieschke, Wolfgang	Pieschke, Wolfgang; 2001 Lindner, Veit
Gleisberg	Koch, Karin	1994 GE nach Roßwein
Haßlau	Barth, Günther	1994 GE nach Roßwein
Waldheim, Stadt	Teichert, Karl-Heinz	Teichert, Karl-Heinz; 2001 Blech, Steffen
Reinsdorf	Schubert, Roland	1994 GE nach Waldheim
Ziegra-Knobelsdorf		Berger, Bettina; 1997 Busch, Helga
Gebersbach-Knobelsdorf	Berger, Bettina	1994 GV Ziegra-Knobelsdorf
Ziegra	1991 Richter, Arnulf	1994 GV Ziegra-Knobelsdorf
Ziegra	Richter, Arnulf; 1991 GV Ziegra	
Töpeln	Kleinert, Barbara; 1991 GV Ziegra	
Zschaitz-Ottewig		Saupe, Horst
Dürrweitzschen	Ehrlich, Dietmar	1994 GV Zschaitz-Ottewig
Zschaitz	Saupe, Horst	1994 GV Zschaitz-Ottewig
Landkreis Freiberg		GV = Gemeindevereinigung („Zusammenschluss") GE = Gemeindeeingliederung („Eingemeindung")
Augustusburg, Stadt		1999 Eckardt, Hans-Dietrich
Erdmannsdorf	Langner, Gisbert; 1993 Vetter, Klaus	Brethfeld, Petra; 1999 GV Augustusburg

Gemeinde/Stadt	Wahlperiode 1990–1994	ab Direktwahl 1994–31.12.2005
Hennersdorf	Jugelt, Evelyn	Jugelt, Evelyn; 1999 GV Augustusburg
Augustusburg, Stadt	Herrlich, Karl-Heinz; 1993 Rein, Johannes	Eckardt, Hans-Dietrich; 1999 GV Augustusburg
Grünberg	Heßler, Beate	1995 GE nach Augustusburg
Bobritzsch		Weichelt, Bringfried; 1994 Haupt, Volker
Naundorf	Kolbe, Helmar	1994 GV Bobritzsch
Niederbobritzsch	Haupt, Volker	1994 GV Bobritzsch
Oberbobritzsch	Weichelt, Bringfried	1994 GV Bobritzsch
Brand-Erbisdorf, GKrStadt	Locher, Harald; 1991 Fritsch, Peter	Fritsch, Peter; 1999 Krauß, Volkmar; 2000 Zweig, Volker
St. Michaelis	Emrich, Thomas; 1993 GE nach Brand-Erbisdorf	
Langenau	Schmidt, Hartmut	Schmidt, Hartmut; 2002 GE nach Brand-Erbisdorf
Oberreichenbach	Mai, Rolf; 1993 GE nach Langenau	
Dorfchemnitz	Stiehler, Brigitte	Stiehler, Brigitte; 2001 Erler, Falk
Voigtsdorf	Fiedler, Peter	1994 GE nach Dorfchemnitz
Eppendorf	Schulze, Helmut	Schulze, Helmut
Kleinhartmannsdorf	Gutmann, Annette	Gutmann, Annette; 1995 GE nach Eppendorf
Großwaltersdorf	Hohlfeld, Hannelore	Hohlfeld, Hannelore; 1998 GE nach Eppendorf
Falkenau	Müller, Martin	Müller, Martin
Flöha, GKrStadt	Schlosser, Friedrich	Schlosser, Friedrich
Frankenstein	Schmidt, Rainer	Hammer, Gunter
Frauenstein, Stadt	Heinrich, Peter	Heinrich, Peter
Burkersdorf	Schneider, Horst	1994 GE nach Frauenstein
Dittersbach	Niese, Winfried	1994 GE nach Frauenstein
Nassau	Koch, Christoph	1994 GE nach Frauenstein
Freiberg, GKrStadt	Heinze, Konrad	Heinze, Konrad; 2001 Dr. Rensch, Uta

Bürgermeister/Oberbürgermeister　　　　　　　　　　　Landkreis Freiberg

Kleinwaltersdorf	Heinrich, Peter	1994 GE nach Freiberg
Zug	Heinrich, Dieter	1994 GE nach Freiberg
Gahlenz	Hofmeister, Lothar	Hofmeister, Lothar
Großhartmannsdorf	Schubert, Werner	Schubert, Werner
Obersaida	Zubrytzki, Wolf; 1993 GE nach Großhartmannsdorf	
Mittelsaida	Richter, Ludwig; 1992 Freudenberg, Andre; 1993 GE nach Großhartmannsdorf	
Niedersaida	Radecker, Christof; 1992 Reina, Christoph	1994 GE nach Großhartmannsdorf
Großschirma, Stadt	Urbansky, Gerhard	Urbansky, Gerhard; 2004 Schreiter, Volkmar
Großvoigtsberg	Striegler, Hans-Georg	1994 GE nach Großschirma
Hohentanne	Totzke, Roswitha	1994 GE nach Großschirma
Kleinvoigtsberg	Kunze, Heiderose	1994 GE nach Großschirma
Reichenbach	Schleicher, Roland; 1992 Silbermann, Dieter	Schleicher, Margot; 1999 GE nach Großschirma
Seifersdorf	Schleicher, Margot	1994 GE nach Reichenbach
Siebenlehn, Stadt	Friebe, Wolfgang; 1990 Keydel, Martin	Dr. Geil, Werner; 1998 Werner, Norbert; 2003 GE nach Großschirma
Obergruna	Werner, Norbert	1994 GE nach Siebenlehn
Halsbrücke		Kiehne, Jörg
Halsbrücke	Steinert, Erhard	1994 GV Halsbrücke
Krummenhennersdorf	Rüdiger, Christian	1994 GV Halsbrücke
Conradsdorf	Kiehne, Jörg	1994 GV Halsbrücke
Hilbersdorf	Töppner, Walter	Töppner, Walter; 1999 Hackenberger, Thomas; 2003 Haupt, Volker
Leubsdorf	Börner, Ralf	Börner, Ralf
Marbach	Seyfert, Romeo	1994 GE nach Leubsdorf
Schellenberg	Klotz, Walter; ab 1993 Döring, Klaus	1994 GE nach Leubsdorf

Gemeinde/Stadt Wahlperiode 1990–1994 ab Direktwahl 1994–31.12.2005

Hohenfichte	Schönfelder, Günter	1994 GE nach Leubsdorf
Lichtenberg/ Erzgb.	Uhlig, Volker	Uhlig, Volker; 2001 Schädlich, Steffi
Weigmannsdorf-Müdisdorf	Dr. Hartmann, Bernhard; 1993 GE nach Lichtenberg	
Mulda/Sa.	Hegewald, Gottfried	Hegewald, Gottfried; 2001 Stiehl, Reiner
Zethau	Frohs, Siegfried	1994 GE nach Mulda
Helbigsdorf	Weigold, Brigitte; 1991 Matthes, Dieter	1994 GE nach Mulda
Neuhausen/ Erzgb.	Morgenstern, Siegfried	Wagner, Wolfgang; 2001 Haustein, Peter
Cämmerswalde	Wagner, Wolfgang	1994 GE nach Neuhausen
Niederschöna	Püschel, Gottfried	Püschel, Gottfried; 2001 Dr. Matthes, Michael; 2003 Schlemminger, Andreas (2006 GE nach Halsbrücke)
Hetzdorf	Trabs, Erich	1994 GE nach Niederschöna
Niederwiesa	Hohm, Dietmar	Hohm, Dietmar
Braunsdorf	Rüger, Heinz	Rüger, Heinz; 1995 GE nach Niederwiesa
Lichtenwalde	Wolf, Brigitte	Wolf, Brigitte; 1996 GE nach Niederwiesa
Oberschöna	Zönnchen, Helmut	Zönnchen, Helmut
Kleinschirma	Zönnchen, Karl-Heinz	1994 GE nach Oberschöna
Wegefarth		1994 GE nach Oberschöna
Bräunsdorf-Langhennersdorf		Störr, Rainer; 1996 GE nach Oberschöna
Bräunsdorf	Störr, Rainer	1994 GV Bräunsdorf-Langhennersdorf
Langhennersdorf	Maleschka, Gerhard	1994 GV Bräunsdorf-Langhennersdorf
Oederan, Stadt	Krasselt, Gernot	Krasselt, Gernot
Kirchbach	Rülke, Rudolf; 1992 Kadner, Werner	1994 GE nach Oederan
Schönerstadt	Petrat, Annerose	1994 GE nach Oederan

450

Bürgermeister/Oberbürgermeister   Landkreis Kamenz

Breitenau	Schuster, Winfried	Schuster, Winfried; 1997 GE nach Oederan
Rechenberg-Bienenmühle	Seliger, Marion; 1992 Mantau, Karl-Heinz	Sandig, Werner
Holzhau	Lachmann, Horst	1994 GE nach Rechenberg-Bienenmühle
Clausnitz	Sandig, Werner	1994 GE nach Rechenberg-Bienenmühle
Reinsberg		Hubricht, Bernd
Bieberstein	Helm, Gerhard	1994 GV Reinsberg
Dittmannsdorf	Hubricht, Bernd	1994 GV Reinsberg
Hirschfeld	Winkler, Monika	1994 GV Reinsberg
Neukirchen	Reitz, Wolfgang	1994 GV Reinsberg
Reinsberg	Frank, Wolfgang	1994 GV Reinsberg
Sayda, Stadt	Weindt, Jochen; 1991 Wagner, Hartmut	Wagner, Hartmut
Friedebach	Mehner, Roland	1994 GE nach Sayda
Weißenborn/ Erzgb.	Hünig, Peter	Hünig, Peter
Berthelsdorf	Reichel, Günter	1994 GE nach Weißenborn
Landkreis Kamenz		GV = Gemeindevereinigung („Zusammenschluss") GE = Gemeindeeingliederung („Eingemeindung")
Arnsdorf	Domer, Wolfgang	Domer, Wolfgang; 2001 Angermann, Martina
Fischbach	Franke, Klaus	Franke, Klaus; 1999 GE nach Arnsdorf
Wallroda	Kunze, Käthi; 1992 Viecens, Klaus	Müller, Birgit; 1999 GE nach Arnsdorf
Bernsdorf, Stadt	Ermer, Jochen	Menzel, Eberhard; 2005 Habel, Harry
Großgrabe	Friedrich, Marlies	Friedrich, Marlies; 1997 GE nach Bernsdorf
Zeißholz	Hauptvogel, Bernd	1994 GE nach Bernsdorf
Bretnig-Hauswalde	Große, Frank	Großmann, Hans-Jürgen; 2003 Prescher, Katrin

Gemeinde/Stadt Wahlperiode 1990–1994 ab Direktwahl 1994–31.12.2005

Crostwitz	Scholze, Peter	Scholze, Peter; 2001 Brützke, Matthias
Elsterheide		1995 Koark, Dietmar
Bluno	Köhler, Horst	1995 GV Elsterheide
Geierswalde	Koark, Anna; 1992 Radochla, Karl-Heinz	1995 GV Elsterheide
Klein Partwitz	Mittag, Günter	1995 GV Elsterheide
Nardt	Dauskardt, Christa; 1991 Munick, Heinz	1995 GV Elsterheide
Sabrodt	Tschöke, Wolfgang; 1991 Bogott, Siegbert	1995 GV Elsterheide
Seidewinkel	Köhler, Ingrid	1995 GV Elsterheide
Tätzschwitz	Zschiesche, Reiner	1995 GV Elsterheide
Neuwiese-Bergen	Koark, Dietmar	1995 GV Elsterheide
Elstra, Stadt	Brandt, Volker	Brandt, Volker
Prietitz	Obst, Kerstin; 1993 Kohout, Hans-Jürgen	1994 GE nach Elstra
Rauschwitz	Gretschel, Reinhardt	1994 GE nach Elstra
Großnaundorf	Kenner, Helfried; 1992 Kenner, Wolfgang	Kenner, Wolfgang; 1996 Kästner, Jürgen
Großröhrsdorf, Stadt	Kaiser, Johannes; 1992 Vogel, Gerd	Eckert, Klaus; 2005 Ternes, Kerstin
Kleinröhrsdorf	Leipold, Johannes	Leipold, Johannes; 1998 GE nach Großröhrsdorf
Haselbachtal		2001 Boden, Margit
Bischheim-Häslich	Kuchta, Hans-Günther	Hasselbach, Reiner; 2001 GV Haselbachtal
Gersdorf-Möhrsdorf	Guhr, Gotthard	Hoche, Joachim; 2001 GV Haselbachtal
Reichenbach-Reichenau		Boden, Margit; 2001 GV Haselbachtal
Reichenau	Kaiser, Rolf	1994 GV Reichenbach-Reichenau
Reichenbach	Boden, Margit	1994 GV Reichenbach-Reichenau
Kamenz, Stadt	Kunze, Lothar	Kunze, Lothar; 2001 Bock, Arnold; 2004 Dantz, Roland

Bürgermeister/Oberbürgermeister   Landkreis Kamenz

Deutschbaselitz	Wacker, Christian; 1993 Bock, Arnold	Bock, Arnold; 1998 GE nach Kamenz
Bernbruch	Scholze, Martin	Scholze, Martin; 1999 GE nach Kamenz
Lückersdorf-Gelenau	Koreng, Bettina	Techritz, Ehrenfried; 1999 GE nach Kamenz
Zschornau-Schiedel	Geppert, Ursula	Geppert, Ursula; 1999 GE nach Kamenz
Königsbrück, Stadt	Loeschke, Jürgen	Loeschke, Jürgen
Gräfenhain	Gumpert, Andre	1994 GE nach Königsbrück
Röhrsdorf	Klingebiel, Siegrid	1994 GE nach Königsbrück
Laußnitz	Gumpert, Karlheinz	Gumpert, Karlheinz
Höckendorf	Haupold, Siegfried; 1992 Schulze, Peter	Gärtner, Heidrun; 1998 GE nach Laußnitz
Lauta, Stadt		2001 Ruhland, Hellfried
Lauta	Rischer, Rainer	Rischer, Rainer; 2001 GV Stadt Lauta
Laubusch	Görke, Otto	Görke, Otto; 2001 GV Stadt Lauta
Leippe-Torno	Ehrlich, Gisela	Ehrlich, Gisela; 2001 Löffler, Karl-Heinz
Lichtenberg	Mögel, Christian	Mögel, Christian
Lohsa		Gutschke, Klaus; 2001 Witschas, Udo
Lohsa	Gutschke, Klaus	1994 GV Lohsa
Hermsdorf/Spree	Dorn, Gerda	1994 GV Lohsa
Litschen	Robel, Sigrid	1994 GV Lohsa
Steinitz	Gano, Johannes	1994 GV Lohsa
Weißkollm	Tietze, Wolfgang	1994 GV Lohsa
Knappensee		Dobritski, Karl-Heinz; 1999 Krautschick, Adelheid; 2005 GE nach Lohsa
Groß Särchen	Arlt, Dietmar; 1991 Krautschick, Adelheid	1995 GV Knappensee
Koblenz	Hennig, Karl	1995 GV Knappensee

Gemeinde/Stadt	Wahlperiode 1990–1994	ab Direktwahl 1994–31.12.2005
Wartha	Pech, Karlfried	1995 GV Knappensee; 2005 GE nach Königswartha (Lkr. Bautzen)
Nebelschütz	Zschornack, Thomas	Zschornack, Thomas
Neukirch		Grahl, Steffen
Neukirch	Teuber, Manfred	1994 GV Neukirch
Gottschdorf	Niedner, Roswitha	1994 GV Neukirch
Koitzsch	Zickler, Werner; 1991 Haase, Harald	1994 GV Neukirch
Schmorkau	Kunath, Barbara; 1990 Richter, Horst; 1993 Niedner, Roswitha	1994 GV Neukirch
Weißbach	Wießner, Christa; 1990 Bergmann, Gisela	1994 GV Neukirch
Oberlichtenau	Mager, Werner; 1992, Moschke, Siegfried	Moschke, Siegfried; 2001 Guhr, Carsten
Ohorn	Mager, Rainer	1995 Dr. Kleinwächter, Peter; 2001 Jäger, Frank
Oßling		Nitsche, Henry; 1995 Schlütter, Brigitte; 2002 Hetmann, Hans
Oßling	Wehner, Kurt; 1992 Nitsche, Henry	1994 GV Oßling
Lieske	Schäfer, Magda	1994 GV Oßling
Milstrich	Schlütter, Brigitte	1994 GV Oßling
Skaska-Döbra	Naumann, Klaus	1994 GV Oßling
Weißig	Gersdorf, Siegfried	1994 GV Oßling
Ottendorf-Okrilla	Menzel, Lothar	Menzel, Lothar
Grünberg	Schmidt, Rainer	1994 GE nach Ottendorf-Okrilla
Hermsdorf	Langwald, Michael	Langwald, Michael; 1999 GE nach Ottendorf-Okrilla
Medingen	Reißmann, Thomas	Roland, Klaus; 1996 Pfützner, Birgit; 1999 GE nach Ottendorf-Okrilla
Panschwitz-Kuckau	Petasch, Franz	Petasch, Franz
Ostro	Paschke, Georg	1994 GE nach Panschwitz-Kuckau

Bürgermeister/Oberbürgermeister　　　　　　　　　　　Landkreis Kamenz

Pulsnitz, Stadt	Rückwardt, Erhard	Rückwardt, Erhard
Friedersdorf	Dittrich, Christian	1994 GE nach Pulsnitz
Räckelwitz	Brußk, Franz	Brußk, Franz
Radeberg, Stadt	Dr. Petzold, Frank	Lemm, Gerhard
Liegau-Augustusbad	Schöne, Gerd; 1991 Birke, Ernst	Birke, Ernst; 1995 GE nach Radeberg
Großerkmannsdorf	Altwein, Erhard	Hauck, Harry; 1999 GE nach Radeberg
Ullersdorf	Rößler, Eberhard	Mißbach, Rolf-Achim; 1999 GE nach Radeberg
Ralbitz-Rosenthal		Ryæer, Alfons; 2001 Rietscher, Hubertus
Ralbitz	Ryæer, Alfons	1994 GV Ralbitz-Rosenthal
Rosenthal	Rietscher, Hubertus	1994 GV Ralbitz-Rosenthal
Schönteichen		Große, Gerold; 2001 Waurich, Volkmar; 2003 Weise, Maik
Biehla	Große, Gerold	1994 GV Schönteichen
Brauna	Grahl, Steffen	1994 GV Schönteichen
Cunnersdorf	Schleiernick, Hans-Peter	1994 GV Schönteichen
Hausdorf	Weichelt, Gudrun	1994 GV Schönteichen
Schönbach	Höntsch, Erich	1994 GV Schönteichen
Schwepnitz	Helmert, Lothar	Helmert, Lothar; 2001 Driesnack, Heiko
Bulleritz	Höntsch, Erich	1996 GE nach Schwepnitz
Cosel-Zeisholz	Schlicksupp, Herbert	1996 GE nach Schwepnitz
Grüngräbchen	1990 Hoffmann, Dietmar; 1990 Broschwitz, Gudrun	1996 GE nach Schwepnitz
Spreetal		1996 Heine, Manfred
Spreewitz	Prochnow, Erich; 1991 Kobsda, Waldemar	1996 GV Spreetal
Neustadt/Spree	Weiß, Karin; 1991 Halla, Martina	1996 GV Spreetal
Burg-Burghammer	1991 Roick, Gabriele	Kunze, Rudolf; 1996 GV Spreetal
Burghammer	Schuster, Reiner; 1991 GV Burg-Burghammer	

Gemeinde/Stadt Wahlperiode 1990–1994 ab Direktwahl 1994–31.12.2005

Gemeinde/Stadt	Wahlperiode 1990–1994	ab Direktwahl 1994–31.12.2005
Burg	Roick, Gabriele; 1991 GV Burg-Burghammer	
Steina	Schirmeister, Wolfgang; 1993 Maitschke, Klaus	Maukisch, Rolf; 2001 Schlotter, Kerstin
Straßgräbchen	Börnert, Hans-Jürgen	Börnert, Hans-Jürgen; 2000 Eckhardt, Erich; 2003 Höntsch, Ingolf
Wachau		Eisold, Michael
Wachau	Eisold, Michael	1994 GV Wachau
Leppersdorf	Sicker, Dieter	1994 GV Wachau
Seifersdorf	Fischer, Dietmar	1994 GV Wachau
Lomnitz	Großmann, Cristel	Großmann, Cristel; 1998 GE nach Wachau
Wiednitz	Witschaß, Gabriele	Witschaß, Gabriele; 2004 Jurisch, Gottfried
Wittichenau, Stadt	Schowtka, Peter	Schowtka, Peter; 1995 Popella, Udo
Dubring	Lippitsch, Paul	1994 GE nach Wittichenau
Hoske/Rachlau	Noack, Irene	1994 GE nach Wittichenau
Kotten/Saalau	Korch, Benno	1994 GE nach Wittichenau
Maukendorf	Domanja, Michael	1994 GE nach Wittichenau
Sollschwitz	Brösan, Georg	1994 GE nach Wittichenau
Spohla	Ruhla, Margot	1995 GE nach Wittichenau
Landkreis Leipziger Land		GV = Gemeindevereinigung („Zusammenschluss") GE = Gemeindeeingliederung („Eingemeindung")
Böhlen, Stadt	Wittmann, Siegfried; 1991 Krasselt, Rainer	Krasselt, Rainer; 2001 Gangloff, Maria
Großdeuben	Kirmse; 1991 Walther, Jens	Walther, Jens; 1997 GE nach Böhlen
Borna, GKrStadt	Werner, Lutz-Egmont	Schubert, Bernhardt; 2001 Schröter, Bernd
Eula	Gerling, Eduard	1994 GE nach Borna
Wyhratal	1993 Keßler, Uwe	1997 GV Wyhratal; Berger, Hermann; 2004 GE nach Borna

Neukirchen-Wyhra	Keßler, Uwe; 1993 GV Wyhratal	
Zedtlitz	Schulze, Bernd; 1993 GV Wyhratal	
Thräna	Richter, Gerd; 1993 Eller, Martin	Eller, Martin; 1997 GV Wyhratal
Deutzen	Lippold, Roland	Lippold, Roland; 1995 Bruchmann, Horst; 2002 Nowak, Marika
Elstertrebnitz	Sommer, Klaus	Sommer, Klaus
Espenhain	Frisch, Jürgen	Frisch, Jürgen
Pötzschau	Bäder, Hans-Dieter	Bäder, Hans-Dieter; 1995 GE nach Espenhain
Oelzschau	Lörler, Margit	Lörler, Margit; 1996 GE nach Espenhain
Mölbis	Haym, Ditmar	Haym, Ditmar; 1999 GE nach Espenhain
Eulatal		Weber, Erhard; 2001 Richter, Karsten
Flößberg	Gerber, Wolfgang	1994 GV Eulatal
Frankenhain	Weber, Erhard	1994 GV Eulatal
Hopfgarten	Marci, Gerd	1994 GV Eulatal
Prießnitz	Korndörfer, Herbert; 1991 Welz, Joachim; 1992 Kornagel, Manfred	1994 GV Eulatal
Tautenhain	Weber, Erhard	1994 GV Eulatal
Frohburg, Stadt	Hiensch, Wolfgang	Hiensch, Wolfgang
Benndorf	Hiensch, Peter	Hiensch, Peter; 1997 GE nach Frohburg
Eschefeld	Tarras, Ina	Tarras, Ina; 1999 GE nach Frohburg
Frauendorf	Kowalczyk, Helga	Kowalczyk, Helga; 1999 GE nach Frohburg
Greifenhain	Taubert, Wolfgang	Taubert, Wolfgang; 1995 GE nach Frohburg
Nenkersdorf	Zschalich, Wolfgang	Zschalich, Wolfgang; 1995 Dr. Kipping, Werner 1999 GE nach Frohburg

Gemeinde/Stadt	Wahlperiode 1990–1994	ab Direktwahl 1994–31.12.2005
Roda	Marticke, Kurt	Marticke, Kurt; 1999 GE nach Frohburg
Geithain, Stadt	Herzog, Heinz; 1993 Dr. Freiberg, Eberhard	Galisch, Rolf; 2001 Herzog, Heinz
Niedergräfenhain	Viehweg, Frank	1994 GE nach Geithain
Syhra	Schmidt, Carmen	1994 GE nach Geithain; OT Eckersberg GE nach Kohren-Salis
Nauenhain	Steinbach, Gottfried	Steinbach, Gottfried; 1995 GE nach Geithain
Groitzsch, Stadt	Hipp, Martin	Hipp, Martin; 2001 Kunze, Maik
Audigast	Kahnt, Sonja	Kahnt, Sonja; 1996 Kahnt, Diethard; 1996 GE nach Groitzsch
Auligk	Kühnel, Mario	Kühnel, Mario; 1996 GE nach Groitzsch
Berndorf	Müller, Andreas	Müller, Andreas; 1996 GE nach Groitzsch
Großstolpen	Renker, Dieter	Renker, Dieter; 1996 GE nach Groitzsch
Großpösna	Stephan, Jörg	Köpping, Petra; 2001 Dr. Lantzsch, Gabriela
Störmthal	Bühring, Helmut	Bühring, Helmut; 1996 GE nach Großpösna
Dreiskau-Muckern	Klein, Gerda	Graichen, Thomas; 1997 GE nach Großpösna
Kitzen	Körner, Wolfgang	Körner, Wolfgang
Scheidens	Schmidt, Gerhardt	1994 GE nach Kitzen
Schkorlopp	Müller, Rudi	1994 GE nach Kitzen
Kitzscher, Stadt	Harbich, Hartmut	Harbich, Hartmut
Hainichen	1991 Jasch, Dietmar	Jasch, Dietmar; 1998 GE nach Kitzscher
Kohren-Sahlis, Stadt	Jänich, Axel; 1991 Hense, Christoph; 1992 Schubinski, Rainer; 1992 Pohl, Reinhard	Pohl, Reinhard; 2001 Steglich, Konrad
Altmörbitz	Speck, Joachim	Speck, Joachim; 1996 GE nach Kohren-Sahlis
Dolsenhain	Schöneich, Wolfgang	Schöneich, Wolfgang; 1996 GE nach Kohren-Sahlis

Gnandstein	Schwurack, Marion	Schwurack, Marion; 1996 GE nach Kohren-Sahlis
Jahnshain	Dr. Vogel, Frank	Dr. Vogel, Frank; 1996 GE nach Kohren-Sahlis
Lobstädt	Seiffert, Wolfram	Seiffert, Wolfram
Großzössen	Bauer, Horst; 1992 Jung, Petra	1994 GE nach Lobstädt
Kahnsdorf	Illge, Lothar	1994 GE nach Lobstädt
Markkleeberg, Stadt	Eichler, Karl-Heinz	Dr. Klose, Bernd
Gaschwitz	Haage, Gert; 1993 GE nach Markkleeberg	
Wachau	Mann, Claus	1994 GE nach Markkleeberg
Markranstädt, Stadt	Woitscheck, Mischa	Woitscheck, Mischa; 2000 Schmeling, Martin; 2005 Radon, Carina
Göhrenz	Teubner, Helga	1994 GE nach Markranstädt
Quesitz	Fischer, Ute	1994 GE nach Markranstädt
Räpitz	Fischer, Ute; 1991 Vitz, Siegward	1994 GE nach Markranstädt
Frankenheim	Engert, Werner	Engert, Werner; 1997 GE nach Markranstädt
Kulkwitz mit den Gem. Gärnitz, Kulkwitz, Seebenisch	Kolbe, Siegfried	Kolbe, Siegfried; 1999 GE nach Markranstädt
Knautnaundorf	Jesse, Heinz	1994 GE nach Kulkwitz
Dölzig OT Priesteblich	Könze, Horst	Müller, Klaus; 2000 GE nach Markranstädt
Großlehna	Radon, Carina	Radon, Carina; 2005 GE nach Makranstädt
Narsdorf	Bauer, Romy	Bauer, Romy
Ossa	Berthold, Gottfried	Behnisch, Sigrid; 1996 GE nach Narsdorf
Rathendorf	Scheibner, Gottfried	Scheibner, Gottfried; 1996 GE nach Narsdorf
Neukieritzsch	Brigl, Lutz	Brigl, Lutz; 2001 Graichen, Henry
Breunsdorf	Landgraf, Eckard	1994 GE nach Neukieritzsch

Gemeinde/Stadt Wahlperiode 1990–1994 ab Direktwahl 1994–31.12.2005

Gemeinde/Stadt	Wahlperiode 1990–1994	ab Direktwahl 1994–31.12.2005
Lippendorf-Kieritzsch	Eisner, Werner	Eisner, Werner; 1996 nach Neukieritzsch
Pegau, Stadt	Bringer, Peter	Bringer, Peter
Wiederau	Mühlbach, Hans; 1991 Zenker, Uta	1994 GE nach Pegau
Regis-Breitingen, Stadt	Dr. Frommhold, Werner	Mäder, Reinhard
Heuersdorf	Kläring, Gerhard; 1992 Bruchmann, Horst	Bruchmann, Horst; 1994 GE nach Regis-Breitingen
Ramsdorf	Straßburger, Günter	Werrmann, Rudolf; 1999 GE nach Regis-Breitingen
Rötha, Stadt	Kühnl, Reinhard	Kühnl, Reinhard; 2001 Haym, Ditmar
Zwenkau, Stadt	Ehme, Herbert	Ehme, Herbert
Großdalzig	Vogt, Günter; 1993 GE nach Zwenkau	
Rüssen-Kleinstorkwitz	Möckel, Karl-Heinz	Möckel, Karl-Heinz; 1996 GE nach Zwenkau
Landkreis Löbau-Zittau		GV = Gemeindevereinigung („Zusammenschluss") GE = Gemeindeeingliederung („Eingemeindung")
Beiersdorf	Rudolf, Matthias	Rudolf, Matthias
Bernstadt a.d. Eigen, Stadt	Lange, Gunter	Lange, Gunter
Altbernsdorf	Tschirn, Sonja	1994 GE nach Bernstadt
Dittersbach	Haensch, Christian	1994 GE nach Bernstadt
Kemnitz	Schubert, Alfred	1994 GE nach Bernstadt
Berthelsdorf	John, Günter	John, Günter
Rennersdorf	Bartsch, Hartmut	1994 GE nach Berthelsdorf
Bertsdorf-Hörnitz		Dr. Linke, Christian
Bertsdorf	Dr. Linke, Christian	1994 GV Bertsdorf-Hörnitz
Hörnitz	Menzel, Christian	1994 GV Bertsdorf-Hörnitz
Dürrhennersdorf	Gubsch, Albrecht	Gubsch, Albrecht

Bürgermeister/Oberbürgermeister Landkreis Löbau-Zittau

Ebersbach/Sa., Stadt	Heinicke, Lothar	Heinicke, Lothar; 2005 Noack, Bernd
Eibau	Tröger, Wolfgang	Tröger, Wolfgang; 2001 Görke, Michael
Neueibau	Bartsch, Peter	Künzel, Ingrid; 1999 GE nach Eibau
Walddorf	Münnich, Frank	Münnich, Frank; 1999 GE nach Eibau
Friedersdorf	Klix, Gotthard	Grundmann, Theodor; 2000 Hamisch, Günter
Großhennersdorf	Harbarth, Harry	Golombek, Hans; 2001 Stettin, Dietmar
Großschönau	Glathe, Hans-Georg	Glathe, Hans-Georg; 2001 Peuker, Frank
Waltersdorf	Rietzel, Günter	Rietzel, Günter; 2001 Szalai, Karin; 2003 GE nach Großschönau
Großschweidnitz	Krische, Klaus	Konietzny, Thomas
Hainewalde	Mayer, Wolfgang	Walther, Jürgen
Herrnhut, Stadt	Fischer, Rainer	Fischer, Rainer
Ruppersdorf	Böhme, Klaus	1994 GE nach Herrnhut
Hirschfelde		2002 Guder, Ursula
Dittelsdorf	Guder, Ursula	Guder, Ursula; 2002 GV Hirschfelde
Hirschfelde	Jung, Reinhard	Jung, Reinhard; 1999 GV Hirschfelde; Labisch, Markus; 2002 GV Hirschfelde
Wittgendorf	Labisch, Markus	Labisch, Markus; 1999 GV Hirschfelde
Schlegel	Hartmann, Hans-Joachim	Schoenfeld, Dieter; 2001 Hempel, Herbert; 2005 GE nach Hirschfelde
Jonsdorf, Kurort	Leupolt, Heinz	Leupolt, Heinz; 2005 Zimmermann, Horst
Lawalde	Pollex, Lothar	Buchholz, Dietmar; 2001 Kneschke, Nadja
Kleindehsa	David, Joachim	1994 GE nach Lawalde
Lauba	Randig, Dorothea	1994 GE nach Lawalde

Gemeinde/Stadt Wahlperiode 1990–1994 ab Direktwahl 1994–31.12.2005

Gemeinde/Stadt	Wahlperiode 1990–1994	ab Direktwahl 1994–31.12.2005
Leutersdorf	Scholze, Bruno	Scholze, Bruno
Spitzkunnersdorf	Neumann, Jürgen	Neumann, Jürgen; 1998 GE nach Leutersdorf
Löbau, GKrStadt	Schulte, Dietrich	Schulte, Dietrich; 2001 Buchholz, Dietmar
Eiserode	Engelmann, Michael	1994 GE nach Löbau
Großdehsa	Randig, Manfred	1994 GE nach Löbau
Rosenhain	Stephan, Angelika	1994 GE nach Löbau
Ebersdorf	Golombek, Hans	Tadewaldt, Kurt; 1999 GE nach Löbau
Kittlitz	Gerstenhauer, Rainer	Gerstenhauer, Rainer; 2001 Langnau, Henry; 2003 GE nach Löbau
Georgewitz-Bellwitz	Schenk, Hartmut	1994 GE nach Kittlitz
Kleinradmeritz	Schüller, Horst	1994 GE nach Kittlitz
Lautitz	Hübner, Ursula	1994 GE nach Kittlitz
Mittelherwigsdorf	Kamionka, Gerd	Rößner, Bernd
Eckartsberg	Pfennig, Birgit	1994 GE nach Mittelherwigsdorf
Oberseifersdorf	Rößner, Bernd	1994 GE nach Mittelherwigsdorf
Neugersdorf, Stadt	Krannich, Michael	Krannich, Michael; 2001 Kühne, Verena
Neusalza-Spremberg, Stadt	Paulik, Günter	Paulik, Günter
Niedercunnersdorf	Krohe, Peter	Krohe, Peter; 1996 Hübler, Frank
Ottenhain	Huschebeck, Heinrich	Huschebeck, Heinrich; 1999 GE nach Niedercunnersdorf
Obercunnersdorf	Honisch, Günther	Honisch, Günther; 1999 Huschebeck, Heinrich
Kottmarsdorf	Friebe, Achim	Friebe, Achim; 1999 GE nach Obercunnersdorf
Oderwitz		1999 Jautze, Günter
Niederoderwitz	Schiffner, Ernst-Jürgen	Schiffner, Ernst-Jürgen; 1999 GV Oderwitz
Oberoderwitz	Jautze, Günter	Jautze, Günter; 1999 GV Oderwitz

Bürgermeister/Oberbürgermeister Landkreis Meißen

Olbersdorf	Förster, Andreas	Förster, Andreas
Oppach	David, Karl-Heinz	David, Karl-Heinz; 2001 Hornig, Stefan
Ostritz, Stadt	Vallentin, Günter	Vallentin, Günter; 2001 Tschirner, Friedrich
Leuba	Rikel, Peter; 1992 Ullrich, Friedhard	1994 GE nach Ostritz
Oybin, Kurort	Sattler, Gabriele	Sattler, Gabriele; 1997 Goth, Hans-Jürgen
Lückendorf	Köckritz, Hartmut	1994 GE nach Oybin
Rosenbach		Höhne, Roland
Bischdorf	Berndt, Regina	1994 GV Rosenbach
Herwigsdorf	Höhne, Roland	1994 GV Rosenbach
Schönau-Berzdorf a. d. E.	Hänel, Christian	Hänel, Christian
Kiesdorf	Ay, Wilfried	1994 GE nach Schönau-Berzdorf
Schönbach	Petruttis, Uwe	Petruttis, Uwe
Seifhennersdorf, Stadt	Pientka, Norbert	Pientka, Norbert; 1998 Lommatzsch, Christoph; 2002 Berndt, Karin
Strahwalde	Döring, Dietmar	Günther, Horst
Zittau, GKrStadt	Kloß, Jürgen	Kloß, Jürgen; 2001 Voigt, Arnd
Hartau	Voigt, Arnd	Voigt, Arnd; 1999 GE nach Zittau
Landkreis Meißen		GV = Gemeindevereinigung („Zusammenschluss") GE = Gemeindeeingliederung („Eingemeindung")
Coswig, GKrStadt	Reichenbach, Michael	Reichenbach, Michael
Diera-Zehren		1999 Haufe, Friedmar
Diera	Müller, Ullrich	Haufe, Friedmar; 1999 GV Diera-Zehren
Zehren	Klingor, Uwe	Klingor, Uwe; 1999 GV Diera-Zehren
Niederlommatzsch	Odparlik, Heike; 1993 GE nach Zehren	

Gemeinde/Stadt Wahlperiode 1990–1994 ab Direktwahl 1994–31.12.2005

Käbschütztal		Dr. Horn, Annerose; 2001 Klingor, Uwe
Jahna-Löthain	Kaufmann, Heinz	1994 GV Käbschütztal
Krögis	Wachtel, Frank	1994 GV Käbschütztal
Planitz-Deila	Welzig, Peter	1994 GV Käbschütztal
Ketzerbachtal		Grübler, Lutz
Raußlitz	Steglich, Elke; 1993 GV Ketzerbachtal	
Rüsseina	Scheuer, Dieter; 1993 GV Ketzerbachtal	
Rhäsa	Virchov, Erika; 1993 GV Ketzerbachtal	
Ziegenhein	Grübler, Lutz; 1993 GV Ketzerbachtal	
Klipphausen		1998 Mann, Gerold
Klipphausen	Mann, Gerold	Mann, Gerold; 1998 GV Klipphausen
Bockwen-Polenz	Wauer, Herbert	Wauer, Herbert; 1998 GV Klipphausen
Gauernitz	Dreißig, Annette; 1993 Wetzel, Helmut	Wetzel, Helmut; 1998 GV Klipphausen
Röhrsdorf	Bartzsch, Andreas	Bartzsch, Andreas; 1998 GV Klipphausen
Scharfenberg	Naundorf, Roland	Naundorf, Roland; 1998 GV Klipphausen
Weistropp	Marquard, Kornelia	Marquard, Kornelia; 1998 GV Klipphausen
Leuben-Schleinitz	1993 Doleschal, Gerhard	Doleschal, Gerhard
Leuben	Rieder, Heinz; 1993 GV Leuben-Schleinitz	
Schleinitz	Liebe, Heinz; 1992 Doleschal, Gerhard; 1993 GV Leuben-Schleinitz	
Lommatzsch, Stadt	Hirsch, Klaus-Dietrich	Hirsch, Klaus-Dietrich; 2001 Elschner, Manfred; 2005 Maaß, Anita
Dörschnitz	Heinicke, Christian	1994 GE nach Lommatzsch
Neckanitz	Winkler, Ingrid	1994 GE nach Lommatzsch

Bürgermeister/Oberbürgermeister   Landkreis Meißen

Piskowitz b. Zehren	König, Heinz	1994 GE nach Lommatzsch
Striegnitz	Gocke, Lothar	1994 GE nach Lommatzsch
Wachtnitz	Matthes, Lutz	1994 GE nach Lommatzsch
Wuhnitz	Theilig, Werner	1994 GE nach Lommatzsch
Meißen, GKrStadt	Dr. Bartosch, Gerhard	Dr. Pohlack, Thomas; 2004 Raschke, Olaf
Winkwitz	Micksch, Petra	1994 GE nach Meißen
Moritzburg	Dr. Timmler, Andreas	Dr. Timmler, Andreas; 1999 Reitz, Georg
Steinbach	Bakowski, Bernd	Bakowski, Bernd; 1999 GE nach Moritzburg
Reichenberg		Dr. Storm, Paul; 1999 GE nach Moritzburg
Reichenberg	Schmidt, Peter	1994 GV Reichenberg
Boxdorf	Dr. Storm, Paul	1994 GV Reichenberg
Friedewald	Bauer, Heinz-Jochen	1994 GV Reichenberg
Niederau		Knoll Bernd; 1996 Schmidt, Manfred
Niederau	Schmidt, Manfred	1994 GV Niederau
Gröbern	Schütze, Regine	1994 GV Niederau
Ockrilla	Knoll, Bernd	1994 GV Niederau
Großdobritz	Richter, Werner; 1993 Knoll Bernd	1994 GV Niederau
Nossen, Stadt		1996 Haubner, Hans-Georg
Nossen, Stadt	Haubner, Hans-Georg	Haubner, Hans-Georg; 1996 GV Nossen
Deutschenbora	Jähnigen, Anja	Jähnigen, Anja; 1996 GV Nossen
Heynitz	Fischer, Joachim	Fischer, Joachim; 2001 Hessel, Uwe; 2002 GE nach Nossen
Radebeul, GKrStadt	Dr. Schmidt, Eberhard	Dr. Kunze, Volkmar; 2001 Wendsche, Bert
Radeburg, Stadt		1999 Jesse, Dieter
Radeburg, Stadt	Gross, Jürgen; 1992 Jesse, Dieter	Jesse, Dieter; 1999 GV Radeburg
Großdittmansdorf	Creutz, Christian	Creutz, Christian; 1999 GV Radeburg

465

Gemeinde/Stadt Wahlperiode 1990–1994 ab Direktwahl 1994–31.12.2005

Promnitztal		Herklotz, Christfried; 1999 GV Radeburg
Bärnsdorf	Hübler, Andreas	1994 GV Promnitztal
Berbisdorf	Tober, Reiner; 1992 Pietsch, Hans-Dieter	1994 GV Promnitztal
Volkersdorf	Garwen; 1992 Stumpler, Annette	1994 GV Promnitztal
Triebischtal		2004 Schneider, Dieter
Taubenheim	Schneider, Dieter	Schneider, Dieter; 2003 GV Triebischtal
Triebischtal	Beyer, Hermann	Beyer, Herrmann; 2003 GV Triebischtal
Burkhards-walde-Munzig	Ullrich, Malte	1994 GE nach Triebischtal
Garsebach	Mitscherling, Detlef	1994 GE nach Triebischtal
Miltitz	Beyer, Hermann	1994 GE nach Triebischtal
Tanneberg	Schlesinger, Harald	1994 GE nach Triebischtal
Weinböhla	Franke, Reinhart	Franke, Reinhart
Mittlerer Erzgebirgskreis		GV = Gemeindevereinigung („Zusammenschluss") GE = Gemeindeeingliederung („Eingemeindung")
Amtsberg		Krause, Sylvio
Dittersdorf	Wentzel, Johannes	1994 GV Amtsberg
Weißbach	Pilz, Gudrun	1994 GV Amtsberg
Schlösschen	Böhm, Uwe	1994 GV Amtsberg
Börnichen/ Erzgb.	Fröhner, Udo	1995 Auerbach, Volkmar; 1999 Reichel, Matthias; 2003 Dr. Schönwitz, Manfred; 2004 Fröhner, Udo
Borstendorf	Sieber, Manfred	Sieber, Manfred
Deutschneudorf		1999 Haustein, Heinz-Peter
Deutschneudorf	Kluge, Ludwig	Haustein, Heinz-Peter; 1999 GV Deutschneudorf
Deutscheinsiedel	Bärsch, Edith	Bärsch, Edith; 1996 Hiemann, Jörg; 1999 GV Deutschneudorf
Drebach	Gündel, Lothar	Gündel, Lothar; 1999 Haustein, Jens

Bürgermeister/Oberbürgermeister		Mittlerer Erzgebirgskreis
Scharfenstein	Volkmann, Wolfgang	Volkmann, Wolfgang; 2004 GE nach Drebach
Gornau/Erzgb.		Hänel, Rolf; 1996 Zähler, Manfred; 1997 Olschewski, Gerhard; 2001 Vogler, Johanna
Witzschdorf	Börner, Eckert	1994 GE nach Gornau
Dittmannsdorf	Oelmann, Rainer	1994 GE nach Gornau
Großolbersdorf	Staritz, Ursula	Staritz, Ursula; 1999 Freund, Henry
Hohendorf	Petrick, Joachim	1994 GE nach Großolbersdorf
Hopfgarten	Freund, Henry	Freund, Henry; 1998 GE nach Großolbersdorf
Großrückerswalde	Stephan, Jörg	Stephan, Jörg
Mauersberg	Stuhlemmer, Johannes	1994 GE nach Großrückerswalde
Niederschmiedeberg	Kraft, Bianka	1994 GE nach Großrückerswalde
Streckewalde	Buschmann, Roland	1999 GE nach Großrückerswalde
Grünhainichen	Wagner, Helmut	Höppe, Klaus
Heidersdorf	Lippmann, Dieter	Lippmann, Dieter
Lengefeld, Stadt		1999 Wappler, Ingolf
Lengefeld	Kunze, Rolf	Kunze, Rolf; 1999 GV Lengefeld
Lippersdorf	Graubner, Waltraud	Vogel, Karl-Heinz; 1999 GV Lengefeld
Reifland	Tutzschky, Gunter	Tutzschky, Gunter; 1999 GV Lengefeld
Wünschendorf	Kittner, Roland	Börner, Roland; 1999 GV Lengefeld
Marienberg, Stadt	Walther, Birgit; 1992 Wittig, Thomas	Wittig, Thomas
Lauta	Anger, Theo	1994 GE nach Marienberg
Niederlauterstein	Beier, Helmut	Beier, Helmut; 1996 GE nach Marienberg
Lauterbach	Münzner, Gerhard	Münzner, Gerhard; 1998 GE nach Marienberg
Hirtstein		Ullmann, Matthias; 1999 Bilz, Roland; 2003 GE nach Marienberg
Kühnhaide	Hüttl, Matthias	1994 GV Hirtstein

Gemeinde/Stadt Wahlperiode 1990–1994 ab Direktwahl 1994–31.12.2005

Gemeinde/Stadt	Wahlperiode 1990–1994	ab Direktwahl 1994–31.12.2005
Reitzenhain	Uhlig, Klaus	1994 GV Hirtstein
Rübenau	Mühl, Helmut; 1993 Steyer, Gottfried	1994 GV Hirtstein
Satzung	Ullmann, Matthias	1994 GV Hirtstein
Olbernhau, Stadt	Dr. Laub, Steffen	Dr. Laub, Steffen
Rothenthal	Reichmann, Bernd	1994 GE nach Olbernhau
Blumenau	Schubert, Thomas	1994 GE nach Olbernhau
Pfaffroda		1999 Lippmann, Reiner
Dittmannsdorf	Richter, Brigitte	1994 GE nach Pfaffroda
Dörnthal	Lippmann, Reiner	Lippmann, Reiner; 1999 GV Pfaffroda
Pfaffroda	Dr. Michalski, Volkard	Dr. Michalski, Volkard; 1999 GV Pfaffroda
Hallbach	Gentner, Karl-Heinz; 1991 Tiepolt, Anita	Tanneberger, Günter; 1999 GV Pfaffroda
Pobershau	Kraus, Christoph	Kraus, Christoph; 2005 Ost, Michael
Rittersberg	Weichelt, Anett	1994 GE nach Pobershau
Pockau/Flöhatal	Dr. Nowack, Eberhard	Dr. Nowack, Eberhard
Forchheim	Uhlig, Friedrich	1994 GE nach Pockau
Wernsdorf	Gebhardt, Andreas	1994 GE nach Pockau
Seiffen/Erzgb., Kurort	Glöckner, Johannes	Glöckner, Johannes; 1999 Schreiter, Wolfgang
Venusberg		1999 Sieber, Kathrin (ehemals Jacobi, Kathrin)
Venusberg	Scheffler, Kurt; 1992 Beck, Matthias	Beck, Matthias; 1999 GV Venusberg
Grießbach	Weber, Gerhard	Weber, Gerhard; 1996 Günther, Michael; 1997 Jacobi, Kathrin (dann: Sieber, Kathrin); 1999 GV Venusberg
Waldkrichen/ Erzgb.	Bitterlich, Olaf	Bitterlich, Olaf; 1999 Rolle, Wolfgang; 2002 Kaden, Gunther
Wolkenstein, Stadt		1999 Petzold, GuntramBeier

Bürgermeister/Oberbürgermeister Landkreis Mittweida

Falkenbach	Bauer, Rolf	Neumann, Tilo; 1999 GV Wolkenstein
Gehringswalde	Zietsch, Peter	Zietsch, Peter; 1999 GV Wolkenstein
Hilmersdorf	Brand, Carsten; 1991 Haase, Matthias	Haase, Matthias; 1999 GV Wolkenstein
Schönbrunn	Bauer, Rolf	Bauer, Rolf; 1999 GV Wolkenstein
Wolkenstein	Sachse, Bernd	Sachse, Bernd; 1999 GV Wolkenstein
Zöblitz, Stadt		1999 Georgi, Dietmar
Zöblitz	Georgi, Dietmar	Georgi, Dietmar; 1999 GV Zöblitz
Ansprung	Geisler, Barbara	Geisler, Barbara; 1999 GV Zöblitz
Zschopau, GKrStadt	Heidl, Wilfried	Baumann, Klaus
Krumhermersdorf	Tausch, Jörg	Tausch, Jörg; 1999 GE nach Zschopau
Landkreis Mittweida		GV = Gemeindevereinigung („Zusammenschluss") GE = Gemeindeeingliederung („Eingemeindung")
Altmittweida	Steinhoff, Hans	Steinhoff, Hans
Burgstädt, Stadt	Dr. Wollner, Karl-Heinz	Naumann, Lothar
Mohsdorf	Reißland, Johannes	Reißland, Johannes; 1995 GE nach Burgstädt
Claußnitz	Fischer, Jürgen; 1991 Hermsdorf, Günther	Hermsdorf, Günther
Diethensdorf	Bergt, Michael	1994 GE nach Claußnitz
Markersdorf	Neuhaus, Peter	1994 GE nach Claußnitz
Erlau		1999 Kunath, Jürgen
Milkau	Kissig, Bernd; 1994 Wolff, Manfred	Wolff, Manfred; 1999 GV Erlau
Sachsendorf	Girrulat, Renate	1994 GE nach Milkau
Erlau	Kunath, Jürgen	Kunath, Jürgen; 1999 GV Erlau
Beerwalde	Pfeiffer, Christiane	1994 GE nach Erlau
Crossen	Klemm, Fritz	1994 GE nach Erlau

Gemeinde/Stadt Wahlperiode 1990–1994 ab Direktwahl 1994–31.12.2005

Schweikershain	Schramm, Gabriele; 1992 Sauter, Karl; 1993 Weigl, Waltraud	1994 GE nach Erlau
Frankenberg/ Sa., Stadt	Köhler, Jochen	Köhler, Jochen; 2002 Firmenich, Thomas
Altenhain (o.OT Finkenm.)	Eichler, Wolfgang	1994 GE nach Frankenberg
Langenstriegis	Dehne, Herbert	1994 GE nach Frankenberg
Sachsenburg	Hoffmann, Günther	1994 GE nach Frankenberg
Irbersdorf	Held, Karsten; 1991 Heide, Hans-Joachim; 1992 GE nach Sachsenburg	
Dittersbach	Roick, Jürgen	Kubitza, Gerd; 1995 GE nach Frankenberg
Mühlbach	Nebe, Ute	1998 GE nach Frankenberg
Geringswalde, Stadt	Berger, Eberhard	Berger, Eberhard; 2001 Eckert, Rainer
Altgeringswalde	Uhlemann, Klaus	1994 GE nach Geringswalde
Aitzendorf	Schlimpert, Annerose	1999 GE nach Geringswalde
Arras	Goldammer, Walter	1999 GE nach Geringswalde
Holzhausen	Weinert, Heidrun; 1994 Weinert, Siegfried	Weinert, Siegfried; 1999 GE nach Geringswalde
Hainichen	Zirkel, Heinrich	Sobotka, Rainer; 2004 Greysinger, Dieter
Bockendorf	Fleischer, Kurt	1994 GE nach Hainichen
Cunnersdorf	Knobel, Sieghardt	1994 GE nach Hainichen
Eulendorf	Jungmann, Dietlinde	1994 GE nach Hainichen
Gersdorf/ Falkenau	Naumann, Karl	1994 GE nach Hainichen
Riechberg/ Siegfried	Berger, Karin	1994 GE nach Hainichen
Schlegel	Sobotka, Rainer	1999 GE nach Hainichen
Hartmannsdorf	Weigert, Fritz-Peter	Weigert, Fritz-Peter
Königsfeld	Kuhfs, Werner	Zschage, Klaus
Köttwitzsch	Spreer, Regina	1994 GE nach Königsfeld
Leutenhain	Zschage, Klaus	1994 GE nach Königsfeld

Bürgermeister/Oberbürgermeister Landkreis Mittweida

Schwarzbach	Arnold, Christian	1994 GE nach Königsfeld
Königshain-Wiederau		Scheffler, Rainer; 2001 Voigt, Johannes
Königshain	Knebel, Günter; 1993 Voigt, Johannes	1994 GV Königshain-Wiederau
Topfseifersdorf	Vogel, Ehrhardt	1994 GV Königshain-Wiederau
Wiederau	Rätzer, Edeltraud; 1992 Scheffler, Rainer	1994 GV Königshain-Wiederau
Stein	Rothe, Günter	Rothe, Günter; 1999 GE nach Königshain-Wiederau
Kriebstein		Thieme, Wolfram
Ehrenberg	Nitzsche, Egon	1994 GV Kriebstein
Höfchen	Pick, Steffen	1994 GV Kriebstein
Kriebethal	Thieme, Wolfram	1994 GV Kriebstein
Erlebach	Künzel, Klaus	1994 GE nach Kriebstein
Reichenbach	Ehrlich, Günther	1996 GE nach Kriebstein
Grünlichtenberg	Claus, Siegfried	1999 GE nach Kriebstein
Höckendorf	Claus, Siegfried	1994 GE nach Grünlichtenberg
Lichtenau		1999 Meyner, Eberhard; 2002 Dr. Pollok, Michael; 2000 neuer Name von Auerswalde: Lichtenau
Auerswalde		Kunze, Ines; 1996 Lazarides, Stephan; 1999 GV Auerswalde
Auerswalde	Kunze, Ines	1994 GV Auerswalde
Garnsdorf	Tittel, Klaus	1994 GV Auerswalde
Lichtenau		Dr. Pollok, Michael; 1999 GV Auerswalde
Niederlichtenau/Merzdorf	Schumann, Dieter	1994 GV Lichtenau
Oberlichtenau	Dr. Pollok, Michael	1994 GV Lichtenau
Ottendorf	Meyner, Eberhard	Meyner, Eberhard; 1999 GV Auerswalde
Krumbach/Biensdorf	Polster, Ilona	Polster, Ilona; 1995 GE nach Ottendorf
Lunzenau, Stadt	Meinig, Klaus	Lindenthal, Franz
Berthelsdorf	Neubert, Joachim	1994 GE nach Lunzenau

471

Gemeinde/Stadt Wahlperiode 1990–1994 ab Direktwahl 1994–31.12.2005

Cossen	Lindenhtal, Franz	1994 GE nach Lunzenau
Elsdorf	Frauendorf, Thomas	1994 GE nach Lunzenau
Göritzhain	Schlenzig, Rainer	1994 GE nach Lunzenau
Rochsburg	Schilde, Ulrich	1994 GE nach Lunzenau
Himmelhartha	Bogen, Werner	Beyer, Inge; 1996 GE nach Lunzenau
Mittweida, Stadt	Kny, Bruno	Kny, Bruno; 2001 Damm, Matthias
Ringethal	Ulbricht, Rainer	1994 GE nach Mittweida
Frankenau	Völkl, Siegfried	1996 GE nach Mittweida
Lauenhain-Tanneberg		Fritzsching, Uwe; 1999 GE nach Mittweida
Lauenhain	Fritzsching, Uwe	1994 GV Lauenhain-Tanneberg
Tanneberg	Prof. Dr. Zschockelt, Rainer	1994 GV Lauenhain-Tanneberg
Mühlau	Lindner, Liane	Bretschneider, Volkmar; 2001 Rüger, Frank
Penig, Stadt	Dr. Otto, H.; 1991 Päzold, Birgit; 1992 Kirst, Siegvart; 1993 Eulenberger, Thomas	Eulenberger, Thomas
Arnsdorf	Merkel, Gerald	1994 GE nach Penig
Chursdorf	Thiele, Manfred	1999 GE nach Penig
Tauscha	Müller, Johannes	1999 GE nach Penig
Thierbach	Schreier, Dietmar	1999 GE nach Penig
Langensteinbach		Harzendorf, Martin; 2003 GE nach Penig
Langenleuba-Oberhain	Harzendorf, Heinz	1994 GV Langensteinbach
Niedersteinbach	Harzendorf, Martin	1994 GV Langensteinbach
Obergräfenhain	Köstler, Christel	Mende, Steffi; 1996 GE nach Langensteinbach
Rochlitz, GKrStadt	Knappe, Joachim	Knappe, Joachim
Noßwitz	Gruttke, Marga	1994 GE nach Rochlitz
Penna	Thieme, Johannes	1994 GE nach Rochlitz
Breitenborn	Zschille, Arno	Zschille, Arno; 1995 GE nach Rochlitz

Bürgermeister/Oberbürgermeister Landkreis Mittweida

Rossau		1999 Glöß, Horst
Rossau	Glöß, Horst	Glöß, Horst; 1999 GV Rossau
Hermsdorf	Zimmer, Gerhard	1994 GE nach Rossau
Moosheim	Gabel, Hubertus	1994 GE nach Rossau
Greifendorf	Jirasek, Helga	1994 GE nach Rossau
Schönborn-Dreiwerden-Seifersbach	1992 Treyße, Udo	Treyße, Udo; 1999 GV Rossau
Seifersbach	Treyße, Udo; 1992 GV Schönborn-Dreiwerden-Seifersbach	
Schönborn-Dreiwerden	Winkler, Klaus-Peter; 1990 Horota, Franz; 1992 GV Schönborn-Dreiwerden-Seifersbach	
Seelitz	Bemmann, Horst	Bemmann, Horst
Kolkau	Geiler, Manfred; 1993 GE nach Seelitz	
Spernsdorf	Schlimpert, Gottfried; 1993 GE nach Seelitz	
Steudten	König, Gottfried	1994 GE nach Seelitz; OT Zaßnitz GE nach Rochlitz
Zetteritz	Findeisen, Sabine	1994 GE nach Seelitz
Striegistal		Wagner, Bernd
Berbersdorf	Weber, Peter; 1993 Wagner, Bernd	1994 GV Striegistal
Goßberg	Grundmann, Dietmar	1994 GV Striegistal
Mobendorf	Imhof, Jochen	1994 GV Striegistal
Pappendorf	Schubert, Franz	1994 GV Striegistal
Taura b. Burgstädt	Scorl, Ralf; 1991 Vivus, Klaus	Vivus, Klaus
Köthensdorf-Reitzenhain	Mehner, Bernd	1994 GE nach Taura
Tiefenbach		Zill, Armin
Arnsdorf	Höppner, Franz; 1992 Schnabel, Bärbel	1994 GV Tiefenbach
Etzdorf	Hannuschek, Lothar	1994 GV Tiefenbach

Gemeinde/Stadt Wahlperiode 1990–1994 ab Direktwahl 1994–31.12.2005

Marbach	Lomtscher, Frieder	1994 GV Tiefenbach
Naundorf	Kommol, Olaf	1994 GV Tiefenbach
Böhrigen	Zill, Armin	1994 GV Tiefenbach
Dittersdorf	Lautenschläger, Frank; 1993 GE nach Böhrigen	
Wechselburg	Eulenberger, Thomas; 1993 Dost, Jürgen	Naumann, Renate
Göhren	Naumann, Renate	1994 GE nach Wechselburg
Mutzscheroda	Frenzel, Jürgen	1994 GE nach Wechselburg
Nöbeln	Müller, Gottfried	1994 GE nach Wechselburg
Zschoppelshain	Bonitz, Katharina	1994 GE nach Wechselburg
Zettlitz	Weiße, Günter	Wünsche, Jürgen
Muldentalkreis		GV = Gemeindevereinigung („Zusammenschluss") GE = Gemeindeeingliederung („Eingemeindung")
Bad Lausick, Stadt	Eisenmann, Josef	Eisenmann, Josef
Etzoldshain	Hofmann, Roswitha	1994 GE nach Bad Lausick
Glasten	Dathe, Andreas	1994 GE nach Bad Lausick
Lauterbach	Zeidler, Eckard	1994 GE nach Bad Lausick
Belgershain	Schott, Reiner	Schott, Reiner; 2001 Hagenow, Thomas
Threna	Hagenow, Thomas	Hagenow, Thomas; 1995 GE nach Belgershain
Bennewitz	Moser, Werner	Moser, Werner
Altenbach	Stein, Werner	1994 GE nach Bennewitz
Borsdorf	Schoener, Hartmut; 1992 Pfützner, Peter	Pfützner, Peter; 1999 Martin, Ludwig
Panitzsch	Perschmann, Volker	Perschmann, Volker; 1999 GE nach Borsdorf
Brandis, Stadt	Mieszkalski, Frank	Mieszalski, Frank; 2001 Dietze, Andreas
Polenz	Heise, Erhardt; 1992 GE nach Brandis	
Beucha	Heinze, Susanne	Dietze, Andreas; 2000 GE nach Brandis

Bürgermeister/Oberbürgermeister　　　　　　　　　　Muldentalkreis

Colditz, Stadt	Haidegger, Adolf	Heinz, Manfred
Falkenhain	Lehnigk, Martina	Lehnigk, Martina; 1999 Härtel, Gerd
Dornreichenbach	Linz, Manfred	Linz, Manfred; 1997 GE nach Falkenhain
Kühnitzsch	Stange, Elke	Stange, Elke; 1997 GE nach Falkenhain
Meltewitz	Bleich, Fritz	Bleich, Fritz; 1999 GE nach Falkenhain
Thammenhain	Heinze, Stefan	Heinze, Stefan; 1999 GE nach Falkenhain
Grimma, Stadt	Rößler, Hans-Henning; 1992 Linke, Klaus-Jürgen	Brück, Osmar; 2001 Berger, Matthias
Beiersdorf	Fröhlich, Hans-Jürgen	1994 GE nach Grimma
Döben	Preissler, Helga	1994 GE nach Grimma
Höfgen	Weide, Gerhard	1994 GE nach Grimma
Großbardau	Uhlig, Günter	Uhlig, Günter
Großbothen		Senf, Dietmar; 1995 Kripp, Peter; 2004 Senf, Dietmar
Großbothen	Senf, Dietmar	1994 GV Großbothen
Sermuth-Schönbach	1992 Dettmann, Roland	1994 GV Großbothen
Schönbach	Dettmann, Roland; 1992 GV Sermuth-Schönbach	
Sermuth	Naumann, Christfried; 1992 GV Sermuth-Schönbach	
Kössern	Handwerk, Manfred	1994 GE nach Großbothen
Leisenau	Riester, Reinhard	1994 GE nach Großbothen
Hohburg	Kummer, Heinz	Kummer, Heinz
Großzschepa	Fest, Karl-Heinz; 1993 GE nach Hohburg	
Lüptitz	Neubauer, Uwe; 1993 GE nach Hohburg	
Kühren-Burkartshain		Grundig, Jörg
Burkartshain	Grundig, Jörg	1994 GV Kühren-Burkartshain

Gemeinde/Stadt	Wahlperiode 1990–1994	ab Direktwahl 1994–31.12.2005
Kühren	Frosch, Josef	1994 GV Kühren-Burkartshain
Machern	Kretzschmar, Horst	Ziermaier, Ralf
Gerichshain	Ziermaier, Ralf	1994 GE nach Machern
Püchau	Becker, Eveline	1994 GE nach Machern
Mutzschen, Stadt	Steinert, Kurt; 1994 Lämmel, Frank	Lämmel, Frank; 1996 Hiersemann, Heinrich; 2003 Graf, Carsten
Prösitz	Barth, Isolde; 1993 GE nach Mutzschen	
Naunhof, Stadt	Fröhlich, Volkmar; 1992 Herrmann, Uwe	Herrmann, Uwe
Albrechtshain	Kaiser, GE nachrhard; 1993 GE nach Naunhof	
Ammelshain	Lehmann, Birgit	1994 GE nach Naunhof
Fuchshain	Proschwitz, Erika	Proschwitz, Erika; 1999 GE nach Naunhof
Nerchau, Stadt	Cieslack, Uwe	Cieslack, Uwe
Cannewitz	Kurth, Johannes	1994 GE nach Nerchau (ohne OT Wagelwitz)
Fremdiswalde	Scholz, Hans-Joachim; 1991 Mockschan, Barbara	1994 GE nach Nerchau
Golzern	Röhrich, Brigitte	1994 GE nach Nerchau
Otterwisch	Kauerauf, Matthias	Kauerauf, Matthias
Parthenstein		Pfarr, Günter; 1999 Kretschel, Jürgen
Grethen	Winkler, Heinz	1994 GV Parthenstein
Großsteinberg	Pfarr, Günter	1994 GV Parthenstein
Klinga	Sandmann, Erika	1994 GV Parthenstein
Pomßen	Kretschel, JürGE nachn	1994 GV Parthenstein
Thallwitz	Steiner, Siegfried	Schwuchow, Kurt
Nischwitz	Schwuchow, Kurt; 1993 GE nach Thallwitz	
Röcknitz-Böhlitz	1992 Stange, Jens	Stange, Jens; 1996 GE nach Thallwitz
Böhlitz	Haase, Regina; 1992 GV Röcknitz-Böhlitz	

Röcknitz	Krause, Ronald; 1992 GV Röcknitz-Böhlitz	
Thümmlitzwalde		Schneider, Rolf
Böhlen	Pracejus, Ullrich	1994 GV Thümmlitzwalde
Dürrweitzschen	Hering, Helmut	1994 GV Thümmlitzwalde
Leipnitz	Kötz, Andrea	1994 GV Thümmlitzwalde
Ragewitz	Fehse, Werner	1994 GV Thümmlitzwalde
Zschoppach	Schneider, Rolf	1994 GV Thümmlitzwalde
Trebsen	Wuttig, Walter	Kolbe, Heidemarie
Neichen	Schüler, Bernhard	1994 GE nach Trebsen
Seelingstädt	Fischer, Reinhard	1994 GE nach Trebsen
Altenhain	Kramer, Günter	Kramer, Günter; 1999 GE nach Trebsen
Wurzen, GKrStadt	Pausch, Anton	Pausch, Anton; 2001 Dr. Schmidt, Jürgen
Nemt	Hempel, Hannelore; 1993 GE nach Wurzen	
Zschadraß	Kleine, Winfried	Schmiedel, Matthias
Bockwitz	Michel, Kajetan; 1991 GE nach Zschadraß	
Erlbach	Kunath, Lutz	Kunath, Lutz; 1995 GE nach Zschadraß
Hausdorf	Schmiedel, Matthias	Schmiedel, Matthias; 1995 GE nach Zschadraß
Tanndorf	Kästner, Manfred	Kästner, Manfred; 1996 GE nach Zschadraß
Niederschlesischer Oberlausitzkreis		GV = Gemeindevereinigung („Zusammenschluss") GE = Gemeindeeingliederung („Eingemeindung")
Bad Muskau, Stadt	Thomaschk, Roswitha	Knoop, Heidemarie; 2001 Bänder, Andreas
Boxberg	Trunsch, Roland	Trunsch, Roland
Nochten	Balko, Hannelore	1994 GE nach Boxberg

Gemeinde/Stadt	Wahlperiode 1990–1994	ab Direktwahl 1994–31.12.2005
Bärwalde	Fromm, Hans-Bernd	Fromm, Hans Bernd; 1996 GE nach Lohsa (Lkr. Kamenz); 1998 GE nach Boxberg
Kringelsdorf	Lehmann, Gerhard	Lehmann, Gerhard; 1996 GE nach Boxberg
Reichwalde	Socke, Christel	Socke, Christel; 1999 GE nach Boxberg
Gablenz	Karger, Lothar	Hoffmann, Achim; 2001 Karger, Lothar
Kromlau	Kubo, Werner	Kubo, Werner; 1999 GE nach Gablenz
Groß Düben	Krautz, Helmut	Krautz, Helmut
Halbendorf	Urbank, Max	Ahr, Lothar; 1999 GE nach Groß Düben
Hähnichen	Meißner, Reinfried	Hoffmann, Anne-Kathrin; 2001 Schlabitz, Margitta
Quolsdorf	Schlabitz, Margitta	1994 GE nach Hähnichen
Trebus	Korch, Annemarie	1994 GE nach Hähnichen
Spree	Gierschner, Manfred	Gierschner Manfred; 1998 GE nach Hähnichen
Hohendubrau		1995 Zschieschank, Hans-Hermann
Gebelzig	Hoffmann, Viola; 1991 Zschieschank, Hans-Hermann	Zschieschank, Hans-Hermann; 1995 GV Hohendubrau
Groß-Radisch	Mitschke, Reinhard	Mitschke, Reinhard; 1995 GV Hohendubrau
Weigersdorf	Müller, Reinhard	Müller, Reinhard; 1995 GV Hohendubrau
Horka	Nitschke, Christian	Nitschke, Christian
Biehain	Ansorge, Bernd	1994 GE nach Horka
Mückenhain	Quade, Gerhard	1994 GE nach Horka
Klitten	Krupper, Norbert	Krupper, Norbert
Kodersdorf	May, Uwe	Schöne, René
Särichen	Schöne, René	1994 GE nach Kodersdorf
Königshain	Schönfelder, Sigrid	Lange, Siegfried

Bürgermeister/Oberbürgermeister		Niederschlesischer Oberlausitzkreis
Krauschwitz	Slabke, Gerd	Stupka, Frank; 2005 Mönch, Rüdiger
Klein-Priebus	Kahle, Herbert	1994 GE nach Krauschwitz
Pechern	Heyne, Erich	1994 GE nach Krauschwitz
Sagar	Dürr, Jürgen	1994 GE nach Krauschwitz
Skerbersdorf	Machoi, Petra	1994 GE nach Krauschwitz
Kreba-Neudorf	Mende, Heidrun	Mende, Heidrun; 2001 Fietze, Wolfgang
Markersdorf	Neumann, Gerhard	Neumann, Gerhard; 2001 Knack, Thomas
Deutsch-Paulsdorf	Schneider, Monika	1994 GE nach Markersdorf
Friedersdorf	Zimmermann, Klaus	1994 GE nach Markersdorf
Gersdorf	Linke, Gisela	1994 GE nach Markersdorf
Jauernick-Buschbach	Mauermann, Peter	1994 GE nach Markersdorf
Pfaffendorf	Busse, Friedhelm	1994 GE nach Markersdorf
Mücka	Brückmann, Peter	Brückmann, Peter; 2001 Theurich, Holger
Förstgen	Mirle, Helmut	1994 GE nach Mücka
Neißeaue		1995 Conrad, Gunter; 2002 Dr. Walter, Hermann
Groß Krauscha	Brauer, Dietmar	1995 GV Neißeaue
Kaltwasser	Kieslich, Horst	Kieslich, Horst; 1995 GV Neißeaue
Zodel	Conrad, Gunter	Conrad, Gunter; 1995 GV Neißeaue
Deschka	Großmann, Rainer	Großmann, Rainer; 1999 GE nach Neißeaue
Niesky, Stadt	Rückert, Wolfgang	Rückert, Wolfgang
Kosel	Schoeps, Werner	1994 GE nach Niesky
Stannewisch	Lerche, Helmut	1994 GE nach Niesky
Quitzdorf am See		Fritsche, Jens; 1995 Holtschke, Günter
Kollm	Fritzsche, Jens	1994 GV Quitzdorf am See
Sproitz	Rast, Sabine	1994 GV Quitzdorf am See

Gemeinde/Stadt Wahlperiode 1990–1994 ab Direktwahl 1994–31.12.2005

Petershain	Schade, Erika; 1992 Holtschke, Günter	Holtschke, Günter; 1995 GV Quitzdorf am See
Reichenbach/ O.L., Stadt	Dr. Langer, Walter; 1991 Böer, Andreas	Böer, Andreas
Dittmannsdorf	Rachner, Gisela	1994 GE nach Reichenbach
Mengelsdorf	Lange, Siegfried	1994 GE nach Reichenbach
Meuselwitz	Vogel, Karl-Heinz	1994 GE nach Reichenbach
Zoblitz	Zimmerling, Ruth	1994 GE nach Reichenbach
Rietschen	Meier, Eberhardt	Meier, Eberhardt
Daubitz	Bergmann, Barbara; 1992 GE nach Rietschen	
Teicha	Richter, Gertraude; 1992 GE nach Rietschen	
Viereichen	Hottas, Erika; 1992 GE nach Rietschen	
Rothenburg/ O.L., Stadt	Lange, Bernd	Lange, Bernd; 2001 Dohrmann, Hans-Dietmar
Nieder-Neundorf	Freudenberg, Bernd	Freudenberg, Bernd; 1996 GE nach Rothenburg
Uhsmannsdorf	Stoll, Klaus	Stoll, Klaus; 1999 GE nach Rothenburg
Lodenau	Jäckel, Manfred	Gutte, Uwe; 1999 GE nach Rothenburg
Neusorge	Gutte, Uwe	1994 GE nach Lodenau
Schleife	Hantscho, Helmut	Hantscho, Helmut; 2001 Hascha, Hans
Rohne	Hermasch, Manfred	Hermasch, Manfred; 1995 GE nach Schleife
Mulkwitz	Semisch, Hans	1995 Semisch, Hans; 1995 Bohla, Hans-Joachim; 1996 GE nach Schleife
Schöpstal		Straube, Dieter; 2001 Kalkbrenner, Bernd
Ebersbach	Straube, Dieter	1994 GV Schöpstal
Girbigsdorf	Wehner, Günter; 1993 Maiwald, Roland	1994 GV Schöpstal
Kunnersdorf	Lattka, Fritz	1994 GV Schöpstal

Sohland am Rotstein	Prätsch, Rüdiger; 1992 Hanschmann, Gottfried	Hanschmann, Gottfried; 2001 Schäfer, Hubert
Trebendorf	Mäkelburg, Peter	Mäkelburg, Peter
Mühlrose	Noack, Rosemarie	Noack, Rosemarie; 1999 GE nach Trebendorf
Uhyst	Knobloch, Helmut	Knobloch, Helmut
Mönau	Schneider, Irmgard	1994 GE nach Uhyst
Vierkirchen		Riedel, Herbert; 2001 Nedo, Andreas
Arnsdorf-Hilbersdorf	Gloger, Peter	1994 GV Vierkirchen
Buchholz	Riedel, Herbert	1994 GV Vierkirchen
Melaune	Kraft, Ute; 1992 Rößler, Christian; 1993 Riedel, Herbert	1994 GV Vierkirchen
Waldhufen		Brückner, Horst
Diehsa	Grottker, Klaus-Dieter	1994 GV Waldhufen
Jänkendorf	Lange, Regine; 1992 Brückner, Horst	1994 GV Waldhufen
Nieder-Seifersdorf	Nitsche, Roselies	1994 GV Waldhufen
Thiemendorf	Brückner, Horst	1994 GV Waldhufen
Weißkeißel	Spranger, Roland	Spranger, Roland; 2001 Lysk, Andreas
Weißwasser/ O.L., GKrStadt	Lößner, Dieter	Lößner, Dieter; 2001 Orosz, Helma; 2003 Rauh, Hartwig
Landkreis Riesa-Großenhain		GV = Gemeindevereinigung („Zusammenschluss") GE = Gemeindeeingliederung („Eingemeindung")
Ebersbach		Meißner, Jörg; 1996 Fehrmann, Margot
Bieberach	Helm, Vera	1994 GV Ebersbach
Ebersbach	Meißner, Jörg	1994 GV Ebersbach
Kalkreuth	Lösche, Werner	1994 GV Ebersbach
Rödern	Peukert, Siegfried	1994 GV Ebersbach

Gemeinde/Stadt	Wahlperiode 1990–1994	ab Direktwahl 1994–31.12.2005
Freitelsdorf-Cunnersdorf	Kirschner, Gottfried; 1993 Meißner, Jörg	1994 GE nach Ebersbach
Naunhof	Petersohn, Günter	Petersohn, Günter; 1998 nach GE Ebersbach
Beiersdorf	Kaßner, Rainer	Thiele, Frank; 1999 GE nach Ebersbach
Reinersdorf	Kormann, Michael	Kormann, Michael; 1999 GE nach Ebersbach
Glaubitz	Lotze, Bernd	Lotze, Bernd
Gröditz, Stadt	Bölke, Andreas	Bölke, Andreas
Großenhain, Stadt	Hoffmann, Eberhard; 1993 Müller, Burkhard	Müller, Burkhard
Skassa	Stehr, Ingrid	1994 GE nach Großenhain
Zschauitz	Dumke, Bernd	1994 GE nach Großenhain
Weßnitz	Hampsch, Gabriele	Hampsch, Gabriele; 1995 GE nach Großenhain
Folbern	Sommer, Hannelore	Sommer, Hannelore; 1999 GE nach Großenhain
Hirschstein		1996 Wachs, Margret
Hirschstein		Wachs, Margret; 1996 GV Hirschstein (vorm. Mehltheuer)
Bahra	Gallschütz, Christine	1994 GV Hirschstein
Boritz	Wachs, Margret	1994 GV Hirschstein
Mehltheuer		Gallschütz, Christine; 1996 GV Hirschstein (vorm. Mehltheuer)
Mehltheuer	Jonas, Werner	1994 GV Mehlteuer
Prausitz	Michael, Kurt	1994 GV Mehlteuer
Heyda	Große, Rolf	1994 GE nach Mehltheuer
Lampertswalde	Hoffmann, Wolfgang	Hoffmann, Wolfgang
Quersa-Brockwitz	Böhm, Max	Böhm, Max; 1996 GE nach Lampertswalde
Adelsdorf	Gesell, Hannelore	Hoffmann, Wolfgang; 1997 GE nach Lampertswalde
Schönborn	Raack, Carmen	Hoffmann, Wolfgang; 1999 GE nach Lampertswalde
Nauwalde		Hoffmann (vorm. Krawietz), Barbara

Nauwalde	Wünsche, Manfred	1994 GV Nauwalde
Nieska	Krause, Hans-Jürgen	1994 GV Nauwalde
Spansberg	Krawietz, Barbara	1994 GV Nauwalde
Nünchritz	Münzinger, Frank	Münziger, Frank; 2001 Schmidt, Udo
Weißig	Uhlig, Regina	1994 GE nach Nünchritz
Diesbar-Seußlitz	Kaufmann, Roland	Kaufmann, Roland; 2003 GE nach Nünchritz
Goltzscha	Pilz, Gerhard	1994 GE nach Diesbar-Seußlitz
Merschwitz	Kerstan, Hans	1994 GE nach Diesbar-Seußlitz
Priestewitz		Rendke, Ernst-Georg; 1999 GV Priestewitz; Rendke, Ernst-Georg
Baßlitz	Karitzki, Otto	Karitzki, Otto; 1997 Kralik, Kurt; 1999 GV Priestewitz
Strießen	Kralik, Kurt	Karitzki, Otto; 1997 Kralik, Kurt; 1999 GV Priestewitz
Lenz	Amlang, Volkmar	Karitzki, Otto; 1997 Kralik, Kurt; 1999 GV Priestewitz
Nauleis	Karitzki, Otto	1994 GE nach Lenz
Blattersleben	Schade, Friedrich	1994 GV Priestewitz
Kmehlen-Gävernitz	Fehrmann, Friedrich	1994 GV Priestewitz
Priestewitz	Rendke, Ernst-Georg	1994 GV Priestewitz
Zottewitz	Dietrich, Frank	1994 GV Priestewitz
Riesa, GKrStadt	Jope, Manfred; 1991 Dr. Barth, Horst	Dr. Barth, Horst; 2001 Köhler, Wolfram; 2003 Töpfer, Gerti
Jahnishausen	König, Gunter	1994 GE nach Riesa
Mautitz	Winter, Wolfram	1994 GE nach Riesa
Nickritz	Poitz, Hermann 1994	1994 GE nach Riesa
Leutewitz	Müller, Gudrun	Sperling, Karl; 1996 GE nach Riesa
Röderaue		Herklotz, Lothar
Frauenhain	Herklotz, Lothar	1994 GV Röderaue
Koselitz	Mietzsch, Lothar	1994 GV Röderaue
Pulsen	Grutschkowski, Adolf	1994 GV Röderaue
Raden	Tröger, Kerstin	1994 GV Röderaue

Gemeinde/Stadt Wahlperiode 1990–1994 ab Direktwahl 1994–31.12.2005

Schönfeld		Dörschel, Siegmar; 1996 GV Schönfeld; 2001 Weigel, Hans-Joachim
Kraußnitz	Peschel, Wolfgang; 1993 Hofmann, Heiko	Hofmann, Heiko; 1996 GV Schönfeld
Schönfeld	Dörschel, Siegmar	1994 GV Schönfeld
Linz	Klauka, Martin	1994 GV Schönfeld
Stauchitz		Prusseit, Christel; 1999 GV Stauchitz; Geißler, Peter
Stauchitz	Prusseit, Christel	1994 GV Stauchitz
Bloßwitz	Schlicke, Reiner	1994 GV Stauchitz
Plotitz		Geißler, Peter; 1999 GV Stauchitz
Plotitz	Böttcher, Ilona	1994 GV Plotitz
Staucha	Kramm, Bernd; 1992 Geißler, Peter	1994 GV Plotitz
Seerhausen	Fischer, Gottfried	Ebermann, Jörg; 1996 GE nach Plotitz
Strehla, Stadt	Haberland, Andreas	Haberland, Andreas
Paußnitz	Triems, Ernst	1994 GE nach Strehla
Tauscha		Blatzky, Dietmar
Tauscha	Blatzky, Dietmar	GV Tauscha
Dobra	Menzel, Günter	GV Tauscha
Kleinnaundorf-Würschnitz	Wehnert, Andreas	GV Tauscha
Thiendorf		1995 Freund, Armin; 1996 GV Thiendorf; Freund, Armin
Ponickau	Müller, Roland	Zieschang, Inge; 1996 GV Thiendorf
Thiendorf	Freund, Armin	Freund, Armin; 1995 GV Thiendorf
Sacka	Bodack, Manfred	Bodack, Manfred; 1995 GV Thiendorf
Weißig a. R.		Krause, Irmgard
Weißig a. R.	Krause, Irmgard	1994 GV Weißig a.R.
Blochwitz	Niemz, Catrin	1994 GV Weißig a.R.
Brößnitz	Vater, Erika	1994 GV Weißig a.R.

Bürgermeister/Oberbürgermeister　　　　Landkreis Riesa-Großenhain

Oelsnitz-Niegeroda	Haupt, Johanna	1994 GV Weißig a.R.
Wildenhain		Boragk, Frank
Wildenhain	Boragk, Frank	1994 GV Wildenhain
Bauda	Klemm, Johannes	1994 GV Wildenhain
Colmnitz	Martin, Egbert	1994 GV Wildenhain
Walda-Kleinthiemig	Tille, Eberhard	1994 GV Wildenhain
Wülknitz		Clauß, Hannes
Wülknitz	Clauß, Hannes	1994 GV Wülknitz
Lichtensee	Pohl, Gundolf	1994 GV Wülknitz
Peritz	Priebe, Waltraud	1994 GV Wülknitz
Streumen	Schlegel, Sieglinde	1994 GV Wülknitz
Zabeltitz		Kuhbach, Ramon
Zabeltitz	Krüger, Jürgen	1994 GV Zabeltitz
Görzig	Kuhbach, Ramon	1994 GV Zabeltitz
Nasseböhla	Gehrke, Stefanie	1994 GV Zabeltitz
Skäßchen	Schieke, Ilona	1994 GV Zabeltitz
Strauch	Schurig, Ursula	1994 GV Zabeltitz
Zeithain		Berger, Hannes
Jacobsthal	König, Doris	1994 GV Zeithain
Kreinitz	Herrmann, Klaus	1994 GV Zeithain
Lorenzkirch	Fechner, Peter	1994 GV Zeithain
Zeithain	Berger, Hannes	1994 GV Zeithain
Gohlis	Mecus, Joachim	Kuhbusch, Michael-Rüdiger; 1999 GE nach Zeithain
Röderau-Bobersen		Großmann, Thomas; 2002 GE nach Zeithain
Bobersen	Thalmann, Karla	1994 GV Röderau-Bobersen
Röderau	Großmann, Thomas	1994 GV Röderau-Bobersen

Gemeinde/Stadt Wahlperiode 1990–1994 ab Direktwahl 1994–31.12.2005

Landkreis Sächsische Schweiz		GV = Gemeindevereinigung („Zusammenschluss") GE = Gemeindeeingliederung („Eingemeindung")
Bad Gottleuba-Berggießhübel, Stadt		1999 Kahrsch, Wolfgang; 2004 Gollmann, Andreas; 2005 Mutze, Thomas
Bahratal	Schwindkowski, Steffen	Schwindkowski, Steffen; 1999 GV Bad Gottleuba-Berggießhübel
Berggießhübel	Seeger, Klaus-Udo	Seeger, Klaus-Udo; 1999 GV Bad Gottleuba-Berggießhübel
Langenhennersdorf	Lindner, Dietrich	Lindner, Dietrich; 1999 GV Bad Gottleuba-Berggießhübel
Bad Gottleuba	Dittrich, Volker	Dittrich, Volker; 1999 GV Bad Gottleuba-Berggießhübel
Oelsen	Gutte, Lothar	Dittrich, Volker; 1996 GE nach Bad Gottleuba
Börnersdorf-Breitenau	Meyer, Thomas	Meyer, Thomas; 1997 GE nach Bad Gottleuba
Bad Schandau, Stadt	Heidrich, Klaus	Heidrich, Klaus; 2001 Eggert, Andreas
Krippen	Männchen, Jürgen	Strohbach, Walter; 1999 GE nach Bad Schandau
Bahretal		1996 Pietzsch, Siegfried; 2000 Kolba, Brigitte
Borna-Gersdorf	Leidel, Jürgen; 1993 Strohbach, Lothar	1994 GV Bahretal
Friedrichswalde-Ottendorf	Retzler, Hans-Peter	1994 GV Bahretal
Göppersdorf	Fraulob, Gunter	1994 GV Bahretal
Nentmannsdorf-Niederseidewitz	Pietzsch, Siegfried	1994 GV Bahretal
Dohma		Kahrsch, Wolfgang; 2000 Mühle, Doris
Dohma	Kahrsch, Wolfgang	1994 GV Dohma
Goes	Mühle, Rudolf	1994 GV Dohma
Cotta	Leitner, Joachim; 1991 Dietrich, Roland	Gröger, Beate; 1995 Süß, Uwe; 1998 GE nach Dohma
Dohna, Stadt	Putzke, Friedhelm	Putzke, Friedhelm
Köttewitz-Krebs	Bartko, Angelika	1994 GE nach Dohna

Bürgermeister/Oberbürgermeister　　　Landkreis Sächsische Schweiz

Meusegast	Eberlein, Ingrid	Eberlein, Ingrid; 1999 GE nach Dohna
Röhrsdorf	1993 Neumann, Dietmar	Neumann, Dietmar; 1999 GE nach Dohna
Borthen	Neumann, Dietmar; 1993 GV Röhrsdorf	
Gorknitz	Reichelt, Karin; 1993 GV Röhrsdorf	
Röhrsdorf	Volenec, Manfred; 1993 GV Röhrsdorf	
Dürrröhrsdorf-Dittersbach	Timmreck, Bodo	Timmreck, Bodo; 2001 Frank, Jochen
Porschendorf	Schaller, Brigitte	1994 GE nach Dürrröhrsdorf-Dittersbach
Stürza	Sauer, Dieter	1994 GE nach Dürrröhrsdorf-Dittersbach
Wilschdorf	Hirsch, Margot	Timmreck, Bodo; 1999 GE nach Dürrröhrsdorf-Dittersbach
Wünschendorf	Jäckel, Hansjörg	1994 GE nach Dürrröhrsdorf-Dittersbach
Gohrisch		Grieme-Hahn, Katharina
Cunnersdorf	Richter, Dagmar	1994 GV Gohrisch
Kleinhennersdorf	Fröhlich, Paul; 1991 Günther, Christine	1994 GV Gohrisch
Gohrisch, Kurort	Grieme, Katharina	1994 GV Gohrisch
Papstdorf	Brähmig, Eckhard	1994 GV Gohrisch
Heidenau, Stadt	Jacobs, Michael	Jacobs, Michael
Hohnstein, Stadt	Lasch, Wolfram	Lasch, Wolfram
Ehrenberg	Hänsel, Baldur	1994 GE nach Hohnstein
Goßdorf	Häntzschel, Frank	1994 GE nach Hohnstein
Lohsdorf	Michael, Rainer	1994 GE nach Hohnstein
Rathewalde	Weißhaupt, Kurt	1994 GE nach Hohnstein
Ulbersdorf	Schaffrath, Hans	1994 GE nach Hohnstein
Hohwald		Elsner, Manfred
Berthelsdorf	Bischoff, Helmut	1994 GV Hohwald
Langburkersdorf	Elsner, Manfred	1994 GV Hohwald

Gemeinde/Stadt Wahlperiode 1990–1994 ab Direktwahl 1994–31.12.2005

Rückersdorf	Lehmann, Bernd	1994 GV Hohwald
Kirnitzschtal		Rämisch, Jürgen; 2001 Läsker, Robert
Lichtenhain	Rämisch, Jürgen	1994 GV Kirnitzschtal
Ottendorf	Willmuth, Jens	1994 GV Kirnitzschtal
Saupsdorf	Franke, Rainer	1994 GV Kirnitzschtal
Königstein, Stadt	Maiwald, Rudolf	Maiwald, Rudolf; 2001 Haase, Frieder
Pfaffendorf	Haase, Frieder	1994 GE nach Königstein
Leupoldishain	Schilter, Bärbel	Woiwode, Erika; 1999 GE nach Königstein
Liebstadt, Stadt		Schulze, Gerhard; 1998 Retzler, Hans-Peter
Döbra	Grahl, Hans-Joachim	1994 GV Liebstadt
Großröhrsdorf	Fronert, Armin	1994 GV Liebstadt
Liebstadt	Schulze, Gerhard	1994 GV Liebstadt
Waltersdorf	Heilfurth, Günter	1994 GV Liebstadt
Lohmen	Mildner, Jörg	Mildner, Jörg
Müglitztal		Glöckner, Jörg
Burkhardswalde	Glöckner, Jörg	1994 GV Müglitztal
Maxen	Rülke, Andreas	1994 GV Müglitztal
Mühlbach	Piesold, Dieter	1994 GV Müglitztal
Weesenstein	Barthel, Heidelinde	1994 GV Müglitztal
Neustadt i. Sa., Stadt	Grützner, Dieter	Grützner, Dieter
Polenz	Milde, Ulrich	1994 GE nach Neustadt
Pirna, GKrStadt	Wieczorek, Herbert; 1991 Bohrig, Hans-Peter	Bohrig, Hans-Peter; 2001 Ulbig, Markus
Birkwitz-Pratzschwitz	Mai, Hans-Peter	Mai, Hans-Peter; 1999 GE nach Pirna
Graupa	Dr. Klemm, William	Dr. Klemm, William; 1999 GE nach Pirna
Porschdorf		Eggert, Andreas
Porschdorf	Meck, Hans-Joachim; 1992 Eggert, Andreas	1994 GV Porschdorf

Prossen	Stolze, Harry; 1992 Zeband, Bernhard; 1993 Ehrlich, Werner	1994 GV Porschdorf
Rathen	Langmann, Peter	Langmann, Peter; 2001 Richter, Thomas
Rathmannsdorf	Kanthack, Rolf; 1992 Höne, Hans-Joachim	Hähnel, Reiner
Reinhardtsdorf-Schöna	Suddars, Arno	Suddars, Arno
Rosenthal-Bielatal		Gottschald, Bernd
Bielatal	Abraham, Till	1994 GV Rosenthal-Bielatal
Rosenthal	Gottschald, Bernd	1994 GV Rosenthal-Bielatal
Sebnitz, GKrStadt	Maly, Peter; 1992 Zopf, Brigitte; 1993 Ruckh, Mike	Ruckh, Mike
Hinterhermsdorf	Groh, Elmar	Groh, Elmar; 1998 GE nach Sebnitz
Stadt Wehlen, Stadt		Tittel, Klaus
Dorf Wehlen	Kotte, Herbert	1994 GV Stadt Wehlen
Stadt Wehlen	Tittel, Klaus	1994 GV Stadt Wehlen
Stolpen, Stadt		Walter, Gernot; 2001 Steglich, Uwe
Heeselicht	Garsoffke, Heinz	1994 GV Stolpen
Helmsdorf	Fischer, Hagen	1994 GV Stolpen
Langenwolmsdorf	Deckert, Helmut	1994 GV Stolpen
Lauterbach	Wunde, Andreas	1994 GV Stolpen
Rennersdorf-Neudörfel	Sickert, Isolde	1994 GV Stolpen
Stolpen	Walter, Gernot	1994 GV Stolpen
Struppen		Dr. Schuhmann, Rainer
Naundorf	Dr. Schuhmann, Rainer	1994 GV Struppen
Struppen	Richter, Achim	1994 GV Struppen
Thürmsdorf	Herrmann, Gerhard	1994 GV Struppen

Gemeinde/Stadt Wahlperiode 1990–1994 ab Direktwahl 1994–31.12.2005

Landkreis Stollberg		GV = Gemeindevereinigung („Zusammenschluss") GE = Gemeindeeingliederung („Eingemeindung")
Auerbach	Prof. Dr. vom Scheidt, Jürgen; 1992 Drechsel, Andreas	Drechsel, Andreas
Burkhardtsdorf		1999 Probst, Thomas
Burkhardtsdorf	Schreiter, Wolfgang	Schreiter, Wolfgang; 1999 GV Burkhardtsdorf
Kemtau	Welthe, Helga	Welthe, Helga; 1999 GV Burkhardtsdorf
Meinersdorf	Wiltzsch, Christian	Wiltzsch, Christian; 1999 GV Burkhardtsdorf
Erlbach-Kirchberg	Ebert, Hans-Gerolf; 1992 Schüßler, Rainer	Schüßler, Rainer
Ursprung	Gatzsch, Christine; 1990 Schulze, Rolf	Schulze, Rolf; 1999 GE nach Erlbach-Kirchberg
Gornsdorf	Vater, Martin; 1993 Häntsch, Volker	Kunert, Monika
Hohndorf	Heiland, Manfred	Heiland, Manfred
Hormersdorf	Richter, Gotthold	Richter, Gotthold; 2004 Findeisen, Jens
Jahnsdorf/ Erzgb.		1999 Arnold, Oliver
Jahnsdorf/Erzgb.	Strunz, Karl	Strunz, Karl; 1999 GV Jahnsdorf
Leukersdorf	Arnold, Oliver	Arnold, Oliver; 1999 GV Jahnsdorf
Lugau/Erzgb., Stadt	Thiele, Klaus; 1993 Unfried, Rainer	Unfried, Rainer
Neukirchen/ Erzgb.	Lori, Stefan	Lori, Stefan
Adorf/ Erzgebirge	Barthel, Dietmar	Barthel, Diethmar; 1999 GE nach Neukirchen
Niederdorf	Barisch, Alois; 1993 Süß, Henry	Lippmann, Roland
Niederwürschnitz	Höfer, Rolf	Höfer, Rolf
Oelsnitz/Erzgb., Stadt	Richter, Hans-Ludwig	Richter, Hans-Ludwig

Bürgermeister/Oberbürgermeister — Landkreis Stollberg

Neuwürschnitz	Uhlmann, Gotthard	Thost, Wolfgang; 1999 GE nach Oelsnitz
Stollberg/Erzgb., Stadt	Wirth, Mathias	Wirth, Mathias; 1997 Schmidt, Siegfried; 2005 Schmidt, Marcel
Beutha	Blüher, Joachim	Blüher, Joachim; 1999 GE nach Stollberg
Thalheim/ Erzgb., Stadt	Vogler, Martin	Dietze, Artur; 1999 Kühn, René
Zwönitz, Stadt	Schneider, Uwe	Schneider, Uwe
Brünlos	Neubert, Johannes; 1991 Weiß, Wilfried	Weiß, Wilfried; 1999 GE nach Zwönitz
Dorfchemnitz	Grabner, Wolfgang	Grabner, Wolfgang; 1998 GE nach Zwönitz
Landkreis Torgau-Oschatz		GV = Gemeindevereinigung („Zusammenschluss") GE = Gemeindeeingliederung („Eingemeindung")
Arzberg	Ullrich, Dieter	Ullrich, Dieter; 2004 Krieg, Hartmut
Blumberg	Thierbach, Christian; 1993 GE nach Arzberg	
Beilrode	Kuschel, Friedhelm	Kuschel, Friedhelm
Döbrichau	Klapproth, Hans	Nippert, Klaus-Dieter; 1999 GE nach Beilrode
Belgern, Stadt	Thomas, Harald	Thomas, Harald
Mahitzschen	Lehmann, Ursel; 1993 GE nach Belgern	
Bockwitz	Koitz, Konrad	1994 GE nach Belgern
Liebersee	Illmer, Leni	1994 GE nach Belgern
Wohlau	Puppe, Elke	1994 GE nach Belgern
Staritz	Wachter, Maritta	Wachter, Maritta; 1996 GE nach Belgern
Lausa	Dalibor, Katrin	Pajer, Olaf; 1999 GE nach Belgern
Neußen	Pajer, Olaf	Pajer, Olaf; 1999 GE nach Belgern
Cavertitz		Hoffmann, Gabriele
Bucha	Hoffmann, Gabriele	1994 GV Cavertitz
Cavertitz	Roßberg, Karl	1994 GV Cavertitz

Gemeinde/Stadt Wahlperiode 1990–1994 ab Direktwahl 1994–31.12.2005

Schirmenitz	Röder, Rolf	1994 GV Cavertitz
Sörnewitz	Krake, Werner	1994 GV Cavertitz
Lampertswalde	Berger, Karl	Berger, Karl; 1998 GE nach Cavertitz
Dahlen, Stadt	Kolbe, Joachim	Augustynik, Bärbel; 2001 Rudolph, Johannes
Börln	Döring, Hasso	1994 GE nach Dahlen
Großböhla	Augustynik, Bärbel	1994 GE nach Dahlen
Schmannewitz	Trudel, Karl-Heinz	1994 GE nach Dahlen
Dommitzsch, Stadt	Reiche, Wilhelm	Koch, Harald
Wörblitz	Müller, Oswin	Müller, Oswin; 1999 GE nach Dommitzsch
Dreiheide		Klepel, Peter
Großwig	Sarembe, Wolfgang	1994 GV Dreiheide
Süptitz	Klepel, Peter	1994 GV Dreiheide
Weidenhain	Weber, Klaus	1994 GV Dreiheide
Elsnig		Großmann, Ullrich
Elsnig	Großmann, Ullrich	1994 GV Elsnig
Döbern	Seelig, Torsten	1994 GV Elsnig
Neiden	Böhm, Kurt	1994 GV Elsnig
Großtreben-Zwethau		Meißner, Volker; 2003 Löwe, Hans-Jürgen
Großtreben	Czakainski, Helmut	1994 GV Großtreben-Zwethau
Zwethau	Meißner, Volker	1994 GV Großtreben-Zwethau
Liebschützberg		1997 Kretschmar, Andreas; 2001 Börtitz, Karl-Heinz
Borna	Kretschmar, Andreas	Kretschmar, Andreas; 1997 GV Liebschützberg
Ganzig	Fischer, Christian; 1993 GE nach Borna	
Liebschützberg		Börtitz, Karl-Heinz; 1997 GV Liebschützberg
Gaunitz	Börtitz, Karl-Heinz	1994 GV Liebschützberg
Laas	Rudolph, Johannes	1994 GV Liebschützberg

Bürgermeister/Oberbürgermeister　　　　　　　Landkreis Torgau-Oschatz

Wellerswalde	Guckland, Wolfgang	1994 GV Liebschützberg
Mockrehna		1999 Rülke, Konrad
Mockrehna	Rülke, Konrad	Rülke, Konrad; 1999 GV Mockrehna
Schöna	Hallek, Thomas	Hallek, Thomas; 1999 GV Mockrehna
Strelln	Dubiel, Katrin	Schleinitz, Karl-Heinz; 1999 GV Mockrehna
Wildenhain	Schün, Horst	Schün, Horst; 1999 GV Mockrehna
Wildschütz	Heinrichsen, Claus	Heinrichsen, Claus; 1999 GV Mockrehna
Audenhain		Lindner, Hans-Joachim; 1999 GV Mockrehna
Audenhain	Kührig, Joachim	1994 GV Audenhain
Klitzschen	Lindner, Hans-Joachim	1994 GV Audenhain
Langenreichenbach	Moritz, Manfred	1994 GV Audenhain
Mügeln, Stadt		Deuse, Gotthard
Mügeln	Glaesmer, Verena	1994 GV Mügeln
Schweta	Deuse, Gotthard	1994 GV Mügeln
Naundorf		Reinhardt, Michael
Naundorf	Voigtländer, Sigrid	1994 GV Naundorf
Hohenwussen	Kleeberg, Günther	1994 GV Naundorf
Hof	Schulze, Dietmar	1994 GE nach Naundorf
Oschatz, GKrStadt	Dr. Förster, Claus	Dr. Förster, Claus; 2001 Kretschmar, Andreas
Limbach	Walbe, Grit	1994 GE nach Oschatz
Pflückuff		Ryll, Wolfgang
Beckwitz	Thomas, Petra	1994 GV Pflückuff
Loßwig	Schwürz, Hartmut	1994 GV Pflückuff
Mehderitzsch	Höft, Christa	1994 GV Pflückuff
Staupitz	Schenk, Gisela	1994 GV Pflückuff
Weßnig	Ryll, Wolfgang	1994 GV Pflückuff
Schildau, Gneisenaustadt		Böttger, Martin

Gemeinde/Stadt Wahlperiode 1990–1994 ab Direktwahl 1994–31.12.2005

Schildau	Scholz, Thomas; 1992 Dr. Wagner, Marianne	1994 GV Schildau
Sitzenroda	Böttger, Martin	1994 GV Schildau
Probsthain	Hädrich, Elke	1994 GE nach Schildau
Kobershain	Härtel, Gerd	Härtel, Gerd; 1999 GE nach Schildau
Taura	Elschner, Kurt	Elschner, Kurt; 1999 GE nach Schildau
Sornzig-Ablaß		Winkler, Volkmar
Sornzig	Seupel, Gerd; 1992 Höhme, Ulrich	1994 GV Sornzig-Ablaß
Ablaß	1993 Winkler, Volkmar	1994 GV Sornzig-Ablaß
Ablaß	Winkler, Volkmar; 1993 GV Ablaß	
Glossen	Horn, Gerhard; 1993 GV Ablaß	
Kemmlitz	Frohberg, Gertrud; 1993 GV Ablaß	
Torgau, Stadt	Gerstenberg, Wolfgang	Gerstenberg, Wolfgang; 2001 Staude, Andrea
Graditz	Geißler, Klaus	1994 GE nach Torgau
Melpitz	Richter, Klaus	1994 GE nach Torgau
Trossin	Bär, Klaus;	Klepel, Gunter
Falkenberg	Klepel, Gunter	1994 GE nach Trossin
Wermsdorf	Wickert, Renate; 1991 Rose, Peter	Lehmann, Bernd-Dieter
Mahlis	Lehmann, Bernd-Dieter	1994 GE nach Wermsdorf
Collm	Reichel, Siegfried	Reichel, Siegfried; 1995 GE nach Wermsdorf
Liptitz	Schönberg, Jürgen	Schönberg, Jürgen; 1995 GE nach Wermsdorf
Luppa	Kuhnitzsch, Frank	Lehmann, Peter; 1999 GE nach Wermsdorf
Zinna	Knorscheidt, Karin	Knorscheidt, Karin

Vogtlandkreis		GV = Gemeindevereinigung ("Zusammenschluss") GE = Gemeindeeingliederung ("Eingemeindung")
Adorf, Stadt	Heidan, Christian	Heidan, Christian; 2004 Bang, Mariechen
Gettengrün	Todt, Gerhard	1994 GE nach Adorf
Rebersreuth	Rahm, Silvia	1994 GE nach Adorf
Leubetha	Ficker, Hartmut	Ficker, Hartmut; 1999 GE nach Adorf
Auerbach/ Vogtl., GKrStadt	Graupner, Johannes	Graupner, Johannes
Schnarrtanne	Berger, Frank	1994 GE nach Auerbach
Beerheide	Kunzmann, Werner	Kunzmann, Werner; 1997 Pohl, Katrin; 1999 GE nach Auerbach
Rebesgrün		Winkelmann, Günter; 1999 Eberhardt, Roland; 2003 GE nach Auerbach
Rebesgrün	Andermann, Herbert	1994 GV Rebesgrün
Reumtengrün	Winkelmann, Günter	1994 GV Rebesgrün
Bad Brambach	Wolfram, Helmut	Wolfram, Helmut
Raun	Wünsche, Constanze	1994 GE nach Bad Brambach
Schönberg	Franke, Michael	1994 GE nach Bad Brambach
Bad Elster, Stadt	Flämig, Christoph	Flämig, Christoph
Mühlhausen	Bauer, Erhard	1994 GE nach Bad Elster
Sohl	Hochbaum, Gunter	1994 GE nach Bad Elster
Bergen	Schubert, Beate	Schubert, Beate; 2001 Trapp, Volkmar
Bösenbrunn		Wohlers, Ingrid; 2001 Schneeweiß, Elke
Bobenneukirchen	Rademacher, Ines	1994 GV Bösenbrunn
Bösenbrunn	Dunger, Joachim	1994 GV Bösenbrunn
Ottengrün	Ketzel, Paula	1994 GV Bösenbrunn
Schönbrunn	Wohlers, Ingrid	1994 GV Bösenbrunn
Burgstein		Kujer, Irmhild
Geilsdorf	Kujer, Irmhild	1994 GV Burgstein

Gemeinde/Stadt	Wahlperiode 1990–1994	ab Direktwahl 1994–31.12.2005
Großzöbern	Koll, Hans; 1992 Grimm, Dietmar	1994 GV Burgstein
Gutenfürst	Pfeifer, Joachim	1994 GV Burgstein
Heinersgrün	Triebel, Elsa	1994 GV Burgstein
Kemnitz	Rösner, Gerhard	1994 GV Burgstein
Krebes	Kummer, Ursula	1994 GV Burgstein
Schwand	Appel, Thomas	1994 GV Burgstein
Dröda	Friedrich, Gisela	Friedrich, Gisela; 1999 GE nach Burgstein
Eichigt	Penzel, Karlheinz	Penzel, Karlheinz
Ebmath	Bauroth, Margitta	1994 GE nach Eichigt
Tiefenbrunn	Juhl, Konrad	1994 GE nach Eichigt
Ellefeld	Würtemberger, Wolfgang	Kerber, Heinrich
Elsterberg, Stadt	Jenennchen, Volker	Jenennchen, Volker
Görschnitz	Hüttenrauch, Silke; 1993 GE nach Elsterberg	
Coschütz	Greger, Christian	1994 GE nach Elsterberg
Kleingera	Haubold, Matthias; 1992 Schemmrich, Winfried	1994 GE nach Elsterberg
Cunsdorf	1994 aus Thüringen nach Sachsen gewechselt	1995 GE nach Elsterberg
Erlbach	Wunderlich, Annelie	Wunderlich, Annelie; 2001 Herold, Klaus
Wernitzgrün	Herrmann, Dieter; 1991 Wagner, Hans-Jürgen	Wagner, Hans-Jürgen; 1999 GE nach Erlbach
Falkenstein/ Vogtl., Stadt	Rauchalles, Arndt	Rauchalles, Arndt
Oberlauterbach	Konrad, Raimund	Konrad, Raimund; 1999 GE nach Falkenstein
Trieb	Schönfelder, Irene	Schönfelder, Irene; 1999 GE nach Falkenstein
Grünbach, Höhenluftkurort	Strobel, Manfred	Rosenbaum, Thomas
Muldenberg	Lautenschläger, Erhard; 1992 Stieber, Michael	1994 GE nach Grünbach
Hammerbrücke	Ludwig, Georg	Ludwig, Georg

Bürgermeister/Oberbürgermeister　　　　　　　　　　　　　　　Vogtlandkreis

Heinsdorfergrund		Kunzmann, Horst; 2004 Löffler, Reiner
Hauptmannsgrün	Gruber, Christian	1994 GV Heinsdorfergrund
Oberheinsdorf	Kunzmann, Horst	1994 GV Heinsdorfergrund
Unterheinsdorf	Kunzmann, Horst	1994 GV Heinsdorfergrund
Klingenthal, Stadt	Herold, Manfred	Dr. Kunzmann, Günter; 1999 Schneidenbach Reiner
Mühlleithen	Schlosser, Roland; 1992 GE nach Klingenthal	
Lengenfeld, Stadt	Dr. Wappler, Friedhelm	Dr. Wappler, Friedhelm; 2004 Bachmann, Volker
Plohn	Schubert, Birgit; 1993 GE nach Lengenfeld	
Irfersgrün	Zisowsky, Karl-Heinz	1994 GE nach Lengenfeld
Pechtelsgrün	Kinkelin, Bernd	1994 GE nach Lengenfeld
Weißensand	Herzog, Hella	1994 GE nach Lengenfeld
Schönbrunn	Wilde, Karin	Poitz, Frieder; 1999 GE nach Lengenfeld
Waldkirchen	Dörfelt, Hans-Hermann	Dörfelt, Hans-Hermann; 1999 GE nach Lengenfeld
Leubnitz		1999 Michaelis, Johannes
Leubnitz	Michaelis, Johannes	Michaelis, Johannes; 1999 GV Leubnitz
Rodau	Scheunert, Ulrich	Scheunert, Ulrich; 1999 GV Leubnitz
Rößnitz	Schmidt, Erika	Schmidt, Erika; 1999 GV Leubnitz
Schneckengrün	Heß, Isolde	Heß, Isolde; 1999 GV Leubnitz
Limbach		Damisch, Bernd
Lauschgrün	Ludwig, Rosemarie	1994 GV Limbach
Limbach	Kölbel, Steffen; 1993 Damisch, Bernd	1994 GV Limbach
Reimersgrün	Hertel, Siegfried	1994 GV Limbach
Markneukirchen, Stadt	Hoyer, Karl-Heinrich	Hoyer, Karl-Heinrich
Breitenfeld	Reiher, Peter	1994 GE nach Markneukirchen
Wohlhausen	Schmidt, Gudrun	1994 GE nach Markneukirchen

Gemeinde/Stadt Wahlperiode 1990–1994 ab Direktwahl 1994–31.12.2005

Landwüst	Badur, Sabine	Badur, Sabine; 1999 GE nach Markneukirchen
Mehltheuer	Meinel, Thomas	Eckstein, Jürgen; 1996 Meinel, Gerd-Peter
Schönberg	Woratsch, Luz	Ehrenpfort, Heinz; 1999 GE nach Mehltheuer
Morgenröthe-Rautenkranz	Stahl, Konrad	Stahl, Konrad
Mühlental		Weller, Dieter
Hermsgrün-Wohlbach	Weller, Dieter	1994 GV Mühlental
Marieney	1991 Gläsel, Arnold; 1993 Schmied, Wilhelm	1994 GV Mühlental
Tirschendorf	Sandner, Hans	1994 GV Mühlental
Unterwürschnitz	Winter, Norbert	1994 GV Mühlental
Mühltroff, Stadt	Weiß, Ulrich	Weiß, Ulrich; 2001 Weinrich, Christine
Kornbach	Plitzko, Dieter; 1993 GE nach Mühltroff	
Langenbach	Pieles, Gerhard	1994 GE nach Mühltroff
Mylau	Schneider, Christoph	Schneider, Christoph
Obermylau	Winkelhöfer, Rudolf	Lieberth, Günter; 1996 GE nach Mylau
Netzschkau, Stadt	Gräfe, Harald	Müller, Werner
Lambzig	Rammler, Monika; 1992 GE nach Netzschkau	
Brockau	Schallmo, Gerd; 1992 Haubold, Matthias	Haubold, Matthias; 1999 GE nach Netzschkau
Neuensalz		Riemer, Elfriede; 2001 Künzel, Carmen
Neuensalz	Riemer, Elfriede	1994 GV Neuensalz
Thoßfell	Wankerl, Erhard	1994 GV Neuensalz
Zobes	Trampel, Wolfgang	1994 GV Neuensalz
Mechelgrün	Günzel, Inge; 1991 Schrecker, Gisela	Schrecker, Gisela; 1995 GE nach Neuensalz
Neumark	Fester, Ralf	Fester, Ralf

Bürgermeister/Oberbürgermeister   Vogtlandkreis

Reuth	Theilig, Uwe	1994 GE nach Neumark
Schönbach	Bauer, Winfried	1994 GE nach Neumark
Neustadt/Vogtl.	Wolf, Gerold	Wolf, Gerold; 1999 Schöley, Gisela
Oelsnitz/Vogtl. GKrStadt	Reichel, Kurt; 1991 Quaas, Roland; 1992 Möbius, Eva-Maria	Möbius, Eva-Maria
Oberhermsgrün	Adler, Siegfried	1994 GE nach Oelsnitz
Planschwitz	Pschierer, Udo	1994 GE nach Oelsnitz
Taltitz	Apitz, Ullrich	1994 GE nach Oelsnitz
Pausa/Vogtl., Stadt	Schwabe, Friedhold	Schwabe, Friedhold; 2001 Ansorge, Jonny
Unterreichenau	Gaßmann, Dietrich; 1993 GE nach Pausa	
Ebersgrün	Perthel, Brigitte	1994 GE nach Pausa
Ranspach	Seidel, Günter	1994 GE nach Pausa
Thierbach	Schuster, Brigitte	1994 GE nach Pausa
Pöhl		Müller, Claus; 1998 Kaul, Friedhard
Helmsgrün	Flach, Werner	1994 GV Pöhl
Herlasgrün	Huster, Lutz	1994 GV Pöhl
Jocketa	Kunath, Jürgen; 1993 Teubert, Alfred	1994 GV Pöhl
Möschwitz	Schubert, Ursula	1994 GV Pöhl
Ruppertsgrün	Oppel, Siegfried	1994 GV Pöhl
Reichenbach i. Vogtl., GKrStadt	Bögel, Johannes	Käppel, Dieter; 2001 Kießling, Dieter
Brunn	Künzel, Wolfgang	1994 GE nach Reichenbach
Friesen	Olscher, Margit	1994 GE nach Reichenbach
Rotschau	Glänzel, Christiane	Glänzel, Christiane; 1996 GE nach Reichenbach
Schneidenbach	Korn, Gerhard	Korn, Gerhard; 1999 GE nach Reichenbach
Reuth	Kießling, Carla	Mocker, André; 1996 Hertel, Lothar; 2002 Lupart, Ulrich
Dehles	Fischer, Winfried	1994 GE nach Reuth
Mißlareuth	Schnabel, Thomas	1994 GE nach Reuth

Gemeinde/Stadt Wahlperiode 1990–1994 ab Direktwahl 1994–31.12.2005

Gemeinde/Stadt	Wahlperiode 1990–1994	ab Direktwahl 1994–31.12.2005
Rodewisch	Trischmann, Hans-Rudolf	Trischmann, Hans-Rudolf; 1998 Meier, Erhard
Rützengrün	Unger, Rüdiger; 1992 GE nach Rodewisch	
Röthenbach	Wilhelm, Erich	1994 GE nach Rodewisch
Schöneck/Vogtl., Stadt	Richter, Gerhard	Richter, Gerhard; 2001 Keil, Rolf
Gunzen	Prinz, Günter	Prinz, Günter; 1995 GE nach Schöneck
Schilbach	1990 Gräf, Ullrich; 1993 Willer, Lothar	Willer, Lothar; 1995 GE nach Schöneck
Arnoldsgrün	Pfretzschner, Rainer; 1993 Kersten, Hans-Dieter	Kersten, Hans-Dieter; 1996 GE nach Schöneck
Steinberg		Roßberg, Bernd
Rothenkirchen	Roßberg, Bernd	1994 GV Steinberg
Wernesgrün	Wolf, Bernd	1994 GV Steinberg
Wildenau	Wolf, Ulrich	1994 GV Steinberg
Syrau	Mosch, Peter	Schulz, Achim
Fröbersgrün	Grünewald, Jürgen; 1993 Haller, Michael	1994 GE nach Syrau
Tannenbergsthal/Vogtl.	Müller, Karl-Heinz	Müller, Karl-Heinz
Theuma	Riedel, Ulrich	Riedel, Ulrich
Tirpersdorf	Türke, Henry	Türke, Henry; 2001 Körner, Reiner
Droßdorf	Gruber, Karl-Heinz	1994 GE nach Tirpersdorf
Lottengrün	Jahnsmüller, Helga	1994 GE nach Tirpersdorf
Treuen, Stadt	Kropfgans, Knut	Kropfgans, Knut; 2001 Barth, Andrea
Altmannsgrün	Heinel, Jürgen; 1993 GE nach Treuen	
Schreiersgrün	Seifert, Hilmar	1994 GE nach Treuen
Eich	Flechsig, Johannes	Barth, Andrea; 1999 GE nach Treuen
Hartmannsgrün	Heckel, Gert	Heckel, Gert; 1999 GE nach Treuen
Triebel/Vogtl.	Groß, Reiner; 1993 Groß, Ilona	Groß, Ilona

Bürgermeister/Oberbürgermeister			Weißeritzkreis

Posseck	Groß, Ilona; 1993 GE nach Triebel	
Sachsgrün	Schlosser, Bernd; 1993 GE nach Triebel	
Wiedersberg	Müller, Rainer	1994 GE nach Triebel
Weischlitz	Müller, Uwe	Müller, Uwe
Rodersdorf	Jordan, Matthias	1994 GE nach Weischlitz
Kobitzschwalde	Schneider, Harry	1994 GE nach Neundorf; 1999 GE nach Weischlitz
Kloschwitz	Wolf, Gudrun; 1991 Künzel, Hermann	Künzel, Hermann; 1999 GE nach Weischlitz
Kürbitz	Zschäck, Bringfried; 1993 Dressel, Dieter	Reichmann, Ralf; 1999 GE nach Weischlitz
Werda		Strobel, Manfred; 2001 Strobel, Bernd; 2005 Pommer, Dietmar
Kottengrün	Strobel, Manfred	1994 GV Werda
Werda	Wolf, Siegfried	1994 GV Werda
Zwota	Glaß, Siegward	Schneidenbach, Reiner; 1995 Goram, Alfons; 1996 Glaß, Siegward

Weißeritzkreis		GV = Gemeindevereinigung („Zusammenschluss") GE = Gemeindeeingliederung („Eingemeindung")
Altenberg, Stadt	Kirsten, Thomas	Kirsten, Thomas
Rehefeld-Zaunhaus	Wetzig, Heide	1994 GE nach Altenberg
Zinnwald-Georgenfeld	Kempe, Herbert	1994 GE nach Altenberg
Bärenburg, Kurort	Zönnchen, Joachim	Zönnchen, Joachim; 1996 GE nach Altenberg
Kipsdorf, Kurort	Krumpolt, Steffen	Krumpolt, Steffen; 1996 GE nach Altenberg
Schellerhau	Kempe, Heimo	Trittmacher, Friedemann; 1996 GE nach Altenberg
Bärenfels, Kurort	Behrenz, Frieder	Behrenz, Frieder; 1999 GE nach Altenberg
Falkenhain	Tittel, Ilona	Günthermann, Heinz; 1999 GE nach Altenberg

Gemeinde/Stadt Wahlperiode 1990–1994 ab Direktwahl 1994–31.12.2005

Bärenstein, Stadt	Dr. Schilke, Alfred	Kohl, Hartmut; 2004 GE nach Altenberg
Bannewitz		1999 Zeibig, Christian
Bannewitz	Kretzschmar, Ulrich	Kretzschmar, Ulrich; 1999 GV Bannewitz
Goppeln	Kaiser, Walter	Kaiser, Walter; 1996 GE nach Bannewitz
Possendorf		Zeibig, Christian; 1999 GV Bannewitz
Possendorf	Zeibig, Christian	1994 GV Possendorf
Rippien	Auxel, Helmut	1994 GV Possendorf
Dippoldiswalde, Stadt	Beyer, Günter	Bellmann, Horst; 2004 Kerndt, Ralf
Oberhäslich	Kaden, Andrea	1994 GE nach Dippoldiswalde
Reinholdshain	Wirthgen, Gottfried	1994 GE nach Dippoldiswalde
Reichstädt	Bellmann, Horst	Bellmann, Horst; 1995 GE nach Dippoldiswalde
Malter		1996 Schneider, Karl-Günter; 1998 Leiteritz, Rudolf; 2001 Kretzschmar, Ulrich; 2003 GE nach Dippoldiswalde
Malter	Wohmann (Krautschneider), Bernd	Krautschneider, Bernd; 1996 GV Malter
Paulsdorf	Baling, Peter	Baling, Peter; 1996 GV Malter
Seifersdorf	Böhme, Uto	Böhme, Uto; 1996 GV Malter
Dorfhain	Mende, Lothar; 1993 Richter, Sylvia	Richter, Sylvia; 1996 Mende, Lothar
Freital, GKrStadt	Lumpe, Dietmar; 1991 Böduel, Wolfgang; 1992 Krutzky, Norbert	Pollack, Klaus; 2001 Mättig, Klaus
Pesterwitz	Eulitz, Günter; 1991 Mättig, Klaus	Mättig, Klaus; 1999 GE nach Freital
Geising, Stadt	Fischer, Reiner	Gössel, Frank
Fürstenau	Günter, Hellmuth	1994 GE nach Geising
Fürstenwalde	Gössel, Frank	1994 GE nach Geising

Liebenau	Kosmowski, Christina; 1991 Kadner, Volkmar	1994 GE nach Geising
Lauenstein	Kohl, Hartmut	1994 GE nach Bärenstein; 1996 GE nach Geising
Glashütte, Stadt	Reichel, Frank	Reichel, Frank
Johnsbach	Leistner, Günter; 1991 Dr. Finke, Peter	1994 GE nach Glashütte
Luchau	Huster, Günter	1994 GE nach Glashütte
Schlottwitz	Langeleist, Rainer	König, Hans-Karl; 1995 GE nach Glashütte
Dittersdorf	Schröter, Manfred	Schröter, Manfred; 1996 GE nach Glashütte
Hartmannsdorf-Reichenau		Pitsch, Reinhard
Hartmannsdorf	Pitsch, Reinhard	1994 GV Hartmannsdorf-Reichenau
Reichenau	Frau Aldinger, Anette	1994 GV Hartmannsdorf-Reichenau
Hermsdorf/ Erzgb.	Ritter, Christian	Ritter, Christian; 2003 Zönnchen, Peter
Seyde	Ritter, Christian	1994 GE nach Hermsdorf/Erzgb.
Höckendorf	Schreckenbach, Jürgen	Schreckenbach, Jürgen
Obercunnersdorf	Huhn, Ralf; 1991 GE nach Höckendorf	
Beerwalde	Hasler, Dietmar	1994 GE nach Höckendorf
Borlas	Richter, Manfred; 1991 Dittrich, Gottfried	1994 GE nach Höckendorf
Ruppendorf	Richter, Siegmar; 1992 Rietzschel, Rainer	1994 GE nach Höckendorf
Kreischa	Schmidt, Günther	Schmidt, Günther; 2001 Schöning, Frank
Bärenklause-Kautzsch	Petzold, Siegfried	1994 GE nach Kreischa
Sobrigau	Dreßler, Georg; 1991 Solondz, Volker; 1991 Jäger, Ursula	1994 GE nach Kreischa
Pretzschendorf		1999 Clausnitzer, Andreas; 2002 Winkler, Kerstin

Gemeinde/Stadt Wahlperiode 1990–1994 ab Direktwahl 1994–31.12.2005

Pretzschendorf	Clausnitzer, Andreas	Clausnitzer, Andreas; 1999 GV Pretzschendorf
Colmnitz	Geisler, Claus	Geisler, Claus; 1999 GV Pretzschendorf
Klingenberg	Hundeck, Bernd; 1992 Winkler, Kerstin	Winkler, Kerstin; 1999 GV Pretzschendorf
Rabenau, Stadt		Hilbert, Gerd
Rabenau	Schönherr, Frank	1994 GV Rabenau
Oelsa	Lorenz, Günther	1994 GV Rabenau
Reinhardtsgrimma		1995 David, Klausjürgen; 2004 Dreßler, Markus
Reinhardtsgrimma	Winkler, Steffen; 1991 Zahn, Roland	David, Klausjürgen; 1995 GV Reinhardtsgrimma
Cunnersdorf	Reichel, Gerd	Reichel, Gerd; 1995 GV Reinhardtsgrimma
Hirschbach	Götze, Walter	Götze, Walter; 1995 GV Reinhardtsgrimma
Frauendorf		Nobis, Viola; 1995 GV Reinhardtsgrimma
Niederfrauendorf	Weller, Lothar	1994 GV Frauendorf
Oberfrauendorf	Nobis, Viola	1994 GV Frauendorf
Hausdorf	Büschel, Edgar; 1990 Reuter, Heike; 1992 Neubert, Hellmuth	Neubert, Hellmuth; 1995 GE nach Reinhardtsgrimma
Schmiedeberg		2001 Schneider, Karl-Günter
Obercarsdorf		Schneider, Karl-Günter; 2001 GV Schmiedeberg
Obercarsdorf	Schneider, Karl-Günter	1994 GV Obercarsdorf
Ammelsdorf	Vogel, Uta; 1993 Rademacher, Barbara	1994 GV Obercarsdorf
Hennersdorf	Rademacher, Barbara	1994 GV Obercarsdorf
Sadisdorf	Hanspach, Gerold	1994 GV Obercarsdorf
Schmiedeberg	Mirowski, Manfred	Mirowski, Manfred; 2001 GV Schmiedeberg
Dönschten	Schubert, Günter	1994 GE nach Schmiedeberg
Schönfeld	Kempe, Roland	Kempe, Roland; 1996 GE nach Schmiedeberg

Tharandt, Stadt		1999 Sommer, Hagen
Tharandt	Dr. Bélafi, Michael	Dr. Bélafi, Michael; 1999 GV Tharandt
Hartha, Kurort	Hammer, Peter	Hammer, Peter; 1997 Sommer, Hagen; 1999 GV Tharandt
Pohrsdorf	Brühl, Arndt	Brühl, Arndt; 1999 GV Tharandt
Wilsdruff, Stadt		1998 Steinbach, Arndt; 2000 GV Wilsdruff; Steinbach, Arndt; 2003 Rother, Ralf
Mohorn	Möbius, Margit	Möbius, Margit; 2000 GV Wilsdruff
Grumbach	Kühne, Erhard	Brühl, Arndt; 1998 GV Wilsdruff
Wilsdruff	Dr. Krause, Fredi; 1992 Steinbach, Arndt	Steinbach, Arndt; 1998 GV Wilsdruff
Helbigsdorf	Dachsel, Ingolf	Dachsel, Ingolf; 1996 GE nach Wilsdruff
Kesselsdorf		Werner, Eberhard; 2001 GE nach Wilsdruff
Kesselsdorf	Werner, Eberhard	1994 GV Kesselsdorf
Braunsdorf	Polley, Rudolf	1994 GV Kesselsdorf
Landkreis Zwickauer Land		GV = Gemeindevereinigung („Zusammenschluss") GE = Gemeindeeingliederung („Eingemeindung")
Crimmitschau GKrStadt	Sonntag, Karl-Heinz; 1990 Deisenhofer, Peter; 1992 Zippel, Peter	Zippel, Peter; 2003 Günther, Holm
Blankenhain	Roßkamp, Martina	1994 GE nach Crimmitschau
Langenreinsdorf	Illgen, Heinz	1994 GE nach Crimmitschau
Mannichswalde	Schnupp, Karin	1994 GE nach Crimmitschau
Lauenhain	König, Edelgard; 1992 Tröltzsch, Thomas	Tröltzsch, Thomas; 1999 GE nach Crimmitschau
Crinitzberg		Pachan, Steffen
Obercrinitz	Pachan, Steffen	1994 GV Crinitzberg
Bärenwalde	Breest, Theo	1994 GV Crinitzberg
Dennheritz	Olschock, Manfred	Olschock, Manfred; 2005 Voigt, Bernd

Gemeinde/Stadt Wahlperiode 1990–1994 ab Direktwahl 1994–31.12.2005

Fraureuth		1998 Möckel, Reiner; 2005 Topitsch, Matthias
Fraureuth	Möckel, Reiner	Möckel, Reiner; 1998 GV Fraureuth
Ruppertsgrün	Schleinitz, Udo	Schleinitz, Udo; 1998 GV Fraureuth
Beiersdorf	Badstübner, Johannes; 1994 GE nach Ruppertsgrün	
Gospersgrün	Topitsch, Matthias; 1994 GE nach Ruppertsgrün	
Hartenstein, Stadt	Baumann, Peter	Baumann, Peter; 2001 Steiner, Andreas
Thierfeld	Markstein, Gerold; 1992 Schettler, Heidemarie	1994 GE nach Hartenstein
Zschocken	Rödl, Udo	Rödl, Udo; 1996 GE nach Hartenstein
Hartmannsdorf	Nicolaus, Kerstin	Nicolaus, Kerstin
Hirschfeld	Wahsner, Christine	Wahsner, Christine; 2001 Pampel, Rainer
Niedercrinitz	Stanko, Horst	Stanko, Horst; 1998 GE nach Hirschfeld
Kirchberg, Stadt	Hahn, Jürgen	Becher, Wolfgang
Leutersbach	Wagner, Wolfgang	Wagner, Wolfgang; 1996 GE nach Kirchberg
Wolfersgrün	Köberlein, Fritz	Schirr, Manfred; 1996 GE nach Kirchberg
Saupersdorf	Müller, Erich	Müller, Erich; 1997 GE nach Kirchberg
Stangengrün	Weißflog, Wolfgang	Seifert, Volker; 1997 GE nach Kirchberg
Cunersdorf	Bucholdt, Klaus	Bucholdt, Klaus; 1999 GE nach Kirchberg
Langenbernsdorf	Bär, Joachim	Bär, Joachim; 2005 Rank, Elfi
Niederalbertsdorf	Franke, Gerhard	1994 GE nach Langenbernsdorf
Trünzig	Schmidt, Ulrich	1994 GE nach Langenbernsdorf
Langenweißbach		1996 Richter, Jörg

Bürgermeister/Oberbürgermeister　　　Landkreis Zwickauer Land

Weißbach	Patzer, Achim	Patzer, Achim; 1996 GV Langenweißbach
Langenbach	Queck, Christoph; 1992 Gutjahr, Werner; 1992 Richter, Jörg	Richter, Jörg; 1996 GV Langenweißbach
Lichtentanne		1996 Hahn, Siegfried; 2003 Krauß, Inge
Lichtentanne	Hahn, Siegfried	Hahn, Siegfried; 1996 GV Lichtentanne
Schönfels	Konitzer, Johannes	Konitzer, Johannes; 1996 GV Lichtentanne
Stenn	Krauß, Inge	Krauß, Inge; 1996 GV Lichtentanne
Ebersbrunn	Dr. Blechschmidt, Volker	Ubl, Michael; 1997 GE nach Lichtentanne
Mülsen		1999 Müller, Reiner
Mülsen St. Jacob	Fischer, Alfred	Lasch, Johannes; 1999 GV Mülsen
Mülsen Str. Micheln	Lasch, Johannes	Hauck, Christian; 1999 GV Mülsen
Mülsen St. Niclas	Heinze, Lothar	Hammer, Heinz; 1999 GV Mülsen
Niedermülsen	Bräuning, Sabine	Helbig, Rolf; 1999 GV Mülsen
Ortmannsdorf	Sakschewski, Harry	Sakschewski, Harry; 1999 GV Mülsen
Stangendorf	Fritsch, Helga	Fritsch, Helga; 1999 GV Mülsen
Thurm	Knoll, Ursula	Knoll, Ursula; 1999 GV Mülsen
Wulm	Müller, Reiner	Müller, Reiner; 1999 GV Mülsen
Neukirchen	Beier, Hubert	Beier, Hubert
Dänkritz	Albrecht, Heinz	Albrecht, Heinz; 1996 GE nach Neukirchen
Lauterbach	Schubert, Gerhard	Schubert, Gerhard; 1996 GE nach Neukirchen
Reinsdorf		1999 Ludwig, Steffen
Reinsdorf	Ludwig, Steffen	Ludwig, Steffen; 1999 GV Reinsdorf
Friedrichsgrün	Sorge, Gisbert	Sorge, Gisbert; 1999 GV Reinsdorf
Vielau	Rose, Johannes	Rose, Johannes; 1999 GV Reinsdorf

Gemeinde/Stadt Wahlperiode 1990–1994 ab Direktwahl 1994–31.12.2005

Werdau GKrStadt	Liebisch, Hans-Günther	Gerber, Bernd; 2001 Dittrich, Volkmar
Steinpleis	Pansa, Helfried	Pansa, Helfried; 1996 GE nach Werdau
Königswalde	Gerber, Bernd	Weigel, Andreas; 1996 GE nach Werdau
Langenhessen	Plehn, Lothar	Plehn, Lothar; 1997 GE nach Werdau
Leubnitz	Kirchner, Günther	Kirchner, Günther; 1999 GE nach Werdau
Wildenfels, Stadt		1999 Weinhold, Wolfgang
Wildenfels	Gerbet, Reinher	Gerbet, Reinher; 1997 Weinhold, Wolfgang; 1999 GV Wildenfels
Wiesenburg	Kunz, Horst	Patze, Frank; 1999 GV Wildenfels
Härtensdorf	Unger, Christa	Richter, Gerhard; 1995 GE nach Wildenfels
Wilkau-Haßlau, Stadt	Lange, Frank	Lange, Frank; 2005 Feustel, Stefan
Silberstraße	Scheffler, Claus	Scheffler, Claus; 1999 GE nach Wilkau-Haßlau
Culitzsch	Schaller, Angelika	Werner, Margit; 1999 GE nach Wilkau-Haßlau

Personenregister

Abele, Bernd 153, 187, 188, 189
Aehlig, Toralf 201
Ahlisch, Lothar 40
Albert, Traudel 193
Albrecht, Petra 311
Anna, Susanne 269
Arnold, Holger 153

Bahsler, Eduard 153
Baiker, Rolf 105
Ballschuh, Siegfried 153
Baumgärtel, Christian 269
Becker, Roland 201
Becker-Birk, Hans-Henning 151
Beetmann, Ullrich 346
Belz, Rainer 201
Benedict, Ernst 201
Berghofer, Wolfgang 14, 15, 16, 143
Biedenkopf, Kurt 17, 26, 59, 72, 150, 154, 190, 193, 196, 255, 256
Bienert, Gerhard 153, 192, 193, 196, 198
Birk, Hans-Jörg 144
Bloch, Rüdiger 269
Boden, Lutz 201
Boltz, Friedrich 15
Bönninger, Jürgen 201
Börtitz, Karl-Heinz 251, 252
Bräuer, Andreas 349
Brennstuhl, Heinz 253
Brickwedde, Fritz 25
Buttolo, Albrecht 365

Czerney, Ralf Peter 127, 140
Czupalla, Michael 153

Dieckmann, Bernd 267
Dittmer, Maritha 143, 145, 146, 147, 150
Dix, Detlef 141, 142, 143, 201
Donner, Ralf 201
Döring, Rainer 180
Drucker, Renate 269
Dümcke, Cornelia 267
Dyrlich, Benedict 269

Ebermann, Hubertus 23
Ebersbach, Reinhard 202

Ebert, Werner 140
Eckardt, Hans-Dietrich 143
Eggert, Heinz 4, 41, 42, 146, 153
Eichhorn, Rainer 147, 148
Eichler, Winfried 187, 192, 193, 194, 195, 196
Emmrich, Werner 22
Erhardt, Alfred 202
Evers, Hans-Jürgen 152, 153

Feist, Christiane 19
Fischer, Andrea 185
Fischer, Christian 252
Fischer, Jürgen 143
Forberger, Dieter 20
Förster, Thomas 347
Förster, Claus 143, 251, 253
Franz, Renate 19
Franz, Richard 141, 142, 153
Füsslin, Ernst 201

Gebhardt, Andreas E. 310
Geisler, Clemens 25
Geisler, Hans 304, 307
Geistlinger, Reinhard 152, 153
George 5, 6, 7
Georgi, Fredo 152
Gerhardt, Kurt 201
Ginzel, Gustav 45
Girres, Detlef 247
Goliasch, Herbert 190
Gorbatschow, Michail 2, 35, 79
Graff, Andreas 201
Gregori, Dietrich 9
Gries, Joachim 153
Großmann, Ulf 269
Grüning, Uwe 194, 197, 269
Grützner, Dieter 147
Günther, Joachim 198
Güttler, Ludwig 269

Hager, Kurt 2
Hahn, Carl H. 70
Hahn, Werner 304
Hamacher, Sieglinde 269
Hamann, Gisela 22
Hammer, Gerhard 11
Hardraht, Klaus 148, 150, 367

Personenregister

Hauser, Werner 143, 146, 202
Heckmann, Siegbert 144
Heilmann, Paul-Willi 76
Heinicke, Lothar 156
Heinz, Andreas 191, 197
Heitmann, Steffen 17, 18, 141, 202
Hempel, Alfred 42
Hendel, Frieder 197
Herbig, Hans 22, 23
Hertwich, Udo 153
Herzog, Heinz 143
Heuß, Gerd G. 61
Hladitsch, Rudolf 20
Höver, Ulrich 221
Hohmeier, Lothar 201
Höllmüller, Jörg 113
Honecker, Erich 2
Horn, Gyuala 13
Horn, Siegfried 152, 153

Iltgen, Erich 16
Israel, Reiner 146, 201

Jahn, Gunter 9
Jahn, Helmut 227
Jähnichen, Rolf 85, 153
Janik, Heiner 178, 179, 183
Jentzsch, Bernd 269
Jilek, Josef 223
Jörke, Hans 20
Jung, Reinhardt 143

Kaufmann, Otto 202
Keller, Reinhard 19, 115, 140
Klan, Emanuel 143, 147
Klaus, Gerhard 22
Klaus, Sieglinde 143
Klitzing, Hans-Joachim v. 151
Klose, Dietrich 25
Kloß, Jürgen 349
Kluge, Günther 36, 38
Klunker, Karl-Heinz 267
Koch, Michael 183
Koch, Renate 3, 5, 7, 153, 178, 179, 183, 184
Kohl, Helmut 17, 71, 211
Köhler, Gerda 143
Köllner, Michael 372
Kollhoff, Hans 227
Kopp, Klaus 202
Kotzcarek, Fred 6
Kraus, Heinz-Günter 163, 192, 195, 196

Krause, Georg 10
Krause, Norbert 326, 328, 349
Krause, Rudolf 154
Kretschmar, Andreas 244, 248, 253
Kreuziger, Klaus 30
Krieg, Günter 10
Krieger, Roland 161, 162
Kulscher, Ursula 197
Kümpfel, Christian 349
Kunze, Ines 165

Lange, Wolfgang 267
Lässing, Horst 11
Legde, Klaus 303, 311
Lehmann, Burghard 23
Lehmann-Grube, Hinrich 147
Leistner, Jens 187
Lenk, Johannes 189
Lenk, Tassilo 192, 193, 194, 195, 197, 198
Lerchner, Martin 16
Leuthold, Hannelore 141
Lindenfels, Hans-Achaz Frhr. v. 115, 140
Lindner, Wolfgang 10
Linzer, Martin 267
Liskowsky, Volker 193
Lorek, Jens 221
Ludwig, Barbara 299

Magerkord, Rolf 189, 196, 197, 269
Magg, Wolfgang 151
Maizière de, Lothar 338
Martens, Hans-Jürgen 127, 140
Matthes, Robert 183, 187
Matzat, Gotthilf 349
Mende, Gerd 201, 270
Mende, Heidrun 147
Mende, Lothar 201
Mendt, Dietrich 41
Mengele, Hans-Peter 17
Mesalla, Horst 267
Meyer, Hans Joachim 267
Michalla, Thomas 243
Milbradt, Georg 260
Möbius, Eva-Maria 147, 151
Möckel, Gerd 195, 197
Molleè, Rainer 113
Mühle, Joachim 300
Müller, Brigitte 170
Müller, Michael 19
Müller, Evelyn 202
Müller, Gunter 349

Müller, Wolfgang 42
Müntjes, Manfred 183

Nagel, Erwin 160, 161
Namysloh, Jürgen 365
Nauhaus, Gerd 269
Nedeleff, Roland 18, 19
Neth, Karl 171
Neubert, Frank 19
Neuhaus, Harald 243
Neumann, Dietmar 156
Neumann, Jürgen 152, 311
Nitschke, Jürgen 372

Oettel, Wilfried 153
Ostrowski, Christine 203, 217
Otto, Christian 270

Pätzold, Frank 180
Pätzold, Ingrid 180
Petrovsky, Rainer 269
Piëch, Ferdinand 72
Pieschke, Wolfgang 147
Pietzcker, Arnold 170
Plate, Klaus 202
Prokop, Rainer 201

Quecke, Albrecht 201

Rasch, Horst 176
Redecker, Prof. 195
Reichenbach, Michael 9
Reimann, Brigitte 364
Reinfried, Dieter 17, 18
Rembold, Gerhard 202
Reuschel, Rico 349
Richter, Frank 14
Richter, Andreas 269
Rickauer, Hans-Christian 156, 161, 166, 170
Riedel, Ulrich 143
Riethmüller, Irmtraut 19
Rink, Roberto 198
Rippberger, Franz 184
Röhn, Roland 192
Roithmaier, Helmut 180
Rommel, Manfred 141
Rößler, Matthias 176
Roth, Andrea 198
Roth, Norbert 171

Sander, Günther 6
Schiller, Christoph 151
Schmidt, Jörg 251

Schmidt, Mario 113
Schmitt, Armin 160, 161
Schnabel, Fritz 176, 188
Schneider, Horst 19
Schoepke, Peter 201
Scholz, Klaus-Dieter 18
Schöne, Bernd 269
Schönfelder, Ernst 267
Schramm, Christian 147, 150, 260, 270
Schreinicke, Wieland 152, 153
Schrenk, Annett 113
Schultheiß, Arndt 269
Schwanitz, Rolf 198
Schwarzbach, Matthias 23
Schweißfurth, Tilmann 262
Seele, Günter 153
Seifert, Siegfried 269
Seubert, Kathrin 300
Siegemund, Walter 141, 142
Sinn, Hans-Werner 118
Sixt, Werner 143, 202
Sommerschuh, Dietrich 151, 152
Sperr, Waldemar 349
Stabla, Wolfgang 22
Steger, Christian 142, 143, 146
Steglich, Günter 7
Stein, Brigitte 201
Steinborn, Brigitta 167
Stempell, Kurt 191, 197
Stiebert, Klaus 269
Stier, Gerald 269
Stiska, Rolf 269
Stoll, Herbert 22
Strobel, Ralf 192, 193, 194, 195, 196, 197, 198
Stüdemann, Jörg 269

Taverne, Ed 364
Teichert, Heinz 3, 30
Thomas, Gerhard 11
Tiefensee, Wolfgang 150
Tomczak, Burgunde 153
Töpfer, Klaus 117
Trautmann, Hainz-Dieter 349
Trumpp, Eberhard 151, 201
Tschirch, Hannelore 143

Ulbricht, Hartmut 178

Vaatz, Arnold 17, 18, 141, 153
Vallentin, Günter 3
Vogt, Matthias Theodor 267

511

Personenregister

Voigt, Andreas 36
Voß, Wolfgang 255, 262

Wagner, Herbert 124, 135, 141
Wagner, Ludwig Dieter 19, 217
Waigel, Theo 25
Weber, Horst 20
Weigel, Gunter 268
Werner, Klaus 269
Wild, Mathias 269
Witt, Hubert 269

Woitscheck, Mischa 4, 147
Wolf, Kurt 349

Zacher, Peter 203
Ziemer, Christof 19
Zieschank, Rainer 140
Zimmermann, Ingo 269
Zimmermann, Reiner 269
Zimmermann, Udo 269
Zimmermann, Ulrich 221
Zocher, Lothar 7

Fotonachweis*

Autoren
(Andreas Kretschmar) S. 390
(Dr. Tassilo Lenk) S. 391
(Dr. Andreas Schramm) S. 392
(Burgunde Tomczak) S. 394
(Volker Uhlig) S. 394
(Günter Vallentin) S. 395

Fotograf Andreas Seidel, Chemnitz
Pressestelle Landratsamt Vogtlandkreis
Landratsamt Mittweida
Kommunaler Sozialverband Sachsen
Fotoatelier Böhme, Frauenstein
Pressestelle Landratsamt Löbau-Zittau

Umschlag
S. 1 Montagsdemo
S. 1 Blick auf Meißen
S. 1 Werksansicht
  mit Autobahnzubringer
S. 1 Dorfansicht

S. 1 Leipziger Messe
S. 1 Plattenbau Hoyerswerda

S. 1 Frauenkirche Dresden

S. 3 Verwaltungsatlas Sachsen

Archiv Bürgerbewegung Leipzig e.V.
Kunstverlag Brück & Sohn, Meißen
Volkswagen Sachsen GmbH, Zwickau

Atelier 2 Architekten Mehnert und Scholz, Radebeul
Privates Foto
Wohnungsgenossenschaft LebensRäume Hoyerswerda
Fotograf Jörg Schöner; Stiftung Frauenkirche, Dresden
Sächsisches Staatsministerium des Innen

* Die weiteren im Buch enthaltenen Fotos wurden freundlicherweise von den Autoren zur Verfügung gestellt.

Nachwort

Noch heute ist Mitarbeitern des Stuttgarter Verlages Kohlhammer/Deutscher Gemeindeverlag die Gründungsversammlung des Sächsischen Städte- und Gemeindetages am 1. April 1990 in bleibender Erinnerung. Mit einem außergewöhnlich breiten Stand im Foyer des Dresdner Kulturpalastes präsentierte der Verlag erstmals in der Nachwende-DDR sein umfangreiches Buch- und Zeitschriftenprogramm für die Kommunalverwaltung. Die Nachfrage war überwältigend, der Stand in kurzer Zeit leergefegt. Über siebenhundert Freiexemplare, voran das Taschenbuch Baden-Württemberg mit Kommunalgesetzen, fanden Interessenten. Für viele Teilnehmer war das der erste Kontakt mit den gelb-schwarzen Umschlägen der Kohlhammer-Verlagswerke. In den wenigen Monaten seit den revolutionären 89er Herbstwochen war klar geworden, dass der Aufbau der kommunalen Selbstverwaltung ein wichtiger Bestandteil der gesellschaftspolitischen Neugestaltung sein würde. Dieses Signal des Heißhungers auf kommunale Buch- und Zeitschriftentitel und die Einbeziehung des Verlages in die sich anbahnende enge Zusammenarbeit zwischen Sachsen und Baden-Württemberg eröffnete dem Unternehmen neue Möglichkeiten, stellte es aber auch vor Herausforderungen.
Zunächst galt es den in Schrift gegossenen kommunalen Erfahrungsreichtum der westdeutschen Bundesländer ohne Wenn und Aber den neuen gesellschaftlichen Kräften zur Verfügung zu stellen. Innerhalb kürzester Zeit erfolgte dann schon die Inverlagnahme einer umfassenden Ausgabe der Kommunalverfassung der DDR vom 17. Mai 1990. Erstmals waren hierbei Autoren aus Ost und West beteiligt und Manfred Preiß, Minister für Regionale und Kommunale Angelegenheiten der DDR, stellte dem ein Vorwort voran. „Sachsen – Eine politische Landeskunde", mit diesem Kohlhammertitel von 1993, den die Landeszentrale für politische Bildung Baden-Württembergs und Prof. Siegfried Gerlach als Gabe für das Partnerland Sachsen herausgaben, wurde deutlich, dass sich der Freistaat Sachsen auf seine reichen Traditionen und das daraus erwachsende Selbstbewusstsein seiner Bewohner stützen kann. Zugleich wurde der verfassungs- und kommunalrechtliche Rahmen für künftige Entwicklungen aufgezeigt.
Von Anbeginn setzte Kohlhammer darauf, den Verlagsaufbau in den neuen Bundesländern, so auch in Sachsen, mit ortsansässigen Mitarbeitern vorzunehmen und mit regionalen Druckereien, Softwarehäusern und anderen Wirtschaftspartnern im Land zusammenzuarbeiten. Die 1991 in Dresden eingerichtete Landesstelle des Verlages wurde zu einem wichtigen Drehkreuz für die landesspezifische Verlagsentwicklung zum einen und die Kundenbetreuung durch die Fachberater in den Gemeinde- und Landkreisverwaltun-

Nachwort

gen zum anderen. Bis heute wurden 27 verschiedene Bücher und Praxisleitfäden allein zu sächsischen Rechtsvorschriften, teilweise in mehreren Auflagen, aufgelegt. Komplette Wahlpakete mit Wahlrechtsschriften und -vordrucken, Software und Organisationsmittel für die parlamentarischen und kommunalen Wahlen wurden entwickelt und rechtssichere Verwaltungsformulare bereitgestellt.

Es ist für den Verlag ein großer Vorzug, in jeder Hinsicht auf kompetente und anerkannte Autoren bauen zu können, die an maßgebenden Stellen in den Bundesministerien und Sächsischen Staatsministerien sowie kommunalen Spitzenverbänden tätig sind oder an Universitäten und Hochschulen forschen und lehren. Von Anfang an gestaltete sich die Zusammenarbeit mit dem Sächsischen Staatsministerium des Innern sehr konstruktiv, insbesondere mit den Leitern der Kommunal- und Rechtsabteilung Percy Rooks, Dr. Reiner Belz und Helmut Arens sowie mit den Referatsleitern für kommunales Verfassungsrecht und Kommunalwahlen Roland Krieger, Peter Rimmele und Ulrich Menke. Sie trugen mit ihren Hinweisen und Anregungen auch zum Gelingen des vorliegenden Werkes zur Geschichte der Kommunalpolitik in Sachsen bei.

Besonders impulsgebend für unsere Verlagsarbeit ist zudem die langjährige Zusammenarbeit mit den kommunalen Spitzenverbänden Deutschlands und der Bundesländer, darunter mit dem Sächsischen Landkreistag und dem Sächsischen Städte- und Gemeindetag, die durch ihre Herausgeberschaft auch dafür sorgen, dass unsere Bücher dem aktuellen Stand der Verwaltungspraxis entsprechen. Von den Mitgliederversammlungen der sächsischen kommunalen Spitzenverbände nimmt der Verlag außerdem regelmäßig Anregungen und Hinweise für die Weiterentwicklung des Programms mit. Auf diese Weise hat sich der Verlag mit seinen Erzeugnissen im Laufe der Zeit in vielen Rathäusern und Landratsämtern zu so etwas wie einem zuverlässigen stillen Mitarbeiter des täglichen Verwaltungshandelns entwickelt. Diese Arbeitsmittel setzen Maßstäbe und werden wegen ihrer Aktualität und Orientierung auf Neues geschätzt. Die jüngere und jüngste Geschichte der Kommunalpolitik in Sachsen prägt also nicht unerheblich das Verlagsprogramm und dieses gab im Gegenzug vielen Amtsstuben ein neues Gesicht.

In Zusammenarbeit mit den Herausgebern Sächsischer Landkreistag und Sächsischer Städte- und Gemeindetag, den Schriftleitern Renate Koch und Dr. Herbert Wagner, den 18 Autoren und der Präsidentin des Statistischen Landesamtes Sachsen, Prof. Irene Schneider-Böttcher, ist nun hier ein Werk entstanden, das in seiner breiten inhaltlichen Aussage und durch die Verknüpfung historischer und aktueller Fakten mit persönlichen Erfahrungen ein Bundesland in einmaliger Weise charakterisiert. Es bedurfte dazu aber auch der Mithilfe und Unterstützung vieler, die den Autoren mit Erlebnisberichten, Unterlagenrecherchen und Materialbeschaffung dankenswert zur Seite standen oder an den namentlichen Übersichten der seit 1990 gewählten Bürgermeister, Oberbürgermeister und Landräte mitarbeiteten. Immerhin galt es für das Verzeichnis die Namen der mehr als 2.000 Frauen und Männer in diesen Ämtern ausfindig zu machen, einschließlich aller Gemeindevereinigungen und Gemeindeeingliederungen.

Nachwort

Die umfangreiche lektoratsseitige Begleitung und Betreuung lag in den bewährten Händen von Jutta Vaihinger und Werner Schnuppe unter Mitarbeit von Heide George, Andreas Höntsch und Franziska Scholze.

Wir bedanken uns bei allen Beteiligten die bei der Entstehung dieses Buches mitgewirkt haben. Möge die Geschichte der Kommunalpolitik Sachsen ihre gute Fortsetzung finden und all denen, die sie mitgestalten und Verantwortung tragen, Erfolg beschieden sein.

Stuttgart/Dresden, im Mai 2006

Verleger
Leopold v. Weiler

Effektiver verwalten!

VR
Verwaltungsrundschau

Zeitschrift für Verwaltung in Praxis und Wissenschaft

Die Verwaltungsrundschau ist seit 50 Jahren das zentrale Diskussionsforum für alle Fragen der Aus- und Fortbildung der Mitarbeiter in der Verwaltung. Die Thematik umfasst nicht nur rechtliche Fragen, sondern auch verwaltungsrelevante Gebiete der Wirtschafts- und Finanzwissenschaft, der Sozialwissenschaften und der Verwaltungslehre, die entsprechend ihrer Bedeutung für Studium und die Praxis vertreten sind.

Die Verwaltungsrundschau bietet:
- Beiträge zu aktuellen Fragen aus Gesetzgebung und Rechtsprechung
- ausbildungsspezifische Probleme und Lehraufsätze zu Methodik und Didaktik
- methodische Anleitungen und Originalklausuren mit Musterlösungen zum „trainieren" von praktischen Fällen
- Entscheidungen im Volltext, mit kommentierten Grundsatzurteilen und Leitsätzen
- Aktuelle Informationen und Fachliteratur

Erscheint monatlich.
Jahresbezugspreis 2006:
€ 111,90 zzgl. Versandkosten € 6,60
Vorzugspreis 2006 für Studierende (gegen Bescheinigung):
€ 89,52 zzgl. Versandkosten € 6,60
ISSN 0342-5592

Kostenloses Probeheft erhältlich unter Tel.: (0711) 78 63 - 72 80

▶ www.kohlhammer.de

W. Kohlhammer GmbH · 70549 Stuttgart